新法科·法学核心课程系列教材

华东政法大学
教材建设和管理委员会

主　　任　郭为禄　叶　青
副 主 任　韩　强
部门委员　虞潇浩　杨忠孝　洪冬英
　　　　　　屈文生　陆宇峰
专家委员　王　迁　孙万怀　杜素娟
　　　　　　余素青　任　勇　钱玉林

本书受上海市高水平地方高校（学科）建设项目资助

Environmental Law
(4th Edition)

环境与资源保护法学

（第四版）

张璐　主编

图书在版编目(CIP)数据

环境与资源保护法学/张璐主编.—4版.—北京:北京大学出版社,2023.1
高等学校法学系列教材
ISBN 978-7-301-33576-5

Ⅰ.①环… Ⅱ.①张… Ⅲ.①环境保护法—法的理论—中国—高等学校—教材 ②自然资源保护法—法的理论—中国—高等学校—教材 Ⅳ.①D922.601

中国版本图书馆CIP数据核字(2022)第211271号

书　　　名	环境与资源保护法学(第四版)
	HUANJING YU ZIYUAN BAOHU FAXUE (DI-SI BAN)
著作责任者	张　璐　主编
责任编辑	徐　音
标准书号	ISBN 978-7-301-33576-5
出版发行	北京大学出版社
地　　　址	北京市海淀区成府路205号　100871
网　　　址	http://www.pup.cn　　新浪微博:@北京大学出版社
电子邮箱	zpup@pup.cn
电　　　话	邮购部 010-62752015　发行部 010-62750672　编辑部 021-62071998
印　刷　者	河北滦县鑫华书刊印刷厂
经　销　者	新华书店
	730毫米×980毫米　16开本　31.5印张　593千字
	2010年2月第1版　2015年2月第2版
	2018年8月第3版
	2023年1月第4版　2023年10月第2次印刷
定　　　价	89.00元

未经许可,不得以任何方式复制或抄袭本书之部分或全部内容。
版权所有,侵权必究
举报电话:010-62752024　电子邮箱:fd@pup.cn
图书如有印装质量问题,请与出版部联系,电话:010-62756370

明德崇法　华章正铸

——华东政法大学"十四五"规划教材系列总序

教材不同于一般的书籍,它是传播知识的主要载体,体现着一个国家、一个民族的价值体系,是教师教学、学生学习的重要工具,更是教师立德树人的重要途径。一本优秀的教材,不仅是教师教学实践经验和学科研究成果的完美结合,更是教师展开思想教育和价值引领的重要平台。一本优秀的教材,也不只是给学生打下专业知识的厚实基础,更是通过自身的思想和语言的表达,引导学生全方位地成长。

习近平总书记深刻指出:"当代中国的伟大社会变革,不是简单延续我国历史文化的母版,不是简单套用马克思主义经典作家设想的模板,不是其他国家社会主义实践的再版,也不是国外现代化发展的翻版,不可能找到现成的教科书。"新时代教材建设应当把体现党和国家的意志放在首位,要立足中华民族的价值观念,时刻把培养能够承担民族发展使命的时代新人作为高校教师编写教材的根本使命。为此,编写出一批能够体现中国立场、中国理论、中国实践、中国话语的有中国特色的高质量原创性教材,为培养德智体美劳全面发展的社会主义接班人和建设者提供保障,是高校教师的责任。

华东政法大学建校70年以来,一直十分注重教材的建设。特别是1979年第二次复校以来,与北京大学出版社、法律出版社、上海人民出版社等合作,先后推出了"高等学校法学系列教材""法学通用系列教材""法学案例与图表系列教材""英语报刊选读系列教材""研究生教学系列用书""海商法系列教材""新世纪法学教材"等,其中曹建明教授主编的《国际经济法学概论》、苏惠渔教授主编的《刑法学》等教材荣获了司法部普通高校法学优秀教材一等奖;史焕章研究员主编的《犯罪学概论》、丁伟教授主编的《冲突法论》、何勤华教授与魏琼教授编著的《西方商法史》及我本人主编的《诉讼证据法学》等教材荣获了司法部全国法学教材与科研成果二等奖;苏惠渔教授主编的《刑法学》、何勤华教授主编的《外国法制史》获得了上海市高校优秀教材一等奖；孙潮教授主编的《立法学》获得"九五"普通高等教育国家级重点教材立项；杜志淳教授主编的《司法鉴定实验教程》、何勤华教授主编的《西方法律思想史(第二版)》和《外国法制史(第五版)》、高富平教授与黄武双教授主编的《房地产法学(第二版)》、高富平教授主编的《物权法讲义》、余素青教授主编的《大学英语教程：读写译(1—4)》、苗伟明副教授主编的《警察技能实训教程》等分别入选第一批、第二批"十二五"普通高等教育本科国家级规划教材；王立民教授副主编的《中国法制史(第二版)》荣获首届全国优秀教材二等奖。1996年以来，我校教师主编的教材先后获得上海市级优秀教材一等奖、二等奖、三等奖共计72项。2021年，由何勤华教授主编的《外国法制史(第六版)》、王迁教授主编的《知识产权法教程(第六版)》、顾功耘教授主编的《经济法教程(第三版)》、王莲峰教授主编的《商标法学(第三版)》以及我本人主编的《刑事诉讼法学(第四版)》等5部教材获评首批上海高等教育精品教材，受到了广大师生的好评，取得了较好的社会效果和育人效果。

进入新时代，我校以习近平新时代中国特色社会主义思想铸魂育人为主线，在党中央"新工科、新医科、新农科、新文科"建设精神指引下，配合新时代背景下新法科、新文科建设的需求，根据学校"十四五"人才培养规划，制定了学校"十四五"教材建设规划。这次的教材规划一方面力求巩固学校优势学科专业，做好经典课程和核心课程教材建设的传承工作，另一方面适应新时代的人才培养需求和教育教学新形态的发展，推动教材建设的特色探索和创新发展，促进教学理念和内容的推陈出新，探索教学方式和方法的改革。

基于以上理念，围绕新文科建设，配合新法科人才培养体系改革和一流学科专业建设，在原有教材建设的基础上，我校展开系统化设计和规划，针对法学专业打造"新法科"教材共3个套系，针对非法学专业打造"新文科"教材共2个套系。"新法科"教材的3个套系分别是："新法科·法学核心课程系列教材""新法科·法律实务和案例教学系列教材""新法科·涉外法治人才培养系列教材"。"新文科"教材的2个套系分别是："新文科·经典传承系列教材"和"新文科·特色创新课程系列教材"。

"新法科"建设的目标，就是要解决传统法学教育存在的"顽疾"，培养与时代相适应的"人工智能＋法律"的复合型人才。这些也正是"新法科"3套系列教材的设计初心和规划依据。

"新法科·法学核心课程系列教材"以推进传统的基础课程和核心课程的更新换代为目标，促进法学传统的基础和核心课程体系的改革。"新法科"理念下的核心课程教材系列，体现了新时代对法学传统的基础和核心课程建设的新要求,通过对我国司法实践中发生的大量新类型的法律案件的梳理、总结,开阔学生的法律思维,提升学生适用法律的能力。

"新法科·法律实务和案例教学系列教材"响应国家对于应用型、实践型人才的培养需要,以法律实务和案例教学的课程建设为基础,推进法学实践教学体系创新。此系列教材注重理论与实践的融合,旨在培养真正能够解决社会需求的应用型人才;以"新现象""新类型""新问题"为挑选案例的标准和基本原则,以培养学生学习兴趣、提升学生实践能力为导向。通过概念与案例的结合、法条与案例的结合,从具体案件到抽象理论,让学生明白如何在实践中解决疑难复杂问题,体会情、理与法的统一。

"新法科·涉外法治人才培养系列教材"针对培养具有国际视野和家国情怀、通晓国际规则、能够参与国际法律事务、善于维护国家利益、勇于推动全球治理体系变革的高素质涉外法治人才的培养目标,以涉外法治人才培养相关课程为基础,打造具有华政特色的涉外法治人才培养系列教材。

"新文科·经典传承系列教材"以政治学与行政学、公共事业管理、经济学、金融学、新闻学、汉语言文学、文化产业管理等专业的基础和主干课程为基础,在教材建设上,一方面体现学科专业特色,另一方面力求传统学科专业知识体系的现代创新和转型,注重把学科理论与新的社会文化问题、新的时代变局相联结,引导学生学习经典知识体系,以用于分析和思考新问题、解决新问题。

"新文科·特色创新课程系列教材"以各类创新、实践、融合等课程为基础,体现了"新文科"建设提出的融合创新、打破学科壁垒,实现跨学科、多学科交叉融合发展的理念,在教材建设上突破"小文科"思维,构建"大文科"格局,打造具有华政特色的各类特色课程系列教材。

华东政法大学2022年推出的这5个系列教材,在我看来,都有如下鲜明的特点:

第一,理论创新。系列教材改变了陈旧的理论范式,建构具有创新价值的知识体系,反映了学科专业理论研究最新成果,体现了经济社会和科技发展对人才培养提出的新要求。

第二,实践应用。系列教材的编写紧密围绕社会和文化建设中亟须解决的新问题,紧扣法治国家、法治政府、法治社会建设新需求,探索理论与实践的结合点,让教学实践服务于国家和社会的建设。

第三,中国特色。系列教材编写的案例和素材均来自于中国的法治建设和改革开放实践,传承并诠释了中国优秀传统文化,较好地体现了中国立场、中国理论、中国实践、中国话语。

第四,精品意识。为保证系列教材的高质量出版,我校遴选了各学科专业领域教学经验丰富、理论造诣深厚的学科带头人担任教材主编,选派优秀的中青年科研骨干参与教材的编写,组成教材编写团队,形成合力,为打造出高质量的精品教材提供保障。

当然,由于我校"新文科""新法科"的建设实践积累还不够丰厚,加之编写时间和编写水平有限,系列教材难免存在诸多不足之处。希望各位方家不吝赐教,我们将虚心听取,日后逐步完善。我希望,本系列教材的出版,可以为我国"新文科""新法科"建设贡献华政人的智慧。

是为序。

华东政法大学校长、教授　叶　青

2022 年 8 月 22 日于华政园

前　言

近年来,伴随着经济的快速发展,我国逐渐步入环境问题的高发期,环境保护日益受到政府和民众的重视。通过加强环境立法,健全和完善环境法律体系,把环境保护纳入法治化轨道,有效促进我国环境问题的解决,已成为社会各界的共识。2014年4月24日,《中华人民共和国环境保护法》(以下简称《环境保护法》)由第十二届全国人民代表大会常务委员会第八次会议修订通过,自2015年1月1日起施行。《环境保护法》的修订,将成为我国环境与资源保护法治建设新的起点,也将为我国环境与资源保护法学的理论研究与相关实践带来新的历史机遇。

20世纪70年代以来,环境与资源保护法学一直是我国法学理论研究与实践中最活跃的领域之一。经过四十多年的发展,我国的环境与资源保护法日趋完善,"环境与资源保护法学"也已经发展成为一门新兴的法学二级学科。2007年3月,教育部高等学校法学学科教学指导委员会全体委员会议将"环境与资源保护法"增列为法学学科核心课程之一,环境与资源保护法学的教学与研究在我国法学本科教学中的重要性不言而喻。

本教材立足于环境与资源保护法学理论的独特性和体系的完整性,紧密联系我国环境与资源保护法治建设的实践和环境与资源保护法学的前沿研究,完整体现2014年《环境保护法》修订后所提出的新的法律理念和制度设计,全面、系统地介绍环境与资源保护法学的基本概念、原则、制度、法律责任以及环境与资源保护立法各具体领域主要的法律规定,着重培养学生对环境与资源保护法学理论体系整体上的认知和把握,同时也注意锻炼学生运用环境与资源保护法学的基本理论解决实际问题的能力。

本教材的具体编写分工如下:张璐,第一、四、十一、十二、十三章;李小强,第二、三、五、九章;曹炜,第六、七、十四章;褚涓,第八章;王浩名,第十章;吕稣,第十五、十六章。张璐负责全书框架结构的策划和统稿审定。

由于编者水平所限,本教材还存在不少需要进一步探讨和改进之处,敬请广大读者批评指正。

张　璐
2022年10月

法律法规缩略语表

全称	简称
法律	
《中华人民共和国安全生产法》	《安全生产法》
《中华人民共和国标准化法》	《标准化法》
《中华人民共和国草原法》	《草原法》
《中华人民共和国城市房地产管理法》	《城市房地产管理法》
《中华人民共和国城乡规划法》	《城乡规划法》
《中华人民共和国大气污染防治法》	《大气污染防治法》
《中华人民共和国防洪法》	《防洪法》
《中华人民共和国防沙治沙法》	《防沙治沙法》
《中华人民共和国放射性污染防治法》	《放射性污染防治法》
《中华人民共和国固体废物污染环境防治法》	《固体废物污染环境防治法》
《中华人民共和国海岛保护法》	《海岛保护法》
《中华人民共和国海洋环境保护法》	《海洋环境保护法》
《中华人民共和国海域使用管理法》	《海域使用管理法》
《中华人民共和国行政复议法》	《行政复议法》
《中华人民共和国行政诉讼法》	《行政诉讼法》
《中华人民共和国行政许可法》	《行政许可法》
《中华人民共和国环境保护法(试行)》	《环境保护法(试行)》
《中华人民共和国环境保护法》	《环境保护法》
《中华人民共和国环境保护税法》	《环境保护税法》
《中华人民共和国环境影响评价法》	《环境影响评价法》
《中华人民共和国环境噪声污染防治法》	《环境噪声污染防治法》
《中华人民共和国黄河保护法》	《黄河保护法》
《中华人民共和国节约能源法》	《节约能源法》
《中华人民共和国可再生能源法》	《可再生能源法》

(续表)

全称	简称
《中华人民共和国矿产资源法》	《矿产资源法》
《中华人民共和国矿山安全法》	《矿山安全法》
《中华人民共和国领海及毗连区法》	《领海及毗连区法》
《中华人民共和国煤炭法》	《煤炭法》
《中华人民共和国民法典》	《民法典》
《中华人民共和国民事诉讼法》	《民事诉讼法》
《中华人民共和国农产品质量安全法》	《农产品质量安全法》
《中华人民共和国农村土地承包法》	《农村土地承包法》
《中华人民共和国农业法》	《农业法》
《中华人民共和国侵权责任法》	《侵权责任法》
《中华人民共和国清洁生产促进法》	《清洁生产促进法》
《中华人民共和国森林法(试行)》	《森林法(试行)》
《中华人民共和国森林法》	《森林法》
《中华人民共和国湿地保护法》	《湿地保护法》
《中华人民共和国水法》	《水法》
《中华人民共和国水土保持法》	《水土保持法》
《中华人民共和国水污染防治法》	《水污染防治法》
《中华人民共和国突发事件应对法》	《突发事件应对法》
《中华人民共和国土地管理法》	《土地管理法》
《中华人民共和国土壤污染防治法》	《土壤污染防治法》
《中华人民共和国宪法》	《宪法》
《中华人民共和国乡村振兴促进法》	《乡村振兴促进法》
《中华人民共和国刑法》	《刑法》
《中华人民共和国循环经济促进法》	《循环经济促进法》
《中华人民共和国野生动物保护法》	《野生动物保护法》
《中华人民共和国渔业法》	《渔业法》
《中华人民共和国噪声污染防治法》	《噪声污染防治法》
《中华人民共和国增值税法》	《增值税法》
《中华人民共和国长江保护法》	《长江保护法》
《中华人民共和国治安管理处罚法》	《治安管理处罚法》

(续表)

全称	简称
《中华人民共和国专属经济区和大陆架法》	《专属经济区和大陆架法》
法规	
《中华人民共和国对外合作开采海洋石油资源条例》	《对外合作开采海洋石油资源条例》
《中华人民共和国对外合作开采陆上石油资源条例》	《对外合作开采陆上石油资源条例》
《中华人民共和国防汛条例》	《防汛条例》
《中华人民共和国防止船舶污染海域管理条例》	《防止船舶污染海域管理条例》
《中华人民共和国防止沿海水域污染暂行规定》	《防止沿海水域污染暂行规定》
《中华人民共和国防治海岸工程建设项目污染损害海洋环境管理条例》	《防治海岸工程建设项目污染损害海洋环境管理条例》
《中华人民共和国防治陆源污染物污染损害海洋环境管理条例》	《防治陆源污染物污染损害海洋环境管理条例》
《中华人民共和国放射性同位素与射线装置放射防护条例》	《放射性同位素与射线装置放射防护条例》
《中华人民共和国海洋倾废管理条例》	《海洋倾废管理条例》
《中华人民共和国海洋石油勘探开发环境保护管理条例》	《海洋石油勘探开发环境保护管理条例》
《中华人民共和国海洋石油勘探开发环境保护管理条例实施办法》	《海洋石油勘探开发环境保护管理条例实施办法》
《中华人民共和国河道管理条例》	《河道管理条例》
《中华人民共和国环境噪声污染防治条例》	《环境噪声污染防治条例》
《中华人民共和国矿产资源法实施细则》	《矿产资源法实施细则》
《中华人民共和国矿业暂行条例》	《矿业暂行条例》
《中华人民共和国陆生野生动物保护实施条例》	《陆生野生动物保护实施条例》
《中华人民共和国森林病虫害防治条例》	《森林病虫害防治条例》
《中华人民共和国森林法实施条例》	《森林法实施条例》
《中华人民共和国森林防火条例》	《森林防火条例》
《中华人民共和国水生野生动物保护实施条例》	《水生野生动物保护实施条例》

（续表）

全称	简称
《中华人民共和国水生野生动物利用特许办法》	《水生野生动物利用特许办法》
《中华人民共和国水土保持法实施条例》	《水土保持法实施条例》
《中华人民共和国水土保持暂行纲要》	《水土保持暂行纲要》
《中华人民共和国水文条例》	《水文条例》
《中华人民共和国水污染防治法实施细则》	《水污染防治法实施细则》
《中华人民共和国土地管理法实施条例》	《土地管理法实施条例》
《中华人民共和国野生植物保护条例》	《野生植物保护条例》
《中华人民共和国植物新品种保护条例》	《植物新品种保护条例》
《中华人民共和国自然保护区条例》	《自然保护区条例》

目 录

第一编 总 论

第一章 导论 (3)
　第一节 环境 (3)
　第二节 环境问题 (7)
　第三节 环境保护 (14)
　思考题 (15)
　推荐阅读 (16)

第二章 环境与资源保护法概述 (17)
　第一节 环境与资源保护法的概念与特征 (17)
　第二节 环境与资源保护法的目的和作用 (23)
　第三节 环境与资源保护法与相关学科的关系 (28)
　第四节 环境与资源保护法的体系 (32)
　思考题 (40)
　推荐阅读 (40)

第三章 环境与资源保护法的历史演进 (41)
　第一节 国外环境与资源保护法的形成及其演变 (41)
　第二节 我国环境与资源保护法的演进历程 (51)
　第三节 以污染防治为中心的认知模式 (60)
　思考题 (63)
　推荐阅读 (63)

第四章 环境与资源保护法部门法属性批判 (64)
　第一节 环境与资源保护法部门法属性分析的局限性 (64)

第二节　部门法研究范式应用于环境与资源保护法理论研究的负面
　　　　　效应 …………………………………………………………………（69）
　　思考题 ……………………………………………………………………（73）
　　推荐阅读 …………………………………………………………………（73）

第五章　环境管理体制 ………………………………………………………（75）
　　第一节　环境管理体制概述 ……………………………………………（75）
　　第二节　国外环境管理体制概述 ………………………………………（80）
　　第三节　我国生态环境管理体制 ………………………………………（88）
　　思考题 ……………………………………………………………………（94）
　　推荐阅读 …………………………………………………………………（94）

第六章　环境与资源保护法的基本原则 ……………………………………（95）
　　第一节　环境与资源保护法的基本原则概述 …………………………（95）
　　第二节　协调发展原则 …………………………………………………（101）
　　第三节　预防原则 ………………………………………………………（110）
　　第四节　义务性原则 ……………………………………………………（119）
　　第五节　公众参与原则 …………………………………………………（126）
　　思考题 ……………………………………………………………………（133）
　　推荐阅读 …………………………………………………………………（133）

第七章　环境与资源保护法律制度 …………………………………………（134）
　　第一节　环境与资源保护法律制度概述 ………………………………（134）
　　第二节　环境规划制度 …………………………………………………（138）
　　第三节　环境影响评价制度 ……………………………………………（149）
　　第四节　环境保护目标责任制度 ………………………………………（163）
　　第五节　环境标准制度 …………………………………………………（172）
　　思考题 ……………………………………………………………………（182）
　　推荐阅读 …………………………………………………………………（182）

第八章　环境司法专门化 ……………………………………………………（183）
　　第一节　环境司法专门化的理论基础 …………………………………（183）

第二节 环境私益侵权诉讼……………………………………(195)
第三节 环境民事公益诉讼……………………………………(205)
第四节 环境行政公益诉讼……………………………………(211)
思考题……………………………………………………………(217)
推荐阅读…………………………………………………………(217)

第二编 污染防治法

第九章 污染防治法律制度……………………………………(221)
第一节 环境税制度………………………………………………(221)
第二节 污染物排放总量控制制度………………………………(227)
第三节 排污许可管理制度………………………………………(236)
第四节 突发环境事件应急处理制度……………………………(245)
第五节 清洁生产制度……………………………………………(252)
思考题……………………………………………………………(261)
推荐阅读…………………………………………………………(262)

第十章 污染防治单行立法……………………………………(263)
第一节 大气污染防治法…………………………………………(263)
第二节 水污染防治法……………………………………………(273)
第三节 海洋污染防治法…………………………………………(283)
第四节 土壤污染防治法…………………………………………(293)
第五节 固体废物污染防治法……………………………………(302)
第六节 噪声污染防治法…………………………………………(312)
思考题……………………………………………………………(322)
推荐阅读…………………………………………………………(323)

第三编 自然资源法

第十一章 自然资源法概述……………………………………(327)
第一节 自然资源概述……………………………………………(327)

第二节　自然资源与人类社会 …………………………………… (333)
　　第三节　自然资源与法 …………………………………………… (338)
　　第四节　自然资源法的概念和调整对象 ………………………… (343)
　　思考题 ……………………………………………………………… (345)
　　推荐阅读 …………………………………………………………… (346)

第十二章　自然资源法的法律属性分析 ………………………… (347)
　　第一节　自然资源法的法律形态演变 …………………………… (347)
　　第二节　自然资源法的法律理念变迁 …………………………… (350)
　　思考题 ……………………………………………………………… (354)
　　推荐阅读 …………………………………………………………… (354)

第十三章　自然资源法的基本制度构成 ………………………… (355)
　　第一节　自然资源法基本制度构成概述 ………………………… (355)
　　第二节　自然资源权属制度 ……………………………………… (356)
　　第三节　自然资源流转制度 ……………………………………… (362)
　　第四节　自然资源行政管理制度 ………………………………… (368)
　　思考题 ……………………………………………………………… (371)
　　推荐阅读 …………………………………………………………… (372)

第十四章　自然资源单行立法 …………………………………… (373)
　　第一节　土地资源法 ……………………………………………… (373)
　　第二节　海域资源法 ……………………………………………… (388)
　　第三节　水资源法 ………………………………………………… (394)
　　第四节　矿产资源法 ……………………………………………… (411)
　　第五节　森林资源法 ……………………………………………… (422)
　　第六节　草原法 …………………………………………………… (430)
　　第七节　野生动植物资源法 ……………………………………… (436)
　　思考题 ……………………………………………………………… (445)
　　推荐阅读 …………………………………………………………… (446)

第四编　区域与流域保护法

第十五章　区域与流域保护法概述……………………………………(449)
第一节　环境立法思路调整与转型……………………………(449)
第二节　区域及流域立法概况…………………………………(452)
思考题………………………………………………………………(458)
推荐阅读……………………………………………………………(459)

第十六章　区域与流域保护单行立法…………………………………(460)
第一节　国家公园立法…………………………………………(460)
第二节　长江保护法……………………………………………(468)
第三节　黄河保护法……………………………………………(476)
第四节　湿地保护法……………………………………………(479)
思考题………………………………………………………………(488)
推荐阅读……………………………………………………………(488)

第一编 总论

第一章 导　　论

【导言】

　　环境、环境问题、环境保护等概念是环境与资源保护法学的基础理论知识。环境与资源保护法学所涉及的环境主要是人类环境,人类环境分为自然环境和人工环境;人类与环境的相互作用表现为环境是人类生存和发展的基础,人类不断地干预和改造环境;环境问题分为原生和次生环境问题,环境与资源保护法调整的主要是次生环境问题,次生环境问题分为环境污染和生态环境破坏两类;环境问题的产生与发展有其特定的根源;与环境问题的产生与发展相对应,环境保护也经历了相应的发展。

第一节　环　　境

一、环境的基本内涵

　　环境,是人们在日常生活中使用频率很高的词汇。人们会在很多场合、在不同意义上使用环境这一概念,但如何在科学和规范意义上对其予以理解和把握,却很少受到关注。在环境与资源保护法学的学习和研究中,必须首先对环境这一概念进行准确界定,因为它是环境与资源保护法学进行理论推演和体系构建的起点。

　　概括而言,"环境是相对于一定的中心事物而言的,与某一中心事物相关的周围事物的集合就称为这一中心事物的环境"[①]。环境是一个具有很强相对性的概念,具有一定的可变性,会因中心事物的不同而发生含义和范围上的变化。中心事物是环境最主要的属性,是环境的主体因素,它往往决定了环境的范围和基本构成。因此,当提及环境这一概念时,必须首先确定其中心事物,以此为前提才能准确理解和把握某一特定的环境概念的含义和范围。

---

① 左玉辉主编:《环境学》,高等教育出版社2002年版,第1页。

二、人类环境的概念引入

环境与资源保护法学中所涉及的环境,是以环境科学中对环境概念的界定为基础的。在环境科学中,环境是指"围绕着人群的空间,及其中可以直接、间接影响人类生活和发展的各种自然因素的整体"[①]。也就是说,环境科学研究的环境,即人类环境,其主体是人类,客体是人类周边的相关事物。

以环境科学中对人类环境概念的界定为基础,充分考虑法律调整的可操作性和明确的针对性,对于环境这一基本概念,我国《环境保护法》第2条作出明确的界定:"本法所称环境,是指影响人类生存和发展的各种天然的和经过人工改造的自然因素的总体,包括大气、水、海洋、土地、矿藏、森林、草原、湿地、野生生物、自然遗迹、人文遗迹、自然保护区、风景名胜区、城市和乡村等。"因此,我国法律意义上的环境主要是指人类环境。

三、人类环境的分类

人类环境是一个复杂的体系,其涉及的范围之广泛是很多其他学科研究的环境所无法比拟的。因此,从理论研究的角度来说,有必要根据研究需要对其进行分类归纳,以厘清研究思路,明确研究重点。对于人类环境这一外延宽泛的研究对象,根据不同的标准,比如形成原因、特征、功能、范围、要素等,可以对其作出不同的分类。至于究竟采用何种分类标准,可视研究目的而定。在环境科学的研究中,通常根据环境特征和功能的差别,将人类环境划分为自然环境和人工环境两个基本类型。

(一)自然环境

自然环境,是指所有能够对人类产生直接或间接影响的、自然形成的物质、能量和现象的总体,包括阳光、空气、水、土壤、岩石、动植物等自然因素。自然环境是人类产生、生存和发展的物质基础。在人类发展的不同阶段,自然环境的范围也有所不同。随着科学技术的进步以及随之而来的人类活动对自然界影响范围的不断扩大,自然环境的范围也在不断扩大。

生态环境是一个容易与自然环境相混淆的概念,有必要对二者进行明确的区分。生态环境与自然环境不是在同一个层次上相并列的概念。生态环境又称"生境",是生态学中的一个基础性概念,它是指以生物为中心事物的相关事物的集合。因此,生态环境与人类环境各有不同指向,自然环境只是人类环境的组成

---

① 《中国大百科全书·环境科学》,中国大百科全书出版社1983年版,第164页。

部分之一，不能与生态环境相提并论。

（二）人工环境

人工环境，是指在自然环境的基础上，通过人类长期有意识的社会劳动，对自然物质加工和改造所形成的环境体系，包括城市、乡村、名胜古迹、风景游览区等。人工环境是人类为不断提高自身的物质和文化水平，在自然的基础之上形成的创造性的劳动成果，是人类精神文明和物质文明进步与发展的重要标志。相对于经过漫长的自然演化而形成自然环境，人工环境出现的时间非常短，但与人类自身的发展进化同步，其表现形态也得到了迅速的发展和极大的丰富。与自然环境不同，人工环境蕴含了人类的体力和脑力劳动，具有更符合人类多样化需求的结构和功能。

需要注意的是，人工环境不同于社会环境。所谓社会环境，是指人类社会制度等上层建筑条件，包括社会的经济基础、城乡结构以及同各种社会制度相适应的政治、经济、法律、宗教、艺术、哲学的观念和机构等。[①] 由此可见，人工环境与社会环境之间存在根本的差异。人工环境是指人类在自然基础上通过社会劳动形成的创造性成果，主要表现为物质性要素；而社会环境则侧重于上层建筑和意识形态领域。因此，不能把人工环境和社会环境混为一谈。

四、人类与环境的相互作用和影响

科学理解和把握人类与环境的相互作用和影响及其发展变化的规律，是环境科学的核心命题，同时也是环境与资源保护法学进行理论和制度构建的基本前提。从根本上说，人类与环境的相互作用和影响概括地表现在以下两个方面：

（一）环境是人类产生、生存和发展的物质基础

环境是在人类出现之前就存在的。在人类出现之前的几十亿年时间里，地球经过了漫长的演化过程，并经过了复杂的物理和化学变化过程，逐步形成了适合生物产生并能够得以延续和进化的环境条件。经过了漫长的从简单到复杂、从低级到高级的生物进化过程，出现了人类。在人类产生和繁衍的过程中，太阳、月亮以及地球上的大气、水、土壤、岩石、生物等环境要素，不但为人类提供了生存发展的空间，提供了生命支持系统，还为人类的生活和生产活动提供了食物、矿产、木材、能源等原材料和物质资源。因此，环境是人类产生、生存和发展的物质基础。换言之，人类是环境的产物。地表大气中氧的形成、臭氧层的形成以及人体血液化学元素平均含量与地壳各种元素含量在比例上的近似等典型科

---

① 参见钱易、唐孝炎主编：《环境保护与可持续发展》，高等教育出版社2000年版，第1页。

学事例,都可以充分地说明这一点。①

所以,人类不是大自然的主人。迄今为止,人类仍然不能从根本上摆脱自然环境的决定性影响,任何企图征服自然的意识和观念,在理论上都是错误的,在实践中都是行不通的。

(二) 人类不断干预和改造着环境

人类作为生命演化高级阶段的产物,与其他动物相比,其根本的区别在于:人类能够进行劳动,并具有明确的主观能动性。因此,不像其他动物只是完全被动地依赖和适应自然环境而生存,人类为创造更适合自身生存和发展的外部环境条件,通过劳动,尤其是有组织的社会性的生产活动,有目的、有计划地干预和改造原有的自然环境,使之发生符合人类目的和要求的变化。同时,随着科学技术的发展,人类对自然环境进行干预和改造的广度和深度也与日俱增。因此,自从人类出现之后,自然环境的发展和演化已经不再是纯粹的自然过程,而是不可避免地受到来自人类活动的影响。

所以,人类必须充分认识到自身活动对环境进行干预和改造所产生的影响。尽管人类可以不断干预和改造环境,而且当代人类对其生存环境的改变之大前所未有,但环境对人类生存、发展的决定性作用并未改变。因此,人类对环境进行的干预和改造必须遵循环境自身发展和演化的规律。人类可以在掌握和运用这一规律的前提下,认识自然,改造自然,建设环境,从而不断提高人与环境的和谐程度。如果人类对环境的干预和改造背离了环境自身发展和演化的规律,必然导致人类不能承受的恶果。对此,恩格斯深刻地指出:"我们不要过分陶醉于我们对自然界的胜利。对于每一次这样的胜利,自然界都报复了我们。每一次胜利,在第一步都确实取得了我们预期的结果,但是在第二步和第三步却有了完全不同的、出乎预料的影响,常常把第一个结果又取消了。美索不达米亚、希腊、小亚细亚以及其他各地的居民,为了想得到耕地,把森林都砍完了,但是他们梦想不到,这些地方今天竟因此成为荒芜不毛之地,因为他们使这些地方失去了森林,也失去了积聚和贮存水分的中心。"②

总体而言,在人类与环境相互作用和影响的过程中,环境发挥着决定性作用,而人类则是其中的能动性因素。是否能够实现人类与环境良性的相互影响和作用,从而实现人与环境的和谐,关键在于人类自身的选择。

---

① 参见金瑞林主编:《环境与资源保护法学》(第2版),北京大学出版社2006年版,第6—7页。
② 《马克思恩格斯全集》第二十卷,人民出版社1971年版,第519页。

第二节 环境问题

一、环境问题的概念与分类

环境问题,是指由于自然界的变化或人类活动的影响,导致环境结构和状态发生了不利于人类生存和发展的变化,由此给人类的生产和生活带来的有害影响。环境问题的表现复杂多样,人们对环境问题的认识和理解也在不断发生着变化。

从引起环境问题的根源来考虑,可将环境问题分为两类:由自然力引起的为原生环境问题,又称"第一环境问题",它主要指地震、洪涝、干旱、滑坡等自然灾害;由人类活动引起的为次生环境问题,也叫"第二环境问题",它又可以分为环境污染和生态环境破坏两类。① 在环境科学和环境与资源保护法学中,都将次生环境问题作为研究重点。

环境污染,是指因为人为的因素,使某些物质或能量进入环境之中,引起环境的物理、化学、生物性质发生改变,导致环境质量恶化,扰乱并破坏了生态系统和人们正常的生产、生活条件的现象。从具体表现上看,环境污染包括大气污染、水体污染、土壤污染、生物污染等由物质引起的污染和噪声污染、热污染、放射性污染、电磁辐射污染等由物理因素(能量)引起的污染。

生态环境破坏,又称"环境破坏",是指人类在自然环境的开发利用过程中,过度地向环境索取物质和能量,引起某种或某几种环境要素数量减少、形态改变、质量降低,导致这些环境要素固有的环境功能弱化或丧失,从而使环境产生不利于人类和其他生物生存、发展的影响的现象。环境破坏的根本原因在于,人类对自然环境的开发利用违背了自然规律和自然环境的承受限度,主要表现为因环境功能退化而形成的生态失衡、资源枯竭等。比如,乱砍滥伐引起的森林植被破坏、过度放牧引起的草原退化、大面积开垦草原引起的草原荒漠化、滥采滥捕导致的物种灭绝、林草植被破坏引起的水土流失等。

环境污染和环境破坏作为环境问题的不同类型,二者之间既有差异也存在共性。从差异的角度来看,环境污染主要发生在生产和生活的排放环节,而环境破坏则主要产生于人类对环境要素尤其是自然资源的开发利用过程中;环境污染更多地表现为对环境要素性质的改变,而环境破坏则主要表现为对环境要素

---

① 参见何强、井文涌、王翊亭编著:《环境学导论》(第3版),清华大学出版社2004年版,第12页。

形态的改变。当然,二者也存在非常明显的共性,即无论发生在哪个环节,无论是性质的改变还是形态的改变,环境污染和环境破坏最终都表现为对环境要素固有结构或功能的损害,从而使环境发生不利于人类的变化。

需要明确指出的是,无论对环境问题作出原生环境问题和次生环境问题的类型划分,还是将次生环境问题分为环境污染和环境破坏,都只是在理论分析中相对简化的研究思路。实际上,不可能对原生环境问题和次生环境问题、环境污染和环境破坏进行绝对的划分。在现实中,自然环境自身的发展演化和人类的生产、生活活动都是非常复杂的过程,原生环境问题和次生环境问题几乎难以截然分开,环境污染和环境破坏也并非泾渭分明,它们之间往往相互影响、相互作用。比如,山区的泥石流和山体滑坡虽然主要属于原生的自然灾害,但事实上很多泥石流和山体滑坡的形成往往与此前人们对该区域林草植被的破坏有着密切的关系。

对环境问题进行分类研究不仅仅是环境科学的任务,对于环境与资源保护法学而言同样具有重要意义。无论从何种角度理解环境与资源保护法的作用和目的,有效解决环境问题始终是其核心命题。因此,环境问题的分类决定了对环境与资源保护法学进行理论研究和立法实践的基本走向和体系构建。尽管环境与资源保护法学的体系在不断丰富和发展,但将污染防治法和自然资源法作为其两个基本的组成部分,无论在理论研究还是相关实践中,都已经形成基本的共识。显然,这是以对环境问题进行环境污染和环境破坏的基本类型划分为基础的。

二、环境问题的产生与发展

在以往环境与资源保护法学的理论研究中,往往把人类社会早期的原始社会作为环境问题产生与发展的第一个阶段。事实上,这样的划分方法并无太大的现实意义。因为原始社会早期人类的社会属性体现得并不充分,劳动技能和生产力水平极其低下,在很大程度上依然受自然属性的支配和影响,主要靠采摘、捕猎获得食物,对环境只能被动适应,不可能形成对环境大的改变和影响,也就无所谓环境问题的存在了。即使存在如因用火不慎而导致大片森林和草地被烧毁的情形,也与现代意义上的环境问题相去甚远。因此,环境问题的产生,一定是在人类能够形成规模化、社会化的生产活动,并由此能够对环境产生一定的影响之后。据此,大体可以将环境问题的产生和发展分为以下三个阶段:

(一)农业文明时期

农业文明在人类发展的历史上占据了很长的时间,经历了奴隶社会和封建社会。在这一时期,社会生产力初步发展,粮食供应较原始社会更为稳定和充足,人口密度不断增加,人类对环境的干预和改造能力有所增强。"刀耕火种"是这一时期农业生产的主要特征,为扩大耕地而滥伐森林、毁坏草原的情形大量存在,造成了严重的环境破坏,有些甚至对后世影响深远。周朝时,在黄河流域,黄土高原的森林覆盖率达50%以上;而西汉时,大规模的军垦和民垦活动破坏了生态环境,直接导致了严重的水土流失,黄河泥沙含量剧增,并开始出现泛滥现象。类似的情形在外国的历史上也客观存在,不少人类古代文明的湮没都与此不无关系。

除此之外,在以农业生产为主的奴隶社会和封建社会,已经出现了一定规模人口聚集的城市和各种手工业作坊,也出现了一定数量的手工业作坊废弃物和居民生活的垃圾排放,但总体上并未超出环境卫生的范畴,没有形成典型的、规模性的环境污染。

(二) 工业革命之后到20世纪80年代

18世纪后期的工业革命开启了人类文明进步的新篇章。工业革命以来,生产力得到极大的解放和发展,科学技术的进步也日新月异,人类社会开始进入工业化的时代,人类对环境影响的广度和深度也远非昔日可比。在人们迅速积累物质财富的同时,大规模的环境污染和严重的环境破坏也伴随而生。

首先,环境污染愈演愈烈。工业生产排放的大量废水、废气和固体废物,在农业生产中大量使用的化肥和农药,以及新出现的化学合成品等不加限制地被排入环境之中,大大超出环境的自净能力。各种污染因素不断积累,局部地区的环境污染日益严重。尤其是在20世纪30年代到60年代,美国、日本、英国等工业化国家相继发生了震惊世界的"八大公害事件"[①],使得以环境污染为主要表现的环境问题开始引起世界各国的普遍关注。

其次,环境破坏日趋严重。早期的工业化生产是以大量的自然资源和能源的消耗为支撑的,工程技术水平的迅速提高,以及制造业、采掘业、采伐业、捕捞业等产业形态的出现和迅猛发展,导致对自然资源的掠夺性开发,对环境的索取急剧膨胀,其发展势头远远超出环境的承载能力,从而造成自然资源的短缺甚至耗竭,环境遭到严重的破坏。

---

① "八大公害事件"是指20世纪30到60年代人类所遭受的重大环境灾难,这些由工业污染造成的悲剧给人们留下了惨痛的记忆和教训。它们是比利时马斯河谷烟雾事件、美国多诺拉烟雾事件、英国伦敦烟雾事件、美国洛杉矶光化学烟雾事件、日本水俣病事件、日本富山骨痛病事件、日本四日市哮喘事件、日本米糠油事件。

(三) 20世纪80年代以后

从20世纪80年代中期英国和美国的科学家相继发现并证实南极上空出现"臭氧空洞"开始,环境问题进入一个新的发展阶段。如果说在此之前的环境问题更多局限于特定的国家和地区,主要表现为局部性的影响,那么进入20世纪80年代以后,环境问题开始逐渐表现为全球性的影响。酸雨、臭氧层破坏、全球变暖这三大全球性的环境问题已经影响到世界各国和地区,与此同时,淡水危机、湿地丧失、生物多样性锐减等严重的环境问题也在世界各国和地区普遍存在。可以说,全球面临环境危机,人类社会必须作出抉择。因为在这一阶段,"人类环境的问题,不是如同人们平常所理解的仅仅是自然环境因素如空气、水、土地的恶化的问题,而是一个当前人类的社会经济发展方向和发展模式与地球的生命支撑能力相悖的问题。从根本上说,人类环境问题是当代人类重新选择发展方向和发展模式的问题,是人类向何处去的问题。"①

三、环境问题产生的根源②

人类对环境问题产生原因的认识,有一个逐步深化的过程。刚开始,人们认为环境问题就是由于科学技术发展不足而引起的,倾向于仅从技术角度来研究环境问题的解决之道。但是,环境问题并没有随着科技的发展而得以解决,反而变得更为严重。后来,人们又从经济学、伦理学等角度来研究环境问题,环境经济学、环境哲学、环境伦理学、环境法学等新兴的学科由此而诞生。我们认为,环境问题的产生是相当复杂的,应当从多学科、多维的视角予以研究。在当代社会,环境问题不仅仅是技术问题和经济问题,还是哲学问题、宗教问题、伦理问题。

(一) 环境问题产生的哲学根源

哲学是时代精神的反映。环境问题的产生与西方世界"主客二分"的哲学传统有密切的关系。古希腊哲学家柏拉图开"主客二分"思想之先河,近代的伽利略、培根和笛卡儿对"主客二分"式的机械论哲学的最终确立和占据统治地位作出了最有成效的努力。在著名的"心物二元论"中,笛卡儿在精神和肉体之间划出了一道截然分明的界限,他"以外科手术般的精细态度,从物质本性中剔除精神的每一丝痕迹,留下一片由惰性的物质碎片杂乱堆积而成的、没有生命

---

① 王曦编著:《国际环境法》,法律出版社1998年版,第9页。
② 本部分内容参见张梓太、吴卫星等编著:《环境与资源法学》,科学出版社2002年版,第11—14页。

的疆域"①。"主客二分"的哲学模式对于确立人的主体性和科技的发展的确具有历史进步意义,但是它忽视了大自然的整体性和价值尊严,导致了人类对自然界盲目的、肆无忌惮的征服和改造。"现在,深刻化的地球规模的环境破坏的真正原因,在于将物质与精神完全分离的物心二元论西方自然观,以及席卷整个世界的势头。"②

(二)环境问题产生的宗教根源

西方的基督教对环境问题的产生负有不可推卸的责任。传统基督教对人与自然关系的经典解释是:唯有人是按上帝的形象造的,上帝造人是要人在地上行使统治万物的权利。根据这些教义,传统基督教认为,只要为了人的利益,征服和掠夺自然是天经地义的。《旧约全书·创世记》第1章第28节中写道:"神就赐福给他们,又对他们说,要生养众多,遍满地面,治理这地,也要管理海里的鱼、空中的鸟和地上各样行动的活物。"第9章第1—3节中写道:"神就赐福给挪亚和他的儿子,对他们说,你们要生养众多,遍满了地。凡地上的走兽和空中的飞鸟都必惊恐,惧怕你们,连地上一切的昆虫并海里一切的鱼都交付你们的手。凡活着的动物都可以作你们的食物。"在环境危机日益严重的今天,基督教也面临着如何生态化、绿色化的问题。"当前,基督教共同面临的最大挑战是为生态保护问题肩负起伦理责任。生态不仅仅是技术问题或财政资源问题。归根结底,生态问题要求一种新的信仰角度,根据这种信仰,人类同其余被造物的关系既是领袖群伦的关系,也是合作搭档的关系,简言之,需要一种新的伦理,新的属灵式,新的宗教仪式。"③

(三)环境问题产生的伦理学根源

在传统的伦理学中,所谓伦理,即是人伦之理。伦理学的研究对象,仅限于人与人之间的社会关系,而人与自然的关系则被排除在外。自然界只有工具价值,没有自身的内在价值,它的价值仅是满足人类永无止境的欲望。由于自然界没有获得"道德关怀"的资格,大自然没有自身的价值和尊严,人类在征服和利用大自然的过程中就缺少了必要的伦理准则的制约。

(四)环境问题产生的技术根源

一方面,很多环境问题的产生,是由于技术发展的不足。由于人类理性的有

---

① 〔美〕韦斯特福尔:《近代科学的建构:机械论与力学》,彭万华译,复旦大学出版社2000年版,第32页。
② 〔日〕岸根卓郎:《环境论:人类最终的选择》,何鉴译,南京大学出版社1999年版,第199页。
③ 安希孟:《自然生态学与基督教神学》,载何光沪、许志伟主编:《对话二:儒释道与基督教》,社会科学文献出版社2001年版,第338页。

限性,人们对自然规律和社会规律的认识总是具有一定的片面性。一些反自然、反科学的人类行为,必然会遭到大自然的报复。另一方面,技术就像是一把高悬在人类头顶之上的达摩克利斯剑,对技术的滥用往往会使人类反受其害。例如,对核能和生物技术的滥用,会导致不可估量的生态恶果。

(五)环境问题产生的经济根源

1. 经济行为的负外部性和共有资源的非排他性

所谓行为的负外部性,是指人们的行为对他人或社会的不利影响。它既包括生产的负外部性,也包括消费的负外部性。例如,工矿企业排放废水、废气、废渣等行为,以及居民在使用助力车或汽车的过程中车子排出尾气,对他人和周围的环境均有负面影响。为有效减少和控制经济行为的外部负效应,就应当使得外部成本内在化。根据科斯定理,如果私人各方可以无成本地就资源配置进行协商,那么私人市场就将总能解决外部性问题,并能有效地配置资源。但是,由于交易成本的存在和交易人数众多等原因,科斯定理难以适用于现实。为此,就需要政府采取管制、征收庇古税等公共政策来应付外部性问题。然而,与"市场失灵"一样,也存在"政府失灵"现象,从而使负外部性问题难以得到有效克服。

在经济学中,根据物品是否具有排他性和竞争性,可以把物品分为私人物品、公共物品、共有资源和自然垄断物品。私人物品是既有排他性又有竞争性的物品,公共物品是既无排他性又无竞争性的物品,共有资源是有竞争性而无排他性的物品,自然垄断物品是有排他性而无竞争性的物品。清洁的空气和水、石油矿藏、野生动物等是典型的共有资源。1968年,美国加州大学的哈丁教授就人口资源等问题撰写了一篇题为《共有地的悲剧》的论文,深刻地说明了由于外部性的存在和人们追求个人利益最大化而导致共有资源的枯竭。"共有地悲剧是一个有一般性结论的故事:当一个人用共有资源时,他减少了其他人对这种资源的使用。由于这种负外部性,共有资源往往被过度使用。"[①]当今社会,资源的枯竭、环境质量的退化,都与共有资源的非排他性和经济行为的负外部性有密切的联系。

2. 传统的生产方式和消费方式

传统的生产方式和消费方式呈现出如下形态:大量开采资源—大量生产—大量消费—大量废弃。这种模式是建立在高能耗、高物耗、高污染的基础之上的,不可循环,因而也是不可持续的。"虽然贫困导致某些种类的环境压力,但全

[①] 〔美〕曼昆:《经济学原理》(上册),梁小民译,生活·读书·新知三联书店、北京大学出版社1999年版,第237页。

球环境不断退化的主要原因是非持续消费和生产模式,尤其是工业化国家的这种模式。这是一个严重的问题,它加剧了贫困和失调。"①恩格斯在《家庭、私有制和国家的起源》中就精辟地指出:"鄙俗的贪欲是文明时代从它存在的第一日起直至今日的起推动作用的灵魂;财富,财富,第三还是财富——不是社会的财富,而是这个微不足道的单个的个人的财富,这就是文明时代唯一的、具有决定意义的目的。"②他还引用摩尔根的话,说明人与自身创造的财富之间的异化现象:"自从进入文明时代以来,财富的增长是如此巨大……以致这种财富对人民说来已经变成了一种无法控制的力量。人类的智慧在自己的创造物面前感到迷惘而不知所措了。"③美国哲学家和精神分析学家弗洛姆则从精神分析学和社会心理学的角度对资本主义社会的工业生产、高消费与人的异化作了精彩的分析,他指出:"我们的社会越来越被工业官僚阶层和职业政治家所控制。人们被社会影响所左右,他们的目的是尽可能多地生产和尽可能多地消费,并把这作为自我目标。一切活动都从属于经济目标,手段变成了目标。人变成了物,成为自动机器:一个个营养充足,穿戴讲究,但对自己人性的发展和人所承担的任务却缺乏真正的和深刻的关注。……应该使得人不再同自己的力量产生异化并且不再通过崇拜新偶像——国家、生产、消费——的方式去体验自己的力量。"④我们认为,传统的生产模式和消费模式在经济上是不可持续的,从社会心理学和文化学的角度而言,则是一种病态的、与人类自身异化的现象。不克服这种异化,环境问题就不会真正得到解决。

3. 经济的贫困化

与发达国家的高消费和享乐主义不同,在广大的发展中国家,特别是最不发达国家,由于发展不足而导致的经济贫困是环境恶化的根源之一。这些国家没有建立起本国的工业体系,为了生存和偿还外债,它们不断开采本国的自然资源,廉价出口到发达国家。由于缺乏资金和技术,一些发展中国家无法解决因过度开采资源所导致的环境问题——土壤肥力降低、水土流失、森林等资源急剧减少以及由此带来的各种自然灾害,而这些环境问题反过来又加剧了经济的贫困化。于是,很多国家陷入经济贫困和环境退化的恶性循环之中。联合国《人类环境宣言》指出:"在发展中国家中,环境问题大半是由于发展不足造成的。千百万

---

① 《21世纪议程》,国家环境保护局译,中国环境科学出版社1993年版,第16页。
② 《马克思恩格斯选集》第四卷,人民出版社2012年版,第194页。
③ 同上书,第195页。
④ 〔美〕弗洛姆:《爱的艺术》,李健鸣译,商务印书馆2000年版,第92页。关于弗洛姆对资本主义社会和人的异化的病态研究,另可参见〔美〕弗洛姆:《健全的社会》,孙恺祥译,贵州人民出版社1994年版。

人的生活仍然远远低于像样的生活所需要的最低水平。他们无法取得充足的食物和衣服、住房和教育、保健和卫生设备。因此,发展中国家必须致力于发展工作,牢记它们的优先任务和保护及改善环境的必要。"

第三节 环境保护

一、环境保护的提出

环境保护,是指综合运用行政的、法律的、经济的手段以及科学技术和宣传教育等措施,合理利用自然资源,防止环境污染和生态破坏,以协调社会经济发展与环境之间的相互关系,保障人类的生存和发展。

环境保护的观念和意识并不是从来就有的,它作为一个较为明确的科学概念,是在1972年联合国人类环境会议上提出来的。工业革命之后,环境问题开始在工业化国家逐步显现。20世纪中叶,环境污染进入高发期和爆发期,"八大公害事件"的相继出现令人震惊。R.卡逊1962年出版的《寂静的春天》所描绘的因滥用农药而带来的生态危机,引起了欧美各工业化国家的反思。正是在这样的时代背景下,联合国在1972年召开了人类环境会议,会议通过《人类环境宣言》。该会议及其宣言都明确指出:环境问题是世界各国所共同面临的问题,它不仅是个技术问题,更事关各国人民的生活和社会经济发展。因此,保护和改善人类环境是世界各国政府的责任。至此,"环境保护"作为一个专用的术语被广泛使用,环境保护工作也越来越成为世界各国关注的重点。

从根本上说,环境保护是要采取必要措施协调人类与环境的关系,维持生态平衡,保护人类发展。但是,由于人类与环境之间的相互影响和作用非常复杂,环境保护也必然是一个庞大的系统工程。世界各国针对本国特定时期环境问题的特点,分别采取了一些必要的保护措施。尽管在一些具体的措施上有所差异,但总体而言,可以将环境保护工作的主要内容概括地归纳为两个方面:一是防止环境污染和破坏,保护和改善环境质量,防止不良环境条件对人体健康的损害;二是合理利用自然资源,提高资源利用效率,减少资源消耗,降低或消除有害物质排放,促进和保护自然资源的恢复,扩大再生产。

二、环境保护的发展

随着环境问题在世界各国乃至全球范围内的不断发展演变,以及人们对环境问题发生之作用机理认识的不断深入,环境保护也经历了不同阶段的发展。

20世纪70年代到80年代,环境保护在发达工业化国家备受重视,有效预防和治理环境污染成为环境保护的重中之重。美国、日本等加大了环境保护投资,建立并完善环境管理体制,大力开展相关科学研究,积极推广各种环保技术,并及时颁布相关环境法律法规,较好地解决了国内突出存在的污染问题,在一定程度上缓和了经济发展与环境的矛盾。发展中国家在这一时期也开始逐步重视环境问题,并且仿照发达国家的做法,采取了一些措施,取得了一些成效。

20世纪80年代中期以后,随着各种全球性环境问题日益显现,环境问题前所未有地真正成为全球共同关注的热点问题,环境保护也开始成为世界各国合作与交流的重要议题之一。环境保护受到空前的关注,各种以环境保护为主要内容的国际会议、区域性会议、多边和双边会议,成为这一时期世界政治舞台上的主流。各发达国家和发展中国家分别立足于本国现实国情,提出了一系列应对环境问题、加强环境保护的政策措施,也在相关领域达成了一定的共识。

1992年,联合国环境与发展大会召开,正式提出可持续发展战略,当代人类的环境保护意识空前高涨。各国对环境保护的认识,不再局限于环境问题本身,而是遵从可持续发展战略的指引,不再将环境保护与经济发展对立起来,而是从协调环境保护与经济发展的角度认识环境问题,对环境保护有了新的理解和认识,环境保护与经济发展密不可分的道理已成为人类环境保护的基本指导原则。但是,随着环境保护工作在全球及世界各国的纵深发展,也出现了一些新的问题。比如,当前环境保护越来越成为与国际贸易、信贷、经济援助、技术转让等活动密切相关的一项重要的制约因素,各国在环境保护领域的合作与斗争形势也日趋复杂,关于削减温室气体排放方面的谈判一直进展缓慢就是一个典型例子。

总体而言,世界各国的环境保护工作都取得了不同程度的进展,局部地区的环境质量有所改善,环境保护的观念也深入人心。但是,在全球范围内,环境恶化的趋势并未得到根本的扭转,环境保护领域的机遇与挑战并存,人类的环境保护工作任重而道远。

思考题

1. 环境与人类环境之间有什么样的区别和联系?人类环境分为哪几类?
2. 环境问题的产生和发展经历了哪几个阶段?环境问题逐步表现出全球性影响是在哪个阶段?

3. 环境问题包括哪些类别？对于环境问题的产生原因，各学科提出了哪些理论？

4. 环境保护经历了哪几个发展阶段？

推荐阅读

1. 何强、井文涌、王翊亭编著：《环境学导论》（第3版），清华大学出版社2004年版。

2. 莽萍：《绿色生活手记》（修订版），中国政法大学出版社2005年版。

3. 〔美〕汤姆·帝坦伯格、琳恩·刘易斯：《环境与自然资源经济学》（第8版），王晓霞、杨鹂译，中国人民大学出版社2011年版。

第二章 环境与资源保护法概述

【导言】

环境与资源保护法概述涵盖了环境与资源保护法的概念、特征、目的、作用以及与相关学科的关系等内容。环境与资源保护法的概念和特征是理解环境与资源保护法的前提;对环境与资源保护法目的和作用的掌握有利于更加深入地理解环境与资源保护法的内涵;从学科属性上来讲,环境与资源保护法与行政法和经济法的关系最为密切;环境与资源保护法的体系构成了环境与资源保护法学研究的主要对象。

第一节 环境与资源保护法的概念与特征

一、环境与资源保护法的概念

环境与资源保护法的概念是环境与资源保护法学研究的起点,合理地确定环境与资源保护法的概念范畴是确定环境与资源保护法学研究范围的重中之重。确定环境与资源保护法的概念范畴,既要有国际视野,也要有本土观念。

(一)环境与资源保护法的称谓

环境与资源保护法的称谓旨在说明不同国家或者不同地区关于环境与资源保护法的不同称呼。在环境与资源保护法的发展进程之中,关于环境与资源保护法领域的相关法律规范,世界各国的称呼并不相同而且很不统一。美国一般称之为"环境法"或者"环境政策法",主要是因为美国的环境法起源于美国的环境保护运动;西欧一些国家一般称之为"污染控制法",主要是因为西欧地区有关环境保护的法律是从控制污染的立法中发展而来;日本一般称之为"公害法"或者"公害防治法",主要是因为日本关于环境保护的法律侧重于对公害的防治;俄罗斯和东欧地区的一些国家一般称之为"自然保护法",主要是因为该地区关于环境保护的法律主要是在生态环境和自然资源法律保护的基础之上发展而来。除此之外,世界范围内还有一些国家将环境保护相关法律称为"生态保护法"或者"生态法"[①]"人类环境保护法""环境保护法"等。环境与资源保护法的称呼可谓众说不一。

就我国而言,关于环境与资源保护法的称谓也经历了不同的发展阶段。受我国环境保护工作重心的影响,环境与资源保护法在不同的阶段也有着不同的称谓。20世纪70年代兴起的环境保护工作拉开了环境与资源保护法的序幕,环境与资源保护方面的法律被称为"环境保护法"。随着我国经济社会的发展,环境与资源问题越来越严重,单纯局限于环境的保护已经不足以涵盖环境与资源保护的范围,环境与资源保护的范围不仅关涉环境保护,还包括了预防环境污染、治理和改善环境、提高环境治理、合理开发利用自然资源等一系列议题。因此,环境与资源保护法被称为"环境法",代替了原来的"环境保护法"。1997年,国务院学位委员会明确将"环境与资源保护法学"确立为法学二级学科,自此"环境与资源保护法"这一称谓确立。目前,我国学术界关于环境与资源保护法的称谓并不一致,主要存在"环境法""环境资源法""环境与资源保护法"以及"生态法"等,其中,采用"环境法"称谓在学术研究中有较高的共识度。

(二) 环境与资源保护法的定义

环境与资源保护法的定义是理解环境与资源保护法概念的基础与前提,阐释清楚环境与资源保护法的定义对环境与资源保护法的学习和研究重要性自不待言。就当下而言,我国学术界从理论层面对环境与资源保护法的定义有着不同的表述。环境与资源保护法是由国家制定或认可,并由国家强制力保证执行的关于保护环境与自然资源、防治污染和其他公害的法律规范的总称。[②]环境保护法是调整因保护和改善生活环境和生态环境,防治污染和其他公害而产生的各种社会关系的法律规范的总称;[③]环境法是以保护和改善环境、预防和治理人为环境侵害为目的,调整人类环境利用关系的法律规范的总称;[④]环境法是国家制定或认可的,为实现经济和社会可持续发展目的,调整有关保护和改善环境、合理利用自然资源、防治污染和其他公害的法律规范的总称。[⑤]

以上对于环境与资源保护法的定义虽然形式上略有区别,但是实质上涉及的定义内涵和外延基本上大同小异,并无太大的差别。一般认为环境与资源保

[①] 参见程正康:《环境法》,高等教育出版社1989年版,第51页。
[②] 参见金瑞林主编:《环境与资源保护法学》,北京大学出版社1999年版,第31页。
[③] 参见韩德培主编:《环境保护法教程》(第4版),法律出版社2005年版,第25页。
[④] 汪劲:《环境法学》,北京大学出版社2006年版,第43页。
[⑤] 周珂:《环境法》(第2版),中国人民大学出版社2005年版,第18页。

护法是指调整因保护和改善环境、防治污染和其他公害、合理开发和利用自然资源而产生的社会关系中的法律规范的总称。针对环境与资源保护法概念的定义,可以从以下三个方面进行理解:

首先,环境与资源保护法具有法的一般属性。法的一般属性包含了强制性、规范性以及社会实效性等特点,环境与资源保护法作为法的一种,当然包含了这些特点。环境与资源保护法的强制性说明了环境与资源保护法的国家规定性,也就是说环境与资源保护法应当经过国家的制定或者认可,并且由国家的强制力保证实施,否则环境与资源保护法将出现强制力不足的情况;环境与资源保护法的规范性说明了环境与资源保护法的权利性与义务性,也就是说环境与资源保护法中的法律规范既有赋予权利的权利性规范内容,也有科以义务的义务性规范内容;环境与资源保护法的社会实效性说明了环境与资源保护法的社会效果属性,也就是说环境与资源保护法对整个社会产生相应的社会效果,影响着社会的整体发展方向。

其次,环境与资源保护法具有自身独有的特殊属性。环境与资源保护法的特殊属性是环境与资源保护法作为独立于其他传统法律部门的核心要素,如果没有环境与资源保护法自身独有的特殊属性,那么环境与资源保护法也就没有独立形成并不断发展完善的可能。目前来看,虽然环境与资源保护法的特殊属性还有待进一步展开深入研究,但是总体上来看,就该问题的理解在相关学术研究中正逐步形成共识。

最后,环境与资源保护法是指有关环境与资源保护方面法律规范的总称。环境与资源保护法并非指某一部确定的法律,而是一系列环境与资源保护相关法律规范的总称。这些法律规范中既包含了实体法,也包含了程序法;既有公法规范,也有私法规范;既有法律规范,也有行政规章;既有国内法律,也有国际条约、习惯以及判例。具体而言,我国的环境与资源保护法律规范不仅包含了专门的环境与资源保护法律规范,而且还包含了宪法、刑法、行政法、民法以及诉讼法等传统法律中关于环境与资源保护法的法律规范。

二、环境与资源保护法的特征

环境与资源保护法是一门新兴的法律领域,它以传统法律部门为基础形成发展而来,与传统法律部门有着密切关联与传承关系,但也具有自身特殊的法律属性。作为相对于传统法律部门而独立存在的环境与资源保护法,其自身所具有的特殊性主要表现在以下几个方面:

(一) 调整对象的特殊性

环境与资源保护法在调整对象上的特殊性,是环境与资源保护法相对于传统法律部门独立存在的重要理由。根据传统的法律部门划分标准,调整对象是一个基础性的考量因素,环境与资源保护法作为能够相对于传统法律部门的独立存在,当然也应当有自身所独有的调整对象。实际上,环境与资源保护法的调整对象是针对环境而产生的以人与自然关系为媒介和基础所形成的人与人之间的关系,主要是指因保护和改善环境、防治污染和其他公害、合理开发和利用自然资源而形成的人与人之间的社会关系。环境与资源保护法调整对象的内容最终还是指向了人与人之间的关系,与传统法律部门的调整对象在本质上并没有太大的区别之处。但是,环境与资源保护法的调整对象具有一定的特殊性。这种特殊性在于,环境与资源保护法所调整的人与人之间的关系,是建立在人与自然关系基础之上的人与人的关系,因此,环境与资源保护法对人与人关系的调整,不仅要体现社会规律,更要尊重和体现自然规律。从调整的过程来看,环境与资源保护法通过对人与人关系的调整,不断协调和改善人与自然之间的关系,在这一点上,环境与资源保护法与传统法律部门存在根本不同。

(二) 技术性

环境与资源保护法内容的技术性是指因保护和改善环境、防治污染和其他公害、合理开发和利用自然资源而形成的环境法律规范内容具有明显的技术性特征。这一特征是环境与资源保护法不同于其他法律部门的基本特征之一。第一,环境与资源保护法因环境问题而产生,环境问题的产生本来就具有明显的技术性。环境问题是科学技术发展必然带来的问题,环境问题的产生来源于科学技术的发展,环境问题的解决也要依靠科学技术的发展,并且环境问题随着科学技术的发展也会产生新兴的环境问题,所以说环境问题与科学技术息息相关。作为解决环境问题法律手段的环境与资源保护法当然也就具有技术性。第二,环境与资源保护法的理念建立在环境科学研究的成果之上,受环境科学技术性的影响,环境与资源保护法也具有技术性的特点。而且,建立在环境规律基础之上的环境科学研究成果为环境与资源保护法嵌入了许多全新的理念。第三,环境与资源保护法中的环境与资源保护法律规范内容中蕴含着一系列的环境技术规范、环境标准以及环境操作规程等内容,比如环境污染指数、环境标准制度以及环境资源利用操作流程等。第四,环境与资源保护法中的许多法律效力术语基本上在立法时直接吸纳其他自然科学中的技术名词和术语,这在形式上充分体现了环境与资源保护法的技术性。第五,在环境与资源保护法的法律规范模式中,没有采用一般法律规范的"行为条件加法律后果"的模式,而是依据科学原理,采用非法律事实的技术判断确立事前的行为条件,比如环境影响评价制度、落后产能限期淘汰制度等。第六,环境与资源保护法在立法、执法以及司法实践中都表现出极强的技术性内容。比如环境立法时通过环境技术手段确定环境与资源保护法的价值,环境执法时通过环境技术手段判断行为是否违反环境与资源保护法的内容,环境司法也需要相应的技术鉴定手段作为辅助。

(三)综合性

环境与资源保护法范围的综合性主要是指环境与资源保护法在调整范围上包含各种各样的社会关系,调整内容具有复杂性,调整方法具有多样性。首先,环境与资源保护法是以法学学科为基础,借鉴和吸收了政治学、经济学、哲学、伦理学、社会学、管理学、生态学以及环境科学等学科的内容而发展起来的新兴的领域性法律部门。由于吸纳和借鉴多种学科内容的缘故,环境与资源法具有综合性特征。其次,从环境与资源保护法规范的范围内容来看,包含了宪法法律规范、行政法律规范、民商事法律规范、刑事法律规范、经济法律规范、民诉法律规范、科技法律规范以及国际法律规范等不同形式的法律规范。

(四)社会性

环境与资源保护法的社会性是指环境与资源保护法指向的环境问题关涉到整个社会的共同利益,具有明显的社会法特征。从环境与资源保护法产生的根源上看,主要是为了解决环境问题。环境问题作为人类社会发展过程中出现的一类现象,它并非仅仅影响某一个国家、某一个阶层或者某一个个人,而是对整个人类社会都具有重要的影响,这就必然决定了环境与资源保护法生来就具有社会性。从环境与资源保护法指涉的范围来看,环境与资源保护法关注的是整个社会的整体利益和基本人权的保障,比如环境利益的维护和环境权利的保障,这些维护了社会整体利益,具有天然的社会性。从环境与资源保护法维护的利益来看,环境与资源保护法上的利益应当是环境利益,环境利益的自身属性决定了它应当是一种典型的社会公共利益,所以环境与资源保护法也就具有社会公共利益的属性。环境与资源保护法中的环境利益作为社会公共利益,反映了全体社会成员的共同愿望和要求,代表全社会的共同利益,侧重于调整社会关系,解决社会发展面临的问题。从这个角度来讲,环境与资源保护法具有明显的社会保障职能,具有强烈的社会性。

(五)区域性

环境与资源保护法的区域性是指环境与资源保护法在解决环境问题,助推生态文明建设,实现可持续发展过程中应当因地制宜、因地施策。任何法律的生成和实施都具有地方性,不同国家、不同地区的自然环境条件存在着差别,人们的生活水平、价值观念以及文化传统也存在着根本的差异,这造成了不同地区的环境问题呈现出了不同的特点,也使得环境与资源保护法在应对环境问题上要兼顾区域性。由此可见,环境与资源保护法具有明显的应对环境问题上的区域性。我国是一个幅员辽阔、自然环境差异性较大的国家,通过环境与资源保护法应对环境问题的区域性显得尤为明显。例如,在经济发展水平较高的东部沿海地区,主要的环境问题包含了大气污染、水体污染、噪声污染等,在经济发展水平较低的西部内陆地区,主要的环境问题则包含了水土流失、土地荒漠化、自然资源破坏、生态退化等。从世界范围内来看,环境与资源保护法也存在应对环境问题的区域性特征。以大气污染为例,我国存在的大气污染主要是煤烟型污染,而欧美国家存在的大气污染主要是石油型污染。由此可见,环境与资源保护法的区域性受自然禀赋条件、经济发展水平以及人文传统习惯等多方面因素的影响。正因如此,在环境与资源保护法规范的制定与实施的过程中,应当充分考虑环境与资源保护法的区域性,遵从环境与资源保护法的地方性,特别是在地方环境与资源保护法规范的制定与实施过程中,应当在不违反国家层面环境立法的基本原则下,充分地发挥地方环境立法的积极性和主动性,从而回应环境与资源保护法的区域性。

(六)共同性

环境与资源保护法关注的共同性是指关涉环境问题的环境与资源保护法是一个全人类共同关注的议题,任何国家、任何个人都无法置身事外。地球是一个整体,是人类赖以生存的家园,环境作为地球上的组成部分是不可分割的。当今世界,环境问题已经从局部地区性发展成了超越国界的世界全球性问题。一方面,由于环境污染因子具有流动性的特点,因此环境问题往往超越国界的限制,许多的环境污染和环境破坏等环境问题造成的危害后果会出现在不同的国家和地区。以温室气体的排放为例。温室气体作为影响气候变化的主要因素,过度排放温室气体造成了全球气温升高、南北两极冰川融化、海平面上升以及生物多样性减少等环境问题,这些问题已经超越国界,成为全人类共同关注的问题。另一方面,面对严峻的环境问题,在环境问题的解决上仅仅凭单个国家、单个个人根本无法能够全面应对,因而就需要各个国家以及全人类共同予以应对。只有通过国家之间的通力合作,环境问题才能有效地得到解决。

第二节 环境与资源保护法的目的和作用

一、环境与资源保护法的目的

环境与资源保护法的目的是指国家在制定或者认可环境与资源保护法时想要达到的目标以及所要实现的结果。环境与资源保护法的目的在环境法体系中占据着重要的位置,是环境立法的根本遵循、环境执法的理念依据、环境司法的解释依归、环境守法的价值导引。可见,明确环境与资源法保护的目的,对环境立法、环境执法、环境司法以及环境守法等活动均具有重要的意义。目前,我国环境与资源保护法的目的存在"一元论""二元论""三元论""四元论"等不同的观点学说,这些观点学说的内容将环境法的目的论述为"保障人体健康""保护和改善环境""防治污染和其他公害""合理开发利用自然资源""促进经济社会可持续发展""提高人类生活质量""促进人与自然的和谐"等,更有学者将环境与资源保护法的目的拓展到了后代人的利益。

确定环境与资源保护法的目的,应以我国环境与资源保护法的综合性立法——《环境保护法》的相关法律规定为依据。我国《环境保护法》第1条规定:"为保护和改善环境,防治污染和其他公害,保障公众健康,推进生态文明建设,促进经济社会可持续发展,制定本法。"依据该规定的内容,可将环境与资源保护法的目的确立为三项:第一,保护和改善环境,防治污染和其他公害;第二,保障人体健康,实现环境权益;第三,推进生态文明建设,促进经济社会可持续发展。

(一)保护和改善环境,防治污染和其他公害

保护和改善环境,防治污染和其他公害被视为环境与资源保护法的直接目的,是环境与资源保护法产生的原因。环境与资源保护法因环境问题而生,环境问题之中最为严峻的当属环境污染。近代工业革命在带来经济高速发展的同时,也带来了很多副产品,环境污染和其他公害的产生就是其中之一。面对这些环境问题,环境与资源保护法顺势而生。正因如此,保护和改善环境,防治污染和其他公害都被视为各国环境与资源保护法的直接目的。当然,在保护和改善环境的内容之中,并非仅仅是对环境污染和其他公害的防治,实际上还应当包含对环境资源的生态性利用,这些共同构成了环境与资源保护法的直接目的——保护环境与资源。我国《宪法》将环境区分为生活环境和生态环境,并突出了对生态环境的保护和改善,由此也可以看出环境与资源保护法对宪法环境保护理念和精神的贯彻。从法律位阶上来看,宪法是我国的根本大法,也是法律位阶最

高的法律部门,环境与资源保护法作为环境保护领域的法律,在法律位阶上应当遵循宪法。因此,从这个角度来看,将保护环境与资源视为环境与资源保护法的直接目的,既符合宪法对部门法的指导意义,也顺应部门法对宪法精神的贯彻和落实。

(二)保障公众健康,实现环境权益

保护环境的最终目的是让人类享有一个健康、良好以及舒适的环境,本质上就是保障人体健康。环境与资源保护法作为保护环境的法律手段,它的目的之一也是保障人体健康,确保人们实现环境权益。健康、良好和舒适的环境是人们能够维持身体机能正常活动、享受幸福生活以及有效从事各项工作的物质基础和客观条件。人类享有健康、良好和舒适的环境被普遍认为是一项基本人权。然而,随着日益严峻的环境污染和资源破坏等环境问题,人类所享有的对环境的权益遭受到了前所未有的威胁,正是在这种情况下,人类对健康、良好和舒适环境的需求得以产生,这种需求就是人作为主体对环境享有的一种利益,这种利益通过环境与资源保护法的实定化就是人们享有的环境法益。任何一部法律存在的目的都是让人类更好地生存和发展,环境与资源保护法更是如此,因为正是严重的环境问题威胁到了人类的生存和发展,它才得以产生。

(三)推进生态文明建设,促进经济社会可持续发展

除了保障人体健康,实现环境权益之外,环境与资源保护法的另外一个终极目的是推进生态文明建设,促进经济社会可持续发展。自"生态文明"写入《宪法》以来,推进生态文明建设成为我国国家治理体系和治理能力现代化的重要方面,生态文明法律制度构成我国法律制度的重要组成部分。如何建设生态文明,推进生态文明建设不断走向深入,建立和完善生态文明法律制度体系,成为法治建设过程中一个重要的主题。2014年,我国政府工作报告中就对努力建设生态文明的美好家园作出重大安排,要求加强生态环境保护,下决心用硬措施完成硬任务,要重拳强化污染防治,推动能源生产和消费方式变革,推进生态保护与建设。随着生态文明建设的深入发展,生态文明建设与经济建设、政治建设、文化建设、社会建设共同构成了国家"五位一体"的总布局。可见,生态文明建设在整个国家治理过程中举足轻重。在推进生态文明建设的过程中,法律手段作为重要的方式应当发挥应有的作用,特别是与生态文明建设联系最为紧密的环境与资源保护法。正因如此,推进生态文明建设被视为环境与资源保护法的重要目的之一。

推进生态文明建设,本质上就是要促进经济社会可持续发展。1987年,世界环境与发展委员会发表《我们共同的未来》,提出可持续发展的概念。1992

年,联合国环境与发展大会通过的《里约环境与发展宣言》和《21世纪议程》明确指出,世界各国应以可持续发展战略为导向,将经济发展与环境保护有机结合。作为一种指导思想和发展战略,可持续发展是指既满足当代人的需求,又不对后代人满足其需要的能力构成威胁的发展,其核心在于对发展权益的肯定以及要求实现代内公平和代际公平。可以说,可持续发展理念是对传统以环境污染和资源破坏为代价的发展方式的反思。可持续发展有效地解决了经济发展与环境保护之间的关系。对于经济发展与环境保护之间存在两种相互对立的认知。一种观点认为经济发展与环境保护之间存在矛盾,强调环境保护就必须抑制经济发展。历史上所有工业发达的国家在工业化过程中由于重发展而轻环保,从而导致了公害泛滥并且为此付出了巨大的代价。今后人类的发展必然还会面临环境污染和资源枯竭的问题,因此就需要停止发展经济,也就是《增长的极限》一书中提出的"必须把经济增长限制到零"。另一种观点则认为经济发展与环境保护之间的矛盾并非不可调和。对于经济不发达的国家来说,经济增长应当是主要的社会目标,改变落后的生活状态,改善人民生活是相当重要的,片面强调环境保护而限制经济发展实属不当。对于发达国家来说,应当提倡绿色发展,淘汰落后产能,帮助发展中国家的经济发展,避免"先污染后治理"。可持续发展就是实现经济发展与环境保护的目标实现的最佳方式之一。环境与资源保护法作为保护环境,促进经济与社会协调发展的法律,应当将促进可持续发展作为目标之一。

二、环境与资源保护法的作用

如果说环境与资源保护法的目的旨在揭示环境与资源保护法想要实现什么目标,那么环境与资源保护法的作用就是要阐释环境与资源保护法在环境保护工作中能够实现什么功能。虽然环境与资源保护法的目的和作用都属于环境与资源保护法的功能范畴,但是二者在具体指向上并不完全相同,有着各自的侧重点。

(一)作为进行环境与资源管理的法律依据

有法可依是实现依法治国的重要前提,环境与资源保护法当然是实现环境法治过程的重要前提和保障。在环境保护领域,需要依靠法律法规来规范环境与资源保护行为,环境与资源保护法正是作为环境与资源管理的法律依据而存在。相较于传统法律而言,环境与资源保护法属于新兴的法律部门,很多环境问题的解决需要行政机关运用行政权力进行合法、合理、有效的管理,而合法、合理、有效的管理又需要相应的法律依据。这是因为作为公权力的行政机关在面对环境问题,行使环境权力时必须要有法可依,否则就会造成相应的违法现象。"法无授权不能为"是所有行政机关都必须遵守的一般法律原则。在环境与资源保护领域,环境与资源保护法正好充当了行政机关解决环境问题时"有法可依"中的"法",能够有效地确保行政机关依法进行行政管理活动。实践中,由于受到部门利益、地方利益的纠葛与冲突,侵害公民合法环境权利的现象屡禁不止,环境与资源保护法正好可以有效地解决这些冲突。并且,环境与资源保护法规定了各级环境与资源保护管理部门的职权和责任以及相关的环境与资源保护管理制度、措施和相应的执行程序,这些内容都为国家和各级政府进行环境与资源保护管理活动提供了相应的法律依据。

(二)作为防治环境污染、合理利用环境资源的法律武器

环境与资源保护法的产生源于环境问题的严峻性,从环境与资源保护法的生发历程来看,严峻的环境问题是环境与资源保护法产生的直接原因。正因如此,环境与资源保护法也为防治环境污染和合理利用环境资源提供了相应的依据和支撑。从环境与资源保护法的内容来看,环境与资源保护法规定了人们的环境权利和环境义务,确立了人们如何进行污染物排放和环境资源的利用,限制了人们污染环境和破坏环境的有关行为,从而起到了防治污染、保护和改善环境的作用,使人们拥有了一个健康、良好以及舒适的生活环境,有效地遏制了因污染环境和破坏资源对人体造成的各种危害,保障了人体健康。从环境与资源保护法的主体来看,环境与资源保护法不仅仅为个人提供了污染物排放和利用资源的规范依据,而且也为国家和企业提供了管理和排放污染物、管理和利用环境资源的规范准则。总而言之,环境与资源保护法规定了保护、开发以及利用环境与资源的各种法律规范,设定了各级政府部门、各企业事业单位以及个人在环境保护方面的权力、责任、权利以及义务等有关内容,规定了环境标准以及保护环境、防治环境污染、合理利用环境资源的各种内容,这些内容共同作为防治环境污染、合理利用环境资源的法律依据而存在。

(三)作为提高公民环境保护意识、维护环境权利的法律保障

环境与资源保护法对于培养公民环境保护意识、维护公民的环境权利具有极为关键的作用。环境与资源保护法的内容规范了如何进行环境与资源保护行为,以法律的形式向公众宣示了环境与资源保护过程中的是非判断标准。通过环境与资源保护法的宣传教育,可以有效提高公民的环境保护意识和环境保护法治观念,从而树立良好的环境道德风尚。并且,由于环境与资源保护法的综合性,通过环境与资源保护法可以普及环境科学的知识,促进公民有效参与到环境保护工作当中。同时,通过环境与资源保护法的内容可以发现,环境与资源保

法中的多项规定都有利于维护环境权利。比如,《环境保护法》第 53 条第 1 款规定,"公民、法人和其他组织依法享有获取环境信息、参与和监督环境保护的权利";第 56 条第 1 款规定,"对依法应当编制环境影响报告书的建设项目,建设单位应当在编制时向可能受影响的公众说明情况,充分征求意见";第 57 条第 1 款规定,"公民、法人和其他组织发现任何单位和个人有污染环境和破坏生态行为的,有权向环境保护主管部门或者其他负有环境保护监督管理职责的部门举报"。凡此种种,皆在说明环境与资源保护法确保公民享有相应的环境权利。环境保护意识的提高是现代社会进步与文明程度的一个重要标识,环境与资源保护法通过法律的行使推动了全社会环境保护意识的提高,从而促进人类整体的社会进步和文明程度的提升。

(四)作为协调经济社会可持续发展的法律手段

长期以来,经济发展优先还是环境保护优先一直是人们争论不休的议题。并且争论者往往将二者对立起来,以一种非此即彼的态度各抒己见。如想在经济发展优先论与环境保护优先论之间寻求一种平衡,就需要协调经济发展和环境保护法的关系,从而实现经济社会可持续发展,环境与资源保护法正是作为协调经济社会可持续发展的法律手段而存在。建立良好和谐的经济发展与环境保护之间的关系,实现经济社会的可持续发展,需要环境与资源保护法调整好污染防治法律关系,控制好污染物的排放浓度和排放总量,避免走"先污染后治理"的工业化老路。同时,环境与资源保护法作为协调经济社会可持续发展的法律手段,规范着人类开发、利用环境资源的各种行为,并且将其控制在一定的限度之内,避免出现"竭泽而渔"的过分索取现象。并且,为了实现经济社会的可持续发展,环境与资源保护法也要在经济发展中对于那些不符合可持续发展的高投入、高消耗、高产出、低效益的粗放型经济发展方式进行革新,从而真正发挥环境与资源保护法在经济社会可持续发展中的作用。

(五)作为促进环境保护工作国际合作的法律工具

环境与资源保护法作为解决环境事务、应对环境问题的法律,不仅关涉各国自己内部的环境问题,而且涉及世界范围内共同的环境问题。正因如此,环境与资源保护法也就具有国际性。随着世界范围内全球经济一体化的影响,世界各国在政治、经济、文化等方面的交流进一步加深,环境与资源保护工作方面当然也不能例外,所以也就必然造成环境与资源保护法为促进环境保护工作需要而进行国际合作,从而解决国际环境问题。当然,作为应对国际环境问题的环境保护工作的开展并非一国之事,而是众人之事,需要各个国家都参与其中。环境问题大多具有扩散性,如大气污染、水污染以及海洋污染等,为此就需要加强国家环境保护合作,共同应对影响全球发展的环境问题,才能使得地球环境有利于全人类生存和发展。环境与资源保护法所关涉的国家环境与资源保护内容正好规范了如何应对国家环境保护的环境权力、环境权利、环境责任以及环境义务等,这些无疑为促进国际环境保护合作提供了重要手段。环境与资源保护法促进环境保护工作的国际合作体现在两个方面。一方面,从国内环境与资源保护法的内容规范本国如何参与国家环境保护工作,比如我国《海洋环境保护法》第2条第3款规定,"在中华人民共和国管辖海域以外,造成中华人民共和国管辖海域污染的,也适用本法";《固体废物污染环境防治法》第23条规定,"禁止中华人民共和国境外的固体废物进境倾倒、堆放、处置"。另一方面,从国际环境与资源保护法的内容促进国际环境保护合作,比如我国签署或者参加的《保护臭氧层维也纳公约》《生物多样性公约》《控制危险废物越境转移及其处置巴塞尔公约》《气候变化框架公约》等环境与资源保护相关的国际条约。总之,环境与资源保护法作为环境与资源保护方面对外交流的重要工具和纽带,是保障国家生态环境安全、保护国家环境利益、促进环境保护国际合作的重要法律工具。

第三节 环境与资源保护法与相关学科的关系

环境与资源保护法作为一门新兴的独立的法学学科,与其他传统的法律部门之间既存在着联系,也具有区别。在法学理论研究与相关实践中,环境与资源保护法的两个重要组成部分污染防治法与自然资源法往往被赋予其他相关法学学科属性,比如,将污染防治法纳入行政法体系之中,将自然资源法则纳入经济法体系之中。因此,环境与资源保护法与行政法和经济法具有更为密切的关联,有必要对环境与资源保护法与行政法和经济法学科之间的关系进行重点探讨。

一、环境与资源保护法和行政法

现代国家就是要通过政府运用行政权力来服务国家、社会和全体国民,行政法就是规范政府如何合法、合理地行使行政权力的法律。环境与资源保护法作为一门新兴的独立的法学学科,主要目的就是要解决环境问题,确保人们生活在良好的环境之中。但是,要实现这一目标,必然不能够缺少行政权力的介入。正因如此,有学者认为环境法就是政府在环境保护领域行使行政权力从而使其法治化的结果,①也有学者将环境与资源保护法称为"环境行政法"。这说明环境与资源保护法的确和行政法之间存在着密切的联系。具体包含以下几个方面:首先,环境与资源保护法和行政法之间的联系表现在主体方面。环境与资源保护工作的顺利开展,离不开政府行使行政权力。无论是污染防治与生态保护中的环境行政监管权,还是自然资源利用中的环境行政管理权,这些权力的行使都需要政府参与其中。行政法正是规范政府行使行政权力的法律部门,行政权力中必然包含了环境行政监管权力和环境行政管理权力。其次,环境与资源保护法和行政法之间的联系表现在行为方面。环境与资源保护法主要是由命令控制性行为、市场交易性行为以及公众参与性行为等行为模式表现出来,其中命令控制性行为占据了大量的行为模式比重,很多制度都与命令控制性行为有关,比如环境影响评价制度、排污许可制度以及"三同时"制度等。实际上这些命令控制性行为都关涉行政行为的作出,并且需要遵循行政程序法的规定,从这个方面来看,环境与资源保护法和行政法在行为模式上具有一定的联系。最后,环境与资源保护法和行政法之间的联系表现在责任救济方面。环境与资源保护法的很多责任承担和救济方式基本上都沿用了行政法上的内容,比如罚款、限制生产、停产整治、停业、关闭、行政拘留等,并且环境责任中的环境行政责任实际上就属于行政责任。当依据环境与资源保护法承担相应的环境行政责任之后,责任主体如果不服提起的救济方式也都要遵循行政法的内容。可见,环境与资源保护法和行政法之间存在紧密的联系。

虽然环境与资源保护法和行政法之间存在紧密的联系,但是二者之间的区别也是相当明显的。首先,环境与资源保护法和行政法的目的不同。环境与资源保护法的目的是保护和改善环境、防治污染和其他公害、保障公众健康、推进生态文明建设、促进经济社会可持续发展。行政法的目的是规范行政权力的授予、行政权力的行使以及行政权力的监督等行为,保证行政权力合法合理地运行。环境与资源保护法调整的是人们在保护和改善环境、防治污染和公害、保障公众健康、推进生态文明建设过程形成的社会关系。行政法调整的是行政机关与行政相对人之间因行政管理活动发生的社会关系。环境与资源保护法和行政法的目的不同,决定了二者之间不同的调整对象。将环境与资源保护法中的污染防治规范和生态保护规范置于行政法范围之内,实际上忽视了社会发展过程中的环境问题对法律专业化的需求,也忽视了行政法是由行政主体、行政行为、行政复议、行政诉讼、行政赔偿等固有部分组成的体系性。环境与资源保护法的

---

① 参见李艳芳:《论生态文明建设与环境法的独立部门法地位》,载《清华法学》2018年第5期。

专业性和复杂性需求决定了不能简单地将其归入行政法范畴之中。其次,环境与资源保护法和行政法的救济手段不完全相同。环境与资源保护法的救济手段具有综合性,除了包含民事手段、经济手段、行政手段以及刑事手段等救济之外,还包括了生态环境损害赔偿救济、环境民事公益诉讼救济、环境行政公益诉讼救济等环境与资源保护法独有的救济手段。行政法的救济手段包括了行政复议和行政诉讼等内容。可以说,环境与资源保护法使用的救济手段只用了行政法的一部分而不是全部。这说明了环境与资源保护法在救济手段上具有独特性,因而不能将环境与资源保护法归入到行政法之中。最后,环境与资源保护法和行政法关涉的社会关系范围不同。环境与资源保护法关涉的社会关系因环境问题而产生,而环境问题又被视为一种广泛的社会问题,因此为了解决环境问题而生的环境与资源保护法必然在关涉的社会关系范围上要具有广泛性。并且随着环境问题的不断发展,环境问题越来越成为一个全球性的问题,世界范围内各个国家都在关注环境保护,因此环境与资源保护法在关涉范围上也就具有一定的国际性。行政法作为传统的法律部门,显然在关涉社会关系范围上并不如环境与资源保护法那般广泛,它更多的是站在国内法的角度来调整国内法的社会关系。环境与资源保护法则不同,它的很多议题都超越了国家,需要世界各国共同合作,才能得以解决。比较典型的环境问题有气候变化、生物多样性以及海洋污染治理等。可见,环境与资源保护法并非能够被行政法的范畴所涵盖。

二、环境与资源保护法和经济法

环境与资源保护法和经济法均是既具有公法属性,又具有私法属性,以公为主、公私兼容的法律部门。由于环境问题的产生是经济发展过程中产生的后果,而经济良好平稳的发展离不开经济法的保驾护航,因此环境与资源保护法和经济法之间必然存在联系。具体而言,环境与资源保护法和经济法之间的联系包含以下几个方面:首先,环境与资源保护法和经济法均与国家政策息息相关。环境与资源保护法的实施过程中包含了许多的环境政策,这些环境政策促进了环境与资源保护法理念的发展和法律制度的完善,比如环境规划制度。经济法在实施过程中也具有很多的政策性特征,很多经济法律制度的落实都需要通过国家的经济政策出面。并且,为了实现可持续发展的目标,环境与资源保护法和经济法引导性的国家政策往往在决策上存在一体化现象。也就是说,环境与资源保护政策中蕴含着经济法律制度和措施,经济政策中蕴含着环境与资源保护法律制度和措施。可见,二者不仅与国家政策息息相关,而且在很多时候相互包含。其次,环境与资源保护法和经济法中存在着许多共同的制度和措施。环境与资源保护法和经济法有一个共同的目标,那就是实现社会的可持续发展。实际上可持续发展目标既包含了经济发展可持续,也包含了环境保护可持续,本质上是经济发展与环境保护之间的协调。正因如此,环境与资源保护法和经济法便拥有很多共同的制度和措施,比如税收制度、价格措施、财政措施、金融措施等内容。《环境保护法》甚至明确规定"使经济社会发展与环境保护相协调",可见环境与资源保护法和经济法关系之密切。最后,环境与资源保护法和经济法之间存在对象的交叉。环境与资源保护法的内容涵盖了污染防治领域、生态保护领域以及自然资源领域等不同范围,其中,自然资源作为环境与资源保护法保护的对象,同时也是经济法保护的对象。由于自然资源既具有环境要素,也具有经济要素,以至于有学者认为自然资源应当属于经济法的调整范畴。

虽然环境与资源保护法和经济法之间存在着密切的联系,但是二者之间也存在明显区别。从目前的发展情况来看,环境与资源保护法相对于经济法而言正在逐渐趋于独立,环境与资源保护法纳入经济法范畴不利于环境与资源保护法的发展。具体而言,环境与资源保护法和经济法的区别如下:首先,环境与资源保护法和经济法所要解决的问题不相同。环境与资源保护法和经济法都被视为领域法,属于问题导向型法律部门,但是所要解决的问题并不一样。环境与资源保护法是针对环境问题而产生的法律部门,主要解决环境问题。经济法是针对经济问题而产生的法律部门,主要解决经济问题。环境问题主要解决人类如何享有在健康、良好和舒适的环境中生存和发展,经济问题主要解决的是人类如何实现经济发展和经济发展成果的公平分配。其次,环境与资源保护法和经济法调整的法律关系不相同。环境与资源保护法调整的是因保护和改善环境、防治污染和其他公害、合理开发和利用自然资源而产生的社会关系,简称为"环境法律关系"。而经济法调整的是因宏观经济调控和市场规制而产生的社会关系,简称为"经济法律关系"。环境法律关系和经济法律关系在主体、内容和客体方面都有着不同的内容。最后,环境与资源保护法和经济法的目标不相同。环境与资源保护法的目标是维持环境资源实现可持续的再生能力,促进环境资源的循环利用,保障人们的身体健康,保护人类赖以生存的环境,在此基础上促进经济的可持续发展。经济法的目标主要是保障正常的经济秩序,促进经济的快速发展,满足人们对物质增长的需求。从长远目标来看,环境与资源保护法和经济法都是为了实现经济社会的可持续发展,但是二者的本质目标并不相同。环境与资源保护法围绕环境保护而展开,经济法则主要围绕经济发展而展开。

第四节 环境与资源保护法的体系

环境与资源保护法的体系作为环境与资源保护法内容的系统性表达,应当属于环境与资源保护法基础范畴的主要组成部分。1979年颁布《环境保护法(试行)》之后,我国环境与资源保护法律体系的建设步伐不断加快,一系列相关立法纷纷出台,环境与资源保护法成为我国法律体系中发展最为迅速的立法领域之一。

一、环境与资源保护法的体系概述

所谓环境与资源保护法的体系是指调整因保护和改善环境、防治污染和其他公害、开发利用环境资源而产生的社会关系的各种法律规范,按照一定的原则、功能、层次所组成的相互联系、相互配合、相互协调的统一整体。环境与资源保护法的体系是一个学理性的概念,因此它并非形式意义上的专门环境立法的简单排列组合,而是对符合现代环境立法特点的各类环境法律规范的归纳和总结。这些环境法律规范之间相辅相成,共同服务于保护和改善环境的基本目标,但是又各自有着具体的目的和规范的内容。从立法规模上来看,一定数量的环境与资源保护法律规范是环境与资源保护法制完备的重要标志。从学理上来看,相对完善的环境与资源保护法律体系直接决定了环境与资源保护法学科在法学研究中的独立地位和发展方向。

我国环境与资源保护法的体系,按照不同的标准可以有不同的分类。按照法律规范渊源划分,可以将环境与资源保护法的体系划分为宪法中关于环境与资源保护的规定、环境与资源保护法律、环境与资源保护行政法规和部门规章、环境与资源保护地方性法规和规章、环境与资源保护国际条约等;按照法律规范性质划分,可以将环境与资源保护法体系划分为环境与资源保护宪法、环境与资源保护行政法、环境与资源保护民法、环境与资源保护刑法、环境与资源保护诉讼法等;按照法律规范的内容和功能,可以将环境与资源保护法体系划分为环境与资源保护综合性立法、污染防治法、自然资源法、区域与流域保护法。

二、环境与资源保护法体系的构成

(一)环境与资源保护综合立法

环境与资源保护综合法是环境与资源保护方面最为基础、最为重要的法律。

它是以《宪法》作为依据,将环境作为一个有机的整体进行综合保护的实体法,在整个环境与资源保护法体系之中处于中心位置,是国家进行环境保护之方针、政策、原则、制度和措施的基本规定。目前来看,2014年4月24日第十二届全国人大常委会第八次会议修订通过的《环境保护法》是我国环境与资源保护方面的综合性立法。环境与资源保护综合法是环境保护立法发展到一定阶段的产物,是对环境与资源保护方面问题进行全面、系统调整的实体性立法。从世界范围内来看,环境与资源保护综合法的类型主要有两种,一种是政策宣示型,另一种则是全面调整型。环境与资源保护综合法的制定是环境立法进入先进国家的重要象征,标志着一个国家对环境问题认识的逐步深化和环境法律制度的日渐完善。当前,环境与资源保护综合法在不同的国家有着不同的名称和内容,但是这些环境与资源保护综合法都遵循着大致相同的立法宗旨和环境保护的客观规律,有着相同的立法基础。

1. 环境与资源保护综合立法的不同类型

从世界各国的环境立法实践来看,环境与资源保护综合法存在着建立在各国基本国情基础之上的不同体例,根据环境立法的重心和环境与资源保护综合法在环境法律体系中的不同定位,可以将环境与资源保护综合法的类型分为政策宣示型和全面调整型。

(1) 政策宣示型环境与资源保护综合法。政策宣示型环境与资源保护综合法是指环境立法的重点在于针对国家基本的环境政策、原则和措施的宣示和确立,不对环境与资源保护的具体制度进行详细的规定,内容也较为宏观和简约的立法模式。比较具有代表性的当属美国的《国家环境政策法》,该法的主要内容就是宣告国家环境政策,确立环境与资源保护的目标,设立国家环境质量委员会,规定环境影响评价制度,内容简单而明确。虽然如此,这种政策宣示型环境与资源保护综合法对美国的各项环境立法、环境执法以及环境司法活动都起着重要的作用。

(2) 全面调整型环境与资源保护综合法。全面调整型环境与资源保护综合法是指不仅宣示了国家的环境基本政策和目标,而且在内容上也较为全面地规定了环境保护的基本原则、基本制度以及措施的立法模式。这种模式比较具有代表性的当属日本的《环境基本法》,该法确立了从整体上对环境与资源进行保护的法律框架,成为一部完全具有融合性、综合性的环境与资源保护综合法。日本的《环境基本法》主要从三个方面的内容进行了规定。首先,在总则部分确立了环境保护的基本理念、立法目标等内容,确立了保障环境资源的享受与继承、构筑可持续发展社会以及积极推进地球环境保全等目标。其次,规定了关于环境保全的基本对策,具体构建了环境保全的基本制度、保护环境规划制度、环境标准制度、国际协作、地方公共团体、费用负担以及财政措施等。最后,规定了环境管理和纠纷解决机制,包含了环境审议会和公害对策会议等。总之,全面调整型环境与资源保护综合法应当是环境与资源保护综合法的较优选择模式。

2. 我国环境与资源保护综合立法

我国环境与资源保护综合法在模式上选择了全面调整型立法。2014年4月24日,第十二届全国人大常委会第八次会议修订通过《环境保护法》,对我国环境与资源保护的原则、理念、模式、制度和责任等作出了相应的规定,为环境与资源保护单行法提供了法律依据。从内容上来看,现行《环境保护法》共七章70条,分别为"总则""监督管理""保护和改善环境""防治污染和其他公害""信息公开和公众参与""法律责任""附则"等。具体而言,《环境保护法》对环境与资源保护方面的规定主要包含以下内容:

(1) 环境与资源保护法的立法目的。《环境保护法》第1条规定:"为保护和改善环境,防治污染和其他公害,保障公众健康,推进生态文明建设,促进经济社会可持续发展,制定本法。"可见,环境与资源保护法的立法目的是在于保护环境与资源,改善生活环境和生态环境,防治环境污染,保障人民群众身体健康,推进生态文明建设,实现经济、社会和环境与资源的协调可持续发展。

(2) 环境与资源保护法的对象。环境与资源保护法的对象指向环境,具体而言就是如何更好地实现环境保护。对于环境与资源保护的对象——环境,《环境保护法》第2条明确规定:"本法所称环境,是指影响人类生存和发展的各种天然的和经过人工改造的自然因素的总体,包括大气、水、海洋、土地、矿藏、森林、草原、湿地、野生生物、自然遗迹、人文遗迹、自然保护区、风景名胜区、城市和乡村等。"可以看出,该条通过概括加列举的方式对环境的概念进行了界定,从而确立了环境与资源保护法的对象——环境的范畴。

(3) 环境与资源保护法的权利和义务。环境与资源保护法的权利和义务是人们行使环境权利,履行环境义务的根据。《环境保护法》第53条第1款明确规定:"公民、法人和其他组织依法享有获取环境信息、参与和监督环境保护的权利。"第57条规定:"公民、法人和其他组织发现任何单位和个人有污染环境和破坏生态行为的,有权向环境保护主管部门或者其他负有环境保护监督管理职责的部门举报。公民、法人和其他组织发现地方各级人民政府、县级以上人民政府环境保护主管部门和其他负有环境保护监督管理职责的部门不依法履行职责的,有权向其上级机关或者监察机关举报。接受举报的机关应当对举报人的相关信息予以保密,保护举报人的合法权益。"

(4) 环境与资源保护法的原则和制度。环境与资源保护法的原则和制度是环境与资源保护法比较基础的内容,它们分别是环境与资源保护法理念的贯彻和落实。《环境保护法》第5条规定:"环境保护坚持保护优先、预防为主、综合治理、公众参与、损害担责的原则。"该条揭示了环境与资源保护法的基本原则。另外,《环境保护法》还规定了环境规划制度、环境影响评价制度、环境目标责任制度、环境标准制度等内容。

(5) 环境与资源保护法的管理体制。环境与资源保护法的管理体制确立了环境与资源保护工作的结构设置与权力配置。《环境保护法》第10条规定:"国务院环境保护主管部门,对全国环境保护工作实施统一监督管理;县级以上地方人民政府环境保护主管部门,对本行政区域环境保护工作实施统一监督管理。县级以上人民政府有关部门和军队环境保护部门,依照有关法律的规定对资源保护和污染防治等环境保护工作实施监督管理。"

(6) 环境与资源保护法中保护和改善环境要求。《环境保护法》该部分内容规定了限期达标制度、农业环境保护制度、海洋环境保护制度、城乡建设环境保护制度、生态保护红线制度、生态补偿制度、生态安全保障制度、生物多样性制度、环境监测制度、环境修复制度、循环经济制度、生活废弃物分类处置回收利用制度等,通过这些环境与资源保护法的制度来落实保护和改善环境的目标要求。

(7) 环境与资源保护法中防治污染和其他公害要求。《环境保护法》该部分内容规定了清洁生产和资源循环利用促进制度、"三同时"制度、重点污染物排放制度、环境税制度、排污许可制度、防止污染转嫁制度、环境责任保险制度等,这些内容共同构成了防治污染和其他公害的制度群。

(8) 环境与资源保护法中信息公开和公众参与要求。环境与资源保护工作的展开需要环境信息公开和公众参与其中,《环境保护法》该部分内容规定了公众环境保护程序性权利及政府保障义务制度、政府环境信息公开制度、重点排污企业环境信息公开制度、公众参与制度、环境举报制度以及公益诉讼制度等,这些制度共同保障环境信息公开和公众参与环境保护工作。

(9) 环境与资源保护法的法律责任。环境与资源保护的法律责任是确保环境与资源保护工作开展,环境与资源保护法律实施的后盾。《环境保护法》系统规定了环境法律责任制度体系,具体而言,包括环境行政责任、环境民事责任以及环境刑事责任等。从主体的角度而言,这些责任包含管理者的责任、企业责任、生产经营者责任以及公民个人责任等。除此之外,环境与资源保护法的法律责任最为独特的当属生态环境损害责任。

(二) 环境与资源保护单行法

环境与资源保护单行法作为环境与资源保护法体系的重要组成部分,是指以宪法和环境与资源保护综合性立法为依据,针对特定的环境保护事项而进行的专门立法。环境与资源保护法单行法主要包含污染防治法、自然资源法和区域与流域保护法。

1. 污染防治法

污染防治法是以防治环境污染为主要立法对象的一类法律规范的总称,主要是针对具体的环境污染行为进行的法律规制。污染防治法在形式上主要表现为环境保护综合法统领下的单行法及其配套规范。从规范依据上来,污染防治法属于行为控制规范,但是规范自身却必须尊重环境科学,因此环境治理标准、污染物排放标准等都成为污染防治法重要的构成部分。

目前,在我国法律体系中污染防治方面的法律主要有:《水污染防治法》《大气污染防治法》《海洋环境保护法》《固体废物污染环境防治法》《环境噪声污染防治法》《放射性污染防治法》《土壤污染防治法》等。除此之外,还有其他相关的污染防治法律、行政法规以及地方性法规共同推动环境污染防治工作。

2. 自然资源法

自然资源法是主要针对自然资源在开发利用、保护和管理过程中所发生的各种法律规范的总称。自然资源法的调整对象具有特殊性,它针对特定的环境资源利用关系而产生,涉及环境资源的权属关系、环境资源的流转关系、环境资源的管理关系以及其他环境资源关系。自然资源的法律理念经历了一个变迁,逐步走向了社会化和生态化。总之,自然资源法的内容主要是对环境资源的利用。

目前,在我国法律体系中自然资源方面的法律主要有:《土地管理法》《水法》《森林法》《草原法》《野生动物保护法》《渔业法》《矿产资源法》等。除此之外,还有其他相关的自然资源法律、行政法规以及地方性法规共同推进自然资源利用。

3. 区域和流域保护法

区域和流域立法是主要针对区域环境和流域环境进行的环境与资源保护的整体性法律规范的总称。区域和流域坚持生态优先的原则,对区域环境和流域环境的生态价值进行重点保护,具体内容针对区域和流域的环境与资源保护、开发、利用、改善和管理等。在区域和流域保护法之中,除了要适用污染防治法和自然资源法之外,还需要制定专门的区域和流域保护相关立法,以期更好地实现区域和流域的环境与资源保护。

目前,在我国法律体系中区域和流域方面的主要法律法规有:《湿地保护法》《长江保护法》《黄河保护法》《自然保护区条例》等,另外,还有其他相关的区域和河流保护的相关法律、行政法规以及地方性法规。

(三)环境与资源保护相关立法

环境问题的广泛性、复杂性以及环境保护的公共利益属性,使得环境问题关涉到社会生活的各个领域,环境与资源保护法不仅存在于专门的环境保护立法之中,也存在于其他和环境与资源保护相关的立法之中。

1. 宪法中的环境与资源保护相关规定

在中国特色社会主义法律体系之中,宪法属于根本大法,它规定了国家的根本制度、根本任务、公民的基本权利以及国家机关的组织和活动等方面的内容,是一切活动的总章程。宪法中环境与资源保护的规定是环境与资源保护法展开的前提和基础,也是各种形式的环境法律、法规以及规范性文件制定的依据。我国宪法中关于环境与资源保护的规定主要有:

(1)对环境与资源保护理念的规定。《宪法》序言部分明确规定"推动物质文明、政治文明、精神文明、社会文明、生态文明协调发展",将生态文明作为环境与资源保护的理念写入宪法,从宪法层面为环境与资源保护法的发展注入了新的时代理念。生态文明作为人类发展的新阶段,环境与资源保护法作为新兴的独立部门法,前者是后者的理念引领,后者是前者的理念落实。

(2)对环境与资源保护职责的规定。《宪法》第 26 条规定:"国家保护和改善生活环境和生态环境,防治污染和其他公害。国家组织和鼓励植树造林,保护林木。"该条明确规定了国家作为环境与资源保护工作主要的执行机关,对整个环境与资源保护工作的开展具有重要的职责,拥有环境与资源保护方面的权力,负有环境与资源保护方面的责任。第 89 条规定,国务院行使领导和管理经济工作和城乡建设、生态文明建设的职权。该条规定了国务院作为中央政府享有的环境行政权力。

(3)对环境与资源相关权利的规定。《宪法》第 51 条规定:"中华人民共和国公民在行使自由和权利的时候,不得损害国家的、社会的、集体的利益和其他公民的合法的自由和权利。"从该条的内容来看,它虽然没有直接规定公民享有环境与资源方面的环境权利和环境义务,但是为公民主张环境权利提供了宪法上的基础。该条从学理上主张了公民享有环境权利,负有不得滥用环境权利,造成环境污染和生态破坏的环境义务。

(4)对环境与资源权属与利用的规定。《宪法》第 9 条规定:"矿藏、水流、森林、山岭、草原、荒地、滩涂等自然资源,都属于国家所有,即全民所有;由法律规定属于集体所有的森林和山岭、草原、荒地、滩涂除外。国家保障自然资源的合理利用,保护珍贵的动物和植物。禁止任何组织或者个人用任何手段侵占或者破坏自然资源。"第 10 条规定:"城市的土地属于国家所有。农村和城市郊区的土地,除由法律规定属于国家所有的以外,属于集体所有;宅基地和自留地、自留山,也属于集体所有。国家为了公共利益的需要,可以依照法律规定对土地实行征收或者征用并给予补偿。任何组织或者个人不得侵占、买卖或者以其他形式非法转让土地。土地的使用权可以依照法律的规定转让。一切使用土地的组织和个人必须合理地利用土地。"从以上《宪法》中的规定可以看出,其主要是针对环境与资源保护的权属和环境资源的利用方面进行的,目的旨在更好地保护环境与资源。

2. 民法中的环境与资源保护相关规定

环境与资源保护法中的环境要素和民法的客体有着同一的指向,虽然民法上的客体——物与环境资源法上的环境资源在不同的领域完全承载着不同的功能,但是就人的活动而言,它们都是人类活动指向的对象。因此在调整民法中的物的归属与利用问题上,也必须考虑到环境资源的属性,将环境保护有关规范纳入民法之中。具体而言,民法中的环境法律规范主要有:(1)《民法典》总则编中的环境保护相关规定。《民法典》总则编第 9 条规定:"民事主体从事民事活动,应当有利于节约资源、保护生态环境。"该条以基本原则的方式确立了民法的生态环境保护原则,也称为"绿色原则"。(2)《民法典》物权编中的环境保护相关规定。《民法典》第 244、247、248、250、251、260、262、274、286、290、293、294、324、325、326、328、329、346、350 条等内容对耕地保护、自然资源权属、自然资源的使用、权利人行使物权时的环境保护义务等方面进行了规定。(3)《民法典》合同编中环境保护相关规定。《民法典》第 509 条第 3 款规定:"当事人在履行合同过程中,应当避免浪费资源、污染环境和破坏生态。"第 619 条规定标的物包装应当采取节约资源、保护生态环境的包装方式,这些内容从合同的方面确立了环境保护的相关内容。(4)《民法典》侵权责任编中环境保护相关规定。《民法典》第 1229—1235 条等内容从生态环境侵权责任、生态环境侵权举证责任、生态环境侵权责任范围、惩罚性生态环境侵权、第三人过错生态环境侵权、生态环境修复、环境公益诉讼范围等方面对环境保护进行了相关规定。

3. 刑法中的环境与资源保护相关规定

刑法是关于犯罪和刑罚的法律,环境与资源保护领域当然也涉及环境与资源保护类的犯罪。从世界范围来看,运用刑法保护环境与资源是一种共识。从立法体例上来看,世界范围内关于环境与资源刑法保护的模式有两种,一种是专门的立法模式,另一种是刑法中增加环境与资源保护领域犯罪的立法模式。就专门的立法模式来看,比较典型的当属日本,1970年日本制定《关于危害人体健康公害犯罪处罚法》,该法是一部专门环境与资源保护领域方面的法律。就刑法中增加环境与资源保护领域犯罪的立法模式而言,该种模式属于世界范围内普遍采用的一种,我国采取的正是这种立法模式。我国《刑法》分则第六章"妨害社会管理秩序罪"第六节"破坏环境资源保护罪"中规定了环境与资源保护领域的相关罪名。如《刑法》第338条规定了污染环境罪,内容为:"违反国家规定,排放、倾倒或者处置有放射性的废物、含传染病病原体的废物、有毒物质或者其他有害物质,严重污染环境的,处三年以下有期徒刑或者拘役,并处或者单处罚金;情节严重的,处三年以上七年以下有期徒刑,并处罚金;有下列情形之一的,处七年以上有期徒刑,并处罚金:(一)在饮用水水源保护区、自然保护地核心保护区等依法确定的重点保护区域排放、倾倒、处置有放射性的废物、含传染病病原体的废物、有毒物质,情节特别严重的;(二)向国家确定的重要江河、湖泊水域排放、倾倒、处置有放射性的废物、含传染病病原体的废物、有毒物质,情节特别严重的;(三)致使大量永久基本农田基本功能丧失或者遭受永久性破坏的;(四)致使多人重伤、严重疾病,或者致人严重残疾、死亡的。有前款行为,同时构成其他犯罪的,依照处罚较重的规定定罪处罚。"

4. 行政法中的环境与资源保护相关规定

从世界范围内来看,行政规制手段均为保护环境与资源的重要手段。在一些国家,环境与资源保护法也被归入行政法的范畴。由于行政法范围关涉广泛,涉及公共管理事务众多,因此,环境与资源保护法的相关法律规范也存在于各种行政法之中。行政法中的环境与资源保护规范主要存在于行政实体法和行政程序法之中。就行政实体法而言,主要体现在行政行为法。行政行为性质多样,涉及的法律也很多,其中一些制度和环境与资源保护相关,比如我国《行政许可法》的规定当然适用于环境行政许可,又如我国《治安管理处罚法》中有关于环境与资源保护违法处罚的规定,其中第58条明确规定:"违反关于社会生活噪声污染防治的法律规定,制造噪声干扰他人正常生活的,处警告;警告后不改正的,处二百元以上五百元以下罚款。"就行政程序法而言,依法行政是环境保护机关必须遵守的基本原则,因此行政法中的相关程序规定也是环境与资源保护的组成部分。比如《行政复议法》有关行政复议程序的规定,环境行政复议也必须予以遵守。

思考题

1. 什么是环境与资源保护法？环境与资源保护法的特征有哪些？
2. 环境与资源保护法的目的和作用是什么？
3. 环境与资源保护法与行政法和经济法之间的关系如何？
4. 环境与资源保护法的体系包含哪些内容？

推荐阅读

1. 汪劲:《环境法律的理念和价值追求——环境立法的目的论》,法律出版社2000年版。
2. 蔡守秋:《调整论——对主流法理学的反思与补充》,高等教育出版社2003年版。
3. 张璐:《环境法与生态化民法典的协同》,载《现代法学》2021年第2期。
4. 吕忠梅:《环境法回归 路在何方——关于环境法与传统部门法关系的再思考》,载《清华法学》2018年第5期。
5. 李艳芳:《论生态文明建设与环境法的独立部门法地位》,载《清华法学》2018年第5期。
6. 邓海峰:《环境法与自然资源法关系新探》,载《清华法学》2018年第5期。

第三章 环境与资源保护法的历史演进

【导言】

环境与资源保护法的发展经历了一个长期的演变过程。从世界范围来看，环境与资源保护法的形成和演变经历了早期的环境与资源保护法和现代意义上的环境与资源保护法两个不同的发展阶段；从我国环境与资源保护法的形成和演进来看，经历了古代环境与资源保护法思想的萌芽、近代环境与资源保护法思想的酝酿以及现代环境与资源保护法的产生、发展和完善。

第一节 国外环境与资源保护法的形成及其演变

一、环境与资源保护法的早期发展阶段

早期的环境与资源保护法主要是指现代意义上环境与资源保护法产生之前的环境与资源保护规范。这一时期的环境与资源保护法只能说是一种关于环境与资源保护的规范，很难和现代意义上的环境与资源保护法相比，但是这一时期的环境与资源保护法规范确实为现代意义上的环境与资源保护法的产生和发展奠定了一定的基础。

（一）工业革命之前的环境与资源保护法

早在工业革命之前，关于保护环境与资源的规范和思想就已经存在。工业革命之前，主要以农牧业经济为主，工商业并不发达，手工劳作是主要的生产方式，人们在开发利用环境与资源时对于环境资源的影响规模比较小、范围比较窄，可以说人类的活动对环境与资源的影响程度并不大，所以也就并没有引发关于环境与资源保护方面的重大环境问题。正因如此，这一时期的环境与资源保护的相关法律主要以自然资源管理为主要内容，立法中出现的一些有关环境与资源保护的规范也属于零星的内容。比如公元前两千多年制定的《乌尔纳姆法典》中关于使用土地的规定，伊新王国的《李必特·伊丝达法典》中关于保护荒地和林木的规定，公元前18世纪古巴比伦王国的《汉谟拉比法典》中关于土地、森林、牧场的耕种、垦荒和保护以及防治污染水源和空气的规定，公元前3世纪古

印度的《摩奴法典》中关于荒地、矿山、湖泊和山川的规定等。此外,印度皇帝阿什泰克曾发布一个保护动植物的法令,宣布不受捕杀的动物。古希腊的一些通邑为了防治噪音禁止夜间喧器,禁止铁匠在室内工作。公元5世纪,古罗马发生了控告城市污水造成泰比亚河严重污染和抗议从城市各处的手工业作坊发出臭气等事例。

自11世纪起,随着城市在西欧的兴起,环境卫生和城市污染环境问题开始产生,欧洲一些国家以保护公民健康和生命财产安全为目的进行相应的环境与资源立法。1306年,英国国会发布了禁止伦敦工匠和制造商在国会开会期间用煤以防止煤烟污染的文告;同年,英国国王爱德华一世颁布了禁止在伦敦使用露天燃煤炉燃具的条例。14世纪,法国国王查尔斯六世发布禁止在巴黎"散发臭味和令人厌恶的烟气"的命令。[①] 1448年,德国巴登州颁布《林业条例》。1669年,法国国王路易十四颁布了森林和水方面的法令。在俄国,彼得大帝时期曾经实施严格的森林保护措施,某些树种和水源地被宣布为禁区;1719年,俄国曾对污染、堵塞涅瓦河和其他河流的行为进行过严厉的处罚。

工业革命之前的环境与资源保护主要以城市发展为目的,涉及的大多是环境卫生问题,这一时期没有直接针对整体意义上的环境问题进行的环境与资源保护立法,主要是应对加快的城市化进程所带来的人口增长问题,所以环境与资源保护方面的立法主要是保护城市环境卫生、规制局部的环境污染问题。

这一时期的环境与资源保护法具有如下特点:第一,相关立法内容零散,相互之间缺乏有机联系,并未形成系统、完整的环境与资源保护法律体系。第二,关于环境与资源保护的规定并不是为了保护环境的生态利益,而是关注于保护环境资源所有权人的经济利益,内容主要集中于城市地区。第三,关于环境与资源保护法的内容多半是以污染防治规定为主,从卫生和生活的角度出发,没有与环境质量相联系。正因如此,这一阶段的环境与资源保护法只能属于环境与资源保护法的萌芽,并不属于现代意义上的环境与资源保护法。

(二)工业革命至二战时期的环境与资源保护法

18世纪从英国开始的工业革命是人类历史上一次巨大的社会变革,这次变革使得人类历史由手工业生产时代迈向了大机器生产时代。工业革命不仅仅是一次技术方面的变革,而且是一场深刻的社会制度变革,它改变了人类社会的生产力和生产关系。从生产力方面来说,大机器生产代替了原来的手工业,工厂代替了原来的小作坊,创造了比过去一切时代还要多、还要大的生产力。从生产关

---

① 汪劲:《环境法学》,北京大学出版社2006年版,第94页。

系方面来说,依附于落后生产方式的自耕农阶级逐渐消失,工业资产阶级和无产阶级出现并逐步壮大。随着大规模机器生产和世界市场的形成,人类开发、利用环境资源的规模越来越大,与此同时,各主要资本主义国家相继出现了严重的自然资源破坏和区域环境污染问题,主要表现为煤烟尘和二氧化硫造成的大气污染和采矿、冶炼以及无机化学工业造成的水污染。例如,1873年、1880年、1891年,英国伦敦发生了三次严重的因燃煤引起的毒雾事件,造成了逾千人死亡。这一时期严重的环境污染和资源破坏演变成了社会问题,人们不得不想办法解决它,从而产生了控制污染和管理环境与资源的客观要求,这些为环境与资源保护法的产生提供了动力和条件。

为应对上述问题,英国国会于1857年颁布《防烟法》,1860年制定《公共改良法》,1863年制定颁布《制碱业管理法》,1876年制定《河流污染防治法》,1934年制定颁布《特别区(改良)法》。美国从1785年开始制定关于土地勘探和开发的法律,准许开发西部土地并且可以出卖。19世纪初期,美国确立了联邦资源管理制度和卫生安全保护措施的制度框架;为快速处理土地纠纷还制定了有关矿业、木材、沙漠土地等一系列法律,比如1864年制定的《煤烟法》,1866年制定的《矿业法》,1870年制定的《木材种植法》《木材和石头法》,1872年制定的《沙漠土地法》等。日本则于1912年制定了《工场法》对煤烟排放进行规制。这一时期也有国家开始制定保护自然资源的法律,如法国、奥地利、比利时和俄国等在19世纪先后制定了保护森林的法律。19世纪末20世纪初,一些国家颁布法律建立了国家公园和国家自然保护区。日本于1874年建立了自然公园制度,1898年制定《森林法》,1919年制定《狩猎法》,1932年制定《国立公园法》。

这一时期的环境与资源保护法具有如下特点:第一,环境与资源保护立法缺乏系统性。受当时人们对环境问题认识的局限性,并没有形成完整体系化的环境与资源保护立法,无论是观念上还是实践中,环境与资源保护立法都是松散的,环境污染防治和自然资源保护也被视为彼此孤立的问题,相互分立、互不相干,缺乏有机联系。各国对于环境与资源保护立法都属于要素性和孤立性立法,采取一种"头痛医头,脚痛医脚"的方式。第二,环境与资源保护立法基本采用单行立法模式。针对环境问题,环境与资源保护立法往往分为污染防治立法和自然资源立法。污染防治立法多数针对个别比较突出的环境问题,并主要在大气污染和水污染防治方面。自然资源立法多数针对个别的环境要素和某类自然资源,并未形成综合性立法。第三,环境与资源保护立法具有较强的技术性特征。环境问题的应对涉及很多的技术性规范,这就使得环境与资源保护立法从一开始就具有技术性特征,这些技术规范也为后来环境与资源保护立法的深化奠定了良好的基础。第四,环境与资源保护立法并没形成专门的救济手段。最初应对环境问题的手段主要是民事救济方式,此种方式往往将重心放置于污染损害赔偿和自然资源的财产价值,忽视了环境的生态价值,而环境与资源保护立法形成的专门救济手段——生态环境损害救济方式具有保护环境的生态价值的功能。第五,环境与资源保护立法中环境管理权力比较分散。受环境与资源保护立法的综合性和环境问题的复杂性影响,解决环境问题的环境管理权力往往比较分散。

二、现代意义上环境与资源保护法的形成与发展

现代意义上环境与资源保护法的形成与发展是在二战之后,这一阶段是环境与资源保护法进入全面发展的时期。现代意义上环境与资源保护法的产生源于环境问题的催生,带有明显的问题应对型特征。

(一)现代意义上环境与资源保护法的产生背景

环境与资源保护法的产生有着明显的时代背景。人类社会经历了工业革命的洗礼,科技迅猛发展,生产力水平也得到了大幅度的提高,在经济社会发展得到指数级增长的同时,环境污染问题和环境资源开发利用带来的资源破坏现象也与日俱增。第二次世界大战之后,人类社会的发展进入了稳定期,和平与发展成为时代的主题,美国、日本以及欧洲国家的经济发展取得了世人瞩目的成就,并且区域一体化、经济全球化的趋势迅速增强。随着现代化进程的迅猛发展,城市化进程迅速加快,人口数量也急剧上升,造成了对环境中排放的污染物数量剧增,以至于超过了自然界的纳入能力和环境的自净能力,各种自然资源也遭到了极度的消耗。可以说,这一时期的环境问题严重影响着人类的生存和发展。到了20世纪中叶之后,由于传统法律无法解决严峻的环境问题,人类开始思考如何通过专门的法律手段来解决经济发展过程中所带来的负面影响和负面社会效果。

1. 传统民法无法有效解决环境问题

民法作为市民社会的基本法律,调节着市场经济下的社会关系,有效地处理人们在商品社会交往中的各种冲突和问题,然而,作为一般法律的民法却不能够完全有效地解决经济社会发展所产生的环境问题。一方面,民法中的诸多法律原则不能很好地适应环境问题的应对。比如民法中的意思自治原则、物尽其用原则等,这些原则在民法中完全可行,但是放置于环境问题的解决上却捉襟见肘。以意思自治为例,民事主体从事民事活动都应当遵循意思自治的原则,但是在解决环境问题时意思自治原则往往不利于环境问题的解决,有时过于遵循意

思自治原则有可能会造成新的环境问题。另一方面,民法中的一些基本制度也无法有效地适用于环境问题的解决。比如所有权制度,根据民法理论,所有权人对自己所有的东西具有排他性的处置权利,任何他人都不能干涉,否则就是对他人所有权的侵犯,但是环境与资源中的环境要素既是所有权的客体,也承载着特殊的生态服务功能,并不能让所有权人任意处置,所以民法中的所有权制度也不完全适用于环境问题的解决。凡此种种,皆能表明传统民法无法应对环境问题的解决。

2. 传统行政法无法有效解决环境问题

受行政法性质的影响,行政法也被称为管理法,主要目的在于规制行政行为,控制行政权力的行使。行政法在解决环境问题的过程中也曾发挥了重要的作用,但是行政法根本无法完全解决环境问题。这是因为,传统的行政法主要在于调整行政权力的取得、行使以及监督行政行为过程中发生的各种社会关系,对行政权力进行严格的限制,而环境问题却层出不穷,复杂多样,仅仅靠限制行政权力根本无法解决环境问题。环境保护是公共利益的需要,既需要政府承担起提供公共管理的职能,也需要政府比较灵活地运用行政权力,然而传统行政法中的行政权力运行则是束权有余、赋权不足。另外,传统行政法主要在于基于政府的行政管制目标而设定行政权力,单方面干预行政相对人的权利,从而对行政相对人造成拘束力,然而这种单纯的管制目标不能有效地解决环境问题。因为人类活动造成的环境影响并不属于传统法律中的违法行为,而是经济社会发展所带来的伴生品,因此环境问题的解决需要的是环境治理,而并非环境管制,所以以管制为目标的传统型执法无法完全发挥作用。

3. 传统刑法无法有效解决环境问题

刑法是关于犯罪与刑罚的法律,是所有法律的保障法,被认为是法律权威性的体现,也是其他法律的后盾。运用刑法手段解决环境问题势在必行,不仅是应对环境问题的需要,也是刑法发展转型的需要。但是,传统的刑法在解决环境问题时也存在很多的问题。首先,传统刑法的立法指导思想或者宗旨仅仅出于经济判断来保护刑法法益,缺乏对环境所蕴含的生态价值进行考量,环境违法行为所侵犯的生态价值并没有很好地体现在刑法规范中。其次,传统刑法所针对的犯罪行为多是直接侵犯相应的法益,而环境犯罪则是先作用于环境,然后再作用于其他受刑法保护的法益,这是因为现有刑法并没有建立起体系化的环境法益,缺乏对环境法益的系统化保护。最后,传统刑法所坚持的是事后惩罚机制,缺乏预防性的刑法保护机制。环境问题一旦发生往往后果严重,所以需要提前预防,但是现有的刑法保护在环境法益的救济上仍然缺乏预防性机制的安排。正因如此,造成了传统刑法无法完全应对环境问题,解决环境与资源方面面临的困境。

(二)现代意义上环境与资源保护法的演进历程

二战结束之后,现代意义上的环境与资源保护法进入全面发展阶段。20世纪50年代至70年代这一时期,世界范围内资本主义国家迎来了发展的黄金阶段,大机器大工厂的生产方式让人们不断地走向城市,城市人口数量大幅度增加,农业生产方式也得到了转型发展,大机器耕作方式代替了人工,农业也开始使用化学肥料,科学技术成为人类社会发展的重要引擎,各种新产品、新事物不断地出现。随着科学和技术的发展,人们对环境索取的能力越来越强,开采自然资源和利用自然资源的需求也不断增大,同时人们对环境排放污染物的程度也不断提升,环境保护与经济发展之间的矛盾日益成为人们不得不正面回应的问题,而且各国不断发生环境危机事件,其中震惊世界的"八大公害事件"最具有影响力。因此,联合国在1966年召开大会专门探讨了人类环境问题。欧美发达国家相继在环境与资源保护方面进行立法,以期更好地应对环境问题。其中,美国于1969年制定的《国家环境政策法》最具有代表性。

1972年6月,联合国在斯德哥尔摩召开联合国人类环境会议,来自一百多个国家的一千多名代表参加了会议,这次会议通过了《人类环境宣言》及保护全球环境的"行动计划"。其中,《人类环境宣言》是这次会议的主要成果,它阐述了与会国家和国际组织所达成的26项原则,为世界各国人民和国际组织提供了保护和改善环境的指导。这些原则的内容包含了人的环境权利和保护环境的义务、保护和合理利用各种自然资源、防治污染、促进经济和社会发展、使发展同保护和改善环境协调一致、筹集资金、援助发展中国家、对发展和保护环境进行计划和规划、实行适当的人口政策、发展环境科学技术与教育、销毁核武器和其他一切大规模毁灭手段、加强国家对环境的管理、加强国际合作等。这些内容反映了环境问题应对的国际性。会后,各个国家纷纷制定环境保护的专门法律,成立环境保护的专门机构,建立环境保护的社会团体,从而促进了环境与资源保护法的迅速发展。

20世纪80年代至今,现代意义上环境与资源保护法迎来了蓬勃发展的时期。1987年2月,在日本东京召开的第八次世界环境与发展委员会通过了《我们共同的未来》,该报告分为"共同的问题""共同的挑战"和"共同的努力"三大部分,集中分析了全球人口、粮食、物种和遗传资源、能源、工业和人类居住等方面的情况,并系统探讨了人类面临的一系列重大经济、社会和环境问题。并且,这份报告鲜明地提出了三个观点:环境危机、能源危机和发展危机不能分割,地球的资源和能源远不能满足人类发展的需要,必须为当代人和下代人的利益改变发展模式。在报告的基础之上，提出了可持续发展的概念。所谓可持续发展理论是指既满足当代人的需要，又不对后代人满足其需要的能力构成危害的发展。

1992年6月，在巴西里约热内卢召开了联合国环境与发展大会，即里约会议。这次会议有180多个国家和地区的代表团和联合国及其下属机构等70多个国际组织代表出席，102个国家元首或政府首脑与会，500多个非政府组织的2万多名代表参加了同时举行的非政府组织大会。此次会议通过、签署了《里约环境与发展宣言》《21世纪议程》《气候变化框架公约》《生物多样性公约》《关于森林问题的原则声明》等文件，这些文件体现了可持续发展的理念。这次大会的召开标志着"斯德哥尔摩时期"的环境保护走向了"里约时代"的环境保护。会后，许多国家和国际组织纷纷制定贯彻落实可持续发展理念的环境与资源保护政策和法律，掀起了一场实现可持续发展战略的社会变革运动。例如，欧盟于1997年签署了《阿姆斯特丹条约》用来实现欧盟的可持续发展目标。

2002年8月，为纪念联合国人类环境会议30周年、联合国环境与发展大会10周年，在南非的约翰内斯堡举行了联合国可持续发展世界首脑会议，这次会议有190多个国家和地区、100多个国家元首和政府首脑、5000多个非政府组织、2000多个媒体组织出席会议，通过了《约翰内斯堡会议宣言》和《可持续发展实施计划》，形成了220多项"伙伴关系倡议"，又一次在全球范围内掀起了可持续发展的热潮。

进入21世纪以来，世界各国对于环境问题越来越重视。随着环境问题的不断发展，环境问题逐渐形成了国际化、全球性的特征，因此在应对环境问题上也需要世界各国广泛的合作，只有这样环境与资源保护才能实现真正的发展，可持续发展的目标才能够有望实现。

这一时期环境与资源保护法发展的特点表现为：第一，环境与资源保护重视程度提升。环境与资源保护在很多国家都受到了极大的重视，许多国家在宪法中规定了环境保护的内容。比如《希腊共和国宪法》第24条明确规定，"保护自然和文化环境，是国家的一项职责，国家应当就环境保护制定特别的预防或强制措施"。这不但提高了公民和政府对环境与资源保护的重视程度，而且也为其他法律提供了宪法依据。还有很多国家也将环境与资源保护作为国家的基本职能予以规定。第二，环境与资源保护立法逐渐综合化。受环境问题的复杂性影响，环境与资源保护立法也呈现出了综合发展的趋势。环境与资源各项专门的立法相互重复交叉，相互渗透影响，需要综合性的环境保护基本法来系统地对环境问题进行保护，比如1969年美国制定的《国家环境政策法》和瑞典制定的《环境保护法》等。第三，环境与资源保护法调整方式多样化。环境与资源立法开始运用民事、刑事、行政等多种调整方式治理环境问题,调整人们在开发、利用、保护和改善环境过程中形成的权利和义务。并且,经济调整的手段被越来越多地使用,无论是发达国家还是发展中国家,采用经济手段调整环境与资源保护问题越来越受到青睐。例如,建立环境资源市场,发挥市场机制的调节作用;通过环境资源税费进行宏观调控;建立绿色贸易壁垒,发展国内环境与资源保护产业,保证产品质量等。第四,环境与资源保护法逐渐重视统一监管。环境问题的监管往往出现争权诿责的现象,为了避免此类现象,环境监管逐渐呈现统一的监督管理体系,这种统一的监督管理体系表现为环境监管权力向中央政府集中,中央政府的权力不断扩张。特别是发达国家由于较早出现工业革命,在环境问题的应对上更加有经验,因而在监管体制上往往更加成熟。第五,可持续发展成为环境与资源保护法的基本思想。受可持续发展理念的影响,环境与资源保护立法更加重视预防原则、全过程管理、清洁生产、源头控制以及总量控制等观念。在环境保护和经济发展的关系上,更加注重二者的协调发展。总之,这一时期环境与资源保护法的发展实现了大的飞跃。

(三)现代意义上环境与资源保护法的典型表现

现代意义上环境与资源保护法的发展在世界各国普遍发生,各国从环境立法目的、立法理念、立法原则、立法制度、立法责任以及立法规律等各个方面推进本国的环境与资源保护立法。并且,一国的先进制度能够很快地被他国予以借鉴学习。该时期环境与资源保护法发展比较具有代表性的当属美国、日本和欧洲等发达国家。

1. 美国现代意义上的环境与资源保护法

美国较早开始现代意义上的环境与资源保护法,环境与资源保护法体系也相对比较完善和健全。美国的环境与资源保护法的发展经历了一个逐步构建的过程。面对迅猛发展的环境问题,美国联邦政府为了鼓励各州积极采取措施,颁发了一系列的法令。从美国法律体系的性质来看,美国法律属于判例法国家,但是美国的环境与资源保护法却有着完整的成文法体系。这足以说明美国为了应对环境问题,政府在环境与资源保护法的构建过程中发挥了积极作用,同样也说明了环境与资源保护法的特殊性。

美国的环境与资源保护法由不同的法律构成。1948年,美国制定《联邦水污染控制法》,又称《清洁水法》,该法向州提供了联邦资金发展污染控制的计划。20世纪60年代,美国国会通过了《清洁空气法》,敦促采取各种控制空气污染的措施。1965年,通过《固体废物处置法》要求制定应对固定废物处置的方案。由这些法律构成的联邦监管架构一直沿用至今。在美国环境与资源保护法立法过程中,具有标志性的当属 1969 年颁布的《国家环境政策法》,该法作为美国的环境保护基本法,首次指令所有的联邦机关将环境保护作为它们的使命。1972 年,制定《联邦水污染控制法》和《海洋保护、研究与保护区法》(也称《海洋倾倒法》)。1976 年,通过了《资源保护和恢复法》。这些法律共同构成了美国最初的环境保护法律体系。

20 世纪 80 年代之后,美国的环境与资源保护立法有了新的发展。1984 年通过了《危险和固体废物修正案》。1986 年通过了《综合环境响应、补偿和责任法》(又称《超级基金法》),针对污染土地的修复进行了立法,这部法律不仅建立了土地修复基金弥补污染的土地修复成本,而且还建立了严格的连带责任。为了回应化学品泄漏造成死亡的印度博帕尔事件,1986 年美国通过了《应急预案和社区知情权法》,建立了企业信息公开和环境与健康风险沟通制度。为应对石油泄漏事故,1990 年美国颁布了《石油污染法》。1990 年通过了《清洁空气法修正案》,将温室气体作为空气污染物纳入法律监管。1996 年,修订了《安全饮用水法》。这些法律共同形成了美国环境与资源保护法的基本体系,为美国环境保护工作提供了法律依据。

2. 日本现代意义上的环境与资源保护法

二战后,日本致力于本国的经济发展和社会重建,将主要精力集中于发展经济,由此带来了严重的环境问题,特别是环境污染。进入 20 世纪 50 年代之后,日本发生了世界瞩目的水俣病、哮喘病等环境问题事件。同时,自然资源的破坏触目惊心,动植物正常的繁育受到了影响,人们的生命健康受到了严重威胁。公害事件的发生使得人们关心环境问题。为此,日本开始了密集的公害应对立法。如 1958 年《水质综合保护法》和《工厂排水法》、1962 年《煤烟控制法》。尤其受到广泛关注的是 1967 年《公害对策基本法》,因为该法是由公害事件促成的。随着这部法律的颁布,日本逐渐走上了综合性的防治公害立法。

1970 年年底,日本国会一次性制定和修改通过了 14 部环境与资源保护类法律,内容涉及公害防治的基本对策、费用负担、海洋污染处置、水污染、大气污染、农地污染、噪声污染、废物处置、公害犯罪、下水道污染、农药污染及自然公园保护等多个方面。正因如此,这次国会也称为"公害国会"。在这之后,日本相继制定了《环境厅设置法》《公害等调整委员会设置法》《关于特定工厂整备防止公害组织法》《自然环境保全法》《公害健康损害补偿法》《恶臭防止法》等多部环境与资源保护法,这些法律共同形成了以公害防治为鲜明特色的环境立法体系,也形成了公害法这一新的法律领域。①

随后,由于日本社会的发展仍然沿用产业优先的经济发展思路,环境与资源保护立法也受到了这一思路的影响。在日本经济发展停滞的情况下,诸多压力迫使日本的公害防治法律制度与政策不断反复,以至于一度陷入停顿甚至倒退,表现在立法和司法方面逐渐放宽了对污染者的处罚。20世纪90年代,日本环境与资源立法走出了停顿、倒退的时期,进入了完善阶段,标志是1993年制定《环境基本法》,使得环境法治在通往可持续发展理念的征途中迈出了重要的步伐,形成了可持续发展的环境与资源保护法体系。

3. 欧盟现代意义上的环境与资源保护法

1993年11月,欧盟正式成立,追求统一的欧盟环境与资源保护法也就成为欧盟国家奋斗的目标。欧盟成员国、欧盟机构和欧盟公民所使用的环境与资源保护法有三种类型:国际环境法、欧盟环境法和国内环境法,这三种类型共同组成了欧盟国家适用的环境与资源保护法。

从20世纪60年代开始,欧盟(欧共体)各国开始制定专门的环境保护综合法《环境保护法》,此外在污染防治领域和生态保护领域也制定了更加细致的法律规范。在欧盟环境与资源保护法的体系中,包含了欧盟基础条约、欧盟签署或者参加的国际环境条约、欧盟机构制定的欧盟法规等内容。欧盟成员国之中,最具有代表性的当属德国环境法的发展。二战后,德国仅有少量的环境与资源保护法。如1957年《水资源法》和1959年《核能法》。直到20世纪60年代,德国环境法的概念才正式出现。德国的环境与资源保护立法大致分为两个阶段:第一个阶段为20世纪70至80年代。1970年之前,德国的环境与资源保护立法任由各州自己规定,1970年之后德国才开始行使联邦立法权,制定《联邦环境污染防治法》《联邦自然保育法》《废物清理法》(后修订为《循环经济与废弃物法》)《联邦森林法》等多部法律,这些立法主要针对污染产生的危害防范与预防。顺应国际环境保护理念的变化,德国从20世纪80年代开始步入了环境立法新阶段,环境立法更多关注综合性,对环境保护中的共同部分进行立法,如1990年制定和颁布的《环境影响评价法》和《环境责任法》,1994年的《环境信息法》。进入21世纪以来,欧盟的环境与资源保护法也在不断发展和完善。

---

① 参见〔日〕原田尚彦:《环境法》,于敏译,马骧聪审校,法律出版社1999年版,第18页。

第二节 我国环境与资源保护法的演进历程

一、我国古代与近代环境与资源保护的思想和理念

我国环境与资源保护法的演进历程,离不开我国古代与近代关于环境与资源保护的思想和理念,这些思想和理念或多或少在我国环境与资源保护法的发展过程中发挥着一定的作用。虽然在我国古代和近代缺乏对环境问题的完整认知,但是对我国历史发展进程中环境与资源保护思想与理念的回顾,却可以为我国当下环境与资源保护法的发展提供一定的参照。

（一）古代环境与资源保护的思想

中国古代环境与资源保护的思想最早可以追溯到先秦时期。中国古代奴隶制和封建制社会时期的环境问题,主要是由农牧生产活动而引起的对森林、水源以及动植物等自然资源和环境的破坏,在人口集中的城市也有局部的环境污染问题。当时,虽然没有现代意义上的环境问题,但是已经出现了关于环境与资源保护的思想。

根据《逸周书·大聚解》记载,夏朝规定:"禹之禁,春三月山林不登斧,以成草木之长,夏三月川泽不入网罟,以成鱼鳖之长。"《韩非子·内储说上》记载,"殷之法,弃灰于公道者断其手。"公元前1050年前后西周颁布《伐崇令》,规定:"毋坏屋,毋填井,毋伐树木,毋动六畜。有不如令者,死无赦。"这些规定中蕴含着环境与资源保护的思想。

先秦时期,我国环境与资源保护法方面的规定更多地体现在自然资源开发利用和保护方面,比较具有代表性的当属林业资源保护、渔业资源保护和野生动物保护等方面。就林业资源保护而言,先秦时期反对乱砍滥伐,仅仅允许在特定时期进行林木砍伐活动。例如《逸周书·文传解》写道:"山林非时不升斤斧,以成草木之长。"《荀子·王制》中写道:"草木荣华滋硕之时,则斧斤不入山林,不夭其生,不绝其长也。……斩伐养长不失其时,故山林不童,而百姓有余材也。"《孟子·梁惠王上》写道:"斧斤以时入山林,林木不可胜用也。"《管子·八观》写道:"山林虽广,草木虽美,禁发必有时。"《礼记·王制》中写道:"林麓川泽,以时入而不禁。"就渔业资源保护而言,先秦时期规定了禁止捕猎的内容。例如《荀子·王制》中写道:"鼋鼍鱼鳖鳅鳝孕别之时,罔罟毒药不入泽,不夭其生,不绝其长也。……污池渊沼川泽,谨其时禁,故鱼鳖优多,而百姓有余用也。"《逸周书·文传解》写道:"川泽非时不入网罟,以成鱼鳖之长。"就野生动物保护方面,先秦时期也有相关规定。例如《逸周书·文传解》写道:"不卵不蹼,以成鸟兽之长;畋猎唯时,不杀童羊,不矢胎童牛,不服童马,不驰不骛泽,不行害,土不失其宜,万物不失其性,天下不失其时。"《礼记·王制》写道:"天子不合围,诸侯不掩群。""不麛,不卵,不杀胎,不殀夭,不覆巢。""禽兽鱼鳖不中杀,不粥于市。"凡此种种,皆表明了我国先秦时期环境与资源保护的思想。

秦始皇统一六国后,建立了秦朝。秦朝是中国历史上第一个统一的中央集权的封建王朝。为了加强对自然资源的管理,全国开始实行统一的法令,规定土地私有,试行盐铁官营,并对掌管采矿事务的官吏规定了考核和惩罚制度。这一时期农业有了进一步的发展,保护自然环境和自然资源的法令日趋增多。1975年在湖北睡虎地出土的秦简《田律》中规定了关于农业生产和生物资源保护的内容,其中体现了"以时禁发"的原则。可见,秦朝时期就有关于环境与资源保护法的思想。

汉代继承秦朝的法令,同时又有新的发展。汉代在环境与资源保护方面的规定多以诏令的形式出现。西汉时期的《淮南子》在对先秦各家学说进行融合、吸收的同时,重点继承老庄的道家思想,在《齐俗训》中专门阐释了"水处者渔,山处者木,谷处者牧,陆处者农"的环境与资源保护思想,强调保护野生动物资源,合理利用、培植植物资源,使自然资源的开发、利用和保护理念不断发展。

《唐律》中专设《杂律》一章,对自然资源保护、生态环境、自然环境和植树造林等方面作出了规定。此后,封建时期的《明律》《清律》等法典基本上也都存在类似的环境与资源保护思想。

(二)近代环境与资源保护的思想

1840年鸦片战争之后,中国逐渐沦为半殖民地半封建社会。由于这一时期我国未能实现工业化大生产,所以环境与资源保护立法的发展远远落后于西方国家。并且,当时很多外国人在中国开办工厂,多不注意环境保护,以致局部地区出现了环境污染。而且这一时期政局不稳,战乱频繁,执政者极为不重视环境与资源保护问题,因而环境与资源保护立法残缺不全,几乎无法查到这一时期关于环境与资源保护的专门立法。

中华民国时期,农业经济依然占据主导地位,同时沿海一带的现代工业也有了一定的发展,当时的政府制定了一些关于环境与资源保护的法律规范,主要集中在自然资源管理方面,比如1929年《渔业法》、1930年《土地法》、1931年《狩猎法》、1932年《森林法》和1942年《水利法》等。

在这一时期,中国共产党领导的革命根据地也制定了不少环境与资源保护方面的法律法规,比如1930年《闽西苏区山林法令》、1931年《中华苏维埃共和国土地法》、1932年《人民委员会——对于植树运动的决议案》、1938年《晋察冀边区垦荒单行条例》、1939年《晋察冀边区保护公私林木办法》、1939年《晋察冀边区禁山办法》、1941年《陕甘宁边区森林保护条例》、1943年《晋察冀边区兴修农田水利条例》、1949年《东北解放区森林保护暂行条例》等。

二、现代意义上环境与资源保护法的形成与发展

我国现代意义上的环境与资源保护法产生于中华人民共和国成立以后。新中国成立之初,社会主义建设事业刚刚起步,百废待兴。为了满足人民群众的基本生活需要,集中精力发展经济是当时的重点,与此同时出现了一些污染环境、破坏资源的局部现象。

(一)现代意义上环境与资源保护法的产生时期

1949年新中国成立至1979年,这一阶段是我国现代意义上的环境与资源保护法的产生时期。从总体上来看,这一阶段我国的环境保护工作尚处于起步阶段,国内对于环境与资源保护立法并未特别重视,但是受世界范围内环境保护浪潮的影响和随着环境问题的出现,环境与资源保护立法进程开始起步。

从新中国成立伊始,我国制定了一系列关于合理开发、利用、保护、改善环境与资源保护的法律、法规和规范性文件。例如,1950年《矿业暂行条例》、1953年《政务院关于发动群众开展造林、育林、护林工作的指示》、1953年《国家建设征用土地办法》、1956年《国务院关于加强新工业区和新工业城市建设工作几个问题的决定》、1956年《狩猎管理办法(草案)》、1957年《农业部关于帮助农业生产合作社进行土地规划的通知》、1957年《水产资源繁殖保护暂行条例(草案)》、1957年《关于注意处理工矿企业排出有毒废水、废气问题的通知》、1957年《水土保持暂行纲要》、1960年《放射性工作卫生防护暂行规定》、1960年《关于工业废水危害情况和加强处理利用的报告》、1961年《关于加强水利管理工作的十条意见》、1962年《国务院关于积极保护和合理利用野生动物资源的指示》、1963年《森林保护条例》、1965年《矿产资源保护试行条例》等。

进入20世纪70年代,我国已经建立了比较完整的工业体系,环境污染也随之日趋严重。国际上又发生了许多震惊世界的公害事件,这些惨痛的教训使我们认识到了环境保护工作的重要性。1972年,联合国召开了第一次人类环境会议,我国派出代表团参加。这次会议要求所有国家改善本国的环境政策,不应损害发展中国家现有或者将来的发展潜力,也不应妨碍公众生活条件的改善;必须委托适当的国家机关对国家的环境资源进行规划、管理或者监督,以期提高环境质量;必须促进各国,特别是发展中国家在国内和国际范围内从事有关环境问题的科学研究及其发展。1972年,国家计委、建委针对官厅水库及北京西郊污染情况的调查结果向国务院提出了《关于官厅水库污染情况和解决意见的报告》,建议成立官厅水源保护小组,采取各种紧急治理措施。国务院批转并同意了该报告的建议,并且强调随着我国工业的发展,必须重视防治污染,特别是对于关系到人民群众身体健康的水源和城市空气污染问题,各地应尽快组织力量,进行检查,作出规划,认真治理。

1973年,国务院召开了第一次全国环境保护会议,把环境保护工作提上了国家管理的议事日程。会议研究讨论了我国的环境污染和环境破坏问题,拟定了《关于保护和改善环境的若干规定(试行草案)》,由此奠定了中国环境保护基本法的雏形。该文件规定了"全面规划、合理布局、综合利用、化害为利、依靠群众、大家动手、保护环境、造福人民"的环境保护32字工作方针,就全面规划、合理布局工业、改善城市环境、综合利用土地、土壤保护、植物保护、水系和海域管理、植树造林、环境监测、环境科学研究和宣传教育、环境保护投资和环境保护设备等问题作了较为全面的规定;还规定了发展生产和环境保护"统筹兼顾、全面安排"的原则、"三同时"制度以及奖励综合利用等政策。针对当时已经出现的北京官厅水库污染、湖北葛店化工区鸭儿湖污染、大连湾赤潮等环境污染事件,卫生部先后发布了《工业"三废"排放试行标准》(1973年)和《生活饮用水卫生标准》(1985年)等规范。

1974年,国务院颁布《防止沿海水域污染暂行规定》,这是我国第一部防治沿海水域污染的法规。该法对中国沿海水域的污染防治特别是对油船和非油船的压舱水、洗舱水以及生活废弃物等排放进行了规定。

1978年《宪法》明确规定了"国家保护环境和自然资源,防治污染和其他公害"。这是我国首次将环境保护工作写入根本大法,把环境保护确定为一项基本职责,将环境保护、资源保护和污染防治确定为环境与资源法的主要内容,从而奠定了环境与资源保护法体系的基本架构和主要内容,并为环境保护进入法治轨道开辟了道路。同年,中共中央批转的国务院环境保护领导小组的《环境保护工作汇报要点》,将加强环境法制建设,制定环境保护法律作为环境保护工作的重点,由此拉开了我国环境与资源保护法迅速发展的序幕。

(二)现代意义上环境与资源保护法的发展时期

1979年,第五届全国人大常委会第十一次会议通过了《环境保护法(试行)》,我国拥有了首部综合性环境与资源保护立法,这标志着我国环境与资源保护法的发展进入新轨道。这部法律依据《宪法》,参考并借鉴了国外环境立法的经验教训,规定了七章内容,具体包括总则、保护自然环境、防治污染和其他公害、环境保护机构和职责、科学研究和宣传教育、奖励和惩罚、附则等。该法指出,我国环境保护法的任务是保证在社会主义现代化建设中,合理地利用自然资源,防治环境污染和生态破坏,为人民造成清洁适宜的生活和劳动环境,保护人民健康,促进经济发展。环境保护的工作方针是全面规划、合理布局、综合利用、化害为利、依靠群众、大家动手、保护环境、造福人民。

1982年,《宪法》由第五届全国人大第五次会议通过并公布施行,其第26条第1款规定:"国家保护和改善生活环境和生态环境,防治污染和其他公害。"与1978年《宪法》相比,这次修改扩大了"环境"概念的内涵和外延,同时《宪法》第9条、第10条、第22条等条文对合理利用和开发自然资源等内容作了相应的规定。

1982年至1989年,全国人大常委会分别制定了有关海洋环境保护、水污染防治、大气污染防治等环境保护的法律以及对森林、草原、渔业、土地、水资源、野生动物等自然资源管理和保护的法律,例如1982年《海洋环境保护法》、1984年《水污染防治法》、1986年《矿产资源法》、1986年《土地管理法》、1986年《渔业法》、1987年《大气污染防治法》、1988年《水法》、1988年《野生动物保护法》等。这些污染防治和自然资源保护方面的法律共同推动着我国的环境与资源保护工作。除了大量的法律之外,国务院还通过了环境污染防治、自然资源保护以及环境管理方面的行政法规。就环境污染防治方面的行政法规而言,主要有1983年《防止船舶污染海域管理条例》、1983年《海洋石油勘探开发环境保护管理条例》、1985年《海洋倾废管理条例》、1988年《防止拆船污染环境管理条例》、1989年《环境噪声污染防治条例》、1989年《放射性同位素与射线装置放射防护条例》、1989年《水污染防治法实施细则》等。就自然资源保护方面的行政法规而言,主要有1982年《水土保持工作条例》、1988年《土地复垦规定》、1988年《森林防火条例》、1989年《森林病虫害防治条例》等。就环境管理方面的行政法规而言,主要有1982年《征收排污费暂行办法》、1986年《建设项目环境保护管理办法》、1986年《对外经济开放地区环境管理暂行规定》等。另外,国务院有关部委还制定了大量的环境与资源保护方面的行政规章,各地也结合本地方的实际情况制定了大量的环境与资源保护法规和规章。

除此之外,该时期我国政府还积极参加国际环境保护合作,加入或者签署了一系列重要的国际环境保护公约、协定和双边协定,例如1980年《濒危野生动植物国际贸易公约》、1985年《保护世界文化和自然遗产公约》,以及1981年我国政府和日本政府签署的《保护候鸟及其栖息环境协定》等。在完善环境与资源保护立法的同时,我国还制定和颁布了包括大气、水质和噪音在内的环境质量标准、污染物排放标准、环境保护基础标准以及环境保护方法标准等国家或者地方标准。这一时期,环境与资源保护立法得到了快速的发展并且取得了一定的成绩,我国环境与资源保护法体系初步形成。

(三)现代意义上环境与资源保护法的完善时期

1989年,第七届全国人大常委会第十一次会议通过了《环境保护法》,这标志着我国环境与资源保护立法进入了新阶段。有学者认为这部法律是我国有史以来第一部环境保护基本法。[①]《环境保护法》分为总则、环境监督管理、保护和改善环境、防治环境污染和其他公害、法律责任以及附则等六章内容,共47条。作为环境保护综合性立法,该法规定了"谁污染谁治理"的基本原则,确定了环境影响评价制度、"三同时"制度、排污收费制度、限期治理制度、环境标准制度、环境监测制度等一系列制度体系,确立了环境与资源保护法律的框架基础,建立起了环境监督管理体制,为我国环境与资源保护事业全面法治化做出了重要贡献。

20世纪90年代以来,我国开始转向市场经济,随着以市场为导向的转型逐步深入,政府职能逐步发生转变,社会经济发展进入了快车道,伴随而来的环境问题逐渐显现,并且与计划经济时期累积的环境问题相互叠加,环境与资源保护立法面临的社会形势发生了重大变化。而且,可持续发展在我国得到了广泛的认同,党中央提出了科学发展观,为环境与资源保护立法提供了全新的指导思想。为了积极地应对这些变化,我国加强了环境与资源保护方面的立法工作。1993年,全国人大成立了环境与资源保护委员会,全面开展环境与资源保护立法工作,制定和修改了一批重要的环境与资源保护单行立法,例如1995年颁布的《固体废物污染环境防治法》、1998年修改的《森林法》、1999年修改的《海洋环境保护法》等。由此不仅完善了环境与资源保护单行立法的涵盖范围,而且更新了立法观念,进一步增强了我国环境与资源保护单行法的现实针对性和适应性。

2000年以后,为了迎接21世纪的到来和加入世界贸易组织(WTO)的挑战,我国再一次加快了环境与资源保护立法的步伐,并且呈现出了与以往不同的一些特点。一方面,随着经济的迅速增长和法治建设的逐步完善,在对经济发展和环境保护的平衡过程中,政府对环境保护提出了新的目标和要求,最为引人注目的就是由国家环境保护总局掀起的"环保风暴",这种环境保护方式大大地遏制了对经济发展盲目追求所造成的环境问题。总的来说,"环保风暴"一共有四次。第一次"环保风暴"发生在2005年1月。当时国家环境保护总局宣布停建金沙江溪洛渡水电站等13个省市的30多个违法开工项目,并表示严格执行环

---

① 参见吕忠梅:《环境法学》,法律出版社2004年版,第227页。

境保护法律法规,严格环境准入,彻底遏制低水平重复建设和无序建设。第二次"环保风暴"发生在2006年2月。当时国家环境保护总局对9省11市设在江河边的环境问题突出的企业实行"挂牌督办",对127个投资约4500亿元的化工石化类项目进行了环境风险排查,对10个投资约290亿元的违法建设项目进行查处。第三次"环保风暴"发生在2007年1月。当时国家环境保护总局将82个项目涉及1123亿元的投资叫停,并且在吸取前两次"环保风暴"经验的基础上,采用了"区域限批"的措施,这是环境保护部门成立以来首次使用这一处罚手段。第四次"环保风暴"发生在2008年7月。国家环境保护总局对长江、黄河、淮河、海河四大流域部分水污染严重,环境违法问题突出的6市2县5个工业园区实行"流域限批",对流域内的32家重污染企业和6家污水处理厂实行"挂牌督办"。

另一方面,关注全球气候变化问题已经成为各国政府的共识和探讨焦点,加上能源的高消耗以及由此造成的环境污染和生态破坏的影响,政策和相关规划中关于环境与资源保护的内容显得越来越突出,其重要性进一步得到认可。例如,我国"十一五"规划纲要明确指出,"十一五"期间,单位国内生产总值能耗降低20%左右,主要污染物排放总量减少10%。这是推进经济结构调整,转变经济增长方式的必由之路,是维护中华民族长远利益发展的永续要求。2007年6月,我国成立了国家应对气候变化及节能减排工作领导小组。这说明我国政府已经充分认识到了做好节能减排和应对气候变化工作是建设资源节约型和环境友好型社会的任务,是关系经济社会可持续发展全局的课题,也是我国应该对国际社会承担的环境责任。

这一时期,我国也制定和修改了很多环境与资源保护方面的法律。比如,2001年颁布《防沙治沙法》《海域使用管理法》;2002年颁布《清洁生产促进法》《农村土地承包法》《环境影响评价法》,以及对《水法》和《草原法》等法律进行了相关的修改;2003年颁布《放射性污染防治法》;2005年颁布《可再生能源法》;2008年颁布《循环经济促进法》;等等。

2007年,我国提出了"建设生态文明"的思想。2012年,为大力推进生态文明建设目标,将生态文明与经济建设、政治建设、文化建设、社会建设纳入了国家"五位一体"的总布局。自生态文明提出以来,我国环境与资源保护方面的法律在这一理念的影响下迎来了新的发展契机。除此之外,为了加强环境与资源保护法的实施,截至2011年3月,我国具有规范性的国家环境保护标准发布了1400余项,内容包含环境质量标准、污染物排放标准、环境监测方法标准、环境标准样品标准以及环境基础标准等。总而言之,这一时期我国的环境与资源保护法体系已经完全建立,各种关于环境保护的事项基本上能够做到有法可依。

(四)现代意义上环境与资源保护法的新发展时期

以2014年《环境保护法》的修订为标志,环境与资源保护法的发展进入了新发展时期,环境法治进入了新的发展阶段。2014年4月,第十二届全国人大常委会第八次会议通过了修订的《环境保护法》,并于2015年1月1日起实施。修订后的《环境保护法》分为总则、监督管理、保护和改善环境、防治污染和其他公害、信息公开和公众参与、法律责任、附则等七章共70条内容。与1989年《环境保护法》相比,这次《环境保护法》的修改在立法理念、篇章机构和法律规范等方面均作出了较大程度的修改,是我国环境与资源保护法发展历史上的一座新的里程碑。2014年《环境保护法》有很多亮点,具体表现为:保护环境上升为国家的基本国策;突出强调政府监督管理责任;规定每年6月5日为环境日;划定生态保护红线;设信息公开和公众参与专章;政府应每年向人大报告环境状况;建立健全环境监测制度;完善跨行政区污染防治制度;补充重点污染物排放总量控制;提高农村环境保护服务水平,推动农村环境综合治理;没有进行环评的项目不得开工;明确规定环境公益诉讼制度;可以查封、扣押造成污染物排放的设施、设备;情节严重者将适用行政拘留;严格法律责任,按日计罚,上不封顶等。

在修订后的《环境保护法》全新的理念指导下,我国的环境与资源保护法开始了又一次的更新和修改,其中具有代表性的当属《大气污染防治法》。2015年8月,第十二届全国人大常委会第十六次会议通过了《大气污染防治法》,确立了坚持源头治理,规划先行,转变经济发展方式,优化产业结构和布局,调整能源结构的基本理念。与此同时,党和国家发布了一系列重要的涉及环境法治建设的文件,其中最具有代表性的当属2013年11月中国共产党第十八届中央委员会第三次全体会议通过的《中共中央关于全面深化改革若干重大问题的决定》。该决议指出:"建设生态文明,必须建立系统完整的生态文明制度体系,实行最严格的源头保护制度、损害赔偿制度、责任追究制度、完善环境治理和生态修复制度,用制度保护生态环境。"

2014年10月,《中共中央关于全面推进依法治国若干重大问题的决定》指出:"用严格的法律制度保护生态环境,加快建立有效约束开发行为和促进绿色发展、循环发展、低碳发展的生态文明法律制度,强化生产者环境保护的法律责任,大幅度提高违法成本。建立健全自然资源产权法律制度,完善国土空间开发保护方面的法律制度,制定完善生态补偿和土壤、水、大气污染防治即海洋生态环境保护等法律法规,促进生态文明建设。"

2015年4月,《中共中央 国务院关于加快推进生态文明建设的意见》提出:

"生态文明建设是中国特色社会主义事业的重要内容。"该意见要求坚持节约优先、保护优先、自然恢复为主的基本方针,坚持把绿色发展、循环发展、低碳发展作为基本途径,坚持把深化改革和创新驱动作为基本动力,坚持把培育生态文化作为重要支撑,坚持把重点突破和整体推进作为工作方式,优化国土空间开发格局,推动技术创新和结构调整,全面促进资源节约循环高效利用,切实改善生态环境质量,健全生态文明制度体系,加强生态文明建设统计监测和执法监督,加快形成推进生态文明建设的良好社会风尚,切实加强组织领导等。

2015年8月,中共中央办公厅和国务院办公厅联合印发了《党政领导干部生态环境损害责任追究办法(试行)》,强化了党政领导干部的生态环境和资源保护职责,规定地方各级党委和政府对本地区生态环境和资源负总责,党委和政府主要领导承担主要责任,其他有关领导成员在职责范围内承担相应的责任。

2016年12月,全国人大常委会通过《环境保护税法》,这是我国第一部专门体现"绿色税制"、推进生态文明建设的单行税法。环境保护税的施行,不仅适应了税费征收工作的规范化、法制化需要,更有助于中国社会形成鲜明的绿色发展导向,激发广大企业主动转型升级,从而助推中国经济实现更高质量发展。该法以现行排污费制度为基础,与2014年修订的《环境保护法》相衔接,按照"税负平移"的原则,明确了环境保护税的纳税人、征税对象、计税依据、税目税额和征收管理等制度,积极发挥税收在控制和减少污染物排放、保护和改善生态环境方面的重要作用。

2018年8月,第十三届全国人大常委会第五次会议通过了《土壤污染防治法》,该法是我国制定的首部土壤污染防治专门法律,填补了我国污染防治立法的空白,完善了我国生态环境保护、污染防治的法律制度体系。《土壤污染防治法》规定了土壤污染防治的基本原则、基本制度、预防保护、管控和修复、经济措施、监督检查和法律责任等重要内容,这些内容将为我国开展土壤污染防治工作,推进"净土保卫战"提供法治保障。

2020年12月,第十三届全国人大常委会第二十四次会议通过了《长江保护法》,该法是我国第一部流域专门法律,对于贯彻习近平生态文明思想,加强长江流域生态环境保护和修复,促进长江经济带建设和发展,实现人与自然和谐共生和中华民族的永续发展具有重大意义。

当下,随着生态文明建设的不断推进和深化,环境与资源保护方面的法律也处于不断发展和完善之中。环境与资源保护法作为护佑生态文明建设的法律,必将迎来更大的发展,这也为环境与资源保护法提供了在发展中不断完善,在完善中不断发展的契机。总之,环境与资源保护法的发展是一个不断完善的过程,它一直随着环境问题的不断发展和演变而不断更新升级。

第三节 以污染防治为中心的认知模式

一、环境问题形成与演变的一般轨迹

总体而言,从历史发展的角度来看,环境问题的形成与演变具有一定的规律性。尽管学者们有不同的看法,[①]但基本上可以把历史上环境问题的发展与演变分为农业文明时期和工业文明时期两个阶段。在进入农业文明之前以采集、捕猎为主要内容的人类早期阶段,即便人为活动导致出现一些局部的环境质量退化,也很难将其作为现代意义上的环境问题;而所谓的当代环境问题,无非是在农业文明时期和工业文明时期形成的不同类型的环境问题在当代的相互作用和纵深发展。因此,将历史上环境问题的发展与演变分为农业文明时期和工业文明时期两个阶段,具有环境问题在类型上的代表性和一定的理论合理性。

人类从以采集、捕猎为生的游牧生活到以耕种、养殖为主的定居生活的转变,拉开了农业文明的序幕。尽管从广义的角度来说,农业包括不同的社会生产形态,但其最核心的部分是种植业。在种植业生产规模不断扩大的过程中,烧荒、垦荒、兴修水利等对自然的改造活动开始出现并愈演愈烈,引发了水土流失、土壤盐渍化和沼泽化等问题,这是农业文明时期环境问题的基本表现形式。从本质上说,农业文明时期的环境问题主要是对与发展种植业密切相关的自然条件和资源要素的破坏,按照现在环境法的理论研究中对环境问题划分的标准,属于环境破坏。但是,农业文明时期的环境问题并没有引起当时社会的广泛关注。主要原因在于,当时的环境破坏限于局部,其影响范围还是很有限的,而且没有任何直接的毒害作用,并没有对人类的生存和社会的发展产生显著的负面影响。

环境问题真正引起社会的广泛关注是在工业文明时期。人类的工业文明以

[①] 在环境法的理论研究中,对于环境问题发展阶段的划分,学者们有不同的看法。比如,有学者认为可将其划分为原始采集捕猎阶段、农业阶段、现代工业阶段(参见韩德培主编:《环境保护法教程》(第4版),法律出版社2005年版,第6—7页)。另有学者认为可将其划分为局部环境问题阶段和全球性环境问题阶段,其中局部环境问题阶段又可分为环境问题的萌芽、发展与爆发三个时期(参见吕忠梅主编:《环境资源法学》,中国政法大学出版社2005年版,第16—21页)。还有学者认为可将其分为生态环境的早期破坏阶段、近代城市环境问题阶段、当代环境问题阶段(参见张梓太主编:《环境与资源保护法学》,北京大学出版社2007年版,第47—51页)。

18世纪后期发生在欧洲的工业革命为起点。在此之后,随着生产力的迅速提升和城市化进程的加速,对自然资源的消耗激增,大量的废弃物被排入自然界,远远超出环境的自净能力,各种表现形式的污染开始出现并蔓延开来。工业文明时期出现的环境污染与农业文明时期的环境破坏相比,影响的范围更大,对人体产生的毒害作用更为直接和明确,因环境污染所造成的各种损害也远非往昔的环境破坏可比。也正是因为这些原因,环境污染作为环境问题的表现形式之一,受到了前所未有的关注。工业文明时期环境问题的特点及其主要表现,在很大程度上导致了后来社会上对环境问题及环境立法的认知局限:环境问题即环境污染,环境法即污染防治法。

二、以污染防治为中心的环境立法传统

从理论上说,环境立法的形成主要是针对环境问题的。但是,实际上,环境立法最初的形成与环境问题的出现并不同步。前文提及,环境问题的形成最早可以追溯至农业文明时期,主要表现为对与发展种植业密切相关的自然条件和资源要素的破坏,但并没有同时出现针对并以解决这些环境问题为主要内容的相关立法。一部分原因在于,当时处于法律发展的早期阶段,立法不可能细化分工到如此程度;更重要的原因在于,当时以农业生产的自然条件破坏为主要表现方式的环境问题并没有引起广泛的社会影响及明确的立法诉求,缺乏有针对性的环境立法所形成的社会现实基础。因此,环境立法传统的形成不可能以自然条件和资源要素的破坏为起点。

环境问题真正引起广泛的社会影响是在工业文明时期,大工业生产所导致的环境污染的蔓延是其根本的推动因素。环境污染不同于农业文明时期以与种植业密切相关的自然条件和资源要素破坏为主要内容的环境问题类型,它之所以引起社会各界的高度关注,不仅在于其明显的毒害性,而且在于其与农业文明时期积累的自然破坏之间相互作用和恶性循环,已经演变为显著的社会问题并产生明确的立法诉求,而在此阶段业已形成的传统法律部门对环境污染又无能为力,环境立法应运而生。因此,环境立法的最初形成是以工业污染的主要作用领域——大气污染和水污染的防治为起点的。在18世纪中叶至20世纪初环境立法的萌芽时期,就主要以防治大气和水的污染为主。当时,一些工业化程度较高的国家纷纷制定了以此为主要内容的立法,比如英国的《制碱业管理法》《空地法》,美国的《煤烟法》《河流域港口法》等。[①] 这些早期以城市的工业污染防治为

---

① 参见吕忠梅主编:《环境法原理》,复旦大学出版社2007年版,第26页。

核心内容的环境立法对世界各国后来的环境立法产生了不可忽视的影响。更进一步分析,在环境立法形成的早期阶段,防治的污染主要是工业企业的污染。从一般意义上说,环境立法传统形成的起点是工业生产以及由此带来的污染,这样的立法传统助长了在环境法理论研究和立法实践中以污染防治为中心的认知模式的形成,而这对后来的环境立法产生了明确而深远的示范性影响。

三、中华人民共和国成立之后环境污染对环境问题认知的强势影响

环境问题在我国的发展同其形成与演变的一般轨迹并不同步。但是,就新中国成立之后的情况而言,环境问题形成与演变的过程同其一般的发展规律相比,在发展阶段及认知观念形成上表现出一定的相似性。

新中国成立之后相当长的一段时期内,依然是一个典型的农业社会,尤其是初期在"以粮为纲"的思想影响下,毁林开荒、毁草垦田、围湖造田的情况在各地非常普遍,引发了水土流失、湖泊萎缩、草地沙化、洪涝灾害等环境破坏。虽然这些环境破坏是环境问题的典型表现,但当时并没有从环境问题的意义上予以认识,一般观念中还是将其作为农业基础设施建设的问题看待,并不认为此时就已经出现了环境问题。

环境问题在我国真正被列入议事日程是在20世纪70年代之后,以决策层对环境污染的关注为起点。与美国、英国、日本等先发展的国家情况类似,我国环境污染的出现是与工业化的进程同步的。虽然新中国在成立初期就实施了以工业化为主体的第一个五年计划,但工业生产所带来的环境污染并没有马上出现。这不仅因为当时农业经济仍然是国民经济的主要组成部分,而且基于环境污染的滞后性与缓发性的特点,从原因到结果之间必然要经过一段时期的积累过程。因此,环境污染不可能在我国工业化的起步阶段出现。进入20世纪70年代,我国已经建立了比较完整的工业体系,加上潜在污染因素的长期积累,环境污染开始逐步出现并日益严重。尤其是20世纪70年代初期官厅水库及北京西郊污染的出现,给我国的决策层极大的触动。针对这些问题,"国务院第一次向全国发出注意环境污染的警告,并提出要对区域性的水污染和空气污染进行规划和治理"[①]。1973年,国务院召开了第一次全国环境保护会议,通过了《关于保护和改善环境的若干规定(试行草案)》,把环境保护提上了国家管理的议事日程。

不难看出,环境问题和环境保护在我国得到充分重视,最初是围绕环境污染

---

① 金瑞林主编:《环境与资源保护法学》(第2版),北京大学出版社2006年版,第50页。

展开的,这一点至今仍没有在根本上有所改变。①

思考题

1. 国外早期环境与资源保护法经历了哪些阶段,这一时期环境与资源保护法有何特点?
2. 国外现代意义上环境与资源保护法的背景是什么,经历了哪些阶段?
3. 我国古代与近代有哪些环境与资源保护的思想与理念?
4. 我国现代意义上的环境与资源保护法经历过哪些发展阶段以及有哪些表现?

推荐阅读

1. 汪劲:《论现代环境法的演变与形成》,载《法学评论》1998年第5期。
2. 柴荣:《中国传统生态环境法文化及当代价值研究》,载《中国法学》2021年第3期。
3. 郑少华、王慧:《中国环境法治四十年:法律文本、法律实施与未来走向》,载《法学》2018年第11期。
4. 张璐:《环境法学的法学消减与增进》,载《法学评论》2019年第1期。

---

① 参见张璐:《论我国环境立法涉农观念的缺失》,载《华东政法大学学报》2009年第4期。

第四章 环境与资源保护法部门法属性批判

【导言】

尽管对于"环境法是否为独立的部门法"这一命题已经进行了长时间的讨论,但是学界对此仍然没有形成统一的认识。本章拟从方法论上对环境与资源保护法部门法属性的局限性进行分析,指出部门法研究范式在环境法学研究领域中的不适应性,对该研究范式对环境法学研究所造成的负面效应进行批判。

第一节 环境与资源保护法部门法属性分析的局限性

一、"环境与资源保护法是独立的部门法"的认识误区

如何确定环境与资源保护法的法律属性,即环境与资源保护法是否为独立的部门法,是长期以来困扰环境与资源保护法理论研究的重要命题之一。围绕该问题,环境与资源保护法和传统部门法学者曾展开激烈的争论,虽然近年来对于环境与资源保护法成为独立的部门法似乎在表面上已经形成结论,不少主流的环境与资源保护法教材均对此有所表述,但实际上对于环境与资源保护法部门法属性的认识仍未达成一致。"环境与资源保护法是独立的部门法"这一命题在表面上的成立,不过是传统部门法学者对该命题研究的倦怠以及环境与资源保护法学者封闭的自我理论演绎,其法律逻辑的合理性是令人质疑的。深究环境与资源保护法部门法属性研究困局形成的根源,其中固然有环境与资源保护法自身理论发展不成熟的原因,但更具决定性意义的因素实质上是在我国法学理论研究中根深蒂固的部门法研究范式的影响,以及由此导致的部门法研究范式对环境与资源保护法的误读。从根源上说,"环境与资源保护法是独立的部门法"本身就是一个无法证成的命题,因为部门法研究范式并不适用于对环境与资源保护法法律属性的研究。因此,有必要在理论上对该问题予以澄清,以消除部门法研究范式应用于环境与资源保护法理论研究的负面效应,从而为环境与资源保护法的法律属性研究寻求合理的理论进路。

二、部门法研究范式对环境与资源保护法理论研究先入为主的影响

根据既定的思维模式和标准,确定某一领域法律规范的部门法归属,是长期以来我国法学理论研究的一个基本出发点。这种以确认部门法归属为主要内容和基本目标的理论分析方法,实际上已经成为我国法学理论研究中的一个基础性的研究范式,并对法律规范性质和归属的理论研究走向产生了明确而积极的支配性影响。

从渊源上看,部门法理论源于苏联,该理论的引入是中华人民共和国在成立初期全盘照搬苏联法学理论的结果之一。尽管"它在世界范围内并不具有普适性"[①],但在我国的法学理论研究中却将部门法的研究方法保留了下来,并逐步使其演化成为法学理论研究中一个占据基础性地位的研究范式。受部门法研究范式的影响,在我国的法学理论研究中,对于某一法律规范,总是习惯于首先将其归于某一部门法之中,以此作为对该法律规范进行理论定位并进行后续细化研究的基础。这样的思维模式实际上体现了部门法研究范式所隐含的基本逻辑要求,即以部门法的划分为基础、以部门法学为价值判断参照的理论推演进程。基于该理论进路,研究一个法律规范,首先需要做的是按照一定的标准确定是否能够将其归入既有的某一部门法。如果能够将一个法律规范归入既有的某一部门法之中,那么该部门法已有的理论原理、学科体系、研究团体等学术资源将对这一法律规范产生强大的同化作用,同时也意味着该部门法的壮大发展;而如果一个法律规范作为研究对象无法被归入既有的任一部门法之中,那么接下来面临的很可能就是新的部门法的构建问题。显然,对于传统部门法而言,后一种情况是很难接受的,因为新的部门法的出现不仅将改变既有的部门法所享有的学术资源分配格局,而且将打破部门法学在法学理论研究中对话语权的垄断。

因此,对于环境与资源保护法这样的新兴法律领域而言,在部门法研究范式的影响下,必须不遗余力地争取独立部门法的地位。如果它不能成为独立的法律部门,那么环境与资源保护法律规范将被既有的部门法瓜分,环境与资源保护法理论研究独立的话语权将无法产生,只能作为既有部门法的附属而存在。但是,基于前文所述原因,在部门法研究范式所造就的既有部门法学垄断学术资源的前提下,环境与资源保护法在我国从产生之初即受到部门法研究范式先入为主的影响,否认其成为独立的部门法。这一点在我国环境与资源保护法理论研

---

① 何文杰:《部门法理论革新论》,载《兰州大学学报(社会科学版)》2007年第4期。

究发展与演变的过程中清晰可见。一般认为,环境与资源保护法在我国的形成,其实质意义上的起点是 1979 年《环境保护法(试行)》的颁布。但是,我国 1984 年出版的《中国大百科全书·法学》将环境与资源保护法纳入经济法之中,1989 年出版的《中华人民共和国法律全书》将其列入经济行政法之中。在 20 世纪 90 年代的法理学研究中,依然有学者持类似的观点,认为在包含四个层次部门法的社会主义法的体系中,环境保护法属于第二个层次部门法中行政法的子部门。[①]
对于理论研究中对环境与资源保护法成为独立部门法的排斥倾向,环境与资源保护法学者没有坐视不理。为争夺独立的理论研究的话语权,他们对否认环境与资源保护法是一个独立部门法的论断进行了积极的回应,纷纷从调整对象、调整方法等角度极力论证环境与资源保护法的独立部门法地位,几乎所有的环境与资源保护法教材都将环境与资源保护法的独立部门法地位作为总论部分的重要内容。而实际上,环境与资源保护法学者不遗余力地对环境与资源保护法独立部门法属性进行论证,已经逐步地使自身陷入理论研究的两难境地:一方面,不得不预设"环境与资源保护法是独立的部门法"前提的正确性并竭力进行论证;另一方面,又难以完成具有合理性内涵的理论构建。这种局面的形成在根本上源于部门法研究范式对环境与资源保护法的不适应性,这一点决定了对"环境与资源保护法是独立的部门法"的研究工作成为一项"不可能完成的任务"。

三、部门法研究范式在环境与资源保护法研究领域的不适应性

对部门法的划分是部门法研究范式的基础,部门法研究范式在环境与资源保护法研究领域的不适应性集中体现在部门法划分的方法上。

尽管部门法的研究范式在我国法学理论研究中的影响根深蒂固,但对于部门法的划分方法,学者们并没有达成非常一致的共识。对此,在我国法理学的研究中影响较大的是"双重标准说",其基本观点是根据调整对象和调整方法两个标准划分部门法。当然,除此之外,还有其他一些看法,比如有法理学学者认为:"在划分部门法时仅依靠调整对象和调整方法这两个客观标准是不够的,还应考虑一些原则,使法律部门的划分更加科学、合理。"[②]但是,不难看出,该观点并不否认把调整对象和调整方法作为部门法划分的基本参照。因此,尽管在认识上仍存在一定的差异,但总体而言,以调整对象和调整方法为标准作为部门法划分

[①] 参见孙国华、朱景文主编:《法理学》,中国人民大学出版社 1999 年版,第 301—302 页。
[②] 葛洪义主编:《法理学》,中国政法大学出版社 2002 年版,第 257 页。

的基本前提,在理论研究中基本上是可以达成共识的。但是,就环境与资源保护法的理论研究而言,无论是调整对象还是调整方法,将其作为对环境与资源保护法进行部门法划分的标准在理论上都是难以自圆其说的,也正是这一点集中体现了部门法研究范式在环境与资源保护法研究领域的不适应性。

(一)以调整对象为标准对环境与资源保护法进行部门法划分的不适应性

调整对象是指法律规范所调整的社会关系。之所以将调整对象作为部门法划分最主要的标准,是因为不同的社会关系决定了要由不同的法律规范来调整,当某些构成调整对象的社会关系在性质上属于同一类时,调整这些社会关系的法律规范即形成一个独立的部门法。因此,形成同类性质的社会关系是产生独立的部门法的基本前提条件。

在传统的法学理论研究中,对社会关系在性质上的判断实际上是以公与私的划分为基本参照的,即以在社会关系构成中是否存在国家权力或管理因素的介入为标准,将社会关系划分为两个基本类型。其一,在社会关系的构成中,国家机关以社会管理者的身份作为一方,而且该社会关系的主要特征表现为双方地位的不平等和以国家强制力为后盾的命令与服从关系;其二,在社会关系的构成中,没有国家机关作为社会管理者的介入,而只存在地位平等的双方,该社会关系的形成与运行主要基于社会关系双方以平等为基础的意思表示一致。这两种基本社会关系的类型构成我国部门法划分的基础。事实上,在谈及部门法时,最典型的无非是宪法、行政法、刑法、民法、商法等,这些部门法又可以分为两个基本类型,其中宪法、行政法、刑法自成一家,而民法、商法则另成一类。究其原因,宪法、行政法、刑法的共性在于所调整的社会关系构成中均有国家机关以管理者的身份作为一方,而之所以作出宪法、行政法、刑法的划分,则是考虑到参与具体社会关系的国家机关不同。同样的道理,民法与商法的共性在于社会关系双方的平等性,而对二者的划分则以社会关系具体内容的差异为考量。因此,将调整对象作为传统部门法划分的首要标准,实际上隐含了一个基本前提,即社会关系的构成要么是公的,要么是私的。换言之,社会关系双方要么是不平等的,要么是平等的,如果不能满足这种非此即彼的要求,就无法将其纳入部门法体系之中。

对于环境与资源保护法而言,则无法依循上述研究思路。从现实来看,因环境保护而产生的社会关系在公与私的考量方面表现出一定的不确定性,双方当事人的地位也具有一定的复杂性,这一点在环境与资源保护法的多个领域均有体现。以污染控制为例,有关污染的对策设计在环境立法中日趋多样化,以传统排污许可的管制模式为基础,排污权交易、行政指导与行政合同等法律机制也正在构建之中,排污者与环境保护行政主管部门之间的关系日趋复杂,除了传统的管理与服从之外,二者之间的协商与合意也逐渐成为污染控制的重要路径选择。在自然资源的开发利用与保护领域也存在类似情况,比如,矿业权就是一种典型的受到行政权力控制的民事权利。上述情形十分清楚地表明,环境保护的社会关系已经打破了传统法学研究中对社会关系的基本类型划分,公与私的因素、平等与不平等的关系构成,在环境保护的社会关系的不同环节均有体现。换言之,环境保护的社会关系已经在一定程度上涵盖了传统的社会关系类型,并导致传统的部门法规范在环境与资源保护法领域中有大量的应用。在环境与资源保护法的理论研究中,有关环境行政法、环境刑法、环境民法等方向的研究,就很好地说明了这一点。恰恰是这一点,从根本上决定了试图用部门法的研究范式去套用环境与资源保护法只能是事倍功半。

(二) 以调整方法为标准对环境与资源保护法进行部门法划分的不适应性

除了调整对象作为进行部门法划分的主要依据之外,调整方法也往往作为划分部门法的次要和派生标准。所谓调整方法,是指在调整社会关系时,用以影响社会关系的手段,比如通常所说的民事手段、刑事手段、行政手段等。同时,在传统的法律理论中,也往往以此为依据作出民法、刑法、行政法等典型传统部门法的区分。例如,刑法之所以能成为一个独立的法律部门,重要原因之一就在于它是以刑事制裁(刑罚)调整刑事社会关系的。

但是,就环境与资源保护法而言,以调整方法为标准对环境与资源保护法进行部门法划分的研究,在理论上不具有合理性。我们可以从以下两个方面说明这个问题:

首先,对法律调整手段作出民事、行政和刑事的划分,从某种意义上说,其划分标准主要是根据强制程度的不同,然后把不同强制程度的法律调整手段适用于不同类型的社会关系。那么,在这样一种研究范式中,隐含的一个基本前提是,对于一类社会关系只适用一种强制程度的法律调整手段,要么是民事的,要么是行政的,要么是刑事的。这样的调整模式或划分标准在根本上取决于传统社会形态中相对简单的社会关系类型和较为单一的社会利益格局。然而,时至今日,新的社会关系层出不穷,社会利益格局也日趋立体与复杂。即便是同类社会关系,为平衡与协调其中多重的利益主张与冲突,也往往需要不同强制程度的法律调整手段与之相适应并加以调整。因此,在这种情况下,如果仍坚持一类社会关系只能适用一种调整方法,并以此为依据作出法律部门的划分,客观而言,是缺乏合理性前提的,因为它忽略了社会客观存在对法律调整的现实需求。

其次,环境问题的特点和内在规律决定了环境与资源保护法调整方法的综合性和某些法律制度的综合性。"就环境和自然资源要素自身的特点来看,环境资源自身功能的多样性及其开发利用的多目标性决定了其承载的利益必然是多重的,即便其包含公共利益,也是多元主体利益的整合,它既可能体现在国家身上,也可能体现在个人身上。"①那么,在对环境问题的解决中,就不仅要对利益主张的正当性进行判断,而且必须在多种正当的利益主张中进行衡量与取舍。因此,对该问题的法律调整不可能只局限在或公或私的视野内,而必须遵循一种混合和兼容的思路,力争实现利益的共生。换个角度来看,当前如此严峻的环境资源局势实际上反映的是环境资源在整体上自然供给的短缺,要从根本上解决问题,必须通过人力作用的介入弥补自然更新的不足,扩大环境资源的供给。以此为前提,就必须确认环境资源的社会资产属性,进而在一定程度上和范围内实现环境资源的社会化生产与供给。在这种情况下,仅有传统单一的法律调整手段与模式是不够的。就当前的情况而言,"相关的环境资源法律理论研究也从单一的政府主导向政府与市场并重拓展,以既存的以政府为中心的管理之法为依托,促进以培育和规范环境资源市场为主要内容的经营之法的逐步形成与发展。"②环境与资源保护法的这一理论进化趋势也必然决定了在法律调整手段的选择上,只能是综合性的,根据实际的需要选择强制程度不同的调整方法与手段。这也决定了以调整方法为标准对环境与资源保护法进行部门法划分的研究是不符合环境与资源保护法自身特点的,根本无法得出具有合理内涵的、令人信服的结论。

第二节 部门法研究范式应用于环境与资源保护法理论研究的负面效应

一、导致环境与资源保护法研究思路的封闭性

从形成和发展的过程来看,在短短的几十年时间里,现代意义上的环境与资源保护法在我国得到了长足的发展,并表现出强劲的发展势头;同时,环境与资源保护法的理论研究在表面上也是空前繁荣。然而,不容否认的是,在环境立法快速发展的同时,环境与资源保护法从其产生之初就是一个备受争议的法律领

---

① 吕忠梅主编:《环境法原理》,复旦大学出版社2007年版,第146页。
② 张璐:《环境产业的法律调整——市场化渐进与环境资源法转型》,科学出版社2005年版,第62页。

域,在环境与资源保护法的成长过程之中始终伴随着来自外部的责难和非议,其中为争夺话语权而展开的对环境与资源保护法能否成为独立的部门法的论战尤为引人注目。随之而来的是,环境与资源保护法研究思路的封闭性日趋明显,环境与资源保护法理论的自身完善也举步维艰。

法学的理论研究具有天然的保守倾向,这一点在传统部门法的研究中表现得尤为明显。那些在理论研究中拘泥于传统法学思维的研究者更为看重的是既有的部门法格局的完整性和稳定性。对于环境与资源保护法理论与实践中不断出现的新思维和新问题,一些传统部门法的研究者纷纷从本部门法的基本理论出发,并立足于对自身所属法律部门的理论偏向以及对环境与资源保护法的片面理解,不遗余力地论证环境与资源保护法的某一部分或几部分甚至全部应归属于该部门法,应由该部门法的理论予以统率和指导,力求避免环境与资源保护法成为独立的部门法而打破沿用已久的法学理论体系。对于环境与资源保护法学者来说,则从根本上无法接受上述理论倾向和做法。在环境与资源保护法学者的观念中,环境与资源保护法的理论和实践是具有鲜明个性的,传统部门法对环境与资源保护法的分割和划分也将最终导致环境与资源保护法的支离破碎,危及环境理论自身的完善发展。要改变这种局面,就必须对环境与资源保护法能够成为独立的部门法进行充分的理论论证。但是,基于前文所述原因,部门法研究范式因其在方法论上固有的缺陷,导致"环境与资源保护法是独立的部门法"本身就是一个不具有合理性前提的理论命题。这在根本上决定了环境与资源保护法学者无法对环境与资源保护法能够成为独立的部门法这一命题作出令人信服的论证。这样的结果表现为两个方面的影响:一是环境与资源保护法难以在事实上与传统部门法相并列而成为被广泛认可的独立的法律部门;二是部门法研究范式对环境与资源保护法理论研究的不适应性导致环境与资源保护法学者对传统法学研究方法在整体上的质疑和排斥。后一个方面直接导致了环境与资源保护法理论研究思路的封闭性。

在环境与资源保护法理论研究中,这种封闭的研究思路主要表现为抛开传统的法学理论资源与研究方法,构建并发展环境与资源保护法自身特有的逻辑结构和理论体系。显而易见,这种封闭性、体系化的研究思路是一种闭门造车的做法,不利于环境与资源保护法理论自身的成熟和完善。封闭性的思路实际上使环境与资源保护法的理论研究放弃了既有的法学理论资源,导致对环境与资源保护法理论体系的构建缺乏正当的理论背景和基础,最终将导致环境与资源保护法理论研究中法学背景的欠缺和不足。法学背景的欠缺和不足无疑从根本上不利于环境与资源保护法理论的成熟和完善,因为这在事实上导致了环境与资源保护法理论与法学理论的隔离。同时,这也为外界对环境与资源保护法提出批评和质疑提供了理由。在对环境与资源保护法理论封闭性的自我求证过程中,对环境与资源保护法理论个性的强调在一定程度上导致对法学共性的忽略,其结果是大量经济学、伦理学、工程技术等方面的内容在环境与资源保护法的研究成果中占据了大量的篇幅。手段和目的的混同对环境与资源保护法学基础理论的形成和发展造成了严重影响。

二、影响环境与资源保护法体系的完整性

无论在何种意义上理解环境与资源保护法的目的和功能,至少有一点在理论研究中是能够达成共识的,即有效解决环境问题是环境与资源保护法追求的基本目标。因此,在应然层面上,环境与资源保护法的体系构建必须以环境问题为基础,环境问题的基本类型应决定环境与资源保护法的体系构成。一般认为,环境与资源保护法所解决的次生环境问题可分为两个基本类型,即环境污染与环境破坏。因此,环境与资源保护法的体系构建至少应包含两个方面的内容:针对环境污染的污染防治法与针对环境破坏的自然资源法。但是,污染防治法和自然资源法同作为环境与资源保护法的重要分支,二者的发展是非常不均衡的,各自在环境与资源保护法体系中所表现出来的重要性也不可相提并论。污染防治法在事实上几乎占据了环境与资源保护法全部的空间,而自然资源法则难以找到立足之地。这种局面虽然在近年来有所改善,但环境与资源保护法在体系构建方面对自然资源法的忽略和排斥依然存在,这严重影响了环境与资源保护法体系的完整性。

客观而言,导致上述局面形成的原因是多方面的,其中部门法研究范式的影响是不可忽略的重要因素之一。在部门法研究范式的影响下,对环境与资源保护法部门法属性的论证首先需要解决的问题是,作为环境与资源保护法调整对象的社会关系,必须在国家权力因素介入方面或者在双方当事人地位对比方面表现出单一的特征,而这一项对社会关系的基础性要求正是对环境与资源保护法体系完整性产生影响的重要原因所在。污染防治的社会关系和自然资源开发利用与保护管理的社会关系虽然都包含于环境保护的社会关系中,但作为环境与资源保护法的调整对象,二者表现出一定的差异性。

负的外部性是产生环境污染的重要原因,它作为"市场失灵"的典型表现,所导致问题的解决主要依赖政府的有效介入。换言之,政府是解决环境污染问题的基本依靠力量。这决定了污染防治的社会关系主要在环境保护行政主管部门与排污者之间构建,二者之间存在不平等地位和命令与服从关系。因自然资源开发利用和保护管理而产生的社会关系则与此大相径庭。同样表现为环境问题,环境污染和环境破坏的作用机理有所不同,前者所指向的环境纳污能力表现出明显的公共物品属性,而后者所针对的各种自然资源则具有较为典型的私人物品特征。这决定了围绕自然资源开发利用和保护管理而形成的社会关系与污染防治的社会关系有所不同。自然资源所具有的私人物品特征决定了围绕其产生的社会关系必然是以自然资源的产权界定为前提的。在法律制度的框架内,对物品的产权界定表现为权属关系,而权属关系的双方必然是平等的,否则将丧失物品的权利归属以及流转应有的法律内涵。换言之,以平等为基础的自然资源权属关系是围绕其产生的各种社会关系的逻辑起点。虽然在很多情况下国家仍然是社会关系的一方,但此时国家大多是以自然资源所有者的身份出现的,与自然资源开发利用者之间在法律上的身份是平等的。当然,基于自然资源自身的多功能性及其所承载的多重利益需求,国家公权力对自然资源开发利用和保护管理的介入不容忽视,但这并不能从根本上改变自然资源社会关系以平等的权属关系为基础的事实。

因此,对环境与资源保护法成为独立的部门法的论证必须面对这样的现实:按照传统的判断标准,环境与资源保护法所应包含的两个主要组成部分在调整对象上表现出明显的不一致,污染防治法主要调整不平等主体之间的管理关系,而自然资源法所调整的社会关系则以平等主体之间的权属关系为基础。显然,这种情况无法迎合环境与资源保护法成为独立部门法的论证需求。为体现环境与资源保护法调整的社会关系在类型上的"纯粹性",只能二者取其一,再加上污染防治法在环境与资源保护法形成与演变过程中的强势影响,在强化环境与资源保护法部门法属性的过程中,污染防治法逐渐成为环境与资源保护法的"代言人"。与此同时,自然资源法逐渐为环境与资源保护法的理论研究所"放逐"。因此,从这个意义上说,如果这一研究倾向不能从根本上得到纠正,自然资源法就只能游离于环境与资源保护法的边缘,而环境与资源保护法在体系上的完整性将无从谈起。

三、逐步消除部门法研究范式对环境与资源保护法学的影响

尽管将部门法研究范式应用于环境与资源保护法的法律属性研究并不适合,但是作为一种在我国传统法学理论研究中的思维定式,部门法研究范式对环境与资源保护法理论研究的影响无处不在。任何一种法学理论研究都是一个主观的认知过程,尤其是在特定的历史阶段,研究者的基本情绪将在很大程度上影

响甚至决定研究的基本理论定位和发展方向。针对这一点,一位德国法学家有过精辟的论述:对于任何一个理论研究者来说,观察和思考都不是纯粹的"客观"过程,每一个声称客观的感知都源于当时特定的"立足点"。① 在对环境与资源保护法的基础理论研究中,部门法的研究范式恰恰成为学者们不约而同选择的"立足点"。这也正是研究范式的力量所在,它体现了部门法研究范式对我国法学理论研究所产生的常规化和群体化的影响。这是由范式的学术功能所决定的。② 但是,客观而言,以部门法研究范式为起点,对环境与资源保护法的法律属性进行研究,实际上犯了前提性的错误,从而在环境与资源保护法的理论研究中产生了明显的负面效应。

实际上,就其自身而言,"部门法理论的消极影响是严重的,并且是多方面的,积极影响则是非常有限的。而这些有限的积极影响,也只存在于苏联模式这一特定历史条件。由于我国已经放弃了苏联模式,部门法理论积极影响的存在的基础已经不存在了,因此应该抛弃部门法理论。"③具体到环境与资源保护法领域,部门法研究范式对环境与资源保护法的法律属性进行分析具有明显的不适应性,也给环境与资源保护法的理论研究带来了不可忽视的负面影响。因此,在环境与资源保护法的理论研究中应肃清部门法研究范式的影响,放弃"环境与资源保护法是独立部门法"这一缺乏合理理论内涵的命题,寻求新的理论进路为环境与资源保护法的法律属性进行合理论证。

思考题

1. 试述部门法研究范式在环境与资源保护法研究领域的不适应性。
2. 部门法研究范式应用于环境与资源保护法理论研究的负面效应主要表现在哪些方面?

推荐阅读

1. 何文杰:《部门法理论革新论》,载《兰州大学学报(社会科学版)》2007年第4期。
2. 刘诚:《部门法理论批判》,载《河北法学》2003年第3期。

---

① 参见〔德〕伯恩·魏德士:《法理学》,丁小春等译,法律出版社2003年版,第10页。
② 关于范式所具有的科学常规化、革命化、群体化的学术功能,参见张文显:《法哲学范畴研究》(修订版),中国政法大学出版社2001年版,第372—373页。
③ 刘诚:《部门法理论批判》,载《河北法学》2003年第3期。

3. 柯坚:《当代环境问题的法律回应——从部门性反应、部门化应对到跨部门协同的演进》,载《中国地质大学学报(社会科学版)》2011年第5期。

4. 梁文永:《一场静悄悄的革命:从部门法学到领域法学》,载《政法论丛》2017年第1期。

5. 吴玉章:《论法律体系》,载《中外法学》2017年第5期。

第五章 环境管理体制

【导言】

环境管理是现代政府公共管理的基本职责之一。本章首先对环境管理与环境管理体制的概念、主要内涵、发展与演变的一般规律进行论述;其次,对美国、日本等发达工业化国家的环境管理体制概况进行归纳梳理;最后,对我国生态环境管理体制的历史沿革与现状进行介绍。

第一节 环境管理体制概述

谈及环境管理体制议题,首先要界定和明确何为环境管理,在明晰环境管理这一环境管理体制的前置性概念基础之上,讨论环境管理体制才更具有现实意义。从20世纪70年代开始,随着环境问题的日益严重,很多国家都把环境与资源保护的工作提升到了国家职能的地位,从而更好地实现保护环境与资源的目标。为了落实环境与资源保护的国家职能,加强对环境与资源的保护和管理,各个国家相继建立和强化了环境管理的专门机构,规定了相应的职责,予以系统地进行环境管理。

一、环境管理概述

环境管理是一个非法学意义上的概念,对于这一概念并未形成统一的认识。美国学者休威尔在《环境管理》一书中写道,环境管理是对人类损害自然环境质量活动施加的影响,管理的方法具有多种多样的范式。联合国环境规划署前执行主任托尔巴在一篇关于环境管理的报告中认为,环境管理是指依据人类活动(主要是经济活动)对环境影响的原理,制定和执行环境与发展规划,并通过经济、法律等各种手段,影响人类的行为,达到经济发展与环境保护协调发展的目的。《苏联自然保护法教程》认为,环境管理是实现国家自然保护职能的最重要的方式,其目的在于组织清查自然资源,拟订自然资源保护计划,从物质技术和组织上保障计划实施,并对自然保护措施和法律实施的监督。[1]

(一) 环境管理的概念

环境管理的概念有广义和狭义之分。广义上的环境管理是指运用行政、经济、法律、政策、科学技术、宣传教育等手段,对各种影响环境与资源的行为进行规划、调控和监督,以协调环境保护与经济社会发展的关系以及人与自然、人与人之间的关系,从而达到保护和改善环境与资源,保障人体健康,促进经济社会与环境资源的可持续发展之目的。狭义上的环境管理一般指环境行政管理,即中央和地方各级人民政府及其生态环境主管部门为了不超出环境容量可容纳的最大范围,促进经济发展满足人类生存与发展的基本需求,依照有关政策、法规对所有辖区范围内的环境保护工作实现统一监督管理的行政活动。[2] 一般认为,法学上的环境管理通常是指狭义上的环境管理。

(二) 环境管理的原则

环境管理作为国家的一项重要管理职能,除了遵循国家管理的一般性原则之外,还需要根据环境管理的特点,遵循一些特殊的原则。这些原则包括综合性原则、区域性原则、预防性原则、协调性原则等。

(1) 综合性原则。环境与资源保护工作具有广泛性、复杂性和综合性特点,这些特点决定了环境管理工作必须适用综合性措施,无论是环境管理的制度、体制以及措施都要贯彻综合性。并且,在环境管理的方式上,也要综合运用行政、经济、科学等各种手段,确保综合性原则贯穿于环境管理过程之中。就现代环境管理而言,它本身也是一项多学科交叉,具有高度综合性的工作。

(2) 区域性原则。环境问题具有明显的区域性,这一特点决定了环境管理必须遵循区域性原则。我国是一个幅员辽阔、地域环境因素差异性较大且极为复杂的国家,各个地方的人口密度、经济发展水平、资源分布、管理水平等都有差别。这种情况决定了环境管理必须根据不同的区域制定不同的环境管理措施。

(3) 预防性原则。环境问题一旦发生,后果具有不可逆转性,因此必须要有预防性的措施确保"防患于未然"。国家想要对环境进行切实有效的管理,就需要掌握环境状况和环境变化的趋势,进行科学的预防。科学的预防是环境管理和环境决策的基础和前提,因此就需要采取调查、监测、综合研究等工作来进行环境管理活动,确保将环境问题解决在发生之前。

---

[1] 参见王权典、高敏编著:《现代环境法学概论》,华南理工大学出版社2004年版,第45页。
[2] 参见蓝文艺:《环境行政管理学》,中国环境科学出版社2004年版,第22页。

(4)协调性原则。世界各国的环境管理活动表明,制定环境管理内容要协调好各方面的工作,尤其是环境保护与经济发展之间的关系。这也就决定了环境管理不是一个环境保护机构能够独立完成的,需要各个部门、各个地区、各个行业进行组织协调,分工协作方能完成环境管理的任务。从世界范围内看,很多国家的环境管理都建立在协调性原则的基础之上。

二、环境管理体制的概念与构成要素

环境管理体制是一个国家进行环境与资源保护工作的重要组成部分,不同的环境管理体制会对环境与资源保护工作有着不同的影响,运行有效的环境管理体制是推进环境与资源保护工作的助推器。因此,世界各国普遍都比较重视环境管理体制。实践中,环境管理体制也称为"环境行政管理体制"或者"环境保护监督管理体制"。[1]

(一)环境管理体制的概念

环境管理体制是指国家环境与资源保护行政管理机构的设置及其职权划分,具体包含各种环境行政管理机构的设置及其相互关系,各种环境行政管理机构的职责、权限划分及其运行机制,协调环境行政管理事务中的有关环境权力和环境责任以及相互关系等内容。其中,组织结构是环境行政管理的组织形式和组织保证,职权结构是环境行政管理的职能形式和功能保证,运行方式是环境行政管理组织形式和职能形式的动态结合和协调保证。环境行政管理机构是环境管理体制的核心和重要组成部分,主要包括环境行政管理机关和根据法律授权具有环境行政管理职权的其他组织。环境行政管理机构是按照宪法和有关组织法的规定设立,行使环境与资源行政权,对国家环境资源行政事务进行监督管理的国家机关。

根据所辖区域的不同,环境行政管理机关可以划分为中央层面的环境行政管理机关和地方层面的环境行政管理机关。中央层面的环境行政管理机关管辖区域及于全国范围之内,地方层面的环境行政管理机关管辖区域及于某一特定地区。根据法律授权的具有环境行政管理职权的其他组织包括法律授权的非行政机构和环境行政机关依法授权的非行政机构。

(二)环境管理体制的要素

环境管理体制的要素从构成上来讲包含了三个方面的内容,分别是组织体系、权限划分以及运行机制。

---

[1] 参见韩德培主编:《环境保护法教程》(第4版),法律出版社2005年版,第37页。

(1) 环境管理体制的组织体系。环境管理体制的组织体系是指环境管理机构的设置情况及其相互关系。从性质上来看,环境管理体制的组织体系主要包含行政机构、法律授权的机构以及受委托的机构。行政机构依据宪法和组织法等规范设立并运行,我国环境管理体制的组织体系基础是由多级政府及其职能部门等构成的条块管理体制。这个组织架构中的主体有国务院、地方政府、国务院环境保护部门、地方政府环境保护部门,以及各级政府中具有环境保护职能的其他职能部门。上级政府与下级政府、一级政府职能部门与下级政府职能部门之间存在行政隶属关系,同一级政府职能部门之间分工负责,互相配合。

(2) 环境管理体制的权限划分。环境管理体制的权限划分是指各国环境管理机构拥有的环境管理方面的权限情况。主要包含的内容有:环境管理权限在不同层级政府之间的纵向划分;环境管理权限在同级政府之间的横向划分;环境管理权限在同级政府职能部门之间的划分。

(3) 环境管理体制的运行机制。环境管理体制的运行机制是指作为主体的环境管理机构履行职权的方式,比如决策机制、执行机制、协调机制以及监督机制等。

环境管理体制是一个有机的整体。其中,组织体系是环境管理体制的基本表现形式,是相关环境管理权限的载体,是环境职能得以履行的组织基础。权限划分是环境管理体制的核心内容,它明确了环境管理体制中各个主体的活动范围,是环境管理机构履行职能的基本保证。运行机制是环境管理体制的动态性规则,通过运行机制的引导和规范,才能把环境保护机构的职权变成为结果,整个环境管理体制才能良好地运行。

三、环境管理体制模式

从世界范围来看,各个国家的环境管理体制都和本国的政治体制、经济体制、文化传统以及社会发展程度相关。正是基于国情的差异性和环境问题的复杂性,每个国家的环境管理体制都有着鲜明的本国特色。但是,从一般的发展规律来看,世界各国的环境管理体制大致可以划分为分散型环境管理体制、单一型环境管理体制和综合型环境管理体制等三种主要模式。

(一) 分散型环境管理体制模式

分散型环境管理体制是指并不设立专门的环境行政管理机构,环境管理的职权分散在各个相关的部门之中,分别由不同的环境行政机构行使相应的环境管理权力。这种环境管理体制常见于环境问题尚不太严重的时期,它的优点是各个不同的环境行政机构比较熟悉自己相关的业务,可以把环境管理权力与其业务管理相协调,更好地行使环境管理权力,更有效地实现环境管理的目标。但是,该种模式同样具有较为明显的缺点,即行使环境行政管理权力的主管部门的工作人员作为经济人,同样具有自身利益最大化的习惯偏好,在实际的管理工作中通常将环境保护工作作为附属职能,主要将目标服务于经济发展,从而导致环境保护工作流于形式,很难有作为。另外,负责环境管理的机构众多,部门之间的博弈和权力角逐相互交织,趋利避害、争权诿责的现象大量存在。

分散型环境管理体制多出现于环境问题应对的早期,受环境管理机构设置惯性的影响,当环境问题出现时,主要应对环境问题的机构权限仍然生发于已有的行政管理机构,通过对已有行政管理机构赋权的方式,环境问题得到了一定程度的遏制。但是随着环境问题越来越严重,将环境管理职权散见于各个机构的管理模式已经无法满足应对环境问题的需要,所以环境管理体制逐渐由分散走向了整合。通过对环境管理职权的整合,环境问题的处理更加有效,环境权力的行使更加及时,环境责任的承担更加明确。

(二)单一型环境管理体制模式

20世纪70年代前后,随着环境问题的逐渐严重,许多国家在中央设立了专门的环境管理机构,将环境保护职权集中于一个机关,并不断强化其职权。这预示着环境管理体制迈向了单一型环境管理体制的模式。在这一阶段,大多数国家通过宪法和专门的环境立法授予了环境管理机构广泛的环境管理职权,使之能够在管理跨行政区域、跨行业部门等环境事务中更好地发挥职能。并且,多数国家制定了环境标准,这也使得单一型环境管理体制成为可能。

通过组建单一型的环境管理体制,能够实现对环境问题的统一管理,降低环境决策过程中的交易成本,提高环境决策效率。但是,单一型环境管理体制中管理职权过分集中,导致环境管理机构权力膨胀,灵活性和适应性较差。更有甚者,专门的环境管理机构只管环境保护,忽视经济发展,而其他有些部门只管经济发展,不管环境保护,这些做法割裂了环境保护与经济发展。环境问题的本质是发展问题,处于经济发展链条的末端环节,脱离了经济发展谈环境保护无异于空谈,这种"头痛医头、脚痛医脚"的做法难以从整体上和源头上解决环境问题。与此同时,环境管理机构与其他部门之间相互掣肘,必然带来巨大的政治交易成本,以至于减少了整体的社会福利水平,这不仅不利于环境保护,而且不利于人类的长远发展。

(三)综合型环境管理体制模式

20世纪80年代以来,随着环境与资源、经济和社会的一体化发展以及环境资源保护立法的综合化，各国逐渐开始实施综合型环境管理体制。综合型环境管理体制是一种系统性、全面性地对环境与资源保护工作进行管理的模式。综合型环境管理体制在赋予专门环境管理机构较大的环境管理职权的同时，又让其他与环境资源保护相关的机构在各自的职责范围内保留了一定的环境管理权。这种模式结合了分散型环境管理体制和单一型环境管理体制的优点，同时又避免了二者的不足之处，因此是大多数国家都采用的主流环境管理体制。

可以说，综合型环境管理体制模式适应了环境管理体制的要求，也有效解决了环境管理的复杂性问题。环境问题的综合性特征决定了环境管理体制需要考量适用综合型环境管理体制模式，只有这种模式才能有效应对复杂的环境问题。而且，综合型环境管理体制吸纳了分散型环境管理体制和单一型环境管理体制的优点，摒弃了二者的不当之处，从这个角度来讲，该种模式更加符合环境管理的目标要求。正因如此，我国在环境管理体制上，也采用了综合型环境管理体制模式。

第二节　国外环境管理体制概述

环境问题的逐渐恶化催生了环境管理体制的发展和完善。从历史上看，欧美等发达国家率先实现工业化，所以环境问题也就产生较早。正因如此，欧美等发达国家在环境问题的应对、环境管理体制的创新方面也走在了前列。相对而言，我国的工业化发展较为迟缓，环境问题的应对和环境管理体制的革新缺乏一定的经验。这决定了我国的相关研究有必要将目光投向欧美等发达国家。尽管世界各国的自然资源状况、经济发展水平、产业结构布局、政治体制结构等方面并不相同，但是关于环境管理体制方面的有益做法仍然具有可供学习借鉴之处，基于此，有必要对美国、德国、日本等国的环境管理体制进行考察。

一、美国环境管理体制

20世纪70年代以前，美国的环境管理权力分散于不同的行政机关，如卫生福利部、商业部、内政部、农业部等，每个行政机关的环境管理权力都相对有限，对于20世纪40年代以后出现的跨区域、跨部门的严重环境问题往往束手无策。直到20世纪70年代开始美国加强环境与资源保护立法之后，这种状况才有所改善。

目前，美国实行的是综合环境管理体制的模式，设立统管和分管相结合的环境保护机构。具体而言，联邦政府制定基本政策、法规和排放标准，州政府负责实施。与此同时，国会、州议会和各级司法部门都负有环境保护的职权和责任。

第五章 环境管理体制

另外,美国的环境保护民间组织在环境保护方面也发挥着重要的作用。

(一)联邦政府的环境管理机构及其职能

(1)联邦环境保护局。1970年12月,尼克松总统发布了《第三号重组令》,把卫生福利部、农业部等行政机关的环境保护职能、机构以及人员分离出来,组建了一个新的专门的环境管理机构——联邦环境保护局。这也成为美国联邦层面最为重要的环境管理机构,它在美国环境管理体制中占据着首要地位,其任务是保护人类健康和环境。

从内部管理体制上来看,横向上联邦环境保护局由以下部门组成:行政长官办公室、政策办公室、空气和辐射办公室、化学品安全和污染防治办公室、首席财务官办公室、执法与合规保证办公室、环境正义和对外公民权利办公室、总法律顾问办公室、监察长办公室、国际和部落事务办公室、土地和紧急事务管理办公室、特派团支助办公室、研究和发展办公室、水事办公室等职能办公室。其中,执法与合规保证办公室是专门的执法机构。环境保护局设置一名局长,负责环境保护局的全盘工作,直接向总统负责。设置一名副局长,辅助局长进行环境保护工作。另外,环境保护局设置一名总法律顾问和一名监察长。以上这些职位都需要由总统提名并经过参议院认可。从纵向上来看,除了联邦层面的联邦环境保护局之外,它的组织机构还分布在美国各个地方,设有十个办公室,负责监督州和地方政府执行环境保护法规和政策的情况,并且在实施环境保护法规和政策时协调州和地方政府的关系。

联邦环境保护局得到联邦政府的授权,直接向总统负责,不附设于任何常设部门之下,因而具有很强的独立性。从联邦环境保护局的地位来看,它比联邦政府的其他执法机构地位更高,其主要职责是根据联邦政府的授权制定和执行环境保护法规以及环境标准,管理环境保护超级基金,为州政府环境保护项目提供经济援助,为自愿制定污染管理目标的合作伙伴提供赞助,从事环境研究、环境教育工作。

(2)环境质量委员会。根据《国家环境政策法》的规定,美国总统办公室于1969年设立了直属于总统的环境质量委员会。该委员会由三名委员组成,须由总统任命并经参议院批准。实际上,它是总统的一个环境咨询机构,协助总统编制国家环境质量报告,收集、分析和解释有关环境条件和趋势的情报,向总统提出有关改善环境的政策建议,帮助总统起草环境政策报告。同时,该委员会还是一个行政机关之间的协调机构,帮助总统协调解决行政机关之间的有关环境影响评价的意见分歧。

(3)联邦政府中其他环境保护机构。联邦政府中除了联邦环境保护局和环境质量委员会之外,还有其他一些非专门的环境管理机构,它们通过行使各自职权来承担着部分的环境保护职责,在环境管理方面同样发挥着重要作用。这些机构包含内政部及其下属的土地管理局、渔业和野生动物局,农业部及其下属的林业局、土地保护局,商务部及其下属的国家海洋与大气局,劳工部及其下属的职业安全与健康局,司法部及其下属的环境与资源处等。除此之外,联邦环境保护局以签订谅解备忘录、签署协调管理和执法的合作协定、设立常设性组织机构等形式与以上机构开展合作,制定相关的环境保护法律、法规和政策。

(二)州政府的环境管理机构及其职能

州一级的环境管理机构主要是指各州设立的环境保护局。在联邦政府的体制下,州环境保护局并不隶属于联邦环境保护局,而是保持其相对的独立性,依照本州的法律履行其职责,只有在联邦法律有明文规定的情况下,在某些事项上州环境保护局才与联邦环境保护局进行合作。联邦环境保护局下设的十个分局,作为州环境保护局与联邦环境保护局之间的纽带,共同管理着全国的环境保护事务。

州环境保护局的职责主要体现在两个方面。一方面,州环境保护局负责联邦的基本环境保护法律、环境标准等在本州内的具体实施。并且,根据联邦法律的授权,联邦环境保护局通常将执行环境法律的权力委托给州环境保护局,由审查合格的州环境保护局具体实施联邦环境保护法律。根据相关统计,90%以上的环境执法行动由州启动,94%的联邦监测数据由州收集,97%的监督工作由州开展,大多数的环境许可由州颁发。另一方面,州环境保护局和其他州行政机关可以根据本州的环境保护法律享有独立的环境行政管理权。由于环境保护属于联邦和州共同管理的领域,因此州环境立法不得与联邦环境立法相抵触。但是,州可以制定严于联邦政府法律的标准和规定,以期实现更高的环境保护目标。

二、德国环境管理体制

德国作为联邦制国家,在环境保护管理体制方面也有自己独有的特点。其环境管理体制中的权责体系、机构设置以及运行方面都有着可资学习借鉴之处。

(一)德国环境管理体制的权责体系

德国的基本法、法律及规章对环境保护权责有着明确的规定,其环境行政管理权责体系分为三级,即联邦、州以及地方(市、县、镇)。

联邦政府的环境管理职能主要包括一般环境政策的制定、核安全政策的制定与实施以及跨界纠纷的处理。联邦政府的环境立法范围涉及废物管理、大气质量控制、噪声消除、核能管理及其他自然保护、景观管理和水资源管理等。具体的环境政策包含水与废物管理、土壤保护与受到污染的场地管理、环境与健康、污染控制、工厂安全、环境与交通、化学品安全、自然与生态保护、核设施安全、辐射防护、核材料的供给与处理、环境领域的国际合作。州政府的环境管理职能主要表现为实施环境政策,同时有权制定部分的环境政策。具体包含制定州环境法规、政策和规划,具体实施欧盟和国家的污染控制与自然保护法规、政策,监督各区的环境行为等。在不与联邦或者州的法律法规相冲突的前提下,地方(市、县、镇)对解决当地的环境问题享有一定的自治权,同时接受州政府直接委派的一些任务。

从环境立法方面来看,联邦在环境立法和政策制定方面具有领导和统帅作用,州的职能是在联邦立法框架内对联邦立法进行细化规定,如对水资源管理、自然保护、景观管理以及区域发展立法的详细规定。在执法层面,州则负有主要责任。具体而言,联邦、州和地方的环境管理职责具体体现在以下几个方面:

第一,立法权责。联邦法律是环境法的主体,特别是在大气污染控制、噪声消除、废物管理、化学品安全、遗传工程、核安全等方面。宪法规定了联邦专有立法权、联邦与州共有立法权、联邦框架立法。州则在水管理、自然保护、景观管理方面享有立法权。即便是在这些领域,联邦框架立法也只是给州立法留下了极小的空间。同时,法律还规定,在和平利用核能、核污染防治、废物处置、大气污染控制、噪声控制以及遗传信息分析等方面,联邦法律要优先于州法适用。

第二,法律和政策的实施权责。根据《德国基本法》之规定,州对环境法实施负有主要责任。联邦只是在重要的环境监测和评估、全民环境意识提高、遗传工程、化学品管理、废物越境转移以及濒危物种贸易等方面负有一定的责任。地方参与辖区内主要项目环境影响评价、水管理监督、废物管理、噪声管理等事务。另外,地方也负有对污染场地进行恢复的资金支持、再耕作和监测等事务。

第三,环境规划权责。德国没有总体上的环境规划,只有技术性的、具体的环境介质规划。例如,联邦负责核设施的选址。州负责大气污染控制的排放申报、调查领域的确定、烟雾区的确定、清洁大气计划的制订、保护区的建立等。地方负责噪声消除计划、大气污染控制项目等。

总之,联邦与地方职责权限划分的基本依据是环境因子的外部性程度,环境因子的外部性越大,环境管理机构的级别就越高,反之亦然。例如,外部性较大的大气质量由较高行政级别的联邦管理机构负责,而外部性较小的噪声控制则由地方环境管理机构具体负责。

(二)德国环境管理体制的机构设置

根据宪法对环境管理权责体系的规定,德国各级政府设置了相应的环境管理机构。这些机构同样包含了联邦层面、州层面以及地方层面。

就联邦层面的机构设置来看,德国建立了两个环境管理机构,分别是联邦环境部(联邦环境、自然保护与核安全部)和国家可持续发展部长委员会。联邦环境部于1986年成立,根据联邦议院的决议,联邦环境部设立六个司,分别是中央司、政策法规司、管理司、控制司、自然保护司、核安全司等。除内设机构外,联邦环境部另有三个主要的技术支持部门,即联邦环境局、联邦自然保护局和联邦辐射保护办公室。由于环境事务的复杂性和广泛性,单一的联邦环境部不足以应对所有的环境问题,因此联邦其他部门,如外交部、财政部、经济与技术部、消费者保护食品与农业部、交通建筑与房屋部、卫生部以及经济合作与发展部等也负责部分的环境保护事务。

就州层面的机构设置来看,德国有16个州级区域行政单位(13个普通州和3个州级城市)。其中,8个普通州设有三层管理机构,即州部委、区机构和低层次的州机构(包括县级和不设县的市)。剩余的5个普通州设有两层体系,没有中间层次的区机构。各州自行决定其环境保护管理机构模式,环境管理机构设置各不相同。以巴伐利亚州为例,它在州层面设有区域发展与环境事务部和州环境保护局,在区层面设有州水管理办公室和自然保护委员会,在县和镇层面设有自然保护委员会。

就地方层面机构设置来看,德国地方政府一般由县、市及不设县的市组成,各个地方政府根据自身的规模和实际情况自行决定地方管理机构的设置。但是,由于环境保护政策的执行主要是由州负责,地方层面的环境管理模式具有一定的共性,表现为不设立专门的环境管理机构,环境管理职权分散在规划、法规、市政工程、卫生等部门。

(三)德国环境管理体制的运行机制

德国环境管理体制的运行机制是一个动态的系统过程,包含了政策制定机制、决策机制、执行机制、协调机制、监督机制以及资金保障机制等内容。

(1)政策制定机制。联邦和州都有制定环境法律和环境政策的权力。联邦立法权由国家基本法予以明确规定,在基本法未予规定的领域,州政府拥有相应的立法权。但是,在一些特定的领域,联邦能制定超越州法规的"竞争性法规"。例如,在废物管理、大气质量控制、噪声污染防治、核能利用等方面,如果州政府立法与联邦立法相冲突,则以联邦立法为准。而在自然保护、景观管理和水资源管理领域,联邦只有发布框架法的权力,具体政策由州政府制定。

(2)决策机制。在决策方面,德国法律通常要求决策过程中实行广泛的公众参与。例如,《联邦污染控制法》第51条规定"授权批准颁布法律条款和一般管理条例,都要规定听取参与各方意见,包括科学界代表、经济界代表、交通界代表,以及州里主管侵扰防护最高部门代表的意见"。除公众参与外,德国法律中《共同部级程序规则》对决策过程中相关部门间的合作机制作了具体的规定。一是部门之间存在职责交叉时,各部门应该相互合作,以确保联邦政府对该事件作出统一的陈述和应对。二是其他部门要求联合签发条例和文件时,主要负责部门要迅速作出处理并予以返还,同时应当把意见通知受影响的部门。当其他部门有不同意见时,主要负责部门不能独自作出决定。三是遇到职责交叉时,主要负责部门还可以依照《共同部级程序规则》第15条的规定提交内阁。

(3)执行机制。按照《德国基本法》的规定,通常情况下州政府可以独立实施联邦政府的法律、法令和行政规章。而在核安全和辐射保护等领域,州政府的执法行为受到联邦的监督,州可以代表联邦执行法律。在一些特殊领域,如化学品、废物越境转移、基因工程或者排放贸易等领域,则部分或者完全由联邦管理。在州层面,环境管理主要表现为两种形式:直接管理和委托管理。直接管理就是由州政府的环境管理机构直接管理环境事务,在各区(介于州、县之间)设立派出机构,到污染企业核查,这也是最主要的环境管理方式;委托管理是指委托县、市进行部分的环境管理事务。

(4)协调机制。为了方便各个部门之间进行环境管理工作的协调,2000年德国联邦政府成立了国家可持续发展部长委员会,其成员主要来自环境部门和其他与环境保护相关的部门,主要任务是制定可持续发展战略。联邦总理任该委员会的主席。联邦与州以及州与州之间的协调主要通过环境部长的联席会议进行,环境部长联席会议由联邦、州的参议院组成。联席会议由不同的州轮流举行,每年定期举行两次。同时,《共同部级程序规则》中也规定了联邦部委在起草相关文件时必须咨询相关州。通过环境部长联席会议制度和《共同部级程序规则》,州的利益和要求得以充分体现在立法草案之中。

(5)监督机制。联邦对州环境政策法规实施情况的监督主要依靠立法和司法监督。州对环境政策法规的实施要经过上议院批准。州环境部或者环境保护局除了是环境政策法规的主要实施机构外,同时还是主要监督机构。此外,州还可以对企业直接进行监督。另外,德国环境行政管理的监督机制还表现为通过实行环境信息公开制度,方便国民、媒体和非政府组织实施监督。

(6)资金保障机制。德国各级环境管理机构的资金通常来源于同级政府的财政预算,而财政预算由法律规定的税收体系作为支撑。此外,依据"污染者付费原则"向污染者征收排污费也是德国环境保护资金的重要来源。由于州在环境政策实施方面承担主要责任,因此各州主要通过财政资金承担环境保护的费用。

三、日本环境管理体制

二战后,日本为了实现经济复兴,采取了一系列高速发展的政策,在加快工业化步伐的同时却忽视了产业活动带来的巨大环境破坏和造成的严重环境污染。20世纪震惊世界的"八大公害事件"中有四起发生在日本。但是,自1970年召开"公害国会"以来,日本仅用了十几年的短短时间就从一个"公害岛国"转变为一个"环保强国",创造了成功的防治污染的奇迹,这些成功与日益完善的环境管理体制是分不开的。

(一)中央政府的环境机构及其职能

1. 环境省

1970年召开"公害国会"后,日本成立了由首相直接领导的公害防治总部,结束了中央环境保护专门机构缺位的局面。但是,这一机构只是一个应急性的机构,首相只是挂名,具体的职能仍然散见于几个省、厅,这无疑造成了综合性保护措施实施的困境。为了应对这一困境,1971年7月,根据《环境厅设置法》和《环境厅组织法》,日本环境厅成立,它不仅要防治公害,而且还要促进对自然资源的保护。总体而言,环境厅主要负责环境政策及环境计划的制定,统一监管全国的环境保护工作,其他相关省、厅负责本部门具体的环境保护工作。

日本的环境厅主要由长官官房、计划调整局、自然保护局、大气保护局、水质保护局、环境厅审议会以及研究部门等组成。环境厅成立之后,它的职责范围不断拓展。但是,随着环境管理工作广度和深度的增加,特别是在生活污染、城市化问题和全球环境问题被提上议程后,日本的这种环境管理体制在协调管理上受到了极大的挑战。环境厅成立之前,公害问题主要由厚生省主管。环境厅成立之时,官员主要是从相关省、厅抽调过来,并且人事关系上不属于环境厅,仍然属于原来的省、厅。这造成了环境厅在工作过程中因官员代表不同的部门利益,意见难以统一。此外因为环境厅管理职能分散,有关省、厅还延续着原来管辖范围内的环境保护事务,所以经常出现部门之间的利益矛盾难以调和。基于此,有必要对环境厅进行机构改革,将部分省、厅的环境管理职权予以统一。

2001年1月,日本政府进行机构改革,将原来的环境厅升格为环境省,形成了以环境省为核心的中央环境管理体制。根据《环境省基本法》,日本环境省的主要职能是制定和实施国家总体性的环境保护基本政策和基本计划以及环境基准等,统一管理专门以环境保护目标为目的的各项业务,与其他相关部门共同处理环境保护业务,协调与这些部门的关系,制定与环境保护相关的各项预算及经费分配计划,负责与环境保护有关的国际合作,加强环境保护宣传和教育等。

就环境省的内部机构设置而言,环境省之下设置了大臣官房、四局及七处地方环境事务所。四局是指负责拟定环境基本政策及环境影响评价工作的综合环境政策局、负责全球环境问题相关事务的地球环境局、负责公害问题对策及拟定环境标准的环境管理局、负责自然保护和动物保护的自然保护局。为了及时、详细地把握各地的环境现状,并迅速将其反映到环境政策的规划和立案上,2005年日本修改了《环境省基本法》,在全国设置了七处地方环境事务所作为环境省的派出机构,分别是北海道地方环境事务所、东北地方环境事务所、关东地方环境事务所、中部地方环境事务所、近畿地方环境事务所、中四国地方环境事务所和九州地方环境事务所。此外,级别较低的两个部分也是环境省的重要机构,分别是大臣官房下所设的废弃物与再生利用对策部、综合环境政策局下所设的负责公害受害者救助与化学物质对策的环境保健部。

2. 中央政府中其他相关环境保护部门

在日本的中央政府,除环境省之外,经济产业省、厚生劳动省、国土交通省、农林水产省、外务省等部门也监理部分环境保护事务,和环境省共同管理某些环境事务,如废物循环利用、二氧化碳排放、臭氧层保护、海洋污染防治、化学品生产和检查、环境辐射监测、废水处理、河流和湖泊保护、森林和绿地保护等。日本内阁大多数的省、厅下面都设有各种审议会,如厚生省设有生活环境审议会等。这些审议会由专家学者、已退休的中央和地方政府官员以及来自企业和市民及非政府组织的代表组成,相当于专业的决策咨询机构。审议会一方面搜集相关数据并进行科学分析,研究环境污染对人体健康的影响,通过宣传研究成果来提高公众的环境意识。另一方面,审议会可以为企业和政府提供技术支持和决策建议,在政府环境政策的制定和实施过程中发挥着重要的辅助作用。

(二) 地方政府的环境机构及其职能

1. 中央政府与地方政府的关系

日本宪法中规定了地方自治制度,采用都道府县与市町村的二重自治组织形式。公害防治、环境保护与当地居民生活息息相关,具有一定的地方自治事务性质,因而地方政府对此具有十分广泛的权力。可以说,日本目前实行的是由地方政府主导的自主型环境管理体制。

在环境管理的过程中,中央政府主要通过颁布全国性的法律、确定基本政策框架、制定环境标准等方式指导地方环境管理事务,此外还通过发放财政补贴、发行债券等方式对地方政府施加影响。地方政府则在中央政府的指导下制定本地方的环境政策、法规、标准等,并且负责具体的环境管理事务。为了保证环境法律的顺利实施,环境省会在某些情况下授权地方政府行使部分环境管理职权。此时,环境省就会成为地方政府的上级机构,地方政府在授权范围内受到环境省的指导和监督。

从日本环境保护的历史来看,地方政府在环境保护尤其是解决产业问题和城市污染治理问题上发挥了十分重要的作用。一方面,鉴于反公害运动对地方政治格局的决定性影响,地方政府一般先于中央制定有关公害防治的条例,并且其所制定的环境标准及实施的环境保护措施大多严于中央政府。另一方面,地方政府在环境管理制度创新方面起到了先锋模范作用,为中央政府进行全国范围内的统一管理提供了理论、政策以及技术上的支撑。甚至可以说日本环境管理成功的重要原因之一就是地方政府的主导作用。

2. 地方环境管理机构

虽然各个都道府县与市町村都设有地方环境主管机构,但是在与环境省的关系上,地方环境主管机构与其相互独立,不存在上下级关系,只是对当地政府负责。各个地方政府所设的环境主管机构的名称不完全相同,一般是与生活保健业务合并为生活环境部,当然也有单设的环境部或者环境局。地方政府所设的环境主管机构职责包括负责环境质量监测、进行污染发生源与环境污染关系的分析、制定地方环境工作的目标和对策、指导污染源污染控制工作、指导新开发项目的环境保护工作等。

除此之外,地方政府一般还设有诸如环境审议会、公害审查会、环境影响评价审议会、大气污染受害者认定审查会等环境审议和咨询机构,以及环境科学研究中心等研究机构。这些机构为地方环境保护工作提供咨询服务,帮助地方政府作出科学的决策,同时作为政府与公民之间的桥梁和纽带,在政策制定过程中广泛吸收公众意见,使政策能够反映当地民众的环境诉求,减少政策实施的阻力,提高环境管理工作的绩效。

总之,关于环境管理体制各国都有着各自的模式类型,我国在研究国外环境管理体制的过程中,既要看到国外环境管理体制的有益经验,也要避免国外环境管理体制的失败教训,从而构建出适合我国环境管理需求的环境管理体制。

第三节 我国生态环境管理体制

在我国,生态环境管理体制的发展经历了一个不断演变的过程,这一过程实际上也是我国环境保护工作的缩影。随着我国环境保护工作的不断推进,环境管理体制也在不断走向成熟。当然,基于环境问题的发展演变,为了能够有效地应对和解决环境问题,生态环境管理体制也应当随着环境问题的新发展而不断优化升级。只有这样,我国的生态环境管理体制才是一个高效运行的行政体制,才能更好地解决环境问题。

一、我国生态环境管理体制的历史沿革

中华人民共和国成立以来,我国的生态环境管理体制先后经历了五个主要的阶段,每一个阶段中生态环境管理体制都有相应的变化,这些变化是在环境管理实践过程中不断汲取经验发展完善的结果。目前为止,我国已经基本形成了一个独具特色的完整的生态环境管理体制。

(一) 生态环境管理体制的起步阶段

中华人民共和国成立之初,我国的工业基础比较薄弱,环境问题并不突出,也并未引起人们的重视,所以也就没有成立独立的专门的生态环境管理机构,各个行业管理部门在各自业务范围内附带行使生态环境管理职权,开展生态环境管理工作,即农业部、卫生部、林业部、水产总局以及有关工业部门分别负责本部门的污染防治和资源保护工作。

1972年,联合国在瑞典的斯德哥尔摩召开人类环境会议,发表了《人类环境宣言》。为了响应这次会议的号召,加强环境管理工作,我国于1973年召开了第一次全国环境保护会议,并于1974年在国务院成立了环境保护领导小组,作为主管和协调全国环境保护工作的机构。环境保护领导小组的主要职责是制定环境保护政策,审定全国环境保护规划,组织和协调各部委、各地区的环境管理工作,但是具体的生态环境管理工作仍由各行业主管部门主持。

这一时期是我国现代生态环境管理体制的起步阶段,成立了专门的机构进行环境保护工作,政府也逐渐意识到了设置生态环境管理机构的重要性。

(二) 生态环境管理体制的初创阶段

1978年《宪法》明确规定"国家保护环境和自然资源,防治污染和其他公害",首次将环境保护确定为政府的一项基本职能,也明确了我国生态环境行政管理的主要内容。1979年,《环境保护法(试行)》颁布,专设了"环境保护机构和职责"一章,明确规定了各级生态环境管理机构的设置原则和职责权限,为各级生态环境管理机构的建设提供了法律依据。这标志着我国生态环境管理机构建设的法制化道路之开端。

这一时期国务院有关部门、省级和市级人民政府相继成立了生态环境管理机构,负责本地区、本部门的生态环境管理工作,生态环境管理体制开始创建。

（三）生态环境管理体制的徘徊阶段

1982年政府机构改革中，为了提升生态环境管理机构的规格，国务院环境保护领导小组办公室与国家建委、国家城建总局、建工总局、国家测绘局合并，组建了城乡建设环境保护部，在该部之内设立了司局级的环境保护局，并实行计划单列和财政、人事相对独立的管理。受国家生态环境管理机构设置模式的影响，绝大多数地方政府将本已经独立设置的生态环境管理机构与城建部门合并，在全国形成了"城乡建设与环境保护一体化"的管理模式。

这次机构改革的本来目的是加强环境保护工作，然而由于忽视了环境保护工作与城乡建设内涵的差异性，片面强调二者在个别方面的一致性，把本应由不同机构承担的不同性质的管理职能合二为一，这种设置不仅未能够达到加强生态环境管理职能的预期目标，反而使得生态环境管理机构失去了独立行使生态环境管理权力的机会，严重冲击了已经形成的生态环境管理体制，削弱了政府的生态环境管理职能。

随着环境保护工作的深入展开，"城乡建设与环境保护一体化"管理的模式之弊端越来越明显，生态环境管理机构再次调整的事情被提上日程。1984年5月，我国成立了国务院环境保护委员会，以加强生态环境管理工作的统一领导和部门协调。到了1984年年底，城乡建设环境保护部下属的环境保护局改名为"国家环境保护局"，由司局级机构提升为部委管理的国家局，具有相对的独立性，并且被授予相应的生态环境管理职能。由此，国务院环境保护委员会和国家环境保护局共同构成了环境保护的专门机构，前者对各部门的生态环境管理工作进行有效协调，后者负责具体的生态环境管理事务。

随后，各级地方政府也成立了环境保护委员会，大部分省市恢复了生态环境管理机构的局级建制，设立了独立的生态环境管理机构。但是，也有相当一部分的地方生态环境管理机构仍然由建设系统管理。应该说该模式具有一定的科学性，然而不足之处在于国家环境保护局设置的目标与城乡建设环境保护部的环境保护事务并不一致，因而实践中环境保护工作受到多方面的制约。

（四）生态环境管理体制的发展阶段

随着环境问题的不断发展，环境问题并未得到好转，为了进一步解决环境问题，加强环境管理的目标，1988年，国务院将国家环境保护局从原来的城乡建设环境保护部独立出来，成立直属局，统一了全国环境保护工作的管理。从此以后，国家环境保护局作为独立的环境保护机构从事环境保护工作。随后，1989年《环境保护法》明确规定，县级以上各级人民政府的环境保护行政主管部门对辖区内的环境保护工作进行统一监督管理。1998年，为了进一步提升环境保工作在国家管理活动中的地位,国家环境保护局正式升格为正部级的国家环境保护总局。与此同时,为了减少环境管理职能的交叉重叠,我国政府新组建了国土资源部,全面负责土地、矿产、海洋等自然资源的保护和管理工作。2008年,为了进一步提升环境保护部门在国家经济社会发展综合决策中的地位,国务院将环境保护总局提升为环境保护部,从而加强环境保护管理职能。

这一时期,我国的生态环境管理体制得到了长足的发展,各级环境保护行政主管部门对环境保护工作实施统一监督管理,各有关部门在其主管业务范围内承担相应的职责。环境保护工作得到了有序的推进,环境治理取得了良好的效果。

(五)生态环境管理体制的完善阶段

2018年3月,第十三届全国人大第一次会议表决通过了《关于国务院机构改革方案的决定》,组建了生态环境部,进一步整合了环境保护管理职能,生态环境管理体制也走向了不断完善的道路。生态环境部的建立标志着环境保护工作进入了新时期,也预示着生态环境管理体制进入了新阶段。它将原来诸多分散的环境保护职能统一到了一起,这更加有利于应对环境问题,契合环境问题自身所具有的复杂性、综合性特征。

生态环境部的建立让环境保护工作进入了完善阶段,然而这并不是说生态环境管理体制的发展就到此为止。随着新的环境问题不断出现,生态环境管理体制会出现进一步的优化升级,也就随之会出现新的环境保护管理部门。虽然如此,但可以肯定的是,我国环境保护工作由专门的机构进行管理的生态环境管理体制在未来是不会有太大变化的。当未来的新兴环境问题出现时,只需要对这种生态环境管理体制进行职能调整即可。

二、我国生态环境管理体制的设置现状

我国的生态环境管理体制的设置包含了生态环境管理体制的模式类型以及生态环境管理机构及其所具有的职权。经历了数十年的发展,我国生态环境管理体制的设置是在环境法治实践的基础之上形成的,因而比较符合我国环境管理工作的需求,也基本上能够应对我国面临的环境问题。

(一)我国生态环境管理体制模式

我国生态环境管理体制模式是一种综合型环境管理体制模式,针对环境保护工作确立了统管与分管相结合的管理体制。《环境保护法》第10条明确规定:"国务院环境保护主管部门,对全国环境保护工作实施统一监督管理;县级以上地方人民政府环境保护主管部门,对本行政区域环境保护工作实施统一监督管理。县级以上人民政府有关部门和军队环境保护部门,依照有关法律的规定对资源保护和污染防治等环境保护工作实施监督管理。"由此,原则性确立了我国统一管理与分部门管理相结合的生态环境管理体制。当然,我国的生态环境管理体制还包括了中央层面和地方层面相结合的生态环境管理体制内容。

就横向上来看,我国生态环境管理体制设置了独立的环境保护主管机关作为统管环境保护的部门,统一管理本辖区内的环境保护工作。环境保护分管部门分别负责相关的环境保护事务。国务院生态环境主管部门是指生态环境部,地方政府的生态环境主管部门是指各级人民政府领导下的生态环境主管部门,有关部门是指其他与环境保护工作相关的部门。如自然资源主管部门、林业和草原主管部门、文化和旅游主管部门等都是有关环境保护的分管部门,它们在各自的职责业务范围内对环境保护工作实行监督管理。统管部门和分管部门都是属于环境保护工作事务的管理部门,均代表国家行使生态环境管理职权,法律上来讲地位平等,它们之间也不存在领导与被领导、监督与被监督的关系,级别上来讲是平行的关系。

就纵向上来看,我国生态环境管理体制设置了中央层面的生态环境管理部门和地方层面的生态环境管理部门。国务院及其环境保护主管部门通过制定法规、标准以及规范性文件,对全国各地的环境保护工作进行宏观层面的指导。地方政府及其环境保护主管部门负责本辖区的环境保护工作,强调在遵循中央统一性原则的指导下充分发挥地方的积极性和主动性。此外,无论是中央层面还是地方层面的环境保护工作,除了主管部门之外,分管部门也有相应的环境保护事务,对环境保护工作也具有一定的职能。

《环境保护法》并未对环境保护有关部门进行列举,而是统一采用了"县级以上人民政府有关部门和军队环境保护部门"的表述,这一表述从立法技术上来讲更加成熟,增强了该条的稳定性。理论上来讲,环境保护有关部门应当包含生态环境主管部门、渔政渔港管理部门、水利部门、交通部门、城建部门等一系列与环境保护有关的部门。

(二)我国生态环境管理机构及其职权

生态环境管理体制模式的最终落实还是要依靠相应的环境管理机构通过行使职权来呈现。我国环境管理机构主要包含环境保护主管部门和其他有关部门。环境保护主管部门主要是指生态环境部,环境保护有关部门包含了自然资源部、国家林业和草原局等部门。

1. 生态环境主管部门

我国的生态环境主管部门是生态环境部。生态环境部作为国务院生态环境主管部门,负责对全国环境保护工作实施统一的监督管理,地方各级生态环境主管部门负责对本辖区的环境保护工作实施监督管理。生态环境部作为中央层面的生态环境主管部门,于2018年在国务院机构改革中在原环境保护部的基础之上组建。它的目的在于整合分散的生态环境保护职责,统一行使生态和城乡建设各类污染物排放监管和行政执法职责,加强环境污染治理,保障国家生态安全,建设美丽中国。生态环境部整合了原环境保护部的职责以及国家发展和改革委员会的应对气候变化和减排职责,国土资源部的监督防止地下水污染职责,水利部的编制水功能区划、排污口设置管理和流域水环境保护职责,农业部的监督指导农业面源污染治理职责,国家海洋局的海洋环境保护职责,国务院南水北调工程建设委员会办公室的南水北调工程项目区环境保护职责。

具体而言,生态环境部的主要职责包括:制定并组织实施生态环境政策、规划和标准,统一负责生态环境监测和执法工作,监督管理污染防治、核与辐射安全以及组织开展中央环境保护督察等。

2. 生态环境保护相关部门

我国的环境保护相关部门是指除生态环境主管部门之外的具有一定环境保护职责的其他环境保护相关部门,主要有自然资源主管部门与林业和草原主管部门等。

(1) 自然资源主管部门

2018年国务院机构改革过程中,在原来的国土资源部、国家海洋局和国家测绘地理信息局的基础上,组建了自然资源部作为自然资源主管部门。其目的在于统一行使全民所有的自然资源资产所有权职责,统一行使国土空间用途管制和生态保护修复职责,着力解决自然资源所有者不到位、空间规划重叠等问题。自然资源部整合了原国土资源部的职责与国家发展和改革委员会的组织编制主体功能区规划的职责,住房和城乡建设部的城乡规划管理职责,水利部的水资源调查和确权登记管理职责,农业部的草原资源调查和确权登记管理职责,国家林业局的森林、湿地等资源调查和确权登记管理职责,国家海洋局以及国家测绘地理信息局的职责等。

具体而言,自然资源部的主要职责包括:对自然资源开发利用和保护进行监管,建立空间规划体系并监督实施,履行全民所有各类自然资源资产所有者职责,统一调查和确权登记,建立自然资源有偿使用制度以及负责测绘和地质勘查行业的管理等。

（2）林业和草原主管部门

2018年国务院机构改革过程中，在原国家林业局的基础上成立了国家林业和草原局。目的在于加大生态系统保护力度，统筹森林、草原、湿地监督管理，加快推进以国家公园为主体的自然保护地体系，保障国家生态安全。国家林业和草原局整合了原来国家林业局的职责以及农业部的草原监督管理职责，原国土资源部、住房和城乡建设部、水利部、农业部、原国家海洋局等部门的自然保护区、风景名胜区、自然遗产以及地质公园等管理职责。

除此之外，环境保护有关部门还包括了交通部门、水利部门、公安部门、应急管理部门以及军队环境保护部门等，这些部门在行使职权过程中都有可能出现关涉环境保护的事项。正因如此，作为有关环境保护的部门，这些部门也应当在自己的职责范围内履行相应的环境管理职能。

思考题

1. 环境管理体制都有哪些模式？
2. 国外环境管理体制的类型有哪些？
3. 我国环境管理体制经历了哪些发展阶段？
4. 我国环境管理体制的模式是什么？它是如何具体设置的？

推荐阅读

1. 侯佳儒：《论我国环境行政管理体制存在的问题及其完善》，载《行政法学研究》2013年第2期。
2. 王金南等：《生态环境保护行政管理体制改革方案研究》，载《中国环境管理》2015年第5期。
3. 刘思维等：《污染治理将实现统一监管，生态保护尚留遗憾》，载《财经》2018年3月。
4. 张璐：《中国环境法的定位转换与行政监管转型》，载《中国地质大学学报（社会科学版）》2021年第2期。

第六章 环境与资源保护法的基本原则

【导言】

环境与资源保护法的基本原则是环境与资源保护法的基本理念与精神的集中体现,对环境与资源保护法运行的各个环节都具有重要的指导意义。本章首先对环境与资源保护法基本原则的概念、特征、存在样态、具体内容等基本问题作简要的介绍;其次对协调发展原则、预防原则、义务性原则和公众参与原则的基础理论、历史沿革及其具体的体现展开论述。

第一节 环境与资源保护法的基本原则概述

一、环境与资源保护法基本原则的概念与特征

"法律原则"(principle of law)与"法律信条"(doctrine of law)在同一个意义上适用,是指不能为个别或具体的法律规则所涵盖,而在司法判决中作为司法推理的权威性起点的一般性原则。[①] 法律原则在漫长的发展过程中逐渐得到理论上的重视。古代的自然法学者普遍重视道德原则对于法律规则的指导作用,但是并未发展出系统的法律原则理论。随着近代法律实证主义和形式主义的兴起,依靠理性可以制定出完美的法律体系成为一种普遍的认识。在这种认识之下,原则被排除在法律体系之外,法官必须依靠具体的规则进行裁判,以追求法律的确定性。对于法律实证主义和形式主义机械适用法律的观点,新自然法学派的学者展开了系统的批判。德沃金认为,法律必须被看作一个整体性的概念,不仅包括规则,还包括明显的或暗含的原则,从而缓释法律规则的疑难或困顿处境,避免在缺少规则时依赖于自由裁量并减少对政策的依赖。利益法学的代表人物菲利普·黑克在批判概念法学的基础上最早系统提出了民法的内在体系和外在体系的区分理论,认为在概念和规则构成的外在体系的背后,隐藏着一个内

---

① 参见薛波主编:《元照英美法词典》,法律出版社2003年版,第1091页。

在体系,即通过利益法学的方法所得出的利益冲突决定的体系。① 价值评价法学进一步认为,这一内在体系不仅在解释论上具有重要意义,在立法中也具有重要意义。外在体系是依照形式逻辑构建的规则体系,而内在体系是由法律原则构成的价值体系。法律原则承载着法律体系背后的价值脉络与体系构成要素之间的意旨关联。

  法律原则是与法律规则存在质的差异的一种特殊的法律规范。在德沃金看来,原则与规则之间存在"逻辑的区别"之关键点在于,规则是以完全有效或者完全无效的方式而适用的,而原则具备分量或重要性的向度,在适用时需要较量各个原则在特定案件中的分量。② 阿列克西对德沃金的理论作出完善,提出规则是确定性命令,而原则是最佳化命令。"原则是最佳化命令。它们能以不同的程度被实现。实现的强制程度不仅取决于事实因素,也取决于法律上的可能性。后者的范围取决于与其相冲突的原则和规则。相反,规则是一种仅能以被遵守或不被遵守的方式来实现的规范。如果一项规则是有效的,它就要求人们不多不少地实现它所规定的内容。因此,规则在事实上和法律上可能的范围内构成一种决断。它们是确定性命令。"③ 可见,规则在适用条件满足之后确定地适用,原则在适用条件满足之后未必适用,而是开启一个权衡的过程;原则权衡的结果,也并非只有完全适用或完全不适用两种可能,而是可以部分地适用,以实现最佳化。④

  在法律原则之中,最为根本、涵盖范围最广、最能够体现法的基本精神的原则是法的基本原则。基本原则体现着法的本质和根本价值,是整个活动的指导思想和出发点,构成法律体系的灵魂,决定着法律的统一性和稳定性;具体原则是基本原则的具体化,构成某个法律领域或某类法律活动的指导思想和直接出发点。⑤ 法的基本原则是"法律在调整各种社会关系时所体现的最基本的精神价值,反映了它所涵盖的各部门法或子部门的共同要求"⑥。在传统的部门法中,基本原则连接着抽象的部门法的理念、目的和具体的部门法的制度、规则。首先,基本原则是某个部门法的理念和根本目的的体现。每一个部门法之所以

---

① 参见方新军:《内在体系外显与民法典体系融贯性的实现》,载《中外法学》2017年第3期。
② 参见〔美〕德沃金:《认真对待权利》,信春鹰、吴玉章译,中国大百科全书出版社1998年版,第43—48页。
③ 〔德〕阿列克西:《法:作为理性的制度化》,雷磊编译,中国法制出版社2012年版,第132—133页。
④ 参见于飞:《民法基本原则:理论反思与法典表达》,载《法学研究》2016年第3期。
⑤ 参见张文显主编:《马克思主义法理学——理论与方法论》,吉林大学出版社1993年版,第172页。
⑥ 公丕祥主编:《法理学》(第2版),复旦大学出版社2008年版,第249页。

能构成独立的法律体系,乃是因为它"在自己的发展与演进之中,都会遵循法律发展的一般规律,形成自身特质与精神特征"①。这些特定的精神特质标识了某个部门法的"应然"范畴所在,经过学者们的抽象和概括,形成某个部门法的基本原则。例如,民法基本原则包括平等原则、自愿原则、公平原则、诚实信用原则、公序良俗原则。这些原则反映了民事活动的基本要求,是民事法律关系的精髓所在,也反映了民法所希望实现的理念、目的。缺少这些原则,民法就无法成为独立的法律部门。因此,基本原则体现了某个部门法的价值追求,是特定部门法在理念和精神层面的根本概括。其次,在实践层面上,基本原则是具体的法律制度和法律规则的基础,在具体的立法、执法以及司法实践中具有重要的作用。例如,如果没有罪责刑相适应原则,刑法就无法建立起严密、科学的刑罚体系和轻重不同的罪刑幅度。

作为新兴的法律领域,环境与资源保护法有其自身独特的基本原则。需要注意的是,环境与资源保护法的基本原则应当与环境保护的原则进行区分。环境保护的原则实际上是环境管理政策和方针的体现,旨在实现环境保护目标。而环境与资源保护法的原则应当承载环境与资源保护法作为一个独立的规范体系自身所独有的内在价值,是对环境与资源法律关系中涉及的各种利益进行价值选择与权衡。二者承载的价值理念和功能存在本质区别。环境与资源保护法基本原则应当体现环境法的"一般法律思想",而不是环境保护思想。但与此同时,一些政策性环境保护原则可以转化为环境法原则。一方面,环境与资源保护法律必须尊重环境保护的实践经验和基本规律,否则无法满足调整环境与资源保护法律关系的客观需要;另一方面,法律原则为法规范体系是否接受法外价值判断提供了筛选机制,符合法规范体系内在价值要求的法外价值判断可以进入到法规范体系之内,以避免法规范体系的僵化。因此,符合环境与资源保护法内在价值要求的环境保护原则可以转化为环境与资源保护法原则。

环境与资源保护法的基本原则应该具有以下特征:②

第一,环境与资源保护法的基本原则是环境与资源保护法的目的、理念和价值追求的体现,体现了环境与资源保护法价值取向的独特性。环境与资源保护法的基本原则应显示出环境与资源保护法作为一个新的法律领域,在调整对象、运作机制、法律功能等方面价值取向的独特性,不仅能为环境与资源保护法自身

---

① 吕忠梅:《环境法学》(第2版),法律出版社2008年版,第48页。
② 参见张璐:《环境产业的法律调整——市场化渐进与环境资源法转型》,科学出版社2005年版,第105—106页。

的发展与完善提供理论上的指引,而且能明确区分环境与资源保护法同其他邻近的法律部门之间的界限。

第二,环境与资源保护法的基本原则体现了环境与资源保护法自身法律价值的普遍性与整合性,是具有普遍指导意义的根本准则。拉伦茨认为,原则具有层次性,上位原则是"一般法律思想"的反映,而下位原则是对"一般法律思想"的具体化。[①] 基本原则具有高度的抽象性,并未区分构成要件和法律后果,而是概括地表达环境与资源保护法的一般法律思想。环境与资源保护法基本原则是对环境与资源保护法各个有机组成部分所体现法律价值的总结和归纳,是对该法律领域某一方面的原则和某个具体法律制度在法律价值方面的整合,具有普遍的指导意义。

第三,环境与资源保护法的基本原则体现了对具体的环境与资源保护法律制度与规范的指导性,具有重要的指导法律解释、填补法律漏洞和平衡法律利益的功能。环境与资源保护法的基本原则具有高度的抽象性和不确定性,所覆盖的事实状态必然远大于规则所涵盖的范围。基本原则的指导性主要表现在三个方面:首先,基本原则可以作为法律的解释基准,如法律规则在文义范围内有多种含义,对其进行解释时应采取符合环境与资源保护法基本原则的解释;其次,基本原则可以作为填补法律漏洞的基础,在规则缺位的情形下,基于基本原则创设新规则,以进行漏洞补充;最后,在适用具体规则产生严重不公正后果的特殊情形下,基于基本原则而限制具体规则在个案中的适用。基本原则在功能上表现出来的指导性主要基于其对成文法局限性的克服。环境与资源保护法的基本原则所承载的法律精神的一贯性使其可以有效填充成文法废、改、立的间隙,为现实中立法与司法的变动提供稳定的法律理论资源,同时也为法律应然与实然状态的衔接与沟通提供理论上的有力支撑。

二、环境与资源保护法基本原则的存在样态

所谓环境与资源保护法基本原则的存在样态,是指环境与资源保护法的基本原则可以从何处得出或者推导出。有学者指出,法律原则的特点、地位和功能决定了其存在样态的多样化。法律原则的存在样态有:(1)存在于制定法中。这是指宪法、其他制定法中明文规定的法律原则。(2)存在于判例中。在判例法国家,法律原则也存在于法官判决之中。(3)存在于宪法法律的基础或推论中。这类法律原则虽然不能从法律或判决的明文规定中找到,但却是构成法律

[①] 参见〔德〕拉伦茨:《法学方法论》,陈爱娥译,商务印书馆2003年版,第348页。

明文规定的基础,是法律条文的必然内涵。(4)存在于应然的法律价值、事物之理中。这类法律原则是居于实在法之上,与法律规范、法律目的的实现相关的价值观念、事物固有之理,在法哲学上常称为"法理念"。① 我国不是判例法国家,因此环境与资源保护法的基本原则可以从以下三个方面得出:一是从法的明文规定中得出;二是由法律的规定推导出;三是由学者通过归纳环境与资源保护法的法理得出。

长期以来,我国环境立法之中并未明确规定环境与资源保护法的基本原则,因此环境与资源保护法的基本原则一直以通过法律规定推导以及学者归纳法理的样态存在。通过法律规定推导出的基本原则主要是协调发展原则。我国1989年《环境保护法》第4条明确规定:"国家制定的环境保护规划必须纳入国民经济和社会发展计划,国家采取有利于环境保护的经济、技术政策和措施,使环境保护工作同经济建设和社会发展相协调。"从这一条中,能够推导出协调发展原则。至于以法理样态存在的基本原则,学者的观点各不相同。例如,有观点认为,环境与资源保护法的基本原则应该包括风险预防原则、环境公平原则以及公众参与原则。② 有观点认为,环境与资源保护法的基本原则应该包括预防原则、协调发展原则、受益者负担原则、公众参与原则以及协同合作原则。③ 有观点则认为,环境与资源保护法的基本原则应该包括环境保护和经济社会持续发展相协调原则,预防为主、防治结合、综合治理原则,合理规划、全面利用自然资源原则,环境责任原则,以及国家干预原则。④

在没有成文法明文规定的情况下,上述两种存在样态可以起到补充作用,有利于指导具体的制度与规则的运行。尽管如此,这两种存在样态都存在着一定的缺陷。通过法律规定推导容易受到法律解释方法的影响,也不能充分体现法的基本理念和精神,在适用上容易引起歧义。例如,协调发展原则在实践中往往会转化为经济利益优先原则,反而对环境保护工作造成负面影响。因此,从法律规定推导出的原则在适用时必须比明文规定的基本原则更为谨慎。除此之外,学者归纳的法理容易受到学者个人学术观点的影响,难以达成统一、权威的结论,在具体的适用上也应该受到严格的限制。对于法理样态的基本原则,"除非适用成文法会造成极其严重的危害,并且没有其他类型法律原则可资援用,否则

---

① 参见庞凌:《法律原则的识别和适用》,载《法学》2004年第10期。
② 参见吕忠梅:《环境法学》(第2版),法律出版社2008年版,第50页。
③ 参见汪劲:《环境法学》,北京大学出版社2006年版,第152页。
④ 参见陈泉生主编:《环境法学》,厦门大学出版社2008年版,第140页。

不能径直运用,以防对法安定的伤害和司法权的肆意扩张"①。因此,法律原则的存在样态应以法律的明文规定为主,以法律的推导和学者的学理归纳为辅。在法律实践中的适用次序上,首先应当是法律明文规定的基本原则,其次是从法律中推导出的基本原则,最后才是学者归纳的基本原则。

在理论研究中,为了保持对实体法规定的批判性,拓展法律基本原则的理论深度,可以在现行法规定的基础上,对法的基本原则进行一定的理论上的拓展。因此,对于环境与资源保护法基本原则的研究,不应局限于现行法律的规定,而要从环境与资源保护法的特征属性与精神特质出发,通过借鉴和吸收国外先进的立法例以及国内外先进的理论研究成果,在对法律明文规定的基本原则进行反思和批判的基础上展开更加深入的阐述,以期在保持批判性的同时,建立起完整的环境与资源保护法基本原则理论框架。

三、环境与资源保护法基本原则的具体内容

对于环境与资源保护法基本原则的具体内容,各国的规定不尽相同。德国环境法建立在三大基本原则的基础之上,分别是预防原则(precaution principle)、因果关系原则(causation principle)以及合作原则(co-operation principle)。②《法国环境法典》在第一编总则第 1 条对基本原则进行了规定,分别是谨慎原则,预防行动与纠正原则,污染者付费原则,所有人都有权获取公共机关所掌握的环境信息的原则,参与原则,生态互助原则,可持续利用原则,环境、农业、水产业和森林可持续管理之间的互补性原则以及不退化原则。③《瑞典环境法典》第一编总则第二章对基本原则进行了规定,分别是证明责任转移原则、具备相应知识的原则、预防的原则、最佳适用技术标准、合理选址原则、资源管理和生态循环原则、产品选择原则、成本合理原则、污染者负担原则、停止危险活动原则。④ 尽管其中有一些特殊的原则,但是上述国家普遍确立了三项基本原则,即预防原则、义务性原则以及公众参与原则。

长期以来,我国环境与资源保护立法并未对基本原则进行规定。2014 年 4 月 24 日,第十二届全国人大常委会第八次会议对《环境保护法》进行了修订,增

---

① 陈泉生主编:《环境法学》,厦门大学出版社 2008 年版,第 140 页。
② See Horst Schlemminger, Claus-Peter Martens (eds.), *German Environmental Law for Practitioners*, 2nd ed., Kluwer Law International, 2004, pp.35-36.
③ 参见莫菲、刘彤、葛苏聃译:《法国环境法典》,法律出版社 2018 年版,第 3—4 页。
④ 参见吕挚萍:《可持续发展原则基石上的环境法法典化——瑞典〈环境法典〉评析》,载《学术研究》2006 年第 12 期。

加了基本原则的规定。修订后的《环境保护法》第5条规定："环境保护坚持保护优先、预防为主、综合治理、公众参与、损害担责的原则。"该条规定了环境保护的原则，但并非单纯有关环境保护或环境管理的理念、方针和政策，而是能够在一定限度上同时反映环境与资源保护法体系的特定价值导向。该条的规定与环保发达国家关于基本原则的规定以及学者们对环境与资源保护法基本原则的理论归纳之间既有重合的地方，也有不同之处。为了兼顾理论研究的需要，提高环境与资源保护法基本原则研究的普适性和科学性，反映环保发达国家先进立法成果，为立法的进一步发展完善提供理论借鉴，在批判性接受该条规定的基础之上，参考发达国家的立法经验，可将环境与资源保护法的基本原则归纳为协调发展原则、预防原则、义务性原则和公众参与原则。

第二节 协调发展原则

西方环保发达国家是在吸取"先污染后治理"的错误发展思路所带来的惨痛教训之后，才建立起较高的环境保护水平和环境与资源保护法治水平。我国目前正处于并将长期处于发展阶段，要破除"先污染后治理"的魔咒，推动发展转型，必须在环境与资源保护法之中确立协调发展原则。正因为如此，协调发展原则逐渐成为我国环境与资源保护法独特的基本原则。

一、协调发展原则的基础理论

（一）协调发展原则的概念与特征

在环境与资源保护法的四项基本原则之中，协调发展原则处于最重要的地位，对于整个环境与资源保护法律体系起全局性的指导作用。所谓协调发展原则，是指"环境保护与经济建设和社会发展统筹规划、同步实施、协调发展，实现经济效益、社会效益和环境效益的统一"[①]。《环境保护法》第4条第2款规定："国家采取有利于节约和循环利用资源、保护和改善环境、促进人与自然和谐的经济、技术政策和措施，使经济社会发展与环境保护相协调。"确立协调发展原则，其理论依据主要是基于对环境保护与经济建设之间存在的一种辩证关系的认识。环境保护与经济建设是对立统一的，即初始阶段表象上的对立与发展过程中实质上、目的上的统一。协调发展原则具有以下几个特征：

第一，协调发展原则首先约束政府。长期以来，受到经济发展优先论的影

[①] 韩德培主编：《环境保护法教程》（第5版），法律出版社2007年版，第71页。

响,加上缺乏明确的制度约束,一些地方政府长期将经济发展放在优先地位,政府在协调经济社会发展和环境保护方面的义务不清晰、不明确。协调发展涉及经济社会发展战略、规划以及各种不同层面的决策,因此要在环境与资源保护法律体系之中贯彻协调发展原则,首先必须明确政府作为经济、社会与环境三者的协调者的角色,要求政府在各种战略、规划及决策中贯彻协调发展原则的要求,并通过完善的制度设计明确政府在环境保护方面的责任。

第二,协调发展原则的重心在于协调。长期以来,对于协调发展原则的重心问题,存在着发展优先论和保护优先论两种观点。发展优先论强调经济与社会发展在现阶段的重要性与基础性作用,要求环境保护配合经济与社会发展的需要。保护优先论则认为应当以保护为先,我国不应当走"先污染后治理"的老路。对此,有学者指出:"两种貌似合理的论证都陷入了形而上学的窠臼。因为,他们都把环境保护与经济、社会发展问题割裂开来了,静态地分析它们之间的不可兼容性。"[1]事实上,协调发展原则的重心应当是"协调",即通过对经济利益与环境利益的动态平衡推动社会的进步,从单纯的经济增长走向环境保护、经济建设与社会发展的良性互动。"协调发展是一个衡平过程,是集并重、协同、兼顾、调整和共赢于一体的综合发展,具有浓郁的利益衡量色彩。"[2]

第三,协调发展原则的目的是实现可持续发展。可持续发展是对经济社会未来发展蓝图的构想,但不能从权利义务配置的角度为环境与资源保护法律体系提供可供借鉴和遵循的实现目标的基本方法和途径,因而不能对环境与资源保护法律制度的构建和实施起到应有的指导作用。[3] 因此,可持续发展的法律定位应当是环境与资源保护法的立法目的,是环境与资源保护法应当实现的目标。2014年修订的《环境保护法》将"促进经济社会可持续发展"写入立法目的之中,印证了这一观点。协调发展原则要求经济建设和社会发展考虑环境与资源的承载能力,同时也要求将环境质量维持在满足当代人和后代人要求的水平上,强调经济、社会与环境之间的协调平衡,为实现可持续发展提供了明确的实现路径,与可持续发展之间应当是手段与目的的关系。

(二)协调发展原则与环境优先原则的关系

2000年以来,随着环境的整体恶化,社会公众要求政府加强环境保护工作

---

[1] 李艳芳教授对两种观点进行了比较好的总结概括。参见李艳芳:《对我国环境法"协调发展"原则重心的思考》,载《中州学刊》2002年第2期。
[2] 王继恒:《环境法协调发展原则新论》,载《暨南学报(哲学社会科学版)》2010年第1期。
[3] 参见薄晓波:《可持续发展的法律定位再思考——法律原则识别标准探析》,载《甘肃政法学院学报》2014年第3期。

的呼声愈发强烈,学界对于协调发展原则的批判态度愈发明显,要求用环境优先原则替代协调发展原则的观点也得到了越来越多的支持。环境优先原则的支持者认为:首先,从实践来看,协调发展原则在实际运作中往往成为经济优先原则的代名词,"协调"往往意味着环境保护让位于经济建设的需要。近年来,我国愈发严峻的污染形势与薄弱的环境保护工作都表明协调发展原则实效欠佳。① 其次,从环保发达国家的立法经验来看,环境优先原则也是一项得到普遍承认的基本原则,环境优先已经成为当今世界环境保护的发展趋势。根据相关学者的考证,日本、美国以及俄罗斯等环保发达国家在其环境与资源保护法律体系的基本法中都确立了环境优先原则。② 那么,如何认定环境优先原则与协调发展原则的关系?是否应当用环境优先原则替代协调发展原则?

事实上,无论是从理论、实践还是国外立法例来看,环境优先原则都不能替代协调发展原则。

首先,从理论来说,尽管环境与资源保护法同环境保护工作之间有着密切的联系,但是其首要的特征是"法",其基本原则要实现统领整个法律体系的目标,必须坚持法律价值的调和以及多重目标的兼顾,避免向单一价值倾斜。协调发展原则所强调的协调和平衡并不是绝对的倾斜,而是通过合理的权衡,允许在特定的情况下发展的优先性与环境保护的优先性,以不断适应社会发展的实际需要,最终实现可持续发展。环境优先原则过于绝对化,缺乏对不同价值观念和利益的调和,片面地强调环境保护。它更适合作为环境保护工作的基本原则,而不是环境与资源保护法的基本原则。

其次,从实践的角度看,我国目前仍然是发展中国家,发展仍然是首要任务。我国只有坚持进一步发展,消除贫困,才能实现环境、经济和社会的可持续发展。因此,在现阶段,强调环境优先过于超前,不符合我国的实际情况。总的来说,现阶段的主要任务是转变发展方式,从单纯强调经济增长向更为综合的社会发展方式转变,而这正是协调发展原则的题中应有之义。

最后,单纯从文本上进行文义解释,上述国家的环境基本法中都未明确提到环境优先原则,相反,都有涉及协调发展的论述。日本《环境基本法》第 4 条规

---

① 在国外,亦有这样的情况。日本 1967 年《公害对策基本法》第 2 条第 2 款将协调发展原则解释为"生活环境的保全应当与经济的健全发展相协调",即经济优先条款。这一规定不仅没有能达到协调三者之间关系的作用,反而起到了激化环境污染的反作用。因此,在 1970 年的修改中,日本删除了这一条款。

② 参见赵旭东、黄静:《俄罗斯"环境保护优先性"原则——我国环境法"协调发展"原则的反思与改进》,载《河北法学》2000 年第 6 期;钱水苗、魏琪:《关于修改我国〈环境保护法〉的几点思考》,载《甘肃政法学院学报》2013 年第 1 期。

定:"环境保全必须以健全经济发展的同时实现可持续发展的社会构筑为宗旨,并且以充实的科学知识防止环境保全上的妨害于未然为宗旨,实现将因社会经济活动以及其他活动造成对环境的负荷减少到最低限度"①。《俄罗斯联邦环境保护法》第3条规定:"为保证可持续发展和良好的环境,将人、社会和国家的生态利益、经济利益和社会利益科学合理地结合起来。"②美国《国家环境政策法》也明确规定,"满足当代国民及其子孙后代对于社会、经济以及其他方面的要求"③。由此可见,简单地断定上述国家已经将环境优先原则作为环境法的基本原则,并以此作为我国应当确立环境优先原则的依据,并不妥当。

综上,我国环境与资源保护法在现阶段仍然应当将协调发展原则作为统领环境与资源保护法律体系的首要基本原则,推动经济建设与环境保护之间的协调;同时,应当明确在经济建设与环境保护发生冲突时,优先考虑环境保护的需要。④ 2014年《环境保护法》的修改遵循了这一认识,将第3条中"使环境保护工作同经济建设和社会发展相协调"的表述改为了"使经济建设和社会发展与环境保护相协调"。对于现行《环境保护法》第5条中"保护优先"的表述,应当理解为立法者对于当前要求加强环境保护工作、提升环境质量水平的社会总体形势和现实的回应,要解决的是原来"只注重开发,不注重保护""先开发后保护""先污染后治理"的问题,目的在于提升环境保护工作的地位与重要性。但是,从根本上来说,这仍然没有超出协调发展原则的范围,与环境优先原则之间也存在着根本性的差别。

二、协调发展原则的历史发展

总体来说,协调发展原则与可持续发展观之间有着深刻的内在联系,体现了可持续发展观对环境与资源保护法发展的总体要求。关于协调发展原则的历史发展,应当追溯到可持续发展观的产生与发展。

(一)可持续发展观的产生与发展

在前工业化社会,整体主义世界观长期占据主导地位,其核心价值在于对稳

---

① 转引自汪劲:《日本环境基本法》,载《外国法译评》1995年第4期。
② 《俄罗斯联邦环境保护法和土地法典》,马骧聪译,中国法制出版社2003年版,第6页。
③ 全国人大环境与资源保护委员会编:《世界环境法汇编(美国卷)》,中国档案出版社2007年版,第1页。
④ 对此,有学者提出,当经济利益与环境利益不能从根本上协调时,应当以环境利益优先考量决策或行为的正当性,达成社会公正和实现实质正义。对于将"协调发展原则"发展为"环境利益优先的协调发展原则",本书认为,环境利益优先应当是协调发展原则在特定情况下适用的题中应有之义,不需要单独修改协调发展原则的具体表述,仍应当采用"协调发展原则"这一表述。参见唐双娥、吴胜亮:《协调发展原则:一个新颖性的界定与阐述——环境利益优先的协调发展原则》,载《社会科学家》2007年第6期。

态的追求。按照这一价值观的要求,各地区的人类社会都竭力发展出与当地自然环境相适应的、可持续的生活方式,并坚持限制过分开发的经济需求和各种新技术的伦理价值观。"我们今天看来简直离奇古怪的一种故步自封的守旧意识,在当时往往有助于保护社群的稳定性并维持天人合一的生活方式。"① 总体来说,在前工业化的漫长时间里,经济、社会与环境处在一个良性的互动关系之中。

随着现代资本主义的崛起和市场经济的发展,西方国家的经济重心从农业转向了工业,人类生活的重心也从对闲暇生活的追求转向了对财富积累的热爱,这使得以牺牲环境为代价的"高生产、高消费、高污染、高浪费"的发展模式成为主导。在这种发展模式之下,经济增长被赋予一种天然的合法性。在这背后,是有机价值观的死亡,是"不增长,就死亡"的价值观的胜利。② 然而,诚如恩格斯所言,我们对自然的每一次胜利,都会遭到严厉的报复。以超出环境承受能力的方式开发利用自然资源,造成了严重的环境污染和生态破坏。面对严重的环境问题,人类社会开始对经济增长、社会发展和环境保护之间的关系进行深刻反思,逐渐形成了以下几种观点:

一是环境保护优先论。这一理论的代表是"罗马俱乐部",其代表作是1972年发表的研究报告《增长的极限》。该理论认为,在人类社会发展的诸多构成因素中,人口的增长是其他因素发展的推动因素。人口的增长要求提供更多的粮食和工业品,进而使耕地和工业生产规模不断增长,并消耗越来越多的自然资源,从而使得排入环境的废弃物越来越多,导致环境的状况越来越差。由于人类与环境系统存在着发展的无限性和地球的有限性这一基本矛盾,当增长不停止而达到极限时,便会导致全球性危机和人类社会的突然瓦解。为了使人类免于毁灭性的灾难,就必须让经济发展绝对服从于环境保护的需要,使人口和经济发展实现零增长。"罗马俱乐部"的悲观主义论点强调人类无所作为,这无疑是一种矫枉过正的做法。所以,无论发达国家还是发展中国家,对该理论都难以接受。该理论的作用在于,促使工业化国家警醒,反思"高生产、高消费、高污染、高浪费"的发展模式,并将环境保护真正提上议事日程。

二是经济发展优先论。这是针对"罗马俱乐部"的悲观主义论调而提出的一种盲目乐观的理论。该理论认为,环境的退化不过是工业化进程中的暂时现象,而经济发展永远是处在第一位的。随着社会进步和人类生活水平的不断提高,

---

① 〔美〕丹尼尔·A.科尔曼:《生态政治:建设一个绿色社会》,梅俊杰译,上海译文出版社2006年版,第21页。
② 同上书,第64页。

现在所面临的问题会迎刃而解,人口、环境与资源将自然达到平衡。该理论认为,随着经济的发展,社会富裕程度和支付能力提高,人们对清洁环境的要求相应提高,污染状况不断改善。污染程度迅速下降,人口增长有利于经济发展,而经济发展才是解决污染问题的根本出路。该理论观点盲目乐观,虽然其中存在部分合理之处,但过分夸大了人类的主观能动性,同样是矫枉过正的产物。尽管由于对现实可见短期利益的推崇,该理论无论在过去还是现在都有一定的市场。但是,从长远来看,它在根本上是行不通的。

三是可持续发展理论。以上两种相对极端、明显矫枉过正的理论无法为大多数国家所接受,人们期望有一种新的理论为当代社会协调经济发展与环境保护提供科学的理论指导。经过了数年的调查与研究,由时任挪威首相布伦特兰领导的世界环境与发展委员会在1987年4月发表了题为《我们共同的未来》的报告,正式提出可持续发展的战略和理论,指出:"可持续发展是既满足当代人的需要,又不对后代人满足其需要的能力构成危害的发展。"该理论承认当代社会发展的合理性,同时强调发展的健康性;不赞成为了保护环境而使经济实现"零增长"或"负增长",更反对以牺牲环境为代价来换取经济的高速增长。可持续发展要求人类通过对技术和社会组织的管理和改善,在不超出地球生态系统承载能力的情况下,实现社会进步与经济发展,同时维持可持续的环境资源的生态基础。可持续发展理论的提出似乎是给各国政府开出的一剂"济世良药",为人类社会的未来描绘出了一幅美好的蓝图。该理论提出以后,不仅成为1992年联合国环境与发展大会通过的各项文件的指导思想,而且为世界各国所普遍接受。从国际环境立法以及各国的历史实践和现实来看,可持续发展理论所体现的协调、均衡以及可持续的理念已经广为国际社会所接受。但是,可持续发展理论自身具有的高度不确定性和过分理想化的特点,使得这一理论对于各国自身特殊的实践缺乏指导意义。

(二)协调发展原则的产生与发展

可持续发展在理论上的模糊性和不确定性,决定了这一理念在我国只能作为一个具有宏观指导性的目标,而不能成为具有指导性的基本原则。可持续发展在我国的现实出路,表现为协调发展原则的逐步确立。

20世纪七八十年代,随着环境问题的逐渐产生,环境与资源保护工作逐渐进入政府工作的视野。早在1975年,《关于环境保护的10年规划意见》就规定,"把保护和改善环境的工作,纳入到生产建设计划中去,作为国民经济计划的不可分割的组成部门,统筹兼顾、适当安排"。此后,1979年《环境保护法(试行)》第5条规定,"国务院和所属各部门、地方各级人民政府必须切实做好环境保护工作；在制定发展国民经济计划的时候，必须对环境的保护和改善统筹安排，并认真组织实施"。这一规定仍然带有计划经济时期的色彩，虽然包含协调发展的思想，却极其含混。1981年《国务院关于在国民经济调整时期加强环境保护工作的决定》则要求："各级人民政府在制订国民经济和社会发展计划、规划时，必须把环境和自然资源作为综合平衡的重要内容，把环境保护的目标、要求和措施，切实纳入计划和规划，加强计划管理。"从"统筹安排"到"综合平衡"，显然已经有了很大的进步。1983年，我国召开第二次全国环境保护会议。在这次会议上，明确了环境保护与经济建设统筹兼顾、同步发展的方针。1989年《环境保护法》第4条最终规定："国家制定的环境保护规划必须纳入国民经济和社会发展计划，国家采取有利于环境保护的经济、技术政策和措施，使环境保护工作同经济建设和社会发展相协调。"这标志着协调发展原则作为我国环境与资源保护法基本原则地位的确立。此后，协调发展原则不断地在环境保护的法律、政府决策、规划中出现，其地位不断得到巩固。2006年发布的《国务院关于落实科学发展观加强环境保护的决定》则将"协调发展，互惠共赢"作为指导环境保护工作的基本原则。2014年修订的《环境保护法》进一步完善了协调发展原则，将1989年《环境保护法》第4条规定改为："国家采取有利于节约和循环利用资源、保护和改善环境、促进人与自然和谐的经济、技术政策和措施，使经济社会发展与环境保护相协调。"由此可见，协调发展原则作为基本原则的重要地位不断加强，它在新形势之下必然会焕发越来越强的活力。

（三）生态文明思想的产生与发展

生态文明思想的出现和成熟，是对协调发展原则的进一步肯定和补强。在贯彻和落实可持续发展战略的基础上，党的十七大创造性地提出了建设生态文明的理念，党的十八大将建设生态文明纳入中国特色社会主义总体布局中，党的十九大将建设生态文明确定为中华民族永续发展的千年大计，党的二十大首次将人与自然和谐共生的现代化作为中国式现代化的本质特征和历史使命，明确提出要坚定不移走生产发展、生活富裕、生态良好的文明发展道路，实现中华民族永续发展。生态文明思想吸收了当代可持续发展的理念，系统而科学地阐释了人与自然的关系，是一种新的、更为先进的文明观。

实现发展和保护相统一，是生态文明建设的核心议题。《中共中央、国务院关于加快推进生态文明建设的意见》提出，"在环境保护与发展中，把保护放在优先位置，在发展中保护、在保护中发展"。根据《生态文明体制改革总体方案》，生态文明体制改革的理念包括："树立发展和保护相统一的理念，坚持发展是硬道理的战略思想，发展必须是绿色发展、循环发展、低碳发展，平衡好发展和保护的关系,按照主体功能定位控制开发强度,调整空间结构,给子孙后代留下天蓝、地绿、水净的美好家园,实现发展与保护的内在统一、相互促进。"经济社会发展必须建立在资源得到高效循环利用、生态环境受到严格保护的基础上,与生态文明建设相协调,形成节约资源和保护环境的空间格局、产业结构、生产方式。可见,生态文明是更高层次的政治布署,平衡好发展和保护的关系是建设生态文明的重要途径。协调发展原则正是生态文明思想在环境与资源保护法领域的体现。随着生态文明思想的成熟和完善,协调发展原则的内涵更加丰富,其重要性也愈发显著。

三、协调发展原则的具体体现

协调发展原则的作用不同于具体的法律规则,它作为基础性的、具有指导性的准则,对整个环境与资源保护法律体系的运行和具体法律制度的设计都具有指导性作用。具体来说,协调发展原则在环境与资源保护法中主要体现在以下几个方面:

(一)将环境保护纳入经济、社会发展计划、规划和决策之中

与企业单个的排放行为不同,政府决策对于环境往往有着全面广泛的影响。从历史上看,我国政府行政长期居于主导地位,即使是在经济领域,市场经济也曾长期被计划调控钳制。因此,政府作为中华人民共和国成立后资源配置方式形成与改变的主要决定性因素,应对我国环境资源问题的形成负有不可推卸的责任。[①] 若干历史事件和政策也印证了这一观点,无论是1958年"大炼钢铁",60、70年代"以粮为纲,围湖造田",80年代矿产资源开发"有水快流",还是90年代大力发展乡镇企业,都对我国生态环境和自然资源造成了严重的污染和破坏。这些环境问题的产生,在根本上是因为我国在经济、社会发展计划、规划和决策中没有充分考虑到对环境的影响,未能有效协调经济社会发展与环境保护之间的关系。因此,要贯彻协调发展原则,首先要求政府在进行决策,制定经济、社会发展计划与规划时,充分考虑到这些决策、计划和规划对环境的影响。《环境保护法》针对这一问题进行了专门规定,第13条第1款规定:"县级以上人民政府应当将环境保护工作纳入国民经济和社会发展规划。"第14条规定:"国务院有关部门和省、自治区、直辖市人民政府组织制定经济、技术政策,应当充分考虑对环境的影响,听取有关方面和专家的意见。"

(二)加强政府环境责任,通过制度建设加强对政府的考核和监督

进一步来说,要确保政府充分考虑到其行为对环境的影响,必须通过完善的

[①] 参见张璐:《环境产业的法律调整——市场化渐进与环境资源法转型》,科学出版社2005年版,第41页。

制度建设对其加强考核与监督。一方面,必须明确政府的环境责任,进一步完善目标责任制度,通过目标考核与责任追究来引导和约束政府行为,推动全国与地方的经济结构与发展方式的转型;另一方面,要加大对地方政府的法律监督,发挥人大、上级人民政府以及公众的监督作用。

与之前相比,我国立法在这两方面已经有了较大的进步,《环境保护法》对这两方面都进行了专门规定。第6条第2款规定:"地方各级人民政府应当对本行政区域的环境质量负责。"第26条规定:"国家实行环境保护目标责任制和考核评价制度。县级以上人民政府应当将环境保护目标完成情况纳入对本级人民政府负有环境保护监督管理职责的部门及其负责人和下级人民政府及其负责人的考核内容,作为对其考核评价的重要依据。考核结果应当向社会公开。"第27条规定:"县级以上人民政府应当每年向本级人民代表大会或者人民代表大会常务委员会报告环境状况和环境保护目标完成情况,对发生的重大环境事件应当及时向本级人民代表大会常务委员会报告,依法接受监督。"除了这些变化之外,《环境保护法》还增加了有关环境信息公开等方面的内容,这些都能够有效加强对政府的监督。

(三)加强对环境保护工作的资金支持

环境保护工作的成功有赖于资金、技术和法律三方面的条件。其中,资金的作用最为重要,只有在充分的资金支持下,环境保护工作才能获得有效的保障。这一经验已经为很多环保发达国家的实践所证实。因此,尽管在很多情况下,经济发展与环境保护之间存在着矛盾,但是从总体上说,当政府的政策重心从单纯的经济发展转向经济、社会与环境协调发展之后,经济发展就能够发挥其保障作用,为环境保护提供强有力的资金支持,二者之间能够形成一种相互促进、相互保障的关系。近年来,我国经济高速发展,已经有条件、有能力加大对环境保护工作的资金投入,推动经济"反哺"环境保护,实现经济与环境之间的协调发展。2014年对《环境保护法》进行修改时,已经注意到了这一问题,强化了政府对环境保护进行资金投入的责任。现行《环境保护法》第8条规定:"各级人民政府应当加大保护和改善环境、防治污染和其他公害的财政投入,提高财政资金的使用效益。"下一阶段的问题是如何进一步贯彻这一规定,将其落到实处。

(四)支持和引导环保产业的发展

协调发展的真正实现实际上是一种动态的平衡,这种平衡的形成主要表现为经济发展与环境保护在一定的时间和空间内,在数量与质量上的大致对等。通过双方的制约与促进,形成一种相对稳定的平衡状态,同时也为进一步的发展创造条件。但是,协调发展所追求的这种平衡是一种非常脆弱的动态均衡,甚至往往是一种非均衡状态。这种局面的出现主要是因为作为矛盾对立的两个基本方面,经济发展总是处于扩张的状态,而环境保护工作却往往因为动力的缺乏而表现出发展力度不足。由此,必然形成力量失衡的局面,使经济发展与环境保护处于非均衡状态。所以,协调发展的实现必须有相应的力量推动环境保护的发展,促成经济发展与环境保护由非均衡状态向均衡状态转变,环保产业堪当此任。"经济合作与发展组织对环保产业有两种定义:一种是狭义的环保产业,即是在污染控制与减排、污染清理及废弃物处理等方面提供设备与服务的企业集合;另一种是广义的环保产业,既包括能够在测量、防止、限制及克服环境破坏方面生产和提供有关产品与服务的企业,也包括能使污染和原材料消耗最小量化的清洁技术与产品。"[1]不管是狭义还是广义的环保产业,都是促进经济发展与环境保护由非均衡状态向均衡状态转变,乃至实现经济和环境共赢的重要力量。从功能和实际效果来看,环保产业将通过对环境保护事业支持力度的持续强化,成为促成协调发展实现的不可或缺的结构性支撑力量。

《环境保护法》贯彻了这一认识,明确规定了政府支持和引导环保产业的发展的责任。第21条规定:"国家采取财政、税收、价格、政府采购等方面的政策和措施,鼓励和支持环境保护技术装备、资源综合利用和环境服务等环境保护产业的发展。"这一规定如果能够得到有效落实,则能够对环保产业的发展起到有效的推动作用。

第三节 预防原则

环境问题不同于传统的社会问题。首先,环境污染和生态破坏的后果往往较为严重,导致社会财富的巨大损失,且难以弥补和恢复。即使能够弥补和恢复,成本也十分高昂。其次,环境问题具有潜伏性与迟滞性。尤其是环境污染,其危害后果往往要经历漫长的时间才能显现。最后,环境问题具有复杂性,形成和致害机理十分复杂,涉及复杂的技术与社会问题。近几十年来,随着经济与技术的飞速发展,大量具有科学不确定性、高度复杂性和不可逆性的环境风险也逐渐显现。正因为这些原因,环境与资源保护法逐渐从侧重事后救济的思路中转换过来,开始关注如何从源头防止环境损害和环境风险的发生,预防原则逐渐成为一项公认的环境与资源保护法的基本原则。

---

[1] 刘国涛:《绿色产业与绿色产业法》,中国法制出版社2005年版,第29页。

一、预防原则的基础理论

（一）预防原则的概念与特征

预防原则，是指"对开发和利用环境行为所产生的环境质量下降或者环境破坏等应当事前采取预测、分析和防范措施，以避免、消除由此可能带来的环境损害"[①]。我国《环境保护法》第5条中规定的"预防为主"的学理表述就是预防原则。也有学者将第5条中的此项原则表述为"预防为主、防治结合、综合治理原则""预防为主、防治结合原则"或者"预防为主、综合治理原则"。但是，从严格意义上说，不宜将预防原则拓展为上述原则。上述原则包含三层思想：一是预防的思想，即通过事前的管理和控制避免环境损害的发生；二是防治相结合的思想，即除了预防之外，还要治理已存在的环境问题；三是综合治理的思想，即运用多种手段和制度对环境问题进行治理。这种理解不仅削弱了"预防"的理念在环境与资源保护法中的重要性，还将作为环境保护工作方法的"防治结合、综合治理"理解为法律原则，并不能体现环境与资源保护法作为新的、特殊的法律领域所具有的根本属性和基本特征。预防原则中的"预防"并不是指环境保护中的"预防"，而是指法律上的"预防"，不能也不应该与具有浓重的环境保护工作意味的"防治结合、综合治理"并列而合并成为一项指导环境与资源保护法的基本原则。因此，应当统一称"预防原则"为我国环境与资源保护法的基本原则，而不是"预防为主、防治结合、综合治理"原则。

预防原则具有以下特征：

第一，预防原则约束的主体既包括政府，也包括企业和个人。与协调发展原则主要涉及政府决策、战略、规划相比，预防原则的适用范围更加广泛，是环境保护活动基本规律的体现。因此，政府、企业和个人一切开发和利用环境的行为，都应该采取预防性的措施。《环境保护法》对于政府、企业和个人环境保护的义务进行了明确的规定，其中包含大量体现预防原则的规范，特别是加强了对个人义务的要求。例如，第38条规定："公民应当遵守环境保护法律法规，配合实施环境保护措施，按照规定对生活废弃物进行分类放置，减少日常生活对环境造成的损害。"

第二，预防原则主要针对的是会导致环境损害和环境危险的行为，环境风险的行为目前并非国内法语境中预防原则针对的重点。预防原则中的"事前"是指环境损害和环境危险发生之前，其中环境损害是指出现环境质量下降、生态服务

[①] 竺效：《论中国环境法基本原则的立法发展与再发展》，载《华东政法大学学报》2014年第3期。

功能损失等情况,而环境危险则是指会导致环境损害的急迫的情况。预防原则要求在上述两种情况发生之前采取措施。反过来说,只有在行为会明确导致环境损害或者具有导致环境损害的危险的情况下,才应当适用预防原则。在仅具有较为微弱的、不确定的环境风险的情况下,不应当适用预防原则,否则,就会限制经济社会发展活力和主体的主观能动性。

第三,预防原则要求采取的措施包括预测、分析和防范措施。预防原则要求采取相应的、实际的、有效的防范措施,这建立在对污染物质的环境危害和开发利用环境行为的环境影响进行预测和分析的基础之上。例如,对于渔业活动,需要首先预测年度种群数量,在此基础上确定年度捕捞总量,避免对渔业资源造成破坏。又如,对于新型污染物质,需要通过实验等方法分析其毒性、有害阈值等数据,在此基础上才能确定相应的标准。因此,预防原则实际上对法律主体提出了更高的要求。

(二) 预防原则与风险预防原则的区别

在国际环境法上,同时存在两个与预防有关的原则,即损害预防原则(principle of prevention or principle of preventive action)和风险预防原则(precautionary principle)。[①] 损害预防原则是指"国家的一项责任,即国家应尽早地在环境损害发生之前采取措施以制止、限制或控制在其管辖范围内或控制下的可能引起环境损害的活动或行为"[②]。风险预防原则是指"为了保护环境,各国应按照本国的能力,广泛采取防范措施。遇有严重或不可逆转损害的威胁时,不得以缺乏科学、充分、确实的证据为理由,延迟采取符合成本—效益原则的措施防止环境恶化"[③]。

这两项原则之间存在着很大的区别。损害预防原则的提出时间较早,意味着针对一切可能影响环境的人类行为及活动,事先采用各种措施和方法,以提前防止环境损害后果的产生。损害预防原则的主要特征如下:第一,预防的对象是在科学上能够确定的环境损害,例如 SO_2 等空气污染物会造成酸雨、有毒有害物质会对人体产生伤害等,其因果关系都是可以证明、确定无疑的;第二,预防的目的是减少以及避免生态环境损害,是对末端治理方式的扭转,是"防患于未然"思想的体现;第三,预防的性质是一种积极的事前控制,需要通过具体的制度和积极的事先防治措施加以落实。风险预防原则可以视为在损害预防的基础上进

---

① 参见王曦编著:《国际环境法》(第2版),法律出版社2005年版,第110—111页。
② 同上书,第110页。
③ 《里约环境与发展宣言》原则15。

一步发展所形成的更为严格的预防。风险预防原则具有如下适用要件：第一，存在严重且不可逆转之损害的威胁，例如存在生物多样性减少、气候变化等对人类和生态环境影响巨大且不可逆转损害的风险；第二，符合成本效益分析，即因为实施事前预防行为而付出的成本不超过事后治理活动所需的代价；第三，该环境风险具有科学上的不确定性，即这种环境威胁和某种环境行为之间的具体联系尚未得到无懈可击的证明，但如果等到证明之后再采取对策则为时过晚。可见，风险预防原则专门针对科学上具有不确定性的环境风险，而损害预防原则适用于具有确定性的领域。

在国际上，损害预防原则已经得到广泛的承认，是公认的国际环境法基本原则；而风险预防原则是否已经成为国际环境法的基本原则尚存在争议。风险预防原则不仅缺乏相应的保障程序，在大多数的国际环境法案件之中也没有得到肯定。因此，亦有很多国际条约将风险预防原则称为"风险预防方法"（precautionary approach）或"风险预防措施"（precautionary measures）。例如，《关于消耗臭氧层物质的蒙特利尔议定书》采用的是"风险预防措施"，而《卡塔赫纳生物安全议定书》第1条使用了"precautionary approach"。国内法上的预防原则实际上是国际法上的预防原则在国家层面的贯彻。在内在原理和基本要求上，国际法上的预防原则和国内法上的预防原则是一致的。与此相对，由于风险预防原则在国际层面上存在较大争议，因此在区域和国家层面上，风险预防原则也并非公认的环境与资源保护法的基本原则。欧盟目前是风险预防原则的主要支持者，"预防原则已经从环境与资源保护法领域上升为联盟基本原则，联盟内部在基础条约层面肯定了预防原则的指导地位，并通过二级立法在环境、食品安全、贸易等领域积极践行。预防原则还得到了欧盟法院和欧盟初审法院的一贯肯定，立法和实践均领先于其他国家和地区"[①]。在国内法中，部分国家在其环境基本法或者法典中明确规定了风险防范原则。例如，加拿大1999年《环境保护法》在"政府责任"（administrative duties）部分中明确规定，"加拿大政府……承诺采用风险预防原则，当存在严重的、不可逆的损害的威胁时，不以缺乏科学确定性为理由，拖延采用符合成本—效益原则的措施"。又如，《法国环境法典》第L110-1条中规定了谨慎原则。据此原则，"即使按照当前的科学和技术知识尚无确定性，仍不得推迟采取有效及适当的措施，以经济上可以承受的代价预防对环境造成不可挽回的严重损害的危险。"《爱沙尼亚环境法典总则》第11条规定："（1）必须采取适当的风险预防措施，尽可能最大限度降低环境风险；（2）就涉及

[①] 陈亚芸：《EU和WTO预防原则解释和适用比较研究》，载《现代法学》2012年第6期。

环境风险的活动作出相关决定,必须识别该活动的环境影响。在法律规定的情形下,必须按照法定程序进行环境影响评估。"《瑞典环境法典》第 2 章第 3 条规定:"从事某项活动或采取某项举措,或意图如此行事的人,必须实施保护性措施,遵守限制性规定,并且采取其他任何必要的风险预防措施,以预防、阻止或减轻因该活动或举措而造成的对人体健康或环境的损害或妨害。同理,在职业活动中应当使用最佳可得技术。一旦有理由认为某项活动或举措可能造成对人体健康或环境的损害或妨害,就应当采取此类风险预防措施。"这一条同时对损害预防原则和风险预防原则进行了规定。除了欧盟和上述国家以外,很多国家和组织则反对适用这一原则。例如,WTO 就坚持适用科学原则,强调不论是否存在科学的不确定性,都应搜集足够的证据,证明风险与相关措施之间的因果关系,而不是仅判断有风险存在的可能就事先采取措施。WTO 的相关司法实践也否定风险预防原则的适用。①

风险预防原则建立在科学上的不确定性基础之上,对于传统行政决策和管理造成的冲击过大。首先,传统行政决策和管理方式建立在科学的确定性基础上,进行转型的成本过高;其次,科学的不确定性会引起广泛的讨论和意见交锋,导致行政决策和管理权威性的丧失;最后,科学的不确定性使得预先进行的投入的收益无法确定,不能确保行政决策和管理的经济效率和社会效益。因此,风险预防原则很难如法律原则一样得到一以贯之的适用,更多的是体现为利益衡量的过程。

(三)预防原则与谨慎注意义务的区别

预防原则中的"预防"是指法律意义上的预防。那么,这种预防的特殊性是什么?它和传统法上与预防相关的理论之间有何种区别?

谨慎注意义务是传统部门法中与预防原则关系最为密切的基本理论,它要求权利人谨慎行使其权利,避免对他人造成损害。但是,在传统部门法之中,除了刑法拥有预防功能以外,其他部门法并不以预防为其主要功能,而主要侧重于事后调整与救济。这是因为,从总体来看,传统的部门法如民法和行政法并不鼓励事前对产业活动和人类生活进行干预。近代法治的基本前提之一,就是给予个体意思自治,鼓励个体自由地进行经济活动,追求个体利益,而在经济活动中所产生的不确定风险和不虞之损害,则在法律所能够容忍范围之内。早期立法呈现出最大限度尊重产业自由的价值取向,生态环境作为可以自由取用的公共物品,对其利用只要未造成国民健康和财产的显著危害,国家就不能介入,由此

---

① 参见陈亚芸:《EU 和 WTO 预防原则解释和适用比较研究》,载《现代法学》2012 年第 6 期。

形成了限制行政权启动的法理。① 因此,尽管传统部门法并不鼓励违约、侵权以及违反行政管制的行为,并且要求法律关系主体承担谨慎注意义务,但法律关系主体并不需要承担提前采取预防措施的义务。传统部门法也不以预防原则作为其基本原则。在很多情况下,法律义务甚至被转而施加于受害方。例如,在传统法中,相邻关系中的所有权人、不可量物损害中的受害方、环境侵权中的受害方以及公众人物等皆具有一定的容忍他人合理损害的义务。②

然而,随着环境问题特殊性的显现,预防原则逐渐发展起来,并成为环境与资源保护法中最为重要的基本原则。在预防原则之下,法律主体开始承担提前采取预防措施的义务。预防原则下法律主体所承担的预防义务与传统法中法律主体所承担的谨慎注意义务主要有以下几方面不同:首先,预防原则下的预防义务并不以完全消除或者避免损害为目标,而是以最大化减少和避免损害为目标;而传统法要求权利人谨慎行使权利的目的在于完全避免损害。其次,预防原则下的预防义务主要是由公权力机关予以规定的强制性义务;而传统法中的谨慎注意义务主要取决于权利人的谨慎注意,并无其他力量的提前介入。最后,预防原则下的预防义务不仅针对可预见的损害,而且可能拓展至不可预见的风险;而传统法中则不能以难以证明的风险对权利人施加预防义务。

由此可见,传统法中的谨慎注意义务无论在功能、性质还是程度上都与预防原则下的预防义务存在差异。预防原则主要针对环境问题以及相伴随的社会关系,是环境与资源保护法上的独特创造。

二、预防原则的历史发展

(一)国际环境法中预防原则的历史发展

国际环境法的发展经历了从最初的主要关注跨境环境责任的事后追究,到开始关注对跨境环境损害的预防,再到关注全球性大规模环境问题治理的过程。与此相对应,国际环境法在基本理念上的发展也经历了从末端治理、事后补救,到全程控制、损害预防,再到风险预防的过程。

19世纪末20世纪初是国际环境法的萌芽阶段。近代国际法的基本原则是国家主权、国家平等、不干涉内政等,就这些原则的基本精神来看,显然定位于

---

① 参见〔日〕原田尚彦:《环境法》,于敏译,法律出版社1999年版,第7页。
② 参见李友根:《容忍合理损害义务的法理——基于案例的整理与学说的梳理》,载《法学》2007年第7期。

"不受限制的国家自由"。① 因此,当时国际上的统一认识是,各国可以自由地使用本国环境和开发本国资源,不需要对其他国家和国际社会负责。在这种认识之下,跨界资源纠纷和环境损害开始逐渐出现。例如,在19世纪,美国一直认为,根据主权原则,一个国家可以随意地使用其领土,而不用照顾到他国的利益。在这样的背景下,美国的农民于1895年将与墨西哥交界的界河格兰德河分流,因此损害到墨西哥的利益;② 又如,加拿大特雷尔附近的铅锌冶炼厂从1896年建成以来就不断地排放污染物,致使美国华盛顿州遭受大规模损害。对于这类问题,近代国际法只能依赖于国家间的谈判协商以及事后仲裁来解决。在这一阶段,涉及环境问题的国际法只表现为国家间签订的契约性条约③ 和司法判例,而这些条约和判例的主要目的也限于处理跨境损害责任、资源配置和解决共同空间的冲突。其基本立足点在于事后的责任追究,环境与资源保护法的预防功能并未出现。

随着社会发展,环境问题逐渐严重,已经不再局限于边境损害,开始出现长程越界空气污染、国际河流污染、危险废物倾倒与转移等新的、跨区域的环境问题。为了有效地治理这类环境问题,损害预防原则逐渐得到国际社会的普遍承认,并在许多国际环境法文件和条约之中得到体现。例如,1979年《长程越界大气污染防治公约》第2条"基本原则"规定:"所有缔约方,考虑到本公约所涉及的事实与问题,决定为保护人类及其环境,应努力限制并尽可能减少和预防大气污染,包括长程越界大气污染。"又如,1982年《联合国海洋法公约》第194条第1款规定:"各国应在适当情形下个别或联合地采取一切符合本公约的必要措施,预防、减少和控制任何来源的海洋环境污染。"在这一阶段,风险预防的理念也开始出现。例如,关于保护北海的《伦敦宣言》(The London Declaration)规定:"为了保护北海免于多数危险物质的可能损害,控制上述物质输入的预防措施必须提早采行,即使其明确的科学证据所构建的因果关系尚未建立。"

至20世纪末,全球气候变化、生物多样性丧失、转基因生物安全等全球性环境问题开始出现并迅速发展。与跨境和区域性的环境问题不同,上述环境问题往往缺乏科学上的确定性,并且具有不可逆转的重大危害。风险预防原则正是

---

① 参见王明远:《应对全球性环境问题的困境与出路:自治还是他治?》,载《金融服务法评论》2011年第1期。
② 参见〔德〕沃尔夫刚·格拉夫·魏智通:《国际法》,吴越、毛晓飞译,法律出版社2002年版,第563—564页。
③ 契约性条约,是指缔约方为了解决当前某个或某些具体问题而规定具体行为规则的条约。参见王铁崖主编:《国际法》,法律出版社2012年版,第296页。

针对这些不确定环境风险而建立和发展起来的。《里约环境与发展宣言》原则15对风险预防原则进行了权威的界定:"为了保护环境,各国应根据它们的能力广泛采取预防性措施。凡有可能造成严重的或不可挽回的损害的地方,不能把缺乏充分的科学肯定性作为推迟采取防止环境退化的费用低廉的措施的理由。"此外,1990年以后通过的所有关于环境保护的国际法律文件几乎都规定了风险预防原则。例如,1992年的《东北大西洋海洋环境保护公约》《保护波罗的海区域海洋环境公约》以及《保护和利用跨界河流和国际湖泊的赫尔辛基规则》等。①目前,对于风险预防原则是否已经是一项国际环境法上的基本原则尚存在争议。但毫无疑问的是,"环境与资源保护法方面的国际法作为一个规则体系,起初主要限于处理跨境损害责任、资源配置和解决共同空间的冲突使用问题,但是现在的国际法已经在全球层面上采用了预防性的(preventive)保护环境的方法,在一定意义上也是风险预防性(precautionary)方法。如果国际环境法要处理主要的全球性和区域性环境问题,这就是一种必要的、不可避免的发展;这意味着更强调环境规制,而不是把重心放到过去对有害环境活动的主要法律反应的损害责任问题上。"②

(二) 我国环境与资源保护法中预防原则的历史发展

中华人民共和国成立以后,对于环境污染的治理和自然资源的保护一度不够重视。但是,在1972年人类环境会议之后,我国愈发重视环境问题,环境、经济以及社会综合协调发展的思路逐渐得到了认可,国内环境与资源保护法逐步确立起预防原则。

1975年国务院环境保护领导小组发布的《关于环境保护的10年规划意见》提出了贯彻"预防为主"方针的要求,已经体现出预防的思想。1976年,国家计划委员会和国务院环境保护领导小组发布了《关于编制环境保护长远规划的通知》,明确要求将"预防为主、防治结合"作为我国环境保护的指导方针。随着对环境问题认识的不断深入以及对环境保护工作经验的总结,一些具体的环境保护立法开始对预防原则进行规定。例如,1991年公布的《水土保持法》第4条规定:"国家对水土保持工作实行预防为主,全面规划,综合防治,因地制宜,加强管理,注重效益的方针。"2001年公布的《防沙治沙法》第3条规定:"防沙治沙工作应当遵循以下原则:……(二)预防为主,防治结合,综合治理;……"2008年修订

---

① 参见〔法〕亚历山大·基斯:《国际环境法》,张若思编译,法律出版社2000年版,第94页。
② 〔英〕帕特莎·波尼、埃伦·波义尔:《国际法与环境》(第二版),那力、王彦志、王小钢译,高等教育出版社2007年版,序言第6页。

的《水污染防治法》第 3 条规定:"水污染防治应当坚持预防为主、防治结合、综合治理的原则,优先保护饮用水水源,严格控制工业污染、城镇生活污染,防治农业面源污染,积极推进生态治理工程建设,预防、控制和减少水环境污染和生态破坏。"现行《环境保护法》也对预防原则进行了明确规定,将"预防为主"作为环境与资源保护法的基本原则。尽管这一规定在表述上仍然不够准确,但是它意味着预防的理念得到了环境基本立法的明确认可。

三、预防原则的具体体现

(一) 加强环境影响评价制度建设

环境影响评价制度要求对于一切可能对环境产生影响的规划、决策以及建设项目,对其实施后可能造成的环境影响进行分析、预测和评估。其根本指导思想就是以预防为主,将环境损害消灭于萌芽状态。这是最为典型的贯彻损害预防原则的环境与资源保护法制度。环境影响评价制度已经是国际和各国环境与资源保护法上普遍规定的一项制度。在国际法上,《联合国海洋法公约》第 206 条、《南太平洋自然保护公约》第 5 条第 4 款、《在跨界背景下进行环境影响评价的埃斯波公约》《工业事故跨界影响的赫尔辛基条约》附件 4 和 5 以及《国际水道非航行利用公约》第 22 条等都对环境影响评价制度进行了规定。[①] 在各国环境与资源保护法上,对环境影响评价也有着比较完善的规定(参见本书第七章第三节)。

环境与资源保护法要贯彻损害预防原则,首要的任务就是加强和完善环境影响评价制度。目前,我国环境影响评价制度在评价范围、评价方法、公众参与等方面还存在一些问题,这些问题制约了环境影响评价制度实效的发挥,需要立法予以进一步完善。本书第七章关于基本制度的论述对此有较为深入的探讨,在此不再赘述。

(二) 加强清洁生产制度建设

企业是自然资源的主要消耗者与环境污染的主要制造者。长期以来,针对企业展开的环境与资源保护工作集中于末端治理,而忽视了通过工艺流程优化、污染防治技术升级、落后设备淘汰以及管理方式转换等方法进行企业生产全过程的管控,以提前预防环境损害的发生、节约资源。因此,贯彻预防原则,除了要在规划、建设环节落实环境影响评价制度以外,还应当在企业生产环节落实清洁生产制度,通过从源头削减污染,提高资源利用效率,减少或者避免生产、服务和

---

① 参见〔法〕亚历山大·基斯:《国际环境法》,张若思编译,法律出版社 2000 年版,第 92 页。

产品使用过程中污染物的产生和排放,以减轻或者消除对人类健康和环境的危害。

(三)建立完善的环境监测制度

建立环境监测制度的主要目的是监测某一地区的环境质量状况,预防环境污染和生态破坏的发生。监测包括经常性监测和监视性监测,为编制环境规划、全面开展环境保护工作提供了准确、可靠的数据和资料,是预防原则得以贯彻和落实的重要途径。我国的环境监测网络由中国环境监测总站、省级站、省辖市市级中心站以及各区县级站四级监测站组成,已经比较完备,基本可以胜任环境监测的任务。但是,在监测网点设置、监测数据采集等方面,我国环境监测制度仍然有需要完善之处。2014年修改的《环境保护法》从以下几方面加强了对环境监测制度的要求:一是加强监测网络建设,统一规划国家环境质量监测站(点)设置,建立监测数据共享机制。二是加强遵守监测规范,使用符合国家标准的监测设备。三是加强跨行政区域的重点区域、流域统一监测机制的建设。四是加强责任追究,明确规定监测机构及其负责人对数据的真实性和准确性负责。对于篡改、伪造或者指使篡改、伪造监测数据的,进行相应的责任追究。我国应当按照现行《环境保护法》的要求,落实预防原则,进一步加强监测工作,完善监测制度。

第四节 义务性原则

工业革命以后,在世界范围内,随着产业活动的繁荣发展,环境资源的经济价值得到了最大化的开发利用。但是,各国长期使用公共资金来支付预防、控制和治理环境污染和生态破坏的费用,这使得生产经营活动所产生的负外部性往往无法内化,造成了环境治理义务分配的严重不公。因此,随着对环境问题认识的深入,各国逐渐认识到,应当由造成环境污染和生态破坏的主体来承担预防、控制和治理义务,如此才能达到矫正外部性、实现分配正义的目的。这促使义务性原则逐渐发展成为一项公认的环境与资源保护法的基本原则。

一、义务性原则的基础理论

(一)义务性原则的概念与特征

不同的学者对义务性原则的称呼各有不同,典型的如"污染者付费、受益者补偿原则"①"环境责任原则"②"污染者付费、利用者补偿、开发者保护、破坏者恢复原则"③"受益者负担原则"④"环境公平原则"⑤等。这些称呼大部分来源于国际上通行的"污染者负担原则",只有"环境公平原则"比较特殊,其内涵既包括环境责任的公平承担,也包括环境利益的公平享有。

从表述的科学性和内涵的完整性来看,并不适合采用"污染者负担原则"来指称义务性原则,原因有两点。首先,"污染者"在内涵上并不清晰。"表面上来看,'污染者'如同'欠债者''杀人者'一样主体明确,但事实上,由于污染既是生产经营过程的结果,又是产品和服务消费的结果,加之弥散性的面源污染的存在,以及污染在环境中所具有的累积性、滞留性、迁徙性和复合性,确定'污染者'往往比较困难。特别是在当代风险社会背景下,全球气候变化、转基因生物体环境风险等新型环境风险问题的出现,使得'污染者'成为一个非常模糊的概念,在许多情况下甚至无法准确判定'污染者'。"⑥其次,"污染者负担"在外延上并不周延。除了"污染者",还有"受益者""开发者""使用者""破坏者""消费者"等不同类型的原因行为人。"污染者"显然只能涵盖污染防治领域,而不能涵盖自然资源的开发利用以及生态破坏领域。

事实上,无论是污染者负担、受益者负担还是利用者补偿,其核心内涵都是要求开发利用自然资源和使用环境容量的主体承担起相应的环境与资源保护法律义务,其重心在于义务,而不是某一类法律主体。因此,将该原则称为"义务性原则"较为妥当,它既具有高度的抽象性和概括性,又能够准确地表明该原则的核心内涵。概括来说,义务性原则是指为了实现环境保护责任的公平负担,法律主体在开发利用自然资源、向环境排放污染物以及消费相关产品时,应当承担相应的环境与资源保护法律义务。要正确理解义务性原则,应当注意以下两点:

首先,义务性原则所涵盖的主体是原因行为人,即开发利用自然资源、向环境排放污染物、破坏生态环境以及从环境资源开发利用中受益的主体,包括污染者、破坏者、开发者、受益者。这些主体的共同特征是与环境污染、生态破坏以及资源消耗之间有着直接或间接的因果关系。正因为如此,义务性原则可以理解为"原因行为人负担原则"。在环境行政管理之中,这些主体属于行政相对人,而

---

① 吕忠梅、高利红、余耀军编著:《环境资源法学》,科学出版社2004年版,第62页。
② 蔡守秋主编:《环境资源法学》,湖南大学出版社2005年版,第106页;陈泉生主编:《环境法学》,厦门大学出版社2008年版,第148页。
③ 周珂:《环境法》(第2版),中国人民大学出版社2005年版,第47页。
④ 汪劲:《环境法学》,北京大学出版社2006年版,第170页。
⑤ 吕忠梅:《环境法学》(第2版),法律出版社2008年版,第54页。
⑥ 柯坚:《论污染者负担原则的嬗变》,载《法学评论》2010年第6期。

不包括行政主体。行政主体一般并不直接进行资源的开发活动和环境污染行为,也不是直接的受益者,而主要承担监管职责,即监督这些主体履行其义务。

其次,义务性原则的目的是实现责任的公平负担以及保护环境,而不包括环境利益的公平享有。环境利益的公平享有涉及环境权、代际代内公平等复杂的理论问题,已经超出了义务性原则的覆盖范围。在立法、执法以及司法实践中,环境利益的公平享有主要涉及国家在宪法上的相关义务的履行。总而言之,义务性原则主要是为了确保使用环境与资源的成本能够有主体承担,避免负外部性,无论在对象、手段还是目的上,都不涉及权利和利益的分配问题。

(二)义务性原则与"义务共担"理念的关系

无论是出于经济考虑还是正义考虑,造成环境污染与生态破坏的个体与单位都应当承担弥补的义务。在基本依据上,环境法中的义务性原则与传统法中的责任自负原则并无二致,两者都是损害行为与结果之间的因果关系。然而,环境问题则十分复杂和多样,当出现突发环境事件、无法确定相应的行为人以及行为人无力负担生态环境修复费用与损害赔偿费用等情况时,义务性原则很难保证环境污染与生态破坏的有效治理和受害人的及时救助。在这种情况下,为了确保环境能够得到有效保护、受害人的权益能够得到及时救助,各国环境与资源保护法普遍创设了一些以"义务共担"理念为基础的法律制度。这些制度的共同特点在于,并不以严格的归责原则为基础,而是出于社会安全的考虑,对法律义务的分担与法律责任的追究进行一定的社会化,通过合理分担义务来实现保护社会公益的目的。例如,德国法中有国家给付制度,指因加害人以及相关的责任保险人、财务保证人等的支付能力有限,致使受害人无法获得适当赔偿的,由国家以政府财务保证给付安全,从而负担部分损害赔偿责任。德国《原子能法》第36条规定,核损害的赔偿额超过最高赔偿限额的,在一定限度内,由联邦负责赔偿。[①] 又如,日本1970年颁布的《防止公害事业费企业负担法》明确规定,发展缓冲地带事业,疏浚河道、港口等事业和引水事业,污染土地的客土事业,特别城市的下水道事业,以及其他以政令规定的事业的费用,应由已造成公害的企业和将来有可能造成公害的企业负担。对于企业负担的总额,应按整体上所起作用的情况加以决定。[②]

目前,已经有国家用"义务共担"理念对传统的义务性原则进行改造。德国

[①] 参见王明远:《环境侵权救济法律制度》,中国法制出版社2001年版,第158页。
[②] 参见〔日〕野村好弘:《日本公害法概论》,康树华译,中国环境管理、经济与法学学会1982年版,第79页。

环境与资源保护法中所确立的"因果关系原则"(causation principle)就包含两个子原则:一是"污染者负担原则",即通常所理解的义务性原则;二是"公共负担原则"(public burden principle),这一原则适用于无法确定污染者或者出现紧急情况时,由国家负担相应的法律义务。① 一般认为,"义务共担"理念体现了环境与资源保护法作为社会法的本质,表明了环境与资源保护法同传统部门法之间的区别。不过,这并不能从根本上对义务性原则形成冲击,"义务共担"仅仅是环境与资源保护法出于社会安全的考虑而进行的特殊让步。一方面,"义务共担"仅在特定的情况下适用,在环境与资源保护法中并不具有普遍性,它不能取代原因行为人负担,否则会引起对法的效率价值的极大损害;另一方面,"义务共担"仍然需要以原因行为人负担为前提,只有在满足一定条件的情况下,义务性原则下的原因行为人负担才能转化为"义务共担"。环境与资源保护法的义务性原则应当在一定程度上吸取"义务共担"理念,但是从整体上看,义务性原则仍然建立在原因行为人负担这一基本原理之上。

二、义务性原则的历史发展

在国际社会,义务性原则最早起源于经济领域的污染者负担原则(polluter pays principle),这一原则针对的不是环境问题而是贸易自由问题。长期以来,由政府公共资金进行环境治理不仅使得污染者产生的环境成本无法内部化,而且会形成对企业的变相补贴,从而扭曲价格,导致不公平竞争。针对这一问题,经济合作与发展组织(OECD)环境委员会在1972年颁布了《关于环境政策国际层面指导原则的建议》,提出了"污染者负担"原则,要求各成员国避免对企业污染防治措施予以资金上的补贴,并要求污染者负担由政府部门决定的减少污染措施的费用,以保证环境处于可接受的状态。尽管该原则最初针对的是贸易措施的公平性问题,但是由于其能够有效分配环境治理责任,推动企业履行其环境保护义务,该原则逐渐得到了国际社会和各国的普遍认可,转化成为一项法律原则。在国际法上,1992年《里约环境与发展宣言》原则16明确指出:"各国政府应努力促进环境成本的内部化和使用经济手段,同时考虑到污染者原则上应承担污染费用,并适当考虑到公众利益和不扭曲国际贸易和投资。"在国内法上,日本、德国、法国、瑞典、美国等环保发达国家都确立了这一原则。

在我国环境与资源保护法上,义务性原则也经历了从产生到发展完善的过

---

① See Horst Schlemminger, Claus-Peter Martens(eds.), *German Environmental Law for Practitioners*, 2nd ed., Kluwer Law International, 2004, p.36.

程。我国 1979 年《环境保护法(试行)》第 6 条第 2 款规定:"已经对环境造成污染和其他公害的单位,应当按照谁污染谁治理的原则,制定规划,积极治理,或者报请主管部门批准转产、搬迁。"该条规定明确提出了"谁污染谁治理"原则。但是,从条文的整体意思以及当时的背景来看,该原则不同于国际环境法上的"污染者负担"原则。它所适用的对象为"已经对环境造成污染和其他公害的单位",目的是明确污染单位的治理责任,治理已有的、累积下来的环境污染。1989 年,《环境保护法》进行了修改,但是并没有在法条中明确规定义务性原则。此后,尽管相关环境立法都没有明确规定这一原则,但是政策性文件仍然对其不断发展完善。1990 年《国务院关于进一步加强环境保护工作的决定》第四部分"在资源开发利用中重视生态环境的保护"指出:按照"谁开发谁保护,谁破坏谁恢复,谁利用谁补偿"和"开发利用和保护增殖并重"的方针,认真保护和合理利用自然资源,积极开展跨部门的协作,加强资源管理和生态建设,做好自然保护工作。这一规定对"谁污染谁治理"原则进行了范围上的延伸,从污染防治领域延伸到了自然资源保护领域。1996 年《国务院关于环境保护若干问题的决定》则明确规定,要实行"污染者付费、利用者补偿、开发者保护、破坏者恢复"的原则。2014 年《环境保护法》修改后,提出环境保护要实行"损害担责"的原则,尽管在表述上不够确切,但是这其中蕴含义务性原则的思想。目前,义务性原则仍然在进一步发展完善之中。

三、义务性原则的具体体现

(一)环境保护税制度

通过对污染者征收相应的费用,可以达到环境成本内部化的目的,同时可以为治理环境污染筹集必要的经费。党的十八届三中全会、四中全会提出"推动环境保护费改税","用严格的法律制度保护生态环境"。在此背景之下,我国于 2016 年发布《环境保护税法》,该法于 2018 年 1 月 1 日开始实施。自《环境保护税法》施行之日起,依照该法规定征收环境保护税,不再征收排污费。本书在污染防治基本制度中对环境保护税制度有详细的论述,在此不再赘述。

(二)自然资源有偿使用制度

在自然资源法领域,要贯彻义务性原则,就必须要求开发利用自然资源的组织和个人承担支付相应使用费用的义务。2016 年,国务院发布《国务院关于全民所有自然资源资产有偿使用制度改革的指导意见》,提出加快建立健全全民所有自然资源资产有偿使用制度,各领域重点任务包括完善国有土地资源有偿使用制度、完善水资源有偿使用制度、完善矿产资源有偿使用制度、建立国有森林资源有偿使用制度、建立国有草原资源有偿使用制度、完善海域海岛有偿使用制度等。

目前,我国已经建立了各项开发利用自然资源的使用费或权利金制度。自然资源有偿使用制度在促进自然资源保护和合理利用、维护所有者权益方面发挥了积极作用。更重要的是,要求自然资源开发利用主体支付相应的使用费用,能够确保其生产经营活动的资源成本内部化,避免资源的过度消耗与浪费。例如,《土地管理法》第2条规定了国有土地有偿使用制度,第55条规定了国有土地有偿使用费。《海域使用管理法》第33条规定国家实行海域有偿使用制度,单位和个人使用海域,应当按照国务院的规定缴纳海域使用金。《水法》第7条规定国家对水资源依法实行取水许可制度和有偿使用制度,第48条规定了水资源费。《矿产资源法》第5条规定开采矿产资源,必须按照国家有关规定缴纳资源税和资源补偿费。对于具体的自然资源有偿使用制度,本书在自然资源单行法章节中有详细的论述,在此不再赘述。

(三) 生态环境损害赔偿制度

生态环境损害赔偿制度的建立和发展是义务性原则的具体体现之一。2015年,中共中央办公厅、国务院办公厅印发《生态环境损害赔偿制度改革试点方案》,在吉林等七个省市部署开展改革试点。2017年,中共中央办公厅、国务院办公厅印发《生态环境损害赔偿制度改革方案》,要求自2018年1月1日起,在全国试行生态环境损害赔偿制度。生态环境损害赔偿制度的工作原则之一是"环境有价,损害担责"。该制度的推进和落实体现出环境资源生态功能价值逐渐得到重视,赔偿义务人需要对受损的生态环境进行修复。生态环境损害无法修复的,实施货币赔偿,用于替代修复。2019年,最高人民法院发布《关于审理生态环境损害赔偿案件的若干规定(试行)》,对生态环境损害赔偿诉讼作出相关规定。2020年颁布的《民法典》第1234条专门规定了环境污染、生态破坏行为人的生态环境修复责任及其承担方式,第1235条则规定了生态环境损害赔偿的具体范围,为生态环境损害赔偿责任的承担奠定了实体法基础。上述规定均体现出环境污染、生态破坏行为人需要对其造成的生态环境损害承担责任。

《生态环境损害赔偿制度改革方案》适用于以下三种情形:第一,发生较大及以上突发环境事件的;第二,在国家和省级主体功能区规划中划定的重点生态功能区、禁止开发区发生环境污染、生态破坏事件的;第三,发生其他严重影响生态环境后果的。国务院授权省级、市地级政府(包括直辖市所辖的区县级政府)作为本行政区域内生态环境损害赔偿权利人。省级、市地级政府可指定相关部门或机构负责生态环境损害赔偿具体工作。省级、市地级政府及其指定的部门或机构均有权提起生态环境损害赔偿诉讼。生态环境损害赔偿制度的主要功能是解决生态环境损害领域中的"政府买单"问题，贯彻"损害担责"原则。过去，在出现突发环境事件等严重生态环境损害的情况下，地方政府基于职责需要立即介入调查，利用政府财政资金开展治理与修复活动，但缺乏向污染企业追偿的明确义务和有效途径。政府用公共财政资金为行为主体造成的生态环境损害"买单"，显然有悖于《环境保护法》第 5 条规定的"损害担责"原则。基于该项原则，在地方政府为应急处置和修复活动支付费用之后，应当向损害者追偿，使损害者最终承担修复费用，而不是全体纳税人。[①] 只有这样，才能矫正生态环境损害行为的负外部性，实现环境损害填补责任的公平分配。生态损害赔偿诉讼制度的建立，既可以打通政府追偿途径，也可以强化政府追偿义务，避免出现"企业污染，政府买单"的困境，真正落实"损害担责"原则。

（四）生态保护补偿制度

生态保护补偿是指生态系统服务功能的受益者向生态系统服务功能的提供者支付费用。[②]《环境保护法》第 31 条规定："国家建立、健全生态保护补偿制度。国家加大对生态保护地区的财政转移支付力度。有关地方人民政府应当落实生态保护补偿资金，确保其用于生态保护补偿。国家指导受益地区和生态保护地区人民政府通过协商或者按照市场规则进行生态保护补偿。"2020 年颁布的《长江保护法》第 76 条规定："国家建立长江流域生态保护补偿制度。国家加大财政转移支付力度，对长江干流及重要支流源头和上游的水源涵养地等生态功能重要区域予以补偿。具体办法由国务院财政部门会同国务院有关部门制定。国家鼓励长江流域上下游、左右岸、干支流地方人民政府之间开展横向生态保护补偿。国家鼓励社会资金建立市场化运作的长江流域生态保护补偿基金；鼓励相关主体之间采取自愿协商等方式开展生态保护补偿。"

生态保护补偿制度是义务性原则中"受益者负担"要求的具体体现之一。2016 年发布的《国务院办公厅关于健全生态保护补偿机制的意见》提出，生态保护补偿机制的基本原则之一是"谁受益、谁补偿"。2021 年，中共中央办公厅、国务院办公厅印发《关于深化生态保护补偿制度改革的意见》，提出"按照受益者付费的原则，通过市场化、多元化方式，促进生态保护者利益得到有效补偿，激发全社会参与生态保护的积极性"。健全生态保护补偿机制需要科学界定保护者与

---

① 参见浙江省湖州市中级人民法院与中国人民大学法学院联合课题组：《生态环境损害赔偿诉讼的目的、比较优势与立法需求》，载《法律适用·司法案例》2020 年第 4 期。

② 参见曹明德：《对建立生态补偿法律机制的再思考》，载《中国地质大学学报（社会科学版）》2010 年第 5 期。

受益者权利义务,推进生态保护补偿标准体系和沟通协调平台建设,加快形成受益者付费、保护者得到合理补偿的运行机制。生态补偿的法治目标是实现环境利益的分配正义。[1] 由于生态效益的无形性和外溢性,通常很难识别出具体的受益主体,因而往往将受益地区的人民政府作为受益者。同时,生态保护者和建设者虽然比较明确,但往往人数众多,由受益地政府直接补偿保护者或建设者协调成本太高。因此,实践中往往是由受益地政府补偿保护者或建设者所在地政府,再由政府按照特定标准将补偿款发放给具体的生态保护者和建设者。[2]

除上述制度之外,在消费领域,应按照义务性原则中"受益者负担"的要求对消费者课以相应的义务。公众尽管是环境污染和资源破坏的受害者,但作为消费者时又是受益者。因此,为了贯彻义务性原则,应按照"受益者负担"的要求对消费者课以一定的支付费用的义务,如为废弃物处理支付相应的处理费用、消费电力超出合理范围时按照阶梯电价支付费用等,以此推动消费者选择低能耗、低污染产品,节约能源,转变消费方式和生活方式,减少消费对资源和环境的压力。

总而言之,贯彻义务性原则需要在环境与资源保护领域建立起完善的法律制度体系,通过法律、政府和市场综合的机制,对环境成本进行合理的分配,以实现环境、经济和社会的可持续发展。

第五节　公众参与原则

在环境问题的治理上,"政府失灵"的情况时有发生,政府无力监管、不作为、寻租、与企业合谋等情况较为普遍。因此,为了有效克服"政府失灵",有必要在环境治理中引入公众参与原则。公众参与原则是国际和国内环境与资源保护法上普遍确立的一项基本原则,对于提升环境保护的法治化、民主化以及环境责任的合理分担具有重要的作用。

一、公众参与原则的基础理论

一般来说,公众参与原则是指"公众有权通过一定的程序或途径参与一切与公众环境权益相关的开发决策等活动,并有权得到相应的法律保护和救济,以防止决策的盲目性,使得该决策符合广大公众的切身利益和需要"[3]。在我国,对

---

[1] 参见吕忠梅主编:《环境法原理》,复旦大学出版社2007年版,第389页。
[2] 参见王社坤:《〈生态补偿条例〉立法构想》,载《环境保护》2014年第13期。
[3] 汪劲:《环境法学》(第2版),北京大学出版社2011年版,第106—107页。

于公众参与原则的表述并不统一,有的将其称为"依靠群众保护环境的原则",有的称其为"环境保护民主原则"。尽管在表述上有所差异,但其基本内涵应该是一致的,都强调公众作为第三类主体在环境保护事务中的相关权利和义务。要正确理解公众参与原则,需注意以下两点:

首先,"公众"(public)既包括作为自然人的个体,也包括各类社会组织。在我国环境立法的具体规定之中,除了对政府和企业两类特殊的主体进行规制之外,还规定了大量的其他主体,包括"个人""公民""公众""社会组织""其他组织""学会""中介协会""社会团体""新闻媒体"等。这些概念尽管在称呼上有所不同,但是从根本上讲都与政府和企业不同。如果说政府活动体现的是环境保护的行政性,而企业活动体现的是环境保护的经济性,那么这些主体的活动体现的就是公共性。"公众"一般可以理解为个体、不特定的多数人或者由个体组成的组织。英语"public"的根本、中心的意思是"open to all"(向大家开放),或是"people in general"(一般人)。① 联合国《跨国界背景下环境影响评价公约》(Convention on Environmental Impact Assessment in A Transboundary Context)第1条(X)将公众概念界定为,"公众是指一个或一个以上的自然人或法人"。欧洲经济委员会《公众在环境事务中的知情权、参与决策权和获得司法救济的国际公约》(Convention on Access to Information, Public Participation in Decision-making and Access to Justice in Environmental Matters)第2条规定,"'公众'指一个或多个自然人或法人,以及按照国家立法或实践,兼指这种自然人或法人的协会、组织和团体"。

其次,"参与"不仅仅是指公众有权利参与到环境事务之中,也意味着公众有义务参与环境事务,为环境保护提供支持,是公民履行社会责任的表现。长期以来,理论研究主要强调公众参与的权利属性,即公众应当有权参与到环境事务中来,但是对于公众参与的目的并没有予以特别关注。在现实中,公众不参与或者象征性参与的情况十分普遍,这固然有程序不完善的原因,但是从深层次上看,则是因为对公众参与的实质内涵把握不清。公众参与环境事务,从根本上说,并不是为了权利而赋予权利,而是通过参与来推动和促进政府和企业义务的履行。一方面,公众参与能够给政府和企业施加压力,推动其履行义务;另一方面,公众参与也是为了与政府和企业合作,共同应对环境问题。因此,参与并不仅仅是一种权利,也是一种合作义务。"公众作为社会公共权力的本源所属者和公共福利

---

① 参见〔日〕佐佐木毅、〔韩〕金泰昌主编:《中间团体开创的公共性》,王伟译,人民出版社2009年版,第13页。

的享有者,参与公共事务的治理,对公共事务作出判断和选择,既是他们的权利也是他们的义务。"①

二、公众参与原则的历史发展

20世纪60年代中期至70年代中期,各种环境与资源保护法理论、原则、法律制度及学说进入一个蓬勃发展的黄金时期。在这一时期,较为引人注目的学说当属美国密歇根大学萨克斯教授提出的"公共信托理论"。该理论认为,空气、水、阳光、野生动植物等环境要素是全体公民的共有财产;公民为了管理他们的共有财产而将其委托给政府,政府与公民建立起受托人与委托人的关系;政府作为受托人,有责任为全体人民,包括当代美国人及其子孙后代管理好这些财产,未经委托人许可,不得滥用委托权。该理论的重大意义在于,它实际上为公众参与环境保护提供了理论上的依据,从理论上论证了"全体公民"对环境所提出的权利主张的正当性与合理性,从而为公众参与原则在环境领域的形成与发展奠定了理论基础。

在公共信托理论的支持下,环境权理论得到了迅速的发展。尽管在理论上和实践中,对环境权的基本属性、内涵及其外延还有相当激烈的争论,但是越来越多的学者将环境权看作一种程序性权利,强调其民主属性和参与意味。

在公共信托和环境权等理论的推动下,公众参与原则逐渐得到了国际社会的普遍承认,成为一项公认的基本原则。很多国家的公约、条约以及国内立法都对公众参与原则进行了明确的规定。在国际上,1992年《里约环境与发展宣言》原则10明确提出:"环境问题最好是在全体有关市民的参与下,在有关级别上加以处理。在国家一级,每一个人都适当地获得公共当局所有的关于环境的资料,包括关于在其社区内的危险物质和活动的资料,并有机会参与各项决策的进程。各国应通过广泛提供资料来便利及鼓励公众的认识和参与,应让人人都能有效地使用司法和行政程序,包括补偿和补救程序。"《21世纪议程》用11章的篇幅专门讨论包括公众参与问题在内的环境民主问题,特别强调要加强个人、团体和非政府组织在履行已商定的计划中的作用,认为公众的广泛参与和社会团体的真正介入是实现可持续发展的重要条件之一。1998年,联合国欧洲委员会制定了《在环境问题上获得信息、公众参与决策和诉诸法律的公约》(简称《奥胡斯公约》)。该公约是国际上首个专门规定公众的知情权、参与权和诉诸司法权的公约。一些环境保护比较发达的国家也在国内环境基本法或者法典中专门规定了

---

① 李艳芳:《公众参与环境影响评价制度研究》,中国人民大学出版社2004年版,第30页。

公众参与原则及相应的制度保障。例如，加拿大1997年颁布的《环境保护法》第2条规定了三项国家保证公众参与的职责：一是"鼓励加拿大人民参与对环境有影响的决策过程"，二是"促进由加拿大人民保护环境"，三是"向加拿大人民提供加拿大环境状况的信息"。在国家保障职责的基础上，该法设立了第二章"公众参与"，规定了公众的环境登记权、自愿报告权、犯罪调查申请权和环境保护诉讼、防止或赔偿损失诉讼等内容。《意大利环境法典》第一部分"一般规定和基本原则"第3—6条为"环境信息的取得权和以合作为目的的参与权"，该条中包含了"任何人都可以查看国境内与环境、风景相关的信息，无须证明存在相关合法利益"以及"应当确保公众在主管机关作出决定之前参与到前述计划和方案提案的制定、修改和重新审查过程中"的规定。《法国环境法典》总则部分基本原则条款也规定，"（4）所有人都有权获取公共机关所掌握的环境信息的原则。（5）参与原则。据此原则，每一个人都有权了解对环境产生影响的公共决策项目的情况，并可对此发表意见，有权机关对该等意见予以听取。"

公众参与原则在我国立法中的体现可以追溯到1979年。1979年《环境保护法（试行）》第4条规定："环境保护工作的方针是：全面规划，合理布局，综合利用，化害为利，依靠群众，大家动手，保护环境，造福人民。"尽管这一规定从法律的视角来看还十分粗糙，带有浓厚的政策宣言色彩，且没有体现公众参与原则中对政府行为进行监督的内涵，但是毕竟已经涉及公众参与环境保护的内容。1989年《环境保护法》删除了环境保护方针的规定，代之以第6条的规定："一切单位和个人都有保护环境的义务，并有权对污染和破坏环境的单位和个人进行检举和控告。"这一条的规定更为具体，对于公众参与环境事务的本质的认识更加深入，但缺乏具体的配套制度，使得公众参与难以获得制度和程序上的保障。此后，各环境保护单行法基本都套用了1989年《环境保护法》第6条的规定，而在某些特殊的环境保护立法以及部门规章中，保障公众参与原则的相关制度又得到了进一步的完善。例如，2002年颁布的《环境影响评价法》、国家环境保护总局2006年和2007年颁布的《环境影响评价公众参与暂行办法》和《环境信息公开办法（试行）》，对于完善环境影响评价中的公众参与以及环境信息公开的规定起到了很大的促进作用。2014年《环境保护法》修订时增加了在公众参与方面的规定。首先，第5条明确规定了公众参与原则。其次，专门用一章对"信息公开和公众参与"进行了规定，包括：公民、法人和其他组织依法享有获取环境信息、参与和监督环境保护的权利；政府保障公众参与的义务；环境保护主管部门和企事业单位负有信息公开的义务；特定社会组织提起公益诉讼的权利。与以往相比，此次修订有了长足的进步，标志着我国环境保护中的公众参与已经发展到了一个新的阶段。2015年4月,中共中央、国务院又发布了《关于加快推进生态文明建设的意见》,明确要求:"鼓励公众积极参与。完善公众参与制度,及时准确披露各类环境信息,扩大公开范围,保障公众知情权,维护公众环境权益。"按照2014年《环境保护法》和《关于加快推进生态文明建设的意见》的要求,2015年7月,环境保护部颁布了《环境保护公众参与办法》,进一步细化了《环境保护法》中有关公众参与的规定,明确规定环境保护主管部门可以通过征求意见、问卷调查,组织召开座谈会、专家论证会、听证会等方式开展公众参与环境保护活动,并对各种参与方式作了详细规定。这一办法为公民、法人和其他组织参与制定政策法规、实施行政许可或者行政处罚、监督违法行为、开展宣传教育等环境保护公共事务提供了制度上的保障。2018年7月,生态环境部颁布《环境影响评价公众参与办法》,该办法在2006年《环境影响评价公众参与暂行办法》的基础上,主要针对建设项目环评公众参与相关规定进行了全面修订。

三、公众参与原则的具体体现

环境与资源保护法在产生之初就以行政权为本位,对公众参与思想存在天然的排斥倾向。因此,需要在具体法律制度与规范的设计方面给予公众参与更多的关注与支持,通过对相关权利保护的不断完善,为公众参与原则的实现提供现实的支持。

(一)保护公众的环境知情权

环境知情权,即保证社会公众获得与环境有关的各种真实情况和资料的权利。环境知情权的内容应包括两个基本方面。其一,社会公众对与所处环境相关的客观真实情况的了解和掌握。这方面的内容主要包括:公众所处国家、地区、区域环境状况的资料,在公众社区内的危险物质和活动的资料,以及各种开发建设活动、生产经营活动可能对环境造成不利影响及其预防对策的资料等。其二,社会公众对与环境有关的政策、法律、法规以及政府宏观发展规划基本情况的认识和了解。这方面的环境知情权不仅包括社会公众对现行与环境相关的政策、法律、法规的掌握,而且应该包括对拟制定的有关政策、法律、法规以及政府宏观发展规划可能对环境造成影响的程度有一定的了解。[①]

环境知情权是体现公众参与原则的基础性权利形态,是社会公众进一步对环境事务进行全面参与和介入的前提条件。只有对与环境相关的真实情况有充

---

① 参见张璐:《环境产业的法律调整——市场化渐进与环境资源法转型》,科学出版社2005年版,第122页。

分的了解，公众才有可能对所面临的环境局势或状态作出客观的判断，并以此为基础，作出真实的意愿表达，自主地决定通过何种方式参与其中，发挥其应有的作用。环境知情权不仅保障了公众参与的自主性，而且从更大程度上保证了公众行使相关权利的适当性。对于这样一种基础性权利形态，《里约环境与发展宣言》中也有相应的体现，其原则10就明确指出："每一个人都应能适当地获得公共当局所有的关于环境的资料，包括关于在其社区内的危险物质和活动的资料……各国应通过广泛提供资料来便利及鼓励公众的认识和参与。"

政府是环境信息披露和公开的主要义务主体，要保证公民的环境知情权，首先要完善政府的信息公开义务。这包括三方面的要求：一是完善信息公开的类别，并确定不同类型信息的披露主体；二是完善信息公开的程序，为公民获取信息提供程序上的保障；三是完善相应的责任设计，明确违反信息公开义务的法律责任。在这三方面，《环境保护法》都作出了明确的规定。首先，在信息公开类型方面，第54条对国家环境质量、重点污染源监测信息、环境状况公报、突发环境事件、环境行政许可、行政处罚、排污费的征收与使用情况以及环境违法信息等环境信息的公开主体作了明确规定，理顺了环境信息公开的基本类型。其次，第53条第2款对信息公开作了明确规定："各级人民政府环境保护主管部门和其他负有环境保护监督管理职责的部门，应当依法公开环境信息、完善公众参与程序，为公民、法人和其他组织参与和监督环境保护提供便利。"在这一规定中，除了要完善公众参与程序外，还提到要提供"便利"。在实践中，各级政府部门往往以不允许复印、需要多种额外证明材料等方式来限制公众获取信息。这一规定显然是为了应对这些"不予便利"的情况。最后，在"法律责任"部分，《环境保护法》第68条第7项明确规定：应当依法公开环境信息而未公开的，对直接负责的主管人员和其他直接责任人员给予记过、记大过或者降级处分；造成严重后果的，给予撤职或者开除处分，其主要负责人应当引咎辞职。这一规定为信息公开提供了法律责任保障，为下位的具体环境立法提供了支持。除了《环境保护法》的规定之外，《循环经济促进法》《清洁生产促进法》等较新的环境立法也涉及企事业单位信息公开，为公众参与原则的贯彻以及公众环境信息获取权的保护提供了有效保障。

（二）保护公众的环境决策参与权

环境决策参与权，即公众根据自身对环境状况的了解，对政府环境决策有效参与的权利。环境决策参与权意味着针对政府作出的与环境有关的决策，公众有权向作出决策的有关机关充分表达其对所关心的环境问题的看法和意见，并通过一定的机制确保其合理建议能为决策机关所采纳。通过环境决策参与权的行使,公众可以有效参与到政府环境决策的过程中,并通过建议、质询、监督等方式对决策产生足够的影响。环境决策参与权是环境保护工作科学化、民主化的表现,能够提高决策的科学性,协调决策所涉及的多种利益,避免决策对环境的负面影响。

《环境保护法》第 14 条规定:"国务院有关部门和省、自治区、直辖市人民政府组织制定经济、技术政策,应当充分考虑对环境的影响,听取有关方面和专家的意见。"这一条之所以规定"听取专家的意见"而不是"听取公众的意见",是因为大部分政府决策具有高度专业性,在参与过程中,专家的作用要远远大于普通公众。不过,专家仍然属于公众的范畴,这一规定显然强化了公众对政府环境决策的参与,有一定的进步意义。

此外,企业的一些环境事务难免涉及公众利益,如果不能在企业与公众之间建立有效的沟通桥梁,就很容易导致企业与公众之间的对抗。因此,企业在进行环境决策时,也应当允许一定程度的公众参与。不过,企业毕竟不是公权力主体,有其经营自主权。因此,企业环境事务的参与应当仅限于受到直接影响的公众,而非不特定范围内的普通公众,以确保企业经营自主权与公众环境利益之间的平衡。以环境影响评价制度中的公众参与为例,《环境保护法》第 56 条第 1 款规定:"对依法应当编制环境影响报告书的建设项目,建设单位应当在编制时向可能受影响的公众说明情况,充分征求意见。"此处规定的就是"受影响的公众",而非所有公众。

(三)完善环境公益诉讼制度

要有效贯彻公众参与原则,发挥公众的监督作用,最为重要的是允许公众享有针对生态环境损害提起公益诉讼的权利。与普通的环境侵权诉讼不同,环境公益诉讼的目的是保护环境公共利益,督促相应的主体履行其法律义务。环境公益诉讼是公众参与的高级形态,是保障公众环境利益的最后一道屏障。

传统法律理论对权利救济施加了"与损害之间具有直接联系"这一限制条件。就个人权利救济来说,这一条件并不会对个体诉权构成实质性障碍。然而,生态环境损害不仅会损害特定主体的私人权益,也会对普遍的公共利益造成损害。此时,如果仍然坚持诉权主体与损害之间具有直接联系,往往会造成公共利益保护的缺位。因此,为了有效保护环境利益,实现公众对环境事务的参与,我国确立了环境民事公益诉讼制度。《环境保护法》第 58 条规定:"对污染环境、破坏生态,损害社会公共利益的行为,符合下列条件的社会组织可以向人民法院提起诉讼:(一)依法在设区的市级以上人民政府民政部门登记;(二)专门从事环境保护公益活动连续五年以上且无违法记录。符合前款规定的社会组织向人民法院提起诉讼,人民法院应当依法受理。提起诉讼的社会组织不得通过诉讼牟取经济利益。"依据这一规定,符合特定条件的社会组织可以就生态环境损害提起相应的诉讼,这也有利于加强环境公共事务中的公众参与。

> **思考题**

1. 环境与资源保护法的基本原则具有哪些特点？应当如何理解环境与资源保护法的存在样态？环境与资源保护法应该包含哪些基本原则？
2. 如何理解协调发展原则与可持续发展的关系？我国应当确立协调发展原则还是环境优先原则？
3. 如何理解预防原则？损害预防原则和危险预防原则之间有什么差别和联系？
4. 如何理解义务性原则？污染者负担与责任共担应当如何结合？
5. 如何理解公众参与原则？公众参与原则包含哪些内容？

> **推荐阅读**

1. 〔美〕赫尔曼·E.戴利：《超越增长——可持续发展的经济学》,诸大建等译,上海译文出版社 2006 年版。
2. 柯坚：《论污染者负担原则的嬗变》,载《法学评论》2010 年第 6 期。
3. 曹明德：《对修改我国环境保护法的再思考》,载《政法论坛》2012 年第 6 期。
4. 竺效：《论中国环境法基本原则的立法发展与再发展》,载《华东政法大学学报》2014 年第 3 期。

第七章　环境与资源保护法律制度

【导言】

环境与资源保护法律制度是环境与资源保护法基本原则蕴含的法律精神的具体化,是环境与资源保护法的重要组成部分,有效地保证了法律的可操作性。本章主要对环境与资源保护法律制度的内涵、特点以及基本内容等问题展开论述和探讨。

第一节　环境与资源保护法律制度概述

法律制度是指在同一法律部门内部调整特定社会关系并具有相同或相似法律功能的一系列法律规范所组成的整合性的规则系统。[①] 法律制度作为相同或相似功能法律规范的集合,是连接法律原则和法律规范的中介,在整个法律体系中起承上启下的重要作用。法律制度设计的科学程度决定了法律精神与原则的实现程度和效果。环境与资源保护法律制度是环境与资源保护法实施的重要环节,不仅要体现和反映环境与资源保护法基本原则所蕴含的法律精神,而且要兼顾环境与资源保护法律规范的现实针对性与可操作性。[②] 一个相对科学的环境与资源保护法律制度体系是环境与资源保护法充分发挥其功能的基本条件。

一、环境与资源保护法律制度的内涵与特点

环境与资源保护法律制度是指,在环境与资源保护法律部门中,调整特定环境与资源社会关系并具有相同或相似法律功能的一系列法律规范所组成的整合性的规则系统。环境与资源保护法律制度是环境与资源保护法基本原则所蕴含

[①] 一般而言,在论及法律制度时,通常对其有广义和狭义两种解释。广义上的法律制度是指制度化的法律,主要是从宏观法制建设的角度出发,对社会运行的法律依据所作出的整体上的概括,在此意义上基本与"法"或"法律"的含义相同;狭义上的法律制度特指对某些特定社会关系进行调整的法律规范的集合,是以现实的可操作性为基础,对符合要求的某类法律规范进行具体归纳的相对务实的理论范畴。这里所指的法律制度是从狭义的角度而言的。

[②] 参见张璐:《环境产业的法律调整——市场化渐进与环境资源法转型》,科学出版社2005年版,第139页。

法律精神的具体化,是环境与资源保护法的重要组成部分。环境与资源保护法律制度既不同于环境与资源保护法的基本原则,也不同于具体的环境与资源保护法律规范,而是有着自身独特的质的规定性。对环境与资源保护法律制度内涵的准确理解应把握以下四个方面的内容:

第一,调整对象的特定性。虽然环境与资源保护法的调整对象是统一的,都是环境污染防治和自然资源开发利用中产生的社会关系,但在同类社会关系内部,仍有必要按照环境与资源保护法的调整对象进一步细分出不同类型的社会关系,使法律的调整更具针对性,以优化法律实施的效果。例如,在环境与资源保护法调整的社会关系中,有的涉及自然资源权属问题,有的涉及政府的管理权限和方式,还有的兼具平权与隶属关系。所以,必须以调整对象中不同类型社会关系的特点和需求为基础,在法律上进行有针对性的回应。环境与资源保护法律制度是针对环境与资源保护法调整对象中的不同社会关系类型,根据特定类型社会关系所表现出来的外在特征和对法律调整的内在需求,通过对同类法律规范的遴选而组成的规则系统。因此,环境与资源保护法律制度的调整对象具有特定性。

第二,法律规范的整合性。单个条文或法律规范无法组成法律制度,因此,环境与资源保护法律制度是一系列有特定调整对象的法律规范的集合体。构成环境与资源保护法律制度的法律规范并非简单叠加,而是相互关联、相互支持,共同构成一个独立且完整的规则系统。通过特定法律规范整合而成的环境与资源保护法律制度,能有效发挥法律调整的系统优势,在实际上扩大和强化了单个或零散法律规范的功能。环境与资源保护法律制度对法律规范的整合作用,为整个环境与资源保护法律部门系统化、条理化发展及法律体系的不断完善提供了有力的支持。

第三,法律功能的同质性。由于调整对象的特定性,特定的环境与资源保护法律制度只对特定类型的环境与资源社会关系发生作用。特定的环境与资源保护法律制度只对那些在外在特征相似、对法律调整内在需求相同的特定社会关系进行规范和调整,因此,构成环境与资源保护法律制度的法律规范应具有同质的法律功能。也就是说,同一环境与资源保护法律制度所统率的法律规范在价值判断取向和发挥作用的方式上基本是一致的。环境与资源保护法律制度的法律功能的同质性既是对法律规范进行选择和取舍的重要标准,同时也是体现法律制度"整体大于部分之和",发挥其系统优势的根本保证。

第四,法律实施的可操作性。环境与资源保护法律制度是一个相对务实的理论范畴,它和环境与资源保护法的基本原则最根本的区别就在于,环境与资源保护法律制度并非理论上的抽象与概括,而是从现实中特定的调整对象出发,为增强法律调整的针对性和适应性,由相关法律规范整合而成。特定而明确的调整对象和具体的法律规范,决定了环境与资源保护法律制度在实施中必然具有较强的可操作性。环境与资源保护法律制度的可操作性是环境与资源保护法成熟和完善的重要标志。因为,任何部门法的理论研究和法律实践都是一个从粗略到精细的发展完备过程,只有比较完备的立法才具有较强的可操作性和现实针对性。环境与资源保护法律制度健全和完善的过程实质上也是可操作性不断强化的过程。环境与资源保护法律制度的可操作性越强,就越容易贯彻和实施,环境与资源保护法的发展水平也就越高。

综上所述,环境与资源保护法律制度对理论与实践的双重承载及其自身具有的系统优势,决定了它必然在整个环境与资源保护法律系统中占据优越的地位。[①] 所以,对环境与资源保护法理论变迁与革新的研究也应把环境与资源保护法律制度体系的发展和完善作为重点考虑对象。

二、环境与资源保护法律制度体系的现状与完善

对于环境与资源保护法律制度的具体内容,目前环境与资源保护法学研究中的认识和归纳并不统一。理论上普遍认可的是我国在1979年《环境保护法(试行)》中明确规定的环境影响评价制度、征收排污费制度和"三同时"制度,这三项制度一般被称为"老三项"制度。经过长期发展,除了传统的"老三项"之外,目前已经发展成熟的环境与资源保护法律制度主要还有限期治理制度、环境标准制度、许可证制度、环境监测制度、现场检查制度等。除此之外,还有一些制度正处于建立和发展的过程中,如污染物排放总量控制制度、清洁生产制度、环境标志制度等。总体来说,我国环境与资源保护法律制度已经粗具规模,并呈体系化的发展趋势,这表明我国环境与资源保护法的理论与实践正由稚嫩走向成熟。但同时也必须看到,就目前的环境与资源保护法律制度体系而言,其中不完备的方面表现得较为明显,距市场化的要求和环境资源问题所呈现出来的新的发展趋势还有相当大的差距,需要进一步完善。立足于目前的基本现实,环境与资源保护法律制度体系的完善至少有以下三方面问题应给予足够的重视:

首先,环境与资源保护法律制度的发展应当进一步完善政府的环境责任,明确政府的环境义务,推动政府职能转变,强化政府的服务职能。政府虽然不直接

---

① 参见张璐:《环境产业的法律调整——市场化渐进与环境资源法转型》,科学出版社2005年版,第141页。

进行各种产业活动,但却是主要的决策者和管理者,同时也占据着最为丰富的社会资源。因此,无论从原因行为出发还是从能力出发,政府都应当在环境与资源保护之中承担起最为重要的责任和义务。然而,在很长一段时间里,我国环境与资源保护法的重心都在工业污染防治之上,主要约束对象也是企业,而忽视了对政府义务的规定。因此,环境与资源保护法当前的主要任务之一就是要通过法律规定明确政府的环境责任,并且通过制度设计对政府施加环境保护义务。此外,也需要通过法律制度设计推动政府职能转变,强化政府的服务职能,推动政府与企业之间合作关系的建立与发展。

其次,环境与资源保护法律制度的发展必须进一步加强新型的基于市场、商谈、合作和自我监管的法律制度的运用。长期以来,我国比较重视建立在命令和控制基础上的行政管理制度的构建,这与我国所处的特殊历史时期和具体国情有着紧密的联系,但是并不符合世界范围内环境与资源保护法律制度的改革潮流。美国环境保护署已经对传统的国会所确立的"命令与控制型"监管体制进行了深入改革,并在逐步推进以市场、商谈、合作和自我监管等为特征的"下一代环境监管改革"(next generation environmental regulatory reform),将效率、有效性考虑纳入监管过程。[①] 因此,随着市场经济的快速发展以及政府行政管理水平的提高,有必要在传统的管制与命令类制度之外,加强新型的基于市场、商谈、合作和自我监管的法律制度的构建运用,例如协调制定规则制度、补贴制度、税费制度、排污权交易制度、自我监管制度等。这一方面可以弥补纯行政管制僵化和低效率的缺陷,另一方面也可以降低环境与资源保护的成本,提高环境与资源保护的效率。

最后,环境与资源保护法律制度的发展需要考虑与环境资源有关的法律责任的发展趋势及其承担方式的变化。以往在追究与环境资源有关的法律责任时,往往着眼于直接责任与个体责任,但随着社会化生产的发展和社会利益格局的不断变化,与环境资源有关的法律责任也在不断异化和转化,突出表现为法律责任承担的间接化与社会化。[②] 这种在法律责任方面的转变实际上反映了环境与资源保护法的研究思路从利益限制到利益增进的转变,环境与资源保护法律制度也应当对此有所回应。

[①] See David W. Case, The Lost Generation: Environmental Regulatory Reform in the Era of Congressional Abdication, *Duke Environmental Law & Policy Forum*, Vol. 25, Iss. 1, 2014, pp. 50-52.

[②] 参见张璐:《环境产业的法律调整——市场化渐进与环境资源法转型》,科学出版社 2005 年版,第 143 页。

第二节 环境规划制度

一、环境规划的基本理论

(一) 环境规划的概念与特点

环境规划又称"环境保护规划",是指"政府(或组织)根据环境保护法律和法规所作出的、今后一定时期内保护生态环境功能和环境质量的行动计划"[①]。环境规划是各级政府和有关部门在规划期内要实现的环境目标和所采取的防治措施的具体体现。制定和实施环境规划的目的是保证环境保护作为国民经济和社会发展规划的重要组成部分参与综合平衡,发挥规划的指导和宏观调控作用,强化环境管理,推动污染防治和自然保护,改善环境质量,促进环境与国民经济和社会的协调发展。[②] 根据范围的不同,可以将环境规划分为狭义和广义的环境规划。狭义的环境规划就是我国各级政府制定的"生态环境保护规划",这类规划专门规定一段时期内污染防治与生态保护的工作目标、工作重点和工作内容。例如,国务院 2016 年发布的《"十三五"生态环境保护规划》规定了到 2020 年需要完成的生态环境保护目标、重点领域和保障措施等,全面布置安排了"十三五"期间的生态环境保护工作任务。广义的环境规划则包括污染防治、生态保护以及自然资源开发利用三方面的内容。因此,不仅由生态环境主管部门制定的环境保护规划属于环境规划,而且围绕水、土地、矿藏、森林等环境要素制定的开发利用规划也属于环境规划的范畴。环境规划制度是环境与资源保护法的基本制度。

一般而言,环境规划具有以下几方面的特点:

一是系统性和综合性。生态系统具有整体性和系统性,因此环境规划要对特定地区的环境或特定的自然要素实现整体保护,必须运用系统化的方法,综合运用多种手段进行资源的优化配置,达到最佳规划效果。"环境规划是指对不同地域和不同空间尺度的环境保护的未来行动进行规范化的系统筹划,为有效地实现预期环境目标采取的一种综合性手段。"[③]

二是科学性和技术性。环境要素和生态系统的保护具有较强的科学性和技

---

① 宋国君、李雪立:《论环境规划的一般模式》,载《环境保护》2004 年第 3 期。
② 本句来源于国家计划委员会和国家环境保护局 1994 年发布的《环境保护计划管理办法》第 3 条的规定,不过该条规定在当时使用的是"计划"一词。
③ 方如康主编:《环境学词典》,科学出版社 2003 年版,第 529 页。

术性。要进行相应的规划,安排未来的相关行动,必须进行大量的基础性观测和研究,确定相应的科学标准,并运用科学的规划方法。因此,环境规划具有很强的科学性和技术性,无论是规划文本还是规划过程,都必须以环境科学理论与方法为基础。

三是行政性。环境规划是政府履行其环境责任,确保特定区域环境质量或特定自然要素能够得到有效保护的基本手段。环境规划对不同主体提出了特定的目标与相应的行动要求,是相关行政主体对未来行动的安排,具有较强的行政性,属于行政规划的一种。

四是法律性。与私主体所制定的有关环境与资源的行动计划不同,环境规划属于政府行政行为的一种,因此必须在相关法律法规的框架之下进行。环境规划的法律性是保证环境规划科学性和有效性的基础,环境规划的相关法律法规越完善,编制环境规划的法律程序越完善,环境规划的科学程度和合理程度就越高。

(二) 环境规划的体系

总体来说,我国环境规划体系是一个纵横交错的体系:纵向上按照行政级别的不同,可以区分为中央和地方(省、市、县三级)环境规划;横向上按照对象和功能的不同,可以区分为总体规划、专项规划和区域规划。

就环境保护规划来说,国家层面的环境保护规划包括四个层次:第一个层次是国家五年环境保护规划,它是国家总体规划,确定了国家层面的环境保护目标和指标、主要任务和措施;第二个层次是国家环境保护专项规划,主要解决环境保护重点领域的突出问题;第三个层次是由环境保护部门参与的有关环保的国家专项规划,体现了环境保护与资源开发利用及经济社会发展规划的衔接;第四个层次是环境保护部门自身的发展规划,主要是为了强化环境保护部门职责和能力。[①] 地方层次的规划则应当包括区域环境保护规划、省级环境保护规划、地市级环境保护规划以及区县环境保护规划四个层次。就有关自然资源的开发利用的规划来说,在中央和地方层面上,土地利用的有关规划,流域、区域、海域的建设、开发利用规划("一地三域"总体规划),以及工业、农业、畜牧业、林业、能源、水利、交通、城市建设、旅游、自然资源开发的专项规划中涉及环境和资源保护的部分也应当属于环境规划的组成部分。

---

① 参见赵学涛等编著:《战略环评和费用效益分析方法在环境规划中的应用》,中国环境科学出版社2012年版,第1页。

(三) 环境规划和环境计划

"规划"与"计划"是近义词,在国内外,对"规划"和"计划"并不作严格意义上的区分,有时甚至在相同意义上使用这两个概念。二者之间实际上并无本质的差异,只不过相比较而言,"规划"比"计划"更宏观一些。就我国的现实情况而言,在不同的发展时期,"计划"和"规划"分别表达了不同的含义。在中华人民共和国成立后相当长的时期内,我国普遍采用的是"计划"这一称谓,但近年来,随着我国市场化取向改革的深入进展,逐步用"规划"取代了原来的"计划"。国务院颁布的《国民经济和社会发展第十一个五年规划纲要》实际上正式确立了"规划"这一称谓。比较而言,"计划"和"规划"的差异主要体现在两个方面:首先,以前的"计划"是以政府的指令性要求为基本内容,而当前的"规划"则在于充分发挥市场对资源配置的基础性作用;其次,从实施的角度看,"计划"的实施主要是依靠行政部门上下级之间的命令与服从,以行政权的运作为核心,而"规划"的实施主要是以政策和相关立法为基础,尤其强调法律角度的保障,行政权更多地发挥导向性的作用。因此,《国民经济和社会发展第十一个五年规划纲要》第一次提出了"约束性指标"的说法,并明确规定约束性指标具有"法律效力"。这体现出在我国市场经济体制逐步完善的过程中,在规划的实施方面,从过去依靠行政指令到今后依靠法律的重要转变。这也从另一个角度说明,与过去的计划经济中的"计划"比较而言,当前市场经济体制中的"规划"在淡化行政指令的同时,更注重从法律的角度为其"约束性"和效力寻求依据。[①]

二、环境规划的立法沿革

1979年《环境保护法(试行)》对环境规划作出了初步的规定。该法第4条规定,环境保护工作坚持"全面规划,合理布局"的方针。第5条规定:"国务院和所属各部门、地方各级人民政府必须切实做好环境保护工作;在制定国民经济计划的时候,必须对环境的保护和改善统筹兼顾,并认真组织实施;对已经造成的环境污染和其他公害,必须作出规划,有计划有步骤地加以解决。"这些规定已经体现出对环境保护进行规划的思想,不过,就规定的科学性、完整性来看,这些规定还比较粗糙。其重点主要还是在于治理已有的环境污染问题,缺乏预防的观念;对于环境规划的重要性缺乏认识,只要求在国民经济计划中对环境保护"统筹兼顾";对于自然资源能源的开发利用保护规划也缺乏原则性规定。

1989年《环境保护法》有了一定的进步,第12条规定:"县级以上人民政府

---

① 参见张璐:《环境规划的体系和法律效力》,载《环境保护》2006年第11期。

环境保护行政主管部门,应当会同有关部门对管辖范围内的环境状况进行调查和评价,拟订环境保护规划,经计划部门综合平衡后,报同级人民政府批准实施。"不过,这一规定中并没有突出环境保护主管部门在环境规划中的主导地位,而过于强调了计划部门的作用,这带有鲜明的时代特征。1994年,国家计划委员会和国家环境保护总局联合发布了《环境保护计划管理办法》,对1989年《环境保护法》第12条的规定作出进一步细化。该办法第8条规定:"国家环境保护计划编制依照以下程序:1. 国家环境保护计划按照国家计划委员会统一部署,各省、自治区、直辖市和计划单列市的计划行政主管部门会同环境保护行政主管部门,根据国家的环境保护要求,结合本地区的实际情况编制本地区环境保护计划草案,报送国家计划委员会,并抄报国家环境保护局。计划单列市的环境保护计划同时抄报省计划部门和省环境保护主管部门。2. 国家环境保护局在对各省、自治区、直辖市和计划单列市环境保护计划草案进行审核的基础上,编制国家环境保护计划建议,报送国家计划委员会,国家计划委员会根据环境保护计划建议编制环境保护计划草案。3. 地方环境保护计划编制可参照国家环境保护计划编制程序进行。"由此可以看出,《环境保护计划管理办法》在环境规划编制主体上并无进步,只是沿袭了1989年《环境保护法》第12条的规定,环境规划的编制主体其实是国家计划部门,而环境保护主管部门只负责编制国家环境保护规划建议。不过,在其他方面,《环境保护计划管理办法》有很大的进步。该办法规定了环境保护规划的层级、内容,以及编制和实施环境保护规划的原则、程序、贯彻落实、保障措施、奖惩措施。就当时来看,该办法具有重要的意义和作用,为环境规划编制和实施提供了具体的制度保障。尽管该办法中一些有关程序的规定已经过时,但是仍然有一些通行的规定可以适用。

　　进入21世纪以来,随着经济社会的快速发展,计划经济已经逐渐完成了向市场经济的过渡,作为计划部门的国家计划委员会最终于2003年转变为作为宏观调控部门的国家发展和改革委员会,"规划"也全面取代了"计划"。在新的情况和形势下,2005年,国务院发布了《国务院关于加强国民经济和社会发展规划编制工作的若干意见》(以下简称《意见》),对国民经济和社会发展规划的编制提出了新的要求。《意见》第3条规定:"编制国家级专项规划原则上限于关系国民经济和社会发展大局、需要国务院审批和核准重大项目以及安排国家投资数额较大的领域。主要包括:农业、水利、能源、交通、通信等方面的基础设施建设,土地、水、海洋、煤炭、石油、天然气等重要资源的开发保护,生态建设、环境保护、防灾减灾,科技、教育、文化、卫生、社会保障、国防建设等公共事业和公共服务……"从这一规定可以看出,该意见的调整范围涵盖了广义的环境规划,其规定也应当适用于环境规划的编制。

现行《环境保护法》彻底改变了1989年《环境保护法》的规定,明确了环境保护主管部门在环境规划编制中的主导地位。第13条第1—3款规定:"县级以上人民政府应当将环境保护工作纳入国民经济和社会发展规划。国务院环境保护主管部门会同有关部门,根据国民经济和社会发展规划编制国家环境保护规划,报国务院批准并公布实施。县级以上地方人民政府环境保护主管部门会同有关部门,根据国家环境保护规划的要求,编制本行政区域的环境保护规划,报同级人民政府批准并公布实施。"与这一规定相对应,发展和改革委员会则转为配合环境保护主管部门编制环境规划并进行规划之间的协调。[①]

三、环境规划制度的内容

环境规划制度是指环境规划编制和实施过程中所涉及的一系列法律规范的集合。与私主体所拟订的针对未来的行动计划不同,编制和实施环境规划属于政府行政行为的一种,因此必须依据法律的规定进行。环境规划制度涉及环境规划的编制、环境规划的审批与发布以及环境规划的执行等,为环境规划提供全程的法律保障。

(一)环境规划的编制

环境规划的编制主要涉及环境规划的编制主体、环境规划的编制原则和环境规划的编制程序三方面的规定。

1. 环境规划的编制主体

在环境保护规划方面,目前无论是五年环境保护规划还是环境保护专项规划,编制主体都是各级生态环境主管部门以及相关部门,其中,生态环境主管部门居于主导地位。除了生态环境主管部门以外,其他一些部门以及相关省、自治区、直辖市人民政府也会根据拟编制的环境规划所涉及的具体领域参与到规划编制之中。例如,2012年发布的《重点区域大气污染防治"十二五"规划》的编制主体就包括环境保护部、发展改革委及财政部;而2017年发布的《重点流域水污染防治规划(2016—2020年)》的编制主体则包括环境保护部、发展改革委及水利部。

与环境保护规划不同,有关自然资源能源开发、利用和保护的规划编制主体

---

① 国家发展和改革委员会官网主页对其下属各司局的职能进行了介绍,其中,环资司在环境规划编制上的职能是"参与编制环境保护规划",规划司的职能则转变为"负责其他专项规划、区域规划、省级中长期规划等与国家中长期规划的衔接,负责专项规划之间的衔接"。

主要是相关主管部门,如中央和地方林业主管部门、渔业主管部门、草原主管部门、能源主管部门等。以林业为例,《森林法实施条例》第14条第1、2款规定:"全国林业长远规划由国务院林业主管部门会同其他有关部门编制,报国务院批准后施行。地方各级林业长远规划由县级以上地方人民政府林业主管部门会同其他有关部门编制,报本级人民政府批准后施行。"按照这一规定,在中央层面,由国家林业局会同有关部门负责编制相关的林业发展规划,如国家林业局于2016年5月发布了《林业发展"十三五"规划》;在地方层面,则由地方林业主管部门会同有关部门编制相关规划,如浙江省林业厅于2016年7月发布了《浙江省林业发展"十三五"规划》。

2. 环境规划的编制原则

按照《环境保护计划管理办法》第7条的规定,环境规划编制应当坚持的政策和原则包括:坚持环境保护与国民经济和社会协调发展,坚持经济建设、城乡建设和环境建设同步规划、同步实施、同步发展;贯彻执行国家的法规、环境经济政策、技术政策和产业政策;与城市、区域、流域环境规划相衔接,并做好五年环境保护规划与年度环境保护规划的衔接;与各项环境保护管理制度和措施紧密结合,并以各项环境保护制度和措施作为实施环境保护规划的重要手段。此外,《意见》中也有关于规划编制原则的规定,它们同样适用于环境规划的编制。《意见》第5条规定:"遵循正确的规划编制原则。坚持以人为本、全面协调可持续的科学发展观;坚持从实际出发,遵循自然规律、经济规律和社会发展规律;坚持科学化、民主化,广泛听取社会各界和人民群众的意见;坚持统筹兼顾,加强各级各类规划之间的衔接和协调;坚持社会主义市场经济体制的改革方向,充分发挥市场配置资源的基础性作用。"在实践中,编制机关应当遵循上述规定的要求展开相应的规划编制工作。

3. 环境规划的编制程序

对于具体的编制程序,《环境保护法》没有作出具体规定,此时应当按照《意见》的规定来履行相应的程序。此外,根据国务院《重大行政决策程序暂行条例》,"制定经济和社会发展等方面的重要规划"属于重大行政决策事项,其作出和调整程序应适用该条例。规划的编制程序主要包括规划准备工作、规划草案编制、规划意见征求和规划衔接四个部分。

(1) 规划准备工作。在编制规划前,必须认真做好基础调查、信息搜集、课题研究以及纳入规划重大项目的论证等前期工作,及时与有关方面进行沟通协调。编制国家级专项规划,编制部门要拟订规划编制工作方案,明确规划编制的必要性、衔接单位、论证方式、进度安排和批准机关等,并送有关部门进行协调。

须由国务院批准的专项规划,要拟订年度计划,由国务院发展改革部门商有关部门报国务院批准后执行。编制跨省(自治区、直辖市)区域规划,由国务院发展改革部门会同有关省(自治区、直辖市)人民政府提出申请,经国务院批准后实施。规划编制工作所需经费,应按照综合考虑、统筹安排的原则,由编制规划的部门商同级财政部门后列入部门预算。一般由相关部门发布的规范性文件来确定相应的工作方案。此外,还必须确定相应的规划领导小组和规划编制组,为规划编制提供组织保障。

(2)规划草案编制。规划编制应当按照规划编制机关编制的规划编制工作方案进行。以环境保护部办公厅2015年印发的《重点流域水污染防治"十三五"规划编制工作方案》为例,其主要内容包括总体要求、规划范围、基本原则、总体思路、编制组织、重点任务和进度要求,规划编制须按照其规定的时间、任务、要求进行,完成规划草案。

(3)规划意见征求。规划草案完成后,应当进行相应的社会参与和专家论证。在公众参与方面,《意见》要求编制规划要充分发扬民主,广泛听取意见。各级各类规划应视不同情况,征求本级人民政府有关部门和下一级人民政府以及其他有关单位、个人的意见。除涉及国家秘密的外,规划编制部门应当公布规划草案或者举行听证会,听取公众意见。《重大行政决策程序暂行条例》也专门规定了公众参与程序的内容。在专家论证方面,《意见》第9条规定:"为充分发挥专家的作用,提高规划的科学性,国务院发展改革部门和省(自治区、直辖市)人民政府发展改革部门要组建由不同领域专家组成的规划专家委员会,并在规划编制过程中认真听取专家委员会的意见。规划草案形成后,要组织专家进行深入论证。对国家级、省(自治区、直辖市)级专项规划组织专家论证时,专项规划领域以外的相关领域专家应当不少于1/3。规划经专家论证后,应当由专家出具论证报告。"

(4)规划衔接。规划草案完成之后,还应当进行会签,征求相关部门的意见,确保规划之间的衔接。《环境保护法》第13条第4款规定:"环境保护规划的内容应当包括生态保护和污染防治的目标、任务、保障措施等,并与主体功能区规划、土地利用总体规划和城乡规划等相衔接。"《意见》第7条也规定:"要高度重视规划衔接工作,使各类规划协调一致,形成合力。规划衔接要遵循专项规划和区域规划服从本级和上级总体规划,下级政府规划服从上级政府规划,专项规划之间不得相互矛盾的原则。编制跨省(自治区、直辖市)区域规划,还要充分考虑土地利用总体规划、城市规划等相关领域规划的要求。……专项规划草案由编制部门送本级人民政府发展改革部门与总体规划进行衔接,送上一级人民政府有关部门与其编制的专项规划进行衔接,涉及其他领域时还应当送本级人民政府有关部门与其编制的专项规划进行衔接。同级专项规划之间衔接不能达成一致意见的,由本级人民政府协调决定。……各有关部门要积极配合规划编制部门,认真做好衔接工作,并自收到规划草案之日起 30 个工作日内,以书面形式向规划编制部门反馈意见。"

(二)环境规划的审批与发布

1. 规划的审批

在报送材料上,《意见》第 10 条规定:"规划编制部门向规划批准机关提交规划草案时应当报送规划编制说明、论证报告以及法律、行政法规规定需要报送的其他有关材料。其中,规划编制说明要载明规划编制过程,征求意见和规划衔接、专家论证的情况以及未采纳的重要意见和理由。"

在审批权限上,根据《意见》第 11 条,"关系国民经济和社会发展全局、需要国务院审批或者核准重大项目以及安排国家投资数额较大的国家级专项规划,由国务院审批;其他国家级专项规划由国务院有关部门批准,报国务院备案。跨省(区、市)的区域规划由国务院批准。"按照这一规定,在中央层面上,环保总体规划一般由国务院批准,如《"十三五"生态环境保护规划》就由国务院批准。环保专项规划一般由国务院批复,如《重点区域大气污染防治"十二五"规划》就由环境保护部、发展改革委、财政部报送国务院批复。

2. 规划的发布

规划的发布也是规划贯彻施行的重要环节。目前,就环境规划来说,在中央层面,总体规划一般由国务院发布,专项规划一般由编制机关发布。但是,在地方层面上,在现行《环境保护法》实施之前,规划的发布主体缺乏统一的规定,比较混乱。对于总体规划,有的省市由省级人民政府发布,有的省市由相关部门发布,有的省市则由省政府办公厅发文发布。例如,《江苏省"十二五"环境保护和生态建设规划》由江苏省人民政府发布,《北京市"十二五"时期环境保护和建设规划》由北京市环保局和北京市发改委发布,而《河北省生态环境保护"十二五"规划》则由河北省人民政府办公厅发文发布。现行《环境保护法》第 13 条第 3 款对此进行了统一规定,要求"县级以上地方人民政府环境保护主管部门会同有关部门,根据国家环境保护规划的要求,编制本行政区域的环境保护规划,报同级人民政府批准并公布实施"。按照这一规定,县级以上行政区域的环境保护规划应该由相关部门报同级人民政府批准后,由同级人民政府发布。从各地"十三五"和"十四五"环境保护规划的发布情况来看,各省都已经按照新的规定确定发布主体。例如,《北京市"十四五"时期生态环境保护规划》由北京市人民政府发布,《河北省生态环境保护"十四五"规划》由河北省人民政府发布。

在自然资源能源规划方面,发布主体则复杂一些。在中央层面,涉及一个部门职权的规划由该部门单独发布,如《林业发展"十三五"规划》由国家林业局发布;涉及多个部门职权的通常由多部门共同发布,如《全国矿产资源规划(2016—2020年)》由国土资源部、国家发展改革委、工业和信息化部、财政部、环境保护部、商务部共同发布。在地方层面上,自然资源能源方面的规划通常由地方人民政府或其办公厅发布。例如,《上海市土地资源利用和保护"十三五"规划》由上海市人民政府发布,《内蒙古自治区林业产业发展"十三五"规划》由内蒙古自治区人民政府办公厅发布,《辽宁省"十四五"林业草原发展规划》由辽宁省人民政府办公厅发布。

(三) 环境规划的执行

长期以来,我国规划领域一直存在着"重规划轻执行"的倾向,"规划规划,墙上挂挂"形象地描述了这种情况。因此,就环境规划法律制度的完善来说,应当将一部分重点放在环境规划的执行上。在相关法律规定方面,尽管《环境保护计划管理办法》中很多规定已经落后和过时,但是其中有关执行的一些规定仍然可以适用。环境规划的执行主要包括以下几方面的内容:

一是明确落实和执行环境规划的执行主体。环境规划的执行主体应当包括各级人民政府、生态环境主管部门以及相关主管部门。其中,各级生态环境主管部门应当负责监督、检查环境规划的落实和具体执行。

二是建立环境保护目标责任制。通过环境保护目标责任制,能够明确各级人民政府的环境责任,确保各级人民政府认真组织实施环境规划。

三是切实采取有利于落实环境规划的措施,落实各项环境保护基本制度。《环境保护计划管理办法》规定,各级政府应当把环境保护投资纳入政府或企业的预算,把环境保护项目列入基本建设、技术改造规划之中;加强对重大污染源的管理和治理,严格执行"三同时"制度和"污染限期治理"制度,保证环境规划目标和任务的完成。

四是加强奖惩措施。各级规划编制部门和生态环境主管部门对在环境规划的编制、实施和检查考核过程中取得显著成绩和突出贡献的单位和个人,应予表彰和奖励。对在编报、执行、调整环境规划中弄虚作假、不按规定报送有关规划数据、资料和有关情况,或因工作不力而未完成规划的,可根据情节轻重对直接责任人员和主管领导给予批评或处罚。

五是加强对规划的后评价和调整工作。《意见》要求,规划编制部门要在规划实施过程中适时组织开展对规划实施情况的评估,及时发现问题,认真分析产生问题的原因,提出有针对性的对策建议。评估工作可以由编制部门自行承担,也可以委托其他机构进行评估。评估结果要形成报告,作为修订规划的重要依据。有关地区和部门也要密切跟踪分析规划实施情况,及时向规划编制部门反馈意见。经评估或者因其他原因需要对规划进行修订的,规划编制部门应当提出规划修订方案(需要报批、公布的要履行报批、公布手续)。总体规划涉及的特定领域或区域发展方向等内容有重大变化的,专项规划或区域规划也要相应调整和修订。

四、环境规划的法律效力

环境规划作为行政规划的一种,应以行政行为效力的一般理论为基础。行政法学界对行政行为的效力问题基本已达成共识,一般来说,行政行为效力的内容包括公定力、确定力、拘束力和执行力四个方面。

(一)环境规划的公定力

环境规划的公定力,是指环境规划一经批准实施,即具有要求所有机关、组织或个人予以尊重的法律效力。环境规划的公定力来源于环境规划的法定性。由于环境规划具有基于法律而作出的合法性,其成立后原则上被推定为合法,需要得到尊重。目前,综合性环境立法和各单行环境立法基本上都对本领域规划编制的部门、原则、程序和审批等问题作出了较为明确的规定,而且这方面的规定近些年来呈现明显加强的趋势。这说明有关环境规划的内容已经得到国家立法机关的重视,环境规划的法定性也正在逐步增强。对法定性的强调对于认识环境规划的法律性质是十分必要的,正是具有立法上的依据,环境规划才具有公定力。

(二)环境规划的确定力

环境规划的确定力,是指已经生效的环境规划对有关行政主体和行政相对人所具有的不受任意改变的法律效力。尤其对环境规划的编制机关而言,这种确定力是实质性的。首先,行政主体不得任意改变其制定的环境规划,否则应承担相应的法律责任。其次,行政主体对已经作出的环境规划进行变更或废止的,必须经过合法程序。由于科学预测能力的局限以及经济社会发展的变化,规划必须保持弹性并适度变更。[①] 环境规划之确定力的重要意义在于避免政府以政策需求为名随意变更规划。

(三)环境规划的拘束力

环境规划的拘束力,是指已经生效的环境规划所具有的约束和限制有关行政主体和行政相对人的法律效力。拘束力是对有关行为的一种强制规范,是一

---

① 参见石肖雪:《行政规划正当性模式的转型》,载《法学》2021年第8期。

种要求遵守的法律效力,如果违反了这种规则,行为人应承担相应的法律责任。拘束力是环境规划法律效力最为集中的体现,它不仅是对公定力和确定力的落实,同时也是产生执行力的基础,是在环境规划法律效力体系中承上启下的重要环节。具体而言,可以从以下两个方面理解环境规划的拘束力:其一,环境规划对外部的拘束力,即要求相对人必须遵守的法律效力。一般而言,环境规划对相对人权益的影响是间接的,不会直接对其创设权利义务。其二,环境规划对内部的拘束力。这方面的拘束力主要是针对行政主体,因为在内容涉及公共基础设施建设、管理能力完善等方面的一些环境规划,对相对人的利益没有直接影响,但对于行政主体而言,则应当采取必要的措施对规划中的要求和指标予以落实。

(四)环境规划的执行力

环境规划的执行力,是指已经生效的环境规划要求有关行政主体和行政相对人对其内容予以实现的法律效力。从逻辑关系上说,执行力是拘束力的延伸和保障,是在实施环节保证拘束力实现的重要因素。尽管环境规划的编制、实施等工作都是以有关行政主体为主导的,但环境规划的执行力并非仅对相对人而言,行政主体同样也包含在执行力的法律效力范围之内,不过执行力在针对二者的表现方式上有所不同。对于相对人来说,环境规划的执行力主要由行政主体在日常管理的过程中予以落实,主要表现为行政主体依据规划中的有关内容实施相应的具体行政行为。根据不同的情况,落实环境规划执行力的具体行政行为也可分为不同类型。既可能表现为依申请行政行为,比如根据相对人申请,行政主体依据相关法律规定和环境规划的有关内容而作出的行政许可、行政裁决等行为;也可能表现为依职权行为,比如行政主体在组织规划实施过程中,依法对相对人作出的行政命令、行政处罚、行政强制等行为。实际上,环境规划作为一种抽象行政行为,其执行力更多的是通过具体行政行为的实施得以实现和保障的。对于行政主体而言,环境规划的执行力主要是通过行政主体的行政法制监督和内部行政关系调整予以保障。从目前的情况来看,对行政主体在规划执行中的约束力要求在逐步提高。《中华人民共和国国民经济和社会发展第十四个五年规划和2035年远景目标纲要》在"完善规划实施机制"部分明确指出:"各地区、各部门要根据职责分工,制定本规划涉及本地区、本部门的主要目标任务实施方案。本规划确定的约束性指标、重大工程项目和公共服务、生态环保、安全保障等领域任务,要明确责任主体和进度要求,合理配置公共资源,引导调控社会资源,确保如期完成。"

第三节 环境影响评价制度

一、环境影响评价与环境影响评价制度的基本理论

(一) 环境影响评价的概念

"环境影响评价"的概念最初于1964年在加拿大召开的国际环境质量评价学术会议上提出。根据联合国环境规划署理事会于1987年6月17日通过的《环境影响评价的目标和原则》,环境影响评价是指对拟议项目和活动应进行的检查、分析和评价,以确保无害生态环境的持续发展。根据我国《环境影响评价法》第2条的规定,环境影响评价是指对规划和建设项目实施后可能造成的环境影响进行分析、预测和评估,提出预防或者减轻不良环境影响的对策和措施,进行跟踪监测的方法与制度。

总体来说,环境影响评价一般分为两类:一是对单个项目的环境影响评价,国内一般称为"项目环境影响评价",国际上一般称为"环境影响评价"(environmental impact assessment,EIA);二是对政策、规划和计划的环境影响评价,国际上一般称为"战略环境评价"(strategic environmental assessment,SEA)。尽管这两种类型的环境影响评价之间有着密切的联系,但是二者的评价方法以及程序之间有着显著的差别,表7-1清晰地显示了两类环境影响评价之间的联系和区别。

表7-1 从低层次到高层次环境影响评价侧重点的变化[1]

	战略环境评价	环境影响评价
	较高层次/较低层次	
决策水平	政策 → 计划 → 规划 → 项目	
行动的性质	战略的、设想的、概念上的	立刻的、可操作的
输出	抽象的	详细的
影响范围	宏观的、累积的、不可预见的	微观的、局部的
时间范围	长期到中期	中期到短期

---

[1] 参见〔英〕Thomas B. Fischer:《战略环境评价理论与实践迈向系统化》,徐鹤、李天威译,科学出版社2008年版,第7页。

(续表)

	战略环境评价	环境影响评价
主要数据源	可持续发展战略、国家环境报告	调查工作、样本分析
数据的类型	更定性化	更定量化
可选择的方法	范围广泛,包括政治的、管理的、技术的、财政的、经济的	特定地点、设计、建设、操作
严格分析	更不确定	更严格
评价基准	持续性基准(标准和目标)	法律的约束和最好的实践
实践者的角色	为达协商的仲裁者	价值和标准的倡导者、利用利益相关者价值
公众认识	更模糊、遥远	更为有效和现实

环境影响评价是环境质量评价的一种。环境质量评价一般包括三类:第一类是回顾评价,即根据历史资料,了解一个地区过去的环境质量及其演变;第二类是现状评价,即根据监测、调查的材料,对环境质量的现状作出评价;第三类是预断评价,即根据发展规划对未来的环境状况作出评价。环境影响评价属于预断性的评价。

(二)环境影响评价制度的概念和历史发展

环境影响评价制度是围绕与环境影响评价的范围、形式、内容、法律程序、法律责任等问题有关的一系列法律规范所组成的整合性的规则系统。在我国,环境影响评价制度包括规划环境影响评价制度和建设项目环境影响评价制度。环境影响评价制度的目的是使环境影响评价能够得到有效的程序性保障,既确保环境影响评价结果的科学性和准确性,也确保不同的利益相关主体能够参与到环境影响评价过程之中,确保环境影响评价制度的规范性和民主性,保障不同利益相关主体的合法权益。

1. 环境影响评价制度在国际上的发展

环境影响评价制度作为一项法律制度,最早出现于美国 1969 年制定的《国家环境政策法》。该法第 4332 条第 2 款第 3 项规定:"对人类环境质量具有重大影响的各项提案或法律草案、建议报告以及其他重大联邦行为,均应当由负责经办的官员提供一份包括下列事项的详细说明:拟议行为对环境的影响;拟议行为付诸实施对环境所产生的不可避免的不良影响;拟议行为的各种替代方案;对人类环境的区域性短期使用与维持和加强长期生命力之间的关系;拟议行为辅助实施时可能产生的无法恢复和无法补救的资源耗损。在制作详细说明之前,联邦负责经办的官员应当与依法享有管辖权或具有特殊专门知识的任何联邦机关进行磋商,并取得它们对可能引起的任何环境影响所作的评价。"此后,大量的环保发达国家或地区开始引入环境影响评价制度。例如,瑞典于 1969 年的《环境保护法》中规定了环境影响评价制度;澳大利亚于 1974 年的《联邦环境保护法》中规定了该制度;日本于 1972 年引入"环境影响评价"概念,并于 1984 年通过了《环境影响评价实施纲要》;英国于 1988 年制定了《环境影响评价条例》;德国于 1990 年、加拿大于 1992 年、日本于 1997 年先后制定了以"环境影响评价法"为名称的专门法律。在国际上,很多国际公约、条约以及政府间组织也在其规定中引入环境影响评价制度。总体来说,环境影响评价制度已经成为国内外通行的基本的环境保护法律制度。

2. 环境影响评价制度在我国的发展

环境影响评价制度在我国的发展可以分为产生阶段、发展阶段和深化阶段。

(1) 从 1979 年至 1989 年为环境影响评价制度的产生阶段。1979 年《环境保护法(试行)》正式确立了环境影响评价制度。该法第 6 条规定,"在进行新建、改建和扩建工程时,必须提出对环境影响的报告书,经环境保护部门和其他有关部门审查批准后才能进行设计"。第 7 条规定,"在老城市改造和新城市建设中,应当根据气象、地理、水文、生态等条件,对工业区、居民区、公用设施、绿化地带等作出环境影响评价"。可见,当时的环境影响评价制度适用范围有限,只适用于建设项目的新建、改建和扩建,不包括规划和政策环境影响评价。此外,这些规定比较原则,不具有可操作性。为了贯彻落实《环境保护法(试行)》的规定,1986 年国务院环保委员会、国家计委、国家经委联合发布了《建设项目环境保护管理办法》,对评价范围、主管部门、职责分工、审批程序、环境影响报告书和环境影响报告表、环境影响评价资格审查、收费以及监督检查等进行了具体规定,初步确立了环境影响评价制度框架。此外,尽管缺乏规划环境影响评价的规定,在实践中,一些地区在 80 年代也已经开展了规划和区域环境影响评价的实践,如山西能源开发和煤化工基地环境评价、东江流域规划环境影响评价、京津唐地区综合区域发展规划环境影响评价等。[①]

(2) 从 1989 年至 2002 年为环境影响评价制度的发展阶段。1989 年《环境保护法》修改,进一步完善了环境影响评价制度。该法第 13 条第 2 款规定:"建设项目的环境影响报告书,必须对建设项目产生的污染和对环境的影响作出评

---

① 参见李天威、李巍:《政策层面战略环境评价理论方法与实践经验》,科学出版社 2008 年版,第 15 页。

价,规定防治措施,经项目主管部门预审并依照规定的程序报环境保护行政主管部门批准。环境影响报告书经批准后,计划部门方可批准建设项目设计任务书。"1998年11月,国务院颁布《建设项目环境保护管理条例》,规定了建设项目环境影响评价的适用范围、评价内容、审批程序以及法律责任等内容。该条例提高了环境影响评价制度的立法层级,有力地推动了环境影响评价制度的快速发展。在这一时期,国家环境保护总局还先后于1999年和2002年颁布了《建设项目环境影响评价资格证书管理办法》和《建设项目环境保护分类管理名录》等配套文件,环境影响评价制度上升为法律的条件已基本成熟。

(3) 2002年至今为环境影响评价制度的深化阶段。全国人大常委会于2002年10月28日通过了《环境影响评价法》,首次将对规划的环境影响评价纳入环境影响评价的范围,对规划和建设项目环境影响评价的范围、评价内容、审批程序、法律责任等进行了具体规定。这部法律的通过,标志着以规划环评和项目环评为两翼的环境影响评价制度在我国已经正式成熟。此后,国务院和环境保护部门发布了一系列的法规、规章、标准以及规范性文件,进一步推动环境影响评价制度发展完善。具体包括:2003年9月1日,国家环境保护总局开始执行《规划环境影响评价技术导则(试行)》(HJ/T130-2003);2004年7月6日,国务院发布《编制环境影响报告书的规划的具体范围(试行)》和《编制环境影响篇章或说明的规划的具体范围(试行)》;2005年11月2日,国家环境保护总局通过《建设项目环境影响评价行为准则与廉政规定》,自2006年1月1日起施行;2009年8月17日,国务院公布《规划环境影响评价条例》,自2009年10月1日起施行;2015年3月19日,环境保护部修订通过《建设项目环境影响评价分类管理名录》,自2015年6月1日起施行;2018年4月16日,生态环境部发布《环境影响评价公众参与办法》,自2019年1月1日起施行。此外,在各单行污染防治法如《海洋环境保护法》《大气污染防治法》《水污染防治法》等法律中,都已经有了与环境影响评价相配套的法律规定。《环境保护法》也对环境影响评价制度进行了进一步发展完善:一是针对实践中普遍出现的"限期补办现象",在第19条明确规定:"编制有关开发利用规划,建设对环境有影响的项目,应当依法进行环境影响评价。未依法进行环境影响评价的开发利用规划,不得组织实施;未依法进行环境影响评价的建设项目,不得开工建设。"二是在第14条规定:"国务院有关部门和省、自治区、直辖市人民政府组织制定经济、技术政策,应当充分考虑对环境的影响,听取有关方面和专家的意见。"这些规定为政策环评打开了一个缺口,为实施政策环评作了铺垫。三是在第56条强化了信息公开与公众参与。在编制阶段要求,"对依法应当编制环境影响报告书的建设项目,建设单位应当在编制时向可能受影响的公众说明情况,充分征求意见"。在审批阶段要求,"负责审批建设项目环境影响评价文件的部门在收到建设项目环境影响报告书后,除涉及国家秘密和商业秘密的事项外,应当全文公开;发现建设项目未充分征求公众意见的,应当责成建设单位征求公众意见"。

2016年,《环境影响评价法》迎来首轮修改,主要体现在以下方面:其一,第14条增加了"审查小组提出修改意见的,专项规划的编制机关应当根据环境影响报告书结论和审查意见对规划草案进行修改完善,并对环境影响报告书结论和审查意见的采纳情况作出说明;不采纳的,应当说明理由"的规定,加强了对专项规划编制机关的约束。其二,第18条对规划与建设项目有包含关系的,要求"规划的环境影响评价结论应当作为建设项目环境影响评价的重要依据,建设项目环境影响评价的内容应当根据规划的环境影响评价审查意见予以简化"。这一修改摆正了二者之间的主次关系,提高了规划环评的地位。其三,第22条第4款规定,"国家对环境影响登记表实行备案管理。"这一规定将原来的环境影响登记表的审批制改为了备案制,简化了行政程序。其四,第25条规定:"建设项目的环境影响评价文件未依法经审批部门审查或者审查后未予批准的,建设单位不得开工建设。"这就意味着今后环评审批不再作为可行性研究报告审批或项目核准的前置条件,将环评审批与可行性研究报告审批或项目核准由原来的"串联审批"变为"并联审批"。此外,这一条还取消了行业预审的规定,简化了审批的流程。其五,对于建设项目环境影响报告书、报告表,建设单位未报先建或未批先建的法律责任,第31条第1款规定,"由县级以上环境保护行政主管部门责令停止建设,根据违法情节和危害后果,处建设项目总投资额百分之一以上百分之五以下的罚款,并可以责令恢复原状;对建设单位直接负责的主管人员和其他直接责任人员,依法给予行政处分。"修改主要有三个方面:一是罚款数额由原来的"五万元以上二十万元以下"改为"项目总投资额的百分之一以上百分之五以下",极大地增加了违法者的违法成本;二是取消了"责令限期补办手续"的规定,有效避免了实践中"先上船再补票""上了船也不补票"的情形,免除了该项措施在实践中遇到的诸多问题;三是增加了可以责令恢复原状的处罚措施,既与环保法等法律法规相衔接,又增强了对违法行为的处罚力度。

为配合《环境影响评价法》中关于建设项目环境保护管理内容的修改和调整,《建设项目环境保护管理条例》于2017年进行修订,在衔接《环境影响评价法》和《环境保护法》的规定之外,对原条例内容进行了大幅度的修订,包括进一步简化建设项目环境保护审批事项和流程、加强事中事后监管、减轻企业负担等。

《环境影响评价法》于2018年再度迎来修订，主要修订内容包括以下方面：首先，取消建设项目环境影响评价资质行政许可事项。现行《环境影响评价法》不再强制要求由具有资质的环评机构编制建设项目环境影响报告书（表），建设单位既可以委托技术单位为其编制环境影响报告书（表），如果自身就具备相应技术能力也可以自行编制。在全面深化"放管服"改革的新形势下，随着环评技术校核等事中事后监管的力度越来越大，放开事前准入的条件逐步成熟。此项修改有利于进一步激发市场活力，通过更加充分的市场竞争提升环评技术服务水平和服务意识，也有利于进一步减轻企业负担，推进实体经济发展。其次，将环评文件的责任主体由环评机构改为建设单位。为督促建设单位自觉履行环保责任，按照"谁获益谁担责"的原则，修订后的法律明确规定，建设单位对其建设项目环境影响报告书（表）的内容和结论负责，技术单位承担相应责任。最后，强化对环境影响报告书（表）编制的监督管理。一是大幅强化法律责任，实施单位和人员的"双罚制"；二是提高了有关考核和处罚的可操作性，从基础资料明显不实，内容存在重大缺陷、遗漏或者虚假，以及环境影响评价结论不正确或者不合理等三个方面，细化了环境影响报告书（表）存在"严重质量问题"的具体情形，标准更明确，有利于各级生态环境部门加强监管；三是加强环评文件质量考核，明确要求市级以上生态环境主管部门均应当对建设项目环境影响报告书（表）编制单位进行监督管理和质量考核；四是实施信用管理，负责审批建设项目环境影响报告书（表）的生态环境主管部门应当依法将编制单位、编制主持人和主要编制人员的相关违法信息记入社会诚信档案，并纳入全国信用信息共享平台和国家企业信用信息公示系统向社会公布，这样将产生联合惩戒的强大威慑力。

二、规划环境影响评价制度的内容

规划环境影响评价制度的内容包括评价范围和时机、评价文件的形式和内容、公众参与程序、审查程序、跟踪评价程序以及法律责任等。

（一）评价范围和时机

按照《环境影响评价法》的规定，规划环境影响评价的适用范围包括"一地三域"综合性规划和"十种"专项规划。"一地三域"综合性规划，是指土地利用的有关规划和流域、区域、海域的建设、开发利用规划；"十种"专项规划，是指工业、农业、畜牧业、林业、能源、水利、交通、城市建设、旅游、自然资源开发的有关专项规划。

就规划评价时机来说，《环境影响评价法》对于综合性规划和专项规划的规划编制时机要求并不一致：对于综合性规划，要求"应当在规划编制过程中组织进行环境影响评价，编写该规划有关环境影响的篇章或者说明"；对于专项规划，则要求"应当在该专项规划草案上报审批前，组织进行环境影响评价"。2009年颁布的《规划环境影响评价条例》与《环境影响评价法》的规定一致，该条例第7条规定："规划编制机关应当在规划编制过程中对规划组织进行环境影响评价。"而第10条第2款规定，"编制专项规划，应当在规划草案报送审批前编制环境影响报告书。"之所以会有这种区别，原因在于环境影响篇章属于综合性规划的一部分，因此必须与规划编制同时进行，而环境影响报告书则独立于专项规划，因此应当在规划完成之后进行编制。

（二）评价文件的形式和内容

《规划环境影响评价条例》第10条规定："编制综合性规划，应当根据规划实施后可能对环境造成的影响，编写环境影响篇章或者说明。编制专项规划，应当在规划草案报送审批前编制环境影响报告书。编制专项规划中的指导性规划，应当依照本条第一款规定编写环境影响篇章或者说明。本条第二款所称指导性规划是指以发展战略为主要内容的专项规划。"

《规划环境影响评价条例》第11条规定："环境影响篇章或者说明应当包括下列内容：（一）规划实施对环境可能造成影响的分析、预测和评估。主要包括资源环境承载能力分析、不良环境影响的分析和预测以及与相关规划的环境协调性分析。（二）预防或者减轻不良环境影响的对策和措施。主要包括预防或者减轻不良环境影响的政策、管理或者技术等措施。环境影响报告书除包括上述内容外，还应当包括环境影响评价结论。主要包括规划草案的环境合理性和可行性，预防或者减轻不良环境影响的对策和措施的合理性和有效性，以及规划草案的调整建议。"《环境影响评价法》第10条规定："专项规划的环境影响报告书应当包括下列内容：（一）实施该规划对环境可能造成影响的分析、预测和评估；（二）预防或者减轻不良环境影响的对策和措施；（三）环境影响评价的结论。"

《规划环境影响评价条例》第12条规定，环境影响篇章或者说明、环境影响报告书，由规划编制机关编制或者组织规划环境影响评价技术机构编制。

（三）公众参与程序

《环境影响评价法》第11条规定："专项规划的编制机关对可能造成不良环境影响并直接涉及公众环境权益的规划，应当在该规划草案报送审批前，举行论证会、听证会，或者采取其他形式，征求有关单位、专家和公众对环境影响报告书草案的意见。但是，国家规定需要保密的情形除外。编制机关应当认真考虑有关单位、专家和公众对环境影响报告书草案的意见,并应当在报送审查的环境影响报告书中附具对意见采纳或者不采纳的说明。"

《规划环境影响评价条例》在三个方面进一步完善了环境影响评价制度中的公众参与程序。一是要求除了要在环境影响报告书中附具采纳或不采纳的说明,还要附具理由。二是增加了进一步论证条款,第13条第2款规定:"有关单位、专家和公众的意见与环境影响评价结论有重大分歧的,规划编制机关应当采取论证会、听证会等形式进一步论证。"三是在规划审批和跟踪评价阶段增加了若干新的有关公众参与的条款。首先,在第20条规定,"未附具对公众意见采纳与不采纳情况及其理由的说明,或者不采纳公众意见的理由明显不合理的",审查小组应当提出对环境影响报告书进行修改并重新审查的意见。这使得公众意见成为对审批结论产生实质性影响的因素,避免了公众意见沦为摆设的情况。其次,第22条第2款对公民的知情权作出了规定:"规划审批机关对环境影响报告书结论以及审查意见不予采纳的,应当逐项就不予采纳的理由作出书面说明,并存档备查。有关单位、专家和公众可以申请查阅;但是,依法需要保密的除外。"该条款给予有关单位、专家和公众查阅的权利,保证了公民的知情权,同时也有利于加强对规划审批机关的监督。最后,对跟踪评价中的公众参与作出了规定。第25条规定,规划环境影响评价的跟踪评价应当包括"公众对规划实施所产生的环境影响的意见"。第26条规定:"规划编制机关对规划环境影响进行跟踪评价,应当采取调查问卷、现场走访、座谈会等形式征求有关单位、专家和公众的意见。"

(四)审查程序

规划编制机关在报送审批综合性规划草案和专项规划中的指导性规划草案时,应当将环境影响篇章或者说明作为规划草案的组成部分一并报送规划审批机关。未编写环境影响篇章或者说明的,规划审批机关应当要求其补充;未补充的,规划审批机关不予审批。

规划编制机关在报送审批专项规划草案时,应当将环境影响报告书一并附送规划审批机关审查;未附送环境影响报告书的,规划审批机关应当要求其补充;未补充的,规划审批机关不予审批。

设区的市级以上人民政府审批的专项规划,在审批前由其生态环境主管部门召集有关部门代表和专家组成审查小组,对环境影响报告书进行审查。审查小组应当提交书面审查意见。省级以上人民政府有关部门审批的专项规划,其环境影响报告书的审查办法,由国务院生态环境主管部门会同国务院有关部门制定。

有下列情形之一的,审查小组应当提出对环境影响报告书进行修改并重新审查的意见:(1)基础资料、数据失实的;(2)评价方法选择不当的;(3)对不良环境影响的分析、预测和评估不准确、不深入,需要进一步论证的;(4)预防或者减轻不良环境影响的对策和措施存在严重缺陷的;(5)环境影响评价结论不明确、不合理或者错误的;(6)未附具对公众意见采纳与不采纳情况及其理由的说明,或者不采纳公众意见的理由明显不合理的;(7)内容存在其他重大缺陷或者遗漏的。审查小组提出修改意见的,专项规划的编制机关应当根据环境影响报告书结论和审查意见对规划草案进行修改完善,并对环境影响报告书结论和审查意见的采纳情况作出说明;不采纳的,应当说明理由。

有下列情形之一的,审查小组应当提出不予通过环境影响报告书的意见:(1)依据现有知识水平和技术条件,对规划实施可能产生的不良环境影响的程度或者范围不能作出科学判断的;(2)规划实施可能造成重大不良环境影响,并且无法提出切实可行的预防或者减轻对策和措施的。这一规定在存在科学性疑问的情况下采取不予通过的措施,这已经超出了传统的损害预防的要求,而接近于国际上通行的风险预防原则的要求。

已经进行了环境影响评价的规划包含具体建设项目的,规划的环境影响评价结论应当作为建设项目环境影响评价的重要依据,建设项目环境影响评价的内容应当根据规划的环境影响评价审查意见予以简化。

(五)跟踪评价程序

《环境影响评价法》第15条对跟踪评价进行了原则性规定:"对环境有重大影响的规划实施后,编制机关应当及时组织环境影响的跟踪评价,并将评价结果报告审批机关;发现有明显不良环境影响的,应当及时提出改进措施。"《规划环境影响评价条例》则设专章对这一内容进行了进一步细化,作出以下规定:

1. 跟踪评价的内容

规划环境影响的跟踪评价应当包括下列内容:(1)规划实施后实际产生的环境影响与环境影响篇章或说明、环境影响报告书预测可能产生的环境影响之间的比较分析和评估;(2)规划实施中所采取的预防或者减轻不良环境影响的对策和措施有效性的分析和评估;(3)公众对规划实施所产生的环境影响的意见;(4)跟踪评价的结论。

2. 跟踪评价的处理程序

对于规划的不良影响,规划编制机关和生态环境主管部门都有权提出改进措施或提出修订规划的建议。《规划环境影响评价条例》第27—29条分别规定:"规划实施过程中产生重大不良环境影响的,规划编制机关应当及时提出改进措施,向规划审批机关报告,并通报环境保护等有关部门。""环境保护主管部门发现规划实施过程中产生重大不良环境影响的,应当及时进行核查。经核查属实的,向规划审批机关提出采取改进措施或者修订规划的建议。""规划审批机关在接到规划编制机关的报告或者环境保护主管部门的建议后,应当及时组织论证,并根据论证结果采取改进措施或者对规划进行修订。"

3. 规划实施地区区域限批

规划实施区域的重点污染物排放总量超过国家或者地方规定的总量控制指标的,应当暂停审批该规划实施区域内新增该重点污染物排放总量的建设项目的环境影响篇章或者说明、环境影响报告书。

(六) 规划环境影响评价的法律责任

1. 规划编制机关的法律责任

规划编制机关在组织环境影响评价时弄虚作假或者有失职行为,造成环境影响评价严重失实的,对直接负责的主管人员和其他直接责任人员,依法给予处分。规划审批机关有下列行为之一的,对直接负责的主管人员和其他直接责任人员,依法给予处分:(1)对依法应当编写而未编写环境影响篇章或者说明的综合性规划草案和专项规划中的指导性规划草案,予以批准的;(2)对依法应当附送而未附送环境影响报告书的专项规划草案,或者对环境影响报告书未经审查小组审查的专项规划草案,予以批准的。

2. 审查小组的召集部门和专家的法律责任

审查小组的召集部门在组织环境影响报告书审查时弄虚作假或者滥用职权,造成环境影响评价严重失实的,对直接负责的主管人员和其他直接责任人员,依法给予处分。

审查小组的专家在环境影响报告书审查中弄虚作假或者有失职行为,造成环境影响评价严重失实的,由设立专家库的生态环境主管部门取消其入选专家库的资格并予以公告;审查小组的部门代表有上述行为的,依法给予处分。

3. 规划环境影响评价技术机构的法律责任

规划环境影响评价技术机构弄虚作假或者有失职行为,造成环境影响篇章或者说明、环境影响报告书严重失实的,由国务院生态环境主管部门予以通报,处所收费用一倍以上三倍以下的罚款;构成犯罪的,依法追究刑事责任。

4. 规划审批机关的法律责任

规划审批机关对依法应当编写有关环境影响的篇章或者说明而未编写的规划草案,依法应当附送环境影响报告书而未附送的专项规划草案,违法予以批准的,对直接负责的主管人员和其他直接责任人员,由上级机关或者监察机关依法给予行政处分。

三、建设项目环境影响评价制度的内容

建设项目环境影响评价制度同样包括评价范围和时机、评价文件的形式和内容、编制程序、公众参与程序、审批程序、后评价和跟踪评价程序以及法律责任等。

（一）评价范围和时机

《环境影响评价法》规定了建设项目环境影响评价的适用范围为"在中华人民共和国领域和中华人民共和国管辖的其他海域内建设对环境有影响的项目"。《建设项目环境保护管理条例》第9条第1款规定："依法应当编制环境影响报告书、环境影响报告表的建设项目，建设单位应当在开工建设前将环境影响报告书、环境影响报告表报有审批权的环境保护行政主管部门审批；建设项目的环境影响评价文件未依法经审批部门审查或者审查后未予批准的，建设单位不得开工建设。"

（二）评价文件的形式和内容

国家根据建设项目对环境的影响程度，对建设项目的环境影响评价实行分类管理。建设单位应当按照下列规定组织编制环境影响报告书、环境影响报告表或者填报环境影响登记表（以下统称"环境影响评价文件"）：（1）可能造成重大环境影响的，应当编制环境影响报告书，对产生的环境影响进行全面评价；（2）可能造成轻度环境影响的，应当编制环境影响报告表，对产生的环境影响进行分析或者专项评价；（3）对环境影响很小、不需要进行环境影响评价的，应当填报环境影响登记表。

建设项目的环境影响评价分类管理名录，由国务院生态环境主管部门制定并公布。目前，我国使用的是自2021年1月1日起施行的《建设项目环境影响评价分类管理名录》。

建设项目的环境影响报告书应当包括下列内容：（1）建设项目概况；（2）建设项目周围环境现状；（3）建设项目对环境可能造成影响的分析、预测和评估；（4）建设项目环境保护措施及其技术、经济论证；（5）建设项目对环境影响的经济损益分析；（6）对建设项目实施环境监测的建议；（7）环境影响评价的结论。

环境影响报告表和环境影响登记表的内容和格式，由国务院生态环境主管部门制定。

（三）编制程序

建设单位应当按照下列规定组织编制或填报环境影响评价文件。建设单位

可以委托技术单位对其建设项目开展环境影响评价，编制建设项目环境影响报告书、环境影响报告表；建设单位具备环境影响评价技术能力的，可以自行对其建设项目开展环境影响评价，编制建设项目环境影响报告书、环境影响报告表。编制建设项目环境影响报告书、环境影响报告表应当遵守国家有关环境影响评价标准、技术规范等规定。国务院生态环境主管部门应当制定建设项目环境影响报告书、环境影响报告表编制的能力建设指南和监管办法。接受委托为建设单位编制建设项目环境影响报告书、环境影响报告表的技术单位，不得与负责审批建设项目环境影响报告书、环境影响报告表的生态环境主管部门或者其他有关审批部门存在任何利益关系。

（四）公众参与程序

建设单位在环境影响报告书编制和报批前，都应该允许公众参与。第一，建设项目环境影响评价报告书编制时的公众参与。根据《环境保护法》第56条第1款，对依法应当编制环境影响报告书的建设项目，建设单位应当在编制时向可能受影响的公众说明情况，充分征求意见。第二，建设项目环境影响评价报告书报批之前的公众参与。根据《环境影响评价法》第21条，除国家规定需要保密的情形外，对环境可能造成重大影响、应当编制环境影响报告书的建设项目，建设单位应当在报批建设项目环境影响报告书前，举行论证会、听证会，或者采取其他形式，征求有关单位、专家和公众的意见。建设单位报批的环境影响报告书应当附具对有关单位、专家和公众的意见采纳或者不采纳的说明。第三，建设项目环境影响评价报告书审批过程中的公众参与。根据《环境保护法》第56条第2款，审批建设项目环境影响评价文件的部门在收到建设项目环境影响报告书后，除涉及国家秘密和商业秘密的事项外，应当全文公开；发现建设项目未充分征求公众意见的，应当责成建设单位征求公众意见。

（五）审批程序

建设项目的环境影响报告书、报告表，由建设单位按照国务院的规定报有审批权的生态环境主管部门审批。对环境影响登记表，则实行备案管理。海洋工程建设项目的海洋环境影响报告书的审批，依照《海洋环境保护法》的规定办理。审批部门应当自收到环境影响报告书之日起60日内，收到环境影响报告表之日起30日内，分别作出审批决定并书面通知建设单位。审核、审批建设项目环境影响报告书、报告表以及备案环境影响登记表，不得收取任何费用。

国务院生态环境主管部门负责审批下列建设项目的环境影响评价文件：（1）核设施、绝密工程等特殊性质的建设项目；（2）跨省、自治区、直辖市行政区域的建设项目；（3）由国务院审批的或者由国务院授权有关部门审批的建设项目。前述规定以外的建设项目的环境影响评价文件的审批权限,由省、自治区、直辖市人民政府规定。建设项目可能造成跨行政区域的不良环境影响,有关生态环境主管部门对该项目的环境影响评价结论有争议的,其环境影响评价文件由共同的上一级生态环境主管部门审批。

建设项目的环境影响评价文件经批准后,建设项目的性质、规模、地点、采用的生产工艺或者防治污染、防止生态破坏的措施发生重大变动的,建设单位应当重新报批建设项目的环境影响评价文件。建设项目的环境影响评价文件自批准之日起超过5年,方决定该项目开工建设的,其环境影响评价文件应当报原审批部门重新审核;原审批部门应当自收到建设项目环境影响评价文件之日起10日内,将审核意见书面通知建设单位。建设项目的环境影响评价文件未经法律规定的审批部门审查或者审查后未予批准的,该项目审批部门不得批准其建设,建设单位不得开工建设。建设项目建设过程中,建设单位应当同时实施环境影响报告书、环境影响报告表以及环境影响评价文件审批部门审批意见中提出的环境保护对策措施。

(六)后评价和跟踪检查程序

在项目建设、运行过程中产生不符合经审批的环境影响评价文件的情形的,建设单位应当组织环境影响的后评价,采取改进措施,并报原环境影响评价文件审批部门和建设项目审批部门备案;原环境影响评价文件审批部门也可以责成建设单位进行环境影响的后评价,采取改进措施。生态环境主管部门应当对建设项目投入生产或者使用后所产生的环境影响进行跟踪检查,对造成严重环境污染或者生态破坏的,应当查清原因、查明责任。对属于建设项目环境影响报告书、环境影响报告表存在基础资料明显不实,内容存在重大缺陷、遗漏或者虚假,环境影响评价结论不正确或者不合理等严重质量问题的,依照《环境影响评价法》第32条的规定追究建设单位及其相关责任人员和接受委托编制建设项目环境影响报告书、环境影响报告表的技术单位及其相关人员的法律责任;属于审批部门工作人员失职、渎职,对依法不应批准的建设项目环境影响报告书、环境影响报告表予以批准的,依照《环境影响评价法》第34条的规定追究其法律责任。

(七)建设项目环境影响评价的法律责任

1. 建设单位的法律责任

建设单位未依法报批建设项目环境影响报告书、报告表,或者未依照《环境影响评价法》第24条的规定重新报批或者报请重新审核环境影响报告书、报告表,擅自开工建设的,由县级以上生态环境主管部门责令停止建设,根据违法情节和危害后果,处建设项目总投资额1%以上5%以下的罚款,并可以责令恢复原状;对建设单位直接负责的主管人员和其他直接责任人员,依法给予行政处分。建设项目环境影响报告书、报告表未经批准或者未经原审批部门重新审核同意,建设单位擅自开工建设的,依照前述规定处罚、处分。建设单位未依法备案建设项目环境影响登记表的,由县级以上生态环境主管部门责令备案,处5万元以下的罚款。海洋工程建设项目的建设单位有上述违法行为的,依照《海洋环境保护法》的规定处罚。

建设项目环境影响报告书、环境影响报告表存在基础资料明显不实,内容存在重大缺陷、遗漏或者虚假,环境影响评价结论不正确或者不合理等严重质量问题的,由设区的市级以上人民政府生态环境主管部门对建设单位处50万元以上200万元以下的罚款,并对建设单位的法定代表人、主要负责人、直接负责的主管人员和其他直接责任人员,处5万元以上20万元以下的罚款。

2. 环境影响评价文件编制单位和人员的法律责任

接受委托为建设项目环境影响评价提供技术服务的机构在环境影响评价工作中不负责任或者弄虚作假,致使环境影响评价文件失实的,由授予环境影响评价资质的生态环境主管部门降低其资质等级或者吊销其资质证书,并处所收费用1倍以上3倍以下的罚款;构成犯罪的,依法追究刑事责任。

接受委托编制建设项目环境影响报告书、环境影响报告表的技术单位违反国家有关环境影响评价标准和技术规范等规定,致使其编制的建设项目环境影响报告书、环境影响报告表存在基础资料明显不实,内容存在重大缺陷、遗漏或者虚假,环境影响评价结论不正确或者不合理等严重质量问题的,由设区的市级以上人民政府生态环境主管部门对技术单位处所收费用3倍以上5倍以下的罚款;情节严重的,禁止从事环境影响报告书、环境影响报告表编制工作;有违法所得的,没收违法所得。编制单位有上述违法行为的,编制主持人和主要编制人员5年内禁止从事环境影响报告书、环境影响报告表编制工作;构成犯罪的,依法追究刑事责任,并终身禁止从事环境影响报告书、环境影响报告表编制工作。

3. 环境影响评价文件审批部门的法律责任

负责审核、审批、备案建设项目环境影响评价文件的部门在审批、备案中收取费用的,由其上级机关或者监察机关责令退还;情节严重的,对直接负责的主管人员和其他直接责任人员依法给予行政处分。生态环境主管部门或者其他部门的工作人员徇私舞弊,滥用职权,玩忽职守,违法批准建设项目环境影响评价文件的,依法给予行政处分;构成犯罪的,依法追究刑事责任。

第七章 环境与资源保护法律制度 163

第四节 环境保护目标责任制度

一、目标责任制与环境保护目标责任制度的基本理论

(一) 目标责任制

目标管理(management by objectives,MBO)是管理学的一个重要概念,最早由"现代管理学之父"彼得·F.德鲁克(Peter F. Drucker)提出。[①] 目标管理是指通过设定目标、执行目标与考核目标这一完整的流程来整合相关资源、实现管理目的。目标管理这一概念经过长期的发展,已经形成了一整套的理论体系。由于目标管理具有强化约束、提高绩效的特点,20世纪80年代中期以来,目标管理的方法逐渐被引入到我国党、政府、事业单位及其他公共机构的工作中,逐渐形成了目标责任制这一工作方法。有学者对目标责任制这一概念进行了归纳,"所谓目标管理责任制,简言之,就是将上级党政组织所确立的行政总目标逐次进行分解和细化,形成一套目标和指标体系,以此作为各级组织进行'管理'(如考评、奖惩等)的依据,并以书面形式的'责任状/书'在上下级党政部门之间进行层层签订"[②]。

在发展过程中,目标责任制融合了我国的集体主义精神,并且适应了政府自上而下的政治体制,与我国科层制管理方式相耦合,对于整合政府资源、提高政府绩效具有重要的作用。另外,目标责任制因其独特的制度结构,也产生了一些新的问题。例如,决策目标设定过于超前,过于注重数量导致"形象工程""面子工程"等。[③] 正是因为目标责任制在效用上的双重性,对于目标责任制的效用目前存在两种观点:一种观点持批评态度,认为目标责任制逐渐演化成了"政治承包制",使得整个政府在压力之下运行;另一种观点则认为目标责任制更多地起到激励作用,提高了政府效率。[④]

总体来说,只要能够通过法律法规严格规范目标的设定和指标的分解、执行、考核,明确法律责任,目标责任制还是能够对政府行政管理起到积极的作

[①] 参见〔美〕彼得·F.德鲁克:《管理实践》,帅鹏、刘幼兰、丁敬泽译,中国工人出版社1989年版,第89页。
[②] 王汉生、王一鸽:《目标管理责任制:农村基层政权的实践逻辑》,载《社会学研究》2009年第2期。
[③] 目标责任制所产生的一些问题,参见张汝立:《目标责任制与手段选择的偏差——以农村基层政权组织的运行困境为例》,载《理论探讨》2003年第4期。
[④] 对这两种观点的概括参见王汉生、王一鸽:《目标管理责任制:农村基层政权的实践逻辑》,载《社会学研究》2009年第2期。

用。因此,随着政府行政管理范围的扩大和复杂性的增加,目标责任制在我国行政管理中的运用愈发频繁,范围也不断拓展。目前,我国在土地资源管理、水资源管理、污染防治、节能减排以及低碳发展等多个领域已经或者正在进行目标责任制的构建和运用,目标责任制已经成为我国政府行政管理的重要手段之一。

(二)环境保护目标责任制

环境保护目标责任制度是指调整政府与环境、资源、能源和生态有关的目标的设定、执行和考核的一系列规范的集合。这里的"环境"采用的是广义的概念,包括污染防治、自然资源能源、生态保护三个大的领域。环境保护目标责任制度是目标责任制在环境、资源能源和生态领域的具体适用,其基本原理是通过"目标设定—目标分解—目标执行—目标完成情况考核—法律责任"来确保各级人民政府之间、人民政府与监督管理部门之间形成"分包"关系和"考核与被考核"关系,并对各级人民政府以及具体管理部门负责人构成政治压力,以确保上述主体能够切实履行环境职责,实现预定的环境保护目标。

长期以来,我国环境保护主要强调政府环境行政管理权,以企业作为主要监管对象,而忽视了政府环境责任。有学者指出,我国环境立法存在"重政府经济责任,轻政府环境责任""重企业环境义务和追求企业环境责任,轻政府环境义务和追究政府环境责任""重政府环境权力,轻政府环境义务"等八个方面的问题。[①] 要解决上述问题,从根本上扭转经济发展方式,实现经济、环境和社会协调发展,就必须明确政府环境保护的目标和相应的责任。各级人民政府应当设定环境保护目标,通过目标设定、分解、执行和考核来承担起同环境与自然资源保护相关的包括防治环境污染、保护自然资源、优化能源结构、节约能源、减少污染物排放、提升环境质量在内的义务,对环境质量负责。要实现这一目标,就必须在环境管理中推行目标责任制,并通过完善的规范设计将目标责任制从内部工作方法转化为法律制度,使其贯穿于整个环境法律体系之中。

(三)环境保护目标责任制度的立法沿革

环境保护目标责任制度在环境法上的确立并非一蹴而就。1979年《环境保护法(试行)》的主要目标是工业污染防治,对于政府环境责任的规定比较简略,只是原则性要求"国务院和所属各部门、地方各级人民政府必须切实做好环境保护工作",没有关于目标责任的规定。1989年《环境保护法》有了一定的进步,第16条规定:"地方各级人民政府,应当对本辖区的环境质量负责,采取措施改善

---

① 参见蔡守秋:《论政府环境责任的缺陷与健全》,载《河北法学》2008年第3期。

环境质量。"这为环境单行立法规定环境保护目标责任制提供了法律基础。2005年以后,一些环境资源能源单行立法开始明确规定环境保护目标责任制,环境保护目标责任制逐渐成为各单行环境立法的基本制度。例如,2007年修订的《节约能源法》第6条规定:"国家实行节能目标责任制和节能考核评价制度,将节能目标完成情况作为对地方人民政府及其负责人考核评价的内容。省、自治区、直辖市人民政府每年向国务院报告节能目标责任的履行情况。"2008年修订的《水污染防治法》第5条规定:"国家实行水环境保护目标责任制和考核评价制度,将水环境保护目标完成情况作为对地方人民政府及其负责人考核评价的内容。"2008年通过的《循环经济促进法》第8条规定:"县级以上人民政府应当建立发展循环经济的目标责任制,采取规划、财政、投资、政府采购等措施,促进循环经济发展。"此外,一些政策性文件也在不同领域规定了目标责任制。例如,国务院办公厅在2005年发布《省级政府耕地保护责任目标考核办法》,要求省级人民政府对耕地保护实行目标责任制。国务院在2011年发布《"十二五"节能减排综合性工作方案》,要求对节能减排政策行动进行目标责任考核。此外,国务院于2012年发布《国务院关于实行最严格水资源管理制度的意见》,要求在水资源管理领域建立水资源管理责任和考核制度。对于这样一种趋势,2014年修订的《环境保护法》进行了回应,第26条对环境保护目标责任制度进行了规定:"国家实行环境保护目标责任制和考核评价制度。县级以上人民政府应当将环境保护目标完成情况纳入对本级人民政府负有环境保护监督管理职责的部门及其负责人和下级人民政府及其负责人的考核内容,作为对其考核评价的重要依据。考核结果应当向社会公开。"这一规定标志着环境保护目标责任制度已经成为我国环境与资源保护法的基本制度。

二、环境保护目标责任制度的内容

环境保护目标责任制度的内容主要包括目标责任制主体、目标的确立、指标的分解、指标的执行、指标的考核以及责任追究。

(一)目标责任制主体

按照《环境保护法》以及相关立法的规定,目标责任制主体主要是各级人民政府及其负责人,以及各级人民政府具体负有环境保护监督管理职责、资源能源监督管理职责的部门及其负责人。具体到不同类型的目标责任考核以及目标责任考核的不同阶段,涉及的主体可能有所区别。

(二) 目标的确立

目标的确立是环境保护目标责任制的首要内容。基于环境保护的科学性和技术性，环境保护目标往往表现为具体的量化指标，为进一步进行指标分解和考核奠定基础。量化指标一般分为预期性指标和约束性指标两类。预期性指标具有指导意义，并不具有必须要实行的效力。而约束性指标是指在预期性指标基础上进一步明确并强化政府责任的指标，是中央政府在公共服务和涉及公众利益领域对地方政府和中央政府有关部门提出的工作要求。政府要通过合理配置公共资源和有效利用行政力量确保其实现。约束性指标具有法律效力，要纳入各地区、各部门经济社会发展综合评价和绩效考核。

环境目标的确定既是政治过程，也是法律过程。其设定需要遵循两个标准，一是符合统治阶级的意志，二是符合社会发展的客观规律。一般来说，环境保护目标责任制中目标的确立遵循以下程序：首先，由党对制定国民经济和社会发展规划提出相应的建议，确定总体任务和方向；其次，由全国人大批准相应的五年期国民经济和社会发展规划，确立对应阶段的发展目标，并且提出相应的量化指标、重点任务和保障措施；最后，由环境保护总体规划以及专项规划对量化指标予以进一步明确和细化。以"十四五"阶段的环境目标的确定为例。2020年10月29日，中国共产党第十九届中央委员会第五次全体会议通过了《中共中央关于制定国民经济和社会发展第十四个五年规划和二〇三五年远景目标的建议》，提出了"推动绿色发展，促进人与自然和谐共生"的总体要求。针对这一要求，2021年3月由全国人大批准的《中华人民共和国国民经济和社会发展第十四个五年规划和2035年远景目标纲要》确定了单位国内生产总值能源消耗和二氧化碳排放分别降低13.5%和18%、主要污染物排放总量持续减少、森林覆盖率提高到24.1%等一系列的环境、资源、能源目标(见表7-2)。根据《中华人民共和国国民经济和社会发展第十四个五年规划和2035年远景目标纲要》确定的相关约束性指标，2021年11月，国务院发布了《"十四五"生态环境保护规划》，进一步细化了"十四五"期间在污染防治领域应当完成的相关指标(见表7-3)。2021年12月，生态环境部等部门联合印发《"十四五"土壤、地下水和农村生态环境保护规划》，分别从土壤、地下水、农业农村三个方面设置了8项具体指标(见表7-3)。2022年1月，生态环境部等部门联合印发《"十四五"海洋生态环境保护规划》，设置了"近岸海域水质优良(一、二类)比例""自然岸线保有率"等6项指标(见表7-4)。

表 7-2 "十四五"规划纲要确定的资源环境指标①

指标	2020年	2025年	年均/累计	属性
➤ 绿色生态				
（14）单位GDP能源消耗降低(%)	—	—	〔13.5〕	约束性
（15）单位GDP二氧化碳排放降低(%)	—	—	〔18〕	约束性
（16）地级及以上城市空气质量优良天数比率(%)	87.0	87.5	—	约束性
（17）地表水达到或好于Ⅲ类水体比例(%)	83.4	85.0	—	约束性
（18）森林覆盖率(%)	23.2	24.1	—	约束性

表 7-3 "十四五"土壤、地下水和农业农村生态环境保护主要指标②

类型	指标名称	2020年（现状值）	2025年	指标属性
土壤生态环境	受污染耕地安全利用率	90%左右	93%左右	约束性
	重点建设用地安全利用①	—	有效保障	约束性
地下水生态环境	地下水国控点位Ⅴ类水比例②	25%左右	25%左右	预期性
	"双源"点位水质	—	总体保持稳定	预期性
农业农村生态环境	主要农作物化肥使用量		减少	预期性
	主要农作物农药使用量		减少	预期性
	农村环境整治村庄数量		新增8万个	预期性
	农村生活污水治理率③	25.5%	40%	预期性

注：① 重点建设用地指用途变更为住宅、公共管理与公共服务用地的所有地块。
② 地下水国控点位Ⅴ类水比例指国家级地下水质区域监测点位中，水质为Ⅴ类的点位所占比例。
③ 农村生活污水治理率指生活污水得到处理和资源化利用的行政村数占行政村总数的比例。

表 7-4 "十四五"全国海洋生态环境保护主要指标③

指标	2020年	2025年
近岸海域水质优良（一、二类）比例	77.4%	79%左右
国控河流入海断面劣Ⅴ类水质比例	0.5%	基本消除
自然岸线保有率	35.0%	>35%
整治修复岸线长度	—	≥400千米
整治修复滨海湿地面积	—	≥2万公顷
推进美丽海湾建设数量	—	50个左右

① 参见《中华人民共和国国民经济和社会发展第十四个五年规划和2035年远景目标纲要》。
② 参见《"十四五"土壤、地下水和农村生态环境保护规划》。
③ 参见《"十四五"海洋生态环境保护规划》。

(三) 指标的分解

在指标确立之后,下一阶段的工作是将指标分解到各省级人民政府,再由省级人民政府向下一级政府分解,通过逐级依次分解最终落实到基层人民政府。

以"十四五"期间节能减排指标的分解为例,国务院 2021 年 12 月发布的《"十四五"节能减排综合工作方案》对节能减排指标分解作出要求。在优化完善能耗双控制度方面,国家对各省(自治区、直辖市)"十四五"能耗强度降低实行基本目标和激励目标双目标管理,由各省(自治区、直辖市)分解到每年,完善能源消费总量指标确定方式,各省(自治区、直辖市)根据地区生产总值增速目标和能耗强度降低基本目标确定年度能源消费总量目标,经济增速超过预期目标的地区可相应调整能源消费总量目标;在健全污染物排放总量控制制度方面,优化总量减排指标分解方式,按照可监测、可核查、可考核的原则,将重点工程减排量下达地方,污染治理任务较重的地方承担相对较多的减排任务;在强化工作落实方面,要科学考核,防止简单层层分解。按照这一工作方案的要求,国务院各有关部门根据各地区情况与环境质量改善任务确定了不同指标的分解计划,包括"十四五"各地区能耗总量和强度"双控"目标、"十四五"主要行业和部门节能指标等。各地方则根据国家下达的目标进一步制定全省的分解落实方案,进一步将任务分解到市县一级。

(四) 指标的执行

指标的执行是环境保护目标责任制度之中最为重要的环节,其他环节的最终目的其实都是指标能够得到有效执行,环境保护目标能够顺利实现。目前,对于指标的执行,《环境保护法》以及各单行环境、资源能源立法并无详细的规定。一般由环境规划、意见、工作方案等政府规范性文件规定相应的配套措施,确定工作重点、主要手段以及保障措施。例如,在节能减排目标责任制中,为了实现"十二五"节能减排目标,国家发布了一系列的政策性文件,对保障节能减排的行政、经济、技术等手段作出了规定,其中,最为重要的是《"十二五"节能减排综合性工作方案》。该方案规定了调整优化产业结构、实施节能减排重点工程、加强节能减排管理、大力发展循环经济、加快节能减排技术开发和推广应用、实施节能减排经济政策、强化节能减排监督检查以及推广节能减排市场化机制等主要措施。又如,为了推行水资源管理目标责任制度,建立最严格水资源管理制度体系,国务院于 2012 年发布了《国务院关于实行最严格水资源管理制度的意见》,提出了严格实行用水总量控制、全面推进节水型社会建设、严格控制入河湖排污总量以及健全水资源监控体系等保障措施。

总体来说,由于目标责任制所针对的目标具有很强的政策性,对于如何实现指标,并没有强制性的法律规定。各地总体上的原则是在大的层面上坚持国家的总体要求,在具体执行层面上依据本地的实际情况,制定具体的执行措施。不过,这种特性也造成了一定的问题:由于地方政府处在大量的不同领域的目标责任考核之下,尤其是在经济发展方面,政府面临着比环境资源能源考核更大的压力,因此在很多情况下,政府不得不在不同目标责任制间求得平衡,转而寻求一些违反基本法理的执行措施。①

(五) 指标的考核

指标的考核在环境保护目标责任制中的地位和作用同样十分重要。从某种意义上说,作为被考核主体的各级地方政府,与其说是在围绕环境规划确定的目标转,不如说是在围绕着考核的"指挥棒"转。因此,考核方法、程序以及后续的奖惩措施设计是否合理,直接决定了相应的环境保护目标责任制度能否顺利实现其效果。

目前,对于考核的方法、程序,相关立法一般只作原则性规定,而将考核的具体办法留待相应的政府规章、部门规章来规定,并由具体部门出台相应的实施方案来落实。总的来说,一般由考核主体成立相应的考核工作组进行考核,考核的形式包括被考核主体自查、考核主体审查材料、考核主体抽查等,考核的内容包括投入指标和产出指标。投入指标是指在执行中采取的措施,而产出指标则是指实际取得的效果。例如,按照《国务院关于实行最严格水资源管理制度的意见》的要求,国务院准备对各省级人民政府进行水资源管理考核。为此,国务院办公厅于2013年1月发布了《实行最严格水资源管理制度考核办法》。按照该办法的规定,水利部会同国家发展和改革委员会、工业和信息化部等部门组成考核工作组,负责具体组织实施。考核内容为最严格水资源管理制度目标完成、制度建设和措施落实情况。考核工作与国民经济和社会发展五年规划相对应,每五年为一个考核期,采用年度考核和期末考核相结合的方式进行。在考核期的第二年至第五年上半年开展上年度考核,在考核期结束后的次年上半年开展期末考核。为了落实这一办法的要求,水利部等十部门于2014年2月联合发布了《实行最严格水资源管理制度考核工作实施方案》。再如,为建立健全省级人民

---

① 例如,在"十一五"节能减排过程中,一些地区为了完成节能指标,出现了"拉闸限电",侵犯企业公民合法权益的情况。如河北安平,浙江温州、湖州、嘉兴等。参见陈中小路:《部分地区全年电量安排不合理导致年底突击限电》,载《南方周末》2011年9月25日。甚至出现了在气温零下10摄氏度时,地方政府为了完成节能减排指标而停止供暖的情况。参见涂重航:《河南林州为完成减排停止供暖 昨日最低温−10℃》,载《新京报》2011年1月12日。

政府耕地保护责任目标考核制度,国务院办公厅于2018年1月印发修订后的《省级政府耕地保护责任目标考核办法》,对耕地保护责任目标履行情况的考核主体、考核程序、考核依据等事项作出规定。

(六)责任追究

环境保护目标责任制的责任追究并不限于法律责任,而是根据具体情况施加政治责任、党纪政纪责任或者法律责任。责任追究的对象主要是各级人民政府或者具体部门的负责人以及具体的工作人员。责任追究的原因一般包括未完成预期指标和弄虚作假。

1. 未完成指标的责任追究

就未完成指标来说,应当具体问题具体分析,对被考核的政府或者部门负责人以及具体执行人员分别根据具体情形施加相应的责任。

对被考核的政府或者部门负责人来说,在未完成指标的情况下可能会承担以下责任:第一,领导不力的政治责任。《关于实行党政领导干部问责的暂行规定》第5条规定:"有下列情形之一的,对党政领导干部实行问责:(一)决策严重失误,造成重大损失或者恶劣影响的;(二)因工作失职,致使本地区、本部门、本系统或者本单位发生特别重大事故、事件、案件,或者在较短时间内连续发生重大事故、事件、案件,造成重大损失或者恶劣影响的;(三)政府职能部门管理、监督不力,在其职责范围内发生特别重大事故、事件、案件,或者在较短时间内连续发生重大事故、事件、案件,造成重大损失或者恶劣影响的……"按照这一规定,如果在政府及相关生态环境主管部门管辖范围内发生重大决策失误或发生重大环境污染事故的情况下或者有其他情况的(如未完成环境保护目标),应当对被考核的政府或者部门负责人进行问责。在责任大小上,则根据实际情况适用该暂行规定中所列举的责令公开道歉、停职检查、引咎辞职、责令辞职、免职中的一种。如果地方有相关政府规章的,应当适用地方政府规章。例如,南京市在2009年出台了《南京市党政领导干部问责办法(试行)》,其中规定了告诫或责令作出检查这一责任形式。在节能减排考核过程中,南京市就对未完成节能减排指标任务的11名区县领导人分别给予告诫的问责处理。第二,党纪政纪责任。《关于实行党政领导干部问责的暂行规定》第4条规定:"党政领导干部受到问责,同时需要追究纪律责任的,依照有关规定给予党纪政纪处分;涉嫌犯罪的,移送司法机关依法处理。"因此,如果政府与相关行政部门负责人在未完成指标的情况下,同时违反了党纪政纪的,还应当给予相应的党纪政纪处分。第三,刑事责任。如果涉嫌犯罪,政府与相关行政部门负责人应当承担刑事责任。例如,在指标执行过程中涉嫌犯渎职罪的,应当移送司法机关。第四,作出不利的干部考核评价。例如,《实行最严格水资源管理制度考核办法》第11条规定:"经国务院审定的年度和期末考核结果,交由干部主管部门,作为对各省、自治区、直辖市人民政府主要负责人和领导班子综合考核评价的重要依据。"因此,如果政府及相关行政部门负责人违法行使职权或未履行环境法律义务,应当对其作出不利的干部考核评价。第五,被问责的领导干部还需要承担失去获得奖励、先进评选资格等证明评价的后果。《关于实行党政领导干部问责的暂行规定》第10条第1款规定:"受到问责的党政领导干部,取消当年年度考核评优和评选各类先进的资格。"

对具体执行的国家机关工作人员,责任形式包括:第一,如果执行的国家机关工作人员因玩忽职守、徇私舞弊等原因导致指标未完成但尚未违反法律的,应当由监察机关根据监察法的相关规定追究其违纪责任。第二,如果具体责任人是共产党员,应当由纪律检查委员会追究其党纪责任。第三,如果其行为也违反了刑法的相关规定,则应当由司法机关追究其法律责任。

2. 弄虚作假的责任追究

目标责任制针对的是探索性的事务,因此某些地方政府部门难免由于准备不足、资源配置不充分等原因无法完成目标任务,这属于整个制度设计的合理宽限范围内。而谎报瞒报行为则不同,它在根本上与目标责任制的精神相违背,可能会导致整个目标责任制度形同虚设。因此,对于弄虚作假行为,在责任追究的严厉程度上一定要重于未完成指标的责任追究,否则,可能会对地方人民政府造成反向激励。具体来说,首先,对地方人民政府应当采取"一票否决制",划定为考核不合格,并责令采取严厉的整改措施。其次,对地方人民政府负责人应当进行问责,遵照《关于实行党政领导干部问责的暂行规定》的规定处理。在程度上,应当重于未完成目标责任的问责。此外,也应当实行"一票否决制",其年度干部考评应当被划定为不合格。对于涉嫌弄虚作假的具体负责人,应当由监察机关追究其相应的纪律责任;责任人是中共党员的,应当追究其党纪政纪责任;违反法律的,应当同时由司法机关追究其法律责任。

总体而言,在责任追究上,目标责任制应当坚持"宽严相济"的责任追究方针。一方面,在考核之中为地方政府留有一定的主动权和行动空间,鼓励地方政府积极配合中央完成目标责任;另一方面,对于地方政府弄虚作假的行为,要予以坚决惩处。唯有如此,才能确保目标责任制得到有效落实。

第五节 环境标准制度

一、环境标准与环境标准制度的基本理论

(一)环境标准

环境标准是指"为了保护人群健康、保护社会财富和维护生态平衡,就环境质量以及污染物的排放、环境监测方法以及其他需要的事项,按照法律规定程序制定的各种技术指标和规范的总称"[1]。环境保护具有较强的技术性特征,因此,环境标准在环境保护工作中的作用至关重要。各国环境立法一般对环境标准进行明确的法律规定。例如,日本《环境基本法》第 16 条规定:"政府应根据与大气污染、水体污染、土壤污染和噪声有关的环境条件,分别制定保护人体健康和保全生活环境的理想标准。"我国环境立法也对环境标准进行了规定,《生态环境标准管理办法》第 3 条规定:"本办法所称生态环境标准,是指由国务院生态环境主管部门和省级人民政府依法制定的生态环境保护工作中需要统一的各项技术要求。"

通说认为,环境标准本身不能直接实现其效力,需要通过上升为法律规范或借助于其他法律规范而得以实施。[2] 环境标准本身虽然不具有法律规范所具有的结构,但却是衡量和评价环境质量、制定环境规划、进行环境监测的主要依据,同时也是环境法律规范得以实施的基础。有学者对不同类型的环境标准的作用进行了归纳:环境质量标准是确定环境是否被污染以及排污者是否应履行相应的法律义务和承担相应的法律责任的根据之一;污染物排放标准是认定排污者的排污行为是否合法以及应否履行相应的法律义务和承担相应的法律责任的根据之一;环境基础标准、环境方法标准和标准样品,是确认与排污有关的数据是否具有可比性的根据之一,是在发生环境纠纷时确认各方所出示的证据是否为有效证据的根据之一,是在审查、批准所编制的各种环境标准时确认其是否符合标准规范的依据之一。[3]

从法律效力上说,不同类型的环境标准的法律效力有所区别。按照《标准化法》《生态环境标准管理办法》的规定,环境标准可以区分为强制性环境标准和推荐性环境标准。强制性标准具有强制性的法律效力,违反强制性标准需要承担

---

[1] 汪劲:《环境法学》(第 3 版),北京大学出版社 2014 年版,第 123 页。
[2] 参见王春磊:《环境标准的法律效力:问题梳理及实践动向》,载《中州学刊》2016 年第 11 期。
[3] 参见蔡守秋:《论环境标准与环境法的关系》,载《环境保护》1995 年第 4 期。

特定的法律责任。《标准化法》第2条第3款规定,"强制性标准必须执行。"第25条规定:"不符合强制性标准的产品、服务,不得生产、销售、进口或者提供。"《生态环境标准管理办法》第5条规定:"国家和地方生态环境质量标准、生态环境风险管控标准、污染物排放标准和法律法规规定强制执行的其他生态环境标准,以强制性标准的形式发布。法律法规未规定强制执行的国家和地方生态环境标准,以推荐性标准的形式发布。强制性生态环境标准必须执行。推荐性生态环境标准被强制性生态环境标准或者规章、行政规范性文件引用并赋予其强制执行效力的,被引用的内容必须执行,推荐性生态环境标准本身的法律效力不变。"推荐性环境标准则不具有强制性的法律效力,由相应的主体自愿决定是否遵守。

(二) 环境标准制度的概念与立法沿革

环境标准制度是涉及环境标准的一系列法律规范所组成的规范体系。环境标准制度并不是环境标准本身,而是有关环境标准的法律规范的集合。环境标准制度规定了管理体制、环境标准体系、制定程序和审批程序等,为环境标准的科学性、合理性以及有效运行提供了法律上的保障。

我国早在1973年就颁布了国内首个环境标准——《工业"三废"排放试行标准》。1979年《环境保护法(试行)》第26条规定:"国务院设立环境保护机构,主要职责是:(一) 贯彻并监督执行国家有关保护环境的方针、政策和法律、法令;(二) 会同有关部门拟定环境保护的条例、规定、标准和经济技术政策……"该条授权国务院环境保护机构会同有关部门拟定环境保护标准,并要求排放单位遵守国家制定的环境标准,从而使环境标准的制定和实施有了法律依据。80年代末,我国环境标准相关立法有了较快的发展。1988年,我国颁布了《标准化法》,该法对应当制定标准的领域、标准的管理体制、标准的制定、标准的实施以及法律责任进行了系统的规定。第2条第1款明确规定:"对下列需要统一的技术要求,应当制定标准:……(三) 有关环境保护的各项技术要求和检验方法。……(五) 有关工业生产、工程建设和环境保护的技术术语、符号、代号和制图方法。"1989年《环境保护法》对环境质量标准及污染物排放标准的制定进行了明确规定。1999年,国家环境保护总局根据上述两部立法发布了《环境标准管理办法》。该办法对环境标准的制定、实施及对实施环境标准的监督作了进一步细致的规定,对于推动环境标准工作的制度化、法制化起到了重要的作用。2004年,国家环境保护总局发布《地方环境质量标准和污染物排放标准备案管理办法》,对地方环境保护标准的备案管理作出规定。除了上述专门立法以外,《环境保护法》《大气污染防治法》《水污染防治法》《环境保护标准管理办法》等对相应领域的环境标准管理也各自作出了具体的规定。此外,环境保护部也在积极推进环境保护标准工作。2017年2月,环境保护部发布了《国家环境保护标准制修订工作管理办法》,对修订工作的程序进行了详细规定。2017年4月,环境保护部发布了《国家环境保护标准"十三五"发展规划》,明确了"十三五"期间环境标准工作的主要内容,对环境保护标准修改、环境保护标准实施评估、环境保护标准宣传培训等方面的任务进行了规定。2020年,生态环境部发布《生态环境标准管理办法》。该办法是对《环境标准管理办法》和《地方环境质量标准和污染物排放标准备案管理办法》的整合修订,完善了标准类别和体系划分,明确了各类标准的作用定位、制定原则及实施规则,规定了地方标准制定与备案有关的新要求。环境标准制度的建设已经形成了一个相对完整的法律、规章和规划体系,这为环境标准体系建设提供了有力的保障。

二、环境标准制度的内容

（一）环境标准的管理体制

按照《生态环境标准管理办法》的规定,国务院生态环境主管部门依法制定并组织实施国家生态环境标准,评估国家生态环境标准实施情况,开展地方生态环境标准备案,指导地方生态环境标准管理工作。省级人民政府依法制定地方生态环境质量标准、地方生态环境风险管控标准和地方污染物排放标准,并报国务院生态环境主管部门备案。机动车等移动源大气污染物排放标准由国务院生态环境主管部门统一制定。地方各级生态环境主管部门在各自职责范围内组织实施生态环境标准。

（二）横向上的环境标准体系

环境标准是纵向上由国家和地方两级环境标准,横向上由生态环境质量标准、生态环境风险管控标准、污染物排放标准、生态环境监测标准、生态环境基础标准、国家生态环境管理技术规范所组成的体系。

1. 生态环境质量标准

为保护生态环境,保障公众健康,增进民生福祉,促进经济社会可持续发展,限制环境中有害物质和因素,制定生态环境质量标准。生态环境质量标准是为保障人群健康、维护生态环境和保障社会物质财富,并留有一定的安全余量,对环境中的有害物质和因素所作的限制性规定。国家环境质量标准是一定时期内衡量环境优劣程度的标准,从某种意义上讲是环境质量的目标标准。生态环境质量标准包括大气环境质量标准、水环境质量标准、海洋环境质量标准、声环境质量标准、核与辐射安全基本标准,例如《地表水环境质量标准》《环境空气质量标准》《海水水质标准》《土壤环境质量标准》《景观娱乐用水水质标准》等。

制定生态环境质量标准,应当反映生态环境质量特征,以生态环境基准研究成果为依据,与经济社会发展和公众生态环境质量需求相适应,科学合理确定生态环境保护目标。生态环境质量标准应当包括下列内容:功能分类、控制项目及限值规定、监测要求、生态环境质量评价方法、标准实施与监督等。

生态环境质量标准是开展生态环境质量目标管理的技术依据,由生态环境主管部门统一组织实施。实施大气、水、海洋、声环境质量标准,应当按照标准规定的生态环境功能类型划分功能区,明确适用的控制项目指标和控制要求,并采取措施达到生态环境质量标准的要求。实施核与辐射安全基本标准,应当确保核与辐射的公众暴露风险可控。

2. 生态环境风险管控标准

为保护生态环境,保障公众健康,推进生态环境风险筛查与分类管理,维护生态环境安全,控制生态环境中的有害物质和因素,制定生态环境风险管控标准。生态环境风险管控标准是开展生态环境风险管理的技术依据。实施土壤污染风险管控标准,应当按照土地用途分类管理,管控风险,实现安全利用。

生态环境风险管控标准包括土壤污染风险管控标准以及法律法规规定的其他环境风险管控标准。例如《土壤环境质量 农用地土壤污染风险管控标准(试行)》(GB 15618-2018)、《土壤环境质量 建设用地土壤污染风险管控标准(试行)》(GB 36600-2018)等。生态环境风险管控标准应当包括功能分类、控制项目及风险管控值规定、监测要求、风险管控值使用规则、标准实施与监督等。

3. 污染物排放标准

为改善生态环境质量,控制排入环境中的污染物或者其他有害因素,根据生态环境质量标准和经济、技术条件,制定污染物排放标准。国家污染物排放标准是对全国范围内污染物排放控制的基本要求。地方污染物排放标准是地方为进一步改善生态环境质量和优化经济社会发展,对本行政区域提出的国家污染物排放标准的补充规定或者更加严格的规定。污染物排放标准规定的污染物排放方式、排放限值等是判定污染物排放是否超标的技术依据。排放污染物或者其他有害因素,应当符合污染物排放标准规定的各项控制要求。

污染物排放标准包括大气污染物排放标准、水污染物排放标准、固体废物污染控制标准、环境噪声排放控制标准和放射性污染防治标准等。水和大气污染物排放标准,根据适用对象分为行业型、综合型、通用型、流域(海域)或者区域型污染物排放标准。行业型污染物排放标准适用于特定行业或者产品污染源的排放控制;综合型污染物排放标准适用于行业型污染物排放标准适用范围以外的其他行业污染源的排放控制；通用型污染物排放标准适用于跨行业通用生产工艺、设备、操作过程或者特定污染物、特定排放方式的排放控制；流域（海域）或者区域型污染物排放标准适用于特定流域（海域）或者区域范围内的污染源排放控制。例如，《污水综合排放标准》《大气污染物综合排放标准》《恶臭污染物排放标准》《船舶污染物排放标准》等。

制定行业型或者综合型污染物排放标准，应当反映所管控行业的污染物排放特征，以行业污染防治可行技术和可接受生态环境风险为主要依据，科学合理确定污染物排放控制要求。制定通用型污染物排放标准，应当针对所管控的通用生产工艺、设备、操作过程的污染物排放特征，或者特定污染物、特定排放方式的排放特征，以污染防治可行技术、可接受生态环境风险、感官阈值等为主要依据，科学合理确定污染物排放控制要求。制定流域（海域）或者区域型污染物排放标准，应当围绕改善生态环境质量、防范生态环境风险、促进转型发展，在国家污染物排放标准基础上作出补充规定或者更加严格的规定。污染物排放标准应当包括下列内容：适用的排放控制对象、排放方式、排放去向等情形；排放控制项目、指标、限值和监测位置等要求，以及必要的技术和管理措施要求；适用的监测技术规范、监测分析方法、核算方法及其记录要求；达标判定要求；标准实施与监督等。

污染物排放标准按照下列顺序执行：第一，地方污染物排放标准优先于国家污染物排放标准；地方污染物排放标准未规定的项目，应当执行国家污染物排放标准的相关规定。第二，同属国家污染物排放标准的，行业型污染物排放标准优先于综合型和通用型污染物排放标准；行业型和综合型污染物排放标准未规定的项目，应当执行通用型污染物排放标准的相关规定。第三，同属地方污染物排放标准的，流域（海域）或者区域型污染物排放标准优先于行业型污染物排放标准，行业型污染物排放标准优先于综合型和通用型污染物排放标准。流域（海域）或者区域型污染物排放标准未规定的项目，应当执行行业型或者综合型污染物排放标准的相关规定；流域（海域）或者区域型、行业型和综合型污染物排放标准均未规定的项目，应当执行通用型污染物排放标准的相关规定。

4. 生态环境监测标准

为监测生态环境质量和污染物排放情况，开展达标评定和风险筛查与管控，规范布点采样、分析测试、监测仪器、卫星遥感影像质量、量值传递、质量控制、数据处理等监测技术要求，制定生态环境监测标准。

生态环境监测标准包括生态环境监测技术规范、生态环境监测分析方法标准、生态环境监测仪器及系统技术要求、生态环境标准样品等。例如，《近岸海域环境监测规范》(HJ 442-2008)、《辐射环境监测技术规范》(HJ 61-2021)、《声屏障声学设计和测量规范》(HJ/T 90-2004)、《酸雨标准样品 B》(GSB 07-2242-2008)、《酸雨标准样品 C》(GSB 07-2243-2008)等。

制定生态环境监测标准应当配套支持生态环境质量标准、生态环境风险管控标准、污染物排放标准的制定和实施,以及优先控制化学品环境管理、国际履约等生态环境管理及监督执法需求,采用稳定可靠且经过验证的方法,在保证标准的科学性、合理性、普遍适用性的前提下提高便捷性,易于推广使用。生态环境监测技术规范应当包括监测方案制定、布点采样、监测项目与分析方法、数据分析与报告、监测质量保证与质量控制等内容。生态环境监测分析方法标准应当包括试剂材料、仪器与设备、样品、测定操作步骤、结果表示等内容。生态环境监测仪器及系统技术要求应当包括测定范围、性能要求、检验方法、操作说明及校验等内容。

制定生态环境质量标准、生态环境风险管控标准和污染物排放标准时,应当采用国务院生态环境主管部门制定的生态环境监测分析方法标准;国务院生态环境主管部门尚未制定适用的生态环境监测分析方法标准的,可以采用其他部门制定的监测分析方法标准。对生态环境质量标准、生态环境风险管控标准和污染物排放标准实施后发布的生态环境监测分析方法标准,未明确是否适用于相关标准的,国务院生态环境主管部门可以组织开展适用性、等效性比对;通过比对的,可以用于生态环境质量标准、生态环境风险管控标准和污染物排放标准中控制项目的测定。

对地方生态环境质量标准、地方生态环境风险管控标准或者地方污染物排放标准中规定的控制项目,国务院生态环境主管部门尚未制定适用的国家生态环境监测分析方法标准的,可以在地方生态环境质量标准、地方生态环境风险管控标准或者地方污染物排放标准中规定相应的监测分析方法,或者采用地方生态环境监测分析方法标准。适用于该控制项目监测的国家生态环境监测分析方法标准实施后,地方生态环境监测分析方法不再执行。

5. 生态环境基础标准

为统一规范生态环境标准的制订技术工作和生态环境管理工作中具有通用指导意义的技术要求,制定生态环境基础标准,包括生态环境标准制订技术导则,生态环境通用术语、图形符号、编码和代号(代码)及其相应的编制规则等。例如,《环境管理体系——要求及使用指南》(GB/T 24001-2016)、《环境保护图形标志——排放口(源)》(GB 15562.1-1995)、《环境保护设备分类与命名》(HJ/T 11-1996)等。

制定生态环境标准制订技术导则,应当明确标准的定位、基本原则、技术路线、技术方法和要求,以及对标准文本及编制说明等材料的内容和格式要求。制定生态环境通用术语、图形符号、编码和代号(代码)编制规则等,应当借鉴国际标准和国内标准的相关规定,做到准确、通用、可辨识,力求简洁易懂。制定生态环境标准,应当符合相应类别生态环境标准制订技术导则的要求,采用生态环境基础标准规定的通用术语、图形符号、编码和代号(代码)编制规则等,做到标准内容衔接、体系协调、格式规范。在生态环境保护工作中使用专业用语和名词术语,设置图形标志,对档案信息进行分类、编码等,应当采用相应的术语、图形、编码技术标准。

6. 国家生态环境管理技术规范

为规范各类生态环境保护管理工作的技术要求,制定生态环境管理技术规范,包括大气、水、海洋、土壤、固体废物、化学品、核与辐射安全、声与振动、自然生态、应对气候变化等领域的管理技术指南、导则、规程、规范等。制定生态环境管理技术规范应当有明确的生态环境管理需求,内容科学合理,针对性和可操作性强,有利于规范生态环境管理工作。生态环境管理技术规范为推荐性标准,在相关领域环境管理中实施。

(三) 纵向上的环境标准体系

环境标准在纵向上可以分为国家和地方两级环境标准。

1. 国家生态环境标准

国家生态环境标准包括国家生态环境质量标准、国家生态环境风险管控标准、国家污染物排放标准、国家生态环境监测标准、国家生态环境基础标准和国家生态环境管理技术规范。

国务院生态环境主管部门依法制定并组织实施国家生态环境标准,评估国家生态环境标准实施情况,开展地方生态环境标准备案,指导地方生态环境标准管理工作。机动车等移动源大气污染物排放标准由国务院生态环境主管部门统一制定。制定国家生态环境标准,应当根据生态环境保护需求编制标准项目计划,组织相关事业单位、行业协会、科研机构或者高等院校等开展标准起草工作,广泛征求国家有关部门、地方政府及相关部门、行业协会、企业事业单位和公众等方面的意见,并组织专家进行审查和论证。

国家生态环境标准在全国范围或者标准指定区域范围执行。国家生态环境标准针对全国范围内的一般环境问题,其控制指标的确定是按全国的平均水平和要求提出的,适用于全国的环境保护工作。国家环境标准在整个环境标准的体系中处于核心地位,是国家环境政策目标的综合反映。

2. 地方生态环境标准

地方生态环境标准包括地方生态环境质量标准、地方生态环境风险管控标准、地方污染物排放标准和地方其他生态环境标准。

省级人民政府依法制定地方生态环境质量标准、地方生态环境风险管控标准和地方污染物排放标准,并报国务院生态环境主管部门备案。地方环境质量标准一般包括大气环境质量标准、水环境质量标准等。地方污染物排放标准一般包括大气污染物排放标准、水污染物排放标准,例如《浙江省造纸工业(废纸类)水污染物排放标准》《上海市液化石油气发动机助力车怠速污染物排放标准》等。

地方各级生态环境主管部门在各自职责范围内组织实施生态环境标准。地方生态环境标准在发布该标准的省、自治区、直辖市行政区域范围或者标准指定区域范围执行。有地方生态环境质量标准、地方生态环境风险管控标准和地方污染物排放标准的地区,应当依法优先执行地方标准。

地方生态环境标准是对国家环境标准的补充和完善。地方生态环境质量标准、地方生态环境风险管控标准和地方污染物排放标准可以对国家相应标准中未规定的项目作出补充规定,也可以对国家相应标准中已规定的项目作出更加严格的规定。对本行政区域内没有国家污染物排放标准的特色产业、特有污染物,或者国家有明确要求的特定污染源或者污染物,应当补充制定地方污染物排放标准。有下列情形之一的,应当制定比国家污染物排放标准更严格的地方污染物排放标准:产业密集、环境问题突出的;现有污染物排放标准不能满足行政区域内环境质量要求的;行政区域环境形势复杂,无法适用统一的污染物排放标准的。国务院生态环境主管部门应当加强对地方污染物排放标准制定工作的指导。

制定地方生态环境标准,或者提前执行国家污染物排放标准中相应排放控制要求的,应当根据本行政区域生态环境质量改善需求和经济、技术条件,进行全面评估论证,并充分听取各方意见。制定地方流域(海域)或者区域型污染物排放标准,应当按照生态环境质量改善要求,进行合理分区,确定污染物排放控制要求,促进流域(海域)或者区域内行业优化布局、调整结构、转型升级。

地方生态环境质量标准、地方生态环境风险管控标准和地方污染物排放标准发布后,省级人民政府或者其委托的省级生态环境主管部门应当依法报国务院生态环境主管部门备案。地方生态环境质量标准、地方生态环境风险管控标准和地方污染物排放标准报国务院生态环境主管部门备案时,应当提交标准文本、编制说明、发布文件等材料。标准编制说明应当设立专章,说明与该标准适用范围相同或者交叉的国家生态环境标准中控制要求的对比分析情况。国务院生态环境主管部门收到地方生态环境标准备案材料后,予以备案,并公开相关备案信息;发现问题的,可以告知相关省级生态环境主管部门,建议按照法定程序修改。

新发布实施的国家生态环境质量标准、生态环境风险管控标准或者污染物排放标准规定的控制要求严于现行的地方生态环境质量标准、生态环境风险管控标准或者污染物排放标准的,地方生态环境质量标准、生态环境风险管控标准或者污染物排放标准,应当依法修订或者废止。

(四) 环境标准的制定

1. 环境标准制定的原则

按照《生态环境标准管理办法》的规定,制定生态环境标准,应当遵循合法合规、体系协调、科学可行、程序规范等原则。

2. 环境标准制定的程序

按照《生态环境标准管理办法》的规定,制定国家生态环境标准,应当根据生态环境保护需求编制标准项目计划,组织相关事业单位、行业协会、科研机构或者高等院校等开展标准起草工作,广泛征求国家有关部门、地方政府及相关部门、行业协会、企业事业单位和公众等方面的意见,并组织专家进行审查和论证。

3. 环境标准的发布

生态环境标准发布时,应当留出适当的实施过渡期。生态环境质量标准、生态环境风险管控标准、污染物排放标准等发布前,应当明确配套的污染防治、监测、执法等方面的指南、标准、规范及相关制定或者修改计划,以及标准宣传培训方案,确保标准有效实施。

4. 环境标准制定的具体要求

制定生态环境标准,不得增加法律法规规定之外的行政权力事项或者减少法定职责;不得设定行政许可、行政处罚、行政强制等事项,增加办理行政许可事项的条件,规定出具循环证明、重复证明、无谓证明的内容;不得违法减损公民、法人和其他组织的合法权益或者增加其义务;不得超越职权规定应由市场调节、企业和社会自律、公民自我管理的事项;不得违法制定含有排除或者限制公平竞争内容的措施,违法干预或者影响市场主体正常生产经营活动,违法设置市场准入和退出条件等。生态环境标准中不得规定采用特定企业的技术、产品和服务,不得出现特定企业的商标名称,不得规定采用尚在保护期内的专利技术和配方不公开的试剂,不得规定使用国家明令禁止或者淘汰使用的试剂。

（五）环境标准的评估和修订

1. 环境标准的实施评估

为掌握生态环境标准实际执行情况及存在的问题，提升生态环境标准科学性、系统性、适用性，标准制定机关应当根据生态环境和经济社会发展形势，结合相关科学技术进展和实际工作需要，组织评估生态环境标准实施情况，并根据评估结果对标准适时进行修订。

强制性生态环境标准应当定期开展实施情况评估，与其配套的推荐性生态环境标准实施情况可以同步开展评估。生态环境质量标准实施评估，应当依据生态环境基准研究进展，针对生态环境质量特征的演变，评估标准技术内容的科学合理性。生态环境风险管控标准实施评估，应当依据环境背景值、生态环境基准和环境风险评估研究进展，针对环境风险特征的演变，评估标准风险管控要求的科学合理性。污染物排放标准实施评估，应当关注标准实施中普遍反映的问题，重点评估标准规定内容的执行情况，论证污染控制项目、排放限值等设置的合理性，分析标准实施的生态环境效益、经济成本、达标技术和达标率，开展影响标准实施的制约因素分析并提出解决建议。生态环境监测标准和生态环境管理技术规范的实施评估，应当结合标准使用过程中反馈的问题、建议和相关技术手段的发展，重点评估标准规定内容的适用性和科学性，以及与生态环境质量标准、生态环境风险管控标准和污染物排放标准的协调性。

2. 环境标准的修订和废止

就实际操作层面来说，环境保护主管部门一般会根据环境保护的需要、国家经济发展水平以及技术发展水平，制定特定时期内的环境标准发展规划，明确下一阶段规划修订的任务和目标，进而组织进行相应的修订和废止工作。例如，环境保护部2017年4月发布的《国家环境保护标准"十三五"发展规划》就对"十三五"期间环境标准修订的工作目标和工作任务进行了规定。规划要求在"十三五"期间，启动约300项环保标准制修订项目，以及20项解决环境质量标准、污染物排放（控制）标准制修订工作中有关达标判定、排放量核算等关键和共性问题项目。全力推动已立项的约600项及新启动的约300项，共计约900项环保标准制修订工作。此外，规划还要发布约800项环保标准，包括质量标准和污染物排放（控制）标准约100项，环境监测类标准约400项，环境基础类标准和管理规范类标准约300项，支持环境管理重点工作。

就废止的程序来说，一般环境标准在修订之后都会在新的文本中明确规定相应的旧的标准废止。例如，2011年发布的《建筑施工场界环境噪声排放标准》中就规定："自本标准实施之日起，《建筑施工场界噪声限值》（GB 12523-90）和

《建筑施工场界噪声测量方法》(GB 12524-90)同时废止。"

> **思考题**

1. 环境规划的体系是什么？不同的环境规划之间如何进行衔接？
2. 简述规划环境影响评价和建设项目环境影响评价的内容。现行《环境保护法》对环境影响评价有哪些发展？
3. 环境保护目标责任制的基本原理是什么？如何追究未完成环境保护目标的责任？
4. 我国的环境标准包括哪些？其中最为重要的是哪两种环境标准？哪些环境标准具有法律上的强制力？
5. 清洁生产强制性审核的具体内容包括哪些？

> **推荐阅读**

1. 张璐:《环境规划的体系和法律效力》,载《环境保护》2006年第6期。
2. 王汉生、王一鸽:《目标管理责任制:农村基层政权的实践逻辑》,载《社会学研究》2009年第2期。
3. 王明远:《清洁生产法论》,清华大学出版社2014年版。
4. 王春磊:《环境标准的法律效力:问题梳理及实践动向》,载《中州学刊》2016年第11期。
5. 梁鹏、任洪岩主编:《环境影响评价公众参与政策法规汇编》,中国环境出版社2016年版。
6. 黄晓慧:《环境影响评价法制的移植与超越》,中国政法大学出版社2015年版。

第八章 环境司法专门化

【导言】

环境司法专门化的快速发展加速推进了我国环境法制的进程,也是环境法理论与实践的重要研究议题。本章从环境司法专门化的形成背景、法理基础、利益识别与功能定位等方面对环境司法专门化的理论基础进行系统阐释,并对环境私益侵权诉讼、环境民事公益诉讼、环境行政公益诉讼等环境司法专门化的主要实践类型进行逐一介绍。

第一节 环境司法专门化的理论基础

一、中国环境司法专门化的形成背景

如果以1979年《环境保护法(试行)》的颁布为环境法在中国发展的起点,则至今已40余年。在中国环境法40余年的发展历程中,司法因素对于环境法理论与实践的影响一直非常有限。就中国的司法体制建设和发展的整体过程而言,尽管从20世纪70年代末80年代初伊始,环境法与其他法律部门在司法领域发展的起点并无太大差异,但显然在后续的发展过程中,环境法后继乏力,基本被司法实践边缘化,司法议题在相当长的一段时期都没有进入中国环境法理论与实践的主流。再就环境法的视角来看,过往所谓的"环境司法"也难谓名副其实。进入公众视野被冠以环境之名的司法实践,大多是一些涉及环境因素的侵权类案件或者行政诉讼案件,虽然环境法意义上的司法必然涉及环境因素,但涉及环境因素的司法实践并不能等同于专门的环境司法。

上述局面近些年来逐渐发生了改变。从2007年10月贵州省清镇市成立全国首个环保法庭开始,全国各级法院成立环保法庭的数量快速增加,至2014年7月最高人民法院宣布成立环境资源审判庭,中国以"自下而上"的方式建立了专门的环境审判机构。"截至2020年底,全国共设立环境资源专门审判机构1993个,包括环境资源审判庭617个,合议庭1167个,人民法庭、巡回法庭209

个,基本形成专门化的环境资源审判组织体系。"[1]2015年11月7日,第一次全国法院环境资源审判工作会议召开,会议提出:"要牢牢扭住审判专门化这一牛鼻子,着力构建审判机构、审判机制、审判程序、审判理论以及审判团队'五位一体'专门化机制"[2],第一次从审判专门化的角度对环境司法专门化应涵盖的内容进行了诠释。随着环保法庭的快速发展以及最高人民法院对环境审判专门化的全面部署,近年来环境司法专门化议题的热度不断提升。司法因素在环境法领域的生成及拓展之势,对于中国环境法的法学语境重构并跻身法学主流无疑具有重要的建设性意义。

从发展趋势来看,环境司法专门化取得的进展主要集中在两个方面:其一,专门环境审判机构数量快速增加;其二,"三审合一"审判模式初步确立。[3] 然而,诚如有学者所言,"环境司法的专门化并不能单纯地等同于审判机构的专门化"[4],而且,"现有环保法庭不管是实行'四审合一'还是'三审合一',其创新点无外乎把原本分别属于民事审判庭、刑事审判庭、行政审判庭的环保类案件进行统一审理,有的还负责该类案件生效后的执行,从而实现'三审合一'抑或'四审合一',但其在案件审理的程序和实体规定上与原有的审判方式并没有实质区别"[5]。这些针对专门环境审判机构和"三审合一"审判模式的不同看法至少在一定程度上表明,目前有关环境司法专门化的相关实践侧重于形式上的推进,并不能令人信服地体现环境司法专门化的特殊性和必要性。环境司法专门化这一命题的成立,除了在形式上要实现"专门"之外,更需要法理基础支持。当下中国环境司法专门化的发展有着明显的实践先行特征,从理论层面阐明环境司法专门化法理基础的必要性显得尤为迫切,这不仅有助于对"环境司法何以专门化"的质疑作出有说服力的回应,也对相关实践大有裨益。

二、构建环境司法专门化法理基础

争讼裁判、个案审理以及被动办案,是司法权的三个基本特征。[6] 显然,争

---

[1] 最高人民法院:《中国环境资源审判(2020)》,https://www.court.gov.cn/zixun-xiangqing-307471.html,2022年4月1日访问。
[2] 《第一次全国法院环境资源审判工作会议召开》,http://www.court.gov.cn/zixun-xiangqing-15955.html,2022年4月20日访问。
[3] 除了"三审合一"审判模式之外,也有环保法庭采用"四审合一"的审判模式,是指对环境案件审理实行民事、行政、刑事审判及执行工作的"四合一"。从审判模式功能来说,"三审合一"与"四审合一"并无本质差异。
[4] 吕忠梅等:《环境司法专门化:现状调查与制度重构》,法律出版社2017年版,第124页。
[5] 杜谦:《环境司法专门化的困境与破解》,载《人民法院报》2014年9月17日第8版。
[6] 参见〔法〕托克维尔:《论美国的民主》,董果良译,商务印书馆1989年版,第110—111页。

讼的案件是司法权得以展开的基本逻辑起点,案件的类型在一定程度上决定了司法权的分工与作用领域的特殊性,即司法专门化的问题。具体到环境司法专门化而言,"唯有案件专业方可成为环境司法专门化的理论支点"①。因此,应以案件为切入点探寻环境司法专门化的法理依据。

顾名思义,环境司法专门化应立足于解决环境问题案件的司法实践,之所以"专门",是因为环境问题案件与其他类型案件存在本质差异,需要对司法实践进行分工和专门对待。但立足于"环境问题案件"的形而上理解,容易导致对环境司法专门化在法学认知层面上产生混乱。因为围绕环境问题形成的相关法学概念,诸如环境损害、环境侵权、环境案件等,在理解上都以环境问题为前提,而环境问题本身是一个自然科学的概念,对其内涵与外延的表达大多是一种技术描述,将其置于"损害""侵权""案件"等传统法学意义概念之前,形成的是一种"技术+法律"的概念模式,如果不能从法学的角度对作为定语的技术因素进行解读,那么对整个概念的理解将偏离其应有的法律逻辑。因此,如果将环境问题案件作为探寻环境司法专门化法理基础的起点,则必须对环境问题案件所涉概念体系的法学意义进行辨析,以正本清源,构建环境司法专门化的法理基础。

(一)环境问题的技术描述与法学意蕴的脱节

从一般意义上来说,"环境是相对于一定的中心事物而言的,与某一中心事物相关的周围事物的集合就称为这一中心事物的环境。"②因此,对于环境及相关概念的理解和把握,如何确定中心事物是前提性要素。环境法中所称环境,是以环境科学中对环境概念的界定为参照,是指"围绕着人群的空间,及其中可以直接、间接影响人类生活和发展的各种自然因素的整体"③。以此为基础,考虑到法律调整的可行性以及特定发展阶段的立法需求,我国《环境保护法》第2条对环境这一基本概念进行了明确界定:"本法所称环境,是指影响人类生存和发展的各种天然的和经过人工改造的自然因素的总体,包括大气、水、海洋、土地、矿藏、森林、草原、湿地、野生生物、自然遗迹、人文遗迹、自然保护区、风景名胜区、城市和乡村等。"在环境科学和相关立法中对环境概念的界定都涉及两个最基本的关键词:"人"与"影响"。其中"人"是环境的中心事物和主体性要素,而"影响"则体现的是人与自然因素的交互作用,这两点是对环境及其后续相关概念认知的基础。从某种意义来说,人类的发展进化史也是一部人类与环境发生

---

① 宋宗宇、郭金虎:《环境司法专门化的构成要素与实现途径》,载《法学杂志》2017年第7期。
② 左玉辉主编:《环境学》,高等教育出版社2002年版,第1页。
③ 《中国大百科全书·环境科学》,中国大百科全书出版社1983年版,第164页。

交互作用的历史,但"环境"作为关键词进入人类视野,至今不过半个多世纪。从世界范围来看,环境科学与现代意义上的环境法都相继形成于20世纪60年代,其形成的基本动因都与所处时代环境状况的持续恶化有关。从整个发展变化过程来看,人作为环境的主体性要素,对环境从无感到关注,是一个负面切入的过程,这个切入点就是环境问题。

所谓环境问题,是指由于自然界的变化或者人类活动的影响导致环境结构和状态发生了不利于人类生存和发展的变化,由此给人类的生产和生活带来的有害影响。与环境不同的是,环境问题中所涉的影响之前加了定语"有害",由此可见,"害"是环境问题的核心所在,如何对"害"进行描述和理解,决定了解决环境问题的路径选择和步骤。在自然科学的语境中,将由人类活动引起的次生环境问题作为研究重点,并将其"害"分为环境污染和环境破坏两类[①]。从法学的角度来看,显然也主要关注人为因素所引发的次生环境问题,在研究范围上,自然科学和法学大致是一致的,但在自然科学语境中对环境问题之"害"的界定和分类,与法学意义上的"害"却完全不能互通。在环境法的教科书中,对环境污染、环境破坏的概念界定也往往更侧重于技术层面的理解。诸如"环境污染,即由于人类不适当地向环境排入、投入污染物或其他物质、能量(统称排污活动)所造成的对环境和人类的不利影响和危害;环境破坏,又称非污染性的损害,即由于人类不适当地从环境中取出或开发出某种物质、能源(统称非排污活动)所造成的对环境和人类的不利影响和危害"[②]。显然,对环境污染和环境破坏的概念界定完全建立在技术过程描述的基础上,这种对环境问题之"害"的理解和界定,对于在技术上探寻致害原因并采取技术措施防范或治理有害影响,不可或缺。但对环境污染和环境破坏的上述界定,却无法成为法律逻辑演绎的起点。犹如医生和法官同时面对一个因斗殴致伤需要输血救治的伤者,医生给出报告的重点在于血型、输血量等指标,而法官对于情势的判断则聚焦于行为性质、过错状态、因果关系等法学范畴。因此,从法学角度对环境问题的理解和界定,不能停留在对环境污染和环境破坏技术过程描述的层面,而是要把这些技术表象映射至法学命题的提炼,阐明何为环境问题的法学意义之"害",这才是问题的关键所在。

(二)环境问题案件中的"害"与权益预设

在法学话语体系中,与环境问题之"害"契合程度最高的概念应属"损害"。

---

① 参见何强、井文涌、王翊亭编著:《环境学导论》(第3版),清华大学出版社2004年版,第12页。
② 蔡守秋主编:《环境资源法教程》(第3版),高等教育出版社2017年版,第10页。

何谓损害,在立法中并未明文规定,但在法学理论研究中尤其是在侵权法研究中一直备受关注。参加编写美国《第二次侵权法重述》的法学家们认为,损害(injury,damage)是"对法律保护的利益的侵害";在关于《德国民法典》的学术著作中,损害被定义为"受法律保护的权益遭受到的任何损失";西班牙有学者认为,损害是指"对一个人的健康、一般福祉和所有权造成的一切不利";希腊的学者普遍认为,损害指"受法律保护的利益(法益)向不利方向的变化"。[①] 损害的概念也历来为我国学者所关注,不同时期皆有著述。比如,"损害,谓就财产或其他法益所受之不利益。"[②]"损害作为一种事实状态,并非仅仅是民事责任的构成要件,民事主体的任何合法权益遭受的不利益均应谓之损害。"[③]"损害是指因侵害或损害他人民事权益而给他人造成的各种不利益状态……既包括了对各种权利和利益的侵害所造成的后果,也包括了对各种权利和利益的行使而形成的妨害。"[④] 从上述国内外相关研究对损害这一概念的界定来看,权利、利益或者概括的权益是阐发损害内涵的基本出发点。显然,从法学角度对环境问题之"害"的解读与对该问题从技术角度的描述完全不同。从法学的角度基于损害对环境问题之"害"的探究,主要围绕权利和利益受损展开,而从技术角度的描述则侧重于"污染"或"破坏"的状态、过程以及结果呈现。对于环境问题解决法学方案的形成,从技术角度的描述及探究具有一定的工具价值,但只有权利或者利益才能作为法学逻辑形成的起点。

在传统法学思维中,谈及损害,随之而来的就是赔偿,这是损害作为侵权法基本范畴与生俱来的逻辑惯性。赔偿作为损害后续的逻辑要素,这个问题在传统侵权法的理论与实践中从来都不是问题,因为在民法中作为损害形成的权利或利益预设已经成为体系化的存在,主要表现为民事权利谱系稳定、财产利益与人身利益各守其界、私益与公益划分清晰明了,因此,通常对于损害的研究大多将重点置于后续的赔偿问题。但对于环境法语境下有关环境问题救济的司法实践而言,当下需要聚焦的并非损害的后续逻辑要素,而应该将损害的缘起作为研究重点,赔偿的问题固然重要,但作为损害缘起的权利或者利益预设的问题更为本源,它决定了环境法相关司法救济基本法学逻辑的构建和走向。只有把权利和利益作为基本命题,才能抽象出"权益(权利和利益)—损害—救济"的基本逻辑,在环境法的相关理论与实践中把技术现象与法律问题进行明

[①] 参见王军:《侵权损害赔偿制度比较研究》,法律出版社2011年版,第31—32页。
[②] 史尚宽:《债法总论》,中国政法大学出版社2000年版,第287页。
[③] 宁金成、田土城:《民法上之损害研究》,载《中国法学》2002年第2期。
[④] 王利明:《侵权责任法研究》(第2版·上卷),中国人民大学出版社2016年版,第309页。

确区分,以具有法学意味的命题为导向,避免有关环境问题的专门司法实践误入技术歧途。

前文曾提及,环境司法专门化应立足于解决环境案件的司法实践,而从法学命题提炼的角度,环境问题所致损害的缘起在于与之相关的权利和利益预设。因此,究竟在何种范围和意义上理解这种权利和利益的预设,不仅决定了对环境问题所致损害自身的法律判断,也将影响救济途径的选择,这些因素是构建环境司法专门化法理基础的核心问题,有必要进行深入探究。

三、环境法上的利益识别与环境司法专门化的使命

(一) 环境法语境中的权利证成困境

环境法作为一个后起的法学领域,基本权利范畴的证成曾一度被寄予厚望,并将之视为环境法跻身法学正途的通行证,这方面的努力集中地体现在环境权研究的过程中。自20世纪80年代初环境权命题的提出,[1]曾一度出现环境权研究的热潮。对于环境权在环境法学理论与实践中的基础性地位,也有学者给予高度评价:"环境权是环境法的一个核心问题,是环境立法和执法、环境管理和诉讼的基础,也是环境法学和环境法制建设中的基本理论,用它可以解释许多环境法律问题。"[2]然而对环境权研究付出的巨大热情和投入并未形成有效产出,无论是站在传统法学理论的立场上还是从环境法自身的视角来看,环境权的研究始终未形成具有合理理论内涵且具有说服性的理论体系。随着对环境权研究的深入推进,对环境权命题的批评和质疑也相继出现,"环境权实际上是环境法治萌芽阶段的产物,作为权利文化应对环境危机的本能反应……其失败的根源在于权利与愿望的本质差别"[3],"环境权是一个有着良好动机的伪命题"[4]。从这些反思性的研究中不难看出,"愿望"与"良好动机"等非理性因素是环境权重要的形成动因和发展支撑,而对法学命题的提出和证成而言,从来都不应该是一个感性假想的过程。

如前文所提及,环境权这一概念同样采用了"技术+法律"模式,从法学研究的角度而言,这种概念模式所面临的最大挑战在于,如何将概念中包含的技术要素析出法学需求,使之与概念中所包含的法学要素进行对接,在概念的构建上填补技术与法律的逻辑断层,并最终实现法学逻辑的一贯性。这一点与在传统法

---

[1] 参见蔡守秋:《环境权初探》,载《中国社会科学》1982年第3期。
[2] 蔡守秋:《论环境权》,载《郑州大学学报(哲学社会科学版)》2002年第2期。
[3] 巩固:《环境权热的冷思考——对环境权重要性的质疑》,载《华东政法大学学报》2009年第4期。
[4] 彭运朋:《环境权辨伪》,载《中国地质大学学报(社会科学版)》2011年第3期。

学语境中对权利的研究和定位所面临的基本情势存在根本差异。以谈及权利时所涉频率最高的人身权和财产权为例，无论是人身或者财产作为权利的指向，其法学意蕴的理论认知以及立法实践确认都非常清晰，诸如人身包括人格和身份，财产可以作动产与不动产、有形与无形等不同类型区分，在上述类型划分基础上，人身权和财产权每一种具体权利形态指向的法学评价都明确具体，从而保证了权利的逻辑自洽。而环境权则不然，即便是从环境法的研究定位来看，对环境这一概念的界定总体上还是以技术描述为基础，从外延上将其列举为大气、水、海洋、矿藏、森林、草原等自然要素，而这些自然要素在多大程度和范围上能与法学需求对接，并且归纳出具有环境法意义和价值的共性权利诉求，这些问题在相关理论研究中历来少有回应。因此，仅基于美好"愿望"或"良好动机"，一厢情愿地将"环境"强行与"权利"相捆绑并不能在根本上掩盖技术与法律的逻辑断层，这是环境权难以真正证成的最根本原因。也正是基于该原因，环境权不仅在我国的环境法理论与实践中难以取得实质性进展，国外情况也大体如此，过去三十年间，美国、德国和日本的公民和环境保护团体试图以环境权受到侵犯起诉环境的污染者和破坏者，但没有成功的先例。① 因此，从权利预设的角度对环境问题所致损害的司法救济进行研究，并将其作为环境司法专门化法理基础的核心要素，至少从目前的情况来看并不具备条件。

（二）环境法上利益识别的迷局与澄清

"利益是每一种权利的基础"②，但利益的权利化却是一个历史范畴，特定的利益类型在多大范围和程度上能转化为权利确认，不仅取决于社会伦理共识形成的程度，也取决于法律的发展阶段。从这个意义上来说，目前在环境法语境中权利证成所面临的困境，其实在很大程度上表明，环境法尚处于发展的早期阶段，对其所涉利益进行权利确认的条件并不成熟。因此，围绕利益对环境法本源问题的研究与当下环境法自身的阶段性特征更为契合。"在历史上，法律是利益的产物"③，相对于权利，利益与法律缘起之间的因果关系链条更短，因此，何谓环境法上的利益，对现阶段的环境法而言，是一个更具实际意义的基础性理论命题。

环境法上的利益识别首先面临的问题是，环境法上的利益是否等同于一般意义上的环境利益。这是一个涉及如何理解环境法价值与功能特殊性的根本问

---

① 参见胡静：《环境法的正当性与制度选择》，知识产权出版社 2009 年版，第 24 页。
② 〔德〕鲁道夫·冯·耶林：《为权利而斗争》，郑永流译，法律出版社 2007 年版，第 62 页。
③ 转引自吴从周：《概念法学、利益法学与价值法学：探索一部民法方法论的演变史》，中国法制出版社 2011 年版，第 611 页。

题。有学者指出,"环境利益是以环境资源和生态系统的生态价值、经济价值满足人的生存发展及审美等需要而形成的利益类型,本身可以被界分为生态利益和资源利益两大类型,前者是环境资源生态价值的体现,后者则是其经济价值的体现"①。那么,生态价值与经济价值是否都能成为环境法上的利益载体,是一个必须澄清的问题。从环境的基本概念界定来看,其强调的是能与作为主体要素的人发生相互影响的自然要素,而正是在人与自然要素相互影响的过程中,形成了结构复杂而且过程多变的利益诉求。自然要素的生态价值与经济价值都是一种客观存在,但围绕生态价值和经济价值形成以人为主体的利益诉求却有着明显的主观性和阶段性特征。从整个社会的发展进程来看,人与自然要素相互作用过程中形成的利益诉求,首先表现为对自然要素经济价值的利益诉求,在该语境中通常把自然要素称为"自然资源"而非"环境"。这种经济利益诉求在农耕社会以土地利用为重心,推动了以土地物权为核心的相关民事立法的发展。进入工业文明时代之后,对自然资源利用的广度和深度进一步拓展,出现了矿业、林业、渔业等新兴资源行业以及对土地、水等自然资源的多目标利用的社会需求,催生了大量的资源行业管理和专项资源管理的立法,自然资源法成为一个法律部门。② 无论是之前围绕土地利用的民事立法,还是后续出现专门的自然资源法,都是以自然要素的经济价值为指向,以经济利益的回应与调整为基本使命,而现代意义上的环境法在该发展阶段并未出现,因此,以自然要素经济价值为基础的利益诉求尽管也形成于人与自然要素相互作用的过程中,但其并非环境法上利益的组成部分。

现代意义上的环境法萌芽于19世纪后期,工业革命之后积累的致害因素在该时期逐渐以环境污染的形式表现出来,环境问题之害开始对人的基本生存条件和需求构成威胁,这些因素是推进现代意义上的环境法形成和发展的根本动因。因此,环境法是围绕人生存条件的改善展开的,换言之,是围绕以自然要素为基本构成的环境状况改善展开的。人生存条件的改善或者环境状况的改善是对同一问题不同角度的表述,但其指向是一致的,即自然要素的生态价值。所谓生态,简单地说就是指一切生物的生存状态,以及它们之间及其与环境之间环环相扣的关系,从动态的角度来说,生态的基本内涵强调生物与环境之间相互作用而形成的生存状态。就生态学意义的解读,人只是生物的组成部分之一,而从法律角度对生物与环境的相互作用以及生存状态的关注,只能以人为中心、为主

---

① 史玉成:《环境法学核心范畴之重构:环境法的法权结构论》,载《中国法学》2016年第5期。
② 参见肖国兴、肖乾刚编著:《自然资源法》,法律出版社1999年版,第43—44页。

体。所以对人而言,自然要素的生态价值主要表现为以自然要素为基本构成的环境对人生存状态产生积极作用的外部影响,以此为基础形成的利益诉求才是环境法上利益的核心所在。简而言之,环境法上的利益主要是指人对环境基于自然要素生态价值实现而形成的利益诉求即生态利益。因此,如果将环境利益理解为围绕环境形成的经济利益和生态利益的综合体,那么环境利益并不能等同于环境法上的利益,因为并非所有与环境相关的利益都是环境法上的利益,认知的泛化必然导致对环境法基本定位的混乱。只有将环境法上的利益定位与生态利益、环境法的缘起因素等结合起来考察,才能形成逻辑上的匹配关系,也更能体现环境法在价值和功能上的特殊性。

作为环境法上利益的生态利益具有以下主要特征:

其一,非功利性。对于构成环境的自然要素而言,其生态价值相较于经济价值是更为本质的固有属性,但其对人形成明确影响并以此为基础形成利益诉求,经历了从无感到关注的转变过程。在环境问题之害尚未形成之前,环境生态价值的正常实现以及人生存条件的正常维持从来都没有成为一个问题,人们对此也认为理所当然,并无形成相应利益诉求的必要和基础。但随着环境问题之害的出现,环境生态价值的实现以及生态功能的正常维持遭到了破坏,危及人的生存条件,人们才提出利益诉求,即生态利益诉求。因此,以人为主体的生态利益诉求从来都是围绕人对自身生存条件改善的关注而展开。虽然在不同的社会发展阶段,人对自身生存条件的定位和期望会有不同,但其基本内涵的非功利性是确定的。这种非功利性在很大程度上决定了环境法上利益进行司法裁量的基本取向。

其二,多层次性。生态利益的核心在于人的生存状态及生存条件改善对环境状况提出的需求,而就人的生存需求而言,从来都是有层次的。马斯洛需求理论将人的需求从低到高按层次分为五种,分别是:生理需求、安全需求、社交需求、尊重需求和自我实现需求。这五种需求实际上体现了人的需求从物质层面到精神层面的层次性特征,人的生态利益诉求也具有同样的层次性特征。在环境法形成之初,生态利益诉求的重点在于环境状况满足人类自身生理机能正常、身体健康以及生命安全不受侵害的需要,集中体现在人身物质层面的利益诉求。但随着社会的发展进步,人的生态利益诉求不再仅停留于人身物质层面,环境状况对于人的精神层面需要的满足也逐渐成为生态利益诉求的组成部分,人对环境的实际需求从"无害""安全"向"舒适""审美"拓展。从层次性的角度对生态利益的解读,就我国当下的发展阶段而言,有着尤其重要的现实意义。2018年6月4日,最高人民法院发布《关于深入学习贯彻习近平生态文明思想为新时代生态环境保护提供司法服务和保障的意见》,明确提出:"要坚持以人民为中心的理念,不断满足人民群众日益增长的对优美生态环境和公正环境资源司法保障的需求,切实保障人民群众在健康、舒适、优美环境中生存和发展的权利。"其中有关"人民群众日益增长的对优美生态环境的需求"表述,明确回应了生态利益在精神层面诉求的命题,有关"健康、舒适、优美环境"的表述,则重申了生态利益的递进性和层次性。生态利益的多层次性体现了环境法上利益的拓展性特征,但也使环境法上利益的司法裁量面临新的挑战。

其三,利益共生性。生态利益基于自然要素的生态价值提出,而生态价值与经济价值共生于自然要素载体,这也决定了其与经济利益的共生性。生态利益和经济利益指向迥异,二者共生于作为环境基本构成的自然要素,必然导致利益竞争和冲突,这是环境法从形成伊始至后续发展过程中始终面临的基本命题。除此之外,利益共生性特征还体现在公共利益和个体利益的共生。自然要素的生态价值实现过程具有较为明显的公共物品非排他性特征,因此通常是从公共利益的角度对生态利益进行理解和定位,而个体的生态利益诉求则在理论探讨与相关实践中历来少有回应。事实上,生态利益并不仅仅只体现为公共利益。生态价值的非排他性只是意味着任何人对生态价值实现的需求满足都不以排除其他人为前提,但其并不否认社会个体对生态价值的享有,也并不意味着社会个体不能提出生态利益的诉求。有学者指出,"自然人始终作为独立的个体享受环境公共利益"[1]。因此,从生态利益归属或者享有的过程来看,公共利益和个体利益始终共生共存,仅从公共利益的角度理解和定位生态利益无疑是片面的,对个体生态利益诉求正当性的肯定和确认,有利于提高社会个体维护自身环境权益的自觉性和积极性,对于生态公共利益的实现也有积极影响,是实现生态利益格局中公共利益与个体利益良性互动的重要保障。这一利益共生性特征,也使司法裁量面临更为复杂的利益格局。

(三)环境法上的利益实现与环境司法专门化的成长

从环境法发展的历程来看,人对生态利益的意识明确和诉求提出,是一个负面切入的认识转变过程。当环境问题之害频现,适于人生存发展的外部环境条件不再理所当然地常态存在,人对环境的生态价值也是因"害"才意识到"无害"的必要,因"不好"才意识到"好"的可贵,并基于此提出了独立、明确的生态利益诉求。因此,从环境法实施的需求来看,从来都是立足于对环境问题之害的应对去回应人的生态利益诉求的,尽管随着对环境问题发生机理认识的不断深入,预

---

[1] 王小钢:《义务本位论、权利本位论和环境公共利益》,载《法商研究》2010年第2期。

防功能成为环境法的主导性价值之一,但在末端对于环境问题之害的救济始终是环境法实施的关键词,从司法实践的角度来说,对环境问题之害进行救济的环境司法必然经历从非专门化到专门化的转变和发展过程。

环境司法并非一个新的命题,近年来,被称为"环境司法"或者"环境诉讼"的司法实践受到关注的程度在不断提升,这类环境司法实践大体上可以分为三个基本类型:环境侵权诉讼、涉及环境监管的行政诉讼以及环境犯罪的刑事诉讼。从严格意义上来说,上述三种类型的诉讼只是在司法审判过程中涉及环境因素,并非专门的环境司法,更未把环境法上利益的实现作为己任。

环境侵权诉讼一直是涉及环境因素的司法实践中较为常见的类型,但将侵权作为对环境问题之害救济的前提,难以触及真正的利益诉求。"现行环境侵权诉讼救济机制是民事侵权诉讼救济机制的一个分支,基于环境侵权行为的特殊性,在具体的制度构建上有所区别,但在价值理念和基本原则上都与传统侵权的诉讼机制保持一致,其遵循的一个隐含的前提是保护私人合法权利和利益不受侵害。"[①]基于《民法典》关于侵权责任的一般规定,这种"私人合法权利和利益"是指人身和财产权益,虽然通过对人身权益的拓展解释可以引申出与人生存条件改善的权益内容,以及与环境问题之害所涉生态利益诉求有一定重合之处,但整体而言,环境侵权诉讼还是侧重于环境污染所致人身及财产的物质性侵害,从本质上来说,虽冠以"环境"之名,但与传统的侵权救济并无二致。司法实践中将已经被类型化的人身和财产权益作为侵害指向,并以此作为司法审判的主线,但是这并不能体现环境问题之害所涉生态利益的特殊性,将其称为"环境司法"有名无实。

有关环境监管的行政诉讼案件,通常涉及公众对生态环境主管部门涉及自身环境权益的具体行政行为的质疑与反对。如 2017 年浙江建德江某等 123 人因环保行政批准及行政复议一案。江某等人认为某工业固废处置项目将对环境造成污染,危害生活环境,要求撤销该工业固废处置项目的环境影响评价审批,该案历经行政复议、一审、二审,皆维持了对工业固废处置项目的环境影响评价审批。[②] 该案在类似情形的案例中具有一定典型性,案件的整个历程在很大程度上凸显出当下相关的司法实践中环境司法专门化程度的不足。该案的核心诉求在于危害环境建设项目对相关公众居住环境生态利益的侵害,因此,基于生活

---

① 刘超:《环保法庭在突破环境侵权诉讼困局中的挣扎与困境》,载《武汉大学学报(哲学社会科学版)》2012 年第 4 期。

② 参见张璐:《环境司法专门化中的利益识别与利益衡量》,载《环球法律评论》2018 年第 5 期。

环境不受危害的生态利益诉求才理应是案件推进的主线。但从该案二审的判决书具体内容来看，无论一审还是二审，案件的起诉及审理都围绕环境影响评价审批过程中的相关要素展开，案件虽然有环境问题案件的外观，但本质上依然是行政诉讼案件，生态利益诉求只能作为一条暗线，依附于对相关具体行政行为的司法审查，因而无论判决结果如何，都并非在生态利益识别和衡量的基础上得出的结论。

相对于环境侵权诉讼与涉及环境监管的行政诉讼，在环境犯罪刑事审判实践中，对环境问题之害所涉生态利益的确认和维护都更为直接和明确。2016年，最高人民法院、最高人民检察院联合发布《关于办理环境污染刑事案件适用法律若干问题的解释》，首次将生态环境损害作为定罪量刑标准，相较于该类罪名早期主要以人身侵害和财产损失作为定罪量刑标准，更为接近环境犯罪自身的应有之义。但从另一个角度来说，从《刑法》将环境犯罪定义为"破坏环境资源保护罪"，并将其列入第六章"妨害社会管理秩序罪"不难看出，该类罪侵犯法益的定位是国家对环境资源保护的管理秩序和制度，其中也许可以解释出宏观或者整体意义上的生态利益保障，但并非显性存在。况且，刑法本身具有谦抑性，将刑事审判作为专门化环境司法的代表与其自身功能也并不契合。

整体而言，上述司法实践只能说是带有一定环境因素，并非严格意义上专门的环境司法，因为从根本上说，在上述案件中，环境问题之害所涉生态利益诉求大多处于从属地位或被附带提及，虽然诉讼过程中生态利益诉求也有可能被部分回应，或者判决结果在一定程度上可以反射至生态利益诉求，但犹如隔靴搔痒，难以触及环境法上利益实现的根本。因此，若立足于环境法上的利益实现，对基于环境问题之害所形成的生态利益诉求进行全面、完整的回应，需要推进环境司法从非专门化到专门化的转变和成长。严格意义上的环境司法专门化实践，作为环境法实施的重要环节，其是否"专门"在根本上取决于环境法的逻辑预设与核心命题，在命题提炼以及利益识别澄清的论证过程中，生态利益作为核心表达的必然性和正当性被充分阐明，以生态利益为核心诉求的环境问题案件应成为环境司法专门化的重要立足点，对生态利益的识别和衡量应成为推进案件审判的主线。从这个角度来说，环境法上利益的实现程度与环境司法专门化的成长水平密切相关。

四、中国环境司法专门化的展开路径

从发展态势来看，近年来中国环境司法专门化主要集中于推进环境公益诉讼。尽管环境公益诉讼对体现环境司法专门化的内在规定性有典型意义，但如果将环境司法专门化等同于推进环境公益诉讼,将严重限制环境司法专门化进一步发展。环境司法专门化能从实质意义上实现环境司法的专门性和独立性,但环境司法是一个整体推进的过程,环境司法实践围绕生态利益诉求展开,生态利益诉求的基本类型从根本上决定了环境司法专门化的展开路径。"要区分环境私益和环境公益,根据公益和私益的特点探寻有针对性的保护方式。"[①]生态利益诉求至少包括私益性的生态利益诉求和公益性的生态利益诉求两个基本类型,因此,环境司法专门化的展开路径也至少包括两个基本方面,分别回应私益性的生态利益诉求和公益性的生态利益诉求。结合相关司法实践,前一方面主要体现在民事审判中环境私益的侵权诉讼,而后一方面主要表现为环境公益诉讼,包括环境民事公益诉讼和环境行政公益诉讼。环境司法专门化在这两个方面的展开面临的问题及其解决之道迥异,本章以下部分将对上述诉讼类型分别进行专门分析。

第二节 环境私益侵权诉讼

一、环境侵权责任概述

因环境侵害行为而遭受人身、财产等民事权益损害的主体,可以依法提起环境私益侵权诉讼,要求加害人承担环境侵权责任。环境侵害行为在学理上可划分为污染环境行为和破坏生态行为两大类,但我国立法在早期并未将破坏生态行为纳入环境侵权的原因行为。1989 年通过的《环境保护法》第 41 条第 1 款规定:"造成环境污染危害的,有责任排除危害,并对直接受到损害的单位或者个人赔偿损失。"2009 年的《侵权责任法》第 65 条规定:"因污染环境造成损害的,污染者应当承担侵权责任。"据此,环境侵权案件中的"侵害"仅限于污染环境行为,破坏生态行为被排除在环境侵权的原因行为之外,这也招致了众多环境法学者的批评。[②]

2014 年 4 月 24 日修订的《环境保护法》第 64 条规定:"因污染环境和破坏生态造成损害的,应当依照《中华人民共和国侵权责任法》的有关规定承担侵权责任。"通过将污染环境和破坏生态造成的侵权责任引入到《侵权责任法》的有关

[①] 江必新:《环境权益的司法保护》,载《人民司法·应用》2017 年第 25 期。
[②] 参见罗丽:《环境侵权民事责任概念定位》,载《政治与法律》2009 年第 12 期;吕忠梅、张宝:《环境问题的侵权法应对及其限度——以〈侵权责任法〉第 65 条为视角》,载《中南民族大学学报(人文社会科学版)》2011 年第 2 期。

规定,《环境保护法》实则扩张了环境侵权的原因行为。此外,最高人民法院于2015年6月1日出台的《关于审理环境侵权责任纠纷案件适用法律若干问题的解释》(以下简称《环境侵权解释》)第18条第1款规定,该解释适用于审理因污染环境、破坏生态造成损害的民事案件,进一步认可了污染环境和破坏生态均属于环境侵权的原因行为。2020年5月28日通过的《民法典》吸收了《环境保护法》和《环境侵权解释》的立法思路,在"侵权责任"编第七章规定了"环境污染和生态破坏责任"。《民法典》第1229条规定:"因污染环境、破坏生态造成他人损害的,侵权人应当承担侵权责任。"相较于《侵权责任法》第65条,《民法典》增加了"破坏生态"的表述,明确环境侵权的原因行为不仅包括污染环境,还包括破坏生态。

二、环境侵权责任的构成要件

环境侵权责任是指行为人因污染环境、破坏生态造成特定主体民事权益损害,依法应当承担的民事责任。与一般侵权责任相比,环境侵权责任在归责原则、构成要件和举证责任方面具有一定的特殊性。

(一)环境侵权责任的归责原则

侵权责任原则上以过错为要件。随着科学技术的进步和社会生产力的革新,出现了各种具有高度危险性的行业,大量意外伤害频频发生。基于民法的公平原则,由更容易控制危险的一方承担相应的责任成为客观需要。为弥补过错责任原则的不足,各国逐渐将无过错责任适用于高度危险作业等领域。与传统侵权行为相比,环境侵权具有主体地位的不平等性、原因行为的合理性、行为过程的复杂性和损害结果的严重性等特征,这使得行为人主观过错的证明变得极为困难。如坚持"无过错则无责任",受害人将面临举证不能的困境。此外,由于科学技术的局限性,很多情况下即便企业排放的污染物符合法律规定的排污标准也无法完全避免使他人遭受侵害,即企业在无过错的情况下也可能造成损害。如果严格按照过错责任原则,受害人将难以获得救济,不利于对其权利的保护。

为更好地平衡加害人与受害人之间的利益,我国立法在环境侵权领域确立了无过错责任原则。无论是《侵权责任法》第65条还是《环境保护法》第64条都没有将过错作为承担环境侵权责任的必要条件,承担侵权责任的要件是"造成损害"。2015年的《环境侵权解释》第1条明确规定:"因污染环境造成损害,不论污染者有无过错,污染者应当承担侵权责任。污染者以排污符合国家或者地方污染物排放标准为由主张不承担责任的,人民法院不予支持。"然而,对于环境侵权责任的归责原则,理论界存在不同看法。有观点认为,对污染环境侵权应区分不同类型分别适用不同的归责原则,对于破坏生态侵权,也应视不同的生态破坏类型适用不同的归责原则。一方面,对于污染环境侵权而言,不同性质的污染案件应适用不同的归责原则:物质型污染(大气污染、水污染等)实行无过错责任,能量型污染(噪声污染、放射性污染、电磁辐射污染等)实行过错责任。[①]最高人民法院发布的环境侵权典型案例"沈海俊诉机械工业第一设计研究院噪声污染责任纠纷案"中法院也持此观点。在该案的"典型意义"部分,最高人民法院指出:"与一般环境侵权适用无过错责任原则不同,环境噪声侵权行为人的主观上要有过错,其外观须具有超过国家规定的噪声排放标准的违法性,才承担噪声污染侵权责任。"

另一方面,对于破坏生态侵权而言,有学者主张其责任的承担应以"违反相关法律规定"为前提,实行过错推定责任。[②]还有学者认为生态破坏的内涵十分丰富,表现形式多样,不宜统一规定单一的归责原则,应尊重相关领域立法的判断,如相关立法没有特殊规定,则可适用无过错责任原则。[③]但是,也有学者指出,生态破坏致害与环境污染侵权适用特殊规则具有相同的内在机理。从当事人看,加害人往往是具有特殊经济地位、在科技与信息能力方面具有优势的工商企业,受害人多为普通公众尤其是弱势群体,从而导致作为近现代民法基石的平等性和互换性的丧失;从致害过程看,生态破坏致人损害亦属于间接侵害,须以环境本身损害为媒介;从因果关系看,多为长期累积过程,具有潜伏性;从价值判断上看,多伴随着正常生产、生活活动产生,是维护社会正常运行所必须付出的代价,在价值判断上不具有非难性。因此,生态破坏侵权也应采取无过错责任原则。[④]

尽管在学理和司法实践中仍存在争论,《民法典》第1229条将"污染环境"和"破坏生态"作为环境侵权的原因行为予以并列,统一了环境侵权责任规则的法律适用。《民法典》通过后,最高人民法院于2020年12月对《环境侵权解释》进行了修正,其中第1条第1款修改为"因污染环境、破坏生态造成他人损害,不论

---

① 参见张宝:《环境侵权归责原则之反思与重构——基于学说和实践的视角》,载《现代法学》2011年第4期;陈海嵩:《论环境法与民法典的对接》,载《法学》2016年第6期;刘超:《论"绿色原则"在民法典侵权责任编的制度展开》,载《法律科学(西北政法大学学报)》2018年第6期;吕忠梅、窦海阳:《以"生态恢复论"重构环境侵权救济体系》,载《中国社会科学》2020年第2期。

② 参见刘超:《论"绿色原则"在民法典侵权责任编的制度展开》,载《法律科学(西北政法大学学报)》2018年第6期。

③ 参见陈海嵩:《论环境法与民法典的对接》,载《法学》2016年第6期。

④ 参见吕忠梅、张宝:《环境问题的侵权法应对及其限度——以〈侵权责任法〉第65条为视角》,载《中南民族大学学报(人文社会科学版)》2011年第2期;窦海阳:《环境侵权类型的重构》,载《中国法学》2017年第4期。

侵权人有无过错,侵权人应当承担侵权责任"。这表明我国在立法层面并未对污染环境和破坏生态这两类环境侵权的原因行为进行区分,而是适用统一的无过错责任原则。

(二)环境侵权责任的构成要件

环境侵权适用无过错责任,意味着只要环境侵害行为造成他人民事权益损害,无论行为人有无过错,都应当对其行为造成的损害承担侵权责任。据此,环境侵权责任的构成要件包括三个方面,分别是环境侵害行为、损害事实和因果关系。

1. 环境侵害行为

环境侵害行为包括污染环境行为和破坏生态行为,二者在行为特征上存在明显差别。污染环境行为是直接或间接地向环境排放的物质或能量超出了环境的自净能力或生物的承受限度,既可能导致人身和财产损害,也可能导致生态破坏。破坏生态行为则是向环境过度索取物质和能量,不合理地使用自然环境,导致环境要素的数量或质量改变,可能造成生态失衡、资源枯竭而危及人类和其他生物生存与发展等损害。[①]根据污染性质和致害机理的不同,环境污染可分为物质型污染(排放废液、废气、废渣等污染环境行为)和能量型污染(发射噪声、光、电磁辐射等污染环境行为)。物质型污染的特征为存在环境介质污染、受害人暴露在被污染的介质中导致人身和财产损害,而声、光、电等能量型污染的致害方式为直接作用于生命体,超过其承受限度而产生损害。[②]司法实践中常见的污染环境行为主要包括:排放、倾倒或处理废液、废气、固体废物;交通事故中危险品泄漏;船舶相撞漏油或泄漏危险品,导致河流、海洋、土壤、大气等环境要素受污染;高速公路噪声污染、工厂生产或工程施工等噪声污染;电梯、暖气、空调等建筑设备噪声污染;突然性爆炸等噪声污染。[③]

生态破坏侵权可进一步类型化为资源破坏型侵权和生态破坏型(狭义)侵权,每一种类型还包括多个具体形式,前者包括矿产资源破坏、土地资源破坏、生物资源破坏、特定环境区域破坏等,后者则包括单纯生态破坏侵权和混合生态破坏侵权。[④]从司法实践来看,生态破坏侵权的表现形式包括因围堰及开挖航道、

---

① 参见吕忠梅、窦海阳:《以"生态恢复论"重构环境侵权救济体系》,载《中国社会科学》2020年第2期。
② 参见蔡唱:《民法典时代环境侵权的法律适用研究》,载《法商研究》2020年第4期。
③ 参见窦海阳:《环境侵权类型的重构》,载《中国法学》2017年第4期。
④ 参见吕忠梅等:《侵害与救济:环境友好型社会中的法治基础》,法律出版社2012年版,第112—135页。

疏浚淤泥占用滩涂及海域,造成天然渔业资源受损;开矿导致土地塌陷、地下水位下降、苗木死亡;开采矿石并将弃石倾倒或长期乱砍滥伐林木,造成林地原有植被严重毁坏,破坏了山体生态环境;建设工程未经批准占用林地、改变林地用途,对生态环境造成损害;采砂行为破坏了浅滩原有的海底地形、地貌,失去原有的阻挡波浪直接冲击海岸的天然屏障作用,造成海岸被海浪大量侵蚀;不合理引入新物种、毁灭物种等。[①]

2. 损害事实

损害事实是指环境侵害行为导致受害人人身、财产等合法权益受到损害的事实。无损害即无补偿,损害事实是承担环境侵权责任的必要条件。环境侵权中的损害不仅包括实际发生的损害结果,还包括侵害行为造成的危险状态。由于环境侵权是一种新型的侵权行为,其损害结果的发生具有累积性、潜伏性和渐进性,从环境侵害行为发生到损害结果的显现往往存在一定的时间间隔。在实际损害发生之前,受害人应有权要求加害人采取措施防止损害结果的发生,否则有可能造成难以消除和难以弥补的损害,导致受害人无法得到充分的救济。

根据损害结果的表现形式,可将损害事实分为财产损害和人身损害。财产损害,是指环境侵害行为造成他人财物的减少或毁损,包括直接损失和间接损失。例如,某造纸厂的排污行为导致附近鱼塘里的鱼苗大量死亡,直接损失是所有鱼苗经济价值的总和,而间接损失是渔民可期待获得的经济利益。人身损害,是指环境侵害行为损害了他人生命权、身体权、健康权,导致疾病、伤残或者死亡等后果。

3. 因果关系

作为侵权责任的一种类型,环境侵权责任的成立也要求污染环境、破坏生态的行为与被侵权人的损害之间具有因果关系。按照民事诉讼法中"谁主张谁举证"的一般原则,在一般的侵权诉讼中由受害人承担因果关系的举证责任。但是,由于环境侵权具有特殊性,如仍然适用"谁主张谁举证"的规则将使受害人难以获得救济。首先,环境损害一般具有长期性、潜伏性、持续性、广泛性的特点,有的环境损害地域范围广泛,污染源与损害结果发生地距离较远,有的损害结果经过日积月累才逐渐显现,时空的延伸使得因果关系的认定极为困难。其次,环境侵害行为造成损害的过程具有复杂性。例如,在环境污染侵权中,损害往往由污染物与各环境要素之间发生物理、化学、生物的反应,经过迁移、扩散、转化、代

---

① 参见窦海阳:《环境侵权类型的重构》,载《中国法学》2017 年第 4 期。

谢等一系列中间环节后才发生,这使得因果关系表现得十分隐蔽和间接。再次,有的环境侵权具有高度科技性和专业性,要证明行为与损害事实之间的因果关系必须具备相关的专门科学知识、技术和仪器设备,而这些知识、技术和设备并非普通民众所能掌握。相较而言,加害人对其环境侵害行为的内容和程度必然有所了解,也是最容易控制风险发生的一方,由其对因果关系承担举证义务更加合理。最后,许多损害往往是由多个环境侵害行为共同作用的结果,难以精确判断损害究竟是由哪一个侵害行为引起,这更增加了因果关系认定的困难。

正是因为环境侵权的这些特殊性,被侵权人在举证能力上一般处于弱势。为平衡双方的举证能力,减轻受害人的举证负担,法律规定对环境侵权因果关系的证明实行举证责任倒置的特殊规则。举证责任倒置,是指在法律规定的一些特殊情形下,将通常应由提出事实主张的当事人所负担的举证责任分配给对方,由对方对否定该事实的存在承担举证责任,如果该方当事人不能就此举证证明,则推定事实主张成立的一种举证责任分配制度。《民法典》第1230条规定了举证责任倒置规则:"因污染环境、破坏生态发生纠纷,行为人应当就法律规定的不承担责任或者减轻责任的情形及其行为与损害之间不存在因果关系承担举证责任。"

需要注意的是,举证责任倒置并不意味着被侵权人无须承担任何举证责任。2020年《环境侵权解释》第6条规定:"被侵权人根据民法典第七编第七章的规定请求赔偿的,应当提供证明以下事实的证据材料:(一)侵权人排放了污染物或者破坏了生态;(二)被侵权人的损害;(三)侵权人排放的污染物或者其次生污染物、破坏生态行为与损害之间具有关联性。"即被侵权人仍须提供证明环境侵害行为、损害事实存在,以及侵害行为与损害之间可能存在因果关系的初步证据。法院对原告需要承担的因果关系的举证责任要求非常低,只需证明环境侵害行为与损害结果之间具有"关联性"即可。原告完成关联性的证明责任之后,举证责任才转移至被告。如被告能够举证证明其环境侵害行为与原告所受损害之间不存在因果关系,则推翻因果关系推定;如被告不能证明或不足以证明其行为与原告所受损害之间不存在因果关系,则推定因果关系成立。

在环境侵权案件中,因果关系的认定非常困难,因果关系不存在的认定也同样非常困难。根据2020年《环境侵权解释》第7条,以下三种情形下人民法院可以认定侵权人完成了因果关系不存在的举证责任:(1)排放污染物、破坏生态的行为没有造成该损害可能的;(2)排放的可造成该损害的污染物未到达该损害发生地的;(3)该损害于排放污染物、破坏生态行为实施之前已发生的。除此之外,该条还规定了兜底条款,若侵权人可以举证证明属于其他可以认定污染环境、破坏生态行为与损害之间不存在因果关系的情形,人民法院也应当认定因果关系不存在。

(三)法定不承担责任的情形

环境侵权的免责事由必须由法律明确规定。侵权人不承担责任或者减轻责任的情形,适用《海洋环境保护法》《水污染防治法》《大气污染防治法》等环境保护单行法的规定;相关环境保护单行法没有规定的,适用《民法典》的规定。从现有法律规定来看,我国环境侵权的免责事由主要有以下几种情形:

(1)受害人过错。当受害人明知自己的行为会发生损害自己的后果而仍然希望此种结果的发生,此时该损害与加害人的行为无因果关系,损害后果应由受害人自己承担,加害人应对受害人的过错负举证责任。《民法典》第1174条规定:"损害是因受害人故意造成的,行为人不承担责任。"应注意的是,只有环境损害完全是由受害人故意造成的,加害人才不承担责任。若加害人也有过错,则适用过失相抵规则。《民法典》第1173条规定:"被侵权人对同一损害的发生或者扩大有过错的,可以减轻侵权人的责任。"此外,《水污染防治法》第96条第3款也规定:"水污染损害是由受害人故意造成的,排污方不承担赔偿责任。水污染损害是由受害人重大过失造成的,可以减轻排污方的赔偿责任。"

(2)不可抗力。通说认为,不可抗力主要是指不能预见、不能避免且不能克服的自然现象,如地震、洪水、台风、海啸等自然灾害。《水污染防治法》第96条第2款规定:"由于不可抗力造成水污染损害的,排污方不承担赔偿责任;法律另有规定的除外。"根据《海洋环境保护法》第91条第2项的规定,当发生不可抗拒的自然灾害时,经过及时采取合理措施,仍然不能避免对海洋环境造成污染损害的,造成污染损害的有关责任者免予承担责任。

(3)战争。战争作为一种难以预料的突发事件,具有不可抗力的性质,如果法律有专门规定,可以作为环境侵权责任的免责事由。例如,根据《海洋环境保护法》第91条第1项的规定,当发生战争时,经过及时采取合理措施,仍然不能避免对海洋环境造成污染损害的,造成污染损害的有关责任者免予承担责任。

值得注意的是关于损害是第三人造成的情形是否为免责或减责事由问题。针对一般侵权而言,若第三人的行为对于损害后果有全部的原因力,则可以构成行为人的免责事由。《民法典》第1175条规定:"损害是因第三人造成的,第三人应当承担侵权责任。"但是,针对环境侵权责任纠纷,法律作出了特别规定。《民法典》第1233条规定:"因第三人的过错污染环境、破坏生态的,被侵权人可以向侵权人请求赔偿,也可以向第三人请求赔偿。侵权人赔偿后,有权向第三人追偿。"2020年《环境侵权解释》第5条规定:"被侵权人根据民法典第一千二百三十三条规定分别或者同时起诉侵权人、第三人的,人民法院应予受理。被侵权人请求第三人承担赔偿责任的,人民法院应当根据第三人的过错程度确定其相应赔偿责任。侵权人以第三人的过错污染环境、破坏生态造成损害为由主张不承担责任或者减轻责任的,人民法院不予支持。"该规定赋予被侵权人对索赔对象的选择权,能够使受害人得到更加及时的救济。这也意味着在外部责任上,第三人的过错并非侵权人免除或者减轻责任的事由,仅能成为其承担终局责任大小的判断依据。

三、环境侵权责任的承担方式

环境侵权的后果不仅表现为已经造成的损害事实,还可能表现为尚未造成实际损害但极有可能给他人造成损害的状态,这决定了环境侵权责任的承担方式是多样的。结合《民法典》和《环境侵权解释》等相关规定来看,承担环境侵权责任的主要方式有停止侵害、排除妨碍、消除危险、恢复原状、赔偿损失、赔礼道歉等六种,可分为以下四类:

(一)预防性责任

在环境侵权中,预防性责任的适用具有重要意义。根据《民法典》第1167条的规定,预防性责任适用的条件是"侵权行为危及他人人身、财产安全",即预防性责任无须证明损害的发生,也不以过错为要件。[①]预防性责任包括停止侵害、排除妨碍和消除危险三种形式。

(1)停止侵害。正在进行的环境侵权行为对他人人身或财产造成了现实损害或足以危及他人人身财产安全,受害人可依法请求行为人停止其侵害行为。停止侵害具有避免损害发生或者进一步扩大的积极功能。适用该种责任方式应注意:第一,停止侵害仅适用于正在进行的环境侵害行为,不适用于已经终止和尚未实施的行为;第二,停止侵害责任方式所适用的侵害行为不限于已经导致现实损害的行为,还包括危险行为;第三,停止侵害可以单独适用,也可以与其他责任方式合并适用。

(2)排除妨碍。环境侵害行为导致他人无法行使或者不能正常行使其人身、财产权利的,受害人可请求行为人采取有效措施排除该妨碍。妨碍既可以是实际存在的,也可以是将来可能出现的;既可以是侵害人实施的妨碍行为造成的,也可能是侵害人的物件造成的,如在他人房屋前堆放货物影响采光的,受害

---

① 参见王利明:《〈民法典〉中环境污染和生态破坏责任的亮点》,载《广东社会科学》2021年第1期。

人有权请求排除妨碍。在实践中,噪音、灰尘、烟雾、废渣、无线电等不可量物污染更适于通过排除妨碍予以救济。

(3)消除危险。行为人的侵害行为、行为后果或者其保有的物件对他人人身、财产安全造成威胁的,受害人有权请求行为人采取有效措施消除危险。消除危险通常适用于污染环境、破坏生态行为对他人人身、财产构成严重威胁的情况,即运用通常的知识或者经验,就足以判断侵权行为具有较高致损可能性,是现实存在的或者即将确定发生的危险。

(二)恢复性责任

恢复性责任方式即恢复原状。在环境侵权案件中,恢复原状指要求行为人采取修复措施使生态环境恢复到损害没有发生时的状态或者功能。环境一旦受到污染,在某些情况下难以恢复"原状",只能部分恢复或者采取措施将存在于环境中的污染物浓度减少或毒性降低到无害、可接受的程度。因此,从某种意义上说修复环境是"恢复原状"在环境侵权领域的具体化和延伸,但采用环境修复责任这一用语更为科学、准确,更能体现环境侵权案件在救济方式上的特殊性。2020年《环境侵权解释》第14条规定:"被侵权人请求修复生态环境的,人民法院可以依法裁判侵权人承担环境修复责任,并同时确定其不履行环境修复义务时应当承担的环境修复费用。侵权人在生效裁判确定的期限内未履行环境修复义务的,人民法院可以委托其他人进行环境修复,所需费用由侵权人承担。"

在环境私益侵权诉讼中,被侵权人往往积极主张人身、财产损害的赔偿,对于受损的生态环境则较少主张权利。事实上,自然人、法人等民事主体有就其遭受的环境损害寻求司法救济的权利。例如,养殖业、种植业、旅游业等对良好的生态环境依赖程度较高,因水、大气、土壤等污染遭受财产损害和环境损害,在提起财产损害赔偿的同时可以请求法院判令被告承担环境修复责任。

(三)赔偿性责任

损害赔偿作为最重要的侵权责任承担方式,主要针对已经现实发生的、客观存在的损害。行为人因环境侵害行为而给他人造成损害,应赔偿受害人所遭受的损失,赔偿损失的根本目的是以财产的方式使受到损害的人身、财产权益得到救济。根据2020年《环境侵权解释》第15条,环境侵权赔偿的范围包括因污染环境、破坏生态造成的财产损失、人身损害以及为防止损害发生和扩大、清除污染、修复生态环境而采取必要措施所支出的合理费用。第一,人身损害赔偿的范围除包括因人身权益受到环境侵害而产生的财产损失之外,还应包括精神损害。实践中,已有因噪声污染、恶臭等污染环境造成他人严重精神损害,法院判决行为人承担精神损害赔偿的案例。第二,财产权益受到损害的赔偿范围既包括因污染环境、破坏生态行为致使他人财产损毁所造成的直接损失,也包括间接损失,即基于该财产可能产生的利益的减少。第三,应急处置费用包括防范性措施费用和清理措施费用。其中,防范性措施费用是指为了防止、遏制环境损害发生、扩大所采取的或者将要采取的必要的、合理的措施的费用;清理措施费是指为了及时有效地清除、清理环境污染行为所造成的后果,所采取的必要的、合理的措施的费用。

为惩治环境侵权行为,推动生态文明建设,《民法典》首次将惩罚性赔偿制度引入环境侵权责任。《民法典》第1232条规定:"侵权人违反法律规定故意污染环境、破坏生态造成严重后果的,被侵权人有权请求相应的惩罚性赔偿。"作为损害赔偿填平原则的突破,惩罚性赔偿通过让恶意的不法行为人承担超出实际损害数额的赔偿,达到充分救济受害人、制裁恶意侵权人的效果,具有惩罚、震慑、预防等多重功能。根据《民法典》第1232条,环境侵权惩罚性赔偿的适用可考量三个方面的因素:第一,侵权人的行为违反法律规定,即具有不法性;第二,侵权人具有污染环境、破坏生态的主观故意;第三,侵权人污染环境、破坏生态的行为造成严重后果。为贯彻环境侵权惩罚性赔偿制度,最高人民法院于2022年1月12日出台《关于审理生态环境侵权纠纷案件适用惩罚性赔偿的解释》。该解释对环境侵权案件中惩罚性赔偿的适用原则、适用要件、惩罚性赔偿金数额的确定等内容作出了具体规定。

(四) 人格恢复性责任

人格恢复性责任即赔礼道歉,指加害人通过口头或者书面形式向受害人公开认错,表示歉意,承认侵害行为的错误或者不法性,以取得其谅解。赔礼道歉既可以公开进行,也可以不公开进行。在环境侵权案件中,环境侵害行为在对他人生命权、健康权以及生态环境造成损害的同时,往往还对受害人的精神造成伤害。2020年《环境侵权解释》第13条对赔礼道歉这一责任形式作出了规定。在环境侵权案件中,侵权人是否有过错可以作为其责任形式的重要考量因素。如果行为人从事的是合法的经营行为,主观上不存在过错或在损害发生后积极采取措施降低和减少危害后果,那么可作为适用赔礼道歉责任方式的考量因素。

第三节 环境民事公益诉讼

一、环境民事公益诉讼概述

环境侵权在损害后果上具有二元性,环境侵害行为不仅会对特定主体的人身或财产权益造成损害,也可能导致生态环境和自然条件的恶化,最终使环境公共利益受损。[①]然而,传统侵权责任只适用于特定民事主体因环境侵权遭受的损害,无法为环境侵害行为对公共利益造成的损害提供救济。环境公益诉讼正是因应保护环境公共利益的需要而产生的一种制度。根据我国学者的通常理解,环境公益诉讼是指特定的国家机关、相关团体和个人,对有关民事主体或行政机关侵犯环境公共利益的行为向法院提起诉讼,由法院依法追究行为人法律责任的制度。[②]环境公益诉讼的原告通常是与案件无直接利害关系的主体,其起诉的目的是维护环境公共利益。根据起诉主体和被诉行为的不同,环境公益诉讼又可以分为环境民事公益诉讼和环境行政公益诉讼。

2012年修正的《民事诉讼法》正式在我国确立了环境民事公益诉讼制度。其第55条规定:"对污染环境、侵害众多消费者合法权益等损害社会公共利益的行为,法律规定的机关和有关组织可以向人民法院提起诉讼。"2014年《环境保护法》修订,其第58条将环境民事公益诉讼的范围明确为"污染环境、破坏生态,损害社会公共利益的行为",并对社会组织的原告资格要件作出了具体规定。为实施环境民事公益诉讼制度,最高人民法院于2015年颁布《关于审理环境民事公益诉讼案件适用法律若干问题的解释》(该解释在2020年《民法典》通过后作出了相应修正,以下简称《环境民事公益诉讼解释》),其对环境民事公益诉讼的司法审判规则作出了具体规定。此外,最高人民法院于同年颁布的《关于适用〈中华人民共和国民事诉讼法〉的解释》中的"公益诉讼"部分对上述《民事诉讼法》的规定进行了细化,明确了审理公益诉讼案件适用的一般规则。

为加强对国家利益和社会公共利益的保护,2015年7月全国人大常委会发布《关于授权最高人民检察院在部分地区开展公益诉讼试点工作的决定》,授权最高人民检察院在生态环境和资源保护、国有资产保护、国有土地使用权出让、食品药品安全等领域开展提起公益诉讼试点。试点地区为北京、内蒙古、吉林、

---

① 参见吕忠梅:《论环境侵权的二元性》,载《人民法院报》2014年10月29日第8版。
② 参见吕忠梅:《环境公益诉讼辨析》,载《法商研究》2008年第6期。

江苏等13个省(自治区、直辖市),试点期限为两年。随后,最高人民检察院先后颁布《检察机关提起公益诉讼试点方案》和《人民检察院提起公益诉讼试点工作实施办法》,为检察机关提起民事和行政公益诉讼试点工作的开展提供了指导规范。

在试点经验的基础上,全国人大常委会于2017年6月对《民事诉讼法》再次进行修正,在第55条增加一款作为第2款:"人民检察院在履行职责中发现破坏生态环境和资源保护、食品药品安全领域侵害众多消费者合法权益等损害社会公共利益的行为,在没有前款规定的机关和组织或者前款规定的机关和组织不提起诉讼的情况下,可以向人民法院提起诉讼。前款规定的机关或者组织提起诉讼的,人民检察院可以支持起诉。"[1]为进一步细化落实检察公益诉讼制度,2018年3月最高人民法院和最高人民检察院联合发布《关于检察公益诉讼案件适用法律若干问题的解释》(该解释在2020年《民法典》通过后作出了相应修正)。

二、环境民事公益诉讼制度的主体和对象

(一)环境民事公益诉讼的主体

环境民事公益诉讼的主体包括原告和被告双方。环境民事公益诉讼的原告是指有权对污染环境、破坏生态,损害社会公共利益的行为提起环境民事公益诉讼的主体。环境民事公益诉讼的被告是指因污染环境、破坏生态,损害社会公共利益的行为而被提起环境民事公益诉讼的行为人。

1. 环境民事公益诉讼原告

根据现行《民事诉讼法》第58条的规定,环境民事公益诉讼的原告种类包括法律规定的机关、有关组织和人民检察院。关于"法律规定的机关",有观点认为指的是《海洋环境保护法》第89条第2款规定的"行使海洋环境监督管理权的部门",[2]有的则认为指代人民检察院。[3]根据《民事诉讼法》第58条第2款,人民检察院可以"在没有前款规定的机关和组织或者前款规定的机关和组织不提起诉讼的情况下"提起诉讼。从法条的含义来看,人民检察院显然不是"前款规定的机关","法律规定的机关"应指负有环境资源保护监督管理职责的行政机关。

关于社会组织的原告资格,根据《环境保护法》第58条和《环境民事公益诉

---

[1] 2021年12月24日全国人大常委会通过《关于修改〈中华人民共和国民事诉讼法〉的决定》,修正后的《民事诉讼法》将第55条调整为第58条。
[2] 参见王曦:《论环境公益诉讼制度的立法顺序》,载《清华法学》2016年第6期。
[3] 参见竺效主编:《环境公益诉讼实案释法》,中国人民大学出版社2018年版,第8页。

讼解释》的相关规定,社会组织提起环境民事公益诉讼应满足两个条件。第一,依法在设区的市级以上人民政府民政部门登记,包括在设区的市、自治州、盟、地区、不设区的地级市、直辖市的区以上人民政府民政部门登记;第二,专门从事环境保护公益活动连续五年以上且无违法记录。社会组织章程确定的宗旨和主要业务范围是维护社会公共利益,且从事环境保护公益活动的,可以认定为"专门从事环境保护公益活动"。社会组织提起的诉讼所涉及的社会公共利益,应与其宗旨和业务范围具有关联性。社会组织在提起诉讼前五年内未因从事业务活动违反法律、法规的规定受过行政、刑事处罚的,可以认定为"无违法记录"。

人民检察院虽被赋予环境民事公益诉讼原告的主体资格,但其只有在没有法律规定的机关和组织,或者相关适格主体不提起诉讼的情况下才能提起诉讼。因此,人民检察院拟提起环境民事公益诉讼的,应当依法公告,公告期间为三十日。公告期满,法律规定的机关和有关组织没有提起诉讼,社会公共利益仍处于受侵害状态的,人民检察院可以向人民法院提起诉讼。

2. 环境民事公益诉讼被告

环境民事公益诉讼的被告既包括自然人,也包括法人。除单独主体之外,两个以上自然人、两个以上法人或者两个以上自然人和法人均可以作为环境民事公益诉讼的共同被告。除自然人和法人之外,从事了污染环境、破坏生态,损害社会公共利益行为的行政机关也可能成为环境民事公益诉讼的被告。

(二)环境民事公益诉讼的对象

环境民事公益诉讼的对象是指环境民事公益诉讼所针对的行为。结合《民事诉讼法》第58条第1款和《环境保护法》第58条的规定,原告可针对"污染环境、破坏生态,损害社会公共利益的行为"提起环境民事公益诉讼。依据行为的危害结果是否已经实际发生,《环境民事公益诉讼解释》第1条进一步将环境民事公益诉讼的可诉行为分为"已经损害社会公共利益"的污染环境、破坏生态行为以及"具有损害社会公共利益重大风险"的污染环境、破坏生态行为。

针对"具有损害社会公共利益重大风险"行为提起的诉讼被称为预防性环境民事公益诉讼。然而,《环境民事公益诉讼解释》并未明确"重大风险"的内涵和判断标准,这也导致司法实践中存在着法律适用困惑和认定困难的情形。[1]以损害发生的盖然性大小为标准,学理上对危险、风险和剩余风险进行了区分。损害发生具有高度盖然性的为危险,现实的危险如果不加以阻止和排除,将转化为实际损害;损害发生的可能性无法通过经验法则加以确定,却也无法在科学上排除

---

[1] 参见于文轩、牟桐:《论环境民事诉讼中"重大风险"的司法认定》,载《法律适用》2019年第14期。

其发生可能性的为风险,风险具有不确定性,其盖然性相对低于危险,应当加以预防、规避,是为风险预防;对于无法通过经验法则和科学技术避免和排除的风险,对其进行规制不符合成本效益原则,因此社会选择忍受此类风险,这部分风险为剩余风险,法律上无须加以干涉。① 对于预防性环境民事公益诉讼,原告只能提出"消除危险"的诉讼请求。环境民事公益诉讼中"消除危险"的"危险"应当是"可能的环境危害",一般是指运用通常的知识或者经验,就足以判断决策对象具有较高的造成公众环境权益等具体危害可能性的状态。因此,"重大风险"是指依据诉讼中掌握的证据材料和现有的科学技术水平,能够判断可能发生的具体环境损害的重大危险,不包括无法确定的具体环境损害及其可能性的情形。

三、环境民事公益诉讼的责任形式

根据《民法典》和《环境民事公益诉讼解释》的相关规定,在环境民事公益诉讼中,原告可以请求被告承担停止侵害、排除妨碍、消除危险、修复生态环境、赔偿损失、赔礼道歉等责任。与环境侵权责任类似,环境民事公益诉讼的六种责任形式可分为预防性责任、修复性责任、赔偿性责任和人格恢复性责任。

(一) 预防性责任

预防性责任的内容包括两个方面:一是行为责任。原告为防止生态环境损害的发生和扩大,可以请求被告停止侵害、排除妨碍、消除危险。停止侵害主要是制止被告继续实施某种侵害,防止侵害后果扩大,该责任方式以侵害正在进行或者仍在延续为条件;排除妨碍是指被告实施的行为妨碍社会公共利益实现的,可以要求加害人排除权益障碍;消除危险是指针对被告具有损害社会公共利益重大风险的污染环境、破坏生态的行为,原告有权要求被告采取有效措施消除这种威胁。② 二是成本责任。原告为停止侵害、排除妨碍、消除危险采取合理预防、处置措施而发生的费用,可请求被告承担。上述费用包括应急处置费用、因预防非突发状态下违法排放损害生态环境而产生的费用,以及生态环境损害发生后清理、处置污染物的费用。需要指出的是,清理、处置污染物主要属于预防性措施而非修复生态环境中的修复性措施。③

值得注意的是,无论在一般侵权还是特殊侵权中,"停止侵害、排除妨碍、消

---

① 参见张宝:《从危害防止到风险预防:环境治理的风险转身与制度调适》,载《法学论坛》2020年第1期。
② 万挺:《环境民事公益诉讼民事责任承担方式探析》,载《人民法院报》2014年12月31日第8版。
③ 同上。

除危险"责任的承担均不以行为人具有过错为要件。① 预防性责任的结果要件不是"损害",而是侵害、妨碍或危险。因此,在环境民事公益诉讼中,如原告的诉讼请求为"停止侵害、排除妨碍、消除危险",其只需证明被告污染环境、破坏生态的行为对社会公共利益造成侵害、妨碍或危险,无须证明过错和实际损害后果。

(二)修复性责任

污染环境、破坏生态的行为导致生态环境本身的损害的,②有关主体可以提起环境民事公益诉讼请求被告承担生态环境修复责任,将生态环境修复到损害发生之前的状态和功能。我国《环境保护法》并未确立生态环境修复责任,《民法典》将生态环境修复责任作为一种独立的责任方式规定在侵权责任编中,这是立法上的一大突破,反映出我国的环境侵权制度"在救济对象上从单一的私益转向私益与公益的双重保护,在救济方式上从传统的民事救济到以生态修复为主的综合救济"③。根据《民法典》第1234条,违反国家规定造成生态环境损害,生态环境能够修复的,环境民事公益诉讼的原告可以请求侵权人在合理期限内承担修复责任。侵权人在期限内未修复的,原告可以自行或者委托他人进行修复,所需费用由侵权人负担。对于受损生态环境,能够就地修复的,应当就地修复。如果出现部分或全部无法原地原样修复的,可以准许采用替代性修复方式。

(三)赔偿性责任

根据《民法典》第1235条规定,违反国家规定造成生态环境损害的,环境民事公益诉讼的原告有权请求侵权人赔偿下列损失和费用:(1)生态环境受到损害至修复完成期间服务功能丧失导致的损失;(2)生态环境功能永久性损害造成的损失;(3)生态环境损害调查、鉴定评估等费用;(4)清除污染、修复生态环境费用;(5)防止损害的发生和扩大所支出的合理费用。依据《环境民事公益诉讼解释》,人民法院可以在判决被告修复生态环境的同时,确定被告不履行修复义务时应承担的生态环境修复费用,也可以直接判决被告承担生态环境修复费

---

① 参见张新宝:《民法分则侵权责任编立法研究》,载《中国法学》2017年第3期;叶名怡:《论侵权预防责任对传统侵权法的挑战》,载《法律科学》2013年第2期;魏振瀛:《侵权责任方式与归责事由、归责原则的关系》,载《中国法学》2011年第2期;崔建远:《论归责原则与侵权责任方式的关系》,载《中国法学》2010年第2期。

② 生态环境损害,是指由于污染环境或破坏生态行为直接或间接地导致生态环境的物理、化学或生物特性的可观察的或可测量的不利改变,以及提供生态系统服务能力的破坏或损伤。参见《环境损害鉴定评估推荐方法(第II版)》第4.5条。

③ 吕忠梅、窦海阳:《以"生态恢复论"重构环境侵权救济体系》,载《中国社会科学》2020年第2期。

用,防止因侵权人意愿或能力方面的原因导致生态环境迟迟得不到修复。生态环境修复费用包括制定、实施修复方案的费用,修复期间的监测、监管费用,以及修复完成后的验收费用、修复效果后期评估费用等。

生态环境修复费用难以确定或者确定具体数额所需鉴定费用明显过高的,人民法院可以结合污染环境和破坏生态的范围和程度、生态环境的稀缺性、生态环境恢复的难易程度、防治污染设备的运行成本、被告因侵害行为所获得的利益以及过错程度等因素,并可以参考负有环境资源保护监督管理职责的部门的意见、专家意见等,予以合理确定。为了确保环境民事公益诉讼的公益性,人民法院判决被告承担的生态环境修复费用、生态环境受到损害至修复完成期间服务功能丧失导致的损失、生态环境功能永久性损害造成的损失等款项,应当用于修复被损害的生态环境。

关于环境民事公益诉讼的赔偿责任,一个颇具争议的问题是《民法典》第1232条规定的惩罚性赔偿是否适用于环境民事公益诉讼。反对者认为,惩罚性赔偿不应适用于环境民事公益诉讼的原因主要有两方面。一方面,从文义解释来看,第1232条使用了"被侵权人"这一表述,表明受害人是特定的主体,而在环境民事公益诉讼中并不存在特定的被侵权人;另一方面,从体系解释来看,《民法典》将污染环境、破坏生态的惩罚性赔偿规则规定在公益诉讼之前,表明其主要是针对私益损害的情形而言。此外,在公益诉讼中由有关机关或者组织取得该部分赔偿金也缺乏正当性。[①] 支持者则认为,环境民事公益诉讼与惩罚性赔偿在性质、价值和功能上均具有契合性,将惩罚性赔偿适用于环境民事公益诉讼具有正当性和合理性。[②] 最高人民法院于2022年1月12日颁布《关于审理生态环境侵权纠纷案件适用惩罚性赔偿的解释》,其中第12条明确环境民事公益诉讼的原告作为被侵权人代表,请求判令侵权人承担惩罚性赔偿责任的,人民法院可以参照惩罚性赔偿在环境侵权私益诉讼中适用的有关规定处理。关于惩罚性赔偿金数额的确定,应当以生态环境受到损害至修复完成期间服务功能丧失导致的损失、生态环境功能永久性损害造成的损失数额作为计算基数。

(四)人格恢复性责任

环境公益诉讼中,赔礼道歉的适用条件包括两方面:一是被告须有过错,若

---

① 参见王利明:《〈民法典〉中环境污染和生态破坏责任的亮点》,载《广东社会科学》2021年第1期。
② 参见李华琪、潘云志:《环境民事公益诉讼中惩罚性赔偿的适用问题研究》,载《法律适用》2020年第23期。

无过错或者因第三人导致环境污染,道德上并无可谴责之处,无须赔礼道歉;二是须涉及社会公众精神利益的损失,否则也不构成该责任。为实现环境民事公益诉讼维护社会公共利益的目的,赔礼道歉的履行方式应以在有相应影响的公开媒体上进行书面道歉为主。①

第四节 环境行政公益诉讼

一、环境行政公益诉讼概述

2014年10月召开的中国共产党第十八届四中全会通过了《中共中央关于全面推进依法治国若干重大问题的决定》,其中明确提出"检察机关在履行职责中发现行政机关违法行使职权或者不行使职权的行为,应该督促其纠正。探索建立检察机关提起公益诉讼制度"。2015年7月1日,全国人大常委会通过《关于授权最高人民检察院在部分地区开展公益诉讼试点工作的决定》,授权最高人民检察院在13个试点地区开展为期两年的检察机关提起民事和行政公益诉讼试点工作。根据最高人民检察院颁布的《检察机关提起公益诉讼试点方案》和《人民检察院提起公益诉讼试点工作实施办法》,人民检察院在履行职责中发现生态环境和资源保护、国有资产保护、国有土地使用权出让等领域负有监督管理职责的行政机关违法行使职权或者不作为,造成国家和社会公共利益受到侵害,公民、法人和其他社会组织由于没有直接利害关系,没有也无法提起诉讼的,可以向人民法院提起行政公益诉讼。试点期间,重点是对生态环境和资源保护领域的案件提起行政公益诉讼。自2015年7月至2017年5月,各试点地区检察机关共办理公益诉讼案件7886件,其中生态环境和资源保护领域案件5579件,约占检察机关办理公益诉讼案件总数的71%。②

两年试点期届满后,全国人大常委会于2017年6月对《行政诉讼法》作出修正,在第25条增加一款作为第4款:"人民检察院在履行职责中发现生态环境和资源保护、食品药品安全、国有财产保护、国有土地使用权出让等领域负有监督管理职责的行政机关违法行使职权或者不作为,致使国家利益或者社会公共利

---

① 参见万挺:《环境民事公益诉讼民事责任承担方式探析》,载《人民法院报》2014年12月31日第8版。
② 参见曹建明:《关于〈中华人民共和国行政诉讼法修正案(草案)〉和〈中华人民共和国民事诉讼法修正案(草案)〉的说明》,http://www.npc.gov.cn/zgrdw/npc/xinwen/2017-06/29/content_2024890.htm,2022年4月1日访问。

益受到侵害的,应当向行政机关提出检察建议,督促其依法履行职责。行政机关不依法履行职责的,人民检察院依法向人民法院提起诉讼。"至此,我国立法正式确立了行政公益诉讼制度。为贯彻落实检察公益诉讼制度,2018年3月最高人民法院和最高人民检察院联合发布《关于检察公益诉讼案件适用法律若干问题的解释》(该解释在2020年《民法典》通过后作出了相应修正,以下简称《检察公益诉讼解释》),为办理检察公益诉讼案件提供了统一规范。

二、环境行政公益诉讼的主要内容

(一)环境行政公益诉讼的主体

环境行政公益诉讼的主体包括原告和被告双方。根据《行政诉讼法》和相关司法解释、规范性文件的规定,人民检察院是环境行政公益诉讼的唯一法定适格原告,公民、法人和社会组织无权提起环境行政公益诉讼。人民检察院以公益诉讼起诉人身份提起环境行政公益诉讼,依照行政诉讼法享有相应的诉讼权利,履行相应的诉讼义务,但法律、司法解释另有规定的除外。环境行政公益诉讼的被告,是生态环境和资源保护领域违法行使职权或者不作为的行政机关,以及法律、法规、规章授权的组织。根据我国的环境管理体制,环境行政公益诉讼的被告包括人民政府、生态环境主管部门、其他负有生态环境和资源保护监管职责的政府部门(如自然资源部门、林草部门、水利部门等),以及法律、法规、规章授权的组织。

(二)环境行政公益诉讼的对象

依据《行政诉讼法》第25条第4款的规定,环境行政公益诉讼的情形为在生态环境和资源保护等领域负有监督管理职责的行政机关违法行使职权或者不作为,致使国家利益或者社会公共利益受到侵害的。据此,环境行政公益诉讼的对象可分为两类:第一,违法行使职权行为致使国家利益或者社会公共利益受到侵害;第二,行政不作为致使国家利益或者社会公共利益受到侵害。

1. 违法行使职权行为致使国家利益或者社会公共利益受到侵害

违法行使职权主要是指行政机关超出法律授予的权限或明确违反法律规定而作出行政行为,致使公民、法人和其他组织的合法权益受到侵害。结合《行政诉讼法》的有关规定,在行政公益诉讼中,行政行为具有主要证据不足、适用法律法规错误、违反法定程序、超越职权、滥用职权、明显不当等情形,致使国家利益和社会公共利益受到侵害的,都可能构成"违法行使职权"。从环境行政公益诉讼的实践来看,行政机关违法行使职权主要有以下几类表现:被诉行政机关违法倾倒垃圾或违法建设和使用垃圾场直接造成环境损害;被诉行政机关对于不满足政策标准、条件的公民或企业发放相关专项补贴;被诉行政机关违法向不满足政策要求的企业或者项目发放相关许可证、证明书;被诉行政机关擅自决定行政相对人缓交相关费用或者降低费用标准;被诉行政机关违法出让、转包土地。①

2. 行政不作为致使国家利益或者社会公共利益受到侵害

环境行政公益诉讼中,行政不作为的判断主要涉及三个要素:第一,行政机关具有相应的作为义务,即行政机关对涉及的生态环境和资源保护事项具有作为的法定义务。一般认为,环境法律、法规和规章是判断行政机关作为义务来源的主要依据,规范性法律文件、"三定"方案、权力清单和责任清单等可以作为判断的重要参考。②第二,作为义务存在履行可能性,即行政机关不作为不存在阻却性事由。第三,行政机关未履行或未全面履行作为义务。在司法实践中,环境行政不作为主要表现为两种情形:一是被诉行政机关怠于履行其职责范围之内的职权;二是公民或者企业存在违法行为的情况下,行政机关未能全面履行监管和执法职责加以控制。③

三、环境行政公益诉讼的诉前程序

行政公益诉讼的诉前程序,是指检察机关在提起行政公益诉讼之前对符合起诉条件的案件应先行通过检察建议的方式督促行政机关纠正违法行为或履行法定职责。诉前程序是行政公益诉讼相较于普通行政诉讼的特有程序,是检察机关提起行政公益诉讼的必经前置程序。根据《行政诉讼法》第25条第4款和《检察公益诉讼解释》第21条的规定,生态环境和资源保护领域负有监督管理职责的行政机关违法行使职权或者不作为,致使国家利益或者社会公共利益受到侵害的,检察机关首先应当向行政机关提出检察建议,督促其依法履行职责。行政机关应当在收到检察建议书之日起两个月内依法履行职责,并书面回复人民检察院。出现国家利益或者社会公共利益损害继续扩大等紧急情形的,行政机关应当在十五日内书面回复。行政机关不依法履行职责的,人民检察院依法向人民法院提起诉讼。

由于行政公益诉讼的主要目的是督促行政机关正确履行职责,因此诉前程序的功能旨在确保行政权的优先性,激活行政机关纠正违法行为的积极性,尊重

---

① 参见秦鹏、何建祥:《检察环境行政公益诉讼受案范围的实证分析》,载《浙江工商大学学报》2018年第4期。
② 参见王清军:《环境行政公益诉讼中行政不作为的审查基准》,载《清华法学》2020年第2期。
③ 参见秦鹏、何建祥:《检察环境行政公益诉讼受案范围的实证分析》,载《浙江工商大学学报》2018年第4期。

行政机关在其职责范围内的专业判断权,同时也能有效节约司法资源。实践中,绝大部分的案件是通过诉前程序办结的。据统计,试点期间各试点地区检察机关共办理公益诉讼案件7886件,其中诉前程序案件6952件,提起诉讼案件934件。① 2017年7月至2019年9月,全国检察机关共发出诉前检察建议182802件,行政机关回复整改率达97.37%,提起行政公益诉讼仅为995件。②

检察机关提起行政公益诉讼的条件是行政机关在收到检察建议书后在法定期限内不依法履行职责,因此认定行政机关是否"依法履行职责"成为诉前程序转入诉讼程序的关键,也是大量行政公益诉讼案件的争议焦点和审理难点。对于如何判断行政机关"依法履行职责",主要存在"行为标准"和"结果标准"两种主张。"行为标准"遵循职权法定原则,认为行政公益诉讼的目的是督促在公益领域负有监管职责的行政机关依法行使职权,而非直接追求公共利益保护的结果,因此主要从行政机关的法定职权、法定措施手段、法定程序等方面判断其是否依法履职。如果行政机关已经纠正了违法行为或者穷尽了法律所规定的监管措施,即便国家利益或社会公共利益受侵害的状态未消除,也应认定为"依法履行职责"。"结果标准"则认为行政公益诉讼的目的是维护公共利益,使受损的国家利益或社会公共利益解除受侵害状态,因此以违法行为是否停止、生态环境是否恢复等与环境公共利益相关联的效果作为判断行政机关是否依法履职的标准。即便行政机关纠正了违法行为或穷尽了所有监管手段,只要国家利益或社会公共利益仍然处于受侵害的状态,也应认定行政机关没有"依法履行职责"。③ 行为标准强调"穷尽说",具有可监测、可量化等优势,但也存在不当激励和难以实现诉讼目的的弊端;结果标准强调"实质说",将关注点放在履行义务的最终结果上,并将这种结果与环境公共利益联结。结果标准虽然与环境行政公益诉讼目的相契合,但却存在着忽视自然、社会等不确定变量以及不当加重行政机关负担等弊端。相较而言,结果标准对行政机关提出了更为严苛的要求。

从现行规范体系来看,《检察机关行政公益诉讼案件办案指南(试行)》规定,

---

① 参见曹建明:《关于〈中华人民共和国行政诉讼法修正案(草案)〉和〈中华人民共和国民事诉讼法修正案(草案)〉的说明》,http://www.npc.gov.cn/zgrdw/npc/xinwen/2017-06/29/content_2024890.htm,2022年4月1日访问。

② 参见张军:《最高人民检察院关于开展公益诉讼检察工作情况的报告》,https://www.spp.gov.cn/spp/tt/201910/t20191024_435925.shtml,2022年4月1日访问。

③ 李瑰华:《行政公益诉讼中行政机关"依法履职"的认定》,载《行政法学研究》2021年第5期;王清军:《环境行政公益诉讼中行政不作为的审查基准》,载《清华法学》2020年第2期;张旭勇:《行政公益诉讼中"不依法履行职责"的认定》,载《浙江社会科学》2020年第1期;刘艺:《构建行政公益诉讼的客观诉讼机制》,载《法学研究》2018年第3期;张璐:《中国环境司法专门化的功能定位与路径选择》,载《中州学刊》2020年第2期。

行政机关"采取整改措施,但实际上行动迟缓、敷衍应付、没有作为的;行政机关仅部分纠正行政违法行为的;行政机关虽采取了履职措施,但履职仍不完全、不充分,无法达到监管目的,且没有进一步行使其他监管职权等情形",属于行政机关未依法履行职责。"行动迟缓、敷衍应对""不完全、不充分"等措辞并未对认定是否依法履职提供清晰的标准,而"没有作为的""无法达到监管目的"等表述反映了检察机关对受损公益恢复的重视。与此同时,《检察机关行政公益诉讼案件办案指南(试行)》还规定,"对于一些特殊情形,如恢复植被、修复土壤、治理污染等,行政机关主观上有整改意愿,但由于受季节气候条件、施工条件、工期等客观原因限制,行政机关无法在检察建议回复期内整改完毕的,应当继续跟进调查……暂不提起行政公益诉讼"。这一规定又似乎隐含了不依法履行职责认定的行为标准。此外,最高人民法院《关于审理环境公益诉讼案件的工作规范(试行)》第53条对"行政机关是否履行法定职责的审查标准"作出规定:"行政机关在诉前程序中作出的行政行为不足以保护社会公共利益,或者行政机关虽已作出足以保护社会公共利益的行政行为,但社会公共利益仍处于受侵害状态,检察机关提起环境行政公益诉讼的,应予受理。"从中可以看出,该工作规范倾向于以结果标准作为审查行政机关是否依法履职的标准。

从实践来看,检察机关在诉前程序中判断行政机关是否依法履行职责以结果标准为主,行政机关不仅要履行法定职责,检察机关还会考量行政机关纠正违法行为或履行职责的期限、勤勉程度、是否穷尽所有法定手段,以及履职的实际效果等。[①]在环境行政公益诉讼中,对于行政机关是否依法履职的司法审查,有的案件采取行为标准,有的采取结果标准,还有的采取行为和结果相结合的复合标准,既关注行为履行过程的判断,也关注行为结果——环境公共利益能否最终实现的判断,是一种更为严格的判断标准。[②]

四、环境行政公益诉讼的判决形式

根据《检察公益诉讼解释》第25条第1款的规定,环境行政公益诉讼可以适用确认违法或无效、撤销或部分撤销违法行政行为、变更被诉行政行为、责令行政机关采取补救措施、责令重新作出行政行为、责令履行法定职责、驳回诉讼请求等判决种类。具体而言,人民法院区分下列情形作出行政公益诉讼判决:

---

① 参见刘艺:《构建行政公益诉讼的客观诉讼机制》,载《法学研究》2018年第3期;刘超:《环境行政公益诉讼诉前程序省思》,载《法学》2018年第1期。
② 参见王清军:《环境行政公益诉讼中行政不作为的审查基准》,载《清华法学》2020年第2期。

(1) 判决确认行政行为违法或者确认无效,主要适用于以下几种情形:行政行为依法应当撤销,但撤销会给国家利益、社会公共利益造成重大损害的;行政行为程序轻微违法,但对原告权利不产生实际影响的;行政行为违法,但不具有可撤销内容的;被告改变原违法行政行为,原告仍要求确认原行政行为违法的;被告不履行或者拖延履行法定职责,判决履行没有意义的;行政行为有实施主体不具有行政主体资格或者没有依据等重大且明显违法情形的。法院在判决确认违法或者确认无效的同时,可以同时判决责令行政机关采取补救措施。

(2) 判决撤销或者部分撤销,适用于行政行为主要证据不足、适用法律法规错误、违反法定程序、超越职权、滥用职权、明显不当六种情形。具有这六种情形之一的,法院在判决撤销或者部分撤销的同时,可以判决被诉行政机关重新作出行政行为。

(3) 判决在一定期限内履行法定职责,适用于被诉行政机关不履行法定职责,判决履行仍有意义的情形。

(4) 判决变更行政行为,适用于被诉行政机关作出的行政处罚明显不当,或者其他行政行为涉及对款额的确定、认定确有错误的情形。

(5) 判决驳回诉讼请求,适用于被诉行政行为证据确凿、适用法律法规正确、符合法定程序、未超越职权、未滥用职权、无明显不当,或者人民检察院诉请被诉行政机关履行法定职责理由不成立的情形。

由于不作为类的环境行政公益诉讼案件占据较大比例,判决行政机关履行法定职责是一种常见的判决形式。从实践来看,履行法定职责的判决存在过于笼统的情况,行政机关如何履行环境监管职责、履职到何种程度、是否要求侵害公共利益的行为被及时制止,以及被侵害的公共利益应恢复到何种程度等,都未体现在判决内容当中。[1] 虽然履行职责判决留有一定的模糊性体现了司法的谦抑性以及对行政机关专业性的尊重,但有学者建议对于行政机关使职责的范围、条件和后果等因素非常确定从而使得行政机关实质上没有很大裁量空间的情形,履行职责判决应明确规定行政机关履行职责的期限、内容和方式等,并根据环境行政违法行为发生对环境公益影响的特殊领域、特殊地域,有针对性地规定履行职责的内容,以便实质性地实现环境行政公益诉讼的制度功能。[2]

---

[1] 参见马怀德:《新时代行政公益诉讼制度的发展与实践》,载《人民论坛·学术前沿》2019年第5期;刘超:《环境行政公益诉讼的绩效检视与规则剖释——以2018年140份环境行政公益诉讼判决书为研究样本》,载《甘肃政法学院学报》2019年第6期。

[2] 参见刘超:《环境行政公益诉讼判决形式的疏失及其完善——从试点期间典型案例切入》,载《浙江工商大学学报》2018年第5期。

思考题

1. 如何理解环境问题案件的法学逻辑？
2. 如何理解环境私益侵权诉讼中的环境侵害行为？
3. 如何理解环境民事公益诉讼的对象？
4. 如何理解环境行政公益诉讼中"依法履行职责"的审查标准？

推荐阅读

1. 吕忠梅等:《中国环境司法发展报告(2020年)》,法律出版社2021年版。
2. 刘艺:《构建行政公益诉讼的客观诉讼机制》,载《法学研究》2018年第3期。
3. 刘超:《环境行政公益诉讼诉前程序省思》,载《法学》2018年第1期。
4. 王利明:《〈民法典〉中环境污染和生态破坏责任的亮点》,载《广东社会科学》2021年第1期。
5. 张璐:《环境司法专门化中的利益识别与利益衡量》,载《环球法律评论》2018年第5期。

第二编 污染防治法

第九章 污染防治法律制度

【导言】

《环境保护法》第四章为"防治污染和其他公害",该章专门对污染防治法律制度的相关内容进行规定。具体而言,这些制度主要包括环境税制度(第43条)、污染物排放总量控制制度(第44条)、排污许可管理制度(第45条)、突发环境事件应急处理制度(第47条)以及清洁生产制度(第40条)等。

第一节 环境税制度

一、环境税制度概述

环境税作为一种税制早在1920年就被提出。当时的英国著名经济学家阿瑟·庇古在《福利经济学》一书中从理论层面提出了环境税,他认为应当根据污染物所造成的危害对排污者进行征税,通过征税来弥补私人成本和社会成本的差距,使二者能够相等。正因如此,学者们也将该税种称为"庇古税"。从环境法律制度的体系来看,环境税作为环境法律制度体系中污染防治法律制度之一种,构成了污染防治法律制度的重要组成部分。

(一)环境税的概念

环境税又被称为"生态税""绿色税""环境保护税"等,我国在立法上称为"环境保护税"。从环境税的概念内涵上来看,关于环境税的概念有最广义、广义和狭义之分。

最广义的环境税是指为了保护环境、筹集环境保护资金,而对特定的行为人所开征的一系列税收的总和。最广义的环境税泛指一切为了达到特定的环境保护目标而引入的税种,内容包含了防治环境污染、保护环境资源、促进绿色消费以及其他各种能够实现环境保护目的的税种。经济合作与发展组织(OECD)曾认为,环境税就是指为了达到特定的环境目标而引入的税收,或者虽然最初的引入并非基于环境原因,但是对环境目标具有一定的影响,可以为了环境原因而增加、减少或者修改的税种。由此可见广义的环境税内涵之丰富。具体而言,广义的环境税内涵包含了以下内容：第一，排污税，即向排污单位和个人根据排放污染物的数量、浓度和种类征收的税种，排污税又包含了废水污染税、垃圾税、二氧化硫税以及碳税等；第二，资源税，即向开采和利用自然资源的单位和个人征收的税种，它的目的是通过税收的方式促进自然资源的可持续利用；第三，准环境税，即各种环境法上的规费，比如垃圾费、自然资源使用开发和保护管理过程中所收取的各种费用；第四，消费税，即对环境有较大危害的产品所征收的税，如对汽油和柴油等石油产品征收的消费税。

广义的环境税是指为了保护环境，对一切开发利用环境资源的单位和个人，根据对环境资源开发利用的强度和对环境污染造成的破坏所征收的一种税收。实际上广义的环境税包含了排污税和资源税。广义的环境税在世界各国普遍都有相关的立法保障其内容的实现。

狭义的环境税是指为了保护环境，筹集环境保护资金，按照一定的标准对排污者所征收的一系列税收的总和。狭义的环境税的范围只限于对污染物排放征收的税收，不包含在一般性税种中为激励纳税人保护环境而采取的税收优惠措施等税收调节制度。我国《环境保护税法》第 2 条明确规定："在中华人民共和国领域和中华人民共和国管辖的其他海域，直接向环境排放应税污染物的企业事业单位和其他生产经营者为环境保护税的纳税人，应当依照本法规定缴纳环境保护税。"可以发现，我国《环境保护税法》采用了狭义环境税的内涵，即对特定的排污者征收环境税。另外，从作为污染防治法律制度的环境税来看，环境税也应当采用狭义的内涵。

(二) 环境税的特征

环境税作为环境保护时代的新型税种，对环境保护的推进具有重要的作用。作为一种新型的税收类型，环境税除了具有税收的法定性、固定性以及强制性特征之外，还具有以下几个方面的特征：

(1) 目的的特殊性。环境税作为一种为了保护环境出现的税收类型，在保护和改善环境、减少环境污染物的排放、推进生态文明建设以及实现绿色发展理念等方面均具有重要的作用。从目的的视角出发，环境税的一个明显的特点就是为了保护环境，减少污染物排放，这是环境税名称的由来，也是环境税与其他税种显著不同之处。

(2) 方式的间接性。环境税通常属于间接税，可以通过价格调节机制实现税收负担的转移。通常，环境税在征收的过程中都会被企业当作产品成本的一部分，计入产品的售卖价格之中，通过流转由消费者承担，所以环境税在征收方式上具有一定的间接性。比如对供暖企业征收的大气污染物排放税一般都被计入供暖费之中,由享受供暖服务的消费者承担这项费用。

(3) 使用的确定性。环境税作为保护环境的一种税种,它的目的主要是为了保护环境筹集资金,所以对排放污染物的行为进行征税。可以说,征收环境税是国家筹集环境保护公共资金的一种重要手段。作为国家财政收入的环境税,一般情况下都是专款专用于环境资源的保护之中。由此可见,环境税征收的资金在使用上具有一定的确定性,主要用于保护环境。从这个角度而言,环境税是一种环境保护的工具。

二、环境税制度的历史演变

从国外环境税制度的发展历程来看,世界范围内的多数国家的环境税制度的建立并非一蹴而就,都经历了一个演变的过程。一般而言,都是先从个别税种开始,然后逐渐增加关于环境保护的税目,最后实现环境税的专门立法。总而言之,全面性、完整性的环境税立法需要经历一个很长的发展过程。

我国环境税的形成经历了一个长期的过程。早在2006年就有政协委员提案建议环境税立法,以法律的形式明确环境污染费用的征收;2007年国务院颁布《节能减排综合性工作方案》,明确提出开始考虑征收环境税,财政部、环境保护部和国家税务总局对开征环境税的可行性和必要性进行了论证,并提出了征收环境税的改革方案与具体配套措施;2011年,国务院开始在全国范围内逐步推行环境税费改革;2014年修订的《环境保护法》第43条第2款规定:"依照法律规定征收环境保护税的,不再征收排污费。"自此,环境保护税法律制度在立法层面上得以初步确立。环境税法律制度在立法层面的完整确立基于《环境保护税法》的制定。2014年,财政部会同环境保护部、国家税务总局形成了《环境保护税法(草案稿)》并报送国务院;2015年,国务院全文公布《环境保护税法(征求意见稿)》[①]及说明并征求社会各界意见;同年,《环境保护税法》与《增值税法》等七部税种法律被纳入了《十二届全国人大常委会立法规划》,可见其立法之迫切。2016年《环境保护税法》由全国人大常委会经过两次审议予以通过,并自2018年1月1日起施行。从此,我国环境保护领域"费改税"的税收改革目标得以完全实现,步入了环境保护税收"有法可依"的阶段,同时也解决了环境保护税"由谁来征、对谁来征、哪些要征"的问题,即环境保护税实现了征收主体法定、征收种类法定、征收要素法定和征收程序法定的税收法定基本原则。

---

① 李慧玲:《环境税立法若干问题研究——兼评〈中华人民共和国环境保护税法〉(征求意见稿)》,载《时代法学》2015年第6期。

三、环境税制度的具体内容

我国的环境税制度是以《环境保护税法》为基础而展开的。《环境保护税法》共五章,分别确定了环境税的征收主体、纳税主体、征税对象、计税依据、应纳税额、税率以及税收优惠等内容。

(一)环境税的征税主体

我国当下实行分税制的税收体系。《环境保护税法》第14条规定:"环境保护税由税务机关依照《中华人民共和国税收征收管理法》和本法的有关规定征收管理。生态环境主管部门依照本法和有关环境保护法律法规的规定负责对污染物的监测管理。县级以上地方人民政府应当建立税务机关、生态环境主管部门和其他相关单位分工协作工作机制,加强环境保护税征收管理,保障税款及时足额入库。"可见,环境税的征收主体应当是地方政府,这符合税收法定的基本原则和理念。

环境税的征收主体是地方人民政府,主要原因在于地方政府具有保护环境的职责。根据《环境保护法》第6条第2款与第28条第1款之规定,可以明确知悉地方政府具有相应的环境保护职责,作为区域环境治理的责任主体,应当采取措施改善环境质量。《环境保护法》第6条第2款规定:"地方各级人民政府应当对本行政区域的环境质量负责。"第28条第1款规定:"地方各级人民政府应当根据环境保护目标和治理任务,采取有效措施,改善环境质量。"通过这些规定可以发现,地方政府在环境质量方面具有相应的职责。既然地方政府拥有地方环境治理的权责,那么地方政府也应当将为了保护环境征收的环境税纳入自己的财政范围,因此,地方政府拥有天然的环境税征收权。与此同时,日常对于污染企业的排放指标监测工作、监督工作等事务都由地方政府承担,这说明了环境税归入地方政府财政范围的必要性,而且这样也有利于征收管理。

总之,我国环境税的征税主体是地方人民政府的税务部门。但是,受环境税的特殊性影响,需要环境保护部门进行配合。这是因为环境保护部门对排污行为的监测、管理职责的履行情况直接影响到环境税的计算依据。因而,环境保护部门成为必要的环境税征收的"相关主体",配合税收机关征收环境税。这一点《环境保护税法》第15条作了明确的规定,具体内容为:"生态环境主管部门和税务机关应当建立涉税信息共享平台和工作配合机制。生态环境主管部门应当将排污单位的排污许可、污染物排放数据、环境违法和受行政处罚情况等环境保护相关信息,定期交送税务机关。税务机关应当将纳税人的纳税申报、税款入库、减免税额、欠缴税款以及风险疑点等环境保护税涉税信息,定期交送生态环境主管部门。"可见,环境税的征收需要税务部门和环境保护部门相互配合。

(二)环境税的纳税主体

环境税的纳税主体是直接向环境排放应税污染物的企业事业单位和其他生产经营者。《环境保护税法》第2条规定:"在中华人民共和国领域和中华人民共和国管辖的其他海域,直接向环境排放应税污染物的企业事业单位和其他生产经营者为环境保护税的纳税人,应当依照本法规定缴纳环境保护税。"可见,没有排放应税污染物的主体不是环境税的纳税主体。

我国《环境保护税法》对纳税主体的界定从三个方面入手,分别包含了空间要素、行为要素以及主体要素。从空间要素来看,一般的税收立法范围基本界定为"我国境内",而环境税的范围则扩大至"中华人民共和国管辖的其他海域",这既基于环境污染行为所具有的特殊性,也与《环境保护法》既有的规定相符合。从行为要素来看,环境税的征收行为是"直接向环境排放应税污染物",要求必须是直排行为,而且排放的对象是特定的"应税污染物"。由此可见,倘若是间接排放污染物的行为,或者排放行为所排放的污染物不属于《环境保护税法》所规定的"应税污染物",则该主体就不属于环境税的纳税主体。从主体要素而言,我国《环境保护税法》将纳税主体确定为"企业事业单位和其他生产经营者",这一规定基本上延续了《环境保护法》相关内容的设定。

(三)环境税的征税对象

《环境保护税法》第3条规定:"本法所称应税污染物,是指本法所附《环境保护税税目税额表》、《应税污染物和当量值表》规定的大气污染物、水污染物、固体废物和噪声。"可见,环境税的征税对象是应税行为和排污行为,目前我国的环境税的征税对象主要是大气污染物、水污染物、固体废物和噪声。从社会发展和未来环境保护工作开展的趋势来看,随着绿色经济的发展,我国的环境税征税对象应当进一步扩大,从而充分发挥环境税对环境保护工作的激励作用。

(四)环境税的计税依据和应纳税额

计税依据也被称为"税基",科学合理地设定环境税的计税依据,是关涉环境税是否能够达到预期立法目标的关键,对环境税的具体实践开展也非常重要。确定环境税的计税依据要考虑很多因素,我国目前主要有从价定率、从量定额以及累进制三种计税方式,《环境保护税法》选择了从量定额的计税方式。从量定额是以企业的污染物排放量为基础来征收环境税,当企业的排污量削减时,它需要承担的环境税税额就相对减少,这切合环境税保护环境的立法目的。

具体而言,环境税的计税依据按照下列方法确定:第一,大气污染物、水污染物对应税,按照污染物排放量折合的污染当量数确定。污染当量数,以该污染物的排放数量除以该污染物的污染当量值计算。每种应税大气污染物、水污染物对应的污染当量值,依照《环境保护税法》所附《应税污染物和当量值表》执行。第二,固体废物对应税,按照固体废物的排放量确定。固体废物的排放量是指不符合国家和地方环境保护标准贮存或者处置的固体废物的数量。第三,噪声对应税,按照超过国家规定标准的分贝数确定。超过国家规定标准的分贝数是指实际产生的应税噪声与国家规定的噪声排放标准限值之间的差值。

污染当量,是指根据污染物或者污染排放活动对环境的有害程度以及处理的技术经济性,衡量不同污染物对环境污染的综合性指标或者计量单位。同一介质相同污染当量的不同污染物,其污染程度基本相当。

我国《环境保护税法》第10条规定:"应税大气污染物、水污染物、固体废物的排放量和噪声的分贝数,按照下列方法和顺序计算:(一)纳税人安装使用符合国家规定和监测规范的污染物自动监测设备的,按照污染物自动监测数据计算;(二)纳税人未安装使用污染物自动监测设备的,按照监测机构出具的符合国家有关规定和监测规范的监测数据计算;(三)因排放污染物种类多等原因不具备监测条件的,按照国务院生态环境主管部门规定的排污系数、物料衡算方法计算;(四)不能按照本条第一项至第三项规定的方法计算的,按照省、自治区、直辖市人民政府生态环境主管部门规定的抽样测算的方法核定计算。"

我国《环境保护税法》第11条规定:"环境保护税应纳税额按照下列方法计算:(一)应税大气污染物的应纳税额为污染当量数乘以具体适用税额;(二)应税水污染物的应纳税额为污染当量数乘以具体适用税额;(三)应税固体废物的应纳税额为固体废物排放量乘以具体适用税额;(四)应税噪声的应纳税额为超过国家规定标准的分贝数对应的具体适用税额。"

(五)环境税的税率

由于环境污染问题具有复杂性、环境排污行为具有综合性等特点,所以环境税的税率确定需要科学、合理的税率体系才能更好地发挥税率的调节功能,有效地规范和引导排污者的排污行为,实现环境保护税法的多元调整目标。环境税之税率如果处置不当,必然无法达到设置环境税的目的。具体而言,环境税税率过低,无法起到环境保护的作用,环境税税率过高,则会加重企业的负担,影响经济发展。因此,环境税的税率应当寻求一个合理的平衡点。我国《环境保护税法》采用定额税率,在附表《环境保护税税目税额表》中对税率作了具体的规定:大气污染物每污染当量1.2元至12元;水污染物每污染当量1.4元至14元;固体废物煤矸石每吨5元;尾矿每吨15元;危险废物每吨1000元;冶炼渣、粉煤灰、炉渣、其他固体废物(含半固态、液态废物)每吨25元;工业噪声超标1—3分贝每月 350 元;超标 4—6 分贝每月 700 元;超标 7—9 分贝每月 1400 元;超标 10—12 分贝每月 2800 元;超标 13—15 分贝每月 5600 元;超标 16 分贝以上每月 11200 元。(1)一个单位边界上有多处噪声超标,根据最高一处超标声级计算应纳税额;当沿边界长度超过 100 米有两处以上噪声超标,按照两个单位计算应纳税额。(2)一个单位有不同地点作业场所的,应当分别计算应纳税额,合并计征。(3)昼、夜均超标的环境噪声,昼、夜分别计算应纳税额,累计计征。(4)声源一个月内超标不足 15 天的,减半计算应纳税额。(5)夜间频繁突发和夜间偶然突发厂界超标噪声,按等效声级和峰值噪声两种指标中超标分贝值高的一项计算应纳税额。

(六)环境税的优惠措施

基于地区、全体以及个体方面的差异,形式上平等的税收往往会造成实质上的不平等。因此,几乎所有的税法都会设置税收优惠条款,我国《环境保护税法》也是如此。《环境保护税法》第 12 条规定:"下列情形,暂予免征环境保护税:(一)农业生产(不包括规模化养殖)排放应税污染物的;(二)机动车、铁路机车、非道路移动机械、船舶和航空器等流动污染源排放应税污染物的;(三)依法设立的城乡污水集中处理、生活垃圾集中处理场所排放相应应税污染物,不超过国家和地方规定的排放标准的;(四)纳税人综合利用的固体废物,符合国家和地方环境保护标准的;(五)国务院批准免税的其他情形。前款第五项免税规定,由国务院报全国人民代表大会常务委员会备案。"该条是关于环境税免征的相关内容。《环境保护税法》第 13 条规定:"纳税人排放应税大气污染物或者水污染物的浓度值低于国家和地方规定的污染物排放标准百分之三十的,减按百分之七十五征收环境保护税。纳税人排放应税大气污染物或者水污染物的浓度值低于国家和地方规定的污染物排放标准百分之五十的,减按百分之五十征收环境保护税。"该条是关于环境税减征的措施。这两条内容共同构成了环境税的优惠措施。

第二节 污染物排放总量控制制度

一、污染物排放总量控制制度概述

污染物排放总量控制制度又简称为"总量控制制度",属于污染防治法律制度的重要组成部分。从制度功能来看,污染物排放总量控制制度对于保护环境、防治污染具有极其重要的作用。

(一) 污染物排放总量控制的概念

污染物排放总量控制的概念尚未形成统一的共识。谈及污染物排放总量控制制度,首先应当明确污染物排放总量控制的概念。所谓污染物排放总量控制是指将某一控制区域(例如行政区域、流域区域、环境功能区域)作为一个完整的系统,采取措施将排入这一区域内的污染物总量控制在一定数量之内,以满足该区域环境质量要求的制度。这一定义对污染物排放总量控制进行了全面的界定,但是并非法律意义上的阐述。

法学意义上的污染物排放总量控制制度是指国家环境保护部门根据环境管理目标的要求,确定一定时期一定区域的污染物排放总量控制指标,并逐级分解、落实到排污单位,有计划地控制及削减污染物排放量的法律制度。污染物排放总量控制制度是与污染物排放总量控制相关的一系列法律规范的总称,这些法律规范包含了污染物总量制定的法律规范、污染物总量分配的法律规范、管理机制的法律规范以及总量执行的法律规范等。

(二) 污染物排放总量控制制度的特点

污染物排放总量控制制度是以污染物排放总量控制标准为基础而建立起来的污染防治法律制度,该标准的确定与环境科学息息相关。与其他的环境法律制度相比而言,污染物排放总量控制制度具有很强的科学性。除此之外,污染物排放总量控制制度对环境污染的遏制具有高效性,并且污染物排放总量控制制度还有很明显的区域性。具体而言,污染物排放总量控制制度具有如下特点:

(1) 制度内容的科技性。从制度实施的角度而言,污染物排放总量控制制度内容具有高度的科技性。具体表现为:第一,污染物排放总量控制制度的规范制定和实施都是以环境科学作为发展和成熟的前提。对于污染物排放总量的确定不仅建立在自然规范基础之上,而且要依靠大量的环境标准和技术性规范来落实。可以说,环境标准和技术性规范无一不依靠环境科学的发展。第二,污染物排放总量控制制度的内容中包含了众多的技术性专业术语和专有名词。在污染物排放总量控制制度的实施过程中,技术性的专业术语和专有名词是必不可少的组成部分。第三,污染物排放总量控制制度的实施需要科学技术的保证。无论是排污企业的减排降碳,还是环境保护部门实施的环境监督管理,都需要使用环境监测仪器,通过科学技术确保相关数据的准确性。

(2) 制度效能的高效性。从制度实能的角度而言,污染物排放总量控制制度高效遏制了环境污染的持续恶化。相较于污染物排放浓度控制制度而言,污染物排放总量控制制度更具高效性。这是因为污染物排放浓度控制是一项事后控制型制度,而污染物排放总量控制制度是一项事前预防性制度。前者主要集中于污染物排放的末端环节,忽视了生产过程中的污染物排放。而污染物总量控制制度是一种基于过程的控制,强调全过程的控制污染物的排放情况。污染物总量控制制度能够更好地反映污染物进入环境的客观情况,有利于污染物排放的减少,从根本上能够杜绝污染物排放者稀释污染物实现达标减排的效果。

(3)制度实施的区域性。污染物排放总量控制制度是以一定的区域及特定的污染物为控制对象的。环境状况的差异性、地区发展的不平衡性以及不同功能区环境保护的特殊性决定了环境法律制度创制的区域性。污染物排放总量控制制度作为环境法律制度中污染防治法律制度的重要组成部分,当然也就具有环境法律制度的区域性特征。并且,随着我国产业结构的调整,各个地区产业政策的结构化差异也造成了污染物排放的区域性。正因如此,与污染物排放密切相关的污染物排放总量控制制度也就当然具有区域性特征。

(三)污染物排放总量控制制度的意义

污染物排放总量控制制度对我国环境保护具有重要的作用,对于促进环境治理方式变革、推动环境治理市场化以及创新经济增长方式均具有明显的意义。

(1)促进环境治理方式变革。长期以来,我国的环境管理主要采取污染物排放浓度控制的方式进行,浓度达标即视为合法。污染物排放浓度控制以执行国家污染物排放标准为核心内容,通过设定污染物排放标准来控制每一个污染源排放口的浓度排放水平。然而,以浓度为标准的污染物排放并未实现环境质量的改善。因为即便所有的污染物排放都符合污染物排放的浓度标准,仍然有可能过量而导致环境污染。由此,环境污染问题并不会得到有效的解决。污染物排放总量控制则避免了污染物排放浓度控制的不足之处,从根本上改变了环境污染问题。这是因为,根据污染物排放总量控制制度的内容,污染物排放总量控制是在实施污染物排放浓度控制的基础之上,控制排污单位在一定时空范围内的污染物排放总量。这一制度将污染物排放的范围与环境容量结合起来,能够更加真实地反映污染物排放进入环境的实际情况。《环境保护法》第44条第1款规定,"企业事业单位在执行国家和地方污染物排放标准的同时,应当遵守分解落实到本单位的重点污染物排放总量控制指标。"可见,污染物排放总量控制制度在我国环境保护中的作用极其重要。规范层面确立的污染物排放总量控制制度从根本上促进了环境治理方式的变革,使得环境治理方式由单纯的浓度控制模式走向了总量控制与浓度控制相结合的模式。由此,推动了我国环境污染防治从末端治理方式向源头、全过程控制以及末端治理相结合的方式转变。

(2)推动环境治理手段市场化。污染物排放浓度控制制度的管理对象是污染源,控制每一个污染源排放口的污染物排放浓度是污染物排放浓度控制制度控制污染物排放的主要方式。显然,该制度不利于市场机制的引入,这是因为它没有将污染治理责任和污染治理行动相区分。污染物排放总量控制制度的管理对象与污染物排放浓度控制制度的管理对象并不相同,前者的管理对象是排污单位,后者则是污染源。由于污染物排放总量控制制度的管理对象是排污单位的总排放量,所以排污单位可以按照自己拥有的污染物排放总量指标进行排放,这在一定程度上将环境治理责任和环境治理行动予以区分,为市场化机制的引入提供了机会。比如排污权交易制度的实施,就是建立在污染物排放总量控制制度的基础之上。总而言之,污染物排放总量控制制度的实施有效推动了排污权的有偿使用和交易政策的具体化实现,为推动我国环境治理手段市场化提供了制度支撑。

(3) 创制经济增长的新模式。污染物排放总量控制制度作为一项环境法律制度,除了具有法律的规范意义之外,还有更深层次的制度含义,那就是旨在通过该制度创制经济增长的新模式。污染物排放总量控制制度是对以污染物排放浓度控制制度为基础的环境制度的一次变革,这种变革对污染物排放申报、污染物排放许可、环境影响评价、环境规划以及环境监测等提出了更高的要求。以环境影响评价制度为例,《环境保护法》第 44 条规定:"国家实行重点污染物排放总量控制制度。重点污染物排放总量控制指标由国务院下达,省、自治区、直辖市人民政府分解落实。企业事业单位在执行国家和地方污染物排放标准的同时,应当遵守分解落实到本单位的重点污染物排放总量控制指标。对超过国家重点污染物排放总量控制指标或者未完成国家确定的环境质量目标的地区,省级以上人民政府环境保护主管部门应当暂停审批其新增重点污染物排放总量的建设项目环境影响评价文件。"该条规定了污染物排放总量控制制度,并且还有区域限批制度。区域限批制度把污染物排放总量控制指标作为项目环境影响评价的前置条件。污染物排放总量控制制度之下的区域限批制度要求环境质量目标的实现,促进了产业结构的调整,推进了经济增长方式的转变,对于实现绿色发展,走绿色经济、循环经济发展道路奠定了坚实的基础。

二、污染物排放总量控制制度的历史演变

从历史发展的视角审视,我国污染物排放总量控制制度的发展经历了一个从政策到法律不断演进的过程。20 世纪 70 年代,我国开始对污染物排放总量控制制度进行探索。起初,关于污染物排放总量控制制度的演进主要以政策的方式运行,随着该制度的不断发展,污染物排放总量控制制度开始以法律的形式运行。这种转变主要是因为,从制度预期的稳定性来看,由政策上升为法律是一

种必然的发展趋势。基于上述发展过程,对于污染物排放总量控制制度可以从政策演进和法律演进两个方面予以考察。

(一)污染物排放总量控制制度的政策演进

20世纪70年代开始,我国一些地方逐步认识到达标排放不能实现环境质量改善,于是提出了污染物排放总量控制的目标,开始了污染物排放总量控制的试点。1988年,国家环境保护局颁发了《水污染物排放许可证管理暂行办法》,提出"在污染物排放浓度控制管理的基础上,通过排污申报登记,发放水污染物《排放许可证》,逐步实施污染物排放总量控制"。

1989年4月,我国召开了第三次全国环境保护工作会议。这次会议上国家环境保护部门提出了实行污染物排放浓度控制和污染物排放总量控制的对策,确定污染物排放由浓度控制向总量控制的发展方向。这是我国首次在国家政策层面提出了污染物排放总量控制的概念。然而由于种种原因,污染物排放总量控制制度仅仅停留在了理念层面,并未提出具体的落实方案。

1996年7月,第四次全国环境保护工作会议在北京召开,会议决定了"九五"期间全国实行污染物排放总量控制计划。这次会议对我国污染物排放总量控制制度的建立具有十分重要的意义。会后,国务院于8月颁布了《国务院关于环境保护若干问题的决定》,要求全国所有工业污染源排放污染物到2000年要达到国家或者地方规定的标准,各省、自治区、直辖市要使本辖区主要污染物排放总量控制在国家规定的排放总量指标之内。环境污染和生态破坏的趋势基本控制,直辖市及省会城市、经济特区城市、沿海开放城市和重点旅游城市的环境空气、地面水环境质量按功能区分别达到国家规定的有关标准。1996年9月,国务院批准了由国家环境保护局、国家计委和国家经贸委共同制定的《国家环境保护"九五"计划和2010年远景目标》。该文件的附件之一《"九五"期间全国主要污染物排放总量控制计划》确定了"九五"期间我国将对十二种污染物排放实行总量控制制度,要求到2000年,其排放总量必须控制在国家批准的水平以内。为了达到该目标,全国各地地方政府纷纷出台地方性政策落实污染物排放总量控制指标,比如《上海市环境保护"九五"计划和2010年长远规划》。

2000年6月,国家环境保护总局公布了全国各地主要污染物排放总量控制的完成情况,在全国各省市自治区人民政府和生产单位的共同努力下,于1999年年底以上污染物排放指标平均减少率到达了43.3%,提前实现了"九五"计划的既定目标。尽管"九五"期间我国完成了既定的污染物排放总量控制计划,但是仍然有部分省份的个别污染物排放并没有达到预定指标。并且,既定计划的完成也并不意味着环境问题的彻底好转。随着我国加入世界贸易组织,经济迅速发展的同时环境污染和破坏问题也随之加重,部分地区的污染物排放总量已经远远超出了当地的环境容量。为了捍卫"九五"计划的成果并且遏制环境恶化的趋势,《国民经济和社会发展第十个五年计划纲要》中明确提出,到 2005 年主要污染物排放总量要比 2000 年减少 10%,"十五"期间国家对二氧化硫、烟尘、工业粉尘、化学需氧量、氨氮、工业固体废物等六种主要污染物实行污染物排放总量控制计划管理。

2006 年,我国《国民经济和社会发展第十一个五年规划纲要》明确提出要建设"资源节约型、环境友好型社会",提出"节能减排"的指导思想。同时要求"十一五"期间全国主要污染物排放总量要削减 10%。2006 年 8 月,国务院批准了由国家环境保护总局和发改委共同制定的《"十一五"期间全国主要污染物排放总量控制计划》,决定"十一五"期间国家对化学需氧量和二氧化硫两种主要污染物实现排放总量控制计划管理。2007 年 1 月,按照"十一五"的环境保护目标要求,国家环境保护总局、国家统计局、国家发展和改革委员会公布了《关于不得自行公布主要污染物排放总量和削减情况的通知》。2014 年 12 月,为规范建设项目主要污染物排放总量指标审核及管理工作,严格控制新增污染物排放量,环境保护部组织制定了《建设项目主要污染物排放总量指标审核及管理暂行办法》。总之,污染物排放总量控制制度在政策的指导下不断走向成熟和完善。

(二) 污染物排放总量控制制度的法律演进

随着污染物排放总量控制制度政策的不断完善,相关法律制度也得以不断健全。并且从制度运行的长效机制来看,将法律作为依据的污染物排放总量控制制度更具有稳定性和持久性。

1996 年,我国修改了《水污染防治法》,将污染物排放总量控制制度的概念引入法律,该法第三章"水污染防治的监督管理"第 16 条规定:"省级以上人民政府对实现水污染物达标排放仍不能达到国家规定的水环境质量标准的水体,可以实施重点污染物排放的总量控制制度,并对有排污量削减任务的企业实施该重点污染物排放量的核定制度。具体办法由国务院规定。"尽管当时该制度仅适用于那些"不能达到国家规定的水环境质量标准的水体",而且国务院也没有制定实施该制度的具体办法,但是这一规定对我国污染物排放总量控制制度的建立具有里程碑式的意义。自此以后,随着污染物排放浓度控制制度的缺点逐渐暴露,污染物排放总量控制制度的重要性不断彰显。比如,1999 年修订的《海洋环境保护法》第 3 条规定:"国家建立并实施重点海域排污总量控制制度,确定主要污染物排放总量控制指标,并对主要污染源分配排放控制数量。具体办法由国务院制定。"再比如 2000 年修订的《大气污染防治法》第 15 条规定:"国务院和省、自治区、直辖市人民政府对尚未达到规定的大气环境质量标准的区域和国务院批准划定的酸雨控制区、二氧化硫污染控制区,可以划定为主要大气污染物排放总量控制区。主要大气污染物排放总量控制的具体办法由国务院规定。"

2008年修订的《水污染防治法》对污染物排放总量控制制度予以详细规定。第18条规定:"国家对重点水污染物排放实施总量控制制度。省、自治区、直辖市人民政府应当按照国务院的规定削减和控制本行政区域的重点水污染物排放总量,并将重点水污染物排放总量控制指标分解落实到市、县人民政府。市、县人民政府根据本行政区域重点水污染物排放总量控制指标的要求,将重点水污染物排放总量控制指标分解落实到排污单位。具体办法和实施步骤由国务院规定。省、自治区、直辖市人民政府可以根据本行政区域水环境质量状况和水污染防治工作的需要,确定本行政区域实施总量削减和控制的重点水污染物。对超过重点水污染物排放总量控制指标的地区,有关人民政府环境保护主管部门应当暂停审批新增重点水污染物排放总量的建设项目的环境影响评价文件。"这一规定不仅从宏观上描述了水污染物排放总量控制制度实施的两个模式,即中央制定标准地方执行模式和地方自主制定标准模式,而且引入了为确保未达标地区的污染物排放总量的区域限批制度。

2014年修订的《环境保护法》第44条规定:"国家实行重点污染物排放总量控制制度。重点污染物排放总量控制指标由国务院下达,省、自治区、直辖市人民政府分解落实。企业事业单位在执行国家和地方污染物排放标准的同时,应当遵守分解落实到本单位的重点污染物排放总量控制指标。对超过国家重点污染物排放总量控制指标或者未完成国家确定的环境质量目标的地区,省级以上人民政府环境保护主管部门应当暂停审批其新增重点污染物排放总量的建设项目环境影响评价文件。"这一规定从环境保护综合法的层面确立了污染物排放总量控制制度。在之后2015年、2018年修改的《大气污染防治法》、2016年修改的《水法》、2017年修改的《水污染防治法》和《海洋环境保护法》,以及2020年制定的《长江保护法》中,都有污染物排放总量控制制度的相关内容。

三、污染物排放总量控制制度的具体内容

污染物排放总量控制制度是一项完整、系统的污染防治法律制度,具体而言,污染物排放总量控制制度的内容包含了污染物排放总量控制的标准、分配、实施以及监管等。

(一)污染物排放总量控制的标准

学术界普遍认为,污染物排放总量控制制度的标准是以环境容量为根据而设置的污染物排放数量限额。经常以一定时间内排放的污染物总量来表示,正因如此,环境容量成为污染物排放总量控制制度的主要参考依据。所谓环境容量,是指在一定区域内环境在结构和功能上保持平衡的前提下所能承载的污染物的最大容量。环境容量的大小受污染物区域的不同和受污染时间的长短而不同。

(1) 污染物排放的区域划分。通常情况下,污染物排放的区域划分有以下几种:第一,行政区域划分。简单来讲,行政区域划分就是指国家对行政区域的划分。具体来说就是根据国家行政管理和政治统治的需要,遵循有关法律规定,充分考虑经济联系、地理条件、民族分布、历史传统、风俗习惯、地区差异等客观因素,对行政区域的分级划分。① 行政区域划分的主要目的是方便行政管理和政治统治。第二,流域区域划分。流域区域是以一个由水量、水质、地表水以及地下水等各个部分组成的统一完整的生态系统。② 这种划分方式主要是根据国家水系地理位置所作出的,所以主要目的在于保护流域环境。第三,等降水量区域划分。等降水量区域划分是以等降水线为依据,在一国领土范围内以相同的年降水量为标准将国土划分为若干个区域。除了以上三种类型之外,对于污染物排放区域的划分还要考虑特殊环境功能区,比如饮用水水源保护区、珍稀濒危野生动物保护区等。

(2) 污染物排放的时间变化。所谓污染物排放的时间变化是指以时间的长短范围来计算某地区可以容纳的环境污染物总量。严格来讲,这应当属于技术层面的问题,因此要充分考虑污染物排放总量控制制度的特点。通常而言,污染物排放总量控制制度的实施初期,由于涉及某一地区的工业转型、技术更新等问题,应尽量采取一年以上的时间计算,以免挫伤工业生产的积极性,同时也可以减少工业领域对于污染物排放限制的阻力。随着某一地区工业转型进入常态化,污染物排放的时间变化可以逐渐缩减,作出相应的调整。

(二) 污染物排放总量控制的分配

分配应当属于经济学上的一个概念。污染物排放总量控制制度实际上是经济学理论在环境保护领域的运用。通俗来讲,污染物排放总量控制制度是指污染物总量根据一定的原则和标准在不同的主体之间的流转与变动。这一过程具有很强的技术性,需要运用多学科的知识予以支撑。

---

① 参见侯景新、蒲善新、肖金成编著:《行政区划与区域管理》,中国人民大学出版社2006年版,第13页。

② 参见王干:《流域环境管理制度研究》,华中科技大学出版社2008年版,第76页。

(1) 污染物排放总量分配的内容。污染物排放总量的分配包含了初次分配和再分配。所谓初次分配是指国家以行政管理的方式将污染物总量逐级分配给每个企业的过程,而再分配是指在污染物排放总量初次分配的基础上不同主体根据市场交易原则进行流转的过程,实质上表现为一种初始分配结果的整合和调整。受到环境污染物排放的特殊性影响,如果将污染物排放总量控制完全交由市场,则可能导致交易的不正常。因此在污染物排放总量控制市场未完全发展成熟的情况下,政府的适当干预是必要的,也是必需的。

(2) 污染物排放总量分配的方法。从污染物排放总量分配的实际操作过程来看,总量分配涉及环境科学、环境工程、经济学等多个学科的内容。正因如此,很多不同的污染物总量分配方法开始涌现。比如等比例削减分配方法、基于环境质量目标的分配方法、基于一定基准的分配方法以及基于经济指标的分配方法等。无论采取哪种分配方法,应当注意两点:一是分配方法必须具有科学的理论支撑,二是分配方法必须具有可操作性。

(三) 污染物排放总量控制的实施

污染物排放总量制度的实施过程包含了实施对象、实施范围、实施程序以及实施后的违法后果等内容。就污染物排放总量控制的实施对象而言,主要包含了化学需氧量、氨氮、二氧化硫以及氮氧化合物等。就污染物排放总量控制的实施范围而言,根据《环境保护法》等相关法律的规定,包含了法律实施范围内的所有区域和流域。就污染物排放总量控制的实施程序而言,包含了编制全国污染物排放总量控制计划,污染物排放总量指标的下达,各省、自治区、直辖市把省级控制指标纳入本地区经济社会发展规划并分解落实,污染物排放总量控制的考核以及污染物排放总量控制的公布等内容。就污染物排放总量控制实施后的违法后果而言,企业事业单位和其他生产经营者超过污染物排放标准或者超过重点污染物排放总量控制指标排放污染物的,县级以上人民政府环境保护主管部门可以责令其采取限制生产、停产整治等措施;情节严重的,报经有批准权的人民政府批准,责令停业、关闭。

(四) 污染物排放总量控制的监管

在污染物排放总量通过各种方法最终分配到每个具体的排污企业后,如何对每个企业的排污行为进行监督,主要存在三个方面的内容,即政府及其部门的监督、社会公众的监督以及企业自我的监督。

(1) 政府及其部门的监管。地方各级人民政府是污染物排放总量控制监督管理的主要部门,它们应当对本辖区的环境质量负责,采取措施改善环境质量。同时,环境保护主管部门对全国的环境保护工作具有实施统一监督管理的职责,县级以上地方人民政府的环境保护主管部门对本辖区的环境保护工作实施统一监督管理。虽然环境保护主管部门和地方人民政府享有的环境保护权限不同,但是它们都对污染物排放总量控制具有监督管理的权限。

(2)社会公众的监督。环境保护法确立了公众参与的基本原则,因此社会公众对污染物排放总量予以监督管理也是应有之义。环境保护法规定了社会公众的检举控告权利,因此社会公众对超量排污的企业有权进行检举控告,这实际上也是公众环境权利的一种具体体现。

(3)企业自我的监督。在污染物排放总量控制的监督管理中,除了政府及其部门的监督和社会公众的监督之外,企业的自我约束也是污染物排放总量控制的主要手段。企业具有社会责任,这种社会责任要求企业要履行减少污染物排放的社会义务。并且,在污染物排放的减污降碳过程中,企业发挥着重要的作用。污染物排放总量控制制度作为减污降碳的重要制度,企业当然应该参与其中发挥自身的作用。这一目的的实现,必然需要企业对自身污染物排放总量控制的监督。

第三节 排污许可管理制度

一、排污许可管理制度概述

排污许可管理制度实施以来,在控制污染源、进行环境管理过程中发挥了很大的作用,环境质量也逐步得到改善。由此可见,作为污染防治法律制度的排污许可管理制度在环境保护过程中充分彰显了该制度的优势。

排污许可管理制度属于行政许可的范畴。行政许可有广义和狭义之分,广义的行政许可范围相对比较广泛,包含了许多一般许可之外的行为,比如特许、认可、核准、登记、批准、审核和备案等。狭义的行政许可是指行政机关根据公民、法人以及其他组织等行政相对人的申请,经依法审查准予其从事某种特定活动的行为。根据《行政许可法》的规定,行政许可是指行政机关根据公民、法人或者其他组织的申请,经依法审查,准予其从事特定活动的行为。可见,我国的行政许可属于狭义上的行政许可。排污许可管理制度应当是一种狭义上的行政许可类型。

(一)排污许可管理制度的概念

排污许可是指需要排放污染物的主体根据法律的规定向环境保护部门申请排污,环境保护部门依法审查,准予其符合法定条件和标准进行排污的行政行为。排污许可的实施需要环境保护部门发放排污许可证。排污许可证是指环境保护部门为了减轻或者消除排放的污染物对公众健康、财产和环境质量的损害,依法对各个企业事业单位的排污行为提出具体要求,包括前置性条件、日常管理性要求、技术性标准等,以书面形式确定作为排污单位守法、环境保护部门执法以及社会监督的凭据。排污许可管理制度是指有关排污许可证的申请、审核、办理、中止、吊销、监督管理以及法律责任的一系列规范的总称。

实施排污许可管理制度,有助于推动污染防治法律工作由分散向集中控制的改进,使得排污许可管理工作在政府的管控下进行,从而逐步实现降污减排的目标,降低造成重大环境事件的可能性,促进经济社会的可持续发展。

(二)排污许可管理制度的特点

排污许可管理制度作为一种具体的行政行为,既是排污者进行排污行为的依据,也是环境保护部门进行环境管理的根据,在整个污染防治法律制度中发挥着重要的作用。作为一项重要的环境法律制度,排污许可管理制度具有如下特点。

(1)申请的前置性。作为行政机关进行排污管理的一项制度,行政机关作出排污许可的决定前,需要排污者进行申请。换而言之,没有排污者的申请,就没有排污许可管理制度存在的必要。对于排污者提出的排污许可申请,倘若符合排污的法定条件,行政机关就应当作出允许排污单位排污的决定;倘若不符合排污的法定条件,行政机关就应当作出不允许排污的决定。

(2)过程的动态性。排污许可管理制度是一个动态的过程,行政机关准许了排污者的申请,为其颁发了排污许可证,排污许可的监督管理并没有因此结束。实际上,行政机关对排污单位的监督还包括了履行排污许可证事项的监督。由此可见,排污许可管理制度是一个全方面、动态性的过程。

(3)行为的要式性。排污者获得排污许可证方能进行排污行为,没有排污许可证的排污行为是违法的。作出排污许可行为,不仅需要履行程序上的申请、审查、核发以及监督等内容,还要授予排污者许可证书。从这个角度来看,排污许可行为是一个要式行为。

(4)性质的资格性。排污许可管理制度的性质有赋权说、解禁说以及折中说等不同的观点。主流观点认为排污许可管理制度的性质属于解禁说。[①] 排污行为会对环境产生危害,需要行政机关予以禁止,但是为了社会的发展,又不得不允许排污行为的存在,因此行政机关需要解除禁止,让排污者获取排污资格。

---

① 参见马怀德:《行政许可》,中国政法大学出版社1994年版,第557页。

同时,行政机关要对排污行为进行监督。

二、排污许可管理制度的历史演变

排污许可管理制度在我国已经发展了很长的时间,这一制度经过实践的检验也在不断发展和完善。对其发展的历程进行考察,更能对该制度未来的发展提供理论上的支撑和实践上的指导。总体来看,排污许可管理制度的历史演变经历了水污染物排放控制时期、排污许可证管理时期以及"一证式"排污许可管理制度时期。

(一) 水污染物排放控制环境管理时期

20世纪80年代至20世纪末,我国主要以水污染物排放总量控制为目的进行环境管理。这一时期我国的排污许可管理制度实践主要围绕水污染物排放展开。当时,作为实现水污染物排放总量控制制度的排污许可管理制度的依据是政策而非法律。由于受污水排放量骤增的影响,我国率先在水污染防治领域展开了排污许可管理制度的探索。并且,此时其他一些国家也通过实施排污许可管理制度在治理水污染方面取得了显著的成效。由此,我国便拉开了排污许可管理制度的序幕。

水污染物排放总量控制制度是指国家环境保护部门通过对经济、技术、环境承载力等方面的综合评价,得出一定区域内可排放的水污染物总量,然后以核发排污许可证的方式将污染量分配至各污染主体,允许其在一定范围内以合理的方式排放污染物。这是我国排污许可管理制度的最早体现。1985年《上海市黄浦江上游水源保护条例》颁布,我国排污许可管理制度开始了法律化的进程。随后,1988年国家环境保护局发布了《水污染物排放许可证管理暂行办法》,首次从国家层面规定了排污许可管理制度。1989年国家环境保护局又颁布了《水污染防治法实施细则》。该细则提出了两种情况下办理排污许可证的情形:一是对于不超过水污染物排放标准的企业予以发放排污许可证;二是对于超过水污染物排放标准的企业责令限期整改,并且整改期间排放的污染物必须符合临时排污许可证的要求。随着对于水污染物排放制度的深入研究和各地试点经验的成熟,1996年修改的《水污染防治法》扩大了污染源的管理范围,系统规定了水污染防治领域的排污许可管理制度。

总体而言,以水污染物排放总量控制为目的的环境管理时期,正是我国改革开放以来经济社会大力发展的阶段,这一时期全国范围内都将工作重心放置于经济发展,对环境问题不够重视,排污许可管理制度主要依靠环境保护部门和地方政府通过规范性文件实行,并且这些规范性文件层级效力低、缺少可操作性,以至于排污许可管理制度的实施并未取得预想的效果。

(二)污染物防治排污许可证管理时期

2000年至2013年是我国以排污许可证为手段进行污染物防治的管理时期。该时期通过法律对排污许可管理制度不断进行确立,排污许可管理制度已经不只存在于水污染防治领域,大气污染防治领域也开始运用,排污许可证的发放和监管也变得有法可依。

2000年3月国务院制定《水污染防治法实施细则》,系统全面地规定了排污许可管理制度,对排污许可行为进行全过程控制。除了水污染防治领域,大气污染防治领域也规定了排污许可管理制度。2000年4月修订的《大气污染防治法》对大气污染物排放许可管理制度作出了原则性规定。2001年,国家环境保护部门出台《淮河和太湖流域排放重点水污染物许可证管理办法(试行)》,明确了水污染物排放的"双达标"要求,该办法对推动水污染物排放许可管理制度发挥了重要作用。2008年修订的《水污染防治法》明确规定了国家实行排污许可管理制度。至此,水污染物排放许可管理制度和大气污染物排放许可管理制度均以法律的形式予以确立。随着国家层面立法的不断发展完善,各个地方也根据自己的环境污染情况开始规定排污许可管理制度。比如,2009年《贵州省环境保护条例》明确规定了在贵州省内实施排污许可管理制度。

在以排污许可证为手段的污染物防治管理时期,无论是从立法层面还是从实践层面,我国排污许可管理制度均得到了很大的发展。但是这一时期的排污许可管理制度的发展仍然存在很多不足。一方面,排污许可管理制度发展不平衡,适用范围仍然以大气污染物排放许可管理制度和水污染物排放许可管理制度为主,并且排污许可管理制度分头推进,导致增加了排污许可制度的成本;另一方面,排污许可管理制度在环境管理法律制度中定位不清,没有将其作为污染防治的核心制度去推行,而且一些地方的排污许可管理制度发展缓慢。

(三)"一证式"排污许可管理制度时期

2013年开始,排污许可管理制度进入了"一证式"管理时期。随着生态文明建设的提出,环境法律制度的发展成为国家法治建设的重心。排污许可管理制度作为管控污染物排放的重要制度,也得到了大力发展。这一时期排污许可管理制度改革的重点在于,明确排污许可管理制度在污染源控制环境管理中的核心地位。

2014年修改的《环境保护法》对我国的排污许可管理制度作出了原则性的统一规定。为了其具体实施,我国开始对排污许可管理制度进行改革。2016年

12月,环境保护部出台了《排污许可证管理暂行规定》,就排污许可管理制度的适用对象、记载内容、实施程序以及监督等问题进行详细的规定。此后,全国各地纷纷制定了符合本地区的排污许可管理制度实施细则。2017年4月,排污许可与总量控制办公室成立,作为我国第一个专门实施排污许可的办公机构,它享有总量控制、排污权交易和排污许可等三项具体职能,这为综合实施"一证式"排污许可管理制度奠定了良好的基础。至此,我国的排污许可管理制度步入了正轨。2018年1月,环境保护部印发了《排污许可管理办法(试行)》,明确了排污主体的责任,规定了违反排污的法律责任,并且将环境影响评价制度和总量控制制度融入了排污许可管理制度,该办法进一步助推了我国排污许可管理制度的发展。

2021年1月《排污许可管理条例》公布,昭示着排污许可制度有了法律依据。该条例从排污许可证的申请与审批、排污单位的主体责任以及排污许可制度的事中事后监管等方面对排污许可制度进行了相关完善。

"一证式"排污许可管理制度时期,我国排污许可管理制度体系逐渐成形。排污许可管理制度将排污者的信息、排污许可证的记载内容以及环境保护部门的管理要求三者有机结合,不仅加强了对固定污染源实施的全过程管理,而且也在一定程度上改进了对多种污染物的协调控制。随着我国污染防治法律制度的不断发展和完善,排污许可管理制度也会更加成熟。

三、排污许可管理制度的具体内容

《环境保护法》和环境保护单行法中都有关于排污许可管理制度的内容规定,特别是2021年施行的《排污许可管理条例》,它从法律的层面专门对排污许可管理制度作出了规定。这些内容共同构成了排污许可管理制度的组成部分。排污许可管理制度作为一项重要的污染防治法律制度,它的具体内容包含了适用主体、基本原则、实施程序以及监督检查等多个方面。

(一) 排污许可管理制度的适用主体

根据《排污许可管理条例》的规定,排污许可制度的适用主体是排污单位,排污单位是依照法律规定实行排污许可管理的企业事业单位和其他生产经营者。排污单位应当依照条例规定申请取得排污许可证;未取得排污许可证的,不得排放污染物。对于排污单位,排污许可制度根据污染物产生量、排放量、对环境的影响程度等因素实行排污许可分类管理。主要分为重点管理和简化管理两类,重点管理是针对污染物产生量、排放量或者对环境的影响程度较大的排污单位,简化管理是针对污染物产生量、排放量和对环境的影响程度都较小的排污单位。

对于实行排污许可管理的排污单位范围、实施步骤和管理类别名录,由国务院生态环境主管部门拟定并报国务院批准后予以公布实施。在制定实行排污许可管理的排污单位范围、实施步骤和管理类别名录时,应当征求有关部门、行业协会、企业事业单位和社会公众等方面的意见。对于具体的排污单位名录,可以按照由生态环境部制定的《固定污染源排污许可分类管理名录(2019年版)》予以确定。

(二)排污许可管理制度的基本原则

排污许可管理制度的实施需要遵循一定的原则,这些原则从理念上指导着排污许可管理制度的有效运行。具体而言,这些原则包含持证排污原则、按证排污原则、总量控制原则和持续削减原则。

(1)持证排污原则。排污者在向环境排放污染物之前,必须向生态环境部门申请领取排污许可证,否则不得进行污染物的排放。可以说,持证排污是任何向环境中排放污染物的企业必须遵守的基本原则之一,没有排污许可证则会构成违法,违法排污轻则罚款处置,重则承担刑事责任。

(2)按证排污原则。排污者不仅需要排污许可证才能排污,而且要按照排污许可证上核定的污染物种类、数量和浓度等控制指标进行排放。如果说持证排污原则是排污许可管理制度的形式原则,那么按证排污原则就是排污许可管理制度的实质原则。

(3)总量控制原则。在实行污染物排放总量控制的流域、海域以及区域,都有对于污染物排放的总量控制指标要求,并且该指标基本上都被纳入排污许可管理制度之中。污染物排放过程中,不仅不能超过国家和地方的污染物排放标准,而且也不能超过污染物排放总量控制指标。

(4)持续削减原则。国家鼓励排污者采取可行的经济、技术和管理等手段,实行清洁生产,持续削减污染物排放的浓度、强度和总量。削减的污染物排放总量指标可以储存,供自身发展适用,也可以根据区域的环境容量和污染物排放总量的控制目标,在保障环境治理达标的前提下按照法定程序进行交易。

(三)排污许可管理制度的实施程序

排污许可管理制度的实施需要经过一系列的程序,主要通过排污许可证完成这些程序。具体而言,这些程序的内容包含了排污许可证的申请、排污许可证的审查批准、排污许可证的核发、排污许可证的内容、排污许可证的期限、排污许可证的变更以及排污许可证的监督等。

1. 排污许可证的申请

排污单位应当向其生产经营场所所在地设区的市级以上地方人民政府生态

环境主管部门（以下称"审批部门"）申请取得排污许可证。排污单位有两个以上生产经营场所排放污染物的，应当按照生产经营场所分别申请取得排污许可证。申请取得排污许可证，可以通过全国排污许可证管理信息平台提交排污许可证申请表，也可以通过信函等方式提交。排污许可证申请表应当包括下列事项：(1) 排污单位名称、住所、法定代表人或者主要负责人、生产经营场所所在地、统一社会信用代码等信息；(2) 建设项目环境影响报告书（表）批准文件或者环境影响登记表备案材料；(3) 按照污染物排放口、主要生产设施或者车间、厂界申请的污染物排放种类、排放浓度和排放量，执行的污染物排放标准和重点污染物排放总量控制指标；(4) 污染防治设施、污染物排放口位置和数量，污染物排放方式、排放去向、自行监测方案等信息；(5) 主要生产设施、主要产品及产能、主要原辅材料、产生和排放污染物环节等信息，及其是否涉及商业秘密等不宜公开情形的情况说明。有下列情形之一的，申请取得排污许可证还应当提交相应材料：(1) 属于实行排污许可重点管理的，排污单位在提出申请前已通过全国排污许可证管理信息平台公开单位基本信息、拟申请许可事项的说明材料；(2) 属于城镇和工业污水集中处理设施的，排污单位的纳污范围、管网布置、最终排放去向等说明材料；(3) 属于排放重点污染物的新建、改建、扩建项目以及实施技术改造项目的，排污单位通过污染物排放量削减替代获得重点污染物排放总量控制指标的说明材料。

2. 排污许可证的审查批准

审批部门对收到的排污许可证申请，应当根据下列情况分别作出处理：(1) 依法不需要申请取得排污许可证的，应当即时告知不需要申请取得排污许可证；(2) 不属于本审批部门职权范围的，应当即时作出不予受理的决定，并告知排污单位向有审批权的生态环境主管部门申请；(3) 申请材料存在可以当场更正的错误的，应当允许排污单位当场更正；(4) 申请材料不齐全或者不符合法定形式的，应当当场或者在3日内出具告知单，一次性告知排污单位需要补正的全部材料；逾期不告知的，自收到申请材料之日起即视为受理；(5) 属于本审批部门职权范围，申请材料齐全、符合法定形式，或者排污单位按照要求补正全部申请材料的，应当受理。审批部门应当在全国排污许可证管理信息平台上公开受理或者不予受理排污许可证申请的决定，同时向排污单位出具加盖本审批部门专用印章和注明日期的书面凭证。

审批部门应当对排污单位提交的申请材料进行审查，并可以对排污单位的生产经营场所进行现场核查。审批部门可以组织技术机构对排污许可证申请材料进行技术评估，并承担相应费用。技术机构应当对其提出的技术评估意见负责,不得向排污单位收取任何费用。

3. 排污许可证的核发

对具备下列条件的排污单位,颁发排污许可证:(1)依法取得建设项目环境影响报告书(表)批准文件,或者已经办理环境影响登记表备案手续;(2)污染物排放符合污染物排放标准要求,重点污染物排放符合排污许可证申请与核发技术规范、环境影响报告书(表)批准文件、重点污染物排放总量控制要求;其中,排污单位生产经营场所位于未达到国家环境质量标准的重点区域、流域的,还应当符合有关地方人民政府关于改善生态环境质量的特别要求;(3)采用污染防治设施可以达到许可排放浓度要求或者符合污染防治可行技术;(4)自行监测方案的监测点位、指标、频次等符合国家自行监测规范。

对实行排污许可简化管理的排污单位,审批部门应当自受理申请之日起20日内作出审批决定;对符合条件的颁发排污许可证,对不符合条件的不予许可并书面说明理由。对实行排污许可重点管理的排污单位,审批部门应当自受理申请之日起30日内作出审批决定;需要进行现场核查的,应当自受理申请之日起45日内作出审批决定;对符合条件的颁发排污许可证,对不符合条件的不予许可并书面说明理由。审批部门应当通过全国排污许可证管理信息平台生成统一的排污许可证编号。

4. 排污许可证的内容

排污许可证应当记载下列信息:(1)排污单位名称、住所、法定代表人或者主要负责人、生产经营场所所在地等;(2)排污许可证有效期限、发证机关、发证日期、证书编号和二维码等;(3)产生和排放污染物环节、污染防治设施等;(4)污染物排放口位置和数量、污染物排放方式和排放去向等;(5)污染物排放种类、许可排放浓度、许可排放量等;(6)污染防治设施运行和维护要求、污染物排放口规范化建设要求等;(7)特殊时段禁止或者限制污染物排放的要求;(8)自行监测、环境管理台账记录、排污许可证执行报告的内容和频次等要求;(9)排污单位环境信息公开要求;(10)存在大气污染物无组织排放情形时的无组织排放控制要求;(11)法律、法规规定排污单位应当遵守的其他控制污染物排放的要求。

5. 排污许可证的期限

排污许可证有效期为5年。排污许可证有效期届满,排污单位需要继续排放污染物的,应当于排污许可证有效期届满60日前向审批部门提出申请。审批部门应当自受理申请之日起20日内完成审查;对符合条件的予以延续,对不符合条件的不予延续并书面说明理由。排污单位变更名称、住所、法定代表人或者主要负责人的,应当自变更之日起30日内,向审批部门申请办理排污许可证变更手续。

6. 排污许可证的变更

在排污许可证有效期内,排污单位有下列情形之一的,应当重新申请取得排污许可证:(1)新建、改建、扩建排放污染物的项目;(2)生产经营场所、污染物排放口位置或者污染物排放方式、排放去向发生变化;(3)污染物排放口数量或者污染物排放种类、排放量、排放浓度增加。排污单位适用的污染物排放标准、重点污染物总量控制要求发生变化,需要对排污许可证进行变更的,审批部门可以依法对排污许可证相应事项进行变更。

(四)排污许可管理制度的监督检查

生态环境主管部门应当加强对排污许可的事中事后监管,将排污许可执法检查纳入生态环境执法年度计划,根据排污许可管理类别、排污单位信用记录和生态环境管理需要等因素,合理确定检查频次和检查方式。生态环境主管部门应当在全国排污许可证管理信息平台上记录执法检查时间、内容、结果以及处罚决定,同时将处罚决定纳入国家有关信用信息系统向社会公布。排污单位应当配合生态环境主管部门监督检查,如实反映情况,并按照要求提供排污许可证、环境管理台账记录、排污许可证执行报告、自行监测数据等相关材料。禁止伪造、变造、转让排污许可证。生态环境主管部门可以通过全国排污许可证管理信息平台监控排污单位的污染物排放情况,发现排污单位的污染物排放浓度超过许可排放浓度的,应当要求排污单位提供排污许可证、环境管理台账记录、排污许可证执行报告、自行监测数据等相关材料进行核查,必要时可以组织开展现场监测。

生态环境主管部门根据行政执法过程中收集的监测数据,以及排污单位的排污许可证、环境管理台账记录、排污许可证执行报告、自行监测数据等相关材料,对排污单位在规定周期内的污染物排放量,以及排污单位污染防治设施运行和维护是否符合排污许可证规定进行核查。生态环境主管部门依法通过现场监测、排污单位污染物排放自动监测设备、全国排污许可证管理信息平台获得的排污单位污染物排放数据,可以作为判定污染物排放浓度是否超过许可排放浓度的证据。排污单位自行监测数据与生态环境主管部门及其所属监测机构在行政执法过程中收集的监测数据不一致的,以生态环境主管部门及其所属监测机构收集的监测数据作为行政执法依据。

国家鼓励排污单位采用污染防治可行技术。国务院生态环境主管部门制定并公布污染防治可行技术指南。排污单位未采用污染防治可行技术的,生态环境主管部门应当根据排污许可证、环境管理台账记录、排污许可证执行报告、自行监测数据等相关材料,以及生态环境主管部门及其所属监测机构在行政执法过程中收集的监测数据,综合判断排污单位采用的污染防治技术能否稳定达到排污许可证规定;对不能稳定达到排污许可证规定的,应当提出整改要求,并可以增加检查频次。制定污染防治可行技术指南,应当征求有关部门、行业协会、企业事业单位和社会公众等方面的意见。任何单位和个人对排污单位违反《排污许可管理条例》规定的行为,均有向生态环境主管部门举报的权利。接到举报的生态环境主管部门应当依法处理,按照有关规定向举报人反馈处理结果,并为举报人保密。

第四节 突发环境事件应急处理制度

一、突发环境事件应急处理制度概述

(一)突发环境事件的概念

突发环境事件是指由于污染物排放或自然灾害、生产安全事故等因素,导致污染物或放射性物质等有毒有害物质进入大气、水体、土壤等环境介质,突然造成或可能造成环境质量下降,危及公众身体健康和财产安全,或造成生态环境破坏,或造成重大社会影响,需要采取紧急措施予以应对的事件,主要包括大气污染、水体污染、土壤污染等突发性环境污染事件和辐射污染事件。核设施及有关核活动发生的核事故所造成的辐射污染事件、海上溢油事件、船舶污染事件的应对工作按照其他相关应急预案规定执行。重污染天气应对工作按照国务院《大气污染防治行动计划》等有关规定执行。

突发环境事件应对工作坚持统一领导、分级负责,属地为主、协调联动,快速反应、科学处置,资源共享、保障有力的原则。突发环境事件发生后,地方人民政府和有关部门立即自动按照职责分工和相关预案开展应急处置工作。按照事件严重程度,突发环境事件分为特别重大、重大、较大和一般四级。

(二)突发环境事件应急处理制度的概念

突发环境事件应急处理制度是指为了预防和减少突发环境事件的发生,控制、减轻和消除突发环境事件引起的严重社会危害,政府及其有关部门和企事业单位必须按照国家有关法律规定,实施突发环境事件的风险控制、应急准备、应急处置以及事后恢复等一系列措施的总称。与一般的法律制度相比,突发环境事件应急处理制度具有鲜明的特色。从内容上来讲,突发环境事件应急处理制

度具有权力优先性,作为处理突发环境事件的行政权力代表着公共利益,在发生突发环境事件后,需要运用行政权力紧急应对环境事件,这是因为公共利益具有优先性。从方法上来讲,突发环境事件应急处理制度具有事前预防、事中应对和事后恢复相结合的特征,仅仅采取被动的应急措施处理突发环境事件显然不利于环境问题的及时解决,所以面对突发环境事件的处理在方法上应当以预防为主,以避免环境事件造成巨大损失。

针对突发环境事件应急处理制度,可以从以下两个方面予以把握:第一,突发环境事件应急处理制度必须体现权责一致。突发环境事件应急处理制度的实施对政府及其有关部门授予了相当大的行政权力,实际上这种行政权力是一种环境权力。在突发环境事件发生时,政府及其有关部门必须及时行使应急处理权力,尽快解决突发环境事件。正是因为享有环境权力,所以相应的就必须履行突发环境事件应急处理的责任。一旦政府及其有关部门未及时有效地处理好突发环境事件,就要承担相应的责任,这也体现了行政机关权责一致的原则。第二,突发环境事件应急处理制度必须体现全面部署。突发环境事件应急处理制度必须从全过程进行全方位的部署,包括事前防范、事中处理以及事后管理。就事前防范而言,一般要求政府及其有关部门建立预警机制,制定预警方案,发布预警信息,随时都可以启动应急措施;就事中处理而言,要求环境事件发生后及时向政府及其有关部门进行报告,尽快处理环境事件;就事后管理而言,要求政府及其有关部门组织评估环境事件造成的影响和损失,并及时向社会公布评估结果。

建立突发环境事件应急处理制度可以有效化解环境风险,解决环境事件,充分调动各种资源有效应对环境危机。并且,通过该制度的建立,有利于预防和减少环境事件的发生,控制、减轻和消除突发环境事件对人们的生产和生活造成的影响。规范突发环境事件的应对措施,能够有效保障人民群众的生命财产安全和社会和谐稳定。而且,突发环境事件应急处理制度将政府处置突发环境事件的情况置于公众的监督之下,有利于保障公众的环境知情权,调动公众参与突发环境事件应急处置的积极性。

二、突发环境事件应急处理制度的历史演变

(一)环境事故报告及其处理制度时期

我国突发环境事件应急处理制度的建立相对较晚。在应对突发环境事件上,早期主要靠环境污染事故和环境紧急情况的报告及处理制度。这项制度是指当发生事故或者其他突然事件时,使环境受到或者可能受到严重污染或破坏,

事故或事件的当事人必须立即采取措施处理,及时向可能受到环境污染与破坏危害的公众通报,并向当地环境保护行政主管部门和有关部门报告,接受调整处理的法律制度。对于这一制度的规定最早见于1982年颁布的《海洋环境保护法》,其第17条明确规定:"勘探开发海洋石油,必须配备相应的防污设施和器材,采取有效的技术措施,防止井喷和漏油事故的发生。发生井喷、漏油事故的,应当立即向国家海洋管理部门报告,并采取有效措施,控制和消除油污染,接受国家海洋管理部门的调查处理。"1984年《水污染防治法》第20条规定:"排污单位发生事故或者其他突然性事件,排放污染物超过正常排放量,造成或者可能造成水污染事故的,必须立即采取应急措施,通报可能受到水污染危害和损害的单位,并向当地环境保护部门报告。船舶造成污染事故的,应当向就近的航政机关报告,接受调查处理。"该条明确了排污单位的应急处置、通报和报告义务。1987年《大气污染防治法》第14条规定:"因发生事故或者其他突然性事件,排放和泄漏有毒有害气体和放射性物质,造成或者可能造成大气污染事故、危害人体健康的单位,必须立即采取防治大气污染危害的应急措施,通报可能受到大气污染危害的单位和居民,并报告当地环境保护部门,接受调查处理。在大气受到严重污染,危害人体健康和安全的紧急情况下,当地人民政府必须采取强制性应急措施,包括责令有关排污单位停止排放污染物。"该条规定了在突然性事件发生时,政府应当采取强制性措施。1987年,国家环境保护局出台了《报告环境污染与破坏事故的暂行办法》,专门对突发环境事件应急处置作了规定。

1989年《环境保护法》第31条规定:"因发生事故或者其他突然性事件,造成或者可能造成污染事故的单位,必须立即采取措施处理,及时通报可能受到污染危害的单位和居民,并向当地环境保护行政主管部门和有关部门报告,接受调查处理。可能发生重大污染事故的企业事业单位,应当采取措施,加强防范。"第32条规定:"县级以上地方人民政府环境保护行政主管部门,在环境受到严重污染威胁居民生命财产安全时,必须立即向当地人民政府报告,由人民政府采取有效措施,解除或者减轻危害。"这两条从环境综合法的角度确立了突发环境事件报告及处理制度。除此之外,1995年《固体废物污染环境防治法》、2003年《放射性污染防治法》等单行法均确立了应对突发环境事件报告及处理制度。至此,我国突发环境事件报告及处理制度基本形成,确立了突发环境事件报告及处理的基本法律框架。

(二)突发环境事件应急预案制度时期

进入21世纪以来,我国相继发生了一系列的危害公共安全的重大突发事件,步入了突发公共事件的高发期。2003年7月,国家提出加快突发公共事件应急机制建设的重大课题,国务院专门成立了"建立突发公共事件应急预案工作小组"。2004年5月,国务院办公厅印发了《省(区、市)人民政府突发公共事件总体应急预案框架指南》,要求各省级人民政府编制突发公共事件总体应急预案。2005年1月,国务院通过了《国家突发公共事件总体应急预案》。2005年5月,国家环境保护总局在淮河流域首次启动了国家突发环境事件应急预案。2005年7月,国务院召开了全国应急管理工作会议,标志着我国应急管理进入了制度化和法治化轨道。这一时期由政府主导了应对突发事件的应急预案措施,完善了相关的应急预案制度,对于提高政府预防和处置突发公共事件的能力具有重要意义,最大限度地减少了突发公共事件造成的损害,保障了国家安全和社会稳定,促进了经济社会的协调发展。

2006年1月,国务院发布了《国家突发公共事件总体应急预案》。总体预案是全国应急预案体系的总纲,明确了各类突发公共事件分级分类和预案框架体系,规定了国务院应对特别重大突发公共事件的组织体系、工作机制等内容,是指导预防和处置各类突发公共事件的规范性文件。在总体预案中把突发公共事件主要分为了四类:自然灾害、事故灾难、公共卫生事件以及社会安全事件,其中事故灾难包含了环境污染和生态破坏。紧接着,国务院根据《环境保护法》《海洋环境保护法》《安全生产法》《国家突发公共事件总体应急预案》及相关法律法规,制定了《国家突发环境事件应急预案》。2007年8月,全国人大常委会通过了《突发事件应对法》。2010年9月,环境保护部发布了《突发环境事件应急预案管理暂行办法》。至此,我国突发环境事件应急预案制度基本形成。这一时期突发环境事件应急预案制度取代了环境事故报告及其处理制度。所谓突发环境事件应急预案制度是指为了及时应对突发环境事件,政府事先编制突发环境事件的应急响应方案及其应急机制,在发生或者可能发生突发环境事件时,启动该应急预案以最大限度地预防和减少突发环境事件及其可能带来的危害等规范性措施的总称。①

(三)突发环境事件应急处理制度时期

2014年修订的《环境保护法》第47条规定:"各级人民政府及其有关部门和企业事业单位,应当依照《中华人民共和国突发事件应对法》的规定,做好突发环境事件的风险控制、应急准备、应急处置和事后恢复等工作。县级以上人民政府应当建立环境污染公共监测预警机制,组织制定预警方案;环境受到污染,可能影响公众健康和环境安全时,依法及时公布预警信息,启动应急措施。企业事业

---

① 汪劲:《环境法学》,北京大学出版社2006年版,第271页。

单位应当按照国家有关规定制定突发环境事件应急预案,报环境保护主管部门和有关部门备案。在发生或者可能发生突发环境事件时,企业事业单位应当立即采取措施处理,及时通报可能受到危害的单位和居民,并向环境保护主管部门和有关部门报告。突发环境事件应急处置工作结束后,有关人民政府应当立即组织评估事件造成的环境影响和损失,并及时将评估结果向社会公布。"该条规范的内容确立了突发环境事件应急处理制度,使得突发环境事件应急处理制度成为突发环境事件制度的重要组成部分。从内容上来看,该条对突发环境事件的风险控制、应急准备、应急处置和事后恢复等环境应急全过程管理提出了明确的要求;规定了政府及其有关部门在突发环境事件应对上的法定义务;要求企事业单位履行环境风险隐患排查、治理的主体责任;要求加强环境风险管理和突发环境事件应急处置的预防义务。总之,我国从突发环境事件应急预案制度走向了突发环境事件应急处理制度。相较而言,突发环境事件应急处理制度更具有全面性,包含了风险控制、应急准备、应急处置以及事后恢复等全过程内容。

三、突发环境事件应急处理制度的具体内容

突发环境事件应急处理制度是一个系统的工程,构建系统、全面的突发环境事件应急处理制度,需要从多个方面的内容进行构想。具体而言,这些方面的内容包含突发环境事件应急处理制度的定位和措施等。

(一)突发环境事件应急处理制度的定位

从突发环境事件应急处理制度的归属来看,它应当属于一个交叉性的法律制度。一方面,它属于《突发事件应对法》中的特别制度;另一方面,它也是关于环境保护领域中的具体制度。从学科属性上来看,应当将它归于环境法的范畴。因为突发环境事件应急处理制度的主要目的在于解决突发环境事件引起的环境污染问题,将其归于环境法的范畴,能更好地从法治的角度对其进行发展和完善,也契合其作为环境法律制度中污染防治法律制度组成部分的类型化归属。并且,突发环境事件应急处理制度在目标上也和环境法相一致,符合环境法的立法宗旨。在突发环境事件应急处理制度的实施过程中,如果遇到没有规定的内容,一般会参照环境保护法的相关规定进行适用。而且,突发环境事件应急处理制度所针对的对象是突发环境事件,主要是其中的突发环境污染事件预防、处置以及事后恢复所形成的权利义务和权力责任等内容。

(二)突发环境事件应急处理制度的措施

突发环境事件应急处理制度的实施包含了多项措施,这些措施共同构成了突发环境事件应急处理制度的内容。具体而言,这些措施包含了风险控制措施、应急准备措施、应急处置措施、事后恢复措施以及信息公开措施等内容。

(1) 风险控制措施。在突发环境事件的应急处理过程中,作为突发环境事件应急处理制度主体的企事业单位具有多项义务,包括开展突发环境事件风险评估、完善突发环境事件风险防范和建立隐患排查治理档案等内容。《突发环境事件应急管理办法》第 8 条规定:"企业事业单位应当按照国务院环境保护主管部门的有关规定开展突发环境事件风险评估,确定环境风险防范和环境安全隐患排查治理措施。"这是关于开展突发环境事件风险评估的规定。第 9 条规定:"企业事业单位应当按照环境保护主管部门的有关要求和技术规范,完善突发环境事件风险防控措施。前款所指的突发环境事件风险防控措施,应当包括有效防止泄漏物质、消防水、污染雨水等扩散至外环境的收集、导流、拦截、降污等措施。"这是关于突发环境事件风险防范的规定。第 10 条规定:"企业事业单位应当按照有关规定建立健全环境安全隐患排查治理制度,建立隐患排查治理档案,及时发现并消除环境安全隐患。对于发现后能够立即治理的环境安全隐患,企业事业单位应当立即采取措施,消除环境安全隐患。对于情况复杂、短期内难以完成治理,可能产生较大环境危害的环境安全隐患,应当制定隐患治理方案,落实整改措施、责任、资金、时限和现场应急预案,及时消除隐患。"这是关于建立隐患排查治理档案的规定。同时,作为突发环境事件应急处理制度主体的环境保护部门也具有一定的责任。第 11 条规定:"县级以上地方环境保护主管部门应当按照本级人民政府的统一要求,开展本行政区域突发环境事件风险评估工作,分析可能发生的突发环境事件,提高区域环境风险防范能力。"该条规定了县级以上地方环境保护主管部门开展区域突发环境事件风险评估工作的责任。第 12 条规定:"县级以上地方环境保护主管部门应当对企业事业单位环境风险防范和环境安全隐患排查治理工作进行抽查或者突击检查,将存在重大环境安全隐患且整治不力的企业信息纳入社会诚信档案,并可以通报行业主管部门、投资主管部门、证券监督管理机构以及有关金融机构。"该条规定了县级以上地方环境保护主管部门对企事业单位的相关责任。

(2) 应急准备措施。突发环境事件应急处理制度的应急准备措施要求企业事业单位应当按照国务院环境保护主管部门的规定,在开展突发环境事件风险评估和应急资源调查的基础上,制定突发环境事件应急预案,并按照分类分级管理的原则,报县级以上环境保护主管部门备案。突发环境事件应急预案制定单位应当定期开展应急演练,撰写演练评估报告,分析存在问题,并根据演练情况及时修改完善应急预案。同时,为了建构全面的应急准备措施,还应当建立环境污染公共监测预警信息、突发环境事件信息收集系统、环境应急值守制度、突发环境事件应急培训、环境应急专家库、环境应急能力标准化、环境应急物资储备信息库等相关制度。

(3) 应急处置措施。当企事业单位造成或者可能造成突发环境事件时,应当立即启动突发环境事件应急预案,采取切断或者控制污染源以及其他防止危害扩大的必要措施,及时通报可能受到危害的单位和居民,并向事发地县级以上环境保护主管部门报告,接受调查处理。应急处置期间,企业事业单位应当服从统一指挥,全面、准确地提供本单位与应急处置相关的技术资料,协助维护应急秩序,保护与突发环境事件相关的各项证据。获知突发环境事件信息后,事件发生地县级以上地方环境保护主管部门应当按照《突发环境事件信息报告办法》规定的时限、程序和要求,向同级人民政府和上级环境保护主管部门报告。突发环境事件已经或者可能涉及相邻行政区域的,事件发生地环境保护主管部门应当及时通报相邻区域同级环境保护主管部门,并向本级人民政府提出向相邻区域人民政府通报的建议。获知突发环境事件信息后,县级以上地方环境保护主管部门应当立即组织排查污染源,初步查明事件发生的时间、地点、原因、污染物质及数量、周边环境敏感区等情况。获知突发环境事件信息后,县级以上地方环境保护主管部门应当按照《突发环境事件应急监测技术规范》开展应急监测,及时向本级人民政府和上级环境保护主管部门报告监测结果。应急处置期间,事发地县级以上地方环境保护主管部门应当组织开展事件信息的分析、评估,提出应急处置方案和建议报本级人民政府。突发环境事件的威胁和危害得到控制或者消除后,事发地县级以上地方环境保护主管部门应当根据本级人民政府的统一部署,停止应急处置措施。

(4) 事后恢复措施。应急处置工作结束后,县级以上地方环境保护主管部门应当及时总结、评估应急处置工作情况,提出改进措施,并向上级环境保护主管部门报告。县级以上地方环境保护主管部门应当在本级人民政府的统一部署下,组织开展突发环境事件环境影响和损失等评估工作,并依法向有关人民政府报告。县级以上环境保护主管部门应当按照有关规定开展事件调查,查清突发环境事件原因,确认事件性质,认定事件责任,提出整改措施和处理意见。县级以上地方环境保护主管部门应当在本级人民政府的统一领导下,参与制订环境恢复工作方案,推动环境恢复工作。

(5) 信息公开措施。企业事业单位应当按照有关规定,采取便于公众知晓和查询的方式公开本单位环境风险防范工作开展情况、突发环境事件应急预案及演练情况、突发环境事件发生及处置情况,以及落实整改要求情况等环境信息。突发环境事件发生后,县级以上地方环境保护主管部门应当认真研判事件影响和等级,及时向本级人民政府提出信息发布建议。履行统一领导职责或者组织处置突发事件的人民政府,应当按照有关规定统一、准确、及时发布有关突发事件事态发展和应急处置工作的信息。县级以上环境保护主管部门应当在职责范围内向社会公开有关突发环境事件应急管理的规定和要求,以及突发环境事件应急预案及演练情况等环境信息。县级以上地方环境保护主管部门应当对本行政区域内突发环境事件进行汇总分析,定期向社会公开突发环境事件的数量、级别,以及事件发生的时间、地点、应急处置概况等信息。

第五节 清洁生产制度

一、清洁生产制度概述

(一)清洁生产的概念

"清洁生产"这个概念有很多称呼。比如美国称之为"废物最小量化""污染预防""废物削减技术"等;欧洲国家称之为"少废无废工艺""无废生产"等;日本称之为"无公害技术"等。在我国,"清洁生产"还有很多提法,比如"清洁技术""环境友好技术""环境优适技术""环境无害技术""环境相容技术"等。我国最早称其为"无废少废工艺"。2002年《清洁生产促进法》中使用了"清洁生产"这一概念,由此"清洁生产"的概念在我国普遍适用。

实质意义上的"清洁生产"概念可追溯至20世纪70年代中叶。1976年,欧共体召开"无废工艺和无废生产国际研讨会",提出了要从根源上避免污染而不仅仅是注重消除污染所引起的后果。1979年4月,欧共体理事会宣布推行清洁生产政策。1984年,美国通过了《固体及有害废物修正案》,明确规定废物最小量化,即在可行的部位尽可能削减和消除有害废物。1989年,联合国环境规划署工业与环境活动规划中心在总结人类社会控制环境污染经历了"不惜一切代价追求经济增长—稀释扩散污染物—进行污染物末端处理"三个阶段基础之上,明确提出了"清洁生产"这个概念。并且根据联合国环境规划署理事会的决议制定《清洁生产计划》,向全世界推行清洁生产。1992年6月联合国环境与发展大会上,"清洁生产"成为《21世纪议程》确认的实现可持续发展的关键因素。

关于"清洁生产"的概念,比较具有代表性的观点有以下几种:第一,1979年《关于少废、无废工艺和废物利用的宣言》认为,"无废工艺"是指运用各种知识、方法和手段,以期在满足人类需求的范围内实现最合理地利用自然资源、能源以及保护环境的目的。第二,1984年,联合国欧洲经济委员会在塔什干召开的国际会议对"无废工艺"作了进一步的界定,认为无废工艺是指一种生产产品的方法,通过这种方法能将所有的原料和能量在"原料资源—生产—消费—二次原料资源"的循环中得到最合理的综合利用,同时对环境的任何影响都不至于破坏其正常功能。第三,美国联邦环境保护局将清洁生产称为"废物最小量化"和"污染预防",前者多被后者代替。所谓废物最小量化是指在可行的范围之内,减少有害废弃物的产生量,使得对人类的健康和对环境的威胁降至最小化这一目标。所谓污染预防是指在可能的最大限度内减少生产所造成的废物量。第四,联合国环境规划署工业与环境规划活动中心认为,清洁生产是指将综合预防的环境战略持续地应用于生产过程和产品中,以减少对人类和环境的风险。对生产过程而言,清洁产生包括节约原材料和能源,淘汰有毒原材料并在全部排放物和废弃物离开生产过程以前减少它们的数量和毒性;对生产产品而言,清洁生产策略旨在减少产品在整个生命周期中对人类的健康和环境的影响。清洁生产不包括末端处理技术,如空气污染物控制、废水处理、固体废弃物焚烧或者填埋。清洁生产通过应用专门技术、改进工艺技术和改变管理来实现。第五,《中国21世纪议程》提出,清洁生产是指既可满足人们的需要又可以合理使用自然资源和能源并保护环境的实用生产方法和措施,实质上是一种物耗和能耗最小的人类生产活动规划和管理,将废物减量化、资源化和无害化地消灭于生产过程之中。同时,对人体和环境无害的绿色产品生产也将随着可持续发展进程的深入而日益成为今后的产品生产主导方向。

综上所述,根据《清洁生产促进法》的规定,所谓清洁生产是指不断采取改进设计、使用清洁的能源和原料、采用先进的工艺技术和设备、改善管理、综合利用等措施,从源头削减污染,提高资源利用效率,减少或避免生产、服务和产品使用过程中污染物的产生和排放,以减轻或者消除对人类健康和环境的危害。简而言之,就是在工业活动过程中减少资源浪费,产生更少的废物,而不是在废物产生和排放后再加以处理。

(二)清洁生产制度的概念

清洁生产制度的概念建立在清洁生产的概念基础之上,是根据清洁生产理念所形成的一项环境法律制度。所谓清洁生产制度是指有关清洁生产的目的、任务、适用范围、具体内容、推行实施、评价方法、鼓励措施和管理体制等一系列法律规定的总称。清洁生产制度把综合预防的环境策略持续应用于生产过程和产品中,减少对人类和环境的风险。与末端治理不同,清洁生产制度的实施往往需要较大的初始成本,尤其是对于那些需要建立一整套完整的生产流程和全面的管理制度的企业而言更是如此。正是由于清洁生产制度所需要的设备更换、制度革新以及人员培训等成本投入问题,所以除非能够带来显著的经济效益,否则企业一般不会具有实施清洁生产制度的积极性。清洁生产制度作为污染防治法律制度的组成部分,实际上是一种预防污染的环境保护方式。防治和减少污染物的产生是清洁生产制度的本质之所在。

清洁生产制度作为一项重要的环境法律制度,具有三个方面的特征。第一,促进性。根据《清洁生产促进法》的立法目的,推行清洁生产制度更多的是通过促进手段,并非强制手段。《清洁生产促进法》第4条规定:"国家鼓励和促进清洁生产。国务院和县级以上地方人民政府,应当将清洁生产促进工作纳入国民经济和社会发展规划、年度计划以及环境保护、资源利用、产业发展、区域开发等规划。"即清洁生产方式主要还是通过促进予以推行,这也淡化了该法的强制性色彩,使其理念上具有引导性。第二,渐进性。清洁生产制度的推行是一个不断发展的过程,随着经济社会的发展,推行清洁生产的空间必定会越来越大。目前,主要是对于一些污染严重的领域实行清洁生产,从而实现减少污染物排放的目的。第三,鼓励性。清洁生产制度的实施重在通过鼓励的方式建立激励机制,这种机制不是通过强制的手段推行,而是以一种引导扶持的方式推行。从《清洁生产促进法》的理念就可以看出,这部法律重在引导鼓励,而不是直接的行政强制。

落实清洁生产制度具有多个方面的意义。首先,从国家层面来讲,有利于实现国家的产业革新,推动绿色低碳能源产业,构建新型的产业关系,从本质上推动国家实现绿色发展和可持续发展。其次,就政府层面来讲,有利于从源头上削减污染物的排放,减少政府的监管压力,提高政府监管的效能。尤其在我国环境保护部门监管能力尚不充分的前提下,清洁生产制度的作用极为明显。最后,就企业层面来讲,有利于企业改进生产工艺流程,降低企业的生产成本,提高企业在市场中的竞争力,在国际市场上能够更具有竞争性。

二、清洁生产制度的历史演变

清洁生产制度的发展经历了一个不断演变的过程。我国关于清洁生产的活动始于1973年《关于保护和改善环境的若干规定(试行草案)》中提出的"预防为主,防治结合"的治污方针,该理念最早体现了清洁生产的思想。就我国清洁生产制度历史演变而言,大体上可以分为三个时期,分别是初步形成时期、逐步实施时期和全面推行时期。

(一)清洁生产制度的初步形成时期

自20世纪70年代后期开始,我国一些企业就开展了被称为"无废工艺""少废工艺""生产全过程污染控制"等的一系列工艺改革。这是我国推行清洁生产的前期准备阶段。1979年《环境保护法(试行)》第18条规定:"积极试验和采用无污染或少污染的新工艺、新技术、新产品。加强企业管理,实行文明生产,对于污染环境的废气、废水、废渣,要实行综合利用、化害为利;需要排放的,必须遵守国家规定的标准;一时达不到国家标准的要限期治理;逾期达不到国家标准的,要限制企业的生产规模。……"其中就包含着清洁生产的思想。20世纪80年代,随着环境问题的日益严重,我国提出消除"三废"的根本途径是技术改造,关于清洁生产的零星思想体现在环境管理的政策性文件中。但是,由于缺乏完整的体系化的规范制度,清洁生产没有解决环境与发展的问题。

1983年,国务院颁布的《国务院关于结合技术改造防治工业污染的几项规定》中体现了清洁生产的思想,提出企业要紧密结合技术改造,开展废弃物的综合利用,并制定了一系列鼓励的政策和措施。1985年,国务院批转国家经委《关于开展资源综合利用若干问题的暂行规定》,目的是调动企业开展资源综合利用的积极性,并且设立综合利用奖等。

1989年,联合国环境规划署提出推行清洁生产的行动计划,清洁生产的理念和方法开始引入我国,我国政府也作出了积极的回应,有关部门和单位也开始研究如何推行清洁生产制度。1992年,党中央和国务院批准的我国环境与发展十大对策提出,新建、改建、扩建项目时,技术起点要高,尽量采用能耗物耗小、污染物排量少的清洁生产工艺。清洁生产已经成为我国环境与发展的对策之一。

(二)清洁生产制度的逐步实施时期

1993年,国家环境保护局和国家经贸委在上海联合召开第二次全国工业污染防治工作会议,指出工业污染要从单纯的末端治理向生产全过程控制转变,积极推行清洁生产。这标志着我国推行清洁生产的开始。1994年中国政府颁布《中国21世纪议程》,将清洁生产作为可持续发展的优先领域。1994年,针对新税制后资源综合利用企业税负增加、亏损严重的情况,为调动企业开展资源综合利用的积极性,国家经贸委在深入调查研究的基础上,提出了对部分资源综合利用产品和废旧物资回收经营企业给予减免税优惠政策的建议,经国务院批准,财政部、国家税务总局先后下发了有关资源综合利用减免税的文件。1996年,国务院发布《关于环境保护若干问题的决定》,提出所有大、中、小型新建、扩建、改建和技术改造项目,要提高技术起点,采用能耗物耗小、污染物产生量少的清洁生产工艺,严禁采用国家明令禁止的设备和工艺。这一时期,《大气污染防治法》《水污染防治法》《固体废物污染环境防治法》等法律均对推行清洁生产制度作了规定。1999年,全国人大常委会从加快推进清洁生产,实现可持续发展的战略高度出发,将《清洁生产促进法》列入立法计划,委托国家经贸委组织起草。

(三)清洁生产制度的全面推行时期

2002年6月,第九届全国人大常委会第二十八次会议通过《清洁生产促进法》,自2003年1月1日起施行。该法是我国第一部以污染预防为主的专门法律,是我国全面推行清洁生产的里程碑,标志着我国步入了清洁生产法治化的轨道。

2004年8月,国家发展和改革委员会、国家环境保护总局制定了《清洁生产审核暂行办法》,首次提出了"强制性清洁生产审核",对我国"清洁生产审核"予以明确界定。2005年12月,国家环境保护总局出台了《重点企业清洁生产审核程序的规定》,重点指出需要进行强制性清洁生产审核的工作程序和要求。2008年7月,环境保护部出台了《关于进一步加强重点企业清洁生产审核工作的通知》等文件,建立了重点企业清洁生产审核评估验收制度。

2012年2月,全国人大常委会根据实践发展的需要,对《清洁生产促进法》进行了修订,解决了部门职责不清的问题,强化了政府有关部门在推行清洁生产中的职责,建立了清洁生产审核制度并强化了法律责任。

2014年4月,全国人大常委会对《环境保护法》进行了修订。该法第22条规定:"企业事业单位和其他生产经营者,在污染物排放符合法定要求的基础上,进一步减少污染物排放的,人民政府应当依法采取财政、税收、价格、政府采购等方面的政策和措施予以鼓励和支持。"该条规定确立了政府对企事业单位主动进行污染物削减的支持义务,有利于推动清洁生产的发展。第40条规定:"国家促进清洁生产和资源循环利用。国务院有关部门和地方各级人民政府应当采取措施,推广清洁能源的生产和使用。企业应当优先使用清洁能源,采用资源利用率高、污染物排放量少的工艺、设备以及废弃物综合利用技术和污染物无害化处理技术,减少污染物的产生。"该条规定将我国清洁生产制度的内容具体化,使得清洁生产制度的实施从规范层面更具有操作性。

三、清洁生产制度的具体内容

清洁生产制度的具体内容是该制度得以展开的前提。作为污染防治法律制度的重要组成部分,对这一制度进行全面把握有利于实现减污降碳的目标。具体来讲,清洁生产制度的内容包含了管理体制、推行机制、实施机制和激励机制。

(一)清洁生产制度的管理体制

《清洁生产促进法》第8条规定:"国务院清洁生产综合协调部门会同国务院

环境保护、工业、科学技术部门和其他有关部门,根据国民经济和社会发展规划及国家节约资源、降低能源消耗、减少重点污染物排放的要求,编制国家清洁生产推行规划,报经国务院批准后及时公布。国家清洁生产推行规划应当包括:推行清洁生产的目标、主要任务和保障措施,按照资源能源消耗、污染物排放水平确定开展清洁生产的重点领域、重点行业和重点工程。国务院有关行业主管部门根据国家清洁生产推行规划确定本行业清洁生产的重点项目,制定行业专项清洁生产推行规划并组织实施。县级以上地方人民政府根据国家清洁生产推行规划、有关行业专项清洁生产推行规划,按照本地区节约资源、降低能源消耗、减少重点污染物排放的要求,确定本地区清洁生产的重点项目,制定推行清洁生产的实施规划并组织落实。"该条以法律的形式确立了清洁生产制度的管理体制。从总体上来看,清洁生产制度的管理体制包含了中央层面和地方层面。就中央层面而言,清洁生产制度的管理体制为统管为主、分管为辅、相关者参与;就地方层面而言,是地方政府部门主管清洁生产工作。从法律条文的内容可以看出,《清洁生产促进法》突出了部门职能,弱化了部门的名称,从而保持该法的相对稳定性,为机构改革留有空间。

(二) 清洁生产制度的推行机制

围绕清洁生产制度的推行,《清洁生产促进法》规定了一系列的措施,这些措施包含了清洁生产推行规划、清洁生产资金政策支持、清洁生产技术保障、清洁生产标志标准、清洁生产信息公开以及其他保障措施。

(1) 清洁生产推行规划。清洁生产推行规划是推行清洁生产制度最为基础、最为重要的前提性制度,它明确了特定时期内推行的清洁生产目标、主要任务以及相关措施。《清洁生产促进法》第8条对清洁生产推行规划进行了具体的规定,它的内容包含了国家编制的清洁生产推行规划、有关行业主管部门确定的专项清洁生产项目推行规划以及县级以上地方政府确定的地区清洁生产重点项目。

(2) 清洁生产资金政策支持。清洁生产需要企业投入大量的资金支持,为了调动企业的积极性、减少企业的负担,政府有义务为清洁生产提供资金、技术等方面的支持。《清洁生产促进法》第9条规定:"中央预算应当加强对清洁生产促进工作的资金投入,包括中央财政清洁生产专项资金和中央预算安排的其他清洁生产资金,用于支持国家清洁生产推行规划确定的重点领域、重点行业、重点工程实施清洁生产及其技术推广工作,以及生态脆弱地区实施清洁生产的项目。中央预算用于支持清洁生产促进工作的资金使用的具体办法,由国务院财政部门、清洁生产综合协调部门会同国务院有关部门制定。县级以上地方人民政府应当统筹地方财政安排的清洁生产促进工作的资金,引导社会资金,支持清洁生产重点项目。"第 31 条规定:"对从事清洁生产研究、示范和培训,实施国家清洁生产重点技术改造项目和本法第二十八条规定的自愿节约资源、削减污染物排放量协议中载明的技术改造项目,由县级以上人民政府给予资金支持。"

(3) 清洁生产技术保障。清洁生产涉及较多环境友好型技术的应用和优化升级,政府相应地负有保障清洁生产技术推广的义务,清洁生产技术保障了清洁生产制度的顺利运行。《清洁生产促进法》第 10 条规定:"国务院和省、自治区、直辖市人民政府的有关部门,应当组织和支持建立促进清洁生产信息系统和技术咨询服务体系,向社会提供有关清洁生产方法和技术、可再生利用的废物供求以及清洁生产政策等方面的信息和服务。"第 12 条规定:"国家对浪费资源和严重污染环境的落后生产技术、工艺、设备和产品实行限期淘汰制度。国务院有关部门按照职责分工,制定并发布限期淘汰的生产技术、工艺、设备以及产品的名录。"第 14 条规定:"县级以上人民政府科学技术部门和其他有关部门,应当指导和支持清洁生产技术和有利于环境与资源保护的产品的研究、开发以及清洁生产技术的示范和推广工作。"第 15 条第 1 款和第 2 款规定:"国务院教育部门,应当将清洁生产技术和管理课程纳入有关高等教育、职业教育和技术培训体系。县级以上人民政府有关部门组织开展清洁生产的宣传和培训,提高国家工作人员、企业经营管理者和公众的清洁生产意识,培养清洁生产管理和技术人员。"

(4) 清洁生产标志标准。清洁生产的标志和标准分别从形式和量化的角度推动了清洁生产制度的实施。通过清洁生产的标志人们可以树立绿色消费的理念,通过清洁生产的标准可以形成绿色产品。《清洁生产促进法》第 13 条规定:"国务院有关部门可以根据需要批准设立节能、节水、废物再生利用等环境与资源保护方面的产品标志,并按照国家规定制定相应标准。"第 24 条规定:"建筑工程应当采用节能、节水等有利于环境与资源保护的建筑设计方案、建筑和装修材料、建筑构配件及设备。建筑和装修材料必须符合国家标准。禁止生产、销售和使用有毒、有害物质超过国家标准的建筑和装修材料。"

(5) 清洁生产信息公开。信息公开是为了保障公众的知情权,让公众能够很好地参与到清洁生产的过程中。同时,清洁生产过程中信息公开也是政府的义务。《清洁生产促进法》第 10 条明确规定:"国务院和省、自治区、直辖市人民政府的有关部门,应当组织和支持建立促进清洁生产信息系统和技术咨询服务体系,向社会提供有关清洁生产方法和技术、可再生利用的废物供求以及清洁生产政策等方面的信息和服务。"

(6) 清洁生产其他保障。关于清洁生产制度还有一些其他的保障措施,这些措施包含推广示范、技术培训、教育宣传以及政府优先采购等。《清洁生产促进法》第16条规定:"各级人民政府应当优先采购节能、节水、废物再生利用等有利于环境与资源保护的产品。各级人民政府应当通过宣传、教育等措施,鼓励公众购买和使用节能、节水、废物再生利用等有利于环境与资源保护的产品。"

(三)清洁生产制度的实施机制

清洁生产实施的规定主要包含对环境影响评价过程中的论证要求、对企业进行技术改造的要求、有关产品包装的规定、有关各行业清洁生产的规定、清洁生产审核、自愿性清洁生产协议以及清洁生产管理体系认证等内容。

(1)环境影响评价过程中的论证要求。理论上讲,由于技术锁定效应的存在,企业落实清洁生产的阶段越早,成本就越低,最为理想的阶段就是项目可行性论证阶段。正因如此,《清洁生产促进法》对环境影响评价阶段的技术论证提出了相应的要求。该法第18条规定:"新建、改建和扩建项目应当进行环境影响评价,对原料使用、资源消耗、资源综合利用以及污染物产生与处置等进行分析论证,优先采用资源利用率高以及污染物产生量少的清洁生产技术、工艺和设备。"

(2)对企业进行技术改造的要求。企业的技术改造不仅有利于企业自身的发展,而且对整个社会的发展变革都有决定性的作用。清洁生产制度要求企业技术改造过程中也要实施清洁产生。《清洁生产促进法》第19条规定:"企业在进行技术改造过程中,应当采取以下清洁生产措施:(一)采用无毒、无害或者低毒、低害的原料,替代毒性大、危害严重的原料;(二)采用资源利用率高、污染物产生量少的工艺和设备,替代资源利用率低、污染物产生量多的工艺和设备;(三)对生产过程中产生的废物、废水和余热等进行综合利用或者循环使用;(四)采用能够达到国家或者地方规定的污染物排放标准和污染物排放总量控制指标的污染防治技术。"

(3)有关产品包装的规定。产品的包装也是体现清洁生产的重要环节,采取合理的包装是清洁生产制度的应有之义。《清洁生产促进法》第20条规定:"产品和包装物的设计,应当考虑其在生命周期中对人类健康和环境的影响,优先选择无毒、无害、易于降解或者便于回收利用的方案。企业对产品的包装应当合理,包装的材质、结构和成本应当与内装产品的质量、规格和成本相适应,减少包装性废物的产生,不得进行过度包装。"

(4)有关行业清洁生产的规定。有关行业包含了农业,餐饮、娱乐、宾馆等服务业,建筑工程以及矿产资源等,这些行业都关涉到清洁生产制度的落实。《清洁生产促进法》第22条规定:"农业生产者应当科学地使用化肥、农药、农用薄膜和饲料添加剂,改进种植和养殖技术,实现农产品的优质、无害和农业生产废物的资源化,防止农业环境污染。禁止将有毒、有害废物用作肥料或者用于造田。"第23条规定:"餐饮、娱乐、宾馆等服务性企业,应当采用节能、节水和其他有利于环境保护的技术和设备,减少使用或者不使用浪费资源、污染环境的消费品。"第24条规定:"建筑工程应当采用节能、节水等有利于环境与资源保护的建筑设计方案、建筑和装修材料、建筑构配件及设备。建筑和装修材料必须符合国家标准。禁止生产、销售和使用有毒、有害物质超过国家标准的建筑和装修材料。"第25条规定:"矿产资源的勘查、开采,应当采用有利于合理利用资源、保护环境和防止污染的勘查、开采方法和工艺技术,提高资源利用水平。"

(5) 清洁生产审核。清洁生产审核是《清洁生产促进法》2012年修改时的重点。清洁生产审核包括了强制性清洁生产审核和自愿性清洁生产审核。2016年国家发展和改革委员会、环境保护部发布了《清洁生产审核办法》,对清洁生产审核的范围、实施、组织和管理、奖励和处罚进行了更具体的规定。强制性清洁生产审核的内容主要包含强制性清洁生产审核的范围、信息公开、有关部门的监督和评估验收责任。自愿性清洁生产审核是指对强制性生产审核范围以外的企业,国家鼓励其自愿开展清洁生产审核。《清洁生产促进法》第27条规定:"企业应当对生产和服务过程中的资源消耗以及废物的产生情况进行监测,并根据需要对生产和服务实施清洁生产审核。有下列情形之一的企业,应当实施强制性清洁生产审核:(一)污染物排放超过国家或者地方规定的排放标准,或者虽未超过国家或者地方规定的排放标准,但超过重点污染物排放总量控制指标的;(二)超过单位产品能源消耗限额标准构成高耗能的;(三)使用有毒、有害原料进行生产或者在生产中排放有毒、有害物质的。污染物排放超过国家或者地方规定的排放标准的企业,应当按照环境保护相关法律的规定治理。实施强制性清洁生产审核的企业,应当将审核结果向所在地县级以上地方人民政府负责清洁生产综合协调的部门、环境保护部门报告,并在本地区主要媒体上公布,接受公众监督,但涉及商业秘密的除外。县级以上地方人民政府有关部门应当对企业实施强制性清洁生产审核的情况进行监督,必要时可以组织对企业实施清洁生产的效果进行评估验收,所需费用纳入同级政府预算。承担评估验收工作的部门或者单位不得向被评估验收企业收取费用。实施清洁生产审核的具体办法,由国务院清洁生产综合协调部门、环境保护部门会同国务院有关部门制定。"

(6) 自愿性清洁生产协议。自愿性清洁生产协议是一种倡导性的协议,旨在鼓励企业自愿承担清洁生产的义务。《清洁生产促进法》第28条规定:"本法第二十七条第二款规定以外的企业,可以自愿与清洁生产综合协调部门和环境保护部门签订进一步节约资源、削减污染物排放量的协议。该清洁生产综合协调部门和环境保护部门应当在本地区主要媒体上公布该企业的名称以及节约资源、防治污染的成果。"

(7) 清洁生产管理体系认证。清洁生产管理体系的建立有助于推动清洁生产制度的实行,而且认证体系具有官方权威,所以更具有说服力。《清洁生产促进法》第 29 条规定:"企业可以根据自愿原则,按照国家有关环境管理体系等认证的规定,委托经国务院认证认可监督管理部门认可的认证机构进行认证,提高清洁生产水平。"

(四) 清洁生产制度的激励机制

《清洁生产促进法》属于促进型立法,它的主要目的是推动清洁生产的普及和落实。清洁生产制度的激励机制主要应当从国家和企业两个方面予以构建。就国家层面而言,作为负有推行清洁生产责任的主体,国家应当建立激励机制鼓励相关主体推行清洁生产制度。《清洁生产促进法》第 30 条规定:"国家建立清洁生产表彰奖励制度。对在清洁生产工作中做出显著成绩的单位和个人,由人民政府给予表彰和奖励。"第 31 条规定:"对从事清洁生产研究、示范和培训,实施国家清洁生产重点技术改造项目和本法第二十八条规定的自愿节约资源、削减污染物排放量协议中载明的技术改造项目,由县级以上人民政府给予资金支持。"第 32 条规定:"在依照国家规定设立的中小企业发展基金中,应当根据需要安排适当数额用于支持中小企业实施清洁生产。"就企业层面而言,清洁生产制度实施最终要落实到企业的生产活动中。推动技术革新,实施清洁生产制度,对国家和企业而言是一个双赢的局面。《清洁生产促进法》第 33 条规定:"依法利用废物和从废物中回收原料生产产品的,按照国家规定享受税收优惠。"第 34 条规定:"企业用于清洁生产审核和培训的费用,可以列入企业经营成本。"

> 思考题

1. 我国环境税经历了怎样的演变过程?征税过程中它的主体、对象和标准是如何确定的?
2. 污染物排放总量控制的标准有哪些?它是如何进行分配的?
3. 排污许可证的核发要经历哪些阶段?
4. 突发环境事件应急处理制度的基本原则是什么?该制度实施过程中有哪些措施?
5. 清洁生产制度的推行机制、实施机制和激励机制包含哪些内容?

> **推荐阅读**

1. 宋福敏:《总量控制制度的由来和中国实践》,中国政法大学出版社 2017 年版。
2. 曲向荣编著:《清洁生产与循环经济》(第 2 版),清华大学出版社 2014 年版。
3. 赵绘宇、赵晶晶:《污染物总量控制的法律演进及趋势》,载《上海交通大学学报(哲学社会科学版)》2009 年第 1 期。
4. 王春磊:《污染物总量控制制度实施中的若干问题研究》,载《政治与法律》2016 年第 12 期。
5. 吴卫星:《论我国排污许可的设定:现状、问题与建议》,载《环境保护》2016 年第 23 期。
6. 周长波、李梓、刘菁钧、俞华军:《我国清洁生产发展现状、问题及对策》,载《环境保护》2016 年第 10 期。

第十章　污染防治单行立法

【导言】

污染防治单行立法是针对各种典型污染源防治的专门立法,污染防治单行立法根据各类污染的具体特点,分别制定相应的管理制度和治理对策。本章主要对大气、水、海洋、土壤、固体废物和噪声的特点以及其相应单行立法的立法沿革、主要内容作基本的介绍。

第一节　大气污染防治法

一、大气污染概述

大气是指包围地球的空气,由多种气体混合组成的气体及浮悬其中的液态和固态杂质组成。大气具有调节生态平衡、保持温度、阻挡伤害、吸收有害射线等作用,是人类及其他生物赖以生存的基本环境要素。

（一）大气污染及其危害

大气污染,是指由于人类活动或自然过程引起某些物质进入大气中,当污染物含量达到有害程度以致破坏生态系统和人类正常生存与发展时,对人或物造成危害的现象。其本质是大气污染物通过一系列复杂的物理、化学和生物过程,对人体健康和人类生存环境造成不利影响。[①] 主要包括工业生产、煤炭燃烧和机动车尾气排放。大气污染物既包括粉尘、飘尘等气溶胶状态污染物,也包括二氧化硫、二氧化氮等气体状态污染物。随着工业化及城市化的快速发展,大气污染已成为世界各国面临的最大环境挑战之一。

大气污染对人类生产、生活各方面的危害十分严重。20世纪震惊世界的"八大公害事件"中有一半都与大气污染有关。具体而言,其危害集中表现在三个方面:(1)大气污染对人体的危害主要表现是呼吸道疾病与生理机能障碍以

[①] 参见王文兴等:《新中国成立70年来我国大气污染防治历程、成就与经验》,载《环境科学研究》2019年第10期。

及眼鼻等黏膜组织受到刺激而患病,大致可分为急性中毒、慢性中毒、致癌三种;(2)在生产领域,大气污染物对工业的危害主要体现在酸性污染物对工业材料、设备设施的腐蚀和飘尘给精密仪器、设备的生产使用带来的不利影响;对农业的危害主要体现在大气污染中的有毒有害气体会对农作物的生长产生严重危害;(3)对生态环境的危害表现在影响天气和气候,产生温室效应、酸雨和臭氧层破坏,严重威胁生物的生存和发展。当前,由大气中二氧化碳浓度升高引发的温室效应的加强,是对全球气候最主要的影响。

(二)大气污染的类型

按照能源性质与污染物种类,可以将大气污染分为:(1)煤烟型大气污染,主要是由煤炭燃烧时排放的硫氧化物、粉尘等造成的污染以及这些污染物发生化学反应而生成的二次污染物造成的污染;(2)石油型大气污染,主要是在开采、冶炼、生产、使用中向大气排放的氮氧化物、碳氧化物等造成的污染以及这些污染物经过光化学反应形成的光化学烟雾污染;(3)混合型大气污染,其污染源包括以煤炭为燃料的污染源、以石油为燃料的污染源以及从工厂企业排出的各种化学物质的污染源;(4)特殊型大气污染,主要是排放某些特殊的气态污染物所造成的局部或有限区域的污染。

依据大气污染的影响范围,通常可划分为:(1)局部性大气污染,即由某个污染源排放造成的较小范围的污染;(2)地区性污染,即一些工业区及附近地区或整个城市的大气污染;(3)广域性污染,即超过行政区域的广大地域的大气污染;(4)全球性大气污染,即具有全球性影响的大气污染,如温室效应、臭氧层破坏等。

(三)我国大气污染的现状

过去,我国大气污染问题较为严重,国内大中城市常年受到雾霾困扰。2013年9月,国务院颁布了《大气污染防治行动计划》(简称《大气十条》),开启了我国大气污染防治的新纪元。作为第一个国家层面上控制大气污染的行动计划,《大气十条》实施以来,我国在空气质量改善、能源结构优化、产业结构升级、交通结构调整方面取得了显著成果。相关研究资料显示,2013—2019年,全国74个重点城市年均细颗粒物(PM2.5)浓度下降了47.2%;2020年,全国空气质量总体改善,全国地级及以上城市优良天数比率为87%,PM2.5未达标城市平均浓度比2015年下降28.8%。然而,臭氧污染和区域性大气污染却呈现快速上升和蔓延态势,成为当下制约我国空气质量持续改善的瓶颈问题。2013—2019年,全国74个重点城市臭氧年评价值上升了28.8%,其中,京津冀、长三角、珠三角和成渝地区分别上升了34.4%、25.7%、20.3%和14.1%。2019年9月下旬,我国中东部地区出现大范围、长时间的臭氧污染过程,污染面积超过 300 万平方千米,持续超过一周,影响了数亿人口的生产和生活;2022 年 1 月初,我国中东部地区出现长时间的不利气象条件,PM2.5 污染过程持续近一周,中东部地区共 35 个地级及以上城市出现重污染天气。① 可见我国在大气污染防治上依然面临着严峻的挑战。

二、大气污染防治法的立法沿革与概况

我国大气污染防治的法律规定,最早可以追溯到 1965 年国务院公布的《关于防止厂、矿企业中矽尘危害的决定》,主要针对工矿企业劳动场所的环境卫生保护和职业病防护问题。20 世纪 70 年代,我国制定了《工业"三废"排放试行标准》《工业企业设计卫生标准》,开展了以消除烟尘为主要内容的属于环境保护意义上的大气污染防治。1979 年《环境保护法(试行)》首次以法律形式对大气污染防治的原则、制度、措施作出了基本规定。

1987 年 9 月 5 日,第六届全国人大常委会第二十二次会议通过了《大气污染防治法》,该法成为我国大气污染防治领域的首部单行立法。截至目前,该法共经历了二次修订和两次修正。

1995 年 8 月 29 日,第八届全国人大常委会第十五次会议对《大气污染防治法》进行了第一次修正。此次修正将原 6 章 41 条增加至 6 章 50 条,主要集中在三个方面:一是进一步明确了相关主体的防治义务,二是增加了清洁生产制度等相关制度和推行煤炭洗选加工等具体防治措施,三是相应增加了上述制度及具体措施方面所涉的法律责任。

2000 年 4 月 29 日,第九届全国人大常委会第十五次会议对《大气污染防治法》进行了第一次修订。此次修订增设了"防治机动车船排放污染"专章,并将条款增加至 7 章 66 条,对大气污染防治的监管体制、主要制度以及特殊污染源防治的主要措施、法律责任作出了更为明确、具体的规定。

2015 年 8 月 29 日,第十二届全国人大常委会第十六次会议对《大气污染防治法》进行了第二次修订。此次修订按照中央加快推进生态文明建设的精神,为应对实践中发现的源头治理薄弱、总量控制范围较小、处罚力度不够等突出问题,打破了之前的章节逻辑,将条款增加至 8 章 129 条。具体包括:其一,增加了"大气污染防治标准和限期达标规划""重点区域大气污染联合防治""重污染天

---

① 参见中国环境科学学会臭氧污染控制专业委员会编著:《中国大气臭氧污染防治蓝皮书》,科学出版社 2022 年版,第 1—6 页。

气应对"三章;其二,将"防治燃煤产生的大气污染""防治机动车船排放污染""防治废气、粉尘和恶臭污染"三章进行整合,编入"大气污染防治措施"专章中,并加入工业污染防治、农业和其他污染防治的内容;其三,增加了相应法律责任的规定,强化了前端源头治理、重点难点针对以及相关主体的法律责任。

2018年10月26日,第十三届全国人大常委会第六次会议对《大气污染防治法》进行了第二次修正。主要是基于国务院机构改革和调整,对于部分职能机关名称进行了修正。具体包括:其一,将出入境检验检疫机构修正为海关;其二,将质量监督、工商行政管理部门修正为市场监督管理部门;其三,将环境保护主管部门修正为生态环境主管部门,并进一步更新了管理主体。

三、大气污染防治法的主要内容

现行《大气污染防治法》共八章129条,规定了我国大气污染防治的管理体制、基本制度、具体措施以及法律责任,并对燃煤及其他能源、工业、机动车船、扬尘、农业等特殊污染的防治进行了专门规定。

(一)大气污染防治的基本规定

1. 立法目的

《大气污染防治法》的立法目的是:保护和改善环境,防治大气污染,保障公众健康,推进生态文明建设,促进经济社会可持续发展。其中将推进生态文明建设纳入立法目的,体现了党的十九大提出的加快生态文明体制改革,建设美丽中国的要求,意义重大。

2. 基本目标、治理原则及基本措施

《大气污染防治法》明确了大气污染防治的基本目标是:改善大气环境质量。

大气污染防治的治理原则包括:(1)源头治理原则;(2)规划先行原则;(3)转变经济发展方式原则;(4)优化产业结构和布局原则;(5)调整能源结构原则。

防治大气污染的基本措施在于:(1)加强对燃煤、工业机动车船、扬尘、农业等大气污染的综合防治;(2)推行区域大气污染联合防治;(3)对颗粒物、二氧化硫、氮氧化物、挥发性有机物、氨等大气污染物和温室气体实施协同控制。

3. 政府职责

《大气污染防治法》第3条对于政府职责作了基本规定:(1)县级以上人民政府应当将大气污染防治工作纳入国民经济和社会发展规划,加大对大气污染防治的财政投入;(2)地方各级人民政府应当对本行政区域的大气环境质量负责,制定规划,采取措施,控制或者逐步削减大气污染物的排放量,使大气环境质量达到规定标准并逐步改善。

4. 考核及监督管理体制

《大气污染防治法》第 4 条规定了大气污染防治的考核制度:(1) 由国务院生态环境主管部门及有关部门对省级行政区域的大气环境质量改善目标和重点任务进行考核;(2) 省级人民政府对本区域内的实施情况进行考核。

《大气污染防治法》第 5 条规定了监督管理体制:(1) 县级以上人民政府生态环境主管部门对大气污染防治实施统一监督管理;(2) 县级以上人民政府其他有关部门在各自职责范围内对大气污染防治实施监督管理。

(二) 大气污染防治标准及限期达标规划

1. 大气污染防治标准

大气污染防治标准包括:(1) 大气环境质量标准;(2) 大气污染物排放标准;(3) 特殊产品质量标准[①]。大气污染防治标准由国务院生态环境主管部门或者省级地方人民政府制定,广泛征求各方意见,定期评估,适时修订,并向社会公开。目前,我国各项污染源排放标准不断健全,污染物排放指标增多,排放限值趋于严格,这是我国经济和技术水平不断强化的结果。通过不断加严的排放标准,我国电厂的超低排放已经达到国际领先水平。[②]

2. 限期达标规划制度

限期达标规划制度要求未达到国家大气环境质量标准的地方人民政府及时编制城市大气环境质量限期达标规划,适时进行评估、修订;每年向本级人民代表大会或者其常务委员会报告环境状况和环境保护目标完成情况,报告大气环境质量限期达标规划执行情况,向社会公开。2013 年《大气污染防治行动计划》用"责任书"的形式规定由国务院分解给相关省(自治区、直辖市)人民政府的大气污染防治任务,同时规定,"对未通过年度考核的,由环保部门会同组织部门、监察机关等部门约谈省级人民政府及其相关部门负责人,提出整改意见,予以督促"。2018 年《打赢蓝天保卫战三年行动计划》更是通过完善责任清单、健全责任体系、实行强有力的环保督察和考核问责机制,大幅加强对达标规划的执行和监督力度。

(三) 大气污染防治的监督管理制度

1. 环境影响评价制度

环境影响评价制度是在进行对环境有影响的建设和开发活动时,对该活动

---

① 特殊产品质量标准包括燃煤、石油焦、生物质燃料、涂料等含挥发性有机物的产品、烟花爆竹以及锅炉等产品的质量标准和燃油质量标准。

② 参见王文兴等:《新中国成立 70 年来我国大气污染防治历程、成就与经验》,载《环境科学研究》2019 年第 10 期。

可能给周围环境带来的影响进行科学预测和评估,制定防止或减少环境损害的措施。企业事业单位和其他生产经营者建设对大气环境有影响的项目,应当依法进行环境影响评价、公开环境影响评价文件;对超过国家重点大气污染物排放总量控制指标或者未完成国家下达的大气环境质量改善目标的地区,暂停审批该地区新增重点大气污染物排放总量的建设项目环境影响评价文件。

2. 重点大气污染物排放总量控制制度

国家对重点大气污染物排放实行总量控制。重点大气污染物排放总量控制目标,由国务院生态环境主管部门会同国务院经济综合主管部门报国务院批准并下达实施。省级人民政府可以根据本行政区域大气污染防治的需要,对国家重点大气污染物之外的其他大气污染物排放实行总量控制,并逐步推行重点大气污染物排污权交易。

3. 排污许可证制度

排放工业废气或者有毒有害大气污染物的企业事业等单位应当取得排污许可证。企业事业单位和其他生产经营者向大气排放污染物的,应当依照法律法规和国务院生态环境主管部门的规定设置大气污染物排放口;禁止通过偷排、篡改或者伪造监测数据、以逃避现场检查为目的的临时停产、非紧急情况下开启应急排放通道、不正常运行大气污染防治设施等逃避监管的方式排放大气污染物。

4. 大气环境监测制度

国务院生态环境主管部门负责制定大气环境质量和大气污染源的监测和评价规范,组织建设与管理全国大气环境质量和大气污染源监测网,组织开展大气环境质量和大气污染源监测,统一发布全国大气环境质量状况信息。目前我国的环境质量监测网络正在不断完善,"十三五"时期,我国生态环境质量监测网络在时空分布上对于不同的行政区域和监测对象趋向均衡,在支撑管理上实现了区域间的协同与互补;我国环境空气质量监测网络规模及网络密度远远大于欧美发达国家及地区,具有更强的代表性和科学性。①

5. 清洁生产制度

清洁生产制度把综合预防的环境策略持续应用于生产过程和产品中,减少对人类和环境的风险。国家对严重污染大气环境的工艺、设备和产品实行淘汰制度。生产者、进口者、销售者或者使用者应当在规定期限内停止生产、进口、销售或者使用列入国家综合性产业政策目录中的设备和产品。针对这一制度,《大气十条》特别规定了按照《部分工业行业淘汰落后生产工艺装备和产品指导目录

---

① 参见吴季友等:《我国生态环境监测网络建设成效与展望》,载《中国环境监测》2021年第2期。

(2010年本)》《产业结构调整指导目录(2011年本)(修正)》的要求,分区域明确任务,倒逼产业转型升级。

6. 损害评估制度

损害评估制度是指对大气污染损害的事实进行鉴定、测算,并出具书面评估报告。生态环境主管部门及其他相关部门有权对排放大气污染物的企业事业单位和其他生产经营者进行监督检查。对违反法律法规规定排放大气污染物,造成或者可能造成严重大气污染的企业事业单位和其他生产经营者,可以对有关设施、设备、物品采取查封、扣押等行政强制措施。

(四)大气污染防治措施

1. 燃煤和其他能源污染防治

(1)调整能源结构。优化煤炭使用方式,推广煤炭清洁高效利用,推广清洁能源的生产和使用。①

(2)推行煤炭洗选加工。降低煤炭的硫分和灰分,限制高硫分、高灰分煤炭的开采,禁止开采含放射性和砷等有毒有害物质超过规定标准的煤炭;禁止进口、销售和燃用不符合质量标准的煤炭,鼓励燃用优质煤炭。

(3)加强民用散煤的管理。禁止销售不符合民用散煤质量标准的煤炭,鼓励居民燃用优质煤炭和洁净型煤,推广节能环保型炉灶;禁止进口、销售和燃用不符合质量标准的石油焦。

(4)统筹高污染燃料禁燃区、供热区管理。在禁燃区内,禁止销售、燃用高污染燃料;在燃煤供热地区,推进热电联产和集中供热;在集中供热管网覆盖地区,禁止新建、扩建分散燃煤供热锅炉。②

(5)采用清洁生产工艺。配套建设除尘、脱硫、脱硝等装置;采用先进的除尘、脱硫、脱硝、脱汞等大气污染物协同控制的技术和装置,减少大气污染物的排放。③

---

① 2019年,全国煤炭消费占一次能源消费的比重由67.4%下降至60%,消费总量下降3亿多吨;全国燃煤机组累计完成超低排放改造7亿千瓦,建成全球最大的清洁煤电供应体系,每千瓦时平均能耗降到312克标准煤。

② 我国有燃煤工业锅炉近50万台,其中有近37万台是老式燃煤链条炉排锅炉,单台平均容量仅为每小时3.8吨,实际运行效率不足60%—65%,普遍存在着平均运行热效率低、能耗大、污染重的问题。尤其是每小时10蒸吨以下锅炉大多没有安装高效环保设备设施,煤的灰分、硫分较高,技术设备落后,污染严重。

③ 《2019年中国生态环境统计年报》显示,2019年,全国废气治理设施共有315586套,其中脱硫设施46269套,脱硝设施27699套,除尘设施162799套,VOCs治理设施78819套,年运行费用为2339.7亿元。

2. 工业污染防治

(1) 对粉尘、硫化物、氮氧化物加强精细化管理。配套建设除尘、脱硫、脱硝等装置;采取集中收集处理等措施,严格控制粉尘和气态污染物的排放。

(2) 对挥发性有机物含量要求符合标准,建立台账制度。产生含挥发性有机物废气的生产和服务活动应按照规定安装、使用污染防治设施;使用低挥发性有机物含量的涂料,并建立台账,记录生产原料、废弃量去向以及挥发性有机物含量。

(3) 对有机溶剂要求减少泄漏并及时收集处理。对管道、设备进行日常维护、维修,减少物料泄漏,对泄漏的物料应当及时收集处理。按照国家有关规定安装油气回收装置并保持正常使用。

(4) 对可燃性气体要求回收利用。不具备回收利用条件的,应当进行污染防治处理;在回收利用装置不能正常作业期间确需排放可燃性气体的,按照要求限期修复或者更新。

3. 机动车船等污染防治[①]

(1) 严格机动车船尾气排放标准。机动车、非道路移动机械经检验合格的,方可出厂销售;禁止机动车所有人以临时更换机动车污染控制装置等弄虚作假的方式通过机动车排放检验。

(2) 推行机动车环境保护召回制度。机动车、非道路移动机械排放大气污染物超过标准,属于设计、生产缺陷或者不符合规定的环境保护耐久性要求的,应当召回;未主动召回的,责令召回。

(3) 划定特殊区域。根据大气环境质量状况,划定并公布禁止使用高排放非道路移动机械的区域;在沿海海域划定船舶大气污染物排放控制区,进入排放控制区的船舶应当符合船舶相关排放要求。

(4) 严格燃料及能源使用标准。内河和江海直达船舶应当使用符合标准的普通柴油;远洋船舶靠港后应当使用符合大气污染物控制要求的船舶用燃油。

4. 扬尘污染防治[②]

(1) 加强建设施工防尘。建设单位应当将防治扬尘污染的费用列入工程造

---

① 《中国移动源环境管理年报(2021)》显示,2020年全国机动车保有量达3.72亿,比2019年增长6.9%。2020年,全国机动车四项污染物排放总量为1593万吨。其中,一氧化碳(CO)、碳氢化合物(HC)、氮氧化物(NO_x)、颗粒物(PM)排放量分别为769.7万吨、190.2万吨、626.3万吨、6.8万吨。汽车是污染物排放总量的主要贡献者,其排放的CO、HC、NO_x和PM超过90%。柴油车NOx和PM排放量分别超过汽车排放总量的80%和90%;汽油车CO超过汽车排放总量的80%,HC超过70%。

② 根据主要城市PM2.5来源解析结果,扬尘对大气污染"贡献率"为10%—40%。

价,并在施工承包合同中明确施工单位扬尘污染防治责任;制订具体的施工扬尘污染防治实施方案,采取有效防尘降尘措施;工程渣土、建筑垃圾进行资源化处理;暂时不能开工的建设用地,对裸露地面进行覆盖。

(2) 加强运输及道路防尘。运输相关物料的车辆应采取密闭或者其他措施防止物料遗撒造成扬尘污染;装卸物料采取密闭或者喷淋等方式防治扬尘污染;加强道路、广场、停车场和其他公共场所的清扫保洁管理,推行清洁动力机械化清扫等低尘作业方式,防治扬尘污染,组织实施绿化或者透水铺装。

(3) 加强物料储存防尘。贮存易产生扬尘的物料应当密闭;不能密闭的,设置不低于堆放物高度的严密围挡,并采取有效覆盖措施防治扬尘污染;码头、矿山、填埋场和消纳场应当实施分区作业,并采取有效措施防治扬尘污染。

5. 农业和其他污染防治

(1) 农业污染防治

推动转变农业生产方式,发展农业循环经济;改进施肥方式,科学合理施用化肥并按照国家有关规定使用农药,减少氨、挥发性有机物等大气污染物的排放;及时对污水、畜禽粪便和尸体等进行收集、贮存、清运和无害化处理,防止排放恶臭气体;划定区域,禁止露天焚烧秸秆、[①]落叶等产生烟尘污染的物质。

(2) 有毒有害污染防治物

根据有毒有害大气污染物名录,实行风险管理;对排放口和周边环境进行定期监测,评估环境风险,排查环境安全隐患,并采取有效措施防范环境风险。

(3) 持久性有机污染物防治

向大气排放持久性有机污染物的企业事业单位和其他生产经营者以及废弃物焚烧设施的运营单位,依规采取有利于减少持久性有机污染物排放的技术方法和工艺,配备有效的净化装置,实现达标排放。

(4) 恶臭气体及其他污染气体防治

科学选址,设置合理的防护距离,并安装净化装置或者采取其他措施,防止排放恶臭气体;排放油烟的餐饮服务业、火葬业、服装干洗和机动车维修业承担相应的责任与义务;禁止生产、销售和燃放不符合质量标准的烟花爆竹。

---

① 《2021年中国生态环境状况公报》显示,2021年,卫星遥感监测到全国秸秆焚烧火点7729个(不包括云覆盖下的火点信息),较2019年增加了1429个。

(5) 臭氧保护

国家对消耗臭氧层物质的生产、使用、进出口实行总量控制和配额管理;鼓励、支持消耗臭氧层物质替代品的生产和使用,逐步减少直至停止消耗臭氧层物质的生产和使用。

(五) 重点区域大气污染联合防治

严重的区域性大气污染,无法依靠单一的地方行政进行管理与防治,亟须建立区域大气污染防治的联防联控机制。因此《大气污染防治法》第五章规定了重点区域大气污染联防联控机制的建立,统筹协调重点区域内大气污染防治工作。

1. 重点区域划定

国务院生态环境主管部门划定国家大气污染防治重点区域。重点区域内有关省、自治区、直辖市人民政府应当确定牵头的地方人民政府,定期召开联席会议,按照统一规划、统一标准、统一监测、统一的防治措施的要求,开展大气污染联合防治,落实大气污染防治目标责任。[1] 省、自治区、直辖市划定本行政区域的大气污染防治重点区域。

2. 重点区域特殊措施

(1) 重点区域内实施更严格的机动车大气污染物排放标准;

(2) 重点区域发展应当进行环境影响评价,新建、改建、扩建用煤项目的,应当实行煤炭的等量或者减量替代;

(3) 加强重点区域大气环境质量监测、大气污染源监测等相关信息共享机制,利用监测、模拟以及卫星、航测、遥感新技术分析重点区域污染来源及变化趋势,并向社会公开;

(4) 开展联合执法、跨区域执法、交叉执法。

(六) 重污染天气应对

重污染天气频发是当前全社会最关注的问题之一,特别是 2017 年,重点区域重污染天气是全国平均水平的 3 倍左右,不仅给生产生活带来严重影响,也抵消了全年空气质量改善效果。《大气污染防治法》第六章"重污染天气应对"规定,建立重污染天气监测预警体系,制定重污染天气应急预案,并发布重污染天气预报等。

1. 建立重点区域重污染天气监测预警机制

国家建立重污染天气监测预警体系。建立重点区域重污染天气监测预警机

---

[1] 当前我国大气污染重点区域主要有:京津冀及周边地区、长三角地区、汾渭平原。

制,统一预警分级标准。① 省级行政区域建立本行政区域重污染天气监测预警机制,将重污染天气应对纳入突发事件应急管理体系。可能发生重污染天气的区域制定重污染天气应急预案。

2. 建立会商机制,进行大气环境质量预报

省、自治区、直辖市、设区的市人民政府依据重污染天气预报信息,进行综合研判,确定预警等级并及时发出预警。依据重污染天气的预警等级,及时启动应急预案,如责令有关企业停产或者限产、限制部分机动车行驶、禁止燃放烟花爆竹、停止工地土石方作业和建筑物拆除施工、停止露天烧烤等。

第二节 水污染防治法

一、水污染概述

水是生命之源,生产之要,生态之基。一般情况下,水的污染并非反映于水本身,而是通过整个水体反映出来。水体是水的集合体,不仅包括水,还包括水中溶解物质、悬浮物、底泥、水生生物等。水体是以相对稳定的陆地为边界的天然水域,包括江、河、湖、海、冰川、积雪、水库、池塘等,也包括地下水和水中的水汽。

(一)水污染及其危害

《水污染防治法》中的水污染,是指水体因某种物质的介入,而导致其化学、物理、生物或者放射性等方面特性的改变,从而影响水的有效利用,危害人体健康或者破坏生态环境,造成水质恶化的现象。

水污染会带来很多方面的严重危害:首先,水污染对人体健康的危害表现在:(1)水体受病原体微生物的污染,会引起各种传染病;(2)水体受重金属及其他无机物污染,会引起各种中毒疾病;(3)水体受有机物污染,会引起各种中毒、癌症等疾病。世界卫生组织(WHO)调查表明,人类80%的疾病和50%的儿童死亡率都与饮水水质不良有关,由于水质污染,全世界每年有500万名儿童死亡。其次,水污染对工农业生产的危害体现在,工业用水必须投入更多的处理费

---

① 根据统一预警分级标准,预测空气质量指数(AQI)日均值大于200且未达到高级别预警条件时,启动蓝色预警;预测AQI日均值大于200将持续2天及以上且未达到高级别预警条件时,启动黄色预警;预测AQI日均值大于200将持续3天,且出现AQI日均值大于300时,启动橙色预警;预测AQI日均值大于200将持续4天及以上,且AQI日均值大于300将持续2天及以上时,或预测AQI日均值达到500并将持续1天及以上时,启动红色预警。

用,水质不合格,会使生产停顿;农业使用污水,使作物减产,品质降低,甚至使人畜受害,大片农田遭受污染,降低土壤质量。最后,水污染会对生态环境造成严重的影响。含有大量氮、磷、钾的生活污水的排放,使大量有机物在水中降解,放出营养元素促进水中藻类丛生,植物疯长,使水体通气不良,溶解氧下降,甚至出现无氧层。水生植物大量死亡,水面发黑,水体发臭形成"死湖""死河""死海",进而变成沼泽。生物的减少或灭绝造成各类环境资源的价值降低,破坏生态平衡。

(二) 水污染的类型与特点

一般而言,根据污染物的来源,水污染可分为生活废水污染和工业废水污染两大类;根据污染物的类别,可以分为生物性污染、物理性污染和化学性污染三大类;按照污染的领域,水污染可以分为地表水污染和地下水污染,地表水污染按地表水体的类型,可分为河流污染、湖泊(水库)污染和海洋污染。

水污染的特点在于:污染源多而复杂、污染的持续性强、危害性大、污染范围广。特别是地下水污染,由于地表以下地层复杂,地下水流动极其缓慢,需要十几年,甚至几十年才能使水质复原,因此具有过程缓慢、不易发现和难以治理的特点。

(三) 我国水污染的现状

《2021年中国生态环境状况公报》显示,2021年,全国地表水监测的3632个国家地表水环境质量评价、考核、排名监测断面(点位)(简称"国考断面")中,Ⅰ~Ⅲ类水质断面(点位)占84.9%,比2020年上升1.5个百分点,劣Ⅴ类占1.2%。2021年,长江、黄河、珠江、松花江、淮河、海河、辽河七大流域和浙闽片河流、西北诸河、西南诸河主要江河监测的3117个国考断面中,Ⅰ~Ⅲ类水质断面占87%,比2020年上升2.1个百分点;劣Ⅴ类占0.9%,比2020年下降0.8个百分点。长江流域、西北诸河、西南诸河、浙闽片河流和珠江流域水质为优,黄河流域、辽河流域和淮河流域水质良好,海河流域和松花江流域为轻度污染。2021年,开展水质监测的210个重要湖泊(水库)中,Ⅰ~Ⅲ类水质湖泊(水库)占72.9%,比2020年下降0.9个百分点;劣Ⅴ类占5.2%,与2020年持平。开展营养状态监测的209个重要湖泊(水库)中,贫营养状态湖泊(水库)占10.5%,中营养状态占62.2%,轻度富营养状态占23%,中度富营养状态占4.3%。2021年,全国重点流域水生态状况以中等—良好状态为主,优良状态点位占40.1%,中等状态占40.8%,较差及很差状态占19.1%。

二、水污染防治法的立法沿革与概况

我国的水污染防治立法始于1955年卫生部发布的《自来水质暂行标准》,主要针对饮用水卫生;1956年,国务院颁布《工厂安全卫生规程》,规定要"保证饮水不受污染",要求对废水妥善处理,不危害工人和附近居民。同年,卫生部和国家建委颁布《饮用水水质标准》;1957年,国务院有关部门颁布《集中式生活饮用水源选择及水质评价暂行规则》和《关于注意处理工矿企业排出有毒废水、废气问题的通知》,首次对水污染提出了具体要求;1959年卫生部和建筑工程部联合发布《生活饮用水卫生规程》;1964年国务院发布《国务院关于加强航道管理和养护工作的指示》,强调"在可能引起航道恶化的水区域区,禁止抛置泥土、沙石和倾倒垃圾、废物等"。1965年国务院批转地质部制定的《矿产资源保护试行条例》,规定"工矿企业、医疗卫生部门和城市建设部门,对于排出的工业、医疗和生活污水,必须采取有效措施,防止污染地下水的水质"。

20世纪70年代以后,我国的水污染问题日益严重。1971年,卫生部发布了《关于工业"三废"对水源、大气污染程度调查的通知》,开始对我国水污染情况进行比较系统的调查。1972年,国务院连续批转了《关于官厅水库水源保护工作进展情况的报告》《关于桑干河水系污染情况的调查报告》等文件。1973年国务院颁发《关于保护和改善环境的若干规定(试行草案)》,对防治水污染提出了要求。同年颁布的《工业"三废"排放试行标准》规定了能在环境或动植物体内蓄积,对人体健康产生长远影响的5类有害物质的最高容许排放浓度和其长远影响较小的14类有害物质的最高容许排放浓度。1976年颁布的《生活饮用水卫生标准(试行)》规定了作为城乡生活饮用水的水质标准,并对水源选择、水源卫生防护、水质检验等作了规定。1978年颁布的《农田灌溉水质标准(试行)》规定了农田灌溉水质标准。1979年颁布的《渔业水质标准(试行)》规定了渔业水域的水质标准,工业废水和生活污水经处理排入地面水后,必须保证渔业水域的水质符合该标准。同年颁布的《工业企业设计卫生标准(试行)》规定了地面水质卫生要求和地面水中有害物质的最高容许浓度。1979年颁布的《环境保护法(试行)》首次以法律的形式对水污染防治作了原则性的规定。

1984年5月11日,第六届全国人大常委会第五次会议通过了《水污染防治法》,这是我国第一部对陆地水污染防治规定较为全面的综合性法律。1984年《水污染防治法》共七章46条,分为总则、水环境质量标准和污染物排放标准的制定、水污染防治的监督管理、防止地表水污染、防止地下水污染、法律责任和附则七个部分,较为全面地规定了我国水污染防治的基本问题,成为国家和地方制定相关法规的直接法律依据。截至目前,《水污染防治法》共经历了一次修订和两次修正。

1996年5月15日,第八届全国人大常委会第十九次会议对《水污染防治法》进行了第一次修正。此次修正由原来的46条增加至62条,包括三个方面:一是扩充与完善了管理制度,如,增加水污染防治规划制度、"三同时"制度、重点污染物排放总量控制制度,补充了排放标准制度中,地方对国家水污染物排放标准中未作规定的项目进行地方排放标准的制定;二是完善了水污染防治的监督管理,如增加排污费和超标排污费的专用规定、城市污水集中处理的规定,确定重要江河流域的省界水体适用的水环境质量标准、水资源保护机构的监测报告职能,划定生活饮用水地表水源保护区等;三是相应增加了上述制度及具体措施所涉法律责任的规定。

2008年2月28日,第十届全国人大常委会第三十二次会议通过了修订后的《水污染防治法》。此次修订打破了之前的章节逻辑,将条文增加到8章92条。具体包括五个方面:一是修改、补充了防治目的、原则、基本措施等总则部分的规定;二是修改、完善了水污染防治的标准、规划及监督管理方面的具体规定;三是增加了饮用水水源和其他特殊水体保护、水污染事故处置两个新章节;四是将原水污染防治具体措施进行了分类整合,分为一般规定和工业、城镇、农业农村、船舶的水污染防治具体措施,作为水污染防治措施独立成章;五是相应增加上述制度及具体措施所涉法律责任的规定。

2017年6月27日,第十二届全国人大常委会第二十八次会议对《水污染防治法》进行了第二次修正。此次修正作出了55处重大修改,将条文增加至103条。针对我国水污染防治工作面临的新形势,赋予了有关部委、各级地方政府、企事业单位和公民新的法律职责,其核心是"强化地方政府责任"。主要修改的内容包括五个方面:一是加强流域水污染联合防治与生态保护,二是完善水污染防治监督管理制度,三是强化重点领域水污染防治措施,四是强化饮用水安全保障制度,五是相应增加并严格了法律责任。此次修正也标志着我国水污染防治"从权威治理模式转变为多方合作治理模式"[①]。

三、水污染防治法的主要内容

现行《水污染防治法》共八章103条,规定了我国水污染防治的管理体制、基本制度、具体措施以及法律责任,同时也对防治具体措施、饮用水水源和其他特

---

① 武萍、李颖:《法律视角下我国水污染防治模式转变机制研究》,载《法学杂志》2020年第5期。

殊水体保护、水污染事故处置作出了针对性的规定。

(一)水污染防治的基本规定

1. 立法目的

《水污染防治法》的立法目的是:保护和改善环境,防治水污染,保护水生态,保障饮用水安全,维护公众健康,推进生态文明建设,促进经济社会可持续发展。

2. 适用范围、治理原则及基本措施

《水污染防治法》的适用范围为:中华人民共和国领域内的江河、湖泊、运河、渠道、水库等地表水体以及地下水体的污染防治,不包括海洋污染防治。

水污染防治应当坚持预防为主、防治结合、综合治理的原则。

水污染防治的基本措施在于:(1)优先保护饮用水水源;(2)严格控制工业污染、城镇生活污染,防治农业面源污染;(3)积极推进生态治理工程建设,预防、控制和减少水环境污染和生态破坏。

3. 政府职责

《水污染防治法》第4条对于政府职责作了基本规定:(1)县级以上人民政府应当将水环境保护工作纳入国民经济和社会发展规划;(2)地方各级人民政府对本行政区域的水环境质量负责,应当及时采取措施防治水污染。

4. 监督管理体制

《水污染防治法》规定实行统一监督管理、分工负责和协同管理相结合的监督管理体制。

(1)县级以上人民政府环境保护主管部门对水污染防治实施统一监督管理;(2)交通主管部门的海事管理机构对船舶污染水域的防治实施监督管理;(3)县级以上人民政府水行政、国土资源、卫生、建设、农业、渔业等部门以及重要江河、湖泊的流域水资源保护机构,在各自的职责范围内,对有关水污染防治实施监督管理;(4)省、市、县、乡建立河长制①,分级分段组织领导本行政区域内江河、湖泊的水资源保护、水域岸线管理、水污染防治、水环境治理等工作。

5. 保护补偿机制

《水污染防治法》第8条规定了水环境生态保护补偿机制:国家通过财政转移支付等方式,建立健全对位于饮用水水源保护区域和江河、湖泊、水库上游地区的水环境生态保护补偿机制。

---

① 河长制于2007年"太湖水危机"之后提出,是我国在治污的长期实践中形成的一种模式,是强化地方政府责任、落实首长负责制、强化考核问责的具体措施。河长制的立法确认,有利于突破各涉水部门难以形成合力的弊端,实现水污染问题的及时解决。

(二)水污染防治的标准和规划

1. 水污染防治标准

水污染防治的标准包括水环境质量标准和水污染物排放标准,由国务院环境保护主管部门和省级地方人民政府制定,根据经济、技术条件,适时修订。

2. 水污染防治规划

防治水污染应当按流域或者按区域进行统一规划。有关市、县级人民政府应当按照水污染防治规划确定的水环境质量改善目标的要求,制定限期达标规划,采取措施按期达标;每年向本级人民代表大会或者其常务委员会报告水环境质量限期达标规划执行情况,并向社会公开。

(三)水污染防治的监督管理制度

1. 环境影响评价制度

新建、改建、扩建直接或者间接向水体排放污染物的建设项目和其他水上设施,应当依法进行环境影响评价;涉及通航、渔业水域的,环境保护主管部门在审批环境影响评价文件时,应当征求交通、渔业主管部门的意见;水污染防治设施应当符合经批准或者备案的环境影响评价文件的要求。

2. "三同时"制度

建设项目的水污染防治设施,应当与主体工程同时设计、同时施工、同时投入使用。

3. 重点水污染物排放总量控制制度

国家对重点水污染物排放实行总量控制制度。重点水污染物排放总量控制指标,由国务院环境保护主管部门会同国务院经济综合宏观调控部门报国务院批准并下达实施;省、自治区、直辖市人民政府应当按照国务院的规定削减和控制本行政区域的重点水污染物排放总量,可以根据本行政区域水环境质量状况和水污染防治工作的需要,对国家重点水污染物之外的其他水污染物排放实行总量控制。

4. 排污许可证制度

直接或者间接向水体排放工业废水和医疗污水以及其他按照规定应当取得排污许可证方可排放的废水、污水的企业事业单位和其他生产经营者,应当取得排污许可证;城镇污水集中处理设施的运营单位,也应当取得排污许可证。禁止企业事业单位和其他生产经营者无排污许可证或者违反排污许可证的规定向水体排放前述废水、污水。

5. 水环境监测制度

国家建立水环境质量监测和水污染物排放监测制度。国务院环境保护主管部门负责制定水环境监测规范,建立监测数据共享机制,加强对水环境监测的管理;国家确定的重要江河、湖泊流域的水资源保护工作机构负责监测其所在流域的省界水体的水环境质量状况;重点排污单位还应当安装水污染物排放自动监测设备,与环境保护主管部门的监控设备联网,并保证监测设备正常运行。应当安装水污染物排放自动监测设备的重点排污单位名录,由设区的市级以上地方人民政府环境保护主管部门商同级有关部门确定。

(四)水污染防治措施

1. 一般规定

国务院环境保护主管部门应当会同国务院卫生主管部门,根据对公众健康和生态环境的危害和影响程度,公布有毒有害水污染物名录,实行风险管理。排放名录中的有毒有害水污染物的企业事业单位和其他生产经营者,应当对排污口和周边环境进行监测,评估环境风险,排查环境安全隐患,并公开有毒有害水污染物信息,采取有效措施防范环境风险。

(1) 禁止向水体排放的物质

① 油类、酸液、碱液或者剧毒废液;

② 放射性固体废物或者含有高放射性和中放射性物质的废水;

③ 工业废渣、城镇垃圾和其他废弃物;

④ 含有汞、镉、砷、铬、铅、氰化物、黄磷等的可溶性剧毒废渣。

(2) 限制向水体排放的物质

① 含低放射性物质废水;

② 含热废水;

③ 含病原体污水。

(3) 其他禁止性规定

① 禁止将含有汞、镉、砷、铬、铅、氰化物、黄磷等的可溶性剧毒废渣直接埋入地下;

② 禁止在江河、湖泊、运河、渠道、水库最高水位线以下的滩地和岸坡堆放、存贮固体废弃物和其他污染物;

③ 禁止利用渗井、渗坑、裂隙、溶洞,私设暗管,篡改、伪造监测数据,或者不正常运行水污染防治设施等逃避监管的方式排放水污染物;

④ 禁止利用无防渗漏措施的沟渠、坑塘等输送或者存贮含有毒污染物的废水、含病原体的污水和其他废弃物。

2. 工业水污染防治

(1) 合理规划工业布局,推进技术改造。采取综合防治措施,提高水的重复利用率,减少废水和污染物排放量。

(2) 分类收集和处理工业废水,防止污染环境。向污水集中处理设施排放工业废水的,应当按照国家有关规定进行预处理,达到集中处理设施处理工艺要求后方可排放。

(3) 对严重污染水环境的落后工艺和设备实行淘汰制度。公布限期禁止采用的严重污染水环境的工艺名录和限期禁止生产、销售、进口、使用的严重污染水环境的设备名录。

(4) 限制严重污染水环境的生产项目。禁止新建不符合国家产业政策的小型造纸、制革、印染、染料、炼焦、炼硫、炼砷、炼汞、炼油、电镀、农药、石棉、水泥、玻璃、钢铁、火电以及其他严重污染水环境的生产项目。

(5) 采用清洁生产工艺。企业应当采用原材料利用效率高、污染物排放量少的清洁工艺,并加强管理,减少水污染物的产生。

3. 城镇水污染防治

(1) 城镇污水集中处理

县级以上地方人民政府建设城镇污水集中处理设施及配套管网,编制本行政区域的城镇污水处理设施建设规划,提高本行政区域城镇污水的收集率和处理率。

第一,向城镇污水集中处理设施排放水污染物,符合国家或地方水污染物排放标准;

第二,城镇污水集中处理设施的运营单位,对城镇污水集中处理设施的出水水质负责;

第三,环境保护主管部门对城镇污水集中处理设施的出水水质和水量进行监督检查。

(2) 污水处理费用的规定

第一,城镇污水集中处理设施的运营单位按照国家规定向排污者提供污水处理的有偿服务,收取污水处理费用,保证污水集中处理设施的正常运行。

第二,收取的污水处理费用应当用于城镇污水集中处理设施的建设运行和污泥处理处置,不得挪作他用。

4. 农业和农村水污染防治

(1) 支持农村污水、垃圾处理设施的建设,推进农村污水、垃圾集中处理;

(2) 使用农药,应当符合国家有关农药安全使用的规定和标准;

(3) 畜禽养殖场、养殖小区应当保证其畜禽粪便、废水的综合利用或者无害化处理设施正常运转,保证污水达标排放,防止污染水环境;

(4) 农田灌溉用水应当符合相应的水质标准,防止污染土壤、地下水和农产品。

5. 船舶水污染防治

(1) 船舶排放含油污水、生活污水,应当符合船舶污染物排放标准。船舶的残油、废油禁止排入水体,禁止向水体倾倒船舶垃圾。

(2) 船舶应当按照国家有关规定配置相应的防污设备和器材,并持有合法有效的防止水域环境污染的证书与文书。

(3) 船舶及有关作业单位从事有污染风险的作业活动,应当按照有关法律法规和标准,采取有效措施,防止造成水污染。海事管理机构、渔业主管部门应当加强对船舶及有关作业活动的监督管理。船舶进行散装液体污染危害性货物的过驳作业,应当编制作业方案,采取有效的安全和污染防治措施,并报作业地海事管理机构批准。禁止采取冲滩方式进行船舶拆解作业。

(五) 饮用水水源和其他特殊水体保护

1. 饮用水水源保护区制度

(1) 一般规定

饮用水水源保护区分为一级保护区和二级保护区;必要时,可以在饮用水水源保护区外围划定一定的区域作为准保护区,并在其边界设立明确的地理界标和明显的警示标志。在饮用水水源保护区内,禁止设置排污口。

单一水源供水城市的人民政府应当建设应急水源或者备用水源,有条件的地区可以开展区域联网供水,在法律层面明确要求城市建设多水源。[①]

(2) 饮用水水源一级保护区的水体保护

禁止新建、改建、扩建与供水设施和保护水源无关的建设项目,违反该禁止性规定的,由县级以上地方人民政府环境保护主管部门责令停止违法行为,处10万元以上50万元以下的罚款,并报有批准权的人民政府责令拆除或者关闭。

禁止在饮用水水源一级保护区内从事网箱养殖、旅游、游泳、垂钓或者其他可能污染饮用水水体的活动,违反该禁止性规定的,由县级以上地方人民政府环境保护主管部门责令停止违法行为,处2万元以上10万元以下的罚款。

---

① 2005年松花江水污染、2007年无锡太湖水危机、2012年广西龙江河镉污染、2014年兰州自来水苯超标等重大突发水污染事件使得政府意识到单一水源供水城市在面对突发水污染时的脆弱性,在事件发生之后,当地政府大多新建了第二水源。

(3) 饮用水水源二级保护区的水体保护

禁止新建、改建、扩建排放污染物的建设项目,违反该禁止性规定的,由县级以上地方人民政府环境保护主管部门责令停止违法行为,处10万元以上50万元以下的罚款;从事网箱养殖、旅游等活动的,应当按照规定采取措施,防止污染饮用水水体。

(4) 饮用水水源准保护区的水体保护

禁止在饮用水水源准保护区内新建、扩建对水体污染严重的建设项目;改建建设项目,不得增加排污量;违反该禁止性规定的,由县级以上地方人民政府环境保护主管部门责令停止违法行为,处10万元以上50万元以下的罚款;并报经有批准权的人民政府批准,责令拆除或者关闭。

2. 特殊水体保护

县级以上人民政府可以对风景名胜区水体、重要渔业水体和其他具有特殊经济文化价值的水体划定保护区,并采取措施,保证保护区的水质符合规定用途的水环境质量标准;在风景名胜区水体、重要渔业水体和其他具有特殊经济文化价值的水体的保护区内,不得新建排污口。在保护区附近新建排污口,应当保证保护区水体不受污染。

(六) 水污染事故处置

1. 各级人民政府水污染事故的处置要求

各级人民政府及其有关部门依照《突发事件应对法》的规定,做好突发水污染事故的应急准备、应急处置和事后恢复等工作;市、县级人民政府应当组织编制饮用水安全突发事件应急预案。

饮用水水源发生水污染事故,或者发生其他可能影响饮用水安全的突发性事件,饮用水供水单位应当采取应急处理措施,向所在地市、县级人民政府报告,并向社会公开。

2. 企事业单位水污染事故的处置要求

可能发生水污染事故的企业事业单位,应当制定有关水污染事故的应急方案,做好应急准备,并定期进行演练;生产、储存危险化学品的企业事业单位,应当采取措施,防止在处理安全生产事故过程中产生的可能严重污染水体的消防废水、废液直接排入水体。[1]

---

[1] 其中关于消防废水、废液的要求是来自2005年松花江水污染事件的教训。由于对消防废水中可能存在的污染物缺乏敏感性,使因事故泄漏出来的部分物料和循环水随现场的消防废水流入松花江,引发松花江水污染。

企业事业单位发生事故或者其他突发性事件,造成或者可能造成水污染事故的,应当立即启动本单位的应急方案,采取隔离等应急措施,防止水污染物进入水体,并向事故发生地的县级以上地方人民政府或者环境保护主管部门报告。

第三节 海洋污染防治法

一、海洋污染概述

海洋总面积约为3.6亿平方千米,约占地球表面积的71%,海洋中含有13亿5000多万立方千米的水,约占地球上总水量的97%。海水水体以及海洋中的各种组成物质,构成了对人类生存和发展有着重要意义的海洋环境。

(一)海洋环境污染及其危害

海洋环境污染损害,是指直接或者间接地把物质或者能量引入海洋环境,产生损害海洋生物资源、危害人体健康、妨害渔业和海上其他合法活动、损害海水使用素质和减损环境质量等有害影响。

海洋的污染主要发生在靠近大陆的海湾。由于密集的人口和工业,大量的废水和固体废物倾入海水,加上海岸曲折造成水流交换不畅,使海水的温度、含盐量、透明度、生物种类和数量等性状发生改变,对海洋的生态平衡构成危害。海洋污染突出表现为石油污染、赤潮、有毒物质累积、塑料污染和核污染几个方面。

(二)海洋环境污染的特点

海洋污染的特点主要在于:(1)污染源种类繁多。海洋污染多由人类各种活动排放的污染物造成,分布广泛、损害方式多样。(2)污染扩散范围大。由于海水具有流动性,污染物进入海洋后,可以扩散到各个地方。(3)污染持续时间长。污染物一旦进入海洋,除了依靠海洋有限的自净能力外,很难转移到别处,海洋实际上成为污染物转移的最后场所。(4)污染治理难度大。除上述三点外,治理难度还体现在对资金和技术的要求上。

(三)我国海洋环境污染的现状

《2021年中国海洋生态环境状况公报》显示,2021年我国海洋生态环境状况稳中趋好。海水环境质量整体持续向好,符合第一类海水水质标准的海域面积占管辖海域的97.7%,同比上升0.9个百分点;近岸海域[①]优良水质(一、二类)面积比例为81.3%,同比上升3.9个百分点。劣四类水质海域面积为21350平

---

① 近岸海域是指《全国海洋功能区划(2011—2020年)》确定的海域范围。

方千米,同比减少 8720 平方千米,主要分布在辽东湾、渤海湾、长江口、杭州湾、浙江沿岸、珠江口等近岸海域,主要超标指标为无机氮和活性磷酸盐。监测的典型海洋生态系统均处于健康或亚健康状态,其中,6 个呈健康状态,18 个呈亚健康状态。[①] 全国入海河流水质状况总体为轻度污染,主要污染指标为化学需氧量、高锰酸盐指数、五日生化需氧量、总磷和氨氮。230 个入海河流国控断面中,Ⅰ～Ⅲ类水质断面占 71.7%,同比上升 4.5 个百分点;劣Ⅴ类水质断面占 0.4%,同比下降 0.9 个百分点。主要用海区域环境质量总体良好。全国海洋倾倒量 27004 万立方米,同比增加 3.2%,倾倒物质主要为清洁疏浚物;2011—2021 年,我国管辖海域富营养化海域面积总体呈下降趋势。然而,海洋污染问题依然突出。2021 年,海上目测的漂浮垃圾平均个数为 24 个/平方千米,表层水体拖网监测的漂浮垃圾平均个数为 4580 个/平方千米,海滩垃圾平均个数为 154816 个/平方千米,海底垃圾平均个数为 4770 个/平方千米,均以塑料类垃圾为主。458 个直排海污染源污水排放总量约为 727788 万吨,不同类型污染源中,综合排污口污水排放最多,其次为工业污染源,生活污染源排放量最少。主要监测指标中,除六价铬外,综合排污口排放量均最大。开展监测的各项指标中,总磷、氨氮、悬浮物、化学需氧量、五日生化需氧量、粪大肠菌群数、总氮、色度、汞、动植物油和石油类个别点位仍然存在超标情况。

二、我国海洋污染防治的立法沿革与概况

我国对海洋环境污染防治与保护的立法可追溯至 20 世纪 70 年代。1974 年,国务院转发了交通部起草的《防止沿海水域污染暂行规定》,对船舶排放油类、油性混合物作了规定,并规定了陆源向海洋排污的控制办法,以及违反该规定所承担的法律责任。1979 年,全国人大常委会颁布了《环境保护法(试行)》,提出要保护海洋水域,维持水质良好状态。

1982 年 8 月 23 日,第五届全国人大常委会第二十四次会议通过《海洋环境

[①] 海洋生态系统的健康状态分为健康、亚健康和不健康三个级别。健康是指生态系统保持其自然属性,生物多样性及生态系统结构基本稳定,生态系统主要服务功能正常发挥。人为活动所产生的生态压力在生态系统的承载力范围之内。亚健康是指生态系统基本维持其自然属性,生物多样性及生态系统结构发生一定程度变化,但生态系统主要服务功能尚能正常发挥。环境污染、人为破坏、资源的不合理利用等生态压力超出生态系统的承载能力。不健康是指生态系统自然属性明显改变,生物多样性及生态系统结构发生较大程度变化,生态系统主要服务功能严重退化或丧失。环境污染、人为破坏、资源的不合理利用等生态压力超出生态系统的承载能力。

保护法》,该法成为我国第一部在海洋环境保护方面的综合性法律。[①] 1982年《海洋环境保护法》共八章48条,由总则,防止海岸工程、海洋石油勘探开发、陆源污染物、船舶、倾倒废弃物对海洋环境的污染损害,以及法律责任和附则八个部分组成。首次对海洋环境保护作出了较为详细的规定。之后,国务院又制定了一系列海洋环境保护的行政法规和标准。如1982年《防止船舶污染海域管理条例》、1983年《海洋石油勘探开发环境保护管理条例》、1985年《海洋倾废管理条例》、1988年《防止拆船污染环境管理条例》、1990年《防治陆源污染物污染损害海洋环境管理条例》和《防治海岸工程建设项目污染损害海洋环境管理条例》等。国务院有关部门制定了《海水水质标准》《船舶污染物排放标准》《海洋石油开发工业含油污水排放标准》等海洋环境保护标准。此外我国还积极加入了一系列国际海洋环境公约,如《国际油污损害民事责任公约》《国际干预公海油污事故公约》《联合国海洋法公约》等。

自1982年以来,根据不同时期海洋环境保护的不同特点和要求,我国《海洋环境保护法》共经历了一次修订和三次修正。

1999年12月25日,第九届全国人大常委会第十三次会议通过了修订的《海洋环境保护法》。此次修订将条文增加至10章98条,新增了"海洋环境监督管理"和"海洋生态保护"两个专章,将原"防止海洋石油勘探开发对海洋环境的污染损害"一章扩展为"防治海洋工程建设项目对海洋环境的污染损害",并对整部法几乎所有条款内容都进行了修改。重点包括:(1)明确海洋环境保护管理主体的分工,对相关部门的职责进行调整;(2)确立新的海洋环境保护管理制度;(3)增加与国际条约的衔接。

2013年12月28日,第十二届全国人大常委会第六次会议对《海洋环境保护法》进行了第一次修正。此次修正主要针对行政审批制度改革进行了两个方面的调整:一是简化环境影响报告书审核流程,取消了海洋行政主管部门对环境影响报告的审核,同时增加了海洋行政主管部门的意见,并相应调整了相关条款的表述;二是勘探开发海洋石油的计划由海洋行政主管部门审查修改为报海洋行政主管部门的海区派出机构备案。

2016年11月7日,第十二届全国人大常委会第二十四次会议再次对《海洋

[①] 一直以来,我国在环境立法上采用陆地与海洋相分离的立法模式。以《环境保护法》为综合法、《大气污染防治法》《水污染防治法》等重要单行法为补充的陆上环境保护法体系,适用于陆地上的环境保护及其管理活动;《海洋环境保护法》则采用了综合性的立法模式,实际上包括了海洋环境污染防治和海洋生态保护的规定。基于本书体例,本节将《海洋环境保护法》视为海洋环境污染防治领域的单行立法,重点探究其海洋环境污染防治的相关规定。

环境保护法》进行修正。修改重点包括三方面：一是加大对违法行为的处罚力度；二是与《环境保护法》增设的制度相衔接；三是将行政审批制度改革成果以法律形式固化下来，修改了部分条款里的行政审批程序。相比2013年《海洋环境保护法》，2016年修正案是对我国推进生态文明建设和生态补偿制度建设的积极响应，也是对国务院简政放权要求的具体落实，标志着我国海洋生态环境保护法治进程有了重要的新发展。

2017年11月4日第十二届全国人大常委会第三十次会议对《海洋环境保护法》进行了第三次修正。此次修正对其中两个条款作出修改，修改内容主要涉及入海排污口，将入海排污口设置的审批程序简化为备案程序，并相应修改之后的通报程序和处罚条款。不难看出，近年来《海洋环境保护法》的修正努力在海洋生态环境保护与科学合理开发利用海洋自然资源之间寻求平衡。通过加强对海洋污染的防治、加大力度打击污染海洋环境的违法行为、确立海洋生态保护红线制度和生态补偿机制等，不断完善海洋环境保护法律制度，为保护海洋生态环境提供法律保障。

三、海洋环境保护法的主要内容

现行《海洋环境保护法》共十章97条，主要规定了我国海洋环境保护的管理体制、基本制度、具体措施以及法律责任，在海洋环境污染防治方面，特别对陆源污染物、海岸工程建设项目、海洋工程建设项目、倾倒废弃物、船舶及有关作业活动对海洋环境的污染防治进行了规定。此外，对于海洋生态保护的内容也有原则性规定。

（一）海洋环境保护的基本规定

1. 立法目的

《海洋环境保护法》的立法目的是：保护和改善海洋环境，保护海洋资源，防治污染损害，维护生态平衡，保障人体健康，促进经济和社会的可持续发展。

2. 适用范围

海洋环境保护的适用范围不同于一般污染防治法的适用范围，其适用范围包括：

（1）中华人民共和国内水、领海、毗连区、专属经济区、大陆架以及中华人民共和国管辖的其他海域。

（2）在中华人民共和国管辖海域内从事航行、勘探、开发、生产、旅游、科学研究及其他活动，或者在沿海陆域内从事影响海洋环境活动的任何单位和个人。

（3）在中华人民共和国管辖海域以外，造成中华人民共和国管辖海域污染的。

3. 基本制度

(1) 重点区域生态保护红线制度

国家在重点海洋生态功能区、生态环境敏感区和脆弱区等海域划定生态保护红线,实行严格保护。

(2) 重点海域排污总量控制制度

国家建立并实施重点海域排污总量控制制度,确定主要污染物排海总量控制指标,并对主要污染源分配排放控制数量。

4. 监督管理体制

海洋活动涉及面广,管理涉及多个行政主管部门,《海洋环境保护法》第5条明确了各部门的职能分工。

(1) 国务院环境保护行政主管部门

国务院环境保护行政主管部门作为对全国环境保护工作统一监督管理的部门,对全国海洋环境保护工作实施指导、协调和监督,并负责全国防治陆源污染物和海岸工程建设项目对海洋污染损害的环保工作。

(2) 国家海洋行政主管部门

负责海洋环境的监督管理,组织海洋环境的调查、监测、监视、评价和科学研究,负责全国防治海洋工程建设项目和海洋倾倒废弃物对海洋污染损害的环保工作。

(3) 国家海事行政主管部门

负责所辖港区水域内非军事船舶和港区水域外非渔业、非军事船舶污染海洋环境的监督管理,并负责污染事故的调查处理;对在中华人民共和国管辖海域航行、停泊和作业的外国籍船舶造成的污染事故登轮检查处理。船舶污染事故给渔业造成损害的,应当吸收渔业行政主管部门参与调查处理。

(4) 国家渔业行政主管部门

负责渔港水域内非军事船舶和渔港水域外渔业船舶污染海洋环境的监督管理,负责保护渔业水域生态环境工作,并调查处理国家海事行政主管部门负责污染事故以外的渔业污染事故。

(5) 军队环境保护部门

负责军事船舶污染海洋环境的监督管理及污染事故的调查处理。

(二) 海洋环境监督管理

1. 海洋功能区划

国家海洋行政主管部门会同国务院有关部门和沿海省、自治区、直辖市人民政府拟定全国海洋功能区划,报国务院批准。沿海地方各级人民政府应当根据全国和地方海洋功能区划,保护和科学合理地使用海域。根据海洋功能区划制定全国海洋环境保护规划和重点海域区域性海洋环境保护规划;建立海洋环境保护区域合作组织,负责实施重点海域区域性海洋环境保护规划、海洋环境污染的防治和海洋生态保护工作。

2. 海洋环境质量标准

根据海洋环境质量状况和国家经济、技术条件,制定国家海洋环境质量标准。水污染物排放标准的制定,应当将国家和地方海洋环境质量标准作为重要依据之一。国家海洋行政主管部门按照国家环境监测、监视规范和标准,管理全国海洋环境的调查、监测、监视,制定具体的实施办法,会同有关部门组织全国海洋环境监测、监视网络,定期评价海洋环境质量,发布海洋巡航监视通报。

3. 重大海上污染事故应急计划

国家根据防止海洋环境污染的需要,制定国家重大海上污染事故应急计划;国家海洋行政主管部门负责制定全国海洋石油勘探开发重大海上溢油应急计划;国家海事行政主管部门负责制定全国船舶重大海上溢油污染事故应急计划;沿海可能发生重大海洋环境污染事故的单位,应当依照国家的规定,制定污染事故应急计划。

(三) 防治陆源污染物对海洋环境的污染损害

陆源污染物,是指从陆地向海域排放的造成海洋环境污染的物质。《海洋环境保护法》主要从入海排污的设置、申报制度以及禁限措施三方面对其防治进行了具体规定。

1. 入海排污口设置

(1) 入海排污口位置的选择,应当根据海洋功能区划、海水动力条件和有关规定,经科学论证后,报设区的市级以上人民政府环境保护行政主管部门备案。

(2) 在海洋自然保护区、重要渔业水域、海滨风景名胜区和其他需要特别保护的区域,不得新建排污口。

(3) 在有条件的地区,应当将排污口深海设置,实行离岸排放。设置陆源污染物深海离岸排放排污口,应当根据海洋功能区划、海水动力条件和海底工程设施的有关情况确定。

2. 申报制度

排放陆源污染物的单位,必须向环境保护行政主管部门申报拥有的陆源污染物排放设施、处理设施和在正常作业条件下排放陆源污染物的种类、数量和浓度,并提供防治海洋环境污染方面的有关技术和资料。陆源污染物种类、数量和浓度有重大改变的,必须及时申报。

3. 禁限措施

(1) 禁止性措施。禁止向海域排放油类、酸液、碱液、剧毒废液和高、中水平放射性废水。禁止经中华人民共和国内水、领海转移危险废物。经中华人民共和国管辖的其他海域转移危险废物的,必须事先取得国务院环境保护行政主管部门的书面同意。

(2) 限制性措施。严格限制向海域排放低水平放射性废水;确需排放的,必须严格执行国家辐射防护规定。严格控制向海域排放含有不易降解的有机物和重金属的废水。

含病原体的医疗污水、生活污水和工业废水必须经过处理,符合国家有关排放标准后,方能排入海域。含有机物和营养物质的工业废水、生活污水,应当严格控制向海湾、半封闭海及其他自净能力较差的海域排放。向海域排放含热废水,必须采取有效措施,保证邻近渔业水域的水温符合国家海洋环境质量标准,避免热污染对水产资源的危害。沿海农田、林场施用化学农药,必须执行国家农药安全使用的规定和标准。

(四) 防治海岸工程建设项目对海洋环境的污染损害

海岸工程建设项目是指位于海岸或者与海岸连接,工程主体位于海岸线向陆一侧,对海洋环境产生影响的新建、改建、扩建工程项目。[①]

1. 严格执行海岸工程建设的环评及"三同时"制度

海岸工程建设项目单位,必须对海洋环境进行科学调查,根据自然条件和社会条件,合理选址,编制环境影响报告书(表)。在建设项目开工前,将环境影响报告书(表)报环境保护行政主管部门审查批准。环境保护行政主管部门在批准环境影响报告书(表)之前,必须征求海洋、海事、渔业行政主管部门和军队环境保护部门的意见。

海岸工程建设项目的环境保护设施,必须与主体工程同时设计、同时施工、同时投产使用。环境保护设施应当符合经批准的环境影响评价报告书(表)的要求。

2. 严格限制海岸工程建设项目与相关活动

(1) 禁止在沿海陆域内新建不具备有效治理措施的化学制浆造纸、化工、印染、制革、电镀、酿造、炼油、岸边冲滩拆船以及其他严重污染海洋环境的工业生

---

① 参见《防治海岸工程建设项目污染损害海洋环境管理条例》第2条。

产项目。

（2）兴建海岸工程建设项目，必须采取有效措施，保护国家和地方重点保护的野生动植物及其生存环境和海洋水产资源。

（3）严格限制在海岸采挖砂石。露天开采海滨砂矿和从岸上打井开采海底矿产资源，必须采取有效措施，防止污染海洋环境。

（五）防治海洋工程建设项目对海洋环境的污染损害

海洋工程是指以开发、利用、保护、恢复海洋资源为目的，并且工程主体位于海岸线向海一侧的新建、改建、扩建工程。[①]

1. 严格执行海洋工程建设项目的环评及"三同时"制度

海洋工程建设项目必须符合全国海洋主体功能区规划、海洋功能区划、海洋环境保护规划和国家有关环境保护标准。海洋工程建设项目单位应当对海洋环境进行科学调查，编制海洋环境影响报告书（表），并在建设项目开工前，报海洋行政主管部门审查批准。海洋行政主管部门在批准海洋环境影响报告书（表）之前，必须征求海事、渔业行政主管部门和军队环境保护部门的意见。

海洋工程建设项目的环境保护设施，必须与主体工程同时设计、同时施工、同时投产使用。环境保护设施未经海洋行政主管部门验收，或者经验收不合格的，建设项目不得投入生产或者使用。

2. 严格限制海洋工程建设项目与相关活动

（1）海洋工程建设项目，不得使用含超标准放射性物质或者易溶出有毒有害物质的材料。海洋工程建设项目需要爆破作业时，必须采取有效措施，保护海洋资源。

（2）海洋石油勘探开发及输油过程中，必须采取有效措施，避免溢油事故的发生。

（3）海洋石油钻井船、钻井平台和采油平台的含油污水和油性混合物，必须经过处理达标后排放；残油、废油必须予以回收，不得排放入海。钻井所使用的油基泥浆和其他有毒复合泥浆不得排放入海。水基泥浆和无毒复合泥浆及钻屑的排放，必须符合国家有关规定。

（4）海洋石油钻井船、钻井平台和采油平台及其有关海上设施，不得向海域处置含油的工业垃圾。海上试油时，应当确保油气充分燃烧，油和油性混合物不得排放入海。

---

① 参见《防治海洋工程建设项目污染损害海洋环境管理条例》第3条。

（六）防治倾倒废弃物对海洋环境的污染损害

《海洋环境保护法》规定的倾倒是指通过船舶、航空器、平台或者其他载运工具，向海洋处置废弃物和其他有害物质的行为，包括弃置船舶、航空器、平台及其辅助设施和其他浮动工具的行为。

1. 倾倒许可证制度

任何单位未经国家海洋行政主管部门批准，不得向中华人民共和国管辖海域倾倒任何废弃物。需要倾倒废弃物的单位，必须向国家海洋行政主管部门提出书面申请，经国家海洋行政主管部门审查批准，发给许可证后，方可倾倒。禁止中华人民共和国境外的废弃物在中华人民共和国管辖海域倾倒。

2. 倾倒主管部门的职责

(1) 国家海洋行政主管部门根据废弃物的毒性、有毒物质含量和对海洋环境影响程度，制定海洋倾倒废弃物评价程序和标准。

(2) 国家海洋行政主管部门按照科学、合理、经济、安全的原则选划海洋倾倒区。

(3) 国家海洋行政主管部门监督管理倾倒区的使用，组织倾倒区的环境监测。

3. 倾倒主体的义务

(1) 获准倾倒废弃物的单位，必须按照许可证注明的期限及条件，到指定的区域进行倾倒。废弃物装载之后，批准部门应当予以核实。

(2) 获准倾倒废弃物的单位，应当详细记录倾倒的情况，并在倾倒后向批准部门作出书面报告。倾倒废弃物的船舶必须向驶出港的海事行政主管部门作出书面报告。

（七）防治船舶及有关作业活动对海洋环境的污染损害

1. 持有防污证书与文书

船舶必须按照有关规定持有防止海洋环境污染的证书与文书，在进行涉及污染物排放及操作时，应当如实记录。

2. 配置防污设备与器材

船舶必须配置相应的防污设备和器材。载运具有污染危害性货物的船舶，其结构与设备应当能够防止或者减轻所载货物对海洋环境的污染。

3. 制度完善

国家完善并实施船舶油污损害民事赔偿责任制度，建立船舶油污保险、油污损害赔偿基金制度；具体办法由国务院规定。

需要船舶装运污染危害性不明的货物，应当按照有关规定事先进行评估；装卸油类及有毒有害货物的作业,船岸双方必须遵守安全防污操作规程。

4. 重大污染实施强制措施

船舶发生海难事故,造成或者可能造成海洋环境重大污染损害的,国家海事行政主管部门有权强制采取避免或者减少污染损害的措施;对在公海上因发生海难事故,造成中华人民共和国管辖海域重大污染损害后果或者具有污染威胁的船舶、海上设施,国家海事行政主管部门有权采取与实际的或者可能发生的损害相称的必要措施。

(八) 海洋生态保护的法律规定

除了上述关于海洋环境污染防治的规定,《海洋环境保护法》还有一部分关于海洋生态保护的规定,主要集中在第三章,规定了以下五个方面的内容:

1. 建立海洋自然保护区

国务院有关部门和沿海省级人民政府应当根据保护海洋生态的需要,选划、建立海洋自然保护区,具体包括:(1) 典型的海洋自然地理区域、有代表性的自然生态区域,以及遭受破坏但经保护能恢复的海洋自然生态区域;(2) 海洋生物物种高度丰富的区域,或者珍稀、濒危海洋生物物种的天然集中分布区域;(3) 具有特殊保护价值的海域、海岸、岛屿、滨海湿地、入海河口和海湾等;(4) 具有重大科学文化价值的海洋自然遗迹所在区域;(5) 其他需要予以特殊保护的区域。

2. 建立海洋特别保护区

凡具有特殊地理条件、生态系统、生物与非生物资源及海洋开发利用特殊需要的区域,可以建立海洋特别保护区,采取有效的保护措施和科学的开发方式进行特殊管理。

3. 建立健全海洋生态保护补偿制度

开发利用海洋资源,应当根据海洋功能区划合理布局,严格遵守生态保护红线,不得造成海洋生态环境破坏。

4. 建设海岸防护设施、沿海防护林、沿海城镇园林和绿地

沿海地方各级人民政府应当结合当地自然环境的特点,建设海岸防护设施、沿海防护林、沿海城镇园林和绿地,对海岸侵蚀和海水入侵地区进行综合治理。

5. 采取严格的生态保护措施

(1) 引进海洋动植物物种,应当进行科学论证,避免对海洋生态系统造成危害。

(2) 开发海岛及周围海域的资源,应当采取严格的生态保护措施,不得造成海岛地形、岸滩、植被以及海岛周围海域生态环境的破坏。

(3) 国家鼓励发展生态渔业建设,推广多种生态渔业生产方式,改善海洋生态状况。

第四节 土壤污染防治法

一、土壤污染概述

土壤是指陆地表面具有肥力、能够生长植物的疏松表层,其厚度一般在 2 m 左右。土壤为植物的生长提供必备的肥力要素和基础的生长环境。土壤是构成生态系统的基本要素之一,是人类赖以生存的物质基础,是人类社会不可或缺的宝贵资源。

(一) 土壤污染及其危害

《土壤污染防治法》规定的土壤污染,是指因人为因素导致某种物质进入陆地表层土壤,引起土壤化学、物理、生物等方面特性的改变,影响土壤功能和有效利用,危害公众健康或者破坏生态环境的现象。

土壤污染会对整个生态环境造成破坏,严重影响人类社会的可持续发展。主要体现为:(1) 导致严重的直接经济损失。土壤污染将导致农作物污染、减产,农产品出口遭遇贸易壁垒,使国家蒙受巨大的经济损失。对于农药和有机物污染、放射性污染、病原菌污染等其他类型的土壤污染所导致的经济损失,目前尚难以估计。(2) 导致食物品质不断下降。我国大多数城市近郊土壤都受到了不同程度的污染,有许多地方粮食、蔬菜、水果等食物中镉、铬、砷、铅等重金属含量超标或接近临界值。(3) 危害人体健康。土壤污染会使污染物在植(作)物体中积累,并通过食物链富集到人体和动物体中,危害人畜健康,引发癌症和其他疾病等。(4) 导致其他严重环境问题。土壤受到污染后,含重金属浓度较高的污染表土容易在风力和水力的作用下分别进入到大气和水体中,由点源污染扩大到面源污染,导致大气污染、地表水污染、地下水污染和生态系统退化等一系列生态问题。

(二) 土壤污染的类型与特点

根据污染来源的不同,土壤污染可分为:(1) 水污染引起的土壤污染,主要包括城市污水和工业污水进入土壤造成的污染;(2) 固体废物引起的土壤污染,即对固体废物不合理的处理方式使其中的重金属物质进入土壤造成的污染;(3) 大气颗粒物沉降引起的土壤污染,即大气颗粒物通过酸雨、飘尘等方式沉降进入土壤造成的污染;(4) 化学农药引起的土壤污染①,即农业生产过程中对农药化肥的不合理使用而直接进入土壤造成的污染。

根据土壤污染物的种类还可以划分为:(1) 放射性元素引起的土壤污染;(2) 有机物引起的土壤污染;(3) 重金属引起的土壤污染;(4) 病原体引起的土壤污染。

由于造成土壤污染的原因繁杂,污染源复杂多变,土壤污染特有的特征体现在:(1) 隐藏性和累积性。土壤污染是通过媒介进入土壤造成的污染,必须借助科学仪器分析识别,不同污染程度还需经过长期的监测观察得出。(2) 富集性和难以修复性。土壤本身具有的吸附功能和自净能力决定了土壤污染是通过长期的累积和固定在土壤中造成的,是量变引起质变的过程,这同时也导致了治理或修复上的困难。(3) 影响范围的广泛性和不确定性。土壤污染的范围无法准确确定。

(三) 我国土壤污染的现状

长期以来,我国经济发展方式较为粗放,污染物排放总量居高不下,土壤作为污染物的最终受体,已受到明显影响。2005—2013 年我国首次开展的土壤污染状况调查结果表明,全国土壤环境状况总体不容乐观,部分地区土壤污染较重,耕地土壤环境质量堪忧,工矿业废弃地土壤环境问题突出。从污染分布情况来看,南方土壤污染重于北方;长江三角洲、珠江三角洲、东北老工业基地等部分区域土壤污染问题较为突出。西南、中南地区土壤重金属超标范围较大;镉、汞、砷、铅四种无机污染物含量分布呈现从西北到东南、从东北到西南方向逐渐升高的态势。全国土壤总的点位超标率为 16.1%,其中轻微、轻度、中度和重度污染点位比例分别为 11.2%、2.3%、1.5% 和 1.1%。污染类型以无机型为主,有机型次之,复合型污染比重较小,无机污染物超标点位数占全部超标点位的 82.8%。耕地重金属污染点位超标率达 19.4%,其中镉的点位超标率为 7%。② 我国每年排放到大气中的镉高达 2186 吨,估算每年进入农田的镉高达 1417 吨,其中来自于大气沉降的镉高达 493 吨,占总量的 35%,家畜粪便 778 吨,占总量的 55%。③《2021 年中国生态环境状况公报》显示,2021 年,全国土壤环境风险得到基本管控,土壤污染加重趋势得到初步遏制。全国受污染耕地安全利用率稳定在 90% 以上,重点建设用地安全利用得到有效保障。全国农用地土壤环境

---

① 参见夏立江、王宏康主编:《土壤污染及其防治》,华东理工大学出版社 2001 年版,第 5 页。
② 参见环境保护部、国土资源部:《全国土壤污染状况调查公报》(2014 年 4 月 17 日)。
③ 参见陈能场等:《全国土壤污染状况调查公报探析》,载《农业环境科学学报》2017 年第 9 期。

状况总体稳定,影响农用地土壤环境质量的主要污染物是重金属,其中镉为首要污染物。全国重点行业企业用地土壤污染风险不容忽视。全国耕地质量平均等级为4.76等。① 其中,高等地、中等地和低等地耕地面积分别占耕地总面积的31.24%、46.81%和21.95%。

二、土壤污染防治的立法沿革与概况

我国最早明确在立法中提到保护土壤、防止土壤污染的法律是1979年《环境保护法(试行)》,其中第10条、第21条作出了防止土壤污染的原则性规定。此外,《土地管理法》《水污染防治法》《固体废物污染环境防治法》《农产品质量安全法》等法律对土壤污染防治有一些较为分散的规定,未形成独立、完整的体系,也未涉及土壤污染防治的监管、修复以及相应的法律责任。

2005年11月,国家环保总局发布《"十一五"全国环境保护法规建设规划》,明确指出土壤污染防治方面立法空白,要抓紧制定《土壤污染防治法》。2005年12月,国务院发布《关于落实科学发展观加强环境保护的决定》,拉开了土壤污染防治专门立法的序幕。2006年起,环保部着手启动土壤污染防治立法的研究工作,成立立法起草研究小组开展相关调研活动。2008年6月,环境保护部发布了《关于加强土壤污染防治工作的意见》。2014年12月,《土壤污染防治法(草案建议稿)》报送全国人大环资委,全国人大环资委正式接手法律草案的起草工作,土壤立法开始进入快车道。2016年5月28日,国务院发布《土壤污染防治行动计划》,要求推进土壤污染防治立法。

2018年8月31日,第十三届全国人大常委会第五次会议通过《土壤污染防治法》。该法成为国家确立绿色发展理念以来全新制定的首部重要环境立法,不但填补了我国环境污染防治法律,特别是土壤污染防治法律的空白,而且进一步完善了环境保护法律体系,更有利于将土壤污染防治工作纳入法制化轨道,以遏制当前土壤环境恶化的趋势。《土壤污染防治法》的亮点具体体现在五个方面:其一,在价值目标方面,体现出强烈的生态价值追求,明确区别"生态风险"与"健康风险",并将前者作为独立的价值目标和判断因素;其二,在政府主体方面,在强化政府主体的监管职责外,也体现了对政府角色的多重考量;其三,在监管对象方面,突破了以往以企事业单位为主要监管对象的限制;其四,在制度设置上,除延续《环境保护法》修订以来基本成型的目标责任和考评、人大年度报告、约谈

---

① 依据《耕地质量等级》(GB/T 33469-2016)评价,耕地质量划分为十个等级,一等地耕地质量最好,十等地耕地质量最差。一等至三等为高等地,四等至六等为中等地,七等至十等为低等地。

等常规制度之外,还就建立土壤环境信息共享机制及相关信息公开作出了具体规定;其五,在动力机制上,综合运用多种举措,加大惩罚力度,提高违法成本。

三、土壤污染防治法的主要内容

《土壤污染防治法》共七章99条,规定了我国土壤污染防治的管理体制、基本制度、具体措施以及法律责任,同时也对农用地和建设用地土壤污染的防治进行了具体规定。

(一)土壤污染防治的基本规定

1. 立法目的

《土壤污染防治法》的立法目的是:保护和改善生态环境,防治土壤污染,保障公众健康,推动土壤资源永续利用,推进生态文明建设,促进经济社会可持续发展。

2. 基本原则

土壤污染防治的治理原则包括:(1)预防为主原则;(2)保护优先原则;(3)分类管理原则;(4)风险管控原则;(5)污染担责原则;(6)公众参与原则。

3. 监督管理体制

(1)国务院生态环境主管部门对全国土壤污染防治工作实施统一监督管理;国务院农业农村、自然资源、住房城乡建设、林业草原等主管部门在各自职责范围内对土壤污染防治工作实施监督管理。

(2)地方人民政府生态环境主管部门对本行政区域土壤污染防治工作实施统一监督管理;地方人民政府农业农村、自然资源、住房城乡建设、林业草原等主管部门在各自职责范围内对土壤污染防治工作实施监督管理。

(3)地方各级人民政府应当对本行政区域土壤污染防治和安全利用负责。

4. 基本制度、机制

(1)土壤污染防治目标责任制和考核评价制度。将土壤污染防治目标完成情况作为考核评价地方各级人民政府及其负责人、县级以上人民政府负有土壤污染防治监督管理职责的部门及其负责人的内容。2016年《土壤污染防治行动计划》提出,对年度评估结果较差或未通过考核的省(自治区、直辖市),要提出限期整改意见,整改完成前,对有关地区实施建设项目环评限批;整改不到位的,要约谈有关省级人民政府及其相关部门负责人。

(2)土壤环境信息共享机制。国务院生态环境主管部门应当会同国务院农业农村、自然资源、住房城乡建设、水利、卫生健康、林业草原等主管部门建立土壤环境基础数据库,构建全国土壤环境信息平台,实行数据动态更新和信息共享。

(二) 规划、标准、普查和监测

1. 土壤污染防治规划制度

设区的市级以上地方人民政府生态环境主管部门应当会同发展改革、农业农村、自然资源、住房城乡建设、林业草原等主管部门,根据环境保护规划要求、土地用途、土壤污染状况普查和监测结果等,编制土壤污染防治规划,报本级人民政府批准后公布实施。

2. 土壤污染防治标准体系

国务院生态环境主管部门根据土壤污染状况、公众健康风险、生态风险和科学技术水平,并按照土地用途,制定国家土壤污染风险管控标准。省级人民政府对国家标准中未作规定的项目,可以制定地方标准;对国家标准中已作规定的项目,可以制定严于国家标准的地方标准。地方标准应当报国务院生态环境主管部门备案。土壤污染风险管控标准是强制性标准。

3. 土壤污染状况普查制度

国务院统一领导全国土壤污染状况普查。国务院生态环境主管部门会同国务院农业农村、自然资源、住房城乡建设、林业草原等主管部门,每十年至少组织开展一次全国土壤污染状况普查。国务院有关部门、设区的市级以上地方人民政府可以根据本行业、本行政区域实际情况组织开展土壤污染状况详查。

4. 土壤环境监测制度

国务院生态环境主管部门制定土壤环境监测规范,会同国务院农业农村、自然资源、住房城乡建设、水利、卫生健康、林业草原等主管部门组织监测网络,统一规划国家土壤环境监测站(点)的设置。地方人民政府农业农村、林业草原主管部门应当会同生态环境、自然资源主管部门对农用地地块[①]和建设用地地块[②]进行重点监测。

(三) 预防和保护

1. 预防性制度

(1) 环境影响评价制度。各类涉及土地利用的规划和可能造成土壤污染的建设项目,应当依法进行环境影响评价。环境影响评价文件包括对土壤可能造

[①] 农用地地块重点监测对象包括:(1) 产出的农产品污染物含量超标的;(2) 作为或者曾作为污水灌溉区的;(3) 用于或者曾用于规模化养殖、固体废物堆放、填埋的;(4) 曾作为工矿用地或者发生过重大、特大污染事故的;(5) 有毒有害物质生产、贮存、利用、处置设施周边的;(6) 国务院农业农村、林业草原、生态环境、自然资源主管部门规定的其他情形。

[②] 建设用地地块重点监测对象包括:(1) 曾用于生产、使用、贮存、回收、处置有毒有害物质的;(2) 曾用于固体废物堆放、填埋的;(3) 曾发生过重大、特大污染事故的;(4) 国务院生态环境、自然资源主管部门规定的其他情形。

成的不良影响及应采取的相应预防措施等内容。

（2）重点单位管理名录制度。设区的市级以上地方人民政府生态环境主管部门应当按照国务院生态环境主管部门的规定，根据有毒有害物质排放等情况，制定本行政区域土壤污染重点监管单位名录，向社会公开并适时更新。

土壤污染重点监管单位应当履行下列义务：第一，严格控制有毒有害物质排放，并按年度向生态环境主管部门报告排放情况；第二，建立土壤污染隐患排查制度，保证持续有效防止有毒有害物质渗漏、流失、扬散；第三，制定、实施自行监测方案，并将监测数据报生态环境主管部门。

（3）环境标准和总量控制制度。各级人民政府生态环境、自然资源主管部门应当依法加强对矿产资源开发区域土壤污染防治的监督管理，按照相关标准和总量控制的要求，严格控制可能造成土壤污染的重点污染物排放。尾矿库运营、管理单位应当按照规定，加强尾矿库的安全管理，采取措施防止土壤污染。危库、险库、病库以及其他需要重点监管的尾矿库的运营、管理单位应当按照规定，进行土壤污染状况监测和定期评估。

2. 土壤环境保护的禁止性规定

（1）禁止在土壤中使用重金属含量超标的降阻产品；

（2）禁止向农用地排放重金属或者其他有毒有害物质含量超标的污水、污泥，以及可能造成土壤污染的清淤底泥、尾矿、矿渣等；

（3）禁止生产、销售、使用国家明令禁止的农业投入品；

（4）禁止在居民区和学校、医院、疗养院、养老院等单位周边新建、改建、扩建可能造成土壤污染的建设项目；

（5）禁止将重金属或者其他有毒有害物质含量超标的工业固体废物、生活垃圾或者污染土壤用于土地复垦。

（四）风险管控和修复

土壤污染风险管控和修复，包括土壤污染状况调查和土壤污染风险评估、风险管控、修复、风险管控效果评估、修复效果评估、后期管理等活动。2018年6月22日，生态环境部发布《土壤环境质量 农用地土壤污染风险管控标准（试行）》《土壤环境质量 建设用地土壤污染风险管控标准（试行）》，分别规定了"农用地土壤污染风险筛选值和管制值，以及监测、实施与监督要求"，"保护人体健康的建设用地土壤污染风险筛选值和管制值，以及监测、实施与监督要求"，加强了国家土壤污染防治标准体系建设，保障了《土壤污染防治法》的实施。

1. 一般规定

（1）编制土壤污染状况调查报告。土壤污染状况调查报告应当主要包括地块基本信息、污染物含量是否超过土壤污染风险管控标准等内容。

（2）编制土壤污染风险评估报告。土壤污染风险评估报告应当包括主要污染物状况，土壤及地下水污染范围，农产品质量安全风险、公众健康风险或者生态风险，风险管控、修复的目标和基本要求等内容。

（3）制定转运计划。修复施工单位转运污染土壤的，应当制定转运计划，将运输时间、方式、线路和污染土壤数量、去向、最终处置措施等，提前报所在地和接收地生态环境主管部门。

（4）编制效果评估报告。效果评估报告应当主要包括是否达到土壤污染风险评估报告确定的风险管控、修复目标等内容。

（5）土壤污染责任人的责任与费用规定。土壤污染责任人负有实施土壤污染风险管控和修复的义务。土壤污染责任人无法认定的，土地使用权人应当实施土壤污染风险管控和修复。因实施或者组织实施土壤污染状况调查和土壤污染风险评估、风险管控、修复、风险管控效果评估、修复效果评估、后期管理等活动所支出的费用，由土壤污染责任人承担。

2. 农业地的管控与修复

建立农用地分类管理制度。按照土壤污染程度和相关标准，将农用地划分为优先保护类、安全利用类和严格管控类。

（1）将符合条件的优先保护类耕地划为永久基本农田，实行严格保护。在永久基本农田集中区域，不得新建可能造成土壤污染的建设项目；已经建成的，应当限期关闭拆除。

（2）对安全利用类农用地地块，地方人民政府农业农村、林业草原主管部门，应当结合主要作物品种和种植习惯等情况，制定并实施安全利用方案。安全利用方案应当包括：农艺调控、替代种植，定期开展土壤和农产品协同监测与评价，对农民、农民专业合作社及其他农业生产经营主体进行技术指导和培训等内容。

（3）对严格管控类农用地地块，地方人民政府农业农村、林业草原主管部门应当采取风险管控措施。主要包括：提出划定特定农产品禁止生产区域的建议，报本级人民政府批准后实施；按照规定开展土壤和农产品协同监测与评价；对农民、农民专业合作社及其他农业生产经营主体进行技术指导和培训等。

3. 建设用地的管控与修复

实行建设用地土壤污染风险管控和修复名录制度。名录由省级人民政府生态环境主管部门会同自然资源等主管部门制定，按照规定向社会公开，并根据风险管控、修复情况适时更新。

（1）对土壤污染状况普查、详查和监测、现场检查表明有土壤污染风险的建设用地地块，地方人民政府生态环境主管部门应当要求土地使用权人按照规定进行土壤污染状况调查。

（2）对土壤污染状况调查报告评审表明污染物含量超过土壤污染风险管控标准的建设用地地块，土壤污染责任人、土地使用权人应当按照国务院生态环境主管部门的规定进行土壤污染风险评估，并将土壤污染风险评估报告报省级人民政府生态环境主管部门。

（3）对建设用地土壤污染风险管控和修复名录中的地块，土壤污染责任人应当采取相应的风险管控措施；地方人民政府生态环境主管部门可以根据实际情况采取风险管控措施。

（4）对达到土壤污染风险评估报告确定的风险管控、修复目标的建设用地地块，土壤污染责任人、土地使用权人可以申请省级人民政府生态环境主管部门移出建设用地土壤污染风险管控和修复名录。

未达到土壤污染风险评估报告确定的风险管控、修复目标的建设用地地块，禁止开工建设任何与风险管控、修复无关的项目。

（五）保障和监督

1. 经济政策和措施

国家采取有利于土壤污染防治的财政、税收、价格、金融等经济政策和措施。

（1）加大土壤污染防治资金投入力度，建立土壤污染防治基金制度。设立中央土壤污染防治专项资金和省级土壤污染防治基金，主要用于农用地土壤污染防治和土壤污染责任人或者土地使用权人无法认定的土壤污染风险管控和修复以及政府规定的其他事项。

（2）鼓励金融机构加大对土壤污染风险管控和修复项目的信贷投放。鼓励金融机构在办理土地权利抵押业务时开展土壤污染状况调查。

（3）从事土壤污染风险管控和修复的单位依照法律、行政法规的规定，享受税收优惠。

（4）鼓励并提倡社会各界为防治土壤污染捐赠财产，并依照法律、行政法规的规定，给予税收优惠。

2. 监督管理措施

（1）政府报告和人大监督。县级以上人民政府应当将土壤污染防治情况纳入环境状况和环境保护目标完成情况年度报告，向本级人民代表大会或者人民代表大会常务委员会报告。

（2）约谈制度。省级以上人民政府生态环境主管部门应当会同有关部门对土壤污染问题突出、防治工作不力、群众反映强烈的地区,约谈设区的市级以上地方人民政府及其有关部门主要负责人,要求其采取措施及时整改。约谈整改情况应当向社会公开。

(3)现场检查制度。生态环境主管部门及其环境执法机构和其他负有土壤污染防治监督管理职责的部门,有权对从事可能造成土壤污染活动的企业事业单位和其他生产经营者进行现场检查、取样,要求被检查者提供有关资料、就有关问题作出说明。

(4)行政强制措施的规定。生态环境主管部门和其他负有土壤污染防治监督管理职责的部门,可以查封、扣押违反法律法规规定排放有毒有害物质的有关设施、设备、物品。

(5)尾矿库和未利用地的监管。地方人民政府安全生产监督管理部门应当监督尾矿库运营、管理单位履行防治土壤污染的法定义务,防止其发生可能污染土壤的事故;地方人民政府及其有关部门应当依法加强对向沙漠、滩涂、盐碱地、沼泽地等未利用地非法排放有毒有害物质等行为的监督检查。

(6)相关单位和个人的监管。应当将从事土壤污染状况调查和土壤污染风险评估、风险管控、修复、风险管控效果评估、修复效果评估、后期管理等活动的单位和个人的执业情况,纳入信用系统建立信用记录,将违法信息记入社会诚信档案,并纳入全国信用信息共享平台和国家企业信用信息公示系统向社会公布。

3. 信息公开及舆论监督

(1)土壤环境信息公开制度

生态环境主管部门和其他负有土壤污染防治监督管理职责的部门应当依法公开土壤污染状况和防治信息。

国务院生态环境主管部门负责统一发布全国土壤环境信息;省级人民政府生态环境主管部门负责统一发布本行政区域土壤环境信息。生态环境主管部门应当将涉及主要食用农产品生产区域的重大土壤环境信息,及时通报同级农业农村、卫生健康和食品安全主管部门。

(2)新闻媒体舆论监督制度

新闻媒体对违反土壤污染防治法律法规的行为享有舆论监督的权利,受监督的单位和个人不得打击报复。

(3)举报制度

任何组织和个人对污染土壤的行为,均有向生态环境主管部门和其他负有土壤污染防治监督管理职责的部门报告或者举报的权利。生态环境主管部门和其他负有土壤污染防治监督管理职责的部门应当将土壤污染防治举报方式向社会公布,方便公众举报。接到举报的部门应当及时处理并对举报人的相关信息予以保密;对实名举报并查证属实的,给予奖励。

第五节 固体废物污染防治法

一、固体废物污染概述

废物又称为"废弃物",从其物质形态上,可划分为固态、液态和气态三种。其中,液态及气态废物大部分渗透、掺杂于水和空气中直接或经处理排入水体和大气,这些废水与废气被纳入我国相关大气污染及水污染防治的法律规制。而不能排入水体的液态废物和不能排入大气的置于容器中的气态废物则适用固体废物污染防治法。

(一) 固体废物污染及其危害

《固体废物污染环境防治法》中的固体废物,是指在生产、生活和其他活动中产生的丧失原有利用价值或者虽未丧失利用价值但被抛弃或者放弃的固态、半固态和置于容器中的气态的物品、物质以及法律、行政法规规定纳入固体废物管理的物品、物质。一般包括:垃圾、炉渣、污泥、废弃的制品、动物尸体、人畜粪便等。当然,所谓"废物"并不是一个绝对概念,随着科技的进步和需求等因素的变化,废物很有可能成为新的资源,因此也常被称为"放错地方的资源"。

固体废物的危害主要表现在五个方面:(1) 对人的危害。固体废物(特别是危险废物)中的有害成分和在贮存、利用、处置不当的条件下新产生的有毒有害物质,可通过地表水、地下水、大气和土壤等环境介质直接或间接被人体吸收,从而对人体健康造成威胁。(2) 固体废物占用土地资源。固体废物的堆放,不但占用一定土地,而且其累积的存放量越多,所需的面积也越大,这势必使可耕地面积短缺的矛盾加剧。(3) 对水环境的污染。固体废物弃置于水体或者堆积的固体废物经过雨水的浸渍和废物本身的分解,将使水质直接受到污染,严重危害生物的生存条件和水资源的利用。(4) 对大气的污染。露天堆放的固体废物会因有机成分的分解产生有味的气体,形成恶臭;固体废物在焚烧过程中会产生粉尘、酸性气体和二噁英等污染大气;垃圾在填埋处置后会产生甲烷、硫化氢等有害气体等。(5) 对土壤的污染。固体废物及其渗滤液中所含有害物质会改变土壤的性质和结构,对农作物、植物生长产生不利影响。

(二) 固体废物污染的类型与特点

固体废物的分类方法很多,按其组成可分为有机废物和无机废物;按其危害状况可分为危险废物(氰化尾渣、含汞废物等)、有害废物(指腐蚀、腐败、剧毒、传染、自燃、锋刺、放射性等废物)和一般废物;按其形态可分为固态废物(块状、粒状、粉状)、半固态废物(废机油等)和非常规固态废物(含有气态或固态物质的固态废物,如废油桶、含废气态物质、污泥等);按其来源可分为工业固体废物、矿业固体废物、农业固体废物、城市生活垃圾、危险固体废物、放射性废物和非常规来源固体废物。

不同于废气、废水,固体废物的主要特点在于:(1)具有可转化性,即固体废物一方面会污染环境,造成生态的破坏,另一方面,固体废物又具备一定的可利用性,在一定条件下,可转化为生产的原料;(2)具有处置多样性,主要表现在固体废物可以进行转移,一般分为陆地处置(包括人造假山、废矿回填、垃圾处理等)和海洋处置(包括海上焚烧、海洋倾废、填海造陆等)。

(三)我国固体废物污染的现状

《2020年全国大、中城市固体废物污染环境防治年报》显示,2019年全国196个大、中城市一般工业固体废物①产生量为13.8亿吨,综合利用量8.5亿吨,处置量3.1亿吨,贮存量3.6亿吨,倾倒丢弃量4.2万吨,综合利用量占处置及贮存总量的55.9%;工业危险废物产生量为4498.9万吨,综合利用量2491.8万吨,处置量2027.8万吨,贮存量756.1万吨,综合利用量占利用处置及贮存总量的47.2%;医疗废物产生量为84.3万吨,产生的医疗废物都得到了及时妥善处置;城市生活垃圾产生量为23560.2万吨,处理量23487.2万吨,处理率达99.7%。2021年10月21日《全国人民代表大会常务委员会执法检查组关于检查〈中华人民共和国固体废物污染环境防治法〉实施情况的报告》指出,我国固体废物污染防治形势依然严峻,法律制度措施有待进一步落实,如生活垃圾分类制度落实不平衡,过度包装、一次性塑料制品禁限管理规定有待进一步落实。同时,固体废物无害化处置能力存在短板弱项,配套法规标准名录制修订工作相对滞后,执法和司法威慑力不强,法律保障措施有待加强。

二、我国资源循环管理的立法沿革与概况

我国有关固体废物管理的规范系统具有两套体系,一是固体废物污染防治法律法规体系,二是资源综合利用政策体系。

1973年11月17日,国家计委、国家建委、卫生部联合批准颁布了中国第一个环境标准——《工业"三废"排放试行标准》,为开展"三废"治理和综合利

---

① 一般工业固体废物,是指在工业生产活动中产生的除危险废物之外的工业固体废物。

用工作提供了依据。1977年4月14日,国家计委、国家建委、财政部和国务院环境保护领导小组联合发布《关于治理工业"三废"开展综合利用的几项规定》,标志着我国以治理"三废"和综合利用为特色的固体废物污染防治进入新的阶段。

在资源综合利用方面,1985年国务院批转国家经委《关于开展资源综合利用若干问题的暂行规定》。这部法规性文件中明确规定:资源综合利用是我国一项重大的技术经济政策,对合理利用资源,保护自然环境具有重要意义。1987年国家经委会同财政部、商业部和国家物资局发布了《关于进一步开发利用再生资源若干问题的通知》,提出对再生资源行业实行鼓励发展的产业政策以及经济优惠政策。1989年国家计委发布《1989—2000年全国资源综合利用发展纲要(试行)》。为实现促进经济社会的可持续发展这一目标,2002年我国制定了《清洁生产促进法》。2008年我国颁布了《循环经济促进法》,该法的目的在于促进循环经济的发展,提高资源利用率,保护和改善环境,实现可持续发展。2009年2月国务院颁布了《废弃电器电子产品回收处理管理条例》,旨在促进资源综合利用和循环经济发展。固体废物管理开始转变为积极的循环利用,固体废物管理法制逐步进入新的发展阶段。

在污染防治方面,从20世纪80年代中期,国务院环境保护部门开始从固体废物污染防治的角度起草固体废物处理的法案。经历近十年的征求意见和修改,1995年10月30日第八届全国人大常委会第十六次会议通过了《固体废物污染环境防治法》,该法共计六章77条,包括总则、固体废物污染环境防治的监督管理、固体废物污染环境的防治、危险废物污染环境防治的特别规定、法律责任、附则。该法较为系统地规定了固体废物污染防治的基本原则、监管体制、制度措施、法律责任等,为固体废物污染环境防治工作、控制固体废物污染转移以及危险废物的特别管理提供了法律依据和保障。根据不同时期固体废物污染的特点和防治目标,截至目前,该法共经历了两次修订和三次修正。

2004年12月29日第十届全国人大常委会第十三次会议通过了对《固体废物污染环境防治法》的第一次修订。此次修订主要是解决我国工业化和城市化进程中出现的固体废物产生量持续增长与处理要求偏弱和处置能力不足之间的矛盾,以及大量农村固体废物和新型固体废物(如废弃电器电子产品)未能妥善处置而带来新的污染等问题。此次修改将条文由77条增加至91条,主要增加了七个方面的内容:一是明确规定促进清洁生产和循环经济发展促进固体废物污染防治产业发展,二是建立生产者责任延伸制度,三是完善危险废物管理制度,四是完善进口废物环境管理制度,五是加强生活垃圾污染环境的管理,六是强化有关执法措施和处罚措施,七是扩大固体废物的范畴。

2013年6月29日第十二届全国人大常委会第三次会议对《固体废物污染环境防治法》进行了第一次修正,此次修正修改了一处,将关闭、闲置或者拆除生活垃圾处置的设施、场所的核准部门由地县级以上地方人民政府环境卫生行政主管部门修改为市、县人民政府环境卫生行政主管部门,进一步扩大了主体范围。

2015年4月24日第十二届全国人大常委会第十四次会议对《固体废物污染环境防治法》进行了第二次修正。此次修正进一步完善了进口废物环境管理制度,其中将第25条第1款和第2款中的"自动许可进口"修改为"非限制进口";删去了第3款中的"进口列入自动许可进口目录的固体废物,应当依法办理自动许可手续"的内容。

2016年11月7日第十二届全国人大常委会第二十四次会议对《固体废物污染环境防治法》进行了第三次修正。此次修正修改了两个条款,一是将关闭、闲置或者拆除生活垃圾处置设施、场所的核准部门,由卫生和环境保护两部门共同管理,变更为由原卫生部门商请环境保护部门同意后核准;二是取消了危险废物省内转移的相关审批核准手续。

2020年4月29日第十三届全国人大常委会第十七次会议对《固体废物污染环境防治法》进行了第二次修订,此次修订从生态文明建设和经济社会可持续发展的全局出发,打破了原有的章节逻辑,调整为九章126条。将原固体废物污染环境的防治章节拆分为"工业固体废物"和"生活垃圾"两章,新增了"建筑垃圾、农业固体废物等"和"保障措施"两章。以"减量化、资源化和无害化"为原则,明确提出了不同类别固体废物的具体制度要求和污染防治举措。主要亮点包括:(1)内容更为全面。增加了进口废物、废弃电器电子产品、快递包装、一次性塑料制品、旅游住宿等一次性用品、城镇污泥、实验室废物、医疗废物等管理制度和有关要求;(2)各方责任更加明晰。从法律层面细化和压实了政府、监管部门、产生者、处理者等各类主体的责任。(3)从法律层面确立了生活垃圾分类制度。(4)完善了固体废物管理法规体系,推进了各类固体废物的综合治理,强化了危险废物全过程的精细化管理,其中关于行政罚款规定的诸多变化,显著提高了环境违法行为的成本,增强了行政处罚的威慑效果,旨在用最严格的制度和最严密的法治保护生态环境。

三、固体废物污染防治法的主要内容

如上所述,固体废物管理法制已经取得了长足的发展,尤其是《循环经济促

进法》的制定,开辟了环境法治的新篇章。由于本书体例与篇幅的限制,以下仅就固体废物污染防治立法内容进行介绍。现行《固体废物污染环境防治法》共九章126条,规定了我国固体废物污染防治的管理体制、基本制度、具体措施以及法律责任,同时针对工业固体废物、生活垃圾、建筑垃圾、农业固体废物、危险废物污染的防治进行了具体规定。

(一) 固体废物污染防治的基本规定

1. 立法目的

《固体废物污染环境防治法》的立法目的是:保护和改善生态环境,防治固体废物污染环境,保障公众健康,维护生态安全,推进生态文明建设,促进经济社会可持续发展。

2. 治理原则

《固体废物污染环境防治法》第4条和第5条规定了固体废物污染防治的两大治理原则:(1)"三化"原则:减量化原则、资源化原则和无害化原则;(2)污染担责原则。

3. 监督管理体制

《固体废物污染环境防治法》规定实行统一监督管理、分工负责和协同管理相结合的监督管理体制。(1)国务院生态环境主管部门对全国固体废物污染环境防治工作实施统一监督管理;(2)国务院有关主管部门在各自职责范围内负责固体废物污染环境防治的监督管理工作;(3)地方人民政府生态环境主管部门对本行政区域固体废物污染环境防治工作实施统一监督管理;(4)地方人民政府有关主管部门在各自职责范围内负责固体废物污染环境防治的监督管理工作。

4. 生活垃圾分类制度

《固体废物污染环境防治法》规定了垃圾分类制度。生活垃圾分类坚持政府推动、全民参与、城乡统筹、因地制宜、简便易行的原则;学校应当开展生活垃圾分类以及其他固体废物污染环境防治知识普及和教育。

(二) 监督管理制度

1. 环境标准制度

国务院生态环境主管部门应当会同国务院有关部门根据国家环境质量标准和国家经济、技术条件,制定固体废物鉴别标准、鉴别程序和国家固体废物污染环境防治技术标准。

国务院标准化主管部门应当会同国务院发展改革、工业和信息化、生态环境、农业农村等主管部门,制定固体废物综合利用标准。

综合利用固体废物应当遵守生态环境法律法规,符合固体废物污染环境防治技术标准。使用固体废物综合利用产物应当符合国家规定的用途、标准。

2. 环境影响评价制度与"三同时"制度

建设产生、贮存、利用、处置固体废物的项目,应当依法进行环境影响评价,并遵守国家有关建设项目环境保护管理的规定。

建设项目的环境影响评价文件确定需要配套建设的固体废物污染环境防治设施,应当与主体工程同时设计、同时施工、同时投入使用。建设项目的初步设计,应当按照环境保护设计规范的要求,将固体废物污染环境防治内容纳入环境影响评价文件,落实防治固体废物污染环境和破坏生态的措施以及固体废物污染环境防治设施投资概算。

3. 全过程监控和信息化追溯制度

国务院生态环境主管部门应当会同国务院有关部门建立全国危险废物等固体废物污染环境防治信息平台,推进固体废物收集、转移、处置等全过程监控和信息化追溯。

4. 固体废物污染保护区制度

在生态保护红线区域、永久基本农田集中区域和其他需要特别保护的区域内,禁止建设工业固体废物、危险废物集中贮存、利用、处置的设施、场所和生活垃圾填埋场。

5. 固体废物的跨行政区域转移

转移固体废物出省、自治区、直辖市行政区域贮存、处置的,应当向固体废物移出地的省、自治区、直辖市人民政府生态环境主管部门提出申请。移出地的省、自治区、直辖市人民政府生态环境主管部门应当及时商经接受地的省、自治区、直辖市人民政府生态环境主管部门同意后,在规定期限内批准转移。未经批准的,不得转移。

转移固体废物出省、自治区、直辖市行政区域利用的,应当报固体废物移出地的省、自治区、直辖市人民政府生态环境主管部门备案。移出地的省、自治区、直辖市人民政府生态环境主管部门应当将备案信息通报接受地的省、自治区、直辖市人民政府生态环境主管部门。

6. 固体废物零进口

逐步实现固体废物零进口,由国务院生态环境主管部门会同国务院商务、发展改革、海关等主管部门组织实施。2020年11月24日,生态环境部、商务部等四部门联合出台了《关于全面禁止进口固体废物有关事项的公告》,明确从2021年1月1日起禁止以任何方式进口固体废物。这成为我国实现固体废物零进口目标的重要举措。

（三）工业固体废物污染防治

1. 制定技术政策，推广清洁生产

国务院生态环境主管部门应当会同有关主管部门对工业固体废物对公众健康、生态环境的危害和影响程度等作出界定，制定防治工业固体废物污染环境的技术政策，组织推广先进的防治工业固体废物污染环境的生产工艺和设备。

国务院工业和信息化主管部门应当会同有关部门组织研究开发、推广减少工业固体废物产生量和降低工业固体废物危害性的生产工艺和设备，公布限期淘汰产生严重污染环境的工业固体废物的落后生产工艺、设备的名录。

国务院工业和信息化主管部门应当会同有关主管部门，定期发布工业固体废物综合利用技术、工艺、设备和产品导向目录，组织开展工业固体废物资源综合利用评价，推动工业固体废物综合利用。

2. 建立全过程污染环境防治责任制度，建立工业固体废物管理台账

产生工业固体废物的单位应当建立健全工业固体废物产生、收集、贮存、运输、利用、处置全过程的污染环境防治责任制度，建立工业固体废物管理台账，如实记录产生工业固体废物的种类、数量、流向、贮存、利用、处置等信息，实现工业固体废物可追溯、可查询，并采取防治工业固体废物污染环境的措施。

3. 对矿山企业的特殊规定

矿山企业应当采取科学的开采方法和选矿工艺，减少尾矿、煤矸石、废石等矿业固体废物的产生量和贮存量。

国家鼓励采取先进工艺对尾矿、煤矸石、废石等矿业固体废物进行综合利用。

尾矿、煤矸石、废石等矿业固体废物贮存设施停止使用后，矿山企业应当按照国家有关环境保护等规定进行封场，防止造成环境污染和生态破坏。

（四）生活垃圾污染防治

1. 生活垃圾分类制度

县级以上地方人民政府建立分类投放、分类收集、分类运输、分类处理的生活垃圾管理系统，实现生活垃圾分类制度有效覆盖；建立生活垃圾分类工作协调机制，加强和统筹生活垃圾分类管理能力建设。到2020年年底，46个试点城市垃圾分类居民小区覆盖率达到94.6%，回收利用率达36.2%。2020年全国城市生活垃圾清运量2.35亿吨，无害化处理率达99.7%；农村生活垃圾收运处理

的行政村比例达90%以上,2.4万个非正规垃圾堆放点得到整治。①

2. 多措并举减少固体废物产生量

有计划地改进燃料结构,发展清洁能源,减少燃料废渣等固体废物的产生量。

加强产品生产和流通过程管理,避免过度包装,组织净菜上市,减少生活垃圾的产生量。

3. 建立和完善生活垃圾污染环境防治的社会服务体系

县级以上人民政府应当统筹安排建设城乡生活垃圾收集、运输、处理设施,确定设施厂址,提高生活垃圾的综合利用和无害化处置水平,促进生活垃圾收集、处理的产业化发展;统筹规划,合理安排回收、分拣、打包网点,促进生活垃圾的回收利用工作。

制定生活垃圾清扫、收集、贮存、运输和处理设施、场所建设运行规范,发布生活垃圾分类指导目录,加强监督管理。

组织开展厨余垃圾资源化、无害化处理工作。产生、收集厨余垃圾的单位和其他生产经营者,应当将厨余垃圾交由具备相应资质条件的单位进行无害化处理。

4. 垃圾处理设施、场所管理

建设生活垃圾处理设施、场所,应当符合国务院生态环境主管部门和国务院住房城乡建设主管部门规定的环境保护和环境卫生标准。

禁止擅自关闭、闲置或者拆除生活垃圾处理设施、场所;确有必要关闭、闲置或者拆除的,应当经所在地的市、县级人民政府环境卫生主管部门商所在地生态环境主管部门同意后核准,并采取防止污染环境的措施。

生活垃圾处理单位应当按照国家有关规定,安装使用监测设备,实时监测污染物的排放情况,将污染排放数据实时公开。监测设备应当与所在地生态环境主管部门的监控设备联网。

5. 建立生活垃圾处理收费制度

县级以上地方人民政府制定生活垃圾处理收费标准,应当根据本地实际,结合生活垃圾分类情况,体现分类计价、计量收费等差别化管理,并充分征求公众意见。生活垃圾处理收费标准应当向社会公布。

生活垃圾处理费应当专项用于生活垃圾的收集、运输和处理等,不得挪作

---

① 参见王比学:《我国重点领域固体废物污染防治成效显著》,载《人民日报》2021年10月22日第2版。

他用。

(五)建筑垃圾、农业固体废物污染防治

1. 建筑垃圾分类处理及全过程管理制度

县级以上地方人民政府制定包括源头减量、分类处理、消纳设施和场所布局及建设等在内的建筑垃圾污染环境防治工作规划;推动建筑垃圾综合利用产品应用。

县级以上地方人民政府环境卫生主管部门负责建筑垃圾污染环境防治工作,建立建筑垃圾全过程管理制度,规范建筑垃圾产生、收集、贮存、运输、利用、处置行为,推进综合利用,加强建筑垃圾处置设施、场所建设,保障处置安全,防止污染环境。

2. 建设农业固体废物回收利用体系

鼓励和引导有关单位和其他生产经营者依法收集、贮存、运输、利用、处置农业固体废物,加强监督管理,防止污染环境。

产生秸秆、废弃农用薄膜、农药包装废弃物等农业固体废物的单位和其他生产经营者,应当采取回收利用和其他防止污染环境的措施。

从事畜禽规模养殖应当及时收集、贮存、利用或者处置养殖过程中产生的畜禽粪污等固体废物,避免造成环境污染。

3. 建立生产者责任延伸制度及多渠道回收和集中处理制度

电器电子、铅蓄电池、车用动力电池等产品的生产者应当按照规定以自建或者委托等方式建立与产品销售量相匹配的废旧产品回收体系,并向社会公开,实现有效回收和利用。

禁止将废弃机动车船等交由不符合规定条件的企业或者个人回收、拆解。

拆解、利用、处置废弃电器电子产品、废弃机动车船等,应当遵守有关法律法规的规定,采取防止污染环境的措施。

4. 制定有关标准,防止过度包装造成环境污染

生产经营者应当遵守限制商品过度包装的强制性标准,避免过度包装。县级以上地方人民政府市场监督管理部门和有关部门应当按照各自职责,加强对过度包装的监督管理。

生产、销售、进口依法被列入强制回收目录的产品和包装物的企业,应当按照国家有关规定对该产品和包装物进行回收。

电子商务、快递、外卖等行业应当优先采用可重复使用、易回收利用的包装物,优化物品包装,减少包装物的使用,并积极回收利用包装物。县级以上地方人民政府商务、邮政等主管部门应当加强监督管理。

5. 一次性用品的管理

依法禁止、限制生产、销售和使用不可降解塑料袋等一次性塑料制品。

商品零售场所开办单位、电子商务平台企业和快递企业、外卖企业应当按照国家有关规定向商务、邮政等主管部门报告塑料袋等一次性塑料制品的使用、回收情况。

旅游、住宿等行业应当按照国家有关规定推行不主动提供一次性用品。

机关、企业事业单位等的办公场所应当使用有利于保护环境的产品、设备和设施,减少使用一次性办公用品。

(六) 危险废物污染防治

1. 危险废物名录制度

制定国家危险废物名录,规定统一的危险废物鉴别标准、鉴别方法、识别标志和鉴别单位管理要求。

根据危险废物的危害特性和产生数量,科学评估其环境风险,实施分级分类管理,建立信息化监管体系,并通过信息化手段管理、共享危险废物转移数据和信息。

2. 编制危险废物集中处置设施、场所的建设规划

省、自治区、直辖市人民政府应当组织有关部门编制危险废物集中处置设施、场所的建设规划,科学评估危险废物处置需求,合理布局危险废物集中处置设施、场所,确保本行政区域的危险废物得到妥善处置。

3. 危险废物的全过程管理

对危险废物的容器和包装物以及收集、贮存、运输、利用、处置危险废物的设施、场所,应当按照规定设置危险废物识别标志;从事上述经营活动的单位,应当按照国家有关规定申请取得许可证。

产生危险废物的单位,应当按照国家有关规定制定危险废物管理计划,建立危险废物管理台账。

转移危险废物的,应当按照国家有关规定填写、运行危险废物电子或者纸质转移联单。

运输危险废物,应当采取防止污染环境的措施,并遵守国家有关危险货物运输管理的规定。

4. 医疗废物的管理

医疗废物按照国家危险废物名录管理。加强医疗废物集中处置能力建设。

医疗卫生机构应当依法分类收集本单位产生的医疗废物,交由医疗废物集中处置单位处置。医疗废物集中处置单位应当及时收集、运输和处置医疗

废物。

医疗卫生机构和医疗废物集中处置单位,应当采取有效措施,防止医疗废物流失、泄漏、渗漏、扩散。

重大传染病疫情等突发事件发生时,县级以上人民政府应当统筹协调医疗废物等危险废物收集、贮存、运输、处置等工作,保障所需的车辆、场地、处置设施和防护物资。有关主管部门应当协同配合,依法履行应急处置职责。

(七)保障措施

采取有利于固体废物污染环境防治的经济、技术政策和措施,鼓励、支持有关方面采取有利于固体废物污染环境防治的措施,加强对从事固体废物污染环境防治工作人员的培训和指导,促进固体废物污染环境防治产业专业化、规模化发展。

鼓励和支持科研单位、固体废物产生单位、固体废物利用单位、固体废物处置单位等联合攻关,研究开发固体废物综合利用、集中处置等的新技术,推动固体废物污染环境防治技术进步。

鼓励和支持社会力量参与固体废物污染环境防治工作,并按照国家有关规定给予政策扶持。

发展绿色金融,鼓励金融机构加大对固体废物污染环境防治项目的信贷投放。

鼓励并提倡社会各界为防治固体废物污染环境捐赠财产,并依照法律、行政法规的规定,给予税收优惠。

鼓励单位和个人购买、使用综合利用产品和可重复使用产品。

第六节 噪声污染防治法

一、噪声污染概述

物理学上,噪声指一切不规则的信号,比如电磁噪声、热噪声、无线电传输时的噪声、激光器噪声、光纤通信噪声等;从生理学观点来看,凡是干扰人们休息、学习和工作以及对人所要听的声音产生干扰的声音,即不需要的声音,统称为噪声。

(一)噪声污染及其危害

《噪声污染防治法》中的噪声是指在工业生产、建筑施工、交通运输和社会生活中产生的干扰周围生活环境的声音。噪声污染,是指超过噪声排放标准或者未依法采取防控措施产生噪声,并干扰他人正常生活、工作和学习的现象。环境噪声污染是一种能量污染,与其他工业污染一样,是危害人类环境的公害。

环境噪声污染的危害主要在于以下三个方面:(1)干扰休息和睡眠、影响工作效率。人进入睡眠之后,即使是40—50分贝较轻的噪声干扰,也会从熟睡状态变成半熟睡状态。噪声超过85分贝,会使人感到心烦意乱,人们会感觉到吵闹,因而无法专心地工作,导致工作效率降低。(2)损伤听觉、视觉器官。强的噪声可以引起耳部的不适,如耳鸣、耳痛、听力损伤。据测定,超过115分贝的噪声还会造成耳聋。(3)对人体产生严重生理影响。噪声长期作用于人的中枢神经系统可能会导致神经系统功能紊乱、精神障碍、内分泌紊乱甚至事故率升高。高噪声的工作环境,可使人出现头晕、头痛、失眠、多梦、全身乏力、记忆力减退以及恐惧、易怒、自卑甚至精神错乱。

(二)噪声污染的特点

噪声污染属于典型的能量扩散型环境污染,其特点在于:(1)噪声污染属于感觉性公害,与人们的生活状态、主观意愿有关;(2)噪声污染是能量流污染,其影响范围有限。声波的传播过程是声能量传播的过程,声能量随距离逐步衰减;(3)噪声源广泛而分散,噪声污染不能像污水、固体废物那样集中处理;(4)噪声源一旦停止发声,噪声即会消失,噪声污染不再持续,但噪声已产生的伤害不一定消除,如突发性噪声造成的突发性耳聋。

(三)我国噪声污染的现状

《2021年中国生态环境状况公报》显示,2021年,全国城市各类功能区昼间总点次达标率为95.4%,夜间为82.9%,比2020年分别上升0.8和2.8个百分点。城市功能区声环境质量总体向好,但0类功能区、4a类功能区和1类功能区夜间达标率持续偏低;城市区域昼间等效声级平均值为54.1分贝,道路交通噪声昼间等效声级平均值为66.5分贝,与上年相比基本保持稳定。[①] 324个地级及以上城市区域昼间等效声级平均值为54.1分贝。16个城市区域昼间等效声级平均值为一级,占4.9%;200个城市为二级,占61.7%;102个城市为三级,

---

[①] 0类功能区指康复疗养区等特别需要安静的区域;1类功能区指以居民住宅、医疗卫生、文化教育、科研设计、行政办公为主要功能,需要保持安静的区域;2类功能区指以商业金融、集市贸易为主要功能,或者居住、商业、工业混杂,需要维护住宅安静的区域;3类功能区指以工业生产、仓储物流为主要功能,需要防止工业噪声对周围环境产生严重影响的区域;4a类功能区指高速公路、一级公路、二级公路、城市快速路、城市主干路、城市次干路、城市轨道交通(地面段)、内河航道两侧区域;4b类功能区指铁路干线两侧区域。

占31.5%;6个城市为四级,占1.9%;无五级城市。① 2021年,324个地级及以上城市道路交通噪声昼间等效声级平均值为66.5分贝。232个城市道路交通昼间噪声强度为一级,占71.6%;80个城市为二级,占24.7%;9个城市为三级,占2.8%;3个城市为四级,占0.9%;无五级城市。②

《2021年中国环境噪声污染防治报告》显示,2020年,据不完全统计,全国省辖县级市和地级及以上城市的生态环境、公安、住房和城乡建设等部门合计受理环境噪声投诉举报约201.8万件,其中,社会生活噪声投诉举报最多,占53.7%;建筑施工噪声次之,占34.2%;工业噪声占8.4%;交通运输噪声占3.7%。生态环境部门"全国生态环境信访投诉举报管理平台"共接到公众举报44.1万余件,其中噪声扰民问题占全部举报的41.2%,排各环境污染要素的第二位。

2020年,全国省辖县级市和地级及以上城市的生态环境、公安、住房和城乡建设等部门合计受理环境噪声投诉举报约201.8万件。其中,社会生活噪声投诉举报最多,占53.7%;建筑施工噪声次之,占34.2%;工业噪声占8.4%;交通运输噪声占3.7%。生态环境部门"全国生态环境信访投诉举报管理平台"共接到公众举报44.1万余件,其中噪声扰民问题占全部举报的41.2%,排各环境污染要素的第二位。

二、噪声污染防治法的立法沿革与概况

早在20世纪50年代我国制定的《工厂安全卫生规程》中就对工厂内各种噪声源规定了防治措施。1973年国务院发布的《关于保护和改善环境的若干规定(试行草案)》专门对工业和交通噪声的控制作出了规定。1979年《环境保护法(试行)》对城市区域、工业和交通运输环境噪声的管理作出了原则性的规定。1982年发布的《城市区域环境噪声标准》成为我国在环境噪声污染防治方面的第一个综合性环境噪声标准。1986年国务院制定了《民用机场管理暂行规定》,对防治民用飞机产生的噪声作出了控制性规定。1989年,国务院发布了《环境噪声污染防治条例》,为全面开展环境噪声污染防治的行政管理提供了行政法规

---

① 昼间区域声环境平均等效声级≤50.0分贝为好(一级),50.1~55.0分贝为较好(二级),55.1~60.0分贝为一般(三级),60.1~65.0分贝为较差(四级),>65.0分贝为差(五级)。
② 昼间道路交通声环境平均等效声级≤68.0分贝为好(一级),68.1~70.0分贝为较好(二级),70.1~72.0分贝为一般(三级),72.1~74.0分贝为较差(四级),大于74.0分贝为差(五级)。

的依据。

1996年10月29日第八届全国人大常委会第二十二次会议通过了《环境噪声污染防治法》,并于2018年12月29日进行了一次修正。此外,在有关公路、铁路、民用航空、交通管理及建筑施工管理的法律法规中也设有防治交通运输和建筑施工噪声的内容。2005年《治安管理处罚法》就社会生活噪声污染作为妨害社会管理行为的处罚作出了规定。

2021年12月24日第十三届全国人大常委会第三十二次会议通过了《噪声污染防治法》。与《环境噪声污染防治法》相比,除了法律名称上的变化,还包括以下方面的创新:(1)确立了新时期噪声污染防治工作的总要求,在立法目的中体现了维护社会和谐、推进生态文明建设、可持续发展的理念。(2)重新界定了噪声污染内涵。针对有些产生噪声的领域没有噪声排放标准的情况,在"超标+扰民"基础上,将"未依法采取防控措施"产生噪声干扰他人正常生活、工作和学习的现象界定为噪声污染。(3)在规划方面,明确噪声污染防治工作纳入国民经济和社会发展规划,要求生态环境保护规划明确噪声污染防治目标、任务、保障措施等内容。(4)在标准方面,规定国家推进噪声污染防治标准体系建设,国务院有关部门制定和完善噪声污染防治相关标准,加强标准之间的衔接协调,授权制定地方噪声排放标准。(5)在监测方面,增加推进监测自动化、对噪声敏感建筑物周边等重点区域噪声排放情况监测以及企业自行监测、自动监测等方面的内容。(6)在环评方面,明确规划环评应当包括噪声污染防治内容。在加强各类噪声污染防治方面,针对工业噪声、建筑施工噪声、交通运输噪声和社会生活噪声方面,特别针对社会生活噪声领域的突出问题,如广场舞音乐、室内装修等噪声污染作了有针对性的规定。(7)在法律责任方面,加大了惩处力度。明确超过噪声排放标准排放工业噪声等违法行为的具体罚款数额,增加建设单位建设噪声敏感建筑物不符合民用建筑隔声设计相关标准要求等违法行为的法律责任,增加责令停产整治等处罚种类。(8)在完善政府责任方面,明确地方各级政府对本行政区域声环境质量负责,并实行目标责任制和考核评价制度等规定外,还强化了社会共治。加强噪声污染防治法律法规和知识的宣传教育普及工作,增强公众噪声污染防治意识,引导公众依法参与噪声污染防治工作等。

三、噪声污染防治法的主要内容

现行《噪声污染防治法》共九章 90 条,规定了我国噪声污染防治的管理体制、基本制度、具体措施以及法律责任,同时针对工业噪声、建筑施工噪声、交通运输噪声、社会生活噪声污染的防治进行了具体规定。

(一)噪声污染防治的基本规定

1. 立法目的

《噪声污染防治法》的立法目的是防治噪声污染,保障公众健康,保护和改善生活环境,维护社会和谐,推进生态文明建设,促进经济社会可持续发展。

2. 治理原则

《噪声污染防治法》第 4 条规定了噪声污染防治的五大治理原则:(1)统筹规划原则;(2)源头防控原则;(3)分类管理原则;(4)社会共治原则;(5)损害担责原则。

3. 政府职责

《噪声污染防治法》第 5 条和第 6 条对于政府职责作了基本规定:(1)县级以上人民政府应当将噪声污染防治工作纳入国民经济和社会发展规划、生态环境保护规划;(2)地方各级人民政府对本行政区域声环境质量负责,采取有效措施,改善声环境质量。

4. 监督管理体制

噪声污染防治实行统一监督管理、分工负责和协同管理相结合的监督管理体制。(1)国务院生态环境主管部门对全国噪声污染防治实施统一监督管理。(2)地方人民政府生态环境主管部门对本行政区域噪声污染防治实施统一监督管理。(3)各级住房和城乡建设、公安、交通运输、铁路监督管理、民用航空、海事等部门,在各自职责范围内,对建筑施工、交通运输和社会生活噪声污染防治实施监督管理。(4)基层群众性自治组织应当协助地方人民政府及其有关部门做好噪声污染防治工作。

(二)噪声污染防治标准和规划

1. 噪声污染防治标准制度

噪声污染防治的标准包括国家声环境质量标准、国家噪声排放标准和相关的环境振动控制标准,由国务院生态环境主管部门制定,根据国家经济、技术条件定期评估,适时修订。目前,我国执行的是 2008 年 10 月 1 日实施的《声环境质量标准》,该标准规定了五类声环境功能区的环境噪声限值及测量方法,适用于声环境质量评价与管理。

表 10-1　五类功能区环境噪声限值标准①

类别		时段		适用区域
		昼间	夜间	
0 类		50dB	40dB	康复疗养区等特别需要安静的区域
1 类		55dB	45dB	以居民住宅、医疗卫生、文化教育、科研设计、行政办公为主要功能,需要保持安静的区域
2 类		60dB	50dB	以商业金融、集市贸易为主要功能,或者居住、商业、工业混杂,需要维护住宅安静的区域
3 类		65dB	55dB	以工业生产、仓储物流为主要功能,需要防止工业噪声对周围环境产生严重影响的区域
4 类	4a 类	70dB	55dB	高速公路、一级公路、二级公路、城市快速路、城市主干路、城市次干路、城市轨道交通(地面段)、内河航道两侧区域
	4b 类	70dB	60dB	铁路干线两侧区域

2. 噪声污染防治规划制度

各级人民政府及其有关部门制定、修改国土空间规划和相关规划,应当依法进行环境影响评价,充分考虑城乡区域开发、改造和建设项目产生的噪声对周围生活环境的影响,统筹规划,合理安排土地用途和建设布局,防止、减轻噪声污染。

确定建设布局,应当根据国家声环境质量标准和民用建筑隔声设计相关标准,合理划定建筑物与交通干线②等的防噪声距离,并提出相应的规划设计要求。

未达到国家声环境质量标准的区域所在的设区的市、县级人民政府,应当及时编制声环境质量改善规划及其实施方案,采取有效措施,改善声环境质量。声环境质量改善规划及其实施方案应当向社会公开。

---

① 参见《声环境质量标准》(GB 3096—2008)。根据《噪声污染防治法》的规定,夜间是指晚上十点至次日早晨六点之间的期间;设区的市级以上人民政府可以另行规定本行政区域夜间的起止时间,夜间时段长度为八小时。

② 根据《噪声污染防治法》的规定,交通干线是指铁路、高速公路、一级公路、二级公路、城市快速路、城市主干路、城市次干路、城市轨道交通线路、内河高等级航道。

编制声环境质量改善规划及其实施方案,制定、修改噪声污染防治相关标准,应当征求有关行业协会、企业事业单位、专家和公众等的意见。

(三)噪声污染防治的监督管理

1. 噪声监测制度

国务院生态环境主管部门负责制定噪声监测和评价规范,会同国务院有关部门组织声环境质量监测网络,规划国家声环境质量监测站(点)的设置,组织开展全国声环境质量监测,推进监测自动化,统一发布全国声环境质量状况信息。地方人民政府生态环境主管部门会同有关部门按照规定设置本行政区域声环境质量监测站(点),组织开展本行政区域声环境质量监测,定期向社会公布声环境质量状况信息。

2. 环境影响评价与"三同时"制度

新建、改建、扩建可能产生噪声污染的建设项目,应当依法进行环境影响评价。

建设项目的噪声污染防治设施应当与主体工程同时设计、同时施工、同时投产使用。建设项目在投入生产或者使用之前,建设单位应当依照有关法律法规的规定,对配套建设的噪声污染防治设施进行验收,编制验收报告,并向社会公开。

3. 落后工艺和设备淘汰制度

国务院发展改革部门会同国务院有关部门确定噪声污染严重的工艺和设备淘汰期限,并纳入国家综合性产业政策目录。生产者、进口者、销售者或者使用者应当在规定期限内停止生产、进口、销售或者使用列入该目录的设备。工艺的采用者应当在规定期限内停止采用列入该目录的工艺。

4. 约谈制度

对未完成声环境质量改善规划设定目标的地区以及噪声污染问题突出、群众反映强烈的地区,省级以上人民政府生态环境主管部门会同其他负有噪声污染防治监督管理职责的部门约谈该地区人民政府及其有关部门的主要负责人,要求其采取有效措施及时整改。约谈和整改情况应当向社会公开。

5. 举报制度

接到举报的部门应当及时处理并对举报人的相关信息保密。举报事项属于其他部门职责的,接到举报的部门应当及时移送相关部门并告知举报人。举报人要求答复并提供有效联系方式的,处理举报事项的部门应当反馈处理结果等情况。

(四）工业噪声污染防治

工业噪声，是指在工业生产活动中产生的干扰周围生活环境的声音。对于工业噪声污染防治，《噪声污染防治法》规定了以下具体措施：

1. 优化工业企业布局，防止工业噪声污染

在噪声敏感建筑物①集中区域，禁止新建排放噪声的工业企业，改建、扩建工业企业的，应当采取有效措施防止工业噪声污染。

2. 实行排污许可管理

排放工业噪声的企业事业单位和其他生产经营者，应当采取有效措施，减少振动、降低噪声，依法取得排污许可证或者填报排污登记表。实行排污许可管理的单位，不得无排污许可证排放工业噪声，并应当按照排污许可证的要求进行噪声污染防治。

3. 实行地方重点排污单位名录监管

设区的市级以上地方人民政府生态环境主管部门应当按照国务院生态环境主管部门的规定，根据噪声排放、声环境质量改善要求等情况，制定本行政区域噪声重点排污单位名录，向社会公开并适时更新。

实行排污许可管理的单位应当按照规定，对工业噪声开展自行监测，保存原始监测记录，向社会公开监测结果，对监测数据的真实性和准确性负责。

噪声重点排污单位应当按照国家规定，安装、使用、维护噪声自动监测设备，与生态环境主管部门的监控设备联网。

（五）建筑施工噪声污染防治

建筑施工噪声，是指在建筑施工过程中产生的干扰周围生活环境的声音。对于建筑施工噪声污染防治，《噪声污染防治法》规定了以下具体措施：

1. 明确施工单位的噪声污染防治责任和建设单位的监督责任

建设单位应当按照规定将噪声污染防治费用列入工程造价，在施工合同中明确施工单位的噪声污染防治责任。施工单位应当按照规定制定噪声污染防治实施方案，采取有效措施，减少振动、降低噪声。建设单位应当监督施工单位落实噪声污染防治实施方案。

2. 优先使用低噪声施工工艺和设备

国务院工业和信息化主管部门会同国务院生态环境、住房和城乡建设、市场监督管理等部门，公布低噪声施工设备指导名录并适时更新。

---

① 根据《噪声污染防治法》的规定，噪声敏感建筑物是指用于居住、科学研究、医疗卫生、文化教育、机关团体办公、社会福利等需要保持安静的建筑物。

3. 噪声敏感建筑物集中区域的特殊规定

建设单位应当按照国家规定,设置噪声自动监测系统,与监督管理部门联网,保存原始监测记录,对监测数据的真实性和准确性负责。

禁止夜间进行产生噪声的建筑施工作业,但抢修、抢险施工作业,因生产工艺要求或者其他特殊需要必须连续施工作业的除外。

(六) 交通运输噪声污染防治

交通运输噪声,是指机动车、铁路机车车辆、城市轨道交通车辆、机动船舶、航空器等交通运输工具在运行时产生的干扰周围生活环境的声音。对于交通运输噪声污染防治,《噪声污染防治法》规定了以下具体措施:

1. 制定、修改国土空间规划和交通运输等相关规划

各级人民政府及其有关部门制定、修改国土空间规划和交通运输等相关规划,应当综合考虑公路、城市道路、铁路、城市轨道交通线路、水路、港口和民用机场及其起降航线对周围声环境的影响。新建公路、铁路线路选线设计,应当尽量避开噪声敏感建筑物集中区域。新建民用机场选址与噪声敏感建筑物集中区域的距离应当符合标准要求。

2. 制定交通基础设施工程技术规范,明确噪声污染防治要求

新建、改建、扩建经过噪声敏感建筑物集中区域的高速公路、城市高架、铁路和城市轨道交通线路等的,建设单位应当在可能造成噪声污染的重点路段设置声屏障或者采取其他减少振动、降低噪声的措施,符合有关交通基础设施工程技术规范以及标准要求。

3. 加强机动车消声器和喇叭的管理

机动车的消声器和喇叭应当符合国家规定。禁止驾驶拆除或者损坏消声器、加装排气管等擅自改装的机动车以轰鸣、疾驶等方式造成噪声污染。使用机动车音响器材,应当控制音量,防止噪声污染。机动车应当加强维修和保养,保持性能良好,防止噪声污染。

4. 划定禁行、禁鸣区域

地方人民政府生态环境主管部门会同公安机关根据声环境保护的需要,可以划定禁止机动车行驶和使用喇叭等声响装置的路段和时间,向社会公告,并由公安机关交通管理部门依法设置相关标志、标线。

5. 规范民用机场的建设及使用

民用机场所在地人民政府,应当根据环境影响评价以及监测结果确定的民用航空器噪声对机场周围生活环境产生影响的范围和程度,划定噪声敏感建筑物禁止建设区域和限制建设区域,并实施控制。在限制建设区域确需建设噪声

敏感建筑物的,建设单位应当对噪声敏感建筑物进行建筑隔声设计,符合民用建筑隔声设计相关标准要求。

采取低噪声飞行程序、起降跑道优化、运行架次和时段控制、高噪声航空器运行限制或者周围噪声敏感建筑物隔声降噪等措施,防止、减轻民用航空器噪声污染。按照国家规定,对机场周围民用航空器噪声进行监测,保存原始监测记录,对监测数据的真实性和准确性负责,监测结果定期向民用航空、生态环境主管部门报送。

6. 明确造成严重污染的责任认定,制定噪声污染综合治理方案

因公路、城市道路和城市轨道交通运行排放噪声造成严重污染的,设区的市、县级人民政府应当组织有关部门和其他有关单位对噪声污染情况进行调查评估和责任认定,制定噪声污染综合治理方案。

因铁路运行排放噪声造成严重污染的,铁路运输企业和设区的市、县级人民政府应当对噪声污染情况进行调查,制定噪声污染综合治理方案。铁路运输企业和设区的市、县级人民政府有关部门和其他有关单位应当按照噪声污染综合治理方案的要求采取有效措施,减轻噪声污染。

因民用航空器起降排放噪声造成严重污染的,民用机场所在地人民政府应当组织有关部门和其他有关单位对噪声污染情况进行调查,综合考虑经济、技术和管理措施,制订噪声污染综合治理方案。

(七)社会生活噪声污染防治

社会生活噪声,是指人为活动产生的除工业噪声、建筑施工噪声和交通运输噪声之外的干扰周围生活环境的声音。2008年8月19日,环境保护部发布了《社会生活环境噪声排放标准》,系我国首次发布该类标准。该标准对社会生活噪声污染源达标排放进行了义务性的规定,同时规定了边界噪声排放限值和结构传播固定设备室内噪声排放限值两类。

1. 禁止性规定

(1) 禁止在商业经营活动中使用高音广播喇叭或者采用其他持续反复发出高噪声的方法进行广告宣传。

(2) 禁止在噪声敏感建筑物集中区域使用高音广播喇叭,但紧急情况以及地方人民政府规定的特殊情形除外。

违反上述禁止性规定的,由地方人民政府指定的部门责令改正,处5000元以上5万元以下的罚款;拒不改正的,处5万元以上20万元以下的罚款,并可以报经有批准权的人民政府批准,责令停业。

2. 限制性规定

（1）文化娱乐、体育、餐饮等场所经营管理者应当采取有效措施，防止、减轻噪声污染。

（2）可能产生社会生活噪声污染的设备、设施的企业事业单位和其他经营管理者等，应当采取优化布局、集中排放等措施，防止、减轻噪声污染。

（3）对商业经营活动中产生的其他噪声，经营者应当采取有效措施，防止噪声污染。

（4）在街道、广场、公园等公共场所组织或者开展娱乐、健身等活动，应当遵守公共场所管理者有关活动区域、时段、音量等规定，采取有效措施，防止噪声污染。

（5）日常活动尽量避免产生噪声对周围人员造成干扰，互谅互让解决噪声纠纷，共同维护声环境质量；使用家用电器、乐器或者进行其他家庭场所活动，应当控制音量或者采取其他有效措施，防止噪声污染。

（6）对已竣工交付使用的住宅楼、商铺、办公楼等建筑物进行室内装修活动，应当按照规定限定作业时间，采取有效措施，防止、减轻噪声污染。

违反上述规定的，由地方人民政府指定的部门说服教育，责令改正；拒不改正的，给予警告，对个人可以处 200 元以上 1000 元以下的罚款，对单位可以处 2000 元以上 2 万元以下的罚款。

（7）新建居民住房的房地产开发经营者应当在买卖合同中明确住房的共用设施设备位置和建筑隔声情况。违反该规定的，由县级以上地方人民政府房产管理部门责令改正，处 1 万元以上 5 万元以下的罚款；拒不改正的，责令暂停销售。

（8）居民住宅区安装电梯、水泵、变压器等共用设施设备的，建设单位应当合理设置，采取减少振动、降低噪声的措施，符合民用建筑隔声设计相关标准要求。违反该规定的，由地方人民政府指定的部门责令改正，处 5000 元以上 5 万元以下的罚款；拒不改正的，处 5 万元以上 20 万元以下的罚款。

> **思考题**
>
> 1. 简述大气污染物排放总量控制制度。
> 2. 简述水污染防治的标准和规划。
> 3. 简述海洋环境管理体制的法律规定。
> 4. 简述固体废弃物污染防治的"三化"原则。
> 5. 简述《噪声污染防治法》对社会生活噪声的针对性规定。

推荐阅读

1. 孟庆瑜:《我国机动车污染防治法律问题初探》,载《法学杂志》2019 年第 11 期。
2. 徐祥民:《大气污染防治中的地方政府大气环境质量责任制度实证研究》,载《法学论坛》2020 年第 5 期。
3. 姜渊:《〈大气污染防治法〉规制思路与手段的思辨与选择》,载《浙江学刊》2019 年第 5 期。
4. 于铭:《以水质标准为中心完善水污染防治法律制度体系》,载《浙江工商大学学报》2021 年第 5 期。
5. 武萍、李颖:《法律视角下我国水污染防治模式转变机制研究》,载《法学杂志》2020 年第 5 期。
6. 陈超等:《新〈水污染防治法〉在保障供水安全方面的法制化建设成果》,载《中国给水排水》2017 年第 20 期。
7. 贺蓉:《〈环境保护法〉与〈海洋环境保护法〉陆海统筹的方案及建议研究》,载《海洋环境科学》2021 年第 5 期。
8. 巩固:《绿色发展与环境立法新思维——兼评〈土壤污染防治法〉》,载《法学论坛》2018 年第 6 期。
9. 巩固:《公法责任视角下的土壤修复——基于〈土壤污染防治法〉的分析》,载《法学》2018 年第 10 期。
10. 吴卫星:《我国环保立法行政罚款制度之发展与反思——以新〈固体废物污染环境防治法〉为例的分析》,载《法学评论》2021 年第 3 期。

第三编

自然资源法

第十一章 自然资源法概述

【导言】

自然资源法是环境与资源保护法学的重要组成部分。自然资源对环境以及人类社会的生存和发展意义重大。自然资源的若干理论问题是自然资源立法和理论研究的基础。自然资源法是指调整在自然资源开发利用、保护和管理过程中所发生的各种社会关系的若干法律规范的总称。本章主要就自然资源以及自然资源法的基础理论问题进行论述,包括自然资源概述、自然资源与人类社会、自然资源与法,以及自然资源法的概念和调整对象等。

第一节 自然资源概述

一、自然资源的概念

自然资源一语由"自然"和"资源"两部分组成,其中"资源"一词处于中心位置,成为对自然资源进行内涵界定的基础。因此,对自然资源概念的分析,应首先从"资源"一词入手。从语义上分析,"资源"的基本含义是指资财的来源。① 不难看出,上述看似简单的定义却因其在内涵和外延方面的不确定性,难以对"资源"一词进行准确把握和定性。针对该问题,有学者提出,"资源"一词是具有向度(dimension)的一个观念,一种物质被称为"资源"是有时间、社会制度、目的与手段设计及技术的向度的。② 也就是说,对"资源"一词的把握和认识必须是在外部条件既定的前提下,根据研究的需要确定其意义的归属,只有这样才能有效避免在认识中的混淆。这实际上也为对自然资源含义的理解提供了一个有益的可供遵循的思路。

根据"资源"一词的基本含义,可以简单地认为自然资源主要是指自然界中资财的来源,主要是指在自然界中可以为人类带来财富的自然条件和自然要素,

---

① 参见《辞海》(1999年版缩印本),上海辞书出版社2000年版,第1738页。
② 参见于宗先主编:《经济学百科全书(第七编)·人力资源、资源经济学、农业经济学》,联经出版事业公司1986年版,第2422页。

如土地、水、矿藏、森林、草原、野生动植物、阳光、空气等。根据"资源"一词含义的向度要求,对自然资源的认识也必须基于特定的前提和条件。首先,在技术方面,随着人类社会科学技术水平的不断提高,对自然资源开发利用的深度、广度和精度也在不断扩大。比如在人类历史上,结构材料曾经历过多次变化,起初青铜代替石头,铁代替青铜,后来钢又代替铁,现在铝和强化的塑料正在取代钢做某些结构原料,[①]这从一个侧面有力地说明了技术能力与自然资源的密切相关性。其次,在经济方面,经济能力的强弱也在一定程度上影响着对自然资源的开发利用程度。比如,尽管地球的两极地区蕴藏着世界上绝大多数的淡水资源,但由于开采和运输的成本问题,它们目前还不能成为世界上大多数国家的淡水来源。最后,公共决策和制度的因素也会在一定程度上对可开发利用的自然资源范围产生影响。比如目前世界上有些国家或地区出于多种考虑,往往在一定时间和空间内对某些种类的自然资源进行封存,这已经成为当前国际社会一种比较通行的做法。姑且不对此进行优劣评价,但这种做法本身势必对自然资源所涵盖的外延产生明显的影响。除了上述因素之外,还会有其他的外部条件对自然资源的认识和了解产生不同程度的影响,应该根据不同研究的目的和需要对自然资源进行理论上的合理定位。

除此之外,在对自然资源的理解方面还有一个需要指出的问题,就是目前对自然资源的认识主要还是从经济角度出发的,体现出明显的实用主义的价值倾向,这种认识问题的思路无疑是片面的。把自然资源界定为自然界中可以为人类带来财富的来源,这只是从社会的角度对自然资源的一种定义方式,但这并不意味着为人类社会提供财富是自然资源的唯一存在价值,从某种程度上来说,自然资源对于自然界的生态价值与功能更能体现其内涵的质的规定性。因此,对自然资源的认识和把握,必须摆脱实用主义的影响,重视自然资源的生态价值与功能。只有以自然资源的经济与生态双重属性为起点,所展开的相关制度设计才可能是科学和有效的,否则一切的理论分析和论证必将偏离正确的方向。

二、自然资源的分类

自然资源是一个外延非常宽泛的概念,为保证针对性的研究能够得以顺利展开,并为围绕自然资源衍生的各种开发利用和保护行为设置合理的制度规范,应该根据研究的需要,依据不同的划分标准,对自然资源进行多种科学分类。

以自然资源的自然赋存条件为标准,可以将其分为地下资源和地表资源两

---

① 参见肖乾刚主编:《自然资源法》(第2版),法律出版社1992年版,第1页。

类。地下资源又称"地壳资源",主要是指赋存在地表以下的金属、非金属原料资源和石化燃料资源,包括铝、铁、石油、煤炭、天然气等;地表资源又称"生物圈资源",主要是指构成地表生物圈的自然因素和自然条件,包括土地、水、气候、生物资源等。

以自然资源的再生程度为标准,可以将其分为可再生资源、不可再生资源和恒定资源三类。第一类,可再生资源,主要是指那些基于自身特质,在适宜的外部条件下具有自我更新和恢复能力的自然资源形态。根据再生能力的不同特点,可再生资源又可分为两种。一种是生物资源,主要表现为由动物、植物、微生物及其与周围环境相互作用形成的不同层次的生态系统,如森林、草原、野生动物群落等。生物资源的再生能力来自于其自身的生命力,只要外部条件适宜,其自身的繁衍与进化即可形成生生不息的生命过程,维持生态系统和生物物种的持续存在。另外一种是非生物资源,比如土地、水等,它们虽然没有生命,但具备在一定条件下进行恢复和更新的客观规律,只要人类的活动不破坏这些规律,同样可以保证对这些非生物资源的循环使用。第二类,不可再生资源,主要是指那些经历过若干地质年代形成,在人类可预期的时限内无法再生,并随人类开发强度的增大而趋于枯竭的资源,主要包括各种金属和非金属矿物以及石化燃料矿物。尽管不可再生资源在人类社会的发展史上曾经并正在发挥着不可替代的支持作用,但这类资源没有生命力,也没有再生能力,而且其总储量正随着开发利用而逐渐耗竭。因此,如何加强对不可再生资源的合理利用并尽可能延长其使用期限,是当前摆在人类面前的一个重要课题。第三类,恒定资源,是指那些在自然界大量存在,而且在人类可预期的时限内无论怎么利用,都不会引起数量减少的自然资源类型。太阳能即为一种典型的恒定资源。对于恒定资源,应不断扩大对其开发利用的效率和范围,逐步增加其在整个自然资源利用过程中的比例。

自然资源还可以按照其存续状态划分为存量资源和流量资源;按照其对人类社会的用途划分为工业资源、农业资源、旅游资源等;按照其基本属性划分为土地资源、水资源、矿物资源、生物资源等。究竟采用何种分类标准,主要取决于研究的目的与要求。

就自然资源法而言,对自然资源的分类研究将对自然资源开发利用的有关行为规范设计及单行法的形成产生积极的影响,但这种分类研究"并不意味着按自然资源品种进行立法并构建法律制度就是可取的"[①]。因此,虽然基于不同的

[①] 肖国兴、肖乾刚编著:《自然资源法》,法律出版社 1999 年版,第 15 页。

自然资源类型开发利用的特殊性进行特殊的法律规则设计是必要的,但自然资源赋存的整体性与关联性决定了统一的法律规范也是必需的。这个问题在一定程度上存在于我国目前的自然资源立法中,单行法的迅速发展和综合性立法的欠缺,导致了我国自然资源法制的结构性失衡,这一点应是在今后自然资源法的理论研究和立法实践中必须予以着力解决的重要问题。

三、自然资源的特征

自然资源的特征是一种规律性的存在,它不仅从根本上决定了人类对自然资源进行开发利用及保护的内容和方式,同时更是自然资源法进行法律制度构建的起点和内在的决定性因素。因此,应当从不同角度出发,对自然资源的特征进行较为全面的认识和把握。

(一) 自然资源的自然性

从根本上来说,自然资源都是不依赖人类的主观意识而客观存在于自然界的自然要素和自然条件,它们的产生、发展和变化都必然遵循一定的自然规律,而不以人的意志为转移。尽管人类社会对自然资源开发利用的深度和广度在不断地拓展,在一定程度上使得自然资源的赋存和利用越来越多地带上了人化作用的烙印,但对自然资源而言,从根本上对其演变起决定性作用的依然是自然规律。人类围绕自然资源展开的各种社会经济活动只是对自然规律的认识和掌握,对自然规律的违背只能带来灾难性的后果,当前所面临的严峻的自然资源形势就很好地说明了这个问题。同时,自然资源的自然性还决定了尽管自然资源是人类社会财富的来源,但它们并不凝结必要的社会劳动。从某种意义上来说,自然资源是大自然对人类社会的恩赐,这就使其区别于一般的物和社会财富,再加之自然资源本身所具有的在质、量、形态、时间、空间等上的多种自然属性,使得将其纳入法律调整的范围必然困难重重。所以,相对于传统的法律部门,自然资源法的理论创新与进化也就成为必然。

(二) 自然资源的社会性

尽管自然性是自然资源存在的基础,但围绕着对自然资源的开发利用,自然资源的社会性也日益明显。这主要是因为,虽然人类围绕自然资源展开的各种社会经济活动只是对自然规律的认识和掌握,但这个对自然规律认识和掌握的过程却是一个社会过程,在这个过程中,社会个体及群体的主观能动性在发挥着积极的推动作用。尤其是人类进入工业社会之后,随着社会需求的不断扩大和经济技术水平的逐步提高,越来越多的自然资源要素被纳入社会生产的循环过程中。这不仅为人类社会的发展进步提供了有力的支撑,同时也衍生出诸多负面的社会影响，比如自然资源的浪费与破坏、环境污染等社会经济发展过程中的外部性问题。正是这种情况的存在，才逐步产生了对自然资源进行法律调整的社会需求。因此，必须重视当今社会对自然资源越来越深入的社会性影响，这也是自然资源与法律的基本连接点之一。

（三）自然资源的整体性

虽然可以从不同的角度对自然资源进行多种分类，但对于自然赋存状态中的自然资源而言，它们之间有着相互的、内在的和有机的联系，是一个赋存相连的统一整体，共同构成自然环境不可分割的组成部分。自然资源的整体性在两个方面表现得尤为明显。首先，不同自然资源类型存在形态的相连性。森林、河流、矿藏、草原、野生动物等多种自然资源都附着于土地之上或蕴藏在土地之中，其中的任何一种都不可能独立存在，任何一种自然资源类型的存在都为其他自然资源提供了存在的物质基础和前提，从而形成了一种共生共存的相互关系。其次，不同自然资源类型功能的相关性。在自然的生态系统中，各种自然资源的功能是相互影响、相互制约和相互促进的，其中任何一种自然资源的变化，都必将对其他自然资源的存在和功能发挥产生影响，甚至影响到整个生态系统的正常运行。比如在一个生态系统中，森林资源的变化将直接影响到与之相关的土地、草原、河流、野生动植物等多种自然资源类型的存在状态和功能发挥的程度。因此，自然资源整体性特征所决定的其存在形态的相联性和功能的相关性，要求我们必须用整体和系统的观念看待自然资源，在相关的法律规范设计上也应该有整体性，并以此为基础，不断推动自然资源立法的体系化发展。

（四）自然资源的相对性

面对人类社会日趋增长的需求，如何对当前乃至未来自然资源供给的总体状况作出一个合理的判断与评价，将直接影响到自然资源法学研究的理论定位和相关立法实践的基本思路。对这个问题的认识应把握两个方面。首先，绝大部分自然资源的存量是有限的。对于不可再生资源来说，其形成的地质年代过程远远超过人类社会的预期时限，因此就现有的不可再生资源而言，只能是越用越少；对于可再生资源来说，其再生能力的维持和实现是需要一定条件的，而人类社会对自然资源开发利用的扩张性倾向往往会削弱甚至破坏可再生资源的自我更新和恢复能力，导致可再生资源数量和质量的长期性衰落。其次，自然资源的供给能力在一定程度上也具备拓展的可能。随着人类社会经济技术水平的不断提高，人类对自然的认识和了解能力也在不断增强。人类一方面会对现有的自然资源的开发利用方式和内容进行不断改进，提高对自然资源的利用效率，另一方面还会不断发现新的自然资源形态，不断扩大对自然资源开发利用的领域和范围,通过这两方面的努力有效拓展自然资源的供给能力。将自然资源的有限性和拓展性结合起来看,自然资源在供给上是具有明显相对性的,既存在不利因素,同时也有有利因素。因此,围绕自然资源的各种制度设计就要充分调动人类的主观能动性,尽量克服不利因素,充分发挥有利因素,尽最大可能保持自然资源的稳定赋存和持续供给。

四、与自然资源相关的概念

(一)自然资源与环境

自然资源与环境是相互之间联系非常密切的两个概念,如何看待和处理二者之间的相互关系不仅至今没有定论,而且已经成为一个颇有争议的问题。有些学者认为,环境是一个上位的概念,自然资源应该包含于其中,这一点无论是在理论上还是在现实的立法实践中都是可以找到明确依据的。[①] 对于这样的观点,也有学者针锋相对地指出,虽然从资源与环境的整体性出发,将自然资源作为环境结构和要素,有利于从宏观上正确理解可持续发展的丰富内涵,但从现行各国的决策上看,资源对策与环境对策尚未形成统一的行动,特别是资源利用与环境保护的同一规范机理尚待研究,这种观点在决策上的应用价值还需要验证。而且,从资源问题与环境问题的成因上看,前者为因,后者为果,将二者或者并入自然资源,或者并入环境都可能带来形而上学的思考,不利于对这一问题的理解。[②]

之所以在认识上产生如此明显的差异,其根本原因在于,对于人类社会而言自然要素的多功能性及由此所导致的开发利用的多目标性。实际上,无论自然资源也好,环境也好,其不同称谓的共同指向只有一个,那就是自然要素,但由于同一自然要素自身所具有的多功能性,人们往往从不同的用途出发对其有不同的称谓。就目前的认识水平和思维定式而言,就同一种自然要素,如果是从经济和实用的角度考虑,就会将其称为"自然资源",而如果是从生态效用的角度出发,则会将其称为"环境"。就森林来说,如果考虑到其提供木材的作用时,一般将其称为"森林资源",而如果是从涵养水源、保持水土、净化空气的角度出发,那就会将其称为"森林环境"。因此,自然资源或者环境仅是人们从不同角度出发对同一自然要素的不同称谓,二者既不相互包容,也不截然对立,而且随着社会发展模式的生态化转向,自然要素的经济和生态效用被结合的程度越来越紧密,

---

① 参见韩德培主编:《环境保护法教程》(第 4 版),法律出版社 2005 年版,第 3 页。
② 参见肖国兴、肖乾刚编著:《自然资源法》,法律出版社 1999 年版,第 10 页。

环境与自然资源的融合趋势也越来越明显。比如,有学者指出:"环境容量在很大程度上是一种可再生资源。"[①]所以,对自然要素采用"环境"或"自然资源"的称谓只是出于现阶段不同角度研究的需要,并无实际意义。

（二）自然资源与资源产品

自然资源与资源产品是两个既相互联系又有明显区别的概念。一般来说,自然资源是指处于自然赋存状态下的各种自然要素,比如森林、矿藏、河流、草原等;而资源产品则专指那些通过人力介入对自然资源开发利用而形成的产物,比如"发掘矿藏"得到的矿产品、采伐森林得到的木材、从天然河流中取得的水等。尤其对自然资源法的研究而言,对自然资源与资源产品的区分必须特别注意,因为在自然资源法的有关规定中,自然资源与资源产品的权属主体范围是不同的。在我国,大多数自然资源的所有权都是属于国家的,而且禁止流转,但资源产品的所有权主体却可以是多元化的,并且还是可以流转的。所以,必须对自然资源和资源产品进行明确的区分。

第二节　自然资源与人类社会

一、自然资源与人类社会的相互作用和影响

人类社会在不断发展进化的过程中,时刻在与大自然进行着物质交换、能量循环和信息传递,正是在这种不间断的相互作用的有力推动下,人类社会才得以不断发展和进步,而各种类型的自然资源则构成了人类社会与自然界相互作用与影响的基本物质载体。所以,在某种意义上完全可以认为,人类社会的文明史实际上也是一部人类社会对自然资源开发利用的历史。因此,无论是在过去、现在和将来,自然资源与人类社会的相互作用与影响都将成为人类社会发展进步过程中一个引人注目的重要方面。

基于人自身所具有的主观能动性,在人类社会与自然资源的相互影响过程中,首先表现为人对自然资源的开发利用及保护等各种人化作用的介入,而自然资源也会逐渐表现出一些直接或间接的对人类社会的反作用。这种反作用可能是积极的,但也可能是消极的。在很大程度上它取决于人类社会对自然资源开发利用的规模和水平,以及对自然规律的认识掌握程度和科学技术

[①] 中国科学院可持续发展研究组编:《2002中国可持续发展战略报告》,科学出版社2002年版,第118页。

的发展水平。

在近代工业革命之前漫长的农业社会中,低下的社会生产力发展水平决定了在那个阶段对自然资源的开发利用也处在一个相对较低的水平。与当时的社会生产方式相应,对自然资源的开发利用主要体现为游牧、渔猎、采集、耕种等途径。正是这种相对低下的开发利用水平,决定了当时人类社会对自然资源的需求在总体上不可能超出自然资源的供给能力,因此,在农业社会中,自然资源的供需状况总的来说是平衡的。在人类社会进入工业社会之后,科学技术水平的发展日新月异,人类社会可以更广泛、更深入地获取自然资源,而且不断通过对自然资源自身形态和性质的改变来满足对其开发利用的不同目标和需求。以对自然资源全面和深入的开发利用为依托,人类社会创造了辉煌的工业文明,但这同时也决定了人类社会对自然资源开发利用的广度和深度在不断拓展,并且已经在总体上接近了自然资源对人类社会供给的极限。当前日趋严峻的环境资源局势即为自然资源在总体上供求濒临失衡的显著表现,同时也是自然资源对人类社会掠夺性开发利用的反作用表现。长此以往,必然导致自然资源在总体上的衰落与耗竭,而如果失去自然资源的物质支撑,人类社会也将不复存在。

因此,对于自然资源与人类社会的相互作用与影响必须进行全面的理解和评价,它既可能表现为良性的相互促进,也可能表现为破坏性的恶性循环,何去何从,最终还是取决于人类自身的选择。社会的发展与进步是必然的,但也必须充分考虑自然资源的承载能力和容量。人类自身主观能动性的发挥应以对自然规律的认识和掌握为基础,通过对自然资源开发利用的指导思想和行为方式的不断优化,逐步形成人类社会开发利用与自然资源供给相互促进的良性循环。

二、自然资源与可持续发展

进入工业社会之后,伴随着社会化工业生产向纵深发展,经济增长的负面效应日益显现,20世纪60年代末在工业化国家相继出现重大的污染和公害事件,各种自然资源也逐步呈现出整体的退化趋势,此时,"人类环境的问题,不是如同平常所理解的仅仅是自然环境因素如空气、水、土地的恶化问题,而是一个当前人类的社会经济发展方向和发展模式与地球生命支持能力相悖的问题。"[①]于是,在对传统生产与发展方式反思的基础上,国际社会提出了可持续发展理论。

由挪威首相布伦特兰领导的世界环境与发展委员会在1987年4月发表了

---

① 王曦编著:《国际环境法》,法律出版社1998年版,第9页。

报告《我们共同的未来》,正式提出可持续发展的战略和理论,指出"可持续发展是既满足当代人的需要,又不对后代人满足其需要的能力构成危害的发展"[①]。到目前为止,这一最初起源于协调经济发展与环境保护的理论范畴逐步被赋予了越来越丰富的内涵,其适用范围也遍及经济、文化、人口、教育、科技发展等不同的社会领域。但无论从哪个角度对可持续发展进行理解,可持续利用的自然资源都是实现可持续发展的基本前提,也是社会中各种经济产业和文明形态得以存在和发展的决定性物质因素。

但是,对于任何国家来说,能够有效开发利用的自然资源都是有限的,尤其对于我国这样一个人口大国,自然资源的问题就显得更为突出。长期以来,由于观念、体制等方面的原因,本来就十分有限的自然资源已经遭到了过度的开发利用,并由此带来了严重破坏。当前,面对庞大的人口基数和处于工业化初期的经济发展要求,在我国资源开发利用过程中依然普遍存在着承载能力低、开发利用效率低、资源后续产业物耗高等问题。[②] 我国原本就不容乐观的自然资源形势显得更加严峻,在某种程度上已经威胁到了我国社会经济发展的自然物质基础。在这样的情况下,可持续发展只能是一句空话。

因此,尽管实现可持续发展战略是一个庞大的社会系统工程,然而对自然资源持续供给的有效保证无疑在贯彻可持续发展的过程中处于基础性的地位。但是,自然资源赋存的总量是有限的,而社会经济发展对自然资源的需求却在不断地扩张。这就决定了必须在遵循自然规律的基础上进行有效的法律制度和规则设计,以法律的调整和规范不断优化社会对自然资源的开发利用和保护方式,逐步提高对自然资源开发利用的效率与水平,力争实现自然资源需求与供给的动态平衡,在保证自然资源稳定和持续供给的前提下,不断推动社会的进步与发展。应该说,这是贯彻与实现可持续发展战略的基本起点。

三、自然资源的合理开发利用

对自然资源的开发利用是人类社会发展与进步过程中的基本环节,也是人类社会与自然界之间进行物质交换、能量循环和信息传递的主要方式,因此,对自然资源进行开发利用的意义对人类社会来说是不言而喻的。但是,对自然资源的开发利用并不是可以盲目或任意进行的,应该是以掌握自然资源存在和发

---

① 世界环境与发展委员会:《我们共同的未来》,王之佳等译,吉林人民出版社1997年版,第52页。
② 参见付英、程绪平:《构建适应保护资源的政策法律新框架》,载《中国人口·环境与资源》2001年第1期。

展的基本规律为前提,对其进行合理的开发利用,尽可能保证对自然资源的开发利用活动不对其赋存和演变产生负面影响,力争形成经济发展与自然资源开发利用之间良好的互动关系。基于不同类型自然资源的自身属性和开发利用要求的不同,对其进行合理开发利用的方式和途径也不一样,需要区别对待。

对可再生资源的合理开发利用应遵循两个基本原则:其一,维持和增强可再生资源的再生能力;其二,对可再生资源的开发利用速度不得超过其再生速度。这两个方面既有区别又有联系。只有在这样的指导思想下,才能保证对可再生资源的持续利用,并实现对经济发展与生态平衡的兼顾。对可再生资源合理开发利用的具体方式和途径有:第一,优化利用。自然资源的多功能性决定其必然在经济、生态和社会等不同领域同时具有多种用途,因此需要结合考虑自然资源自身的特点和外在的现实需求,优化对自然资源的开发利用的方向和方式,实现自然资源效能发挥的最大化。第二,适度利用。可再生资源的再生能力是有限的,因此对可再生资源的开发利用必须适度,把开发利用的速度和范围控制在可再生资源的再生能力之内,这样才不至于对可再生资源的再生能力形成破坏,从而实现对可再生资源的持续利用。第三,整体利用。可再生资源的自然赋存和功能往往表现为互相联系和互相影响的整体,这决定了对可再生资源的开发利用不能仅仅以个别自然资源类型用途的实现为出发点,而必须着眼于不同区域内可再生资源的整体,实现自然资源的整体功能效益。

对不可再生资源的合理开发利用也应遵循两个基本原则:其一,提高不可再生资源的开发利用效率;其二,延长不可再生资源的开发利用期限。以此思想为指导,对不可再生资源(主要是指矿产资源)合理开发利用的具体方式和途径有:第一,综合利用。矿产资源中的许多种类是伴生或共生的,即同一区域蕴藏着多种矿产资源,对于许多伴生矿应同时或连续开采,不应只开采其中的一种或几种,应同时或连续冶炼,提取所有可能提取的矿产品。第二,最优利用。当同一种产品能从多种资源中提取,或能从一种资源中提取多种产品时,对于从哪一种资源中提取,或提取哪一种产品,不仅应考虑技术和经济效益的合理性,还应考虑资源的蕴藏量和开采能力。对于蕴藏量少的矿产应尽量采用替代资源,使资源能用于最需要的用途。[①] 第三,重复利用。不能把已经开发利用过的矿产资源当作废物,因为不同的社会生产环节对矿产资源的用途要求是不一样的,某些经济活动开发利用过的矿产资源完全可能在其他生产环节中被用作生产原料。应该加强对矿产资源的多次利用和重复利用,这是提高对矿产资源的开发利用

---

① 参见肖乾刚主编:《自然资源法》(第2版),法律出版社1992年版,第9页。

效率并延长开发利用期限的重要途径。第四,拓展利用。针对不可再生资源存量的有限性,要依托不断进步的现代科学技术手段加强对其拓展利用。一方面要扩大对现有矿产资源的利用范围,拓展矿产资源新的功能和用途,并加强对贫矿、深矿、边远矿、海洋矿等开采技术难度大的矿产资源的开发利用;另一方面,要加强对新矿藏的寻找和勘探工作,扩大矿产资源的赋存总量。加强对矿产资源的拓展利用,是充分发挥人类的主观能动性,提高对矿产资源的开发利用效率并延长开发利用期限的基本实现方式。

恒定资源是在自然界中大量存在,无论如何使用其总量也不会减少且无污染或少污染的资源,如太阳能、风能等。从理论上讲,对恒定资源的开发利用可以最理想地保证人类对自然资源的需求。然而,人类利用恒定资源的经济技术水平有限,开发利用量也极为有限。因此,对恒定资源合理开发利用的具体方式和途径有:第一,规模利用。恒定资源的利用主要是作为能源、动力,其自身化学、物理性质和结构决定了其只有形成一定规模才具有开发价值。第二,及时利用。恒定资源如果当时未加工利用、收集或储存,过后就再也得不到。[①]

四、自然资源的保护

自然资源的保护主要是针对自然资源的过度开发利用以及由此所导致的自然资源在质和量两方面的减损和破坏。对于自然资源,人类社会首先着眼于如何通过开发利用为自身所用,这原本也无可非议,但追求经济效益最大化所必然具有的强烈扩张性,决定了对自然资源的开发利用往往忽视对自然资源自身的养护。这不仅容易造成对自然资源社会经济功能之外的其他功能的破坏,而且最终会导致自然资源自身的数量和质量在整体上的衰落。因此,对自然资源的保护就是要克服和纠正在自然资源开发利用过程中对自然资源自身所带来的负面作用和影响,通过采取各种有效措施维持和强化可持续利用的自然资源基础,在保持生态平衡的前提下,保证社会经济发展对自然资源合理需求的满足。

随着对自然规律认识的不断深入,有关自然资源保护的指导思想也在不断地发生变化。最初产生自然资源保护的观念,主要是针对工业革命之后伴随经济的飞速发展而对自然资源严重的掠夺性开发和破坏,因此当时提倡的是严格的和禁止性的静态保护,主要表现为保留、封存等措施。这种局面的出现取决于当时的自然资源态势和人类认识水平,从根本上反映的是经济发展与自然资源

---

① 参见肖国兴、肖乾刚编著:《自然资源法》,法律出版社1999年版,第17页。

保护之间的对立和矛盾。但随着社会的不断发展进步,人们逐渐认识到,自然资源本身也不是处于静止和一成不变的状态,它也在遵循一定的规律不断地发展和演变。因此,对自然资源的保护也不能仅局限于静态的和禁止性的措施,在认识和掌握自然规律的基础上,可以通过人化作用对自然资源的介入恢复、强化和发展自然资源,在一定程度和范围内实现自然资源质的提高和量的扩张。所以,对自然资源保护的指导思想也应逐步实现"从静态保护到动态发展,从经济性开发到生态建设"的战略性转变。

在此需要特别指出的是,必须科学看待和处理自然资源保护与开发利用的相互关系。从根本上来说,对自然资源的保护与开发利用并不矛盾,它们是一个问题的两个方面,共同存在于人类社会与自然资源相互作用的同一过程之中。一般认为,对自然资源的开发利用主要着眼于自然资源的社会经济属性,而对自然资源的保护则更为看重其自然生态功能。但实际上,自然资源的经济属性与生态功能并不截然对立,而在根本上相互依存、密切相关,而且伴随着当前社会经济的生态化转型,经济效益与生态效益的共生与共存表现得更为明显,要求对自然资源的开发利用必须考虑对其生态功能的保护和发展,而对自然资源的保护也应在一定程度与范围内形成经济方面的约束与激励机制。有学者提出,对自然资源而言,"明智的利用蕴含着保护"[①],那么同时也可以认为,有效的保护实际上也保证了对自然资源的持续开发利用。

第三节 自然资源与法

一、自然资源的社会属性

一般而言,对自然资源的基本属性认识往往建立在其自然生态属性的基础上,结合开发利用的需要强调其可用性。但这种认识基本上是把自然资源的可用性与自然属性密切相连,而排斥和否认其社会属性。寻根问底,对自然资源社会属性的忽略是在农业社会自然经济状态下的产物,并一直沿袭至今。然而自从人类进入工业社会之后,生产与生活方式已发生了根本性的变化,对自然资源影响的广度和深度也远非往昔可比。随着科技的进步与经济活动空间的扩张,越来越多的自然资源要素被纳入了社会再生产的进程,越来越多的人化作用介入自然资源的演化过程,自然资源的社会属性也日益明显。因此,必须对自然资

---

① 戴星翼:《走向绿色的发展》,复旦大学出版社1998年版,第10页。

源的社会属性予以充分的肯定,自然资源不再是"天赐物"或"天然财富",而应从社会发展要素角度对其进行定位,并全面分析其社会属性的主要特征构成,为对其进行社会性的法律调整设定前提。

(一) 自然资源的稀缺性

"稀缺"(scarcity)描述的是社会的一种常态:物品是有限的,而需要则总是无限的。[①] 需要和满足之间的差距形成了稀缺,它实质上反映的是物品的赋存及生产与需求之间的矛盾,围绕该矛盾的解决,政治的、经济的、法律的等诸多社会机制应运而生,社会进步也同样是一个在众多合理分配稀缺物品的制度设计中进行取舍与选择的过程。如果没有稀缺性的存在,那么大多数经济与法律制度的规范和约束都将因前提条件的不具备而丧失其存在的必要性。反过来说,如果针对稀缺的物品缺乏相应的制度设计,那将必然导致物品消费与使用的混乱无序,最终可能形成对社会公认的公平及效率等价值判断标准的威胁。

从某种程度上来说,目前的自然资源状况是上述情形的典型写照。在通常的观念中,对自然资源的丰裕程度的理解往往是建立在"取之不尽,用之不竭"的指导思想之上,而且往往把自然资源的自然供给和社会的经济再生产视为两个独立的过程,在经济发展的同时将自然的承载与支撑视为当然,这种认识上的偏差是形成当今自然资源严峻形势的重要原因之一。日益严重的自然资源危机已经引起了人们的诸多反思,自然资源稀缺观念的形成应首当其冲。

自然资源的稀缺性是一个历史的概念。在不同历史时期,自然资源满足社会经济发展和进步的程度也不相同。从根本上说,自然资源的赋存总量是相对确定的,之所以会在不同阶段表现出满足程度的差异,这主要和当时生产力发展水平以及由此决定的对自然资源的阶段性需求总量有关。而且,在工业社会之前的大多数社会形态中,因受科学技术水平及人口等因素的影响,即使在某个历史时期,特定的区域会出现地区性的自然资源供给短缺,也并不表明当时就出现了自然资源在总体上的稀缺,因为人们往往通过迁徙等方法就能解决这些局部性的问题。这也从另一个侧面表明,在当时,自然资源在总体上的供给是可以满足需要的,不存在稀缺的问题。自然资源稀缺性的真正凸现发生在工业革命之后,是各国相继进入现代工业社会的产物。关于社会化工业生产所带来的自然资源危机已不需要更多的论据去证明。自然资源危机是其供给短缺的外在表现,实际上反映的是自然资源日益稀缺的现实。在这样的情况下,自然资源不可

[①] 参见〔美〕保罗·A. 萨缪尔森、威廉·D. 诺德豪斯:《经济学》(第14版)(上),胡代光译,北京经济学院出版社1996年版,第14页。

能只是单纯的自然要素,其稀缺性已经决定了它必然具有日益明显的社会属性,并且与社会的经济过程密切联系,无法分离。自然资源法的稀缺性及其导致的对合理配置的实际需要,是促使自然资源法形成与出现的一个基本动因,这实际上也从一个侧面解释了现代意义上的自然资源法为什么产生于工业革命之后。

(二) 自然资源与绿色核算体系①

从可持续发展的角度来看,传统的国民经济核算体系在进行资本与成本评估时在两方面存在明显的缺陷:其一,它忽略了在自然资源方面出现的稀缺,而这已经危及经济发展所需维持的生产力水平;其二,它也忽略了主要由污染导致的环境质量下降,以及随之而来的对人类健康和财富带来的影响,甚至一些用来维持环境质量的费用也被当作国民收入和生产的增加来加以核算,而实际上这些费用只应当作为社会的维持成本,并不能当成社会财富的增加。

因此,将自然(资源、环境)因素纳入国民经济核算,构建"资源—经济—环境"一体化的绿色核算体系,是当今人类社会制定和实现可持续发展战略最为重要的基础性工作之一,也是当今世界各国政府及理论界普遍关注的焦点问题。国际上从20世纪60年代,我国从1980年,就开始建立全面反映环境污染和环境治理水平的绿色统计报告制度。联合国统计机构在1988年提出了最初的宏观环境绿色核算体系框架,称为"环境与经济综合核算卫星体系"(SEEA)。

绿色核算体系的形成与建立,反映了当代社会人类对环境与自然资源价值和功能的再认识。其基本思路在于认为生态环境作为资产,能向生产者和消费者提供服务,比如向生产者提供自然资源以供生产使用,向消费者提供安静休憩区、自然景观等,这种服务会产生收入流,从而增加国民收入。另一方面,由于环境污染和生态破坏等环境资源问题的存在,生产者和消费者的利益会受到直接或间接的损害。直接的损害包括生产者需要的自然资源的缺乏、质量下降等,以及消费者所承受的由于环境问题而造成的疾病痛苦等;间接的损害则是一种机会成本,即一方对自然环境的占有,必然剥夺其他方对该资源的使用权利,当然这是在资源有限的情况下。从社会角度来看,这两种损害都会减少国内生产总值。因此,绿色核算就是要综合反映环境生态资产正负两方面的效应,并

---

① 关于绿色核算的详细内容可参见雷明:《绿色投入产出核算——理论与应用》,北京大学出版社2000年版,第1—24页。类似的概念还有"绿色价格体系""绿色国民账户""自然资源核算"等,参见戴星翼:《走向绿色的发展》,复旦大学出版社1998年版,第151—181页;钱阔、陈绍志主编:《自然资源资产化管理——可持续发展的理想选择》,经济管理出版社1996年版,第172—213页。尽管在概念的使用上存在差异,但其基本的研究思路是一致的,即对传统的国民经济核算进行修正,将环境与自然资源成本视为社会成本的组成部分并将其纳入国民经济成本与资本的评估,确立集自然资源、经济和环境为一体的绿色核算体系。

把它们纳入国民经济核算体系,从而调整现有的 GDP(国内生产总值)以得出更为精确的 GDP 信息。

绿色核算的思想是以承认自然资源的社会属性为前提的,它实际上表明,自然资源作为社会生产要素的一种,在社会经济再生产的不同阶段充当了资产与成本的不同角色,自然资源的生产与消费已成为社会再生产过程不可分离的组成部分。因此,如何为自然资源设计合适的生产与运营机制,以尽可能扩大其资产含量并缩减其成本效应,应成为当前理论研究与实践关注的重点。

(三) 自然资源与生产力的密切相关性

生产力是人类社会发展与进步最活跃、最根本的推动因素,然而在论及生产力与自然的关系时,却在相当程度上存在着一些认识上的偏差。通常认为,生产力是人类征服自然、改造自然的实际能力,是解决人与自然之间矛盾的客观物质力量。这就把生产力与自然对立了起来,将二者视为此消彼长的矛盾关系。应该说这种看法是片面的。

实际上,生产力与自然的关系是相互促进和协调一致的。可以以生产力的构成要素为切入点进行考察。生产力的构成包括两类:一类是劳动对象、以生产工具为主的劳动资料、劳动者这类独立的实体性要素,其中,生产工具是生产力水平的标志,劳动者是最活跃的主导因素;另一类是非独立的附着性、渗透性因素,包括科学技术、劳动组织、生产管理、智力资本等。以构成生产力的独立实体性要素而言,无论是劳动者还是劳动对象和劳动资料,从始至终无一能够摆脱自然因素的决定与影响,这一点从人类的出现和进化或从旧石器时代开始的人类对生产工具的选择和改进等科学已经证明的演化历程都可以得到有力的佐证。再从生产力的实现入手,劳动者以劳动资料为中介,对劳动对象施加人化作用的影响。从表面上看这一过程似乎是以劳动者的主观能动性为主,但实际上这是一个人类与各种自然资源进行物质交换、能量流动和信息传递的过程。只有构成自然资源的各种自然因素才是生产力得以形成和发展的物质依托,过去如此,而今依然,有所不同的是这一点在现在表现得更为突出和明显,自然资源与生产力的密切相关性也得到更加充分的证明。

生产力处在一定社会关系中并受到一定社会关系的制约,同时随着社会历史活动的变化而变化,这一点充分说明了生产力社会性的基本属性。而自然资源与生产力的密切相关性则以生产力为中介把自然资源的自然属性与社会属性有机地统一了起来。

二、自然资源的社会属性及其法律调整

上文充分论述了自然资源的社会属性,因为对自然资源社会属性的确认和明确是将其纳入法律发挥作用序列的基本前提。法律作为一种基本和重要的社会控制机制,主要是通过对社会关系的调整发挥其功能,保证和维持一定的社会秩序。所以,特定类型社会关系的形成和存在是法律有效发挥作用的前提条件,而且也只有形成一定的社会关系才会产生对法律调整的现实需求。自然资源显著的社会属性决定了围绕自然资源的开发、利用、保护和管理等各种社会活动必然产生多种社会关系,这是将自然资源纳入法律作用的范围并进一步促进自然资源法形成和出现的决定性因素。

在长期的历史发展过程中,相对低下的生产力发展水平决定了社会生产对自然资源利用的广度和深度都极其有限,人们对自然资源的认识和理解也往往仅局限于其自然属性。在这样的情况下,法律对自然资源的作用范围也非常有限,仅限于那些便于人们开发利用而且财产属性明显的自然资源类型,土地资源即为其中典型的代表,除了土地之外的大多数自然资源类型比如河流、矿产、野生动植物等,在人们心目中基本上属于自然物,是根本无法纳入法律的作用范围的。而且,即使法律对土地进行分配和保护,也只是将其作为私有财产的一种,而不是将其作为自然资源来看待。在这样的情况下,法和自然资源之间缺乏必然的联系。

随着社会的发展进步和生产力水平的不断提高,自然资源与人类社会的相关性也在不断增强,围绕自然资源展开的各种社会活动逐渐增多,并日益生成与自然资源相关的各种复杂的社会关系,这使自然资源自身的社会属性也日益明确和显著。以此为前提,为保证形成与自然资源相关的稳定、合理的社会秩序,必然要求对围绕自然资源形成的各种社会关系进行必要的调整和规范。尽管存在多种社会关系的调整机制,但法律必然在其中占据优越的地位并对自然资源相关社会关系的调整和规范发挥基础性的作用。因此,正是自然资源显著的社会属性在自然资源与法之间建立的有机联系,使自然资源进入了法律发挥作用的领域和范围。

所以,在此需要明确指出的是,自然资源与法之间并不存在固有的必然联系,法律对自然资源作用的发挥只能是一个从无到有并不断发生功能变化的发展过程。在这个过程中,逐渐增强的自然资源的社会属性是一个决定性的推动因素,这在一定程度上也是自然资源法形成与发展的基本逻辑起点。

第四节 自然资源法的概念和调整对象

一、自然资源法的概念

自然资源法是调整在自然资源开发利用、保护和管理过程中所发生的各种社会关系的法律规范的总称。这是从内涵的角度出发对自然资源法作出的理论限定。从外延方面来看,自然资源法主要包括各种不同自然资源类型方面的法律。就我国现行的法律而言,主要有水法、土地管理法、矿产资源法、渔业法、森林法、草原法、野生动物法、水土保持法和防沙治沙法等,以及相关的行政法规、规章和地方性法规。

对自然资源法的认识和理解,至少应把握以下两个方面:

(一) 自然资源法的调整对象是特定的社会关系

自然资源法调整的社会关系是在自然资源开发利用、保护和管理过程中所发生的各种社会关系,即自然资源社会关系。凡不与自然资源开发利用、保护和管理有关的社会关系,就不属于自然资源法的调整范围。应当指出的是,由于自然资源社会关系的综合性和复杂性,在对其进行判断和取舍时不应受传统法学思维定式的局限。因为在自然资源社会关系中,既包含了横向的财产关系和交易关系,同时还大量存在纵向的管理关系,在同一个法律领域纵向和横向社会关系的并存,已经超越了在传统法学理论中以公法和私法的划分为基础所形成的部门法对社会关系的选择与取舍。因此,在对自然资源法的调整对象作出判断时,只需分析和考察该社会关系是否形成于自然资源开发利用、保护和管理的过程之中,至于它是横向的还是纵向的,是归属于公的范畴还是具有私的性质,则都无关紧要,并不能列入考虑之列。

(二) 自然资源法是特定法律规范的总称

自然资源法虽然是一个新兴的法律领域,但它和其他部门法在法的质的规定性上是一样的,具有法的一般性特征:它也是以国家意志出现的、以国家强制力保证实施的行为规范,并以规定法律关系主体的权利与义务为其主要内容。因此,某些虽然与自然资源开发利用后的保护管理相关,但并非国家机关通过立法程序颁布实施的政策性文件,就不能被归入自然资源法的范围之中。比如《中国自然保护纲要》,虽然也在自然资源的开发利用和保护管理过程中起着重要的作用,但因其缺乏法的基本特征,所以就不是自然资源法的组成部分。同样道理,某些与自然资源开发利用和保护管理密切相关的技术性规范,由于其并不是以权利和义务的规定为主要内容,所以也不能算是自然资源法的组成部分。作出这样划分的重要原因在于,基于自然资源开发利用和保护管理的战略性、综合性和技术性,在对自然资源进行有效的社会控制方面,除了自然资源法以外,还会有很多并行的政策性和技术性规范,但不能把自然资源法与这些文件或规范进行混淆,否则就容易迷失对自然资源法的正确研究方向。

二、自然资源法的调整对象

如前文所述,自然资源法所调整的社会关系是十分广泛和复杂的。为有利于从整体上认识和把握自然资源法的调整对象,可以大致将其划分为以下几类:

(一) 自然资源的权属关系

自然资源的权属关系是自然资源法调整对象的核心与基础。所有围绕自然资源展开的社会经济活动首先必须解决的问题是,谁拥有对自然资源进行占有、使用、收益和处分的权利,也就是确定自然资源的权利归属的问题。只有在这个问题得到有效解决的前提下,所有对自然资源的社会活动才有可能得以进一步展开,并形成稳定的自然资源开发利用和保护管理的社会秩序。因此,合理确定自然资源的权属关系,是对自然资源进行法律制度设计与安排的基本起点。

自然资源的权属是一个概括性的说法。自然资源的多功能性和对其开发利用的多目标需求,决定了自然资源的权属必然是一个多种权利形态组成的权利体系,其中包括自然资源的所有权、使用权、经营管理权和其他权益等。另外,如何在法律上确定和维持一定的自然资源权属关系,一方面取决于一国的基本社会经济制度,另一方面也与国家在不同时期对自然资源管理的不同的指导思想有关。

(二) 自然资源的流转关系

自然资源的流转关系是从动态的角度对自然资源的社会配置所进行的理论描述和概括。基于专业的社会分工和对自然资源不同的开发利用要求,为保证自然资源开发利用水平和效率的不断提高,必须实现自然资源在不同社会主体之间的流转。[①] 在市场化条件下,自然资源的流转关系在现实中主要表现为不同社会主体基于平等自愿、等价有偿等原则所进行的自然资源的权利交易。自然资源的流转是实现其自然价值向社会价值转化的基本环节和途径,从某种意

---

① 当然,自然资源毕竟不等同于一般的物,其社会化流转还是要受到一定程度和范围限制的。

义上来说,"自然资源价值不是在支配和利用中产生,而是在交易中产生的"①。因此,自然资源的流转关系是自然资源法调整对象的重点所在。在我国持续深入推进市场化改革的进程中,如何形成和确立在市场化条件下自然资源的流转关系,并以此为基础不断提高我国的自然资源开发利用水平和效率,是我国自然资源法当前理论与实践必须着力解决的主要问题之一。

(三) 自然资源的管理关系

为保证自然资源开发利用的有序进行,并有效协调围绕自然资源开发利用所产生的经济利益、社会利益和生态效益的冲突,必须由国家对自然资源开发利用和保护管理的过程进行必要的介入和干预,这是国家对自然资源进行有效管理的根本原因。由于与自然资源有关的社会活动的广泛性,自然资源的管理关系也十分广泛和复杂。概括地说,主要包括各级人民政府的管理、各级人民政府中各种自然资源行政主管部门的管理、各级人民政府中的各有关部门对各种自然资源的辅助管理三个主要方面。其中,各级人民政府中的各种自然资源行政主管部门的管理又有两种不同的自然资源管理关系:自然资源行业管理关系和专项自然资源管理关系。② 在自然资源的利用中,形成了一些独立的经济行业,如林业、牧业、矿业、渔业等,行业的特殊需求产生的行业管理关系是自然资源法的重要内容。专项资源管理是指对土地和水等自然资源的管理,不是某一种经济行业,它关系到整个国计民生和多种经济活动,这种对特定自然资源类型形成的专项自然资源管理关系,也是自然资源法的调整对象。

(四) 自然资源的其他关系

自然资源的开发利用和保护管理所产生的社会关系是十分复杂的,除了上述关系之外,还会涉及其他一些诸如财政、税收、金融、劳动、保险等关系,这些社会关系大多由其他法律调整,但其中有些内容却需要由自然资源法予以特别调整。当然,这里面还存在着一个自然资源法与其他法律部门的协调问题。

> **思考题**

1. 按照自然资源的再生程度,可以将自然资源分为哪几个类别?

2. 自然资源具有哪些特征?自然资源与环境、资源产品等概念具有哪些区别?

---

① 肖国兴、肖乾刚编著:《自然资源法》,法律出版社1999年版,第35页。
② 参见肖乾刚主编:《自然资源法》(第2版),法律出版社1992年版,第11页。

3. 对可再生资源和不可再生资源的合理开发利用应分别遵循哪些基本原则?

4. 自然资源的调整对象包括哪些社会关系?

推荐阅读

1. 肖乾刚主编:《自然资源法》(第2版),法律出版社1992年版,第1章。

2. 肖国兴、肖乾刚编著:《自然资源法》,法律出版社1999年版,第1章。

3. 〔英〕艾琳·麦克哈格等主编:《能源与自然资源中的财产和法律》,胡德胜、魏铁军等译,北京大学出版社2014年版。

第十二章 自然资源法的法律属性分析

【导言】

　　法的历史演进是理解法的内在精神的重要视角。自然资源法的法律形态演变经历了特别物权法、单行法和体系化三个时期；自然资源法的法律理念变迁体现在社会化和生态化两个方面。本章主要就自然资源法的法律形态演变和法律理念变迁展开论述。

第一节 自然资源法的法律形态演变

一、自然资源法的法律形态演变概述

　　自然资源法的法律形态，是指自然资源法在其不同发展阶段借以存在的法律形式与状态的外在表现。自然资源法从形成之初至今，其法律形态一直在发生着不断的演变，这种演变不是自发形成的，而是从根本上取决于特定历史阶段的社会物质生活条件。具体而言，从根本上推动其法律形态不断发生演变的社会现实因素主要来自于以下三个方面：

　　首先，对自然资源的社会定位不同。在人类社会的不同发展阶段，对自然资源的认识也在不断地发生着变化，并由此决定了对自然资源不同的社会定位。最初，自然资源被认为是大自然对人类社会的恩赐，属于自然物，在这种情况下很难将其纳入法律调整的范围。后来，部分与人们日常生活联系密切、物化衡量相对容易的自然资源类型，被纳入了私有财产的范畴，比如土地、草原等。但在这个阶段，人们对自然资源的认识并非现代严格意义上的自然资源，而仅仅将其定位为私有财产的一种，自然资源与作为其他私有财产客体的物并无根本区别。进入工业社会之后，随着工业生产社会化程度的不断提高，自然资源作为一种重要的社会资源日益引起社会的普遍关注，围绕自然资源展开的法律制度设计也主要是从满足社会发展需要的角度出发。因此，在不同的社会发展阶段对自然资源的社会定位不同，自然资源法的基本指导思想和发挥作用的主要领域也不相同，这就决定了自然资源法对法律形态的需求也不一样。

其次,对自然资源的社会需求不同。在人类发展的不同历史时期,对自然资源的社会需求也是不一样的,这种需求的变化从根本上取决于特定历史时期的生产力与科技发展水平。在近代工业社会之前漫长的农耕社会中,生产力与科学技术的发展速度缓慢,发展水平也相对低下,在这种情况下人类社会对自然资源开发利用的广度和深度都是十分有限的,这在实际上决定了人类对自然资源的社会需求也是有限的,并没有超出自然资源的实际供给能力。但在工业革命之后,科学技术发展日新月异,生产力水平也在快速提高,人类社会对自然资源开发利用的规模、广度和深度都远非昔日可比,而且随着社会经济总量的不断扩张,人们对自然资源的社会需求也在急剧扩大,在某些领域已经逼近甚至超过自然资源自身的承载能力,自然资源的供求濒临失衡。对自然资源社会需求变化所导致的截然不同的供求状况,决定了自然资源法必须采取不同的法律对策设计,以适应不同的社会现实。

最后,不同发展阶段所面临的社会情势不同。从本质上讲,人类社会的经济发展始终是一个从非均衡到均衡的过渡,在这个进程中不断地实现量的扩张和质的提高,从而不断推动社会的发展与进步。但具体到每一个特定的阶段,社会经济发展的侧重点和注意力是不相同的。在社会经济发展的早期或原始积累阶段,人们关注的主要是经济总量的增加,一切社会经济活动都以此为核心展开,对自然资源开发利用的目标也非常单一,就是满足经济发展的需求。但在社会发展到一定阶段之后,经济发展初期所积累的很多社会问题逐渐凸现,人们也慢慢地意识到,在注重经济总量增加的同时,必须充分重视发展结构的不断改善,在取得显著的经济效益的同时,也必须注重社会效益和生态效益,否则发展是不健康的,也是不可能长远的。具体到自然资源而言,在强调其开发利用的经济性的同时,必须保证对其社会性和生态性的需求,这是维持社会发展持续进行的基本前提。在这种情况下,自然资源法的主要作用对象也必须进行及时的调整,逐步实现法律规范的指向由单一的经济功能向社会功能和生态功能的拓展。

二、自然资源法法律形态的发展与进化

随着人类对自然资源认识的不断深入,并由于生产力的不断发展和社会分工的有力推动,自然资源法在不同的历史时期表现出了鲜明的阶段性特征。世界各国自然资源法法律形态的发展与进化,大概可以分为三个阶段:19世纪以前的特别物权法时期、19世纪初期到20世纪50年代的单行法时期、20世纪60

年代以后的体系化时期。① 以此思路为指导,我们可以对这三个阶段自然资源法的法律形态进行一番简要分析。

(一) 19 世纪以前的特别物权法时期

从原始社会到资本主义社会前期,开发和利用自然资源构成了人类经济活动的主要内容,并由此推动了人类社会的进步和发展,人类社会早期的两次社会分工就是人类对自然资源不同的利用阶段和水平在社会经济生活中的反映。由于当时科学技术水平和生产力水平低下,人类社会的发展在很大程度上取决于对自然资源的开发利用水平,社会经济活动的发展也直接依赖于自然资源的开发利用规模。与此相应,早期有关自然资源的立法,主要是以促进自然资源的开发、利用为目的。随着生产力的发展及由此所带来的私有制在社会经济生活中的逐步确立,自然资源的开发利用成为私人经济的一部分,自然资源作为私有制生产的重要生产资料,与作为其他私有财产的物一样,有着分配和保护的需要。伴随着法律私有权的发达,自然资源物权是此阶段关于自然资源的主要法律内容。

此阶段自然资源法的特点主要表现为内容单一、法律关系简单,自然资源法主要从属于民法的范畴。由于当时人类对自然资源的认识有限,因此自然资源的最初利用一般是与土地分不开的。社会生产的分工和资源利用技术的发展,还没有达到需要在法律上对各种自然资源物权给予专门识别的程度。各种自然资源的特别物权一般是被包括在土地物权之中,这也是土地所有权、地上权、地役权及永佃权等各种传统物权的起源。这一方面说明了当时自然资源法律关系简陋,没有给予专门立法的必要,以民法的特别条款即能将其概括;另一方面也从侧面反映出,地上权、地役权、永佃权等各类物权仅仅是自然资源物权的早期发展形态,如果依旧试图从这些传统的物权形态中为当今的自然资源权属制度设计找到合理的理论支撑,那势必只能收到事倍功半之效。

(二) 19 世纪初期到 20 世纪 50 年代的单行法时期

产业革命的发生给人类社会的生产力带来了前所未有的推动,并有力地促进了社会分工的进一步发展,社会经济中分化出许多新的经济部门和行业,某些自然资源的专门利用逐渐成长为社会经济中的独立行业,如林业、矿业等。经济行业的发展,使得自然资源权属与行业管理相结合,丰富了自然资源法律关系的内容,产生了自然资源行业法,如林业法、矿业法等。另外,社会分工所导致的新经济行业的发展,引起了某些自然资源利用方式和内容的多样化、复杂化,比如土地和水资源就承载了多种行业的发展,这种状况反映了自然资源利用关系的

---

① 参见肖乾刚主编:《自然资源法》(第 2 版),法律出版社 1992 年版,第 17 页。

复杂化,对土地和水资源有了专门的管理需要,形成了土地法、水法等专门的自然资源品种法。与前一阶段的自然资源法相比,以规范行业经济关系和专项自然资源利用关系为立法目的、以行业管理和特定类型自然资源管理为主要内容、以单行法律为主要形式,是这一时期自然资源法的主要特点。

这一阶段是自然资源法得以初步确立和迅速发展的黄金时期。由于社会的进步和经济结构的变化,在资源开发利用中产生了行业管理和资源管理的客观需要,使得对自然资源开发利用的纯粹私人经济行为有效地介入了国家的干预。这使真正意义上的自然资源法从其产生起即具有强烈的私法公法化的倾向,与传统的在很大程度上仅以私法手段为主要内容的特别物权法相比独具特色,体现了自然资源不同于其他物的基本特征和自然资源法自身所应具有的独特的法律属性。这一点至今仍对自然资源法的研究有着重要的理论价值。

(三) 20 世纪 60 年代以后的体系化时期

20 世纪 60 年代开始,随着环境保护运动的蓬勃兴起,人们对自然资源的社会性、整体性、相对性的认识有了新的发展和重大演变。面对人类此前对资源掠夺性开发破坏所带来的严重自然资源危机,自然资源保护主义和资源合理利用主义成为社会的主流思潮,生态学和系统论深化了人们对自然资源的研究,各种自然资源之间的相互联系、共同性质及其有机统一性被更多地揭示出来,产生了整体意义上的自然资源概念。而且,随着可持续发展等新的社会观念的形成,人们对自然资源与社会之间的相互作用和影响也有了更加全面的认识。这些认识把各单行的自然资源法联结起来,形成了一种体系化的发展态势。这种体系化的发展态势主要包括两个方面:首先,针对各种自然资源利用之间的相互联系,通过闭矿后的土地复垦更新利用制度、国土规划整治制度等一些新法律制度的建设,更加密切了各单行自然资源法之间的相互联系;其次,针对自然资源开发利用与养护的辩证关系以及自然资源的社会功能,建立和形成了土地用途管制、森林生态效益补偿基金等制度领域,从而更加强了对自然资源的生态化和社会化保护。与前一阶段相比,以自然资源的有效保护及其合理利用为目的、逐步加强自然资源开发利用与养护之间的制度化联系、推动自然资源法的体系化发展,是现代自然资源法的发展趋势。

第二节 自然资源法的法律理念变迁

对自然资源法法律形态演变的考察与分析只是从外在表现方面,对自然资源法的发展与进化过程在理论上作出的概括性描述。但是从根本上来说,自然资源法法律形态的不断发展变化实际上是其内在蕴含的法律精神与理念发生变迁的外在表现。为了能够更加深入地理解和掌握自然资源法自身发展与演变的基本规律,需要在了解自然资源法法律形态演变过程的基础上,进一步认识和分析自然资源法内在的基本法律理念的变迁。通过内外两个方面的深入了解,较为全面地把握自然资源法所具有的独特法律属性,并为其进行合理的理论定位。概括而言,自然资源法的法律理念变迁主要体现在两个方面:社会化和生态化,下文将分别对这两个方面进行简要分析。

一、社会化

法律的社会化,是对法律从20世纪二三十年代开始并持续至今的法律的基本指导思想和价值观念,从以个人为本位到以社会为本位进行变迁的概括性说法。自从以国家干预为核心的凯恩斯经济学说取代亚当·斯密的经济自由主义学说而占据西方官方主流经济学的地位之后,世界各国的政策导向逐步实现了由自由放任主义向国家干预经济的转变。与此相应,更多的国家公权力逐渐介入传统的私法领域,试图通过对私法关系的监督和干预,更为有效地解决当时所面临的包括自然资源破坏与退化在内的各种社会问题,促进公共福利和人民生活的改善。这样的指导思想主要体现为,在一些传统的法律部门之外,出现了劳动、社会保障、消费者权益保护、环境与自然资源等经济社会立法。从而打破了长期以来沿袭的对国家立法所作出的公法与私法的截然划分,出现了私法公法化和公法私法化的发展趋势,在公法与私法之间逐步形成和确立了社会法的中间领域。这些运用社会法理论矫正传统私法自治原则缺陷的变化趋势,从学理上被称为"法律的社会化"。

自然资源法是近代法律精神与理念社会化变迁的重点领域。在自然资源法的发展过程中,从最初的特别物权法到后来的以行业管理和特定类型自然资源管理为主要内容的单行法的法律形态演变,是自然资源法法律理念社会化变迁的典型体现。因为,传统的物权法是私法属性表现最为强烈和集中的法律领域,它对自然资源的制度设计完全是在把自然资源当作纯粹的私有财产这一基本前提下进行的,而后来产生的以行业管理和特定类型自然资源管理为主要内容的各种自然资源单行法,则是有史以来首次对自然资源开发利用的纯粹私人经济行为有效地介入了国家的干预,这使得真正近代意义上的自然资源法从其产生起就具有强烈的私法公法化的社会法倾向。就本质而言,自然资源法的社会化实质上反映了随着社会的发展与进步,自然资源法的基本理念由个人本位向社会本位转变,其主要关怀目标也从个体利益转向社会公共利益。

当然,社会公共利益是一个内涵和外延都极为宽泛的范畴,而且在不同的发展阶段所体现的主要内容也不尽相同。在自然资源法的社会化初期,它关注的社会公共利益主要是以社会共同的经济利益为重点,这取决于当时的社会经济发展状况。而时至今日,公众对社会共同利益的需求已趋向多元化,关注的层次也在不断地提升,在经济公益被相对满足之后,事关社会存续与发展的自然资源的生态利益逐渐凸现而成为公众关注的另一焦点。因为对自然资源自然生态功能的保护和强化不仅关系到自然资源自身的赋存状态,而且将从根本上影响到基于自然资源自然生态功能而产生的其对社会的承载能力。因此,对自然资源的社会经济利益与生态利益的协调与并重已逐步成为当前社会公共利益的优先关注领域,这也是自然资源法的法律理念在社会化变迁的同时,逐步形成生态化法律理念变迁的主要原因之一。

从我国自然资源法的实践来看,其法律理念的社会化变迁在目前主要体现在两个方面。首先,对自然资源开发利用公共安全性的保障。比如,1998年修订《土地管理法》就明确规定了土地用途管制制度,并特别强调了对耕地的特殊保护,将耕地总量动态平衡的目标写进了法律,确立了占补平衡制度,而且将基本农田保护制度上升为了法律。这些法律规定实现了《土地管理法》从以往的以保障建设用地供应为基本目标到切实保护耕地为主的根本性转变,以保障国计民生的基本需要为出发点,加强了对土地资源开发利用的公共安全性的保护。其次,对自然资源养护与管理的社会公众参与的促进与保障。充分而有效的社会公众参与是现代民主思想的重要体现,而且也是从根本上保证对自然资源养护和管理顺利展开并不断优化其实际效果的重要方面,这个问题也正逐步地体现在我国相关的自然资源立法之中。比如,《防沙治沙法》第33条第1、2款规定,国务院和省、自治区、直辖市人民政府应当制定优惠政策,鼓励和支持单位和个人防沙治沙;县级以上地方人民政府应当按照国家有关规定,根据防沙治沙的面积和难易程度,给予从事防沙治沙活动的单位和个人资金补助、财政贴息以及税费减免等政策优惠。

二、生态化

传统经济形态中的实用主义对法律的影响根深蒂固,在这样的指导思想下,最初的自然资源法对社会关系的调整和规范的基本落脚点在于自然资源的实用性,这种实用性主要体现在自然资源的经济价值或经济效能上,因此,自然资源法一切法律规范和制度的设计是以实用主义为中心的,基本目标在于促进自然资源经济价值在最大限度上的实现。但随着社会的发展变化和人们对自然资源认识的逐渐深入,对于自然资源法上述单一的价值取向不得不进行逐渐的调整与改变。这主要基于两方面的原因。首先,经过长期的积累,单一强调对自然资源经济性开发利用所导致的社会问题在日益显露,主要表现为对自然资源的严重破坏、浪费,自然资源在整体上呈现退化的趋势,在很多领域已经无法满足人类社会经济性开发的需求。其次,自然资源的退化在影响到经济发展的同时,也对人们的日常生活环境产生了明显的影响,比如森林砍伐所导致的水土流失和泥石流、植被退化所形成的沙尘性气候、过度引水灌溉造成的土壤盐碱化和河流断流等,这些问题已经在某种程度上对人类生存的基本需要形成了威胁。因此,以实用主义为中心的自然资源法的基本价值观念受到了社会的普遍质疑,产生了法律理念变迁的必要与可能。

在近代自然资源法的发展过程中,生态化的基本理念在自然资源法中得以逐步形成和确立。自然资源法生态化的法律理念,主要是指以自然资源赋存与演变的自然规律为前提,在自然资源法的法律规范与制度设计上充分考虑自然资源的生态承载能力,以维持和保证自然资源生态功能完整性的基本法律精神与观念。宏观而言,生态化的法律理念是可持续发展战略在自然资源法中的实际贯彻与体现,因为只有维持和保证自然资源自身生态功能的完整性,才有可能提供可持续利用的自然资源基础,这是社会得以发展与进步的基本物质保障。而且,自然资源功能的复合性也决定了其生态功能与经济功能是彼此联系、相互影响的,对生态功能的维持与保护是其经济功能得以最大限度实现的基本前提,那么同时,对自然资源生态功能的破坏将使其社会经济功能的存在失去基本的物质依托。因此,生态化的法律理念也在实际上保证了满足社会经济发展对自然资源的长远需求。

目前,生态化的法律理念在我国自然资源法的立法实践中主要体现在两个方面。首先,改进对自然资源的开发利用方式或者明确一定的开发利用限度,协调自然资源经济性开发与生态化保护的相互关系。比如,《矿产资源法》规定,开采矿产资源,应当节约用地,耕地、草原、林地因采矿受到破坏的,矿山企业应当因地制宜地采取复垦利用、植树种草或者其他利用措施。[1] 又如,《森林法》规定,国家严格控制森林年采伐量,省、自治区、直辖市人民政府林业主管部门根据消耗量低于生长量和森林分类经营管理的原则,编制本行政区域的年采伐限额。[2] 其次,专门对自然资源的生态功能保护作出规定,以突出和强调该问题的重要性。比如,《水法》规定,在干旱和半干旱地区开发、利用水资源,应当充分考虑生态环境用水需要。[3] 又如,《森林法》规定,国家建立森林生态效益补偿制

---

[1] 参见《矿产资源法》第 32 条第 2 款。
[2] 参见《森林法》第 54 条。
[3] 参见《水法》第 21 条第 2 款。

度,加大公益林保护支持力度,完善重点生态功能区转移支付政策,指导受益地区和森林生态保护地区人民政府通过协商等方式进行生态效益补偿。[①] 这些法律规定都是生态化的法律理念在立法实践中的明确体现。

思考题

1. 自然资源法法律形态的发展与进化分为哪三个阶段?
2. 简述自然资源法的法律理念变迁。

推荐阅读

1. 张景华:《经济增长中的自然资源效应研究》,中国社会科学出版社2014年版。
2. 〔英〕朱迪·丽丝:《自然资源:分配、经济学与政策》,蔡运龙等译,商务印书馆2002年版。

---

① 参见《森林法》第7条。

第十三章 自然资源法的基本制度构成

【导言】

自然资源法律制度是自然资源法基本原则所蕴含法律精神的具体化,是自然资源法的重要组成部分。根据自然资源法调整对象理论的有关内容,从理论上可以把自然资源法的调整对象分为自然资源权属关系、自然资源流转关系、自然资源管理关系三类。与此相应,本章主要从自然资源权属制度、自然资源流转制度、自然资源行政管理制度三个方面展开论述。

第一节 自然资源法基本制度构成概述

一、自然资源法基本制度构成的概念

对自然资源法律制度的研究,不同于其他部门法的制度研究,因为就目前的情况而言,在理论上并没有对自然资源法的法律制度作出明确的概括和归纳,学者们在此方面的相关研究也往往是针对某些特定方面,就某个具体法律制度所进行的理论分析。因此,总的来说,目前对自然资源法律制度的研究缺乏内在的联系性和理论的一致性,在自然资源法的基本理论中还没有形成稳定的自然资源法律制度体系,这是当前对自然资源法律制度研究的基本现状。这种局面的形成主要基于两方面的原因。首先,在当前的自然资源法律体系中,各单行立法发展迅速但综合性立法一直欠缺,这种体系上的缺陷决定了目前的自然资源法缺乏从基本法的角度对法律制度作出总体性的归纳和设计,没有为自然资源法律制度的理论与实践提供一个可供参照的主导性指导思想。其次,从单行法的角度来看,目前自然资源法的各单行法基本上是以不同的自然资源品种或行业为基础,规范对象的差异性在一定程度上决定了自然资源各单行法之间的联系相对比较松散。因此,无论在理论上还是在实践中,都很难形成较为一致的基本法律制度,而是各自根据自身不同的需求采用了不同的具体制度。这两方面原因所导致的自然资源法基本法律制度的不明确性,给从制度角度对自然资源法的研究带来了很大的困难。所以,对该问题的研究必须转换研究视角,形成新

的研究思路。

基于上述原因,本章把主要研究对象确定为自然资源法的基本制度构成。此处所说的自然资源法的基本制度构成,主要是指自然资源法基本法律制度所应包括的主要方面及其应有的制度结构。确立这样的研究视角主要是基于以下两方面的考虑:其一,将研究着眼于自然资源法的基本制度构成,有效避免了因局限于各单行法具体法律制度而形成形而上的相对机械的研究思路,使对自然资源法的制度研究更具有内在的联系性和理论的一致性,从而突出自然资源法基本法律制度应有的理论特征。其二,对自然资源法基本制度构成的研究,具有较为明显的应然性,它是为构建自然资源法基本法律制度体系所进行的必要性和可行性的分析和论证。就目前的情况而言,这种研究带有一定的前瞻性,将为我国综合性自然资源立法对法律制度的设计及自然资源法律制度在总体上的发展与完善提供有针对性的理论支持。

二、自然资源法基本制度构成的内容

如何确定自然资源法的基本制度构成,是本章首先需要解决的基本问题。对这个问题的解决,应从法律制度的基本内涵出发,为合理界定其基本构成寻求理论依据。如前文所述,自然资源法律制度,是指在自然资源法中,调整特定自然资源社会关系,并具有相同或相似法律功能的一系列法律规范所组成的整合性的规则系统。可见,相对一致的调整对象和法律功能是判断法律制度基本构成主要的、在质的方面的规定性因素。其中,比较而言,调整对象的一致性将发挥更为明显的主导性作用,因为,法律制度所针对的同一类型的社会关系是其产生相同或相似法律功能的基本前提。根据自然资源法调整对象理论的有关内容,从理论上把自然资源法的调整对象分为自然资源权属关系、自然资源流转关系、自然资源管理关系三类,与此相应,自然资源法的基本制度构成也应包括自然资源权属制度、自然资源流转制度、自然资源行政管理制度三个基本方面。

第二节 自然资源权属制度

一、自然资源权属制度概述

自然资源权属制度是与自然资源权属相关的法律制度安排在理论上的抽象和概括,主要是通过对自然资源权属的界定,明确对自然资源的归属、支配以及由此产生的法律后果的分配。自然资源权属制度是围绕自然资源开发利用、保

护和管理进行相关法律制度设计的逻辑起点。根据现行有关法律、法规的规定，我国的自然资源权属制度主要包括两个层次的权利形态：自然资源所有权和自然资源使用权。

自然资源权属制度与传统的民法物权理论既有联系又有区别。从联系的角度来看，自然资源权属制度所包含的所有权和使用权来自传统民法物权理论的概念，而且自然资源权属制度和民法物权在规范对象上也有一定的重合。比如土地资源，就是最早进入民法物权调整领域的自然资源类型，到目前为止，土地权属依然是民法中不动产物权的基本组成部分。但从区别的角度来看，自然资源权属制度与传统的民法物权又存在明显的差异。首先，在权利客体的定位上是不一样的，自然资源权属制度要求从生态功能、财产价值等不同角度全面理解和把握自然资源的属性，而传统的民法物权依然是把自然资源当作民法思维中的"物"来对待，只强调以其财产价值为基础的社会经济属性。其次，自然资源自然赋存的整体性和关联性，使其无法满足传统民法物权理论中对"物"的特定化要求。因此，从目前的情况来看，自然资源权属制度的具体权利类型与物权还是难以兼容的。

所以，自然资源权属制度与传统的民法物权相比较而言，有共性的一面，也有个性的一面。这决定了自然资源权属制度的理论构建应以传统的民法物权理论为基础，但不能局限于传统理论的禁锢，自然资源权属制度的功能定位和内容设计应以自然资源的开发利用和保护管理的实际需要为出发点。基于现实需求的理论创新不仅是自然资源权属制度的生命力和价值所在，而且也必将推动传统民法物权理论的进化与发展。

二、自然资源所有权

自然资源所有权，是所有权人依法占有、使用、收益、处分自然资源的权利。在我国公有制的条件下，自然资源的所有权是为公有所垄断的，包括国家所有和集体所有，不存在严格意义上的个人自然资源所有权。国家和集体之外的权利主体，只可能享有资源产品的所有权，而不可能享有对自然资源的所有权。

在我国，国家自然资源所有权的客体是没有限制的，国家可以取得任何类型自然资源的所有权。而集体自然资源所有权的客体是有限制的，根据现行的有关法律规定，矿产资源、水资源、海域资源、野生动物资源、城市土地资源是被明确排除在集体自然资源所有权客体之外的。

(一) 自然资源所有权的取得

自然资源所有权的取得,是指自然资源的权利主体根据一定的法律事实取得某类自然资源的所有权,从而行使对该自然资源占有、使用、收益、处分的各项权能。自然资源所有权的取得是一个权利从无到有的创设过程,是自然资源理论与实践的起点。根据我国现行的法律规定,虽然国家和集体都可以成为自然资源所有权的主体,但各自权利取得的方式是有明显差异的。

1. 自然资源国家所有权的取得

在我国,自然资源国家所有权的取得有法定取得、强制取得、天然孳息和自然添附三种方式。

(1) 法定取得

法定取得是指国家根据法律规定直接取得自然资源的所有权。在我国,法定取得是国家取得自然资源所有权的主要方式。我国与自然资源相关的立法中大多明确规定了自然资源的国家所有权。我国《宪法》对自然资源的国家所有权作出了概括性的规定,《矿产资源法》《水法》《海域使用管理法》《野生动物保护法》等自然资源单行立法也都各自在总则中明确规定了矿产资源、水资源、海域资源、野生动物资源属于国家所有。

(2) 强制取得

强制取得是指在法律规定的特定场合下,国家从社会公共利益出发,不顾及所有权人的意志和权利,直接采用没收、征收、国有化等强制手段取得所有权的方式。其中国有化和没收是国家在中华人民共和国成立初期取得自然资源所有权的主要形式。对于征收,现行立法也有明确的规定,比如《土地管理法》规定,国家为了公共利益的需要,可以依法对土地实行征收或者征用并给予补偿。征收之后,国家就取得了对征收土地的所有权。

(3) 天然孳息和自然添附

天然孳息是指按照物质的自然生长规律而产生的果实与动物的出产物。[①] 天然孳息主要是针对那些可再生资源而言的,比如树木的自然生长导致森林资源木材蓄积量的增加,野生动物在自然条件下通过自身生殖繁衍导致野生动物种群数量的扩大等,这些都属于自然资源的天然孳息。根据民法所有权的有关理论,除非法律另有规定或当事人另有约定,天然孳息的所有权一般应由原物所有权人享有。所以,国家在拥有对这些资源所有权的前提下,也相应地取得对这些天然孳息的所有权。自然添附是指在自然条件的作用下自然资源产生或增加

---

① 参见王利明等:《民法学》,法律出版社 2005 年版,第 404 页。

的情形。这种情况较为典型地体现在土地资源上,比如,由河流冲积而形成的成片土地,这些土地都使得国家所有的土地面积增加,从而成为自然添附物。

2. 自然资源集体所有权的取得

在我国,自然资源集体所有权的取得有法定取得、天然孳息、劳动生产取得三种方式。

(1) 法定取得

法定取得是指集体组织根据法律的规定直接取得自然资源所有权。我国的相关立法大多是在规定自然资源国家所有权的同时,通过列举或排除的方式明确规定集体可以取得的自然资源所有权的范围。在我国《宪法》中,明确规定了集体可以依法取得森林、山岭、草原、荒地、滩涂等自然资源的所有权,还规定了农村和城市郊区的土地,除由法律规定属于国家所有的以外,属于集体所有,宅基地和自留地、自留山也属于集体所有。为落实《宪法》的规定,各相关的自然资源单行法如《土地管理法》《森林法》《草原法》也都分别对集体组织对土地、森林、草原的所有权作出了进一步详细的规定。

(2) 天然孳息

集体组织作为对自然资源的原所有权人,同样可以依法取得其所有的自然资源天然孳息的所有权。

(3) 劳动生产取得

主要是指集体组织通过投入劳动而新产生的自然资源,比如集体组织通过植树造林而新产生的森林资源,这些自然资源是集体组织开发利用行为的劳动成果,集体组织当然取得这些自然资源的所有权。通过劳动生产取得所有权是一种基本的所有权取得方式,对自然资源的集体所有权而言,这种取得方式有着尤其重要的意义。因为它从制度安排上鼓励和保障了集体组织对自然资源的劳动投入,这对于我国广大农村地区生态环境和自然资源状况的改善发挥了积极的促进作用。

(二) 自然资源所有权的变更

自然资源所有权的变更,是指自然资源所有权主体的变化,亦即自然资源从一主体转移给另一主体。自然资源所有权可因征收、所有权主体的分立与合并、对换或调换等原因而变更。

(三) 自然资源所有权的消灭

自然资源所有权的消灭,是指因某种法律事实致使所有权人丧失其所有权的情形。自然资源所有权的消灭,基于两种情况:所有权客体的消灭和强制消灭。

1. 所有权客体的消灭

由于自然或人为的原因导致某种自然资源消灭,该自然资源的所有权也就随之消灭。比如,某种野生动物资源因滥捕滥猎而导致种群的灭绝,森林资源因火灾而不复存在,那么在上述自然资源上的所有权也就随之消灭。

2. 强制消灭

这是指国家依法采用强制手段,致使原自然资源所有权的权利消灭。比如,上文提到了国家对集体所有的土地进行征收,征收后国家就取得了征收土地的所有权,而原集体的土地所有权也就随之消灭。

三、自然资源使用权

自然资源使用权是指在自然资源开发利用过程中,自然资源的非所有权人对自然资源享有的以开发利用为主要内容的各种权利的统称。如前文所述,我国自然资源所有权是为公有所垄断的,在这种情况下,对自然资源的合理开发利用及自然资源要素市场的建立必须是以对自然资源的非所有使用为基础,这一现实国情是自然资源使用权理论研究和实践的一个基本前提。从传统民法物权理论发展与变迁的基本趋势来看,随着物权法从"归属"到"利用"的重心转变,以使用权为核心的用益性权利更受到法律的重视,出现了他物权优位和所有权虚化的倾向,用益性的物权类型逐步取代所有权而成为物权法的中心。这样的发展趋势实际上反映了一个基本思路:权利的行使并不等同于权利的归属,权利归属的单一性也并不妨碍权利行使方式的多样性和灵活性。对自然资源使用权的研究也应遵循这样的基本思路,主要着眼于对自然资源的有效利用及其权利的实际运作,在强化"使用"的过程中,不断丰富和发展我国自然资源权属的理论与实践。

(一)自然资源使用权在相关立法中的体现

根据自然资源单行法的有关规定,我国现行的自然资源使用权主要有以下几种:土地管理法规定的土地使用权;水法规定的取水权;森林法规定的林地、森林、林木的使用权和承包经营权;矿产资源法规定的探矿权和采矿权;渔业法规定的养殖权和捕捞权;草原法规定的草原使用权和承包经营权;海域使用管理法规定的海域使用权;野生动植物保护法规定的狩猎权、采集权和驯养繁殖权等。单从立法上来看,对自然资源使用权的规定还是较为全面的。

(二)自然资源使用权的取得

自然资源使用权的取得,是指自然资源的有关权利主体通过一定的方式取得对自然资源开发利用的权利。自然资源使用权的取得是在我国自然资源公有垄断的前提下,实现对自然资源实际利用的重要环节。根据现行的有关立法以及实践的基本情况,自然资源使用权的取得有法律授权取得、许可或承包经营取得、转让取得、开发利用取得等方式。

1. 法律授权取得

授权取得是指自然资源权利主体通过法律规定的授权取得自然资源的使用权。比如,《土地管理法》规定,国有土地和农民集体所有的土地,可以依法确定给单位或者个人使用;《草原法》规定,国家所有的草原,可以依法确定给全民所有制单位、集体经济组织等使用。需要引起注意的是,通过授权获得的自然资源使用权需要通过一定的法律程序予以确认。

2. 许可或承包经营取得

许可取得和承包经营取得分别适用于国家所有的自然资源和集体所有的自然资源。对于国家所有的自然资源,是由有关的行政主管部门颁发许可赋予相对人自然资源的使用权。比如通过向地质矿产行政主管部门申请采矿许可,相对人取得采矿权;通过向水行政主管部门申请取水许可,相对人取得取水权等。对于集体所有的自然资源,则是依据法律的规定,通过承包经营合同的方式由承包经营者取得一定期限内某类自然资源的使用权。比如,《土地管理法》规定,农民集体所有的耕地、林地、草地,以及其他依法用于农业的土地,采取农村集体经济组织的内部的家庭承包方式承包;家庭承包的耕地的承包期为30年;发包方和承包方应当依法订立承包合同,约定双方的权利和义务。

3. 转让取得

转让取得是指单位或者个人通过自然资源使用权的买卖取得其使用权。转让取得是在我国市场化取向改革进程中,实现自然资源的市场化流转、优化自然资源配置的重要途径。各自然资源单行立法中结合自然资源自身的特点,并从实际操作的现实需要出发,对自然资源使用权转让的途径、方式、范围、条件等问题作出了相应的规定。但是,自然资源的社会性和公益性特点,决定了自然资源使用权的转让不同于一般物的买卖,法律对自然资源使用权的流转规定了诸多限制性的条件。比如,《矿产资源法》规定,禁止将探矿权、采矿权倒卖牟利。

4. 开发利用取得

开发利用取得是指权利主体通过对自然资源的开发利用活动取得对该自然资源的使用权。比如,《土地管理法》规定,开发未确定使用权的国有荒山、荒地、荒滩从事种植业、林业、畜牧业、渔业生产的,经县级以上人民政府依法批准,可以确定给开发单位或者个人长期使用。

（三）自然资源使用权的变更

自然资源使用权的变更，是指自然资源使用权的主体或内容所发生的变化。它通常因主体的合并或分立、使用权的转让、破产或抵债、合同内容变更等原因而变更。[①]

（四）自然资源使用权的消灭

自然资源使用权的消灭，是指自然资源使用权因为某种法律事实的出现而丧失的情形。自然资源使用权的消灭，主要基于三种情况：使用权客体消灭、出现特定的法律事由、使用权期限届满。

1. 使用权客体消灭

由于自然或人为的原因导致某种自然资源的消灭，该自然资源的使用权也就随之消灭。比如，由于水流侵蚀而导致土地面积减少，减少部分的土地的使用权也就随之消灭；矿产资源因为开发利用耗竭而导致采矿权的消灭等。

2. 出现特定的法律事由

这种情况是指出现了约定或法定的事由，导致自然资源使用权的消灭。比如，《土地管理法》规定，已经办理审批手续的非农业建设占用耕地，连续两年未使用的，经原批准机关批准，由县级以上人民政府无偿收回用地单位的土地使用权。

3. 使用权期限届满

在我国，大多数自然资源的使用权都是有期限的，在使用期限届满后，原使用权随之消灭。原权利人如果需要继续使用自然资源，必须重新依法取得自然资源使用权。

第三节 自然资源流转制度

一、确立自然资源流转制度的必要性

自然资源流转制度，主要是在自然资源的社会配置领域，要求充分发挥市场机制的基础性作用，通过各种自然资源开发利用权利的市场化流动和转让，实现自然资源的优化配置，促进和推动自然资源开发利用效率和水平的不断提高。比较而言，自然资源权属制度通过对自然资源权利归属的法律规定体现了法律制度设计对静态方面安全的要求，而自然资源流转制度则更多体现了法律对自

[①] 参见金瑞林主编：《环境与资源保护法学》（第2版），北京大学出版社2006年版，第160页。

然资源社会关系调整在动态方面安全的保证。在我国全面深入推进市场经济体制改革的进程中,应进一步充分发挥市场机制对于自然资源配置的基础性作用,确立并逐步完善以市场机制为基础的自然资源流转制度,对于不断提升自然资源法律制度体系与市场经济体制的契合程度而言,不仅可能而且必要,这种必要性主要体现在以下三个方面:

(一)体现市场经济的必然要求

在实质上,市场经济是一种以交易为基础的经济形态,从法律上来讲,可以认为交易实际上就是权利的流动和转让,尤其是具有明显经济属性的权利之间的相互交换。而就各种自然资源开发利用权利的基本属性而言,它们是不同社会主体展开对自然资源开发利用的基本起点,通过何种方式取得与行使这些权利将与自然资源开发利用所获得的经济效益密切相关。在市场化的条件下,经济效益作为基本的内生变量,其实现程度与交易或者说权利的交换紧密相连,因为经济效益的存在促成了权利流动和转让的动机和基本需求,而不断进行的各种权利流动和转让则促进和推动了经济效益的实现和扩大。因此,不断地进行市场化流动和转让,应成为各种自然资源开发利用权利在市场经济体制中实际运作的基本形式,而及时形成与确立自然资源的流转制度则为自然资源开发利用权利的市场化流转提供了有力的法律保障。

(二)推动自然资源价值的真正实现

对于如何理解自然资源的价值来源并以此为基础形成其价值的实现机制,历来是相关理论研究中存在一定争议的问题。而在市场化的条件下,基于价值规律形成的等价交换则为自然资源价值的真正实现提供了现实可行的途径。首先,等价交换意味着物品在价值上相等是进行交换的基本前提,对于自然资源而言,这就从根本上肯定和确认了自然资源价值的存在,有效地纠正了自然资源无价的错误认识;其次,自然资源市场化流转的过程实质上是自然资源与其他商品和媒介物进行交换的过程,在这个过程中其他商品或媒介物的价值就会表现在自然资源身上,使其价值化,实际上,"自然资源具有价值是一个事实,其关键是能否将自然资源作为商品推向市场及法律是否作出了权利交易的制度安排"[①]。因此,只要自然资源进入市场,自然资源的价值就是现实可见的。所以,市场化的流转是有效确认自然资源价值并推动其得以真正实现的基本途径。

(三)促进自然资源的优化配置,提高自然资源的开发利用效率和水平

自然资源的市场化流转必然决定了每一个开发利用自然资源的社会个体在

---

① 肖国兴、肖乾刚编著:《自然资源法》,法律出版社1999年版,第24页。

自然资源的取得方面是要付出成本的,这就会使成本与效益的对比衡量成为自然资源开发利用过程中的主导性因素,从而建立与市场机制发挥作用内在机理一致的经济激励与约束机制,这种机制的形成和实际运作是提高自然资源开发利用效率和水平的基本保证。因为对于每一个开发利用自然资源的社会个体而言,只有在经济效益方面的损益才会对其产生内在的约束和促进作用。在充分考虑成本的前提下,为保证最终取得尽可能大的经济效益,每个自然资源的开发利用者都会自觉通过避免浪费、优化开发利用行为、加强管理等方式促进产出的最大化,这将使提高自然资源的开发利用效率和水平从可能变为现实。从其产生的社会效果来看,对自然资源开发利用效率和水平的提高,同时也最大限度地减轻了自然资源开发利用过程中的外部性问题对环境造成的负面影响,在一定程度上保证了自然资源开发利用与环境保护的亲和性。

二、构建自然资源流转制度的基本思路

(一)促进流转

促进流转的思路,是构建自然资源流转制度在宏观方面的基本指导思想,它要解决的是一个必要性的问题。需要明确指出的是,此处所说的流转是以市场机制为基础的自然资源权属的市场化流动。之所以对这一点给予特别强调,主要是因为,在我国传统的计划经济体制中,在自然资源的配置方面也表现出一定程度的流转性,但那种流转是以无偿的行政划拨或委授为主要表现方式,缺乏平等自由、等价有偿等在权利交换过程中所本应具有的合理内核,因此,在严格意义上不能将其作为自然资源流转的外在表现形态。在自然资源法律制度的构建中形成促进流转的基本思路,其基本使命在于指导和促进形成我国的自然资源要素市场,在自然资源的社会配置模式选择方面,用以市场机制为基础的权利交换和转让取代以往的以行政命令为基础的无偿委授和划拨,从而使市场机制成为在自然资源配置过程中基本和主要的方式,形成以市场机制为主并有效发挥政府辅助和配合作用的自然资源配置模式,逐步实现在我国自然资源从完全由政府供给向主要由市场供给的战略转变。

从目前的情况来看,对促进流转思路的贯彻和体现,至少应围绕两个基本方面展开。首先,从理论和实践两个方面肯定自然资源的价值,确认自然资源的商品属性。这一点是有效促进自然资源市场化流转的基本起点。因为自然资源只有是有价值的商品,才能为价格、供求、竞争等市场机制的基本手段作用的发挥提供基本的对象和前提;如果依然将自然资源定位于无价的"天赐物",市场机制作用的发挥也就根本无从谈起,更不用说自然资源的市场化流转了。其次,明确自然资源所有权及各种使用权的权利内容和边界,为自然资源的市场化流转的实现创造条件。从实践中来看,自然资源的市场化流转是以自然资源各种权利的市场化交换和转让为主要表现方式的,因此,不断完善与自然资源有关的权利体系并明确各种权利的内容和边界,是有效促进自然资源流转的重要保证。

（二）有限流转

有限流转的思路,是构建自然资源流转制度在实施层面所要遵循的基本原则,它所解决的是一个可行性的问题。所以,有限流转的基本思路与上文中提到的促进流转并不矛盾,因为二者发挥作用的主要领域不相同,如果从总体上来看,二者在功能上是互补的,共同作用于我国的自然资源要素市场的促进和形成。所谓"有限流转",主要是指对于自然资源的市场化流转而言,不能一概而论,必须充分考虑国家所有制形式、不同类型自然资源要素之间的差异以及社会对自然资源不同的功能需求等相关因素,对自然资源流转的层次和种类在法律上进行必要的限制,以保证自然资源市场化流转的过程中,各种不同利益主张的兼顾和平衡。比如国家利益、社会利益和个体利益;当前利益和长远利益;经济利益和生态利益等。应该说,这一点也正体现了自然资源法不同于大多数传统法律部门的相对独特的制度特征。

在前文强调促进流转思路的同时,提出了有限流转的思路,其原因概括而言主要在于以下两个方面:首先,基于我国公有制的经济基础,自然资源所有权主体的单一性实际上使得自然资源的所有权转让或者说自然资源的买卖成为不可能,而且在相关立法中我国也是禁止自然资源所有权的流动和转让的。其次,就自然资源自身的一些特点来看,在自然资源的市场化流转方面也不可能像一般的商品一样,不施加任何限制。比如,对于一些涉及国计民生的自然资源,或者涉及国防或国家安全的战略性自然资源,必然需要对其市场化流转的程度和范围进行必要的限制,以保证自然资源开发利用的公共性、社会性及安全的实现。这从根本上是由自然资源自身的特点所决定的,也是世界各国通行的做法。

三、自然资源权利交易的层次和种类

正如前文所言,在实践中,自然资源流转是以自然资源有关权利的市场化交换和转让为主要表现方式的,也就是说,以交换和转让为主要内容的自然资源权利交易是自然资源市场化流转的基本实现途径,同时也构成了自然资源流转法律制度的主要内容。然而,自然资源与一般的物不一样,从宏观来讲,国家对其控制是无可置疑的,从微观来看,对其开发利用的期望和效用也是有不同层次的,因此自然资源的权利交易必然是有层次性的。所谓"权利交易的

层次性"主要指可交易的程度,换句话来说也就是国家对权利交易干预的程度。从逻辑的角度来说,对同一事物,依据不同的标准可以作出不同的分类,针对自然资源的权利交易而言,同样如此。之所以需要从不同的角度对其进行分类别的研究,主要目的在于根据不同种类权利交易的特点和要求,进行不同的法律制度设计和规范。所以,自然资源的权利交易表现出了明显的层次性和种类性特征。

(一) 自然资源权利交易的层次

1. 自然资源的所有权交易

所有权交易即通常所说的买卖,是最彻底的权利交易,这种交易是指随着物的转移,依附该物所设定的占有、使用、收益、处分等权利全部随之转移。这样的交易使交易主体在取得物的同时,取得该物最充分、最完整的处分权,而且只有这种充分的、完整的处分权转移才能使交易主体根据物的真实价值交付货款成为可能。这是所有权交易的一般治理模型,但因为国情不同,自然资源所有权交易在各个国家实践展开的程度与范围也并不相同。我国是社会主义公有制国家,根据《宪法》及相关立法规定,自然资源由国家和集体所有,其中又以国家所有为主,除了通过依法征收将自然资源的集体所有权变更为国家所有权之外,我国立法禁止其他任何形式的自然资源所有权交易。

2. 自然资源各种开发利用权利的交易

自然资源开发利用权利的交易是当前及今后相当长一段时期内自然资源开发利用中最常见的权利交易行为,也是亟待深入研究并加以规范的一类行为。

自然资源开发利用权利的交易之所以在实际中广泛和大量存在,主要是基于国家管理体制和实际操作的需要。在我国,虽然宪法规定自然资源所有权只能由国家和集体行使,但几乎所有的自然资源单行法规都规定,国家所有和集体所有的自然资源可以由单位和个人开发利用(包括使用、收益、采伐、勘探、开采、捕捞等活动),并规定了各种自然资源开发利用的权利,如土地使用权与承包经营权、矿业权、渔业权、林业权、狩猎权等。然后,国家就通过这些开发利用权利的运作和实施,来达到对自然资源所有权实现的目的。这种制度设计的初衷在于既维持了对自然资源的国有控制,又促使其在经济上得以实现其价值。

对自然资源开发利用权利交易的研究,需要在充分肯定其存在的价值和作用的同时,着眼于其运作方式的改进以及交易效率的提高。就我国目前自然资源开发利用权利交易的现状而言,法律制度设计至少需要从以下两方面进行调整和完善:

首先,解决行政权力对交易过程的不当干预问题。在交易形式上,应严格适用契约、招投标等方式,用法律的约束力排除行政权力的干扰。而在市场准入方面,不得采用歧视性原则,各方参与主体一律平等。只要具备相同的资质条件,国有企业不比其他类型的市场主体具有当然的优先权。

其次,对自然资源进行科学定价。进行开发利用权利交易的初衷即在于资源价值在经济上得以实现,然而从现实情况来看,自然资源价格偏低已成为长期以来自然资源开发利用效率低下的主要原因之一。因此,必须科学看待自然资源的属性和价值,认真研究其价格构成,并尽快在法律规定中予以反映。

(二) 自然资源权利交易的种类

1. 设定性交易和传递性交易

根据参加权利交易双方主体不同,可将其分为设定性交易和传递性交易。"设定性交易"发生在国家和其他主体之间,国家以自然资源所有者的身份将从所有权派生而产生的开发利用权利与其他主体进行交易。此种交易是对各种开发利用权利进行初始的设定,是从无到有的过程,一般称为自然资源权利交易的一级市场,土地使用权的出让即是其最典型的表现。所谓"传递性交易"是指在各种开发利用者之间进行的交易,这种交易是各种开发利用权利在不同主体之间传递的过程,一般称为自然资源权利交易二级或二级以上市场,也是当前市场上最活跃的一种交易类型。

在我国并不允许所有权交易的情况下,设定性交易的存在是十分必要的,它为所有权的实现提供了一种法律允许的运作机制。在相关法律对策设计方面,其规范的重点是政府的行为。政府代表国家行使所有权,在此种交易中处于当然的优越地位,因此必须用法律去遏制政府在此领域寻租的倾向。应从交易的形式、交易的条件、交易的过程及交易的监管等各个环节进行可操作性的法律制度设计,而且有必要设立专门的单行法规。

2. 一般性交易和强制性交易

按照是否以获利为目的的标准,可把权利交易分为一般性交易和强制性交易。一般性交易以获利为目的,而强制性交易则往往基于社会公益和国家利益而发生。

交易的最终目的就是获利。从这一角度来看,我们可以把一般性交易与上文提及的传递性交易归为一类,这类交易是市场上最活跃的交易类型,也是自然资源权利交易的主体部分。对此类交易的法律规范应主要着眼于防止投机市场的形成以及在私利驱动之下有损公益的交易行为。因此,首先应对各交易主体进行严格的资格审查,建立相应的市场准入制度;其次,强化国家的有效调控,如建立登记备案制度;最后,对交易的规模和种类划分不同的标准,建立相应的监管与保护机制等。

至于强制性交易,主要是处于非常时期或基于国家和社会的特殊需要,按照法律的规定,由政府采取强制性措施,使自然资源的相关权利从私人向公共发生的变动,其中最常见的就是政府各种类型的征收。此种交易主要基于社会公益,在自然资源的权利交易中并不占主流。为避免对合法权利的非法侵害,有效克服政府的主观任意性,需要法律对此种交易发生的条件、程序、补偿标准等作出明确的规定。

第四节 自然资源行政管理制度

一、自然资源管理体制

自然资源管理体制,是指自然资源管理机构的结构及组织方式,即采用何种组织形式以及这些组织形式之间的分工与协调,并以何种方式完成其自然资源管理的职责。具体而言,自然资源管理体制就是划分中央、地方、相关部门、企业在自然资源开发利用和保护方面的管理范围、职责权限等相互关系的具体体现方式。自然资源管理体制的核心内容在于各管理机构的设置、职权划分以及不同管理机构之间的相互协调和配合。

科学高效的自然资源管理体制为强化自然资源保护和合理开发利用提供了可靠的组织保证,是国家贯彻落实可持续发展战略在制度安排方面的重要组成部分。一般认为,一个国家自然资源管理体制的现状直接反映了该国对自然资源问题的认识程度和水平,在很大程度上体现着该国可持续发展管理能力的强弱。因此,从宏观角度而言,顺应我国政府提出的实施可持续发展战略的基本要求,不断健全和完善我国自然资源管理体制,是我国加强对自然资源的有效管理,保证自然资源的合理开发利用,在根本上改善和提高自然生态环境的整体质量,从而逐步实现对自然资源的可持续利用的重要途径。

就现状而言,我国的自然资源管理机构主要包括综合性的自然资源主管部门、自然资源管理的相关部门和辅助性的自然资源管理部门三类。

(一)综合性的自然资源主管部门

按照现行国务院机构设置,我国综合性的自然资源主管部门是自然资源部。自然资源部作为国务院组成部门,其主要职责是:对自然资源开发利用和保护进行监管;建立空间规划体系并监督实施;履行全民所有各类自然资源资产所有者职责;统一调查和确权登记;建立自然资源有偿使用制度、负责测绘和地质勘查行业管理等。另外,国家林业和草原局作为自然资源部管理的国家局,其主要职责是:监督管理森林、草原、湿地、荒漠和陆生野生动植物资源开发利用和保护;组织生态保护和修复;开展造林绿化工作,管理国家公园等各类自然保护地等。

(二) 自然资源管理的相关部门

从发展沿革的历程来看,在自然资源管理的早期阶段,通常是将自然资源视为农业、林业、牧业、副业、渔业、工业资源,对自然资源的管理也主要是依托行业管理展开。尽管目前在我国国务院机构设置中,由自然资源部作为自然资源综合性主管部门,统一行使全民所有自然资源资产所有者职责,统一行使所有国土空间用途管制和生态保护修复职责,但相关的行业主管部门在履行行业管理职能的过程中,不可避免会涉及对自然资源的管理。比如我国国务院机构设置中的农业农村部对种植业、畜牧业、渔业的行业监管,必然涉及土地资源、野生动植物资源的开发利用和管理问题。除了自然资源的行业管理,基于自然资源开发利用不同环节的管理需要,还会涉及自然资源部以外其他的管理部门。比如在水资源开发利用过程中,对于水量分配、水利设施建设、水文工作、防汛抗旱、防治水土流失等管理事项,主要由水利部负责。

(三) 辅助性的自然资源管理部门

辅助性的自然资源管理部门,主要是指那些基本职能并未以自然资源管理为主,但为保证综合性自然资源主管部门或自然资源管理相关部门职能的顺利实现,需要积极发挥配合或者协助作用的相关行政管理部门。比如海关行政主管部门和工商行政主管部门对野生动物及其制成品进出口或市场流通实施的监督管理等。类似上述辅助性的自然资源管理部门,虽然在自然资源的行政管理中处于相对次要的位置,但它们对综合性自然资源主管部门或自然资源管理相关部门职能的正常发挥起着不可或缺的支持作用,对其重要性应给予充分重视。

另外还需要特别指出的是,除上述国务院机构设置中自然资源的管理部门外,我国地方的自然资源行政管理机构的设置,主要体现行政管理的分级原则。我国地方的行政区划分为省(自治区、直辖市)、市(自治州)、县、乡(镇)四级。从现状来看,在我国的省、市、县三级地方机构,一般设置有与国务院机构相对应的各种自然资源管理部门,如省自然资源厅、市自然资源局、县自然资源局等,只有个别的自然资源行政管理机构设置在乡镇一级。比如乡镇一级人民政府设立的土地管理所;针对森林资源管理设置的专职护林员等。

二、自然资源行政管理的主要领域

自然资源的行政管理工作涉及面宽、内容复杂,很难在理论上对其进行面面俱到的概括和归纳。对于这个问题,只能以现行的有关法律规定为基础,对在实践中自然资源行政管理所涉及的主要领域进行概要性的介绍。概括而言,我国自然资源的行政管理工作较为集中地体现在以下几个方面:

(一) 编制各种自然资源规划

依据一定的标准和程序,在充分考虑社会经济发展需求和自然资源开发利用现状的基础上,及时编制各种自然资源规划,是各自然资源管理机构日常管理工作的重要内容。科学合理的自然资源规划,是从宏观上保证对自然资源进行可持续开发利用的重要基础性措施,也是各项自然资源行政管理工作的主要依据和前提。从我国现行的各部自然资源法律来看,绝大多数对制定自然资源规划以专门的法律条文甚至专章作出了明确的规定。具体而言,我国目前的自然资源规划主要包括土地利用总体规划、水资源规划、林业长远规划、水土保持规划、防沙治沙规划、草原建设保护利用规划等方面的内容。

(二) 确认自然资源权属

自然资源作为重要的社会资源,其相关权利的取得和变更必然会对社会经济的运行以及自然资源的生态保护产生不同程度的影响,这种影响的程度和范围将远远超出权利人自身。因此,需要有关的自然资源管理机构对自然资源权属的取得和变动进行必要的确认,通过登记、备案、公示等程序,使自然资源的权属处于一个明确和稳定的状态之中。这既有利于自然资源权属取得和转让的公平和公正,同时也有利于社会公众的监督和自然资源管理机构对自然资源的宏观调控和日常管理。

(三) 审核和颁发各种自然资源许可证

许可证既是国家对行政管理相对人从事某种活动的一种法律上的认可,也是行政管理相对人得到法律保护的一种凭证。通过审核和颁发各种许可证加强对自然资源的管理,是自然资源管理法制化的基本实现途径,也是今后自然资源管理方式改革和优化的重要方向。对自然资源进行许可证管理,不仅使各国家的自然资源主管机关能依法处于主动的地位,而且还有效保证了对自然资源的合理利用并在此基础上维护生态系统的动态平衡。根据目前我国自然资源法的有关规定,自然资源管理中的许可证种类主要有:林木采伐许可证、捕捞许可证、采矿许可证、取水许可证、特许捕猎许可证、驯养繁殖许可证、建设用地许可证等。

(四) 征收自然资源税费

依据有关法律规定,依法征收各种自然资源税费,是实现自然资源价值、体现自然资源有偿使用的重要措施。通过征收自然资源税费形成自然资源开发利用在经济上的约束和激励机制,不仅能有效提高自然资源的开发利用效率和水平,而且还有助于筹集自然资源养护和治理所需的资金,是市场化条件下加强自然资源管理的重要方面。对此,各自然资源的单行法基本上都有相应的原则性规定,有些还进一步通过制定专门的配套法规进行细化和明确,从而使自然资源税费的征收工作有法可依,有效增强了该项工作的可操作性。

（五）进行自然资源行业监管

围绕自然资源开发利用形成了牧业、林业、矿业、渔业等自然资源行业,这些行业的发展状况和水平将对自然资源的赋存状况和演化发展产生根本的影响,因此,对特定自然资源行业进行必要的监管,是自然资源管理的重要内容之一。在我国持续推进生态文明体制改革的进程中,自然资源管理机构的设置及其对自然资源行业监管的方式和范围也在不断地改变和优化,就当前的相关实践来看,对自然资源行业的监管主要集中在两个方面:其一,行业准入的管理,这个方面主要通过对从事特定自然资源行业的企业所应具备的基本资质和能力的明确规定,从源头上为行业的良性发展把好关;其二,通过设立一定的标准,对行业在发展过程中在自然资源开发利用的方式、范围以及程度等方面进行相应的规范。这些方面在我国目前的自然资源法中都有不同程度的体现。

（六）监督检查并追究有关法律责任

对法律规定的落实情况进行经常性的监督检查,是各自然资源主管机关的重要职责,也是自然资源法在实践中能够得以有效贯彻实施的基本保证。在这个方面,大多数自然资源单行法都有针对性的规定,甚至设专章详细规定了进行监督检查的主体、方式、程序等方面的内容,从立法上明确了各自然资源管理机关监督检查的职能。在监督检查的过程中,对于那些违反法律规定的行为,就需要通过法律责任的追究来进行惩戒和矫正,以维护自然资源法制的权威性和严肃性。虽然在法律责任的种类上,包括民事责任、行政责任和刑事责任三种不同的方式,但纵观各自然资源单行法中法律责任一章的有关规定,行政责任在自然资源法律责任中占据了很大的比重。对于各类行政责任,当然还是由各自然资源行政主管部门予以认定并进行追究,这也是各主管机关的职责所在。

> 思考题

1. 对自然资源法律制度内涵的准确理解应把握哪些方面的内容?
2. 自然资源权属制度包括哪些不同层次的权利形态?
3. 构建自然资源流转制度的思路包括哪些?有限流转的具体含义是什么?

4. 简述我国自然资源管理机构的设置。

> **推荐阅读**

1. 肖国兴:《破解"资源诅咒"的法律回应》,法律出版社2017年版。

2. 施志源:《生态文明背景下的自然资源国家所有权研究》,法律出版社2015年版。

3. 欧阳君君:《自然资源特许使用的理论建构与制度规范》,中国政法大学出版社2016年版。

4. 王灵波:《美国自然资源公共信托制度研究》,中国政法大学出版社2016年版。

第十四章　自然资源单行立法

【导言】

　　自然资源是环境的重要组成部分,很多自然资源同时也是环境要素,在生态系统中扮演着重要的角色。自然资源单行立法是为了保护自然资源,实现自然资源的可持续利用而发展起来的一整套的法律规范。本章将就土地、海洋、水、矿产、森林、草原以及野生动植物资源单行立法的相关知识展开论述。

第一节　土地资源法

一、土地资源概述

　　对作为土地资源法所调整的客体——"土地"的概念有一个清晰的认识,是明晰土地资源法相关制度设计的前提和基础。根据联合国粮农组织1975年发表的《土地评价纲要》的叙述,"一片土地是指地球表面的一个特定地区,其特性包含着此地面以上和以下垂直的生物圈的一切比较稳定或周期循环的要素"。《资源环境法词典》中则表述为:"狭义的土地指裸露在陆地上的表层;广义的土地则包括耕地、水域、林地、山岭、草地、荒地、滩涂等。在环境科学领域,土地指地貌、土壤、岩石、水、气候、植被等自然要素组成的综合体。它既是一种环境要素,又是一种重要的自然资源;既是人类生存的基本环境条件,又是人类进行物质生产不可缺少的物质资料。"[①]由此可见,土地是一个由气候、土壤、地貌、岩石、水文、动植物等自然要素组成的生态综合体,而不能仅仅理解为土壤或者耕地。

　　土地具有重要的自然生态和社会经济发展功能。土地的自然生态功能表现在以下几个方面:首先,土地给人类和动植物提供了生存、繁衍的场所和空间;其次,土地为绿色植物——生态系统的生产者生长发育提供了所需的水分和养分,而绿色植物是其他生命物质存在的基础;最后,土地具有分解、净化功能,很多废

[①] 江伟钰、陈方林主编:《资源环境法词典》,中国法制出版社2005年版,第486页。

弃物和生物残体在土地系统中经过生物、物理、化学的作用可以分解和转化为无害物质，从而起到净化环境的效果。土地的社会经济发展功能则表现在土地是人类进行物质生产(特别是农业生产)不可缺少的生产资料。

根据不同的标准可以对土地进行不同的分类。目前，在我国法律中，土地的经济发展功能是对土地进行分类的基础和标准。根据我国《土地管理法》的分类，土地被分为以下三种基本类型：农用地、建设用地和未利用地。农用地是指直接用于农业生产的土地，包括耕地、林地、草地、农田水利用地、养殖水面等；建设用地是指建造建筑物、构筑物的土地，包括城乡住宅和公共设施用地、工矿用地、交通水利设施用地、旅游用地、军事设施用地等；未利用地是指农用地和建设用地以外的土地。

土地具有以下特点：(1)不可再生性。地球的土地面积是有限的，无法实现数量上的持续增长。(2)地理位置的固定性。土地位置由其地理位置决定，不可能移动，所以被称为"不动产"。因此，人们对土地资源的开发利用，要注意其自然条件，扬长避短，不可违背客观规律，破坏土地的自然属性，影响土地价值的真正发挥。(3)数量的有限性，一种用途用地量的增加必然导致另一种用途用地量的减少。(4)不可替代性。一旦土地资源因为人为污染或破坏而丧失，将无法以别的环境要素来替代。(5)利用的长久性。土地资源虽然是不可再生资源，但只要在使用的过程中真正做到"合理"，注重投入，不断培育其肥力，那么土地资源不但不会像其他生产资料那样被"磨损"变旧，甚至报废，相反，可以越使用土质状况越好，生物生产力越高。

根据2021年8月发布的《第三次全国国土调查主要数据公报》，截至2019年年末，全国共有耕地12786.19万公顷、园地2017.16万公顷、林地28412.59万公顷、草地26453.01万公顷、湿地2346.93万公顷、城镇村及工矿用地3530.64万公顷、交通运输用地955.31万公顷、水域及水利设施用地3628.79万公顷。

尽管我国已经对土地资源利用、管理和保护投入了大量资源，取得了一定成就，但土地资源的利用和管理工作仍然十分严峻。《国务院关于土地管理和矿产资源开发利用及保护工作情况的报告》指出，我国土地资源开发利用还存在以下问题：(1)供需矛盾突出，耕地总量保护难度加大、质量值得关注。一是我国人均耕地少、优质耕地少、后备耕地资源少。我国人均耕地仅1.35亩，不到世界平均水平的1/2。中低产田占耕地总面积近70%。全国集中连片、具有一定规模的耕地后备资源少且大多分布在生态脆弱地区，补充优质耕地越来越难。二是建设用地供需矛盾突出，城镇和农村建设双向挤占耕地，违规违法占用耕地的压力依然很大。三是耕地保护补偿机制有待尽快建立。(2)资源利用粗放浪费的现象依然突出。一是部分城镇规模过度扩张,人均建设用地高于国家标准,高于资源短缺甚至资源丰富的国家。一些开发区和新区违反规划设置,盲目扩大规模。二是农村人口向城市转移但农村居住用地还在扩大,农村空闲住宅一般达到10%—15%,出现了一些"空心村"。

二、我国土地资源的立法沿革与概况

我国土地资源立法工作于20世纪50年代起步,其间主要经历了两个阶段。

在《土地管理法》颁布之前,我国一直缺乏专门的针对土地资源管理和保护的立法。1953年,政务院公布了《国家建设征收土地办法》,提出了国家建设征收土地,必须贯彻节约用地的原则。1957年,国务院还发布了《水土保持暂行纲要》,对水土保持工作的管理、水土保持的措施、规划以及违反规定的法律责任等作了比较详细的规定。1982年,国务院颁发了《国家建设征收土地条例》《水土保持工作条例》。总体来说,这些法规的效力等级比较低,无法满足管理和保护土地资源工作的需要。

1986年6月25日,第六届全国人大常委会第十六次会议审议通过了《土地管理法》,该法比较全面地对土地资源的开发利用和保护工作作出了科学的规定,于1987年1月1日起正式施行。它的公布和实施,结束了我国长期以来主要依靠行政手段和多部门分散管理土地的局面,城乡土地开始进入依法、统一运用综合手段全面、科学管理的轨道。该法后来又于1988年进行第一次修正,于1998年进行了修订,于2004年进行了第二次修正,以应对不断发展变化的形势。其后,国家又相继颁布了一系列的法律、法规。2019年8月26日,第十三届全国人大常委会第十二次会议对《土地管理法》进行了第三次修正,新法于2020年1月1日开始实施。截至目前,我国土地资源法律领域已经基本形成了一个完整的法律体系。

目前,我国土地方面的法律、法规主要有:《土地管理法》《城市房地产管理法》《城乡规划法》《农村土地承包法》《水土保持法》《土地管理法实施条例》《水土保持法实施条例》《基本农田保护条例》《土地复垦条例》等。此外,还有一系列关于土地的行政规章、地方性法规和地方政府规章,包括《土地复垦条例实施办法》《节约集约利用土地规定》《农村土地经营权流转管理办法》《土地调查条例实施办法》《闲置土地处置办法》等。另外,我国的《宪法》《森林法》《草原法》《渔业法》等相关立法也对土地的开发利用及保护管理作出了规定。

三、土地资源立法的主要内容

(一) 土地权属制度

土地权属制度是土地资源管理制度的基础。我国的土地权属制度主要由《宪法》《民法典》《土地管理法》等法律加以规定。土地权属制度主要包括土地的所有权和土地的使用权两个部分。

1. 土地所有权

《土地管理法》第 2 条第 1 款明确规定："中华人民共和国实行土地的社会主义公有制,即全民所有制和劳动群众集体所有制。"因此,我国的土地所有权可分为国有土地所有权和集体土地所有权两种,两种所有权在主体范围、客体范围、取得方式、权利变动方面各有不同。

(1) 国有土地所有权

《民法典》第 249 条规定："城市的土地,属于国家所有。法律规定属于国家所有的农村和城市郊区的土地,属于国家所有。"

国家所有土地的所有权由国务院代表国家行使,地方各级人民政府不是国有土地所有权的代表,无权擅自处置国有土地,只能依法根据国务院的授权处置国有土地。国务院作为国有土地所有权的代表,有权决定国有土地收益的分配办法。

(2) 集体土地所有权

根据有关法律规定,集体所有土地的范围为:第一,除由法律规定属于国家所有以外的农村和城市郊区土地。也就是说,农村和城市郊区的土地原则上属于集体所有,但如果法律规定属于国家所有,则属于国家所有。第二,宅基地和自留地、自留山。"农民集体所有的宅基地,主要是指农民用于建造住房及其附属设施的一定范围内的土地,自留地是指我国农业合作化以后农民集体经济组织分配给本集体经济组织成员(村民)长期使用的土地,自留山是指农民集体经济组织分配给其成员长期使用的少量的柴山和荒坡。"[①]

2. 土地使用权

《土地管理法》第 10 条规定,国有土地和农民集体所有的土地,可以依法确定给单位或者个人使用。这是关于土地使用权的概括性规定。根据该规定,土地使用权分为国有土地使用权和农民集体所有土地使用权。

根据土地使用权目的的不同,可以将国有土地使用权和集体土地使用权分

---

① 卞耀武、李元主编:《中华人民共和国土地管理法释义》,法律出版社 1998 年版,第 60 页。

为承包经营从事农业生产的土地使用权和建设用地土地使用权。对于建设用地的土地使用权,因使用权主体不同,可以进一步细分为:(1)国有土地的使用权,包括单位和个人的使用权,比如全民和集体所有制单位对国有土地的使用权、社会团体对国有土地的使用权、外商投资企业对国有土地的使用权、境内外个人对国有土地的使用权等;(2)农民集体土地的使用权,包括全民所有制单位、建设单位对农民集体所有土地的临时使用权、农民对宅基地的使用权、乡镇企业对农民集体土地的使用权、乡(镇)和村公共设施公益事业建设对农民集体所有土地的使用权等。

根据现行的有关法律规定,取得土地使用权的方式主要有:土地使用权出让、土地使用权划拨、土地使用权转让、承包经营等。

在国有土地使用权方面,我国正在探索和推进国有土地有偿使用改革方案。2013年发布的《中共中央关于全面深化改革若干重大问题的决定》提出"扩大国有土地有偿使用范围,减少非公益性用地划拨"。2016年国务院发布的《关于全民所有自然资源资产有偿使用制度改革的指导意见》再次强调"完善国有土地资源有偿使用制度",提出"扩大国有建设用地有偿使用范围,加快修订《划拨用地目录》"。《土地管理法》第2条规定了国有土地有偿使用制度,但是国家在法律规定的范围内划拨国有土地使用权的除外。《土地管理法》第55条规定,以出让等有偿使用方式取得国有土地使用权的建设单位,按照国务院规定的标准和办法,缴纳土地使用权出让金等土地有偿使用费和其他费用后,方可使用土地。关于国有土地有偿使用的方式,《土地管理法实施条例》第17条规定,国有土地有偿使用的方式包括国有土地使用权出让、国有土地租赁、国有土地使用权作价出资或者入股。关于划拨用地的范围,根据《土地管理法》第54条,下列建设用地经县级以上人民政府依法批准,可以以划拨方式取得:国家机关用地和军事用地;城市基础设施用地和公益事业用地;国家重点扶持的能源、交通、水利等基础设施用地;法律、行政法规规定的其他用地。自然资源部发布的《节约集约利用土地规定》第21条规定,除军事、保障性住房和涉及国家安全和公共秩序的特殊用地可以以划拨方式供应外,国家机关办公和交通、能源、水利等基础设施(产业)、城市基础设施以及各类社会事业用地中的经营性用地,实行有偿使用。

在集体土地使用权方面,为了适应城市化进程导致的农村土地总体利用状况的变化,我国在土地承包经营方面进行了重大改革。2016年,中共中央办公厅、国务院办公厅印发《关于完善农村土地所有权承包权经营权分置办法的意见》,提出将土地承包经营权分为承包权和经营权,实行所有权、承包权、经营权分置并行。"三权分置"是对这一权利配置格局的简称:土地集体所有权与承包经营权是承包地处于未流转状态的一组权利,是"两权分离";土地集体所有权与土地承包权、土地经营权是承包地处于流转状态的一组权利,是"三权分置"。"三权分置"的创设反映了社会经济制度乃至政治制度的内在要求。截至2018年,农村已有30%以上的承包农户在流转承包地,流转面积约为4.79亿亩。实践中农村土地承包政策的成功经验需要及时转化为法律规范。2018年修正的《农村土地承包法》和2020年发布的《民法典》正是在"三权分置"架构下作出了相关规定。《农村土地承包法》第9条规定:"承包方承包土地后,享有土地承包经营权,可以自己经营,也可以保留土地承包权,流转其承包地的土地经营权,由他人经营。"为了加强对土地承包权的保护,该法第44条规定:"承包方流转土地经营权的,其与发包方的承包关系不变。"为确保实行"三权分置"后不改变农地用途,该法第64条规定:"土地经营权人擅自改变土地的农业用途、弃耕抛荒连续两年以上、给土地造成严重损害或者严重破坏土地生态环境,承包方在合理期限内不解除土地经营权流转合同的,发包方有权要求终止土地经营权流转合同。土地经营权人对土地和土地生态环境造成的损害应当予以赔偿。"

3. 土地权属登记

《土地管理法》第12条第1款规定:"土地的所有权和使用权的登记,依照有关不动产登记的法律、行政法规执行。"根据《不动产登记暂行条例》,集体土地所有权,耕地、林地、草地等土地承包经营权,建设用地使用权,宅基地使用权等不动产权利均须依照该条例的规定办理登记。县级以上地方人民政府应当确定一个部门为本行政区域的不动产登记机构,负责不动产登记工作,并接受上级人民政府不动产登记主管部门的指导、监督。不动产登记由不动产所在地的县级人民政府不动产登记机构办理;直辖市、设区的市人民政府可以确定本级不动产登记机构统一办理所属各区的不动产登记。跨县级行政区域的不动产登记,由所跨县级行政区域的不动产登记机构分别办理。不能分别办理的,由所跨县级行政区域的不动产登记机构协商办理;协商不成的,由共同的上一级人民政府不动产登记主管部门指定办理。国务院确定的重点国有林区的森林、林木和林地,国务院批准项目用海、用岛,中央国家机关使用的国有土地等不动产登记,由国务院国土资源主管部门会同有关部门规定。不动产登记机构完成登记,应当依法向申请人核发不动产权属证书或者登记证明。

关于土地经营权的登记,《农村土地承包法》第41条规定:"土地经营权流转期限为五年以上的,当事人可以向登记机构申请土地经营权登记。未经登记,不得对抗善意第三人。"《民法典》对此予以吸收并加以完善,第341条规定:"流转期限为五年以上的土地经营权,自流转合同生效时设立。当事人可以向登记机构申请土地经营权登记;未经登记,不得对抗善意第三人。"

(二)土地利用总体规划制度

《土地管理法》第15条第1款规定:"各级人民政府应当依据国民经济和社会发展规划、国土整治和资源环境保护的要求、土地供给能力以及各项建设对土地的需求,组织编制土地利用总体规划。"土地利用规划制度是保证对土地资源合理安排和保护的重要制度,是土地资源保护工作的基础。主要包括以下几个部分:土地利用总体规划的编制要求、土地利用总体规划的编制原则、土地利用总体规划的审批与修改、土地利用总体规划与其他规划的关系等。

1. 土地利用总体规划的编制要求

下级土地利用总体规划应当依据上一级土地利用总体规划编制;地方各级人民政府编制的土地利用总体规划中的建设用地总量不得超过上一级土地利用总体规划确定的控制指标,耕地保有量不得低于上一级土地利用总体规划确定的控制指标。省、自治区、直辖市人民政府编制的土地利用总体规划,应当确保本行政区域内耕地总量不减少。县级土地利用总体规划应当划分土地利用区,明确土地用途。乡(镇)土地利用总体规划应当划分土地利用区,根据土地使用条件,确定每一块土地的用途,并予以公告。

2. 土地利用总体规划的编制原则

落实国土空间开发保护要求,严格土地用途管制;严格保护永久基本农田,严格控制非农业建设占用农用地;提高土地节约集约利用水平;统筹安排城乡生产、生活、生态用地,满足乡村产业和基础设施用地合理需求,促进城乡融合发展;保护和改善生态环境,保障土地的可持续利用;占用耕地与开发复垦耕地数量平衡、质量相当。

3. 土地利用总体规划的审批与修改

土地利用总体规划实行分级审批。省、自治区、直辖市的土地利用总体规划,报国务院批准。省、自治区人民政府所在地的市、人口在一百万以上的城市以及国务院指定的城市的土地利用总体规划,经省、自治区人民政府审查同意后,报国务院批准。上述规定以外的土地利用总体规划,逐级上报省、自治区、直辖市人民政府批准;其中,乡(镇)土地利用总体规划可以由省级人民政府授权的设区的市、自治州人民政府批准。土地利用总体规划一经批准,必须严格执行。

经批准的土地利用总体规划的修改,须经原批准机关批准;未经批准,不得改变土地利用总体规划确定的土地用途。经国务院批准的大型能源、交通、水利等基础设施建设用地,需要改变土地利用总体规划的,根据国务院的批准文件修改土地利用总体规划。经省、自治区、直辖市人民政府批准的能源、交通、水利等基础设施建设用地,需要改变土地利用总体规划的,属于省级人民政府土地利用总体规划批准权限内的,根据省级人民政府的批准文件修改土地利用总体规划。

4. 土地利用总体规划与其他规划之间的衔接

城市总体规划、村庄和集镇规划应当与土地利用总体规划相衔接,城市总体规划、村庄和集镇规划中建设用地规模不得超过土地利用总体规划确定的城市和村庄、集镇建设用地规模。江河、湖泊综合治理和开发利用规划,应当与土地利用总体规划相衔接。在江河、湖泊、水库的管理和保护范围以及蓄洪滞洪区内,土地利用应当符合江河、湖泊综合治理和开发利用规划,符合河道、湖泊行洪、蓄洪和输水的要求。

此外,《土地管理法》及其实施条例还规定了土地利用计划。各级人民政府应当加强土地利用计划管理,实行建设用地总量控制。土地利用年度计划根据国民经济和社会发展计划、国家产业政策、土地利用总体规划以及建设用地和土地利用的实际状况编制。土地利用年度计划应当对集体经营性建设用地作出合理安排。土地利用年度计划的编制审批程序与土地利用总体规划的编制审批程序相同,一经审批下达,必须严格执行。省、自治区、直辖市人民政府应当将土地利用年度计划的执行情况列为国民经济和社会发展计划执行情况的内容,向同级人民代表大会报告。

需要注意的是,《土地管理法》及其实施条例修改之后增加了有关国土空间规划体系的规定。国家建立国土空间规划体系。经依法批准的国土空间规划是各类开发、保护、建设活动的基本依据。编制国土空间规划应当坚持生态优先、绿色、可持续发展,科学有序统筹安排生态、农业、城镇等功能空间,优化国土空间结构和布局,提升国土空间开发、保护的质量和效率。国土空间规划应当细化落实国家发展规划提出的国土空间开发保护要求,统筹布局农业、生态、城镇等功能空间,划定落实永久基本农田、生态保护红线和城镇开发边界。国土空间规划应当包括国土空间开发保护格局和规划用地布局、结构、用途管制要求等内容,明确耕地保有量、建设用地规模、禁止开垦的范围等要求,统筹基础设施和公共设施用地布局,综合利用地上地下空间,合理确定并严格控制新增建设用地规模,提高土地节约集约利用水平,保障土地的可持续利用。关于国土空间规划和土地利用总体规划的关系,已经编制国土空间规划的,不再编制土地利用总体规划和城乡规划;在编制国土空间规划前,经依法批准的土地利用总体规划和城乡规划继续执行。相对于土地利用总体规划来说,国土空间规划更加立体、全面,有利于协调经济发展、环境保护和资源节约利用,贯彻科学发展观的整体要求。

（三）土地用途管制制度

《土地管理法》第 4 条第 1 款规定："国家实行土地用途管制制度。"土地用途管制制度的总体要求是国家对改变土地用途实行管制，严格限制农用地转为建设用地，控制建设用地总量，对耕地实行特殊保护。使用土地的单位和个人必须严格按照土地利用总体规划确定的用途使用土地，未经批准不得改变用途。

对土地类型的合理分类是土地用途管制制度的基础。按照法律的规定，国家编制土地利用总体规划，规定土地用途，将土地分为农用地、建设用地和未利用地。农用地是指直接用于农业生产的土地，包括耕地、林地、草地、农田水利用地、养殖水面等；建设用地是指建造建筑物、构筑物的土地，包括城乡住宅和公共设施用地、工矿用地、交通水利设施用地、旅游用地、军事设施用地等；未利用地是指农用地和建设用地以外的土地。

从《土地管理法》的有关规定来看，土地用途管制制度的主要内容应该包括严格限制农用地转为建设用地、控制建设用地总量以及对耕地实行特殊保护。其中，严格限制农用地转为建设用地是土地用途管制制度的重点，也是目前我国土地资源管理工作的重心。下面着重介绍限制农用地转为建设用地的相关制度规定。耕地的保护和建设用地的相关制度随后单独介绍。

《土地管理法》第 44 条规定了农用地转为建设用地的审批手续。建设占用土地，涉及农用地转为建设用地的，应当办理农用地转用审批手续。永久基本农田转为建设用地的，由国务院批准。在土地利用总体规划确定的城市和村庄、集镇建设用地规模范围内，为实施该规划而将永久基本农田以外的农用地转为建设用地的，按土地利用年度计划分批次按照国务院规定由原批准土地利用总体规划的机关或者其授权的机关批准。在已批准的农用地转用范围内，具体建设项目用地可以由市、县人民政府批准。在土地利用总体规划确定的城市和村庄、集镇建设用地规模范围外，将永久基本农田以外的农用地转为建设用地的，由国务院或者国务院授权的省、自治区、直辖市人民政府批准。

《土地管理法实施条例》第 23 条和第 24 条对农用地转用作出了进一步规定。在国土空间规划确定的城市和村庄、集镇建设用地范围内，为实施该规划而将农用地转为建设用地的，由市、县人民政府组织自然资源等部门拟订农用地转用方案，分批次报有批准权的人民政府批准。农用地转用方案应当重点对建设项目安排、是否符合国土空间规划和土地利用年度计划以及补充耕地情况作出说明。农用地转用方案经批准后，由市、县人民政府组织实施。建设项目确需占用国土空间规划确定的城市和村庄、集镇建设用地范围外的农用地，涉及占用永久基本农田的，由国务院批准；不涉及占用永久基本农田的，由国务院或者国务此外,《土地管理法》第46条对征收农用地的程序也作出了规定。征收农用地的,应当依法先行办理农用地转用审批。其中,经国务院批准农用地转用的,同时办理征地审批手续,不再另行办理征地审批;经省、自治区、直辖市人民政府在征地批准权限内批准农用地转用的,同时办理征地审批手续,不再另行办理征地审批,超过征地批准权限的,应当依法另行办理征地审批。

为了保证土地用途管制制度的实施,国家建立土地调查制度、土地统计制度,并对土地利用状况进行动态监测。

(四) 耕地保护制度

耕地保护制度是土地管理的中心所在,也是土地用途管制制度的主要目的。耕地保护制度在《土地管理法》中由专章加以规定。2019年修正的《土地管理法》在耕地保护制度方面的主要变化包括规定了省、自治区、直辖市人民政府确保本行政区域内耕地总量不减少、质量不降低的责任以及将"基本农田保护制度"调整为"永久基本农田保护制度"。

国家实行占用耕地补偿制度。非农业建设经批准占用耕地的,按照"占多少,垦多少"的原则,由占用耕地的单位负责开垦与所占用耕地的数量和质量相当的耕地;没有条件开垦或者开垦的耕地不符合要求的,应当按照省、自治区、直辖市的规定缴纳耕地开垦费,专款用于开垦新的耕地。省、自治区、直辖市人民政府应当制定开垦耕地计划,监督占用耕地的单位按照计划开垦耕地或者按照计划组织开垦耕地,并进行验收。县级以上地方人民政府可以要求占用耕地的单位将所占用耕地耕作层的土壤用于新开垦耕地、劣质地或者其他耕地的土壤改良。省、自治区、直辖市人民政府应当严格执行土地利用总体规划和土地利用年度计划,采取措施,确保本行政区域内耕地总量不减少、质量不降低。耕地总量减少的,由国务院责令在规定期限内组织开垦与所减少耕地的数量与质量相当的耕地;耕地质量降低的,由国务院责令在规定期限内组织整治。新开垦和整治的耕地由国务院自然资源主管部门会同农业农村主管部门验收。个别省、直辖市确因土地后备资源匮乏,新增建设用地后,新开垦耕地的数量不足以补偿所占用耕地的数量的,必须报经国务院批准减免本行政区域内开垦耕地的数量,易地开垦数量和质量相当的耕地。

国家实行永久基本农田保护制度。下列耕地应当根据土地利用总体规划划为永久基本农田,实行严格保护:经国务院农业农村主管部门或者县级以上地方人民政府批准确定的粮、棉、油、糖等重要农产品生产基地内的耕地;有良好的水利与水土保持设施的耕地,正在实施改造计划以及可以改造的中、低产田和已建成的高标准农田;蔬菜生产基地;农业科研、教学试验田;国务院规定应当划为永久基本农田的其他耕地。各省、自治区、直辖市划定的永久基本农田一般应当占本行政区域内耕地的80%以上,具体比例由国务院根据各省、自治区、直辖市耕地实际情况规定。永久基本农田划定以乡(镇)为单位进行,由县级人民政府自然资源主管部门会同同级农业农村主管部门组织实施。永久基本农田应当落实到地块,纳入国家永久基本农田数据库严格管理。乡(镇)人民政府应当将永久基本农田的位置、范围向社会公告,并设立保护标志。永久基本农田经依法划定后,任何单位和个人不得擅自占用或者改变其用途。国家能源、交通、水利、军事设施等重点建设项目选址确实难以避让永久基本农田,涉及农用地转用或者土地征收的,必须经国务院批准。国家禁止通过擅自调整县级土地利用总体规划、乡(镇)土地利用总体规划等方式规避永久基本农田农用地转用或者土地征收的审批。

此外,还有一些防治农田污染、防止农田被占用的一般规定。各级人民政府应当采取措施,引导因地制宜轮作休耕,改良土壤,提高地力,维护排灌工程设施,防止土地荒漠化、盐渍化、水土流失和土壤污染。非农业建设必须节约使用土地,可以利用荒地的,不得占用耕地;可以利用劣地的,不得占用好地。禁止占用耕地建窑、建坟或者擅自在耕地上建房、挖砂、采石、采矿、取土等。禁止占用永久基本农田发展林果业和挖塘养鱼。禁止任何单位和个人闲置、荒芜耕地。已经办理审批手续的非农业建设占用耕地,一年内不用而又可以耕种并收获的,应当由原耕种该幅耕地的集体或者个人恢复耕种,也可以由用地单位组织耕种;一年以上未动工建设的,应当按照省、自治区、直辖市的规定缴纳闲置费;连续两年未使用的,经原批准机关批准,由县级以上人民政府无偿收回用地单位的土地使用权;该幅土地原为农民集体所有的,应当交由原农村集体经济组织恢复耕种。

(五)建设用地使用制度

建设用地的相关规定比较庞杂,其中,农用地转为建设用地的审批以及国有土地使用权的相关规定在前面已有论述,在此不再赘述。建设用地使用制度是《土地管理法》修改的重点,2019年修正的《土地管理法》对征收土地、土地有偿使用费利用、宅基地制度、集体建设用地开发利用等都作出了较大的修改。

1. 征收土地

征地,是指因建设需要将属于农民集体所有的土地强制转变为国有土地的行为。修正后的《土地管理法》对可以征地的情况进行了列举式规定。该法第45条规定:"为了公共利益的需要,有下列情形之一,确需征收农民集体所有的土地的,可以依法实施征收:(一)军事和外交需要用地的;(二)由政府组织实施的能源、交通、水利、通信、邮政等基础设施建设需要用地的;(三)由政府组织实施的科技、教育、文化、卫生、体育、生态环境和资源保护、防灾减灾、文物保护、社区综合服务、社会福利、市政公用、优抚安置、英烈保护等公共事业需要用地的;(四)由政府组织实施的扶贫搬迁、保障性安居工程建设需要用地的;(五)在土地利用总体规划确定的城镇建设用地范围内,经省级以上人民政府批准由县级以上地方人民政府组织实施的成片开发建设需要用地的;(六)法律规定为公共利益需要可以征收农民集体所有的土地的其他情形。前款规定的建设活动,应当符合国民经济和社会发展规划、土地利用总体规划、城乡规划和专项规划;第(四)项、第(五)项规定的建设活动,还应当纳入国民经济和社会发展年度计划;第(五)项规定的成片开发并应当符合国务院自然资源主管部门规定的标准。"

就征地的批准权限来说,征收下列土地的,由国务院批准:(1)永久基本农田;(2)永久基本农田以外的耕地超过35公顷的;(3)其他土地超过70公顷的。征收这些规定以外的土地的,由省、自治区、直辖市人民政府批准。

修正后的《土地管理法》还完善了征地程序。该法第47条规定:"国家征收土地的,依照法定程序批准后,由县级以上地方人民政府予以公告并组织实施。县级以上地方人民政府拟申请征收土地的,应当开展拟征收土地现状调查和社会稳定风险评估,并将征收范围、土地现状、征收目的、补偿标准、安置方式和社会保障等在拟征收土地所在的乡(镇)和村、村民小组范围内公告至少三十日,听取被征地的农村集体经济组织及其成员、村民委员会和其他利害关系人的意见。多数被征地的农村集体经济组织成员认为征地补偿安置方案不符合法律、法规规定的,县级以上地方人民政府应当组织召开听证会,并根据法律、法规的规定和听证会情况修改方案。拟征收土地的所有权人、使用权人应当在公告规定期限内,持不动产权属证明材料办理补偿登记。县级以上地方人民政府应当组织有关部门测算并落实有关费用,保证足额到位,与拟征收土地的所有权人、使用权人就补偿、安置等签订协议;个别确实难以达成协议的,应当在申请征收土地时如实说明。相关前期工作完成后,县级以上地方人民政府方可申请征收土地。"

就补偿标准来说,修正后的《土地管理法》第48条规定:"征收土地应当给予公平、合理的补偿,保障被征地农民原有生活水平不降低、长远生计有保障。征收土地应当依法及时足额支付土地补偿费、安置补助费以及农村村民住宅、其他地上附着物和青苗等的补偿费用,并安排被征地农民的社会保障费用。征收农用地的土地补偿费、安置补助费标准由省、自治区、直辖市通过制定公布区片综合地价确定。制定区片综合地价应当综合考虑土地原用途、土地资源条件、土地产值、土地区位、土地供求关系、人口以及经济社会发展水平等因素,并至少每三年调整或者重新公布一次。征收农用地以外的其他土地、地上附着物和青苗等的补偿标准,由省、自治区、直辖市制定。对其中的农村村民住宅,应当按照先补偿后搬迁、居住条件有改善的原则,尊重农村村民意愿,采取重新安排宅基地建房、提供安置房或者货币补偿等方式给予公平、合理的补偿,并对因征收造成的搬迁、临时安置等费用予以补偿,保障农村村民居住的权利和合法的住房财产权益。县级以上地方人民政府应当将被征地农民纳入相应的养老等社会保障体系。被征地农民的社会保障费用主要用于符合条件的被征地农民的养老保险等社会保险缴费补贴。被征地农民社会保障费用的筹集、管理和使用办法,由省、自治区、直辖市制定。"

2. 土地有偿使用费利用

修正前的《土地管理法》规定,土地有偿使用费应专项用于耕地开发。修正后的《土地管理法》删去此项用途限制。第 55 条规定:"以出让等有偿使用方式取得国有土地使用权的建设单位,按照国务院规定的标准和办法,缴纳土地使用权出让金等土地有偿使用费和其他费用后,方可使用土地。自本法施行之日起,新增建设用地的土地有偿使用费,百分之三十上缴中央财政,百分之七十留给有关地方人民政府。具体使用管理办法由国务院财政部门会同有关部门制定,并报国务院批准。"

3. 宅基地制度

修正后的《土地管理法》对宅基地制度进行了完善。该法第 62 条规定:"农村村民一户只能拥有一处宅基地,其宅基地的面积不得超过省、自治区、直辖市规定的标准。人均土地少、不能保障一户拥有一处宅基地的地区,县级人民政府在充分尊重农村村民意愿的基础上,可以采取措施,按照省、自治区、直辖市规定的标准保障农村村民实现户有所居。农村村民建住宅,应当符合乡(镇)土地利用总体规划、村庄规划,不得占用永久基本农田,并尽量使用原有的宅基地和村内空闲地。编制乡(镇)土地利用总体规划、村庄规划应当统筹并合理安排宅基地用地,改善农村村民居住环境和条件。农村村民住宅用地,由乡(镇)人民政府审核批准;其中,涉及占用农用地的,依照本法第四十四条的规定办理审批手续。农村村民出卖、出租、赠与住宅后,再申请宅基地的,不予批准。国家允许进城落户的农村村民依法自愿有偿退出宅基地,鼓励农村集体经济组织及其成员盘活利用闲置宅基地和闲置住宅。国务院农业农村主管部门负责全国农村宅基地改革和管理有关工作。"

4. 集体建设用地开发利用

集体建设用地入市交易是《土地管理法》2019年修正的一大亮点。该法第63条规定："土地利用总体规划、城乡规划确定为工业、商业等经营性用途，并经依法登记的集体经营性建设用地，土地所有权人可以通过出让、出租等方式交由单位或者个人使用，并应当签订书面合同，载明土地界址、面积、动工期限、使用期限、土地用途、规划条件和双方其他权利义务。前款规定的集体经营性建设用地出让、出租等，应当经本集体经济组织成员的村民会议三分之二以上成员或者三分之二以上村民代表的同意。通过出让等方式取得的集体经营性建设用地使用权可以转让、互换、出资、赠与或者抵押，但法律、行政法规另有规定或者土地所有权人、土地使用权人签订的书面合同另有约定的除外。集体经营性建设用地的出租，集体建设用地使用权的出让及其最高年限、转让、互换、出资、赠与、抵押等，参照同类用途的国有建设用地执行。具体办法由国务院制定。"

（六）土地复垦制度

土地复垦，是指对生产建设活动和自然灾害损毁的土地，采取整治措施，使其达到可供利用状态的活动。按照《土地管理法》第43条的规定，因挖损、塌陷、压占等造成土地破坏，用地单位和个人应当按照国家有关规定负责复垦；没有条件复垦或者复垦不符合要求的，应当缴纳土地复垦费，专项用于土地复垦。复垦的土地应当优先用于农业。2011年2月22日，国务院通过了《土地复垦条例》，对土地复垦制度进行了系统的规定。

1. 一般规定

（1）土地复垦的责任主体。生产建设活动损毁的土地，按照"谁损毁，谁复垦"的原则，由生产建设单位或者个人（以下称"土地复垦义务人"）负责复垦。但是，由于历史原因无法确定土地复垦义务人的生产建设活动损毁的土地（以下称"历史遗留损毁土地"），由县级以上人民政府负责组织复垦。自然灾害损毁的土地，由县级以上人民政府负责组织复垦。

（2）土地复垦的基本原则。土地复垦应当坚持科学规划、因地制宜、综合治理、经济可行、合理利用的原则。复垦的土地应当优先用于农业。

（3）土地复垦的管理体制。国务院国土资源主管部门负责全国土地复垦的监督管理工作。县级以上地方人民政府国土资源主管部门负责本行政区域土地复垦的监督管理工作。县级以上人民政府其他有关部门依照《土地复垦条例》的规定和各自的职责做好土地复垦有关工作。

（4）土地复垦的标准。编制土地复垦方案、实施土地复垦工程、进行土地复垦验收等活动，应当遵守土地复垦国家标准；没有国家标准的，应当遵守土地复垦行业标准。制定土地复垦国家标准和行业标准,应当根据土地损毁的类型、程度、自然地理条件和复垦的可行性等因素,分类确定不同类型损毁土地的复垦方式、目标和要求等。

2. 土地复垦的实施

(1) 应当进行复垦土地的范围。应当进行复垦的土地包括:露天采矿、烧制砖瓦、挖沙取土等地表挖掘所损毁的土地;地下采矿等造成地表塌陷的土地;堆放采矿剥离物、废石、矿渣、粉煤灰等固体废弃物压占的土地;能源、交通、水利等基础设施建设和其他生产建设活动临时占用所损毁的土地。

(2) 土地复垦方案。土地复垦方案应当包括下列内容:项目概况和项目区土地利用状况;损毁土地的分析预测和土地复垦的可行性评价;土地复垦的目标任务;土地复垦应当达到的质量要求和采取的措施;土地复垦工程和投资估(概)算;土地复垦费用的安排;土地复垦工作计划与进度安排;国务院国土资源主管部门规定的其他内容。

(3) 土地复垦费。土地复垦义务人不复垦,或者复垦验收中经整改仍不合格的,应当缴纳土地复垦费,由有关国土资源主管部门代为组织复垦。确定土地复垦费的数额,应当综合考虑损毁前的土地类型、实际损毁面积、损毁程度、复垦标准、复垦用途和完成复垦任务所需的工程量等因素。土地复垦费的具体征收使用管理办法,由国务院财政、价格主管部门商国务院有关部门制定。土地复垦义务人缴纳的土地复垦费专项用于土地复垦。任何单位和个人不得截留、挤占、挪用。

(4) 历史遗留损毁土地和自然灾害损毁土地的复垦。国家对历史遗留损毁土地和自然灾害损毁土地的复垦按项目实施管理。县级以上人民政府国土资源主管部门应当根据土地复垦专项规划和年度土地复垦资金安排情况确定年度复垦项目。

3. 土地复垦的验收

土地复垦义务人按照土地复垦方案的要求完成土地复垦任务后,应当按照国务院国土资源主管部门的规定向所在地县级以上地方人民政府国土资源主管部门申请验收,接到申请的国土资源主管部门应当会同同级农业、林业、环境保护等有关部门进行验收。负责组织验收的国土资源主管部门应当会同有关部门在接到土地复垦验收申请之日起 60 个工作日内完成验收。经验收合格的,向土地复垦义务人出具验收合格确认书;经验收不合格的,向土地复垦义务人出具书面整改意见,列明需要整改的事项,由土地复垦义务人整改完成后重新申请验收。

政府投资的土地复垦项目竣工后,负责组织实施土地复垦项目的国土资源主管部门应当依照《土地复垦条例》第 28 条第 2 款的规定进行初步验收。初步验收完成后,负责组织实施土地复垦项目的国土资源主管部门应当按照国务院国土资源主管部门的规定向上级人民政府国土资源主管部门申请最终验收。上级人民政府国土资源主管部门应当会同有关部门及时组织验收。

土地权利人自行复垦或者社会投资进行复垦的土地复垦项目竣工后,由负责组织实施土地复垦项目的国土资源主管部门会同有关部门进行验收。

4. 激励措施

土地复垦义务人在规定的期限内将生产建设活动损毁的耕地、林地、牧草地等农用地复垦恢复原状的,依照国家有关税收法律法规的规定退还已经缴纳的耕地占用税。

社会投资复垦的历史遗留损毁土地或者自然灾害损毁土地,属于无使用权人的国有土地的,经县级以上人民政府依法批准,可以确定给投资单位或者个人长期从事种植业、林业、畜牧业或者渔业生产。

社会投资复垦的历史遗留损毁土地或者自然灾害损毁土地,属于农民集体所有土地或者有使用权人的国有土地的,有关国土资源主管部门应当组织投资单位或者个人与土地权利人签订土地复垦协议,明确复垦的目标任务以及复垦后的土地使用和收益分配。

历史遗留损毁和自然灾害损毁的国有土地的使用权人,以及历史遗留损毁和自然灾害损毁的农民集体所有土地的所有权人、使用权人,自行将损毁土地复垦为耕地的,由县级以上地方人民政府给予补贴。

县级以上地方人民政府将历史遗留损毁和自然灾害损毁的建设用地复垦为耕地的,按照国家有关规定可以作为本省、自治区、直辖市内进行非农建设占用耕地时的补充耕地指标。

第二节 海域资源法

一、海洋和海域资源概述

海洋即海和洋的总称,是指地球上除大陆以外的辽阔水域,其中中心部分称为"洋",约占海洋总面积的 89%,边缘的部分称为"海",约占海洋总面积的 11%。海洋资源是指在一定技术经济条件下,海洋中的一切对人类有用或有使用价值的物质和能量,主要包括海域资源、海洋生物资源、海洋矿产资源、海洋旅游和自然人文遗迹资源等。本节主要介绍海域资源。根据我国《海域使用管理法》的规定,海域是指中华人民共和国内水、领海的水面、水体、海床和底土。从狭义角度而言,海域主要是强调海洋分布的地域和空间;从广义的角度来说,海域即是海域内所有的资源,可以与海洋资源在相同意义上使用。

我国海域辽阔,领海面积达 38 万平方千米,大陆岸线和岛屿岸线达 3.2 万多千米。海域是我国海洋经济发展的重要载体。根据《2020 年中国海洋经济统计公报》,2020 年全国海洋生产总值达 80010 亿元。

但是,我国海域资源使用中仍然存在一些问题,特别是影响海洋可持续开发利用的环境和资源问题越来越突出。海洋综合管理机制尚未建立,行业用海矛盾影响着海域的综合开发效益,海洋资源开发利用的不合理造成资源与环境的破坏和严重浪费;沿海地区经济发展和海上开发活动对于海洋环境的压力越来越大;海洋生物资源过度开发和破坏严重,海洋生态系统遭到不同程度的破坏,海洋资源开发利用水平低、不充分,海洋灾害种类多、危害大。

二、我国海域资源的立法沿革与概况

在我国《海域使用管理法》颁布之前,并没有专门的海域资源管理和保护的立法,有关海域资源使用和管理的规定散见于一些法律、法规、规范性文件以及我国批准参加的国际条约之中。主要包括:1990 年 9 月 20 日,国家海洋局发布实施《海洋石油勘探开发环境保护管理条例实施办法》;1992 年 2 月 25 日,全国人大常委会审议通过《领海及毗连区法》;1995 年 5 月 15 日,全国人大常委会批准《联合国海洋法公约》;1995 年 5 月 29 日,国家海洋局发布《海洋自然保护区管理办法》;1995 年 6 月,国家海洋局发布《中国海洋 21 世纪议程》,并编制了《中国海洋 21 世纪议程行动计划》;1998 年 6 月 26 日,全国人大常委会审议通过《专属经济区和大陆架法》。

2001 年 10 月 27 日,第九届全国人大常委会第二十四次会议通过了《海域使用管理法》。该法的颁布,进一步完善了我国的海洋资源开发、利用、保护与管理制度,标志着我国海洋资源的开发利用和管理进入到一个新的发展阶段。

目前,我国海域规划和立法工作正在持续推进之中。2008 年,国务院批准并印发了首部海洋资源总体规划《国家海洋事业发展规划纲要》;国家海洋局印发了《全国科技兴海规划纲要(2008—2015 年)》。2012 年,国务院印发了《全国海洋经济发展"十二五"规划》;国家海洋局和国家标准化管理委员会联合发布了《全国海洋标准化"十二五"发展规划》。2013 年,国家发改委、国土资源部、国家海洋局联合印发《国家海洋事业发展"十二五"规划》。

三、海域资源法的主要内容

(一) 海域权属制度

海域权属制度是海域管理和保护的基础。我国的海域权属制度主要由《宪法》及《海域使用管理法》加以规定。我国海域权属制度目前存在的主要问题表现为"在传统战争惯性思维、计划经济体制和'一大二公'思想的影响下,对海域资源的规范只偏重于行政管理模式,而忽视了海域的权属及其财产价值"[①]。针对海域公共属性的制度设计及其行政管理固然重要,但在我国市场化取向的改革进程中,随着海域开发利用的规模和深度不断拓展,开发利用过程中出现的利益格局日趋复杂,对此必须在充分认识海域财产属性的基础上,加强对海域权属的理论分析和制度设计。

海域权包括海域所有权和海域使用权两个层次的权利形态。

1. 海域所有权

在我国,海域所有权的归属经历了一个从模糊到明晰的发展过程。

长期以来,在我国"靠山吃山,靠海吃海"的传统观念影响下,社会成员对于海域所有权的归属存在着一些错误认识,在实践中甚至出现了一些与法律规定相背离的情况。最典型的例子是,个别地方政府或者有关职能部门擅自将海域的所有权确定为本地所有或者某集体经济组织所有,导致用海单位在需要使用海域时,直接向乡镇和农民集体经济组织购买或者租用,个别乡镇竟然公然拍卖海域或者滩涂,也有村民错误地认为,祖祖辈辈生活在海边,海就是村里的。这些错误认识和行为的产生,既有观念上的原因,也有立法上的原因。

我国《宪法》第9条第1款对自然资源的法律地位有明确的概括性规定:"矿藏、水流、森林、山岭、草原、荒地、滩涂等自然资源,都属于国家所有,即全民所有;由法律规定属于集体所有的森林和山岭、草原、荒地、滩涂除外。"该条款在立法技术上主要采用了列举式的方法,该方法的优点在于指向明确、重点突出,但也有明显的局限性,即无法全面涵盖立法所指事项应包含的外延。《宪法》第9条对自然资源的规定主要反映了在立法时对主要的自然资源类型的认识,但随着社会的发展进步和科学技术水平的提高,自然资源的外延必然也将随之扩大,这些都应该在立法中及时予以体现。尽管目前将海域作为一类重要的自然资源类型,无论在理论上还是在实践中并无太大异议,但是,《宪法》作为国家的根本法,对海域的所有权问题的规定并不明确。

---

① 张璐:《"蓝色国土"的财产属性及其物权化》,载《环境保护》2006年第17期。

为进一步明确《宪法》在自然资源所有权方面的原则性规定,《海域使用管理法》第3条明确规定:"海域属于国家所有,国务院代表国家行使海域所有权。任何单位或者个人不得侵占、买卖或者以其他形式非法转让海域。单位和个人使用海域,必须依法取得海域使用权。"

上述规定明确了海域的国家所有权,该规定包含以下内容:一是,海域所有权属于国家,从法律上说,所有权的内容包括占有权、使用权、收益权、处分权,这也是所有权的四项权能;二是,海域使用权的产生是以国家海域所有权为前提的,海域使用权来源于海域所有权,这种关系决定了海域使用权的基本属性;三是,海域使用权是一种自然资源使用权,它是指非所有权人依照法律的规定,为一定的目的使用国家所有的海洋资源,这项特点直接影响了海域使用的性质;四是,海域所有权属于国家,这种权利是不能转移的,可以取得的只是其使用权,这是海域使用管理法律制度中的一条基本界限,或者说在这项制度中只涉及取得海域使用权,不涉及取得所有权的问题;五是,授予海域使用权的主体是代表国家行使海域所有权的国务院,而海域使用权的客体是国家所有的海洋资源,这也是由所有权的归属所决定的,至于使用权的具体授予则依照法律规定的权限由有关行政机关执行。

2. 海域使用权

海域使用权是一种自然资源使用权,它是指非所有权人依照法律规定,为一定的目的使用国家所有的海域的权利。根据《海域使用管理法》的有关规定,海域使用权中的"使用",包含两层特定的基本含义。第一,必须是排他性地使用特定海域。这里的"排他性"是指,某一特定范围内的海域,只能确定给某一海域使用人使用,也就是说,某一特定范围内的海域,只能授予某一海域使用人享有海域使用权。第二,要持续使用三个月以上。如果是不足三个月的排他性用海活动,可能对国防安全、海上交通安全和其他用海活动造成重大影响的,只需依法办理临时海域使用证;对于那些不足三个月的非排他性用海活动比如海洋捕捞、海上运输等,则无须取得海域使用权。

在海域使用权方面,我国也在探索改革方向,特别是海域使用权的新型权能、海域使用金标准、无居民海岛有偿使用等方面。2016年12月29日,国务院发布《关于全民所有自然资源资产有偿使用制度改革的指导意见》。该指导意见提出:"完善海域海岛有偿使用制度。完善海域有偿使用制度。坚持生态优先,严格落实海洋国土空间的生态保护红线,提高用海生态门槛。严格实行围填海总量控制制度,确保大陆自然岸线保有率不低于35%。完善海域有偿使用分级、分类管理制度,适应经济社会发展多元化需求,完善海域使用权出让、转让、抵押、出租、作价出资(入股)等权能。坚持多种有偿出让方式并举,逐步提高经营性用海市场化出让比例,明确市场化出让范围、方式和程序,完善海域使用权出让价格评估制度和技术标准,将生态环境损害成本纳入价格形成机制。调整海域使用金征收标准,完善海域等级、海域使用金征收范围和方式,建立海域使用金征收标准动态调整机制。开展海域资源现状调查与评价,科学评估海域生态价值、资源价值和开发潜力。完善无居民海岛有偿使用制度。坚持科学规划、保护优先、合理开发、永续利用,严格生态保护措施,避免破坏海岛及其周边海域生态系统,严控无居民海岛自然岸线开发利用,禁止开发利用领海基点保护范围内海岛区域和海洋自然保护区核心区及缓冲区、海洋特别保护区的重点保护区和预留区以及具有特殊保护价值的无居民海岛。明确无居民海岛有偿使用的范围、条件、程序和权利体系,完善无居民海岛使用权出让制度,探索赋予无居民海岛使用权依法转让、出租等权能。研究制定无居民海岛使用权招标、拍卖、挂牌出让有关规定。鼓励地方结合实际推进旅游娱乐、工业等经营性用岛采取招标、拍卖、挂牌等市场化方式出让。建立完善无居民海岛使用权出让价格评估管理制度和技术标准,建立无居民海岛使用权出让最低价标准动态调整机制。"

(二)海域管理体制

国务院海洋行政主管部门负责全国海域使用的监督管理。沿海县级以上地方人民政府海洋行政主管部门根据授权,负责本行政区毗邻海域使用的监督管理。

(三)海域功能区划制度

海洋功能区是指根据海洋的自然资源条件、环境状况和地理位置,考虑到海洋开发利用现状和社会经济发展的需要,划定的具有特定主导功能的区域。海洋功能区划,是开发利用、保护和综合管理海洋的一项基础性工作,也是管理和利用海域资源的基础和依据。其主要内容包括海洋功能区划的编制、海洋功能区划编制的原则、海洋功能区划的审批、海洋功能区划与其他规划之间的协调等。

国务院海洋行政主管部门会同国务院有关部门和沿海省、自治区、直辖市人民政府,编制全国海洋功能区划。沿海县级以上地方人民政府海洋行政主管部门会同本级人民政府有关部门,依据上一级海洋功能区划,编制地方海洋功能区划。

海洋功能区划按照下列原则编制:按照海域的区位、自然资源和自然环境等自然属性,科学确定海域功能;根据经济和社会发展的需要,统筹安排各有关行业用海;保护和改善生态环境,保障海域可持续利用,促进海洋经济的发展;保障海上交通安全;保障国防安全,保证军事用海需要。

海洋功能区划实行分级审批。全国海洋功能区划,报国务院批准。沿海省、自治区、直辖市海洋功能区划,经该省、自治区、直辖市人民政府审核同意后,报国务院批准。沿海市、县海洋功能区划,经该市、县人民政府审核同意后,报所在的省、自治区、直辖市人民政府批准,报国务院海洋行政主管部门备案。海洋功能区划经批准后,应当向社会公布;但是,涉及国家秘密的部分除外。

养殖、盐业、交通、旅游等行业规划涉及海域使用的,应当符合海洋功能区划。沿海土地利用总体规划、城市规划、港口规划涉及海域使用的,应当与海洋功能区划相衔接。

(四) 海域使用权的有偿取得制度

海域所有权是属于国家的,而海域使用权的权利人则是成分多样的单位和个人。只有实行海域有偿使用制度,才能保障国家海域所有权在经济上得到实现。基于上述原因,《海域使用管理法》第33条第1、2款明确规定:"国家实行海域有偿使用制度。单位和个人使用海域,应当按照国务院的规定缴纳海域使用金。海域使用金应当按照国务院的规定上缴财政。"

海域使用权应当有偿取得,但基于法律的特殊规定,海域使用金可以免缴和减缴。法定免缴的情形有:军事用海;公务船舶专用码头用海;非经营性的航道、锚地等交通基础设施用海;教学、科研、防灾减灾、海难搜救打捞等非经营性公益事业用海。对于上述法定免缴海域使用金的用海项目,在其海域使用权的用途、转让、出租和抵押等方面,法律有专门的规定进行规范。经批准减缴或者免缴的情形有:公用设施用海、国家重大建设项目用海、养殖用海。减缴或者免缴海域使用金的具体办法,由国务院财政部门和海洋行政主管部门共同制定。

(五) 海域使用监督检查

海域使用监督检查是保证海域资源管理法律得以产生实效的重要制度。海域使用监督检查的规定主要有:

海洋行政主管部门应当加强队伍建设,提高海域使用管理监督检查人员的政治、业务素质。海域使用管理监督检查人员必须秉公执法,忠于职守,清正廉洁,文明服务,并依法接受监督。海洋行政主管部门及其工作人员不得参与和从事与海域使用有关的生产经营活动。

县级以上人民政府海洋行政主管部门履行监督检查职责时,有权采取下列措施:要求被检查单位或者个人提供海域使用的有关文件和资料;要求被检查单位或者个人就海域使用的有关问题作出说明;进入被检查单位或者个人占用的海域现场进行勘查;责令当事人停止正在进行的违法行为。海域使用管理监督检查人员履行监督检查职责时,应当出示有效执法证件。

有关单位和个人对海洋行政主管部门的监督检查应当予以配合,不得拒绝、妨碍监督检查人员依法执行公务。

第三节 水 资 源 法

一、水与水资源概述

水同土地、森林、草原一样,既是一种重要的环境要素,也是一种重要的自然资源。水面约占地球总面积的71%,水总量约有139亿立方米,但97.5%的水是海洋中的咸水,淡水大部分是人类不能直接利用的南北极冰盖、高山冰川、750米以下深层地下水,而能参与全球水循环,在陆地上逐年可以得到恢复和更新的淡水资源,数量不到总水量的1%。这部分淡水与人类关系最密切,在目前的经济技术条件下,具有实际利用价值,在环境科学中被称为"水资源"。

法学意义上的水资源又不同于普通意义上的水。我国《水法》第2条第2款规定:"本法所称水资源,包括地表水和地下水。"这是法律所调整的水资源的范围,地表水包括河流、冰川、湖泊、沼泽等水体中的水;地下水是地下含水层动态含水量,由地表水的下渗水和降水补给,土壤含水未包括在内。将陆地水体的地表水和地下水共同纳入水资源的范围之中,主要是考虑地表水与地下水之间相互联系而且相互转化,不能人为分割,必须加强统一的配置、管理和保护。因此,海洋之中的海水、矿产资源之中的矿泉水、卤水都不属于水资源法管辖的范围,而由其他特别法所调整。

水资源的主要特点有:(1)流动性。水是可以流动的,地表水和地下水之间、陆地水和海洋水之间、江河左右岸之间、上下游之间,水都是可以流动和交换的,水量和水质相互都有影响。(2)时空分布不均性。由于降水量年度之间、季节之间、地区之间差异较大,因此水资源时间、空间的分布往往不均匀。(3)可重复利用性。人类使用的水大部分没有消耗掉,而是又返回水体。(4)可再生性。自然界的水形成一个大的循环系统,蒸发、利用消耗的水可以从降水得到补充。(5)多功能性。水不但可以用于生活、灌溉、渔业养殖、工业发电、航运,而且对维持生态系统平衡发挥着巨大作用。(6)利害双重性。水既能兴利,造福人类,又能为害,水量过大会引发洪涝灾害,缺水了又会形成干旱。

我国是一个缺水大国。2020年,全国水资源总量31605.2亿立方米,[①]人均水资源占有量2239.8立方米,仅为世界人均水量的1/4。全国常年缺水量300亿—400亿立方米,受旱减产粮食200亿—300亿千克,668座城市中,有400多座缺水。由于水资源在空间上分配的不平衡性,北方地区缺水主要表现为水量型缺水。而南方地区尽管水量充足,但是由于严重水污染导致水环境的恶化,水的使用价值大幅度下降,也存在较为严重的水质型缺水状况。此外,我国也是一个水利灾害严重的国家,洪涝灾害和干旱频发。

二、我国水资源的立法沿革与概况

中华人民共和国成立之后,在近七十年的发展历程中,水资源立法有了巨大的发展。总体说来,水资源立法的发展是以1978年十一届三中全会为分界点的。

(一)中华人民共和国成立到1978年

水资源开发利用的决策依据往往限于某一地区或局部的直接利益,很少进行以整条河流或整个流域为目标的开发利用规划,区域之间缺乏协调。在这一阶段中,水资源可利用量远大于社会经济发展对水的需求量,同时社会经济发展对水的需求量相对较少,节水的观念还没有成为社会成员的共识。此时我国有关水事业管理活动的依据主要是行政性的规范文件。比如,1957年国务院制定《水土保持暂行纲要》,专门对保护水资源、防止水土流失等作出规定;1961年中央批转林业部、水利电力部《关于加强水利管理工作的十条意见》;1962年3月中共中央批准水利电力部《关于五省一市平原地区水利问题的处理原则的报告》;同年11月中共中央、国务院发出《关于继续解决边界水利问题的通知》;1965年国务院批准水利电力部《水利工程水费征收使用和管理试行办法》等。在这个阶段里,缺乏高层级的专门性立法对水资源的利用和管理进行详细规定。我国水资源立法工作处在起步阶段。

(二)1978年十一届三中全会以后

这一阶段开始强调水资源开发利用要与生产力布局及产业结构的调整紧密结合,进行统一的管理和可持续的开发利用。规划目标要求从宏观上统筹考虑社会、经济、环境等各个方面的因素,使水资源开发、保护和管理有机结合,使水资源与人口、经济、环境相协调发展,争取实现水资源总供给与总需求的基本平

---

① 水资源总量是动态变动的,根据《2020年中国水资源公报》,全国水资源总量为31605.2亿立方米,比多年平均值偏多14%。

衡。由于该阶段人口的迅速增长和经济的快速发展,对水资源的需求量越来越大,部分地区水资源紧缺现象日趋严重,并出现愈来愈严重的水环境问题。水的问题日益引起人们的广泛关注,水的资源价值和有限性为社会普遍接受。为解决水资源短缺问题,国家开展了大量工作,采取了一系列措施,包括开展水资源法律体系建设。在这一阶段,先后颁布实施了《水法》《水土保持法》《水土保持法实施条例》《防洪法》《水利工程水费核订、计收和管理办法》《防汛条例》《取水许可和水资源费征收管理条例》《水利建设基金筹集和使用管理暂行办法》等一系列法律、法规,水资源管理机构也得到了加强。水资源开发利用和保护工作进入法制化轨道。

其间,2002 年 8 月 29 日,第九届全国人大常委会第二十九次会议修订通过了《水法》,于 2002 年 10 月 1 日起施行。此次修订进一步完善了我国水资源的开发利用和保护制度。此后,《水法》于 2009 年、2016 年又经历两次修正。现行《水法》是我国目前最为重要的水资源利用和管理的专门性立法。

目前,我国水资源方面的法律、法规主要有:《水法》《水土保持法》《防洪法》《河道管理条例》《水文条例》《取水许可和水资源费征收管理条例》《地下水管理条例》《水利建设基金筹集和使用管理暂行办法》等。此外,各地也根据各地区水资源的具体情况制定了相应的地方性法规、地方政府规章。

2010 年以后,随着我国经济的快速发展,水资源开发利用的形势愈发严峻。为了从根本上扭转水资源管理的被动局势,我国逐渐加快了水资源管理制度的改革。2010 年 12 月 31 日,中共中央、国务院发布了《中共中央国务院关于加快水利改革发展的决定》,要求确立用水总量控制、用水效率控制以及水功能区限制纳污"三条红线",建立包括用水总量控制制度、用水效率控制制度、水功能区限制纳污制度以及水资源管理考核制度在内的"最严格"的水资源管理制度,以扭转目前水资源管理滞后的局面。2012 年 1 月 12 日,为进一步贯彻上述决定的相关精神和要求,国务院又发布了《国务院关于实行最严格水资源管理制度的意见》,对建立最严格水资源管理制度提出了更为具体和细致的要求。2013 年 1 月 2 日,依据上述政策性文件,国务院办公厅出台了《实行最严格水资源管理制度考核办法》,对水资源管理考核的基本原则、主体、对象、方法、程序、时间以及具体奖惩措施进行了较为具体的规定。2014 年 2 月 12 日,水利部等十部门联合印发《实行最严格水资源管理制度考核工作实施方案》,正式启动了最严格水资源管理考核问责。水资源管理保护工作正在快速发展。

三、水法的主要内容

（一）水资源权属制度

与水资源有关的物权主要包括水资源所有权和水资源使用权两个层次的权利形态，其中水资源使用权是指因占有、使用水资源而产生的相关财产权益。

水资源权和水权是两个具有一定关联性但不同的概念。本书所称"水资源权"侧重于对水资源权属在权利结构和内容设计上的分析，而水权则不同。就我国对水权的研究现状来看，对水权的性质和范围至今没有形成相对一致的结论性意见。总的来说，水权在权利的客体方面要比本书所称的水资源权的权利客体宽泛，除了水资源外，有不少学者在水权的权利类型设计上还将水权的权利客体指向商品水。因此，本书不在相同意义上使用水资源权和水权两个概念。

1. 水资源所有权

我国《水法》第3条明确规定："水资源属国家所有，水资源的所有权由国务院代表国家行使。农村集体经济组织的水塘和由农村集体经济组织修建管理的水库中的水，归各该农村集体经济组织使用。"因此，我国实行的是单一的水资源所有权，即国家所有。

实行统一的水资源国家所有，遵照和体现了我国《宪法》在自然资源权属方面有关规定的精神。《宪法》第9条第1款明确规定："矿藏、水流、森林、山岭、草原、荒地、滩涂等自然资源，都属于国家所有，即全民所有；由法律规定属于集体所有的森林和山岭、草原、荒地、滩涂除外。"此外，《民法典》第247条规定："矿藏、水流、海域属于国家所有。"基于我国现有严峻的水资源形势，为保障我国水资源的合理开发、利用、节约、保护和满足各方面对水资源日益增长的需求，实行水资源国家所有是现实的必然要求。当前，世界各国都普遍面临着水资源短缺和水环境污染的威胁，基于这样的基本现实，各国也都普遍认为，必须将水资源作为一种公共资源和公共财产由政府加强控制和管理。我国水资源单一的国家所有权，顺应了当今世界各国在水资源控制和管理方面的发展趋势。

水资源的所有权由国务院代表国家行使。这是《水法》在2002年修订后新增加的内容。根据民法在所有权方面的一般理论，水资源所有权由国务院代表国家行使，是指国务院代表国家（即全民）依法行使对国有水资源的占有、使用、收益、处分的权利。在立法中明确规定水资源的所有权由国务院代表国家行使，是《水法》2002年修订时在水资源所有权制度设计上的重大进步，具有重要的理论和实践价值。其意义在于：一是明确了地方各级人民政府不是国有水资源的所有权代表，无权擅自调配、处置水资源，只能依法或者根据国务院的授权调配、处置水资源；二是赋予国务院行使国有水资源资产管理的职能，水资源有偿使用的收益权归中央人民政府，国务院有权决定国有水资源有偿使用收益的分配办法。明确水资源的所有权由国务院代表国家行使，为进一步改革和完善我国的水资源管理体制，加强水资源的统一管理，优化水资源的配置确立了坚实的法制基础。[①]

根据现行的法律规定，我国是不存在集体水资源所有权的。但从我国水资源所有权制度的发展沿革来看，集体水资源所有权经历了一个从有到无的过程。结合我国《水法》的修订和完善，对我国集体水资源所有权问题进行分析，将有助于更加全面和完整地理解我国的水资源所有权制度。

我国1988年颁布实施的《水法》（以下简称"原《水法》"）第3条第1款和第2款分别规定："水资源属于国家所有，即全民所有"，"农业集体经济组织所有的水塘、水库中的水，属于集体所有"。根据原《水法》的上述规定，在2002年《水法》修订之前，我国实行的是水资源国家所有与集体所有并行的二元所有制。尽管集体水资源所有权的客体是特定的，非常有限，但集体水资源所有权是存在的。值得注意的是，1982年《宪法》已经明确规定水流属于国家所有。而原《水法》中规定水资源实行国家所有与集体所有并行的二元所有制，是否合宪不无疑问。随着形势的发展变化，我国水资源日益紧缺，跨省水污染形势日趋严峻，迫切需要强化国家对水资源的宏观管理，加强省际水量分配、跨流域调水、跨省水污染防治和合理分配水资源。这就需要在法律规定上进一步明确水资源属于国家所有，并且只能由国务院代表国家行使水资源的所有权，增强国家以所有者的身份对水资源开发利用和合理配置进行必要干预的合法性。基于上述原因，2002年《水法》修订时将原《水法》中"水资源属于国家所有，即全民所有"，"农业集体经济组织所有的水塘、水库中的水，属于集体所有"的规定修改为："水资源属于国家所有。水资源的所有权由国务院代表国家行使。农村集体经济组织的水塘和由农村集体经济组织修建管理的水库中的水，归各该农村集体组织使用。"从而明确在法律上确立了我国现行的水资源国家所有权的一元体制。

目前，法律上已经取消了水资源集体所有权，但是为了尊重历史习惯，充分保护农村集体经济组织和农民兴办农田水利设施、合理开发利用水资源的积极性及其相关合法权益，并切实保护农村集体经济组织和农民已有的用水权益，避免增加农民在农业用水上的负担，以促进农业和农村经济的持续、稳定、健康发展，《水法》还从以下三个方面对农村集体经济组织和农民对水资源的利用进行

[①] 参见黄建初主编：《中华人民共和国水法释义》，法律出版社2003年版，第10页。

了明确规定:第一,农村集体经济组织及其成员使用本集体经济组织的水塘、水库中的水不实行取水许可和有偿使用制度;第二,农村集体经济组织或者其成员依法在本集体经济组织所有的集体土地或者承包土地上投资兴建水工程设施的,按照谁投资建设谁管理和谁受益的原则,对水工程设施及其蓄水进行管理和合理使用;第三,农村集体经济组织修建水库应当经县级以上地方人民政府水行政主管部门批准。上述规定在确保国家水资源所有权完整和统一的前提下,充分保护了农村集体经济组织的农民现有的用水权益,保持了我国水资源所有权制度的延续性和稳定性。

2. 水资源使用权

水资源使用权,是指行为人依法对水资源进行使用、收益的权利。根据我国现行的有关法律规定,我国的水资源使用权主要表现为取水权。在我国现行的水资源单一国家所有权的体制下,从法律上确定取水权,是实现对水资源非所有权开发利用的重要制度保障。根据《水法》及相关法律法规的规定,在我国取水权的取得主要有两种方式:经许可取得取水权和非经许可取得取水权。

(1) 经许可取得取水权

《水法》第7条规定,国家对水资源依法实行取水许可制度和有偿使用制度。第48条规定,直接从江河、湖泊或者地下取用水资源的单位和个人,应当按照国家取水许可制度和水资源有偿使用制度的规定,向水行政主管部门或者流域管理机构申请领取取水许可证,并缴纳水资源费,取得取水权。根据该规定,取得取水许可证和缴纳水资源费是取得取水权的前提条件。

取水许可是将水资源开发利用纳入法制轨道,促进水资源的保护、节约和优化配置,加强国家对水资源统一管理的重要手段。国务院发布的《取水许可和水资源费征收管理条例》以及水利部发布的《取水许可管理办法》对取水的申请、审批和监督管理等事项作出了详细规定。《取水许可和水资源费征收管理条例》规定,县级以上人民政府水行政主管部门按照分级管理权限,负责取水许可制度的组织实施和监督管理;国务院水行政主管部门在国家确定的重要江河、湖泊设立的流域管理机构,依照条例规定和国务院水行政主管部门授权,负责所管辖范围内取水许可制度的组织实施和监督管理。具有审批权的行政主管部门颁发的取水许可证应包括以下内容:取水单位或者个人的名称(姓名);取水期限;取水量和取水用途;水源类型;取水、退水地点及退水方式、退水量。相关单位和个人只有依照法定的条件和程序取得取水许可证后,才取得取水权,而且必须在取水许可证规定的范围内行使取水权。

获得取水权的单位或者个人必须缴纳水资源费。征收水资源费,对实现国家作为水资源所有者的权益,提高水资源利用效率,促进水资源的合理开发利用具有重要的意义。把缴纳水资源费作为取得取水权的前提条件,从根本上扭转了在我国原有计划经济体制下,对水资源采取行政调配、无偿使用方式所形成的"喝大锅水"的局面。在水资源费的征收标准方面,是由省、自治区、直辖市人民政府价格主管部门会同同级财政部门、水行政主管部门制定,报本级人民政府批准,并报国务院价格主管部门、财政部门和水行政主管部门备案;其中,由流域管理机构审批取水的中央直属和跨省、自治区、直辖市水利工程的水资源费征收标准,由国务院价格主管部门会同国务院财政部门、水行政主管部门制定。

为充分发挥市场机制的作用,体现水资源的商品属性,实现水资源的合理配置,提高水资源的利用效率,对于通过取得取水许可并已缴纳水资源费取得的取水权,可以按照一定的条件和程序进行转让。《取水许可和水资源费征收管理条例》规定,依法获得取水权的单位或者个人,通过调整产品和产业结构、改革工艺、节水等措施节约水资源的,在取水许可的有效期和取水限额内,经原审批机关批准,可以依法有偿转让其节约的水资源,并到原审批机关办理取水权变更手续。水利部于2016年发布《水权交易管理暂行办法》,将取水权交易界定为:获得取水权的单位或者个人(包括除城镇公共供水企业外的工业、农业、服务业取水权人),通过调整产品和产业结构、改革工艺、节水等措施节约水资源的,在取水许可有效期和取水限额内向符合条件的其他单位或者个人有偿转让相应取水权的水权交易。

(2) 非经许可得取水权

根据我国现行的有关法律规定,经许可取得取水权是一般原则,但在法律有特别规定的情况下,非经许可也可以取得取水权。根据《取水许可和水资源费征收管理条例》第4条的规定,非经许可取得取水权的情形有以下几种:农村集体经济组织及其成员使用本集体经济组织的水塘、水库中的水的;家庭生活和零星散养、圈养畜禽饮用等少量取水的;为保障矿井等地下工程施工安全和生产安全必须进行临时应急取(排)水的;为消除对公共安全或者公共利益的危害临时应急取水的;为农业抗旱和维护生态与环境必须临时应急取水的。

对于非经许可取得的取水权,有关行政主管部门也有一定的管理措施,但非经许可取得的取水权不需要缴纳水资源费。

在水资源使用权改革方面,我国正在探索完善水资源有偿使用制度。2016年12月29日,国务院发布《关于全民所有自然资源资产有偿使用制度改革的指导意见》。该指导意见提出:"完善水资源有偿使用制度。落实最严格水资源管理制度,严守水资源开发利用控制、用水效率控制、水功能区限制纳污三条红线,强化水资源节约利用与保护,加强水资源监控。维持江河的合理流量和湖泊、水库以及地下水体的合理水位,维护水体生态功能。健全水资源费征收制度,综合考虑当地水资源状况、经济发展水平、社会承受能力以及不同产业和行业取用水的差别特点,区分地表水和地下水,支持低消耗用水、鼓励回收利用水、限制超量取用水,合理调整水资源费征收标准,大幅提高地下水特别是水资源紧缺和超采地区的地下水资源费征收标准,严格控制和合理利用地下水。严格水资源费征收管理,按照规定的征收范围、对象、标准和程序征收,确保应收尽收,任何单位和个人不得擅自减免、缓征或停征水资源费。推进水资源税改革试点。鼓励通过依法规范设立的水权交易平台开展水权交易,区域水权交易或者交易量较大的取水权交易应通过水权交易平台公开公平公正进行,充分发挥市场在水资源配置中的作用。"

(二) 水资源管理体制

水资源管理制度是国家管理水资源的组织体系和权限划分的基本制度,是实现国家治水方针、政策、目标的组织制度。

按照我国《水法》的规定,国家对水资源实行流域管理与行政区域管理相结合的管理体制。国务院水行政主管部门负责全国水资源的统一管理和监督工作。国务院水行政主管部门在国家确定的重要江河、湖泊设立的流域管理机构(以下称"流域管理机构"),在所管辖的范围内行使法律、行政法规规定的和国务院水行政主管部门授予的水资源管理和监督职责。县级以上地方人民政府水行政主管部门按照规定的权限,负责本行政区域内水资源的统一管理和监督工作。国务院有关部门按照职责分工,负责水资源开发、利用、节约和保护的有关工作。县级以上地方人民政府有关部门按照职责分工,负责本行政区域内水资源开发、利用、节约和保护的有关工作。

(三) 水资源规划制度

同其他资源一样,水资源的利用也要进行相应的规划,这是合理利用和保护水资源的前提和基础。按照我国《水法》的相关规定,开发、利用、节约、保护水资源和防治水害,应当按照流域、区域统一制定规划。规划分为流域规划和区域规划。流域规划包括流域综合规划和流域专业规划;区域规划包括区域综合规划和区域专业规划。综合规划,是指根据经济社会发展需要和水资源开发利用现状编制的开发、利用、节约、保护水资源和防治水害的总体部署;专业规划,是指防洪、治涝、灌溉、航运、供水、水力发电、竹木流放、渔业、水资源保护、水土保持、防沙治沙、节约用水等规划。

流域范围内的区域规划应当服从流域规划,专业规划应当服从综合规划。

流域综合规划和区域综合规划以及与土地利用关系密切的专业规划,应当与国民经济和社会发展规划以及土地利用总体规划、城市总体规划和环境保护规划相协调,兼顾各地区、各行业的需要。

制定规划,必须进行水资源综合科学考察和调查评价。水资源综合科学考察和调查评价由县级以上人民政府水行政主管部门会同同级有关部门组织进行。国家确定的重要江河、湖泊的流域综合规划,由国务院水行政主管部门会同国务院有关部门和有关省、自治区、直辖市人民政府编制,报国务院批准。跨省、自治区、直辖市的其他江河、湖泊的流域综合规划和区域综合规划,由有关流域管理机构会同江河、湖泊所在地的省、自治区、直辖市人民政府水行政主管部门和有关部门编制,分别经有关省、自治区、直辖市人民政府审查提出意见后,报国务院水行政主管部门审核;国务院水行政主管部门征求国务院有关部门意见后,报国务院或者其授权的部门批准。上述江河、湖泊以外的其他江河、湖泊的流域综合规划和区域综合规划,由县级以上地方人民政府水行政主管部门会同同级有关部门和有关地方人民政府编制,报本级人民政府或者其授权的部门批准,并报上一级水行政主管部门备案。专业规划由县级以上人民政府有关部门编制,征求同级其他有关部门意见后,报本级人民政府批准。其中,防洪规划、水土保持规划的编制、批准,依照防洪法、水土保持法的有关规定执行。

规划一经批准,必须严格执行。经批准的规划需要修改时,必须按照规划编制程序经原批准机关批准。

除此之外,建设水工程,必须符合流域综合规划。在国家确定的重要江河、湖泊和跨省、自治区、直辖市的江河、湖泊上建设水工程,未取得有关流域管理机构签署的符合流域综合规划要求的规划同意书的,建设单位不得开工建设;在其他江河、湖泊上建设水工程,未取得县级以上地方人民政府水行政主管部门按照管理权限签署的符合流域综合规划要求的规划同意书的,建设单位不得开工建设。水工程建设涉及防洪的,依照防洪法的有关规定执行;涉及其他地区和行业的,建设单位应当事先征求有关地区和部门的意见。

(四)水资源开发利用的规定

水资源的开发利用必须坚持一系列原则和方法,这样才能使得水资源既得到合理利用,又能得到充分保护。

开发利用水资源,应当坚持兴利与除害相结合,兼顾上下游、左右岸和有关地区之间的利益,充分发挥水资源的综合效益,并服从防洪的总体安排。具体包括:应当首先满足城乡居民生活用水,并兼顾农业、工业、生态环境用水以及航运等需要;跨流域调水,应当进行全面规划和科学论证,统筹兼顾调出和调入流域的用水需要,防止对生态环境造成破坏;任何单位和个人引水、截(蓄)水、排水,不得损害公共利益和他人的合法权益。

在干旱、半干旱地区、水资源短缺地区,开发、利用水资源,应当充分考虑生态环境用水需要。对城市规模和建设耗水量大的工业、农业和服务业项目加以限制。鼓励对雨水和微咸水的收集、开发、利用和对海水的利用、淡化。

国家鼓励开发、利用水能资源。在水能丰富的河流,应当有计划地进行多目标梯级开发。建设水力发电站,应当保护生态环境,兼顾防洪、供水、灌溉、航运、竹木流放和渔业等方面的需要。在水生生物洄游通道、通航或者竹木流放的河流上修建永久性拦河闸坝,建设单位应当同时修建过鱼、过船、过木设施,或者经国务院授权的部门批准采取其他补救措施,并妥善安排施工和蓄水期间的水生生物保护、航运和竹木流放,所需费用由建设单位承担。

地方各级政府应当结合本地区水资源的实际情况,按照地表水与地下水统一调度开发、开源与节流相结合、节流优先和污水处理再利用的原则,合理组织开发、综合利用水资源。加强对灌溉、排涝、水土保持工作的领导,促进农业生产发展;在容易发生盐碱化和渍害的地区,应当采取措施,控制和降低地下水的水位。

对于农村集体经济组织修建水利设施,法律规定:农村集体经济组织或者其成员依法在本集体经济组织所有的集体土地或者承包土地上投资兴建水工程设施的,按照谁投资建设谁管理和谁受益的原则,对水工程设施及其蓄水进行管理和合理使用。农村集体经济组织修建水库应当经县级以上地方人民政府水行政主管部门批准。

(五)水资源、水域和水工程的保护

水资源的保护主要包括维持流量、水位、地下水以及防止水体污染等。这方面的规定主要有:县级以上人民政府水行政主管部门、流域管理机构以及其他有关部门在制定水资源开发、利用规划和调度水资源时,应当注意维持江河的合理流量和湖泊、水库以及地下水的合理水位,维护水体的自然净化能力。从事水资源开发、利用、节约、保护和防治水害等水事活动,应当遵守经批准的规划;因违反规划造成江河和湖泊水域使用功能降低、地下水超采、地面沉降、水体污染的,应当承担治理责任。开采矿藏或者建设地下工程,因疏于排水导致地下水水位下降、水源枯竭或者地面塌陷,采矿单位或者建设单位应当采取补救措施;对他人生活和生产造成损失的,依法给予补偿。在地下水超采地区,县级以上地方人民政府应当采取措施,严格控制开采地下水。在地下水严重超采地区,经省、自治区、直辖市人民政府批准,可以划定地下水禁止开采或者限制开采区。在沿海地区开采地下水,应当经过科学论证,并采取措施,防止地面沉降和海水入侵。

水域保护主要包括水域功能区划和饮用水水源保护区制度。水域功能区划的主要规定有:国务院水行政主管部门会同国务院环境保护行政主管部门、有关部门和有关省、自治区、直辖市人民政府,按照流域综合规划、水资源保护规划和经济社会发展要求,拟定国家确定的重要江河、湖泊的水功能区划,报国务院批准。跨省、自治区、直辖市的其他江河、湖泊的水功能区划,由有关流域管理机构会同江河、湖泊所在地的省、自治区、直辖市人民政府水行政主管部门、环境保护行政主管部门和其他有关部门拟定,分别经有关省、自治区、直辖市人民政府审查提出意见后,由国务院水行政主管部门会同国务院环境保护行政主管部门审核,报国务院或者其授权的部门批准。前述规定以外的其他江河、湖泊的水功能区划,由县级以上地方人民政府水行政主管部门会同同级人民政府环境保护行政主管部门和有关部门拟定,报同级人民政府或者其授权的部门批准,并报上一级水行政主管部门和环境保护行政主管部门备案。县级以上人民政府水行政主管部门或者流域管理机构应当按照水功能区对水质的要求和水体的自然净化能力,核定该水域的纳污能力,向环境保护行政主管部门提出该水域的限制排污总量意见。县级以上地方人民政府水行政主管部门和流域管理机构应当对水功能区的水质状况进行监测,发现重点污染物排放总量超过控制指标的,或者水功能区的水质未达到水域使用功能对水质的要求的,应当及时报告有关人民政府采取治理措施,并向环境保护行政主管部门通报。饮用水水源保护区制度的规定主要有:省、自治区、直辖市人民政府应当划定饮用水水源保护区,并采取措施,防止水源枯竭和水体污染,保证城乡居民饮用水安全。禁止在饮用水水源保护区内设置排污口。在江河、湖泊新建、改建或者扩大排污口,应当经过有管辖权的水行政主管部门或者流域管理机构同意,由环境保护行政主管部门负责对该建设项目的环境影响报告书进行审批。从事工程建设,占用农业灌溉水源、灌排工程设施,或者对原有灌溉用水、供水水源有不利影响的,建设单位应当采取相应的补救措施;造成损失的,依法给予补偿。

水工程的保护主要是指对河道、堤防、护岸、防汛设施、水文监测设施、水文地质监测设施和导航、助航设施等水利设施的保护。相关规定主要有:首先是对于河道,法律禁止在江河、湖泊、水库、运河、渠道内弃置、堆放阻碍行洪的物体和种植阻碍行洪的林木及高秆作物。禁止在河道管理范围内建设妨碍行洪的建筑物、构筑物以及从事影响河势稳定、危害河岸堤防安全和其他妨碍河道行洪的活动。在河道管理范围内建设桥梁、码头和其他拦河、跨河、临河建筑物、构筑物,铺设跨河管道、电缆,应当符合国家规定的防洪标准和其他有关的技术要求,工程建设方案应当依照防洪法的有关规定报经有关水行政主管部门审查同意。因建设前述工程设施,需要扩建、改建、拆除或者损坏原有水工程设施的,建设单位应当负担扩建、改建的费用和损失补偿。但是,原有工程设施属于违法工程的除外。国家对于河道采砂实行许可制度。在河道管理范围内采砂,影响河势稳定或者危及堤防安全的,有关县级以上人民政府水行政主管部门应当划定禁采区和规定禁采期,并予以公告。其次是对于围湖造地,法律禁止围湖造地。已经围垦的,应当按照国家规定的防洪标准有计划地退地还湖。确需围垦的,应当经过科学论证,经省、自治区、直辖市人民政府水行政主管部门或者国务院水行政主管部门同意后,报本级人民政府批准。最后是对于其他水工程,法律分别规定了国家、地方政府、单位和个人的义务,这些规定主要有:国家对水工程实施保护。国家所有的水工程应当按照国务院的规定划定工程管理和保护范围。国务院水行政主管部门或者流域管理机构管理的水工程,由主管部门或者流域管理机构商有关省、自治区、直辖市人民政府划定工程管理和保护范围。除此以外的其他水工程,应当按照省、自治区、直辖市人民政府的规定,划定工程保护范围和保护职责。县级以上地方人民政府应当采取措施,保障本行政区域内水工程,特别是水坝和堤防的安全,限期消除险情。水行政主管部门应当加强对水工程安全的监督管理。单位和个人有保护水工程的义务,不得侵占、毁坏堤防、护岸、防汛、水文监测、水文地质监测等工程设施。在水工程保护范围内,禁止从事影响水工程运行和危害水工程安全的爆破、打井、采石、取土等活动。

近年来,我国河湖生态流量保障工作不断加强,水生态状况得到初步改善,但部分流域区域生活、生产和生态用水矛盾仍然突出,部分河湖生态流量难以保障。目前,水利部正在不断推进河湖生态流量确定和保障工作,以维护河湖生态系统功能为目标,科学确定生态流量,严格生态流量管理,强化生态流量监测预警,加快建立目标合理、责任明确、保障有力、监管有效的河湖生态流量确定和保障体系,加快解决水生态损害突出问题,不断改善河湖生态环境。

(六)水资源配置的相关规定

为了保护水资源,加强节约用水管理,保护和合理利用水资源,促进国民经济和社会发展,必须加强用水管理。用水管理主要包括这样一些措施:

1. 实行水中长期供求规划和制定水量分配方案

水资源配置首先要进行相应的规划,必须制定水中长期供求规划。国务院发展计划主管部门和国务院水行政主管部门负责全国水资源的宏观调配。全国的和跨省、自治区、直辖市的水中长期供求规划,由国务院水行政主管部门会同有关部门制定,经国务院发展计划主管部门审查批准后执行。地方的水中长期供求规划,由县级以上地方人民政府水行政主管部门会同同级有关部门依据上一级水中长期供求规划和本地区的实际情况制定,经本级人民政府发展计划主管部门审查批准后执行。水中长期供求规划应当依据水的供求现状、国民经济和社会发展规划、流域规划、区域规划,按照水资源供需协调、综合平衡、保护生态、厉行节约、合理开源的原则制定。其次,以流域规划和水中长期供求规划为依据,调蓄径流和分配水量,应当以流域为单元制定水量分配方案。跨省、自治区、直辖市的水量分配方案和旱情紧急情况下的水量调度预案,由流域管理机构商有关省、自治区、直辖市人民政府制定,报国务院或者其授权的部门批准后执行。其他跨行政区域的水量分配方案和旱情紧急情况下的水量调度预案,由共同的上一级人民政府水行政主管部门商有关地方人民政府制定,报本级人民政府批准后执行。水量分配方案和旱情紧急情况下的水量调度预案经批准后,有关地方人民政府必须执行。在不同行政区域之间的边界河流上建设水资源开发、利用项目,应当符合该流域经批准的水量分配方案,由有关县级以上地方人民政府报共同的上一级人民政府水行政主管部门或者有关流域管理机构批准。县级以上地方人民政府水行政主管部门或者流域管理机构应当根据批准的水量分配方案和年度预测来水量,制定年度水量分配方案和调度计划,实施水量统一调度;有关地方人民政府必须服从。国家确定的重要江河、湖泊的年度水量分配方案,应当纳入国家的国民经济和社会发展年度计划。

2. 总量控制和定额管理相结合的制度

省、自治区、直辖市人民政府有关行业主管部门应当制定本行政区域内行业用水定额,报同级水行政主管部门和质量监督检验行政主管部门审核同意后,由省、自治区、直辖市人民政府公布,并报国务院水行政主管部门和国务院质量监督检验行政主管部门备案。县级以上地方人民政府发展计划主管部门会同同级水行政主管部门,根据用水定额、经济技术条件以及水量分配方案确定的可供本行政区域使用的水量,制定年度用水计划,对本行政区域内的年度用水实行总量控制。

3. 取水许可和有偿使用制度

直接从江河、湖泊或者地下取用水资源的单位和个人,应当按照国家取水许可制度和水资源有偿使用制度的规定,向水行政主管部门或者流域管理机构申请领取取水许可证,并缴纳水资源费,取得取水权。但是,家庭生活和零星散养、圈养畜禽饮用等少量取水的除外。另外,农村集体经济组织及其成员使用本集体经济组织的水塘、水库中的水除外。用水应当计量,并按照批准的用水计划用水。用水实行计量收费和超定额累进加价制度。使用水工程供应的水,应当按照国家规定向供水单位缴纳水费。供水价格应当按照补偿成本、合理收益、优质优价、公平负担的原则确定。具体办法由省级以上人民政府价格主管部门会同同级水行政主管部门或者其他供水行政主管部门依据职权制定。

4. 节约用水的相关规定

节约用水是优化水资源配置,保证水资源总量的重要制度。节约用水应该将国家激励和市场调控相结合,用多种手段促进节水目标的实现。目前,我国节约水资源的相关规定有:各级人民政府应当推行节水灌溉方式和节水技术,对农业蓄水、输水工程采取必要的防渗漏措施,提高农业用水效率。工业用水应当采用先进技术、工艺和设备,增加循环用水次数,提高水的重复利用率。国家逐步淘汰落后的、耗水量高的工艺、设备和产品,具体名录由国务院经济综合主管部门会同国务院水行政主管部门和有关部门制定并公布。生产者、销售者或者生产经营中的使用者应当在规定的时间内停止生产、销售或者使用列入名录的工艺、设备和产品。城市人民政府应当因地制宜采取有效措施,推广节水型生活用水器具,降低城市供水管网漏失率,提高生活用水效率;加强城市污水集中处理,鼓励使用再生水,提高污水再生利用率。新建、扩建、改建建设项目,应当制定节水措施方案,配套建设节水设施。节水设施应当与主体工程同时设计、同时施工、同时投产。供水企业和自建供水设施的单位应当加强供水设施的维护管理,减少水的漏失。

四、最严格水资源管理制度

"最严格水资源管理制度"是近年来水资源管理改革中最为核心的内容。最严格水资源管理制度包括用水总量控制制度、用水效率控制制度、水功能区限制纳污制度,其目的是保障用水总量控制、用水效率控制以及水功能区限制纳污"三条红线"。按照《国务院关于实行最严格水资源管理制度的意见》的要求,"三条红线"的具体目标为:确立水资源开发利用控制红线,到 2030 年全国用水总量控制在 7000 亿立方米以内;确立用水效率控制红线,到 2030 年用水效率达到或接近世界先进水平,万元工业增加值用水量(以 2000 年不变价计,下同)降低到 40 立方米以下,农田灌溉水有效利用系数提高到 0.6 以上;确立水功能区限制纳污红线,到 2030 年主要污染物入河湖总量控制在水功能区纳污能力范围之内,水功能区水质达标率提高到95%以上。① 目前,水资源管理制度仍然属于政策性的制度措施,但是从水资源管理制度的总体发展方向来看,这几项制度未来必然会通过立法的修改纳入水资源法基本法律制度范畴。

(一)用水总量控制制度

1. 严格水资源管理和水资源论证

开发利用水资源,应当符合主体功能区的要求,按照流域和区域统一制定规划,充分发挥水资源的多种功能和综合效益。建设水工程,必须符合流域综合规划和防洪规划,由有关水行政主管部门或流域管理机构按照管理权限进行审查并签署意见。加强相关规划和项目建设布局水资源论证工作,国民经济和社会发展规划以及城市总体规划的编制、重大建设项目的布局,应当与当地水资源条件和防洪要求相适应。严格执行建设项目水资源论证制度,对未依法完成水资源论证工作的建设项目,审批机关不予批准,建设单位不得擅自开工建设和投产使用,对违反规定的,一律责令停止。

2. 严格控制流域和区域取用水总量

加快制定主要江河流域水量分配方案,建立覆盖流域和省市县三级行政区域的取用水总量控制指标体系,实施流域和区域取用水总量控制。各省、自治区、直辖市要按照江河流域水量分配方案或取用水总量控制指标,制定年度用水计划,依法对本行政区域内的年度用水实行总量管理。建立健全水权制度,积极培育水市场,鼓励开展水权交易,运用市场机制合理配置水资源。

3. 严格实施取水许可

严格规范取水许可审批管理,对取用水总量已达到或超过控制指标的地区,暂停审批建设项目新增取水;对取用水总量接近控制指标的地区,限制审批建设项目新增取水。对不符合国家产业政策或列入国家产业结构调整指导目录中淘汰类的,产品不符合行业用水定额标准的,在城市公共供水管网能够满足用水需要却通过自备取水设施取用地下水的,以及地下水已严重超采的地区取用地下水的建设项目取水申请,审批机关不予批准。

4. 严格水资源有偿使用

合理调整水资源费征收标准,扩大征收范围,严格水资源费征收、使用和管理。各省、自治区、直辖市要抓紧完善水资源费征收、使用和管理的规章制度,严格按照规定的征收范围、对象、标准和程序征收,确保应收尽收,任何单位和个人

---

① 《国务院关于实行最严格水资源管理制度的意见》所确立"三条红线"目标的依据是国务院2010年11月批复的《全国水资源综合规划(2010—2030年)》中提出的2030年水资源管理目标。

不得擅自减免、缓征或停征水资源费。水资源费主要用于水资源节约、保护和管理，严格依法查处挤占挪用水资源费的行为。

5. 严格地下水管理和保护

加强地下水动态监测，实行地下水取用水总量控制和水位控制。各省、自治区、直辖市人民政府要尽快核定并公布地下水禁采和限采范围。在地下水超采区，禁止农业、工业建设项目和服务业新增取用地下水，并逐步削减超采量，实现地下水采补平衡。深层承压地下水原则上只能作为应急和战略储备水源。依法规范机井建设审批管理，限期关闭在城市公共供水管网覆盖范围内的自备水井。抓紧编制并实施全国地下水利用与保护规划以及南水北调东中线受水区、地面沉降区、海水入侵区地下水压采方案，逐步削减开采量。

6. 强化水资源统一调度

流域管理机构和县级以上地方人民政府水行政主管部门要依法制定和完善水资源调度方案、应急调度预案和调度计划，对水资源实行统一调度。区域水资源调度应当服从流域水资源统一调度，水力发电、供水、航运等调度应当服从流域水资源统一调度。水资源调度方案、应急调度预案和调度计划一经批准，有关地方人民政府和部门等必须服从。

(二) 用水效率控制制度

用水效率控制制度的内容和措施包括：

1. 全面加强节约用水管理

各级人民政府要切实履行推进节水型社会建设的责任，把节约用水贯穿于经济社会发展和群众生活生产全过程，建立健全有利于节约用水的体制和机制。稳步推进水价改革。各项引水、调水、取水、供用水工程建设必须首先考虑节水要求。水资源短缺、生态脆弱地区要严格控制城市规模过度扩张，限制高耗水工业项目建设和高耗水服务业发展，遏制农业粗放用水。

2. 强化用水定额管理

加快制定高耗水工业和服务业用水定额国家标准。各省、自治区、直辖市人民政府要根据用水效率控制红线确定的目标，及时组织修订本行政区域内各行业用水定额。对纳入取水许可管理的单位和其他用水大户实行计划用水管理，建立用水单位重点监控名录，强化用水监控管理。新建、扩建和改建建设项目应制订节水措施方案，保证节水设施与主体工程同时设计、同时施工、同时投产（即"三同时"制度）。对违反"三同时"制度的，由县级以上地方人民政府有关部门或流域管理机构责令停止取用水并限期整改。

3. 加快推进节水技术改造

制定节水强制性标准,逐步实行用水产品用水效率标识管理,禁止生产和销售不符合节水强制性标准的产品。加大农业节水力度,完善和落实节水灌溉的产业支持、技术服务、财政补贴等政策措施,大力发展管道输水、喷灌、微灌等高效节水灌溉。加大工业节水技术改造,建设工业节水示范工程。充分考虑不同工业行业和工业企业的用水状况和节水潜力,合理确定节水目标。有关部门要抓紧制定并公布落后的、耗水量高的用水工艺、设备和产品淘汰名录。加大城市生活节水工作力度,开展节水示范工作,逐步淘汰公共建筑中不符合节水标准的用水设备及产品,大力推广使用生活节水器具,着力降低供水管网漏损率。鼓励并积极发展污水处理回用、雨水和微咸水开发利用、海水淡化和直接利用等非常规水源开发利用。加快城市污水处理回用管网建设,逐步提高城市污水处理回用比例。非常规水源开发利用纳入水资源统一配置。

(三) 水功能区限制纳污制度

1. 严格水功能区监督管理

完善水功能区监督管理制度,建立水功能区水质达标评价体系,加强水功能区动态监测和科学管理。水功能区布局要服从和服务于所在区域的主体功能定位,符合主体功能区的发展方向和开发原则。从严核定水域纳污容量,严格控制入河湖排污总量。各级人民政府要把限制排污总量作为水污染防治和污染减排工作的重要依据。切实加强水污染防控,加强工业污染源控制,加大主要污染物减排力度,提高城市污水处理率,改善重点流域水环境质量,防治江河湖库富营养化。流域管理机构要加强重要江河湖泊的省界水质水量监测。严格入河湖排污口监督管理,对排污量超出水功能区限排总量的地区,限制审批新增取水和入河湖排污口。

2. 加强饮用水水源保护

各省、自治区、直辖市人民政府要依法划定饮用水水源保护区,开展重要饮用水水源地安全保障达标建设。禁止在饮用水水源保护区内设置排污口,对已设置的,由县级以上地方人民政府责令限期拆除。县级以上地方人民政府要完善饮用水水源地核准和安全评估制度,公布重要饮用水水源地名录。加快实施全国城市饮用水水源地安全保障规划和农村饮水安全工程规划。加强水土流失治理,防治面源污染,禁止破坏水源涵养林。强化饮用水水源应急管理,完善饮用水水源地突发事件应急预案,建立备用水源。

3. 推进水生态系统保护与修复

开发利用水资源应维持河流合理流量和湖泊、水库以及地下水的合理水位，充分考虑基本生态用水需求，维护河湖健康生态。编制全国水生态系统保护与修复规划，加强重要生态保护区、水源涵养区、江河源头区和湿地的保护，开展内源污染整治，推进生态脆弱河流和地区水生态修复。研究建立生态用水及河流生态评价指标体系，定期组织开展全国重要河湖健康评估，建立健全水生态补偿机制。

第四节 矿产资源法

一、矿产资源概述

"矿产资源，是指在地质运动过程中形成的，蕴藏于地壳之中的，能为人们用于生产和生活的各种矿物质的总称。其包括各种呈固态、液态或气态的金属、非金属矿产、燃料矿产和地下热能等。"[①]

《矿产资源法实施细则》把矿产资源分成四类：(1) 能源矿产：包括煤、石油、天然气、煤成气、地热及油页岩中的铀、钍等；(2) 金属矿产：指可以从其中提取出金属元素的矿产资源；(3) 非金属矿产：从这类矿产中可以提取非金属元素，有些可以供直接利用；(4) 水气矿产：包括地下水、矿泉水、二氧化碳气、硫化氢气、氦气、氡气。其中，地下水资源具有水资源和矿产资源的双重属性，其勘查适用《矿产资源法》，而其开发、利用、保护和管理，则适用《水法》和有关的行政法规。

矿产资源具有下列特点：(1) 不可再生性。矿产资源是地壳形成后经过长期地质年代（几千万年、几亿甚至几十亿年）的地质作用才形成的，无法再生，无法更新，一旦被人类开发利用其储量就会减少，直至耗竭。因此，矿产资源属于传统意义上的"可耗竭的自然资源"。(2) 有限性。由于人类长期以来对矿产任意开采，挥霍无度，很多种矿产储量急剧下降，金、汞、银、钨、铜、锡等需求量增长很快，这些资源离耗竭已不太遥远。(3) 赋存状态多样性。矿产资源大多数埋藏在地下的不同深度，地质条件复杂多样，一般必须经过勘查、开采和加工，才能为人类所利用。

我国的矿产资源种类非常丰富且储量十分充足，这为我国经济和社会的发

---

① 江伟钰、陈方林主编：《资源环境法词典》，中国法制出版社2005年版，第273页。

展提供了充足的资本。(参见表 14-1 和表 14-2)《中国矿产资源报告 2021》显示，截至 2020 年年底，我国已发现 173 种矿产，其中，能源矿产 13 种、金属矿产 59 种、非金属矿产 95 种、水气矿产 6 种。在矿产资源勘查方面，2020 年，页岩气等非传统油气矿产勘查取得重要突破，锰、钴、铜、石墨等战略性矿产找矿成果显著。我国主要矿产品国内供应能力进一步提升。

表 14-1　2020 年中国主要能源矿产储量[①]

序号	矿产	单位	储量
1	煤炭	亿吨	1622.88
2	石油	亿吨	36.19
3	天然气	亿立方米	62665.78
4	煤层气	亿立方米	3315.54
5	页岩气	亿立方米	4026.17

注：油气(石油、天然气、煤层气、页岩气)储量参照国家标准《油气矿产资源储量分类》(GB/T 19492-2020)，为剩余探明技术可采储量；其他矿产储量参照国家标准《固体矿产资源储量分类》(GB/T 17766-2020)，为证实储量与可信储量之和。

表 14-2　2020 年中国主要金属矿产储量[②]

序号	矿产	单位	储量
1	铁矿	矿石 亿吨	108.78
2	锰矿	矿石 万吨	21295.69
3	铬铁矿	矿石 万吨	276.97
4	钒矿	V_2O_5 万吨	951.20
5	钛矿	TiO_2 万吨	20116.22
6	铜矿	金属 万吨	2701.30
7	铅矿	金属 万吨	1233.10
8	锌矿	金属 万吨	3094.83
9	铝土矿	矿石 万吨	57650.24
10	镍矿	金属 万吨	399.64
11	钴矿	金属 万吨	13.74

---

① 参见《中国矿产资源报告 2021》。
② 同上。

(续表)

序号	矿产	单位	储量
12	钨矿	WO_3 万吨	222.49
13	锡矿	金属 万吨	72.25
14	钼矿	金属 万吨	373.61
15	锑矿	金属 万吨	35.17
16	金矿	金属 吨	1927.37
17	银矿	金属 吨	50672.26
18	铂族金属	金属 吨	126.73
19	锶矿	天青石 万吨	1580.43
20	锂矿	氧化物 万吨	234.47

尽管我国矿产资源产量持续增长,但我国矿产资源及其开发利用还存在一些问题。2012年12月25日《国务院关于土地管理和矿产资源开发利用及保护工作情况的报告》指出,我国矿产资源开发还存在以下问题:一是我国矿产资源总量大、人均少,一般矿多、大宗战略性矿产少,贫矿多、小矿多、共伴生矿多;人均探明矿产资源储量只占世界平均水平的58%,居世界的第53位。二是一些重要矿产对外依存度高。石油、铁、铜、铝、钾盐等对外依存度均超过50%。矿产地和资源储备不足。三是矿山环境和安全生产问题比较突出。

二、我国矿产资源的立法沿革与概况

我国矿产资源法制建设,可以大致分为三个阶段:中华人民共和国成立初期的矿业法制建设创立期(1950—1965)、"文化大革命"矿业法制建设停滞期(1966—1978)、改革开放后矿业法制建设高峰期(1979年至今)。[①]

第一个阶段,为了尽快恢复旧矿区生产和探采新矿区,根据当时国家经济条件及公私并重、公私合营的经济结构,政务院于1950年12月22日通过了《矿业暂行条例》。此外,针对矿产资源保护,1965年底国务院公布了《矿产资源保护试行条例》。在这一时期,矿产资源勘查管理方面的法规较多,而其他例如开发、综合利用、监管方面的法律很少。还没有一个完整的矿业资源法律体系。

进入"文化大革命"时期,矿业资源立法基本上是空白。全国的矿业法制建

---

① 参见傅英主编:《中国矿业法制史》,中国大地出版社2001年版,第56页。

设进入停滞时期。

改革开放后,国家开始重视矿产资源开发利用的监督管理工作和有关环境污染的治理工作。我国于1986年制定颁布了《矿产资源法》,1996年对《矿产资源法》作出了修改。根据《矿产资源法》的规定,国务院及其主管部门于1987年制定了《矿产资源勘查登记管理暂行办法》《全民所有制矿山企业采矿登记管理暂行办法》《矿产资源监督管理暂行办法》《石油及天然气勘查、开采登记管理暂行办法》;1990年制定了《中外合作开采陆上石油资源缴纳矿区使用费暂行规定》;1994年制定了《矿产资源法实施细则》《矿产资源补偿费征收管理规定》等行政法规;1996年制定了针对煤炭资源开发利用和保护的《煤炭法》。这一系列配套的法律法规共同构成了比较完整的矿产资源法律体系,为矿产资源管理工作提供了法律上的依据。

目前,我国矿产资源方面的法律主要包括《矿产资源法》《矿山安全法》《煤炭法》等。行政法规主要包括《对外合作开采海洋石油资源条例》《对外合作开采陆上石油资源条例》《矿产资源监督管理暂行办法》《矿产资源补偿费征收管理规定》《矿产资源法实施细则》《矿产资源勘查区块登记管理办法》《探矿权采矿权转让管理办法》《矿产资源开采登记管理办法》等。相关的部门规章主要包括《矿产资源统计管理办法》《矿产资源规划编制实施办法》《金属与非金属矿产资源地质勘探安全生产监督管理暂行规定》等。除此之外,还有一系列关于矿产资源的地方性法规和地方政府规章。2017年6月24日,最高人民法院发布《关于审理矿业权纠纷案件适用法律若干问题的解释》,对探矿权、采矿权等矿业权纠纷案件作出解释。此外,我国《宪法》《刑法》等相关立法也对矿产资源的开发利用和保护作出了相应的规定,有效地保证了矿产资源的合理利用和保护。

三、矿产资源法的主要内容

(一) 矿业资源权属制度

矿产资源权主要包括矿产资源所有权和矿业权两个层次的权利形态,其中矿业权包括探矿权和采矿权。矿产资源是一种典型的不可再生资源,而且是国民经济发展的重要物质基础,因此,在法律上明确界定矿产资源的权属,是形成和建立有序的矿产资源开发秩序的基本前提。

1. 矿产资源所有权

《矿产资源法》第3条第1款规定:"矿产资源属于国家所有,由国务院行使国家对矿产资源的所有权。地表或者地下的矿产资源的国家所有权,不因其所依附的土地的所有权或者使用权的不同而改变。"我国现行立法确立的是矿产资源的一元所有权,即矿产资源国家所有权。

矿产资源国家所有权的特征为:第一,主体的唯一性。我国土地、草原、森林等自然资源,所有权主体除了国家之外还包括农业集体经济组织。与之不同,矿产资源所有权的唯一主体是国家,其他任何组织和个人都不能成为矿产资源所有权的主体。未经国家授予一定的矿业权,任何单位和个人都不得进行矿藏勘探和采掘,也不得任意侵占、买卖、出租或以其他形式转让矿产资源。第二,客体的无限性。我国《矿产资源法》未对矿产资源的种类加以列举,而是概括性地规定"矿产资源属于国家所有"。因此,无论是何种矿产资源,包括已探明的或者未探明的矿产资源,现在可以采掘的或者将来可以采掘的矿产资源,均为国家所有。第三,权利的独立性。矿产资源虽然附着于地面或赋存于地下,但不因土地的所有权或者使用权的不同而改变其国家所有的属性,无论是集体所有的土地还是各种社会主体所使用的土地,其地面或者地下蕴藏的矿产资源均属于国家所有。矿产资源的所有权与所依附的土地的权属是互相独立的两类权利。[①]

2. 矿业权

(1) 探矿权

探矿权,是指在依法取得的勘查许可证规定的范围内,勘查矿产资源的权利。取得勘查许可证的单位或者个人称为"探矿权人"。

探矿权人享有下列权利:按照勘查许可证规定的区域、期限、工作对象进行勘查;在勘查作业区及相邻区域架设供电、供水、通信管线,但是不得影响或者损害原有的供电、供水设施和通信管线;在勘查作业区及相邻区域通行;根据工程需要临时使用土地;优先取得勘查作业区内新发现矿种的探矿权;优先取得勘查作业区内矿产资源的采矿权;自行销售勘查中按照批准的工程设计施工回收的矿产品,但是国务院规定由指定单位统一收购的矿产品除外。探矿权人应当履行下列义务:在规定的期限内开始施工,并在勘查许可证规定的期限内完成勘查工作;向勘查登记管理机关报告开工等情况;按照探矿工程设计施工,不得擅自进行采矿活动;在查明主要矿种的同时,对共生、伴生矿产资源进行综合勘查、综合评价;编写矿产资源勘查报告,提交有关部门审批;按照国务院有关规定汇交矿产资源勘查成果档案资料;遵守有关法律、法规关于劳动安全、土地复垦和环境保护的规定;勘查作业完毕,及时封、填探矿作业遗留的井、硐或者采取其他措施,消除安全隐患。

[①] 参见肖乾刚主编:《自然资源法》(第2版),法律出版社1992年版,第124页。

(2) 采矿权

采矿权,是指在依法取得的采矿许可证规定的范围内,开采矿产资源和获得所开采的矿产品的权利。取得采矿许可证的单位或者个人称为"采矿权人"。

采矿权人享有下列权利:按照采矿许可证规定的开采范围和期限从事开采活动;自行销售矿产品,但是国务院规定由指定的单位统一收购的矿产品除外;在矿区范围内建设采矿所需的生产和生活设施;根据生产建设的需要依法取得土地使用权;法律、法规规定的其他权利。采矿权人应当履行下列义务:在批准的期限内进行矿山建设或者开采;有效保护、合理开采、综合利用矿产资源;依法缴纳资源税和矿产资源补偿费;遵守国家有关劳动安全、水土保持、土地复垦和环境保护的法律、法规;接受地质矿产主管部门和有关主管部门的监督管理,按照规定填报矿产储量表和矿产资源开发利用情况统计报告。

(3) 探矿权和采矿权的取得

国家对矿产资源的勘查、开采实行许可证制度。勘查矿产资源,必须依法申请登记,领取勘查许可证,取得探矿权;开采矿产资源,必须依法申请登记,领取采矿许可证,取得采矿权。

国家实行探矿权、采矿权有偿取得的制度,开采矿产资源,必须按照国家有关规定缴纳资源税和资源补偿费。但是,国家对探矿权、采矿权有偿取得的费用,可以根据不同情况规定予以减缴、免缴。具体办法和实施步骤由国务院规定。

(4) 探矿权和采矿权的转让

根据我国现行的法律规定,探矿权和采矿权可以转让,但必须按照下列规定:探矿权人有权在划定的勘查作业区内进行规定的勘查作业,有权优先取得勘查作业区内矿产资源的采矿权。探矿权人在完成规定的最低勘查投入后,经依法批准,可以将探矿权转让他人。已经取得采矿权的矿山企业,因企业合并、分立,与他人合资、合作经营,或者因企业资产出售以及有其他变更企业资产产权的情形,需要变更采矿权主体的,经依法批准,可以将采矿权转让他人采矿。

探矿权与采矿权转让的审批规定如下:国务院地质矿产主管部门和省、自治区、直辖市人民政府地质矿产主管部门是探矿权、采矿权转让的审批管理机关。国务院地质矿产主管部门负责由其审批发证的探矿权、采矿权转让的审批。省、自治区、直辖市人民政府地质矿产主管部门负责国务院地质矿产主管部门负责审批的以外的探矿权、采矿权转让的审批。

转让探矿权需要满足一定的条件,这些条件包括:自颁发勘查许可证之日起满两年,或者在勘查作业区内发现可供进一步勘查或者开采的矿产资源;完成规定的最低勘查投入;探矿权属无争议;按照国家有关规定已经缴纳探矿权使用费、探矿权价款;国务院地质矿产主管部门规定的其他条件。

转让采矿权应当具备的条件包括:矿山企业投入采矿生产满一年;采矿权属无争议;按照国家有关规定已经缴纳采矿权使用费、采矿权价款、矿产资源补偿费和资源税;国务院地质矿产主管部门规定的其他条件。国有矿山企业在申请转让采矿权前,应当征得矿山企业主管部门的同意。

另外,探矿权或者采矿权的受让人,也应当符合法律法规中有关探矿权或者采矿权申请人条件的规定。

(二) 矿产资源监督管理体制

我国矿产资源监督管理体制是主管和协管相结合的监督管理体制。国务院地质矿产主管部门主管全国矿产资源勘查、开采的监督管理工作。国务院有关主管部门协助国务院地质矿产主管部门进行矿产资源勘查、开采和监督管理工作。省、自治区、直辖市人民政府地质矿产主管部门主管本行政区域内矿产资源勘查、开采的监督管理工作。省、自治区、直辖市人民政府有关主管部门协助同级地质矿产主管部门进行矿产资源勘查、开采的监督管理工作。

除此之外,按照《矿产资源法实施细则》第8条第3款和第4款的规定,设区的市人民政府、自治州人民政府和县级人民政府及其负责管理矿产资源的部门,依法对本级人民政府批准开办的国有矿山企业和本行政区域内的集体所有制矿山企业、私营矿山企业、个体采矿者以及在本行政区域内从事勘查施工的单位和个人进行监督管理,依法保护探矿权人、采矿权人的合法权益。上级地质矿产主管部门有权对下级地质矿产主管部门违法的或者不适当的矿产资源勘查、开采管理行政行为予以改变或者撤销。

(三) 矿产资源规划制度

矿产资源规划是有关部门按照法定程序编制的国家对一定时期矿产资源勘查和开发利用所作出的整体安排。全国矿产资源规划,在国务院计划行政主管部门指导下,由国务院地质矿产主管部门根据国民经济和社会发展中、长期规划,组织国务院有关主管部门和省、自治区、直辖市人民政府编制,报国务院批准后施行。全国矿产资源规划应当对全国矿产资源的分配作出统筹安排,合理划定中央与省、自治区、直辖市人民政府审批、开发矿产资源的范围。根据内容不同,全国矿产资源规划可分为矿产资源勘查规划和矿产资源开发规划。

全国矿产资源中、长期勘查规划,在国务院计划行政主管部门指导下,由国务院地质矿产主管部门根据国民经济和社会发展中、长期规划,在国务院有关主管部门勘查规划的基础上组织编制。全国矿产资源年度勘查计划和省、自治区、直辖市矿产资源年度勘查计划,分别由国务院地质矿产主管部门和省、自治区、直辖市人民政府地质矿产主管部门组织有关主管部门,根据全国矿产资源中、长期勘查规划编制,经同级人民政府计划行政主管部门批准后施行。

矿产资源开发规划是对矿区的开发建设布局进行统筹安排的规划。矿产资源开发规划分为行业开发规划和地区开发规划。矿产资源行业开发规划由国务院有关主管部门根据全国矿产资源规划中分配给本部门的矿产资源编制实施。矿产资源地区开发规划由省、自治区、直辖市人民政府根据全国矿产资源规划中分配给本省、自治区、直辖市的矿产资源编制实施;并作出统筹安排,合理划定省、市、县级人民政府审批、开发矿产资源的范围。矿产资源行业开发规划和地区开发规划应当报送国务院计划行政主管部门、地质矿产主管部门备案。国务院计划行政主管部门、地质矿产主管部门,对不符合全国矿产资源规划的行业开发规划和地区开发规划,应当予以纠正。

(四)矿产资源勘查管理制度

勘查矿产资源,必须依法申请、经批准取得探矿权,并办理登记。但是,已经依法申请取得采矿权的矿山企业在划定的矿区范围内为本企业的生产而进行的勘查除外。国家对矿产资源勘查实行统一的区块登记管理制度。矿产资源勘查登记工作,由国务院地质矿产主管部门负责;特定矿种的矿产资源勘查登记工作,可以由国务院授权有关主管部门负责。

区域地质调查按照国家统一规划进行。区域地质调查的报告和图件按照国家规定验收,提供有关部门使用。矿产资源普查在完成主要矿种普查任务的同时,应当对工作区内包括共生或者伴生矿产的成矿地质条件和矿床工业远景作出初步综合评价。矿床勘探必须对矿区内具有工业价值的共生和伴生矿产进行综合评价,并计算其储量。未作综合评价的勘探报告不予批准。但是,国务院计划部门另有规定的矿床勘探项目除外。普查、勘探易损坏的特种非金属矿产、流体矿产、易燃易爆易溶矿产和含有放射性元素的矿产,必须采用省级以上人民政府有关主管部门规定的普查、勘探方法,并有必要的技术装备和安全措施。矿产资源勘查的原始地质编录和图件,岩矿心、测试样品和其他实物标本资料,各种勘查标志,应当按照有关规定保护和保存。矿床勘探报告及其他有价值的勘查资料,按照国务院规定实行有偿使用。

(五)矿产资源开采管理制度

矿产资源开采管理制度,主要包括矿产资源开采的审批、对矿山企业的管理以及对开采的具体要求三个部分。

按照法律的规定,审批和颁发采矿许可证的权力分别由中央政府和地方政府享有。具体来说,开采下列矿产资源的,由国务院地质矿产主管部门审批,并颁发采矿许可证:国家规划矿区和对国民经济具有重要价值的矿区内的矿产资源;前述规定区域以外可供开采的矿产储量规模在大型以上的矿产资源;国家规定实行保护性开采的特定矿种;领海及中国管辖的其他海域的矿产资源;国务院规定的其他矿产资源。开采石油、天然气、放射性矿产等特定矿种的,可以由国务院授权的有关主管部门审批,并颁发采矿许可证。上述以外的矿产资源,其可供开采的矿产的储量规模为中型的,由省、自治区、直辖市人民政府地质矿产主管部门审批和颁发采矿许可证,并且由省、自治区、直辖市人民政府地质矿产主管部门汇总向国务院地质矿产主管部门备案。矿产储量规模的大型、中型的划分标准,由国务院矿产储量审批机构规定。许可证颁发之后,矿山企业变更矿区范围,必须报请原审批机关批准,并报请原颁发采矿许可证的机关重新核发采矿许可证。

除此之外,国家对国家规划矿区、对国民经济具有重要价值的矿区和国家规定实行保护性开采的特定矿种,实行有计划的开采;未经国务院有关主管部门批准,任何单位和个人不得开采。

非经国务院授权的有关主管部门同意,不得在下列地区开采矿产资源:港口、机场、国防工程设施圈定地区以内;重要工业区、大型水利工程设施、城镇市政工程设施附近一定距离以内;铁路、重要公路两侧一定距离以内;重要河流、堤坝两侧一定距离以内;国家规定的自然保护区、重要风景区,国家重点保护的不能移动的历史文物和名胜古迹所在地;国家规定不得开采矿产资源的其他地区。

开采矿产资源,必须采取合理的开采顺序、开采方法和选矿工艺。矿山企业的开采回采率、采矿贫化率和选矿回收率应当达到设计要求。在开采主要矿产的同时,对具有工业价值的共生和伴生矿产应当统一规划,综合开采,综合利用,防止浪费;对暂时不能综合开采或者必须同时采出而暂时还不能综合利用的矿产以及含有有用组分的尾矿,应当采取有效的保护措施,防止损失破坏。开采矿产资源,必须遵守国家劳动安全卫生规定,具备保障安全生产的必要条件。开采矿产资源,必须遵守有关环境保护的法律规定,防止污染环境。开采矿产资源,应当节约用地。耕地、草原、林地因采矿受到破坏的,矿山企业应当因地制宜地采取复垦利用、植树种草或者其他利用措施。开采矿产资源给他人生产、生活造成损失的,应当负责赔偿,并采取必要的补救措施。在建设铁路、工厂、水库、输油管道、输电线路和各种大型建筑物或者建筑群之前,建设单位必须向所在省、自治区、直辖市地质矿产主管部门了解拟建工程所在地区的矿产资源分布和开采情况。非经国务院授权的部门批准,不得压覆重要矿床。国务院规定由指定的单位统一收购的矿产品,任何其他单位或者个人不得收购;开采者不得向非指定单位销售。

(六) 集体所有制矿山企业、私营矿山企业和个体采矿者的特殊规定

鉴于我国特殊的国情,《矿产资源法》专门对集体所有制、私营矿山企业和个体采矿者的管理进行了规定。

国家对集体矿山企业和个体采矿实行积极扶持、合理规划、正确引导、加强管理的方针,鼓励集体矿山企业开采国家指定范围内的矿产资源,允许个人采挖零星分散资源和只能用作普通建筑材料的砂、石、黏土以及为生活自用采挖少量矿产。同时,国家依法保护集体所有制矿山企业、私营矿山企业和个体采矿者的合法权益,依法对集体所有制矿山企业、私营矿山企业和个体采矿者进行监督管理。

对于集体、私营矿山企业和个体采矿者可以开采的矿产资源的范围,《矿产资源法实施细则》进行了详细规定。集体所有制矿山企业和私营矿山企业可以开采下列矿产资源:不适于国家建设大、中型矿山的矿床及矿点;经国有矿山企业同意,并经其上级主管部门批准,在其矿区范围内划出的边缘零星矿产;矿山闭坑后,经原矿山企业主管部门确认可以安全开采并不会引起严重环境后果的残留矿体;国家规划可以由集体所有制矿山企业开采的其他矿产资源。个体采矿者可以采挖下列矿产资源:零星分散的小矿体或者矿点;只能用作普通建筑材料的砂、石、黏土。矿产储量规模适宜由矿山企业开采的矿产资源、国家规定实行保护性开采的特定矿种和国家规定禁止个人开采的其他矿产资源,个人不得开采。

对于集体、私营矿山企业和国有矿山企业之间的关系问题。法律规定:国务院和国务院有关主管部门批准开办的矿山企业矿区范围内已有的集体矿山企业,应当关闭或者到指定的其他地点开采,由矿山建设单位给予合理的补偿,并妥善安置群众生活;也可以按照该矿山企业的统筹安排,实行联合经营。在国家设立国家规划矿区、对国民经济具有重要价值的矿区时,对应当撤出的原采矿权人,国家按照有关规定给予合理补偿。

(七) 矿产资源有偿使用制度

总体而言,随着中国市场化取向改革的启动和深入进展,矿产资源的配置逐步实现了从无偿委受到有偿利用的转变。从其实现方式上来看,"根据现行法律法规的规定,我国专门对矿产资源征收的税费,主要体现了对矿产资源的有偿使

用性。"①除了资源税外,为体现对矿产资源的有偿利用,相关立法中还确立了针对性收费制度,包括矿产资源补偿费、探矿权使用费、采矿权使用费、探矿权价款、采矿权价款等。其中,矿产资源补偿费与矿产资源有偿利用的关系最为紧密,因为该收费是国家凭借对矿产资源的所有权对矿山企业征收的,直接体现矿业权人所开采矿产资源的价值。② 而对于其他的收费或者价款,虽然相关立法中也存在关于有偿的规定,③但主要是针对采矿权和探矿权,间接地体现矿业权人所开采的矿产资源的价值。

我国正在着手进行矿产资源有偿使用制度的改革。2016年12月29日,国务院发布《关于全民所有自然资源资产有偿使用制度改革的指导意见》。该指导意见提出:"完善矿产资源有偿使用制度。全面落实禁止和限制设立探矿权、采矿权的有关规定,强化矿产资源保护。改革完善矿产资源有偿使用制度,明确矿产资源国家所有者权益的具体实现形式,建立矿产资源国家权益金制度。完善矿业权有偿出让制度,在矿业权出让环节,取消探矿权价款、采矿权价款,征收矿业权出让收益。进一步扩大矿业权竞争性出让范围,除协议出让等特殊情形外,对所有矿业权一律以招标、拍卖、挂牌方式出让。严格限制矿业权协议出让,规范协议出让管理,严格协议出让的具体情形和范围。完善矿业权分级分类出让制度,合理划分各级国土资源部门的矿业权出让审批权限。完善矿业权有偿占用制度,在矿业权占有环节,将探矿权、采矿权使用费调整为矿业权占用费。合理确定探矿权占用费收取标准,建立累进动态调整机制,利用经济手段有效遏制'圈而不探'等行为。根据矿产品价格变动情况和经济发展需要,适时调整采矿权占用费标准。完善矿产资源税费制度,落实全面推进资源税改革的要求,提高矿产资源综合利用效率,促进资源合理开发利用和有效保护。"2017年4月13日,国务院印发《矿产资源权益金制度改革方案》,坚持以推进供给侧结构性改革为主线,以维护和实现国家矿产资源权益为重点,以营造公平的矿业市场竞争环境为目的,建立符合我国特点的新型矿产资源权益金制度。

---

① 李显冬主编:《中国矿业立法研究》,中国人民公安大学出版社2006年版,第247页。
② 实践中,矿业界对矿产资源补偿费的设立意图和目的有不同的认识:一种观点认为这是一种所有权性质的收费,是矿产资源国家所有权的权益体现;另一种观点认为其是为弥补国家勘探资金的不足,主要用于补充国家投入的勘查的经费。参见李晓峰:《中国矿业法律制度与操作实务》,法律出版社2007年版,第67页。
③ 参见《矿产资源勘查区块登记管理办法》第12条、《矿产资源开采登记管理办法》第9条和第10条。

第五节　森林资源法

一、森林资源概述

"从生态学的角度来看,森林是一种生态系统,指有一定密度占一定面积的树木和其他木本植物为主的植物群落。"[①]森林资源则更强调森林的经济价值,即作为生产资料和劳动对象的功能。根据《森林法实施条例》第2条的规定,"森林资源,包括森林、林木、林地以及依托森林、林木、林地生存的野生动物、植物和微生物。森林,包括乔木林和竹林。林木,包括树木和竹子。林地,包括郁闭度0.2以上的乔木林地以及竹林地、灌木林地、疏林地、采伐迹地、火烧迹地、未成林造林地、苗圃地和县级以上人民政府规划的宜林地。"

我国《森林法》将森林分为五类。(1)防护林:以防护为主要目的的森林、林木和灌木丛,包括水源涵养林,水土保持林,防风固沙林,农田、牧场防护林,护岸林,护路林;(2)用材林:以生产木材为主要目的的森林和林木,包括以生产竹材为主要目的的竹林;(3)经济林:以生产果品,食用油料、饮料、调料,工业原料和药材等为主要目的的林木;(4)薪炭林:以生产燃料为主要目的的林木;(5)特种用途林:以国防、环境保护、科学实验等为主要目的的森林和林木,包括国防林、实验林、母树林、环境保护林、风景林,名胜古迹和革命纪念地的林木,自然保护区的森林。

森林资源具有以下特点:(1)生长的周期性。森林抚育成林需要经历较长的期限。一方面,生长周期长,并容易遭自然灾害和人为破坏;另一方面,森林的长周期性也决定了需要培育大量后备储蓄以保证其可持续发展。(2)可永续利用性。森林资源是可再生资源,包括自然再生和人工培育再生,只要坚持森林的生长规律性并做到"生产经营规模小于生长规模",便有可能达到永续利用的目的。(3)利用的多功能性。作为人类可以利用的资源之一,森林具有巨大的经济效益;作为生物圈重要组成部分和人类生存环境的决定性因素之一,森林还具有无可争议的生态效益。在改善人类生存环境质量方面,森林具有蓄水保土、调节气候、改善环境等重要作用。

近年来,我国持续推进森林资源保护工作。《2021年中国国土绿化状况公报》显示,2021年全国完成造林360万公顷。重点生态工程深入实施。谋划启

---

① 江伟钰、陈方林主编:《资源环境法词典》,中国法制出版社2005年版,第386页。

动 66 个林草区域性系统治理项目。完成天然林抚育 113.33 万公顷。退耕还林、退耕还草分别完成 38.08 万公顷和 2.39 万公顷。长江、珠江、沿海、太行山等重点防护林工程完成造林 34.26 万公顷。三北工程完成造林 89.59 万公顷。京津风沙源治理工程完成造林 21.25 万公顷。建设国家储备林 40.53 万公顷。

根据第九次全国森林资源清查(2014—2018)结果,全国森林面积 2.2 亿公顷,森林覆盖率 22.96%。全国活立木总蓄积 190.07 亿立方米,森林蓄积 175.60 亿立方米。我国森林资源总量继续位居世界前列,森林面积位居世界第 5 位,森林蓄积位居世界第 6 位,人工林面积继续位居世界首位。从森林资源质量来看,林地质量好的占 39.96%,主要分布在南方和东北东部;中等的占 37.84%,主要分布在中部和东北西部;差的占 22.20%,主要分布在西北、华北干旱地区和青藏高原。现有宜林地中,质量差的占 50.82%,且主要分布在干旱、半干旱地区。与第八次全国森林资源清查(2009—2013)结果相比,全国森林面积净增 1266.14 万公顷,森林覆盖率提高 1.33 个百分点,继续保持增长态势。

我国实现了 30 年来森林资源连续保持面积、蓄积量的"双增长"。但同时,我国依然是一个缺林少绿的国家,森林覆盖率低于全球 30.7%的平均水平,特别是人均森林面积不足世界人均的 1/3,人均森林蓄积量仅为世界人均的 1/6。森林资源总量相对不足、质量不高、分布不均的状况仍然存在,森林生态系统功能脆弱的状况尚未得到根本改变,生态产品短缺依然是制约中国可持续发展的突出问题。

二、我国森林资源的立法沿革与概况

同其他资源立法一样,我国森林资源立法也经历了从无到有、从零散的法律规定到完备的法律体系的过程。

1979 年 2 月 23 日,第五届全国人大常委会第六次会议通过《森林法(试行)》。这次立法为以后专门的森林资源立法做好了准备。

20 世纪 80 年代中期以后,我国加快了森林资源的立法步伐,并逐步建立起比较完备的森林资源法律体系。1984 年 9 月 20 日,第六届全国人大常委会第七次会议通过《森林法》,这是我国第一部自然资源方面的立法;1998 年 4 月 29 日,第九届全国人大常委会第二次会议对《森林法》进行了修订。1986 年 5 月 10 日,林业部发布《森林法实施细则》。1987 年 9 月 10 日,林业部发布《森林采伐更新管理办法》。1988 年 1 月 16 日,国务院发布《森林防火条例》。1989 年 12 月 18 日,国务院发布《森林病虫害防治条例》。

1994 年 1 月 22 日,林业部发布《森林公园管理办法》,对在森林公园内林木的采伐、林地征占用及破坏野生动植物资源的处罚作了规定。同年10月9日,国务院发布《自然保护区条例》,对在保护区进行砍伐、放牧、标本采集、狩猎、捕捞、采药、开垦、烧荒、开矿、采石、挖沙等活动作了规定。

2000年1月29日,国务院根据《森林法》制定并发布施行《森林法实施条例》,对森林经营管理、森林保护、植树造林、森林采伐、法律责任作出规定。

目前,我国森林资源方面的法律、法规主要有《森林法》《森林法实施条例》,以及一系列关于森林的行政规章、地方性法规和地方政府规章,例如《森林资源监督工作管理办法》《林业改革发展资金管理办法》《森林资源资产评估管理暂行规定》等。此外,我国《宪法》《刑法》等相关立法也对森林资源的开发和利用保护作出了相应的规定。

三、我国森林资源法的主要内容

(一) 森林权属制度

我国森林资源属于国家所有,由法律规定属于集体所有的除外。《宪法》第9条第1款中明确规定:"矿藏、水流、森林、山岭、草原、荒地、滩涂等自然资源,都属于国家所有,即全民所有;由法律规定属于集体所有的森林和山岭、草原、荒地、滩涂除外。"《民法典》第250条规定:"森林、山岭、草原、荒地、滩涂等自然资源,属于国家所有,但是法律规定属于集体所有的除外。"《森林法》第14条规定:"森林资源属于国家所有,由法律规定属于集体所有的除外。国家所有的森林资源的所有权由国务院代表国家行使。国务院可以授权国务院自然资源主管部门统一履行国有森林资源所有者职责。"《森林法》第15条第1款规定,林地和林地上的森林、林木的所有权、使用权,由不动产登记机构统一登记造册,核发证书。国务院确定的国家重点林区的森林、林木和林地,由国务院自然资源主管部门负责登记。

《森林法》对其他类型林木的权属作出了明确规定。第20条规定:"国有企业事业单位、机关、团体、部队营造的林木,由营造单位管护并按照国家规定支配林木收益。农村居民在房前屋后、自留地、自留山种植的林木,归个人所有。城镇居民在自有房屋的庭院内种植的林木,归个人所有。集体或者个人承包国家所有和集体所有的宜林荒山荒地荒滩营造的林木,归承包的集体或者个人所有;合同另有约定的从其约定。其他组织或者个人营造的林木,依法由营造者所有并享有林木收益;合同另有约定的从其约定。"

《森林法》还对林地、森林、林木使用权等权利的流转作出规定。国家所有的林地和林地上的森林、林木可以依法确定给林业经营者使用。林业经营者依法取得的国有林地和林地上的森林、林木的使用权,经批准可以转让、出租、作价出资等。集体所有和国家所有依法由农民集体使用的林地实行承包经营的,承包方享有林地承包经营权和承包林地上的林木所有权,合同另有约定的从其约定。承包方可以依法采取出租(转包)、入股、转让等方式流转林地经营权、林木所有权和使用权。未实行承包经营的集体林地以及林地上的林木,由农村集体经济组织统一经营。经本集体经济组织成员的村民会议2/3以上成员或者2/3以上村民代表同意并公示,可以通过招标、拍卖、公开协商等方式依法流转林地经营权、林木所有权和使用权。集体林地经营权流转应当签订书面合同。林地经营权流转合同一般包括流转双方的权利义务、流转期限、流转价款及支付方式、流转期限届满林地上的林木和固定生产设施的处置、违约责任等内容。受让方违反法律规定或者合同约定造成森林、林木、林地严重毁坏的,发包方或者承包方有权收回林地经营权。

在森林资源有偿使用制度改革方面,2016年12月29日,国务院发布《关于全民所有自然资源资产有偿使用制度改革的指导意见》。该指导意见提出:"建立国有森林资源有偿使用制度。严格执行森林资源保护政策,充分发挥森林资源在生态建设中的主体作用。国有天然林和公益林、国家公园、自然保护区、风景名胜区、森林公园、国家湿地公园、国家沙漠公园的国有林地和林木资源资产不得出让。对确需经营利用的森林资源资产,确定有偿使用的范围、期限、条件、程序和方式。对国有森林经营单位的国有林地使用权,原则上按照划拨用地方式管理。研究制定国有林区、林场改革涉及的国有林地使用权有偿使用的具体办法。推进国有林地使用权确权登记工作,切实维护国有林区、国有林场确权登记颁证成果的权威性和合法性。通过租赁、特许经营等方式积极发展森林旅游。本着尊重历史、照顾现实的原则,全面清理规范已经发生的国有森林资源流转行为。"

(二) *森林发展规划*

关于森林资源保护和林业发展在国家发展规划中的地位,《森林法》第23条规定,县级以上人民政府应当将森林资源保护和林业发展纳入国民经济和社会发展规划。《森林法》还对森林资源保护发展目标、林业发展规划以及各类专项规划作出规定。县级以上人民政府应当落实国土空间开发保护要求,合理规划森林资源保护利用结构和布局,制定森林资源保护发展目标,提高森林覆盖率、森林蓄积量,提升森林生态系统质量和稳定性。县级以上人民政府林业主管部门应当根据森林资源保护发展目标,编制林业发展规划。下级林业发展规划依据上级林业发展规划编制。县级以上人民政府林业主管部门可以结合本地实际,编制林地保护利用、造林绿化、森林经营、天然林保护等相关专项规划。此外,国家建立森林资源调查监测制度,对全国森林资源现状及变化情况进行调查、监测和评价,并定期公布。

(三) 森林保护的相关规定

国家加强森林资源保护,发挥森林蓄水保土、调节气候、改善环境、维护生物多样性和提供林产品等多种功能。

1. 公益林补偿制度

中央和地方财政分别安排资金,用于公益林的营造、抚育、保护、管理和非国有公益林权利人的经济补偿等,实行专款专用。

2. 建立自然保护地体系

国家在不同自然地带的典型森林生态地区、珍贵动物和植物生长繁殖的林区、天然热带雨林区和具有特殊保护价值的其他天然林区,建立以国家公园为主体的自然保护地体系,加强保护管理。国家支持生态脆弱地区森林资源的保护修复。县级以上人民政府应当采取措施对具有特殊价值的野生植物资源予以保护。

3. 天然林全面保护制度

国家实行天然林全面保护制度,严格限制天然林采伐,加强天然林管护能力建设,保护和修复天然林资源,逐步提高天然林生态功能。

4. 建立护林组织

地方各级人民政府应当组织有关部门建立护林组织,负责护林工作;根据实际需要建设护林设施,加强森林资源保护;督促相关组织订立护林公约、组织群众护林、划定护林责任区、配备专职或者兼职护林员。县级或者乡镇人民政府可以聘用护林员,其主要职责是巡护森林,发现火情、林业有害生物以及破坏森林资源的行为,应当及时处理并向当地林业等有关部门报告。

5. 森林防火制度

地方各级人民政府负责本行政区域的森林防火工作,发挥群防作用;县级以上人民政府组织领导应急管理、林业、公安等部门按照职责分工密切配合做好森林火灾的科学预防、扑救和处置工作:(1) 组织开展森林防火宣传活动,普及森林防火知识;(2) 划定森林防火区,规定森林防火期;(3) 设置防火设施,配备防灭火装备和物资;(4) 建立森林火灾监测预警体系,及时消除隐患;(5) 制定森林火灾应急预案,发生森林火灾,立即组织扑救;(6) 保障预防和扑救森林火灾所需费用。国家综合性消防救援队伍承担国家规定的森林火灾扑救任务和预防相关工作。

6. 林业有害生物防治制度

县级以上人民政府林业主管部门负责本行政区域的林业有害生物的监测、检疫和防治。省级以上人民政府林业主管部门负责确定林业植物及其产品的检疫性有害生物，划定疫区和保护区。重大林业有害生物灾害防治实行地方人民政府负责制。发生暴发性、危险性等重大林业有害生物灾害时，当地人民政府应当及时组织除治。林业经营者在政府支持引导下，对其经营管理范围内的林业有害生物进行防治。

7. 占有林地总量控制制度

国家保护林地，严格控制林地转为非林地，实行占用林地总量控制，确保林地保有量不减少。各类建设项目占用林地不得超过本行政区域的占用林地总量控制指标。

矿藏勘查、开采以及其他各类工程建设，应当不占或者少占林地；确需占用林地的，应当经县级以上人民政府林业主管部门审核同意，依法办理建设用地审批手续。占用林地的单位应当缴纳森林植被恢复费。县级以上人民政府林业主管部门应当按照规定安排植树造林，恢复森林植被，植树造林面积不得少于因占用林地而减少的森林植被面积。上级林业主管部门应当定期督促下级林业主管部门组织植树造林、恢复森林植被，并进行检查。

需要临时使用林地的，应当经县级以上人民政府林业主管部门批准；临时使用林地的期限一般不超过两年，并不得在临时使用的林地上修建永久性建筑物。临时使用林地期满后一年内，用地单位或者个人应当恢复植被和林业生产条件。

（四）造林绿化的相关规定

国家统筹城乡造林绿化，开展大规模国土绿化行动，绿化美化城乡，推动森林城市建设，促进乡村振兴，建设美丽家园。

各级人民政府应当组织各行各业和城乡居民造林绿化。宜林荒山荒地荒滩，属于国家所有的，由县级以上人民政府林业主管部门和其他有关主管部门组织开展造林绿化；属于集体所有的，由集体经济组织组织开展造林绿化。城市规划区内、铁路公路两侧、江河两侧、湖泊水库周围，由各有关主管部门按照有关规定因地制宜组织开展造林绿化；工矿区、工业园区、机关、学校用地，部队营区以及农场、牧场、渔场经营地区，由各该单位负责造林绿化。国家所有和集体所有的宜林荒山荒地荒滩可以由单位或者个人承包造林绿化。

国家鼓励公民通过植树造林、抚育管护、认建认养等方式参与造林绿化。

各级人民政府组织造林绿化，应当科学规划、因地制宜，优化林种、树种结构，鼓励使用乡土树种和林木良种、营造混交林，提高造林绿化质量。国家投资或者以国家投资为主的造林绿化项目,应当按照国家规定使用林木良种。

各级人民政府应当采取以自然恢复为主、自然恢复和人工修复相结合的措施,科学保护修复森林生态系统。新造幼林地和其他应当封山育林的地方,由当地人民政府组织封山育林。各级人民政府应当对国务院确定的坡耕地、严重沙化耕地、严重石漠化耕地、严重污染耕地等需要生态修复的耕地,有计划地组织实施退耕还林还草。各级人民政府应当对自然因素等导致的荒废和受损山体、退化林地以及宜林荒山荒地荒滩,因地制宜实施森林生态修复工程,恢复植被。

(五)森林经营管理的相关规定

国家根据生态保护的需要,将森林生态区位重要或者生态状况脆弱,以发挥生态效益为主要目的的林地和林地上的森林划定为公益林。未划定为公益林的林地和林地上的森林属于商品林。

1. 公益林的划定和保护

公益林由国务院和省、自治区、直辖市人民政府划定并公布。下列区域的林地和林地上的森林,应当划定为公益林:(1)重要江河源头汇水区域;(2)重要江河干流及支流两岸、饮用水水源地保护区;(3)重要湿地和重要水库周围;(4)森林和陆生野生动物类型的自然保护区;(5)荒漠化和水土流失严重地区的防风固沙林基干林带;(6)沿海防护林基干林带;(7)未开发利用的原始林地区;(8)需要划定的其他区域。公益林划定涉及非国有林地的,应当与权利人签订书面协议,并给予合理补偿。公益林进行调整的,应当经原划定机关同意,并予以公布。国家级公益林划定和管理的办法由国务院制定;地方级公益林划定和管理的办法由省、自治区、直辖市人民政府制定。

国家对公益林实施严格保护。县级以上人民政府林业主管部门应当有计划地组织公益林经营者对公益林中生态功能低下的疏林、残次林等低质低效林,采取林分改造、森林抚育等措施,提高公益林的质量和生态保护功能。在符合公益林生态区位保护要求和不影响公益林生态功能的前提下,经科学论证,可以合理利用公益林林地资源和森林景观资源,适度开展林下经济、森林旅游等。利用公益林开展上述活动应当严格遵守国家有关规定。

2. 鼓励开发商品林

国家鼓励发展下列商品林:(1)以生产木材为主要目的的森林;(2)以生产果品、油料、饮料、调料、工业原料和药材等林产品为主要目的的森林;(3)以生产燃料和其他生物质能源为主要目的的森林;(4)其他以发挥经济效益为主要目的的森林。在保障生态安全的前提下,国家鼓励建设速生丰产、珍贵树种和大径级用材林,增加林木储备,保障木材供给安全。

3. 森林经营方案

国有林业企业事业单位应当编制森林经营方案,明确森林培育和管护的经营措施,报县级以上人民政府林业主管部门批准后实施。重点林区的森林经营方案由国务院林业主管部门批准后实施。国家支持、引导其他林业经营者编制森林经营方案。

4. 森林采伐相关规定

国家严格控制森林年采伐量。省、自治区、直辖市人民政府林业主管部门根据消耗量低于生长量和森林分类经营管理的原则,编制本行政区域的年采伐限额,经征求国务院林业主管部门意见,报本级人民政府批准后公布实施,并报国务院备案。重点林区的年采伐限额,由国务院林业主管部门编制,报国务院批准后公布实施。

采伐森林、林木应当遵守下列规定:(1)公益林只能进行抚育、更新和低质低效林改造性质的采伐。但是,因科研或者实验、防治林业有害生物、建设护林防火设施、营造生物防火隔离带、遭受自然灾害等需要采伐的除外。(2)商品林应当根据不同情况,采取不同采伐方式,严格控制皆伐面积,伐育同步规划实施。(3)自然保护区的林木,禁止采伐。但是,因防治林业有害生物、森林防火、维护主要保护对象生存环境、遭受自然灾害等特殊情况必须采伐的和实验区的竹林除外。省级以上人民政府林业主管部门应当根据上述规定,按照森林分类经营管理、保护优先、注重效率和效益等原则,制定相应的林木采伐技术规程。

采伐林地上的林木应当申请采伐许可证,并按照采伐许可证的规定进行采伐;采伐自然保护区以外的竹林,不需要申请采伐许可证,但应当符合林木采伐技术规程。农村居民采伐自留地和房前屋后个人所有的零星林木,不需要申请采伐许可证。非林地上的农田防护林、防风固沙林、护路林、护岸护堤林和城镇林木等的更新采伐,由有关主管部门按照有关规定管理。采挖移植林木按照采伐林木管理。禁止伪造、变造、买卖、租借采伐许可证。有下列情形之一的,不得核发采伐许可证:(1)采伐封山育林期、封山育林区内的林木;(2)上年度采伐后未按照规定完成更新造林任务;(3)上年度发生重大滥伐案件、森林火灾或者林业有害生物灾害,未采取预防和改进措施;(4)法律法规和国务院林业主管部门规定的禁止采伐的其他情形。

采伐林木的组织和个人应当按照有关规定完成更新造林。更新造林的面积不得少于采伐的面积,更新造林应当达到相关技术规程规定的标准。

5. 林业信贷和森林保险

国家通过贴息、林权收储担保补助等措施,鼓励和引导金融机构开展涉林抵押贷款、林农信用贷款等符合林业特点的信贷业务,扶持林权收储机构进行市场化收储担保。

国家支持发展森林保险。县级以上人民政府依法对森林保险提供保险费补贴。

第六节 草 原 法

一、草原和草原资源概述

草原,"是以中温、旱生或半旱生的密丛禾草为主的植物和相应的动物等构成的一个地带性的生态系统"[①]。我国《草原法》所指的草原,是指天然草原和人工草地。天然草原包括草地、草山和草坡,人工草地包括改良草地和退耕还草地,不包括城镇草地。

草原和森林类似,同样具有多种重要的生态和社会发展功能。草原的生态功能表现在:(1)维持生物多样性的生态功能。草原自身就是一个完整的生态系统,生态多样性的价值不可估量。(2)涵养水资源的功能。草地同湿地一样,是一个天然的蓄水库,接纳大量的降水,涵养地下水,防止水土流失,对全球水循环具有积极意义。(3)保护野生动植物。草地是野生动物保护和发展的栖息地,草原动植物的经济效益也十分可观。(4)生态调节的功能。草地对空气中的二氧化碳、氮、氧的气体平衡起着重要的调节作用,草地释放出大量氧气,吸收大量二氧化碳,有助于消除人口密集的城市地区产生的二氧化碳。草地的经济价值表现在:(1)旅游资源的功能。草原特有的民族特色是宝贵的旅游资源,旅游业的发展潜力极大。(2)畜牧业饲草基地的功能。这是草地最为重要的经济功能。

我国草原资源丰富,是世界上草原面积较大的国家之一。我国草原面积为3.928亿公顷,约占全球草原面积的12%。草原是我国国土的主体,占国土面积的40.9%,是耕地面积的2.91倍、森林面积的1.89倍,是耕地与森林面积之和的1.15倍。我国稳步推进草原保护工作,草原保护取得较大进展。《2021年中国国土绿化状况公报》显示,2021年全国种草改良草原306.67万公顷,退耕还草完成2.39万公顷,开展草原生态修复156.26万公顷。2011年开始,我国在内蒙古、新疆、西藏、青海等13省份657个县、旗(团场、农场)实施草原生态保护

---

① 江伟钰、陈方林主编:《资源环境法词典》,中国法制出版社2005年版,第22页。

补助奖励政策。草原生态保护补助奖励政策实施十年来,国家累计投入资金超1500亿元,1200多万户农牧民受益,草原生态持续恢复,生物多样性明显增加。监测结果显示,全国草原综合植被盖度从 2011 年的 51% 提高到 2020 年的 56.1%,鲜草产量达 11 亿吨。

二、我国草原资源的立法沿革与概况

我国草原资源立法发展相对来说比较缓慢。1979 年《环境保护法(试行)》第 14 条作出了"保护和发展牧草资源。积极规划和进行草原建设,合理放牧,保护和改善草原的再生能力,防止草原退化,严禁滥垦草原,防止草原火灾"的纲领性规定。但是,一直没有出台专门的草原保护立法。

1985 年,全国人大常委会通过了《草原法》。这是我国第一部关于草原保护的专门法。2002 年 12 月 28 日,第九届全国人大常委会第三十一次会议对《草原法》进行了修订;2009 年 8 月 27 日、2013 年 6 月 29 日、2021 年 4 月 29 日分别进行了三次修正。

除此之外,1993 年 10 月 5 日,国务院发布了《草原防火条例》。近年来,国务院还针对草原野生草药保护等问题发布了一系列的法规及规范性文件。

目前,我国草原资源方面的立法主要是《草原法》。此外,还有一些行政规章和地方性法规、地方政府规章对草原防火、草原开垦、草原利用规划作出了细致的规定。

三、我国草原资源法的主要内容

(一)草原资源权属制度

草原资源权属制度是草原资源管理和保护的基础,明确草原使用的"责、权、利"关系,有利于合理配置草原资源、提高草原资源的利用效率、维持草原的可持续利用。草原资源的所有权和使用权实行登记制度。依法登记的草原所有权和使用权受法律保护,任何单位或者个人不得侵犯。

1. 草原资源所有权

我国草原属于国家所有,由法律规定属于集体所有的除外。《宪法》第 9 条第 1 款明确规定:"矿藏、水流、森林、山岭、草原、荒地、滩涂等自然资源,都属于国家所有,即全民所有;由法律规定属于集体所有的森林和山岭、草原、荒地、滩涂除外。"《民法典》第 250 条规定:"森林、山岭、草原、荒地、滩涂等自然资源,属于国家所有,但是法律规定属于集体所有的除外。"《草原法》第 9 条第 1 款规定:"草原属于国家所有,由法律规定属于集体所有的除外。国家所有的草原,由国

务院代表国家行使所有权。"集体所有的草原,由县级人民政府登记,核发所有权证,确认草原所有权。任何单位和个人不得侵占、买卖或者以其他形式非法转让草原。依法改变草原权属的,应当办理草原权属变更登记手续。

2. 草原资源使用权

国家所有的草原,可以依法确定给全民所有制单位、集体经济组织等使用。依法确定给全民所有制单位、集体经济组织等使用的国家所有的草原,由县级以上人民政府登记,核发使用权证,确认草原使用权。未确定使用权的国家所有的草原,由县级以上人民政府登记造册,并负责保护管理。

集体所有的草原或者依法确定给集体经济组织使用的国家所有的草原,可以由本集体经济组织内的家庭或者联户承包经营。承包经营草原,发包方和承包方应当签订书面合同。草原承包合同的内容应当包括双方的权利和义务、承包草原四至界限、面积和等级、承包期和起止日期、承包草原用途和违约责任等。承包期届满,原承包经营者在同等条件下享有优先承包权。承包经营草原的单位和个人,应当履行保护、建设和按照承包合同约定的用途合理利用草原的义务。草原承包经营权受法律保护,可以按照自愿、有偿的原则依法转让。

在草原资源使用权制度改革方面,2016年12月29日,国务院发布《关于全民所有自然资源资产有偿使用制度改革的指导意见》。该指导意见提出:"建立国有草原资源有偿使用制度。依法依规严格保护草原生态,健全基本草原保护制度,任何单位和个人不得擅自征用、占用基本草原或改变其用途,严控建设占用和非牧使用。全民所有制单位改制涉及的国有划拨草原使用权,按照国有农用地改革政策实行有偿使用。稳定和完善国有草原承包经营制度,规范国有草原承包经营权流转。对已确定给农村集体经济组织使用的国有草原,继续依照现有土地承包经营方式落实国有草原承包经营权。国有草原承包经营权向农村集体经济组织以外单位和个人流转的,应按有关规定实行有偿使用。加快推进国有草原确权登记颁证工作。"

(二)草原资源监督管理体制

国务院草原行政主管部门主管全国草原监督管理工作。县级以上地方人民政府草原行政主管部门主管本行政区域内草原监督管理工作。乡(镇)人民政府应当加强对本行政区域内草原保护、建设和利用情况的监督检查,根据需要可以设专职或者兼职人员负责具体监督检查工作。

(三)草原规划制度

国家对草原保护、建设、利用实行统一规划制度。国务院草原行政主管部门会同国务院有关部门编制全国草原保护、建设、利用规划,报国务院批准后实施。

县级以上地方人民政府草原行政主管部门会同同级有关部门依据上一级草原保护、建设、利用规划编制本行政区域的草原保护、建设、利用规划,报本级人民政府批准后实施。经批准的草原保护、建设、利用规划确需调整或者修改时,须经原批准机关批准。

编制草原保护、建设、利用规划,应当依据国民经济和社会发展规划并遵循下列原则:(1)改善生态环境,维护生物多样性,促进草原的可持续利用;(2)以现有草原为基础,因地制宜,统筹规划,分类指导;(3)保护为主、加强建设、分批改良、合理利用;(4)生态效益、经济效益、社会效益相结合。

草原保护、建设、利用规划应当包括:草原保护、建设、利用的目标和措施,草原功能分区和各项建设的总体部署,各项专业规划等。

草原保护、建设、利用规划应当与土地利用总体规划相衔接,与环境保护规划、水土保持规划、防沙治沙规划、水资源规划、林业长远规划、城市总体规划、村庄和集镇规划以及其他有关规划相协调。

草原保护、建设、利用规划一经批准,必须严格执行。

为了保证草原规划制度的顺利实施,《草原法》还规定了相关的配套制度,这些制度有草原调查制度、草原统计制度、草原生产、生态监测预警系统。

草原调查制度是一项重要的草原管理制度。县级以上人民政府草原行政主管部门会同同级有关部门定期进行草原调查;草原所有者或者使用者应当支持、配合调查,并提供有关资料。

草原统计资料是各级人民政府编制草原保护、建设、利用规划的依据。县级以上人民政府草原行政主管部门和同级统计部门共同制定草原统计调查办法,依法对草原的面积、等级、产草量、载畜量等进行统计,定期发布草原统计资料。

县级以上人民政府草原行政主管部门对草原的面积、等级、植被构成、生产能力、自然灾害、生物灾害等草原基本状况实行动态监测,及时为本级政府和有关部门提供动态监测和预警信息服务。

(四)草原资源建设的相关规定

草原资源是一种可以人工培育的可再生资源,因此,只要将建设和养护相结合,就可以达到可持续利用的目的。草原资源建设是保护草原资源的重要途径。草原建设,最为重要的是政府要进行一定的扶持和帮助。

县级以上人民政府应当增加草原建设的投入,支持草原建设。国家鼓励单位和个人投资建设草原,按照"谁投资,谁受益"的原则保护草原投资建设者的合法权益。国家鼓励与支持人工草地建设、天然草原改良和饲草饲料基地建设,稳定和提高草原生产能力。

县级以上人民政府应当支持、鼓励和引导农牧民开展草原围栏、饲草饲料储备、牲畜圈舍、牧民定居点等生产生活设施的建设。县级以上地方人民政府应当支持草原水利设施建设,发展草原节水灌溉,改善人畜饮水条件。

县级以上人民政府应当按照草原保护、建设、利用规划加强草种基地建设,鼓励选育、引进、推广优良草品种。县级以上人民政府应当根据草原保护、建设、利用规划,在本级国民经济和社会发展计划中安排资金用于草原改良、人工种草和草种生产,任何单位或者个人不得截留、挪用;县级以上人民政府财政部门和审计部门应当加强监督管理。县级以上人民政府草原行政主管部门应当依法加强对草种生产、加工、检疫、检验的监督管理,保证草种质量。

县级以上人民政府应当有计划地进行火情监测、防火物资储备、防火隔离带等草原防火设施的建设,确保防火需要。

对退化、沙化、盐碱化、石漠化和水土流失的草原,地方各级人民政府应当按照草原保护、建设、利用规划,划定治理区,组织专项治理。

(五) 草原资源保护的相关规定

1. 草原资源保护的主要规定

草原资源的保护也是实现草原资源可持续利用的重要途径。草原资源保护主要有基本草原保护、建立草原自然保护区、草畜平衡、禁牧休牧几项制度。

国家实行基本草原保护制度。下列草原应当划为基本草原,实施严格管理:(1)重要放牧场;(2)割草地;(3)用于畜牧业生产的人工草地、退耕还草地以及改良草地、草种基地;(4)对调节气候、涵养水源、保持水土、防风固沙具有特殊作用的草原;(5)作为国家重点保护野生动植物生存环境的草原;(6)草原科研、教学试验基地;(7)国务院规定应当划为基本草原的其他草原。

国务院草原行政主管部门或者省、自治区、直辖市人民政府可以按照自然保护区管理的有关规定在下列地区建立草原自然保护区:(1)具有代表性的草原类型;(2)珍稀濒危野生动植物分布区;(3)具有重要生态功能和经济科研价值的草原。

县级以上人民政府应当依法加强对草原珍稀濒危野生植物和种质资源的保护、管理。

国家对草原实行以草定畜、草畜平衡制度。县级以上地方人民政府草原行政主管部门应当按照国务院草原行政主管部门制定的草原载畜量标准,结合当地实际情况,定期核定草原载畜量。各级人民政府应当采取有效措施,防止超载过牧。

国家支持依法实行退耕还草和禁牧、休牧。对严重退化、沙化、盐碱化、石漠化的草原和生态脆弱区的草原,实行禁牧、休牧制度。对在国务院批准规划范围内实施退耕还草的农牧民,按照国家规定给予粮食、现金、草种费补助。退耕还草完成后,由县级以上人民政府草原行政主管部门核实登记,依法履行土地用途变更手续,发放草原权属证书。

2. 草原资源保护的其他规定

除上述主要规定之外,我国《草原法》还对草原开垦、草原防火、草原病虫害防治等问题作出了规定。

禁止开垦草原。对水土流失严重、有沙化趋势、需要改善生态环境的已垦草原,应当有计划、有步骤地退耕还草;已造成沙化、盐碱化、石漠化的,应当限期治理。

禁止在荒漠、半荒漠和严重退化、沙化、盐碱化、石漠化、水土流失的草原以及生态脆弱区的草原上采挖植物和从事破坏草原植被的其他活动。

草原防火工作贯彻预防为主、防消结合的方针。各级人民政府应当建立草原防火责任制,规定草原防火期,制定草原防火扑火预案,切实做好草原火灾的预防和扑救工作。

县级以上地方人民政府应当做好草原鼠害、病虫害和毒害草防治的组织管理工作。县级以上地方人民政府草原行政主管部门应当采取措施,加强草原鼠害、病虫害和毒害草监测预警、调查以及防治工作,组织研究和推广综合防治的办法。禁止在草原上使用剧毒、高残留以及可能导致二次中毒的农药。

3. 第三人使用草原的相关规定

《草原法》还专门针对第三人使用草原开采矿产资源、进行旅游开发等活动进行了规定。

在草原上从事采土、采砂、采石等作业活动,应当报县级人民政府草原行政主管部门批准;开采矿产资源的,并应当依法办理有关手续。经批准在草原上从事上述所列活动的,应当在规定的时间、区域内,按照准许的采挖方式作业,并采取保护草原植被的措施。在他人使用的草原上从事上述活动的,还应当事先征得草原使用者的同意。

在草原上开展经营性旅游活动,应当符合有关草原保护、建设、利用规划,并不得侵犯草原所有者、使用者和承包经营者的合法权益,不得破坏草原植被。

除抢险救灾和牧民搬迁的机动车辆外,禁止机动车辆离开道路在草原上行驶,破坏草原植被;因从事地质勘探、科学考察等活动确需离开道路在草原上行驶的,应当事先向所在地县级人民政府草原行政主管部门提交行驶区域和行驶路线,并按照报告的行驶区域和行驶路线在草原上行驶。

第七节 野生动植物资源法

一、野生动植物资源概述

野生动物和野生植物(包括海洋生物资源)都属于特殊的生物资源。野生动物指生存于自然状态下,非人工驯养的各种哺乳动物、鸟类、爬行动物、两栖动物、鱼类、软体动物、昆虫动物及其他动物。野生动物资源则是指除人工饲养的家禽、家畜外的一切对人类有用的野生动物的总和。野生动物资源是可以再生的自然资源,只要合理开发,注意保护,就可以永续利用。野生动物可分为四类:(1)珍贵的、稀有的、濒于绝灭的野生动物,如大熊猫、虎等;(2)有益野生动物,指那些有益于农、林、牧业及卫生、保健事业的野生动物,如食肉鸟类、蛙类、益虫、益兽等;(3)经济价值较高的野生动物,指那些可作为渔业、狩猎业的野生动物;(4)有害野生动物,如害鼠及各种带菌动物等。我国《野生动物保护法》所称的野生动物,是指珍贵、濒危的陆生、水生野生动物和有重要生态、科学、社会价值的陆生野生动物。

野生植物是指在自然状态下生长且无法证明为人工栽培的植物,可分为藻类、菌类、地衣、苔藓、蕨类和种子植物。它是自然界能量转化和物质循环的重要环节,是重要的环境要素之一。我国《野生植物保护条例》所称野生植物,是指原生地天然生长的珍贵植物和原生地天然生长并具有重要经济、科学研究、文化价值的濒危、稀有植物;药用野生植物和城市园林、自然保护区、风景名胜区内的野生植物的保护,同时适用有关的法律、行政法规。

我国是世界上生物多样性最丰富的国家之一,已记录陆生脊椎动物2900多种,占全球种类总数的10%以上;有高等植物3.6万余种,居全球第三。近年来,我国全面加强生物多样性保护工作,积极实施野生动植物保护,开展珍稀濒危物种和极小种群野生植物保护拯救行动。经过60多年的努力,我国许多濒危野生动植物种群稳中有升,生存状况不断改善。大熊猫从20世纪七八十年代的1114只增加到1864只;极度濒危的海南长臂猿,从低谷时的七至九只增长到了33只,第五个家庭群正在形成;朱鹮从发现时的7只,恢复到5000余只;藏羚羊从几万只恢复到目前的30多万只;白头叶猴从80年代的300余只恢复到1300多只;白鹤由210只增加到4500余只。同时,我国野生植物保护也取得了丰硕成果,通过扩繁和迁地保护,目前已向野外回归了 206 种濒危植物,其中 112 种为中国特有种。我国还建立了约 200 处植物园,系统地收集保存了兰科植物、苏铁、木兰等濒危植物种质资源。普陀鹅耳枥、华盖木、峨眉含笑等一些极小种群野生植物,初步摆脱了灭绝风险。[1]

二、我国野生动植物资源的立法沿革与概况

由于野生动物和野生植物具有不同的特点,其保护的难度也有差异,因此,我国并没有统一的野生生物资源保护立法,而是对于野生动物和野生植物的保护进行分别立法。这与国际环境法上的《生物多样性公约》《濒危野生动植物物种国际贸易公约》将动植物统一列为生物资源的方法相区别。

我国第一次针对动植物资源保护的立法是在 1950 年,我国政府发布了《关于稀有生物保护办法》。进入改革开放的新时期,1979 年《环境保护法(试行)》首次把"保护、发展和合理利用野生动物、野生植物资源","对于珍贵和稀有的野生动物、野生植物,严禁捕猎、采伐"列为法律规定。

随后,国家颁布了一系列关于野生动植物保护的法律、法规、规章。在野生动物保护方面,1979 年国务院发布《水产资源繁殖保护条例》,1988 年全国人大常委会通过《野生动物保护法》,1992 年林业部发布《陆生野生动物保护实施条例》,1993 年农业部发布《水生野生动物保护实施条例》。在野生植物保护方面,1996 年国务院发布的《野生植物保护条例》是植物保护最为重要的法规。

目前,我国关于野生动物资源的法律、法规、规章主要有:《野生动物保护法》《陆生野生动物保护实施条例》《水生野生动物保护实施条例》《国家重点保护野生动物驯养繁殖许可证管理办法》《陆生野生动物资源保护管理费收费办法》《野生动物收容救护管理办法》《野生动物及其制品价值评估方法》《水生野生动物及其制品价值评估办法》《水生野生动物利用特许办法》《引进陆生野生动物外来物种种类及数量审批管理办法》《陆生野生动物疫源疫病监测防控管理办法》等。我国关于野生植物资源的法规、规章主要有:《野生植物保护条例》《植物新品种保护条例》《野生药材资源保护管理条例》《农业野生植物保护办法》等,其他相关的法律如《森林法》《草原法》也对野生植物的保护作出了相关规定。

2020 年 2 月 24 日,第十三届全国人大常委会第十六次会议通过《关于全面

---

[1] 参见《强化生物多样性保护 我国野生动植物种群持续恢复》,http://www.forestry.gov.cn/main/58/20210609/163002041935142.html,2022 年 3 月 14 日访问。

禁止非法野生动物交易、革除滥食野生动物陋习、切实保障人民群众生命健康安全的决定》。从法律性质上来看，这并不是一般的政策性文件，而是"有关法律问题的决定"，属于法律文本。[①] 其重要内容在于规定全面禁止食用野生动物，严厉打击非法野生动物交易。2018 年修正的《野生动物保护法》重在对野生动物的保护，禁食的法律规范仅限于使用国家重点保护野生动物及其制品制作的食品，或者使用没有合法来源证明的非国家重点保护野生动物及其制品制作的食品。而对于"有重要生态、科学、社会价值的陆生野生动物"和其他非保护类陆生野生动物是否禁止食用，法律没有作出明确规定。上述决定在《野生动物保护法》的基础上，以全面禁止食用野生动物为导向，扩大法律调整范围，确立了全面禁止食用野生动物的制度，从源头上防范和控制重大公共卫生安全风险。第一，强调凡《野生动物保护法》和其他有关法律明确禁止食用野生动物的，必须严格禁止。第二，全面禁止食用国家保护的"有重要生态、科学、社会价值的陆生野生动物"以及其他陆生野生动物，包括人工繁育、人工饲养的陆生野生动物。第三，对违反现行法律规定的，在现行法律基础上加重处罚；对上述决定中增加的违法行为，参照适用现行法律有关规定处罚，以体现更加严格的管理和严厉打击。

此外，我国还加入或签订了一些相关的国际公约和协定，例如，《濒危野生动植物种国际贸易公约》《关于特别是作为水禽栖息地的国际重要湿地公约》《生物多样性公约》《中华人民共和国政府和日本国政府保护候鸟及其栖息环境的协定》《中华人民共和国政府和澳大利亚政府保护候鸟及其栖息环境的协定》等。各地方根据本地的实际，也制定了野生动物和管理的地方性法规或规章，这些都是我国野生动植物保护和管理工作的重要依据。

三、我国野生动物资源保护的主要内容

（一）野生动物权属的相关规定

《民法典》第 251 条规定："法律规定属于国家所有的野生动植物资源，属于国家所有。"《野生动物保护法》第 3 条第 1 款规定："野生动物资源属于国家所有。"因此，国家应该承担起保护和管理野生动物资源的责任。同时，禁止任何组织或个人侵占、哄抢、私分、截留和破坏野生动物资源。

（二）野生动物资源管理体制

目前野生动物资源管理体制是根据野生动物的不同分类，实行多部门分别

---

① 参见曹炜：《野生动物禁食立法的法理省思和立法建议》，载《武汉大学学报（哲学社会科学版）》2021 年第 6 期。

管理。按照法律的规定,国务院林业草原、渔业行政主管部门分别主管全国陆生、水生野生动物管理工作。县级以上地方人民政府林业草原、渔业主管部门分别主管本行政区域内陆生、水生野生动物保护工作。

此外,法律还对各级政府保护野生动物资源的职责作出了规定。县级以上人民政府应当制定野生动物及其栖息地相关保护规划和措施,并将野生动物保护经费纳入预算。各级人民政府应当加强野生动物保护的宣传教育和科学知识普及工作,鼓励和支持基层群众性自治组织、社会组织、企业事业单位、志愿者开展野生动物保护法律法规和保护知识的宣传活动。

(三)野生动物保护的相关规定

野生动物保护主要包括划分野生动物保护级别、建立野生动物自然保护区、野生动物监测、救护等。

1. 野生动物分类分级保护

国家对野生动物实行分类分级保护。

国家对珍贵、濒危的野生动物实行重点保护。国家重点保护的野生动物分为一级保护野生动物和二级保护野生动物。国家重点保护野生动物名录,由国务院野生动物保护主管部门组织科学评估后制定,并每五年根据评估情况确定对名录进行调整。国家重点保护野生动物名录报国务院批准公布。

地方重点保护野生动物,是指国家重点保护野生动物以外,由省、自治区、直辖市重点保护的野生动物。地方重点保护野生动物名录,由省、自治区、直辖市人民政府组织科学评估后制定、调整并公布。

有重要生态、科学、社会价值的陆生野生动物名录,由国务院野生动物保护主管部门组织科学评估后制定、调整并公布。

2. 野生动物栖息地保护

县级以上人民政府野生动物保护主管部门,应当定期组织或者委托有关科学研究机构对野生动物及其栖息地状况进行调查、监测和评估,建立健全野生动物及其栖息地档案。对野生动物及其栖息地状况的调查、监测和评估应当包括下列内容:(1)野生动物野外分布区域、种群数量及结构;(2)野生动物栖息地的面积、生态状况;(3)野生动物及其栖息地的主要威胁因素;(4)野生动物人工繁育情况等其他需要调查、监测和评估的内容。

国务院野生动物保护主管部门应当会同国务院有关部门,根据野生动物及其栖息地状况的调查、监测和评估结果,确定并发布野生动物重要栖息地名录。省级以上人民政府依法划定相关自然保护区域,保护野生动物及其重要栖息地,保护、恢复和改善野生动物生存环境。对不具备划定相关自然保护区域条件的,县级以上人民政府可以采取划定禁猎(渔)区、规定禁猎(渔)期等其他形式予以保护。相关自然保护区域,依照有关法律法规的规定划定和管理。

禁止或者限制在相关自然保护区域内引入外来物种、营造单一纯林、过量施洒农药等人为干扰、威胁野生动物生息繁衍的行为。

3. 其他制度和规定

对野生动物进行监测,是保证及时对野生动物进行保护和救护的前提。因此,法律规定,各级野生动物保护主管部门应当监视、监测环境对野生动物的影响。由于环境影响对野生动物造成危害时,野生动物保护主管部门应当会同有关部门进行调查处理。

建设项目往往会对环境产生重大的影响,尤其是野生动物所生存的生态环境往往比较脆弱。因此,法律规定,县级以上人民政府及其有关部门在编制有关开发利用规划时,应当充分考虑野生动物及其栖息地保护的需要,分析、预测和评估规划实施可能对野生动物及其栖息地保护产生的整体影响,避免或者减少规划实施可能造成的不利后果。禁止在相关自然保护区域建设法律法规规定不得建设的项目。机场、铁路、公路、水利水电、围堰、围填海等建设项目的选址选线,应当避让相关自然保护区域、野生动物迁徙洄游通道;无法避让的,应当采取修建野生动物通道、过鱼设施等措施,消除或者减少对野生动物的不利影响。建设项目可能对相关自然保护区域、野生动物迁徙洄游通道产生影响的,环境影响评价文件的审批部门在审批环境影响评价文件时,涉及国家重点保护野生动物的,应当征求国务院野生动物保护主管部门意见;涉及地方重点保护野生动物的,应当征求省、自治区、直辖市人民政府野生动物保护主管部门意见。

尽管对野生动物的管理和保护应该坚持不干涉自然规律的原则,但是野生动物资源具有珍稀性,因此,《野生动物保护法》规定,国家或者地方重点保护野生动物受到自然灾害、重大环境污染事故等突发事件威胁时,当地人民政府应当及时采取应急救助措施。县级以上人民政府野生动物保护主管部门应当按照国家有关规定组织开展野生动物收容救护工作。

随着野生动物保护力度的加强,一些野生动物种群数量不断增加。野生动物与人争夺生存空间、争夺食物的事件有所增加,所造成的经济损失越来越重。确立有效协调人与野生动物矛盾的野生动物损害补偿制度,在保护野生动物的同时有效保护群众的合法权益,是野生动物保护事业可持续发展的一项根本举措。《野生动物保护法》规定,有关地方人民政府应当采取措施,预防、控制野生动物可能造成的危害,保障人畜安全和农业、林业生产。因保护法律规定保护的野生动物,造成人员伤亡、农作物或者其他财产损失的,由当地人民政府给予补偿。有关地方人民政府可以推动保险机构开展野生动物致害赔偿保险业务。有关地方人民政府采取预防、控制国家重点保护野生动物造成危害的措施以及实行补偿所需经费,由中央财政按照国家有关规定予以补助。

(四)野生动物管理

野生动物管理和野生动物保护的区别在于,前者仅针对国家重点保护的野生动物,而后者则针对所有的野生动物资源。因此,野生动物管理更加具有广泛性和普适性。野生动物管理主要包括对野生动物的捕猎、驯养繁殖、经营利用、运输以及进出口的规定。此外,《陆生野生动物保护实施条例》还对外来野生动物的管理以及涉外管理作出了规定。

1. 野生动物猎捕、狩猎管理

法律规定,猎捕国家重点保护野生动物实行特许猎捕证制度。《野生动物保护法》第21条规定:"禁止猎捕、杀害国家重点保护野生动物。因科学研究、种群调控、疫源疫病监测或者其他特殊情况,需要猎捕国家一级保护野生动物的,应当向国务院野生动物保护主管部门申请特许猎捕证;需要猎捕国家二级保护野生动物的,应当向省、自治区、直辖市人民政府野生动物保护主管部门申请特许猎捕证。"根据《陆生野生动物保护实施条例》第11条的规定,这里的特殊情况是指:(1)为进行野生动物科学考察、资源调查,必须猎捕的;(2)为驯养繁殖国家重点保护野生动物、必须从野外获取种源的;(3)为承担省级以上科学研究项目或者国家医药生产任务,必须从野外获取国家重点保护野生动物的;(4)为宣传、普及野生动物知识或者教学、展览的需要,必须从野外获取国家重点保护野生动物的;(5)因国事活动的需要,必须从野外获取国家重点保护野生动物的;(6)为调控国家重点保护野生动物种群数量和结构,经科学论证必须猎捕的;(7)因其他特殊情况,必须捕捉、猎捕国家重点保护野生动物的。

有下列情形之一的,不予发放特许猎捕证:(1)申请猎捕者有条件以合法的非猎捕方式获得国家重点保护野生动物的种源、产品或者达到所需目的的;(2)猎捕申请不符合国家有关规定或者申请使用的猎捕工具、方法以及猎捕时间、地点不当的;(3)根据野生动物资源现状不宜捕捉、猎捕的。

法律规定,猎捕非国家重点保护野生动物实行狩猎证制度。《野生动物保护法》第22条规定:"猎捕非国家重点保护野生动物的,应当依法取得县级以上地方人民政府野生动物保护主管部门核发的狩猎证,并且服从猎捕量限额管理。"狩猎证由省、自治区、直辖市人民政府林业行政主管部门按照国务院林业草原行政主管部门的规定印制,县级以上地方人民政府野生动物行政主管部门或者其授权的单位核发。狩猎证每年验证一次。

此外,《野生动物保护法》第 23 条还规定:"猎捕者应当按照特许猎捕证、狩猎证规定的种类、数量、地点、工具、方法和期限进行猎捕。持枪猎捕的,应当依法取得公安机关核发的持枪证。"

2. 野生动物人工繁育

国家支持有关科学研究机构因物种保护目的人工繁育国家重点保护野生动物。前述规定以外的人工繁育国家重点保护野生动物实行许可制度。人工繁育国家重点保护野生动物的,应当经省、自治区、直辖市人民政府野生动物保护主管部门批准,取得人工繁育许可证,但国务院对批准机关另有规定的除外。

人工繁育国家重点保护野生动物应当有利于物种保护及其科学研究,不得破坏野外种群资源,并根据野生动物习性确保其具有必要的活动空间和生息繁衍、卫生健康条件,具备与其繁育目的、种类、发展规模相适应的场所、设施、技术,符合有关技术标准和防疫要求,不得虐待野生动物。省级以上人民政府野生动物保护主管部门可以根据保护国家重点保护野生动物的需要,组织开展国家重点保护野生动物放归野外环境工作。

3. 野生动物经营利用

在野生动物经营利用方面,《野生动物保护法》的总体方向是限制和约束利用,强化"保护"、淡化"利用",对野生动物经营利用进行了细致的限制性规定。

《野生动物保护法》第 27 条规定:"禁止出售、购买、利用国家重点保护野生动物及其制品。因科学研究、人工繁育、公众展示展演、文物保护或者其他特殊情况,需要出售、购买、利用国家重点保护野生动物及其制品的,应当经省、自治区、直辖市人民政府野生动物保护主管部门批准,并按照规定取得和使用专用标识,保证可追溯,但国务院对批准机关另有规定的除外。实行国家重点保护野生动物及其制品专用标识的范围和管理办法,由国务院野生动物保护主管部门规定。出售、利用非国家重点保护野生动物的,应当提供狩猎、进出口等合法来源证明。出售本条第二款、第四款规定的野生动物的,还应当依法附有检疫证明。"

《野生动物保护法》第 28 条规定:"对人工繁育技术成熟稳定的国家重点保护野生动物,经科学论证,纳入国务院野生动物保护主管部门制定的人工繁育国家重点保护野生动物名录。对列入名录的野生动物及其制品,可以凭人工繁育许可证,按照省、自治区、直辖市人民政府野生动物保护主管部门核验的年度生产数量直接取得专用标识,凭专用标识出售和利用,保证可追溯。对本法第十条规定的国家重点保护野生动物名录进行调整时,根据有关野外种群保护情况,可以对前款规定的有关人工繁育技术成熟稳定野生动物的人工种群,不再列入国家重点保护野生动物名录,实行与野外种群不同的管理措施,但应当依照本法第二十五条第二款和本条第一款的规定取得人工繁育许可证和专用标识。"

除了上述规定之外,《野生动物保护法》还规定,利用野生动物及其制品的,应当以人工繁育种群为主,有利于野外种群养护,符合生态文明建设的要求,尊重社会公德,遵守法律法规和国家有关规定。野生动物及其制品作为药品经营和利用的,还应当遵守有关药品管理的法律法规。禁止生产、经营使用国家重点保护野生动物及其制品制作的食品,或者使用没有合法来源证明的非国家重点保护野生动物及其制品制作的食品。禁止为出售、购买、利用野生动物或者禁止使用的猎捕工具发布广告。禁止为违法出售、购买、利用野生动物制品发布广告。禁止为食用非法购买国家重点保护的野生动物及其制品。禁止网络交易平台、商品交易市场等交易场所,为违法出售、购买、利用野生动物及其制品或者禁止使用的猎捕工具提供交易服务。

4. 野生动物禁食

滥捕滥食野生动物不仅会破坏野生动物资源,而且会增加人畜共患疾病的传播风险。《野生动物保护法》第 30 条规定:"禁止生产、经营使用国家重点保护野生动物及其制品制作的食品,或者使用没有合法来源证明的非国家重点保护野生动物及其制品制作的食品。禁止为食用非法购买国家重点保护的野生动物及其制品。"

《关于全面禁止非法野生动物交易、革除滥食野生动物陋习、切实保障人民群众生命健康安全的决定》进一步规定,全面禁止食用国家保护的"有重要生态、科学、社会价值的陆生野生动物"以及其他陆生野生动物,包括人工繁育、人工饲养的陆生野生动物;全面禁止以食用为目的的猎捕、交易、运输在野外环境自然生长繁殖的陆生野生动物。

5. 野生动物运输

运输、携带、寄递野生动物及其制品出县境应当持有或附有相关证明。《野生动物保护法》第 33 条第 1 款规定:"运输、携带、寄递国家重点保护野生动物及其制品、本法第二十八条第二款规定的野生动物及其制品出县境的,应当持有或者附有本法第二十一条、第二十五条、第二十七条或者第二十八条规定的许可证、批准文件的副本或专用标识,以及检疫证明。运输非国家重点保护野生动物出县境的,应当持有狩猎、进出口等合法来源证明,以及检疫证明。"

6. 野生动物放生

将野生动物放生至野外环境需要符合一定要求。《野生动物保护法》第 38

条规定:"任何组织和个人将野生动物放生至野外环境,应当选择适合放生地野外生存的当地物种,不得干扰当地居民的正常生活、生产,避免对生态系统造成危害。随意放生野生动物,造成他人人身、财产损害或者危害生态系统的,依法承担法律责任。"

7. 野生动物进出口

《野生动物保护法》第 35 条规定:"中华人民共和国缔结或者参加的国际公约禁止或者限制贸易的野生动物或者其制品名录,由国家濒危物种进出口管理机构制定、调整并公布。进出口列入前款名录的野生动物或者其制品的,出口国家重点保护野生动物或者其制品的,应当经国务院野生动物保护主管部门或者国务院批准,并取得国家濒危物种进出口管理机构核发的允许进出口证明书。海关依法实施进出境检疫,凭允许进出口证明书、检疫证明按照规定办理通关手续。涉及科学技术保密的野生动物物种的出口,按照国务院有关规定办理。列入本条第一款名录的野生动物,经国务院野生动物保护主管部门核准,在本法适用范围内可以按照国家重点保护的野生动物管理。"

8. 外来野生动物管理

《野生动物保护法》第 37 条规定:"从境外引进野生动物物种的,应当经国务院野生动物保护主管部门批准。从境外引进列入本法第三十五条第一款名录的野生动物,还应当依法取得允许进出口证明书。海关依法实施进境检疫,凭进口批准文件或者允许进出口证明书以及检疫证明按照规定办理通关手续。从境外引进野生动物物种的,应当采取安全可靠的防范措施,防止其进入野外环境,避免对生态系统造成危害。确需将其放归野外的,按照国家有关规定执行。"

9. 涉外管理

外国人在我国对国家重点保护野生动物进行野外考察或者在野外拍摄电影、录像,应当经省、自治区、直辖市人民政府野生动物保护主管部门或者其授权的单位批准,并遵守有关法律法规的规定。

四、我国野生植物资源保护的主要内容

(一) 总体规定

国家对野生植物资源实行加强保护、积极发展、合理利用的方针。国家保护依法开发利用和经营管理野生植物资源单位和个人的合法权益。国家鼓励和支持野生植物科学研究、野生植物的就地保护和迁地保护。在野生植物资源保护、科学研究、培育利用和宣传教育方面成绩显著的单位和个人,由人民政府给予奖

励。任何单位和个人都有保护野生植物资源的义务,对侵占或者破坏野生植物及其生长环境的行为有权检举和控告。

(二) 野生植物资源监督管理体制

国务院林业草原行政主管部门主管全国林区内野生植物和林区外珍贵野生树木的监督管理工作。国务院农业行政主管部门主管全国其他野生植物的监督管理工作。

国务院建设行政部门负责城市园林、风景名胜区内野生植物的监督管理工作。国务院环境保护部门负责对全国野生植物环境保护工作的协调和监督。国务院其他有关部门依照职责分工负责有关的野生植物保护工作。

县级以上地方人民政府负责野生植物管理工作的部门及其职责,由省、自治区、直辖市人民政府根据当地具体情况规定。

(三) 野生植物保护的相关规定

野生植物的保护主要包括重点保护野生植物级别的划分、自然保护区及保护点、保护标志制度以及其他的一些制度。

《野生植物保护条例》将其所保护的野生植物分为两大类,即国家重点保护野生植物和地方重点保护野生植物。国家重点保护野生植物又分为国家一级保护野生植物和国家二级保护野生植物。地方重点保护野生植物,则是指国家重点保护野生植物以外,由省、自治区、直辖市保护的野生植物。

在国家重点保护野生植物物种和地方重点保护野生植物物种的天然集中分布区域,应当依照有关法律、行政法规的规定,建立自然保护区;在其他区域,县级以上地方人民政府野生植物行政主管部门和其他有关部门可以根据实际情况建立国家重点保护野生植物和地方重点保护野生植物的保护点或者设立保护标志。

此外,《野生植物保护条例》中还对野生植物的监测、建设项目的环境影响评价要求以及对野生植物的其他保护措施等作出了明确规定。

(四) 野生植物管理的相关规定

在野生植物管理方面,《野生植物保护条例》中对野生植物资源调查、野生植物采集证制度、野生动物的经营利用、进出口以及涉外管理等事项作出了明确规定。

> **思考题**

1. 简述我国的土地权属制度。我国土地用途管制制度的重点是什么?农用地转为建设用地应该满足哪些条件?

2. 农村土地改革"三权分置"的主要内容包括哪些?

3. 海域使用金法定免缴的情形包括哪些?

4. 现行《水法》对农村集体经济组织和农民对水资源的非所有权利用作了哪些规定?

5. 最严格水资源管理制度包括哪些内容?

6. 简述探矿权和采矿权的内容。

7. 简述森林资源权属制度。

推荐阅读

1. 高圣平:《承包地三权分置的法律表达》,载《中国法学》2018年第4期。

2. 张翔:《海洋的"公物"属性与海域用益物权的制度构建》,载《法律科学》2012年第6期。

3. 张炳淳:《我国当代水法治的历史变迁和发展趋势》,载《法学评论》2011年第2期。

4. 张璐:《矿产资源开发利用中权力与权利的冲突与协调》,载《法学杂志》2009年第8期。

5. 吴萍:《我国集体林权改革背景下的公益林林权制度变革》,载《法学评论》2012年第2期。

6. 万政钰、刘晓莉:《我国草原立法评价及其建议——以2002年底修订后的〈草原法〉为视角》,载《求索》2010年第8期。

7. 曹炜:《野生动物禁食立法的法理省思和立法建议》,载《武汉大学学报(哲学社会科学版)》2021年第6期。

第四编

区域与流域保护法

第十五章　区域与流域保护法概述

【导言】

以《长江保护法》为代表的流域保护立法和以列入立法计划的《国家公园法》为代表的区域保护立法,是环境法律体系的新兴领域和重要组成部分,体现了环境立法思路的调整与转型。包括区域与流域保护立法在内的生态区域保护法具有调整目标的系统性与生态性、调整对象的区域性与整体性,以及调整方式的综合性特征。本章将对环境立法方法论的进化和区域与流域保护立法概况进行介绍。

第一节　环境立法思路调整与转型

一、还原主义立法方法论及其局限性

长期以来,环境立法以传统法学的还原主义方法论和还原性思维模式为主导。还原论认为万物均可通过分割成部分的途径了解其本质,具体到其对法学研究和立法产生的影响,则体现为法律领域中"公法—私法"的区分,然后再逐步"还原"至各项制度、规范、概念;法律关系中的"主体—客体"之分,然后进一步细分为不同类型和规范形式;立法上,首先区分民法、刑法、行政法、诉讼法等法律子系统,然后再逐层降解,每个子系统下有若干法律、法规、规章、规范性文件等。① 环境领域立法中的还原主义,主要表现为将高层次现象的"环境问题"首先还原为低层次的"环境污染"与"生态破坏"现象,然后进一步分解为各种环境要素所遭受的污染与破坏,最终针对具体环境要素的污染防治或保护分别进行立法。② 申言之,环境立法整体上的"还原主义"体现为:(1) 环境法与资源法分立,如《水污染防治法》和《水法》;(2) 环境污染防治与生态保护分别立法,如《水

---

① 还原论作为西方现代科学之源,认为事物或现象的本原是最小的不可再分的物质颗粒"原子"(或其化身"物质成分"等),核心是将事物或者现象"还"到其"本原",以揭示其本质,阐明其根源。参见吕忠梅:《寻找长江流域立法的新法理——以方法论为视角》,载《政法论丛》2018 年第 6 期。

② 参见刘超:《环境法典污染控制编空间法律制度的构建》,载《法学论坛》2022 年第 2 期。

污染防治法》和《水土保持法》;(3)部门主导立法,如根据"三定"方案的规定,自然资源部负责"拟订自然资源和国土空间规划及测绘、极地、深海等法律法规草案",生态环境部负责起草核与辐射安全等生态环境相关的法律法规草案。具体路径上则体现为《大气污染防治法》《土壤污染防治法》等针对单一环境要素的污染防治单行立法,《森林法》《草原法》《矿产资源法》等针对单一环境要素的资源保护立法,以及《水土保持法》《防沙治沙法》等针对环境要素的生态保护立法,以期通过减少单一环境要素遭受污染与破坏的风险,应对整体意义上的"环境问题"。

从个案执行对法律的需求角度而言,将环境分解为各个单一环境要素进行立法的做法是不可避免的,此种做法也成为世界各国和地区环境法的共同特征。① 但是,水、大气、土壤、草原、森林等环境要素之间共存交织成一个完整的、动态的复合生态系统,而不同的法律基于各自逻辑规范环境不同的面向与功能,并授权不同的行政部门管理不同的开发利用行为,忽视了各类环境污染、生态破坏的内在联系,这将导致各级各类环境保护法律规范零散、不成体系,不仅难以协同改善整体环境质量、实现可持续发展,反而会造成生态系统结构受损、生物多样性下降、资源破坏等问题。随着环境问题的复杂化、广泛化,以及对科学规律认识的深化,以还原主义为主导的立法局限性逐渐显现,需要我们深刻理解和把握区域与流域生态系统的规律,突破现有立法理念、立法原则和立法模式,坚持山水林田湖草沙一体化保护和系统治理。正如博登海默指出的:"法律是一个带有许多大厅、房间、凹角、拐角的大厦,在同一时间里用一盏探照灯照亮每一间房间、凹角和拐角是极为困难的,尤其当技术知识和经验受到局限的情况下,照明系统不适当或至少不完备时,情形就更是如此了。"②

二、整体论立法思维转型

2018年4月26日,习近平总书记在深入推动长江经济带发展座谈会上的讲话中指出,"治好'长江病',要科学运用中医整体观,追根溯源、诊断病因、找准病根、分类施策、系统治疗。"2020年11月15日,习近平总书记主持召开全面推动长江经济带发展座谈会并发表重要讲话,指出"要从生态系统整体性和流域系统性出发,追根溯源、系统治疗,防止头痛医头、脚痛医脚。要找出问题根源,从

---

① See Klaus Bosselmann, Losing the Forest for the Trees: Environmental Reductionism in the Law, *Sustainability*, 2010, 2(8):2424-2448.
② 〔美〕E.博登海默:《法理学:法律哲学与法律方法》,邓正来译,中国政法大学出版社2017年版,第221—222页。

源头上系统开展生态环境修复和保护。要加强协同联动,强化山水林田湖草等各种生态要素的协同治理,推动上中下游地区的互动协作,增强各项举措的关联性和耦合性。"以《长江保护法》为代表的生态区域保护立法主要包括长江等流域保护立法和国家公园等区域保护立法,旨在打破现行以单一、具体的环境要素为对象,分别制定治理规则的立法思路,秉持系统性、整体性观念,充分考虑区域、流域内部生态系统的关联性、完整性,制定综合性立法。在立法客体上实现了从"单一环境要素"向"生态系统"的识别转向和功能递进,通过以生态系统为中心的整体观回应现实需求。

首先,生态区域保护立法的调整对象具有"区域性"。调整目标的生态性,决定了生态区域保护法的调整对象是影响区域及流域生态环境的所有环境利用行为的整体,而非影响特定环境要素,或仅开发利用自然资源,或仅影响人类生活环境的个别环境利用行为。[1] 其次,生态区域保护立法的调整方式具有综合性。与调整对象的区域性相适应,生态区域保护法采用整体主义方法论对影响区域和流域生态环境的各类环境利用行为进行综合调整,不再局限于特定环境要素、特定污染来源或特定产业领域的狭隘视野,以系统治理为原则,综合考虑各类环境利用行为的相互联系及其对生态环境的整体影响。[2]

此外,生态区域还可以区分为一般生态区域和特殊生态区域两类。其中,一般生态区域是指具有自然属性、以提供生态服务或生态产品为主体功能的国土空间。目前,已制定《长江保护法》《黄河保护法》《湿地保护法》等针对长江、黄河流域以及湿地等一般生态区域保护措施的专项法律。[3] 特殊生态区域,也称"特定区域环境""特殊区域"等,[4]以自然保护地为典型代表,包括由各级政府依法划定或确认,对重要的自然生态系统、自然遗迹、自然景观及其所承载的自然资源、生态功能和文化价值实施长期保护的陆域或海域,按生态价值和保护强度的不同可分为国家公园、自然保护区和自然公园等不同类型。[5] 相比于一般生态区域,特殊生态区域作为立法保护对象具有生态价值更高或生态环境更脆弱的特点。如《关于建立以国家公园为主体的自然保护地体系的指导意见》明确,自然保护地的保护对象是"重要的自然生态系统、自然遗迹、自然景观及其所承载

---

[1] 参见吴凯杰:《生态区域保护法的法典化》,载《东方法学》2021年第6期。
[2] 参见吴凯杰:《环境法体系中的自然保护地立法》,载《法学研究》2020年第3期。
[3] 参见吴凯杰:《生态区域保护法的法典化》,载《东方法学》2021年第6期。
[4] 参见周珂等主编:《环境与资源保护法》(第四版),中国人民大学出版社2019年版,第320页;吕忠梅:《环境法学》(第二版),法律出版社2008年版,第319—320页。
[5] 参见刘超:《"自然保护地"法律概念之析义与梳正》,载《暨南学报(哲学社会科学版)》2020年第10期。

的自然资源、生态功能和文化价值",同时强调,国家公园是"我国自然生态系统中最重要、自然景观最独特、自然遗产最精华、生物多样性最富集的部分",因此保护力度更强、保护措施更为严格。

因而,从生态系统的整体性出发进行区域及流域保护制度的体系化法律建构,是环境领域立法克服还原主义方法论的不足而向整体论转型的发展进化。这一转变不仅更加契合生态系统内部的自然规律和客观特征,而且,从法律层面对各级行政主管部门的职权、责任予以明确,还有利于避免不同类型、不同层级、不同区域的行政主管部门之间的掣肘和博弈,减少实践中出现权责交叉的情形,促进不同行政主体在法律实施中协同配合,在保护区域及流域生态环境中形成合力。

第二节 区域及流域立法概况

一、已出台立法

(一)国家层面的专门法律

我国大部分区域及流域的保护尚面临着国家层面专门立法不足、法律依据缺乏的局面,目前我国已出台的国家层面的法律主要有《长江保护法》《黄河保护法》《湿地保护法》等一般生态区域保护立法。

2020年12月通过的《长江保护法》是"新中国成立以来的第一部流域法律,不仅在我国法律体系中'绝无仅有',而且横跨环境法、行政法、经济法等多个法律领域,是一部以解决'长江病'为导向、整合多类法律资源、综合多种法律机制的新型立法"[①]。习近平总书记在深入推动长江经济带发展座谈会上的讲话指出:"推动长江经济带绿色发展首先要解决思想认识问题,特别是不能把生态环境保护和经济发展割裂开来,更不能对立起来。要坚决摒弃以牺牲环境为代价换取一时经济发展的做法。"作为我国第一部中央层面的全流域总体性立法,《长江保护法》以整体主义立场、系统论方法为主要理论基础,全面分析了流域法律关系的特殊构造与具体类型,立足于流域空间的法律化和法律的流域空间化的本质,建立起长江流域保护法治系统。水跨区域流动与循环,但又时空分布不均;多功能效用并存,但从质和量上又稀缺有限;依赖于土地和空间,但又需要对

---

① 吕忠梅:《〈长江保护法〉适用的基础性问题》,载《环境保护》2021年第Z1期。

水和土地分别进行管理。① 这些特征决定了对于长江流域水生态系统保护的立法需要克服《水法》《水污染防治法》《防洪法》《水土保持法》等水环境保护相关法律的"线性"视野,不再分别着眼于特定环境利用行为或特定生态环境问题,而是转换为系统性和整体性视野,注重规范之间的协调与协同,以适应长江流域生态系统整体性保护的需要。因此,《长江保护法》"在原有的'直线'上截取流域这个'横切面'","形成了'非线性'立法与'线性'立法相互补充的立体式立法格局"②,重视水环境污染、生态破坏行为的内在联系,从体例上除总则与附则外,设置了规划与管控、资源保护、水污染防治、生态环境修复、保障与监督、法律责任六章主体内容,将污染防治、资源利用与保护、生态修复在立法中融为一体。

《湿地保护法》作为针对湿地生态系统进行整体性保护的专门立法,也是我国首部专门保护湿地的法律,为湿地保护奠定了坚实的法治基础。随着《湿地保护法》的制定与通过,我国湿地保护的法治化新征程也随之开启。首先,湿地保护立法是贯彻落实党中央决策部署的重要举措,也是坚持人民至上、回应社会期待的必然要求。党的十八大和十九大报告分别提出"扩大湿地面积,保护生物多样性,增强生态系统稳定性"和"强化湿地保护和恢复"。湿地保护立法通过坚持生态优先原则,突出强调了湿地保护对于维护生物多样性,增强湿地生态系统服务功能,从而满足人民日益增长的对优美生态环境的需要的重要意义。其次,《湿地保护法》明确了湿地保护与合理利用的关系,一定程度弥补了我国环境法律体系"重环境、轻生态"的生态短板,为强化湿地的系统保护和修复提供了强有力的法治保障。此前,涉及湿地保护的相关法律规范分散在《水法》《水污染防治法》《森林法》《草原法》《环境保护法》《海洋环境保护法》等基本法和单行法之中,侧重于单一要素或单一功能的保护,缺乏对湿地生态空间、湿地要素生态功能的保护和湿地生态系统的统筹管理。此次湿地保护立法践行了"山水林田湖草是一个生命共同体"的整体性思维和系统治理理念,围绕着湿地资源管理、湿地保护与利用、湿地修复等制度内容,保障生态安全,促进生态文明建设。

《黄河保护法》是继《长江保护法》之后又一部立足于整体主义,推动流域生态保护和高质量发展的专门立法,按照《黄河流域生态保护和高质量发展规划纲要》的部署安排,构建了科学有效的黄河流域生态保护和高质量发展制度体系。第一,坚持突出重点。紧紧围绕习近平总书记强调的黄河流域需要高度重视的重大问题和目标任务,落实"重在保护、要在治理"的要求,确定章节结构和制度

---

① 参见吕忠梅等:《长江流域立法研究》,法律出版社2021年版,第7页。
② 吕忠梅:《寻找长江流域立法的新法理——以方法论为视角》,载《政法论丛》2018年第6期。

措施,就生态保护与修复、水资源节约集约利用、水沙调控与防洪安全等作出专章规定。第二,坚持问题导向。针对黄河水少沙多、水沙关系不协调、生态环境脆弱的现状和特点,以水为核心、河为纽带、流域为基础,并结合黄河流域上下游、干支流、左右岸的不同问题,在规定流域管理通用制度的同时,对特定区域、特定问题采取特别制度措施。第三,坚持统筹兼顾。注重加强与西部大开发、中部崛起等区域协调发展战略的互促共进,平衡好保护与发展、保护与利用的关系。既立足于当前将黄河保护治理中行之有效的成熟经验上升为法律规定,又兼顾长远对仍需探索实践的内容先作原则性规定,为进一步改革留出制度空间。①

(二)国家层面的法规规章

在生态区域保护方面,我国已出台的国家层面上的法律文件包括《自然保护区条例》《风景名胜区条例》《国家级森林公园管理办法》《国家湿地公园管理办法》《水利风景区管理办法》等,除《自然保护区条例》和《风景名胜区条例》等极少数行政法规外,以保护不同类型自然保护地的部门规章为多、为主。因此,现行区域保护立法体系表现出较为明显的分散性、较差的整体协调性以及较强的低位阶性。

1. 自然保护区立法

自然保护区是指对有代表性的自然生态系统、珍稀濒危野生动植物物种的天然集中分布区、有特殊意义的自然遗迹等保护对象所在的陆地、陆地水体或者海域,依法划出一定面积予以特殊保护和管理的区域。保护自然保护区能为人类提供生态系统的天然"本底",便于人类衡量自身活动对自然界产生的影响,并按需要控制其演化方向;自然保护区保护着较为完整的自然生态系统和丰富的生物物种,保护自然保护区是就地保护生物多样性的有效措施,且有助于保持地区生态平衡,改善生态环境,维护国家生态安全。② 因此,通过立法形式保护自然保护区具有重要意义。

1994年颁布、2011年和2017年两次修订的《自然保护区条例》是我国第一部对各种类型自然保护区进行统一规范的行政法规,是现阶段自然保护区建设和管理的主要法律依据。其第10条规定,凡具有下列条件之一的,应当建立自然保护区:(1)典型的自然地理区域、有代表性的自然生态系统区域以及已经遭

---

① 参见李国英:《关于〈中华人民共和国黄河保护法(草案)〉的说明》,http://www.npc.gov.cn/npc/c30834/202210/64b123e1bb664de0ace5ba8a4213dd14.shtml,2022年11月6日访问。
② 参见韩德培主编:《环境保护法教程》(第7版),法律出版社2015年版,第178页。

受破坏但经保护能够恢复的同类自然生态系统区域;(2)珍稀、濒危野生动植物物种的天然集中分布区域;(3)具有特殊保护价值的海域、海岸、岛屿、湿地、内陆水域、森林、草原和荒漠;(4)具有重大科学文化价值的地质构造、著名溶洞、化石分布区、冰川、火山、温泉等自然遗迹;(5)经国务院或者省、自治区、直辖市人民政府批准,需要予以特殊保护的其他自然区域。

为充分保障自然保护区的建设和管理秩序,《自然保护区条例》在总则一章中明确规定将自然保护区发展规划纳入国民经济和社会发展规划;建立了环境保护行政主管部门综合管理和林业、农业、地质矿产、水利、海洋等有关行政主管部门分部门管理的综合管理与分工负责相结合的管理体制;规范了自然保护区的经费渠道;明确了自然保护区有关管理机构的主要职责。在"自然保护区的建设"一章中,规范了自然保护区的建立条件、国家级自然保护区和地方级自然保护区的建立程序、自然保护区的范围和界线的确定、自然保护区的命名方法以及自然保护区的核心区、缓冲区和试验区等不同功能区划分。在"自然保护区的管理"一章中规定了有关行政主管部门的具体职权和职责,包括自然保护区管理技术规范和标准的制定、对自然保护区管理的监督检查、自然保护区所需经费的管理,以及自然保护区管理机构的主要职责,此外,还对在自然保护区的不同功能区内可以开展的活动、禁止或限制的活动进行了明确规定。

2. 风景名胜区立法

风景名胜区,是指具有观赏、文化或者科学价值,自然景观、人文景观比较集中,环境优美,可供人们游览或者进行科学、文化活动的区域。风景名胜区作为国家宝贵的自然和文化遗产,是维护国土风貌、优化生态环境的重要保证;其保护、建设和管理均须按照批准的规划实施,且具有法律效力;风景名胜区的产生和发展以满足人们不断提高的物质和文化生活的需要为目的,而非对获取最大经济利益的追求,是一项资源保护型的社会公益事业。①

为更好地保护和合理利用风景名胜资源,国务院于 2006 年制定、2016 年修订的《风景名胜区条例》对风景名胜区的设立、规划、保护、利用和管理进行了明确规定。首先,国家对风景名胜区实行科学规划、统一管理、严格保护、永续利用的原则,由所在地县级以上地方人民政府设置风景名胜区管理机构,负责风景名胜区的保护、利用和统一管理工作。其次,根据具有国家代表性或区域代表性的不同,风景名胜区可划分为国家级风景名胜区和省级风景名胜区,在条文中明确规定了申请设立时应当提交的材料以及申请程序。再次,风景名胜区的规划可

---

① 参见韩德培主编:《环境保护法教程》(第 7 版),法律出版社 2015 年版,第 183 页。

分为总体规划和详细规划,在编制上,总体规划应当体现人与自然和谐相处、区域协调发展和经济社会全面进步的要求,坚持保护优先、开发服从保护的原则,突出风景名胜资源的自然特性、文化内涵和地方特色,详细规划则应当根据核心景区和其他景区的不同特点进行编制。复次,在保护方面,该条例分别明确了在风景名胜区内禁止和受到限制的活动,以及居民和游览者应当遵循的法定保护义务;要求国家建立风景名胜区管理信息系统,对风景名胜区规划实施和资源保护情况进行动态监测。最后,该条例明确了风景名胜区管理机构的利用和管理职责,包括保护民族民间传统文化,开展健康有益的游览观光和文化娱乐活动,普及历史文化和科学知识;合理利用风景名胜资源以改善交通、服务设施和游览条件;建立健全安全保障制度,加强安全管理,保障游览安全等。

3. 其他规章条例

除上述《自然保护区条例》和《风景名胜区条例》两部行政法规外,其他自然保护地的相关立法均为各部门早期制定的部门规章和规范性文件。由于立法规格低,不是司法适用意义上的法律规范,不具有足够的权威性,给相关执法活动和司法实践造成了难题。此外,由于立法层级不高,难以解决法律规范和政策之间的冲突、保护地管理上的重叠和交叉等问题。因此,确立科学的立法理念、原则以及目标,规范整体指导思想、保护原则和技术标准,尽快制定并通过一部统一协调的专门上位法成为各界的共同心愿。

森林公园是指森林景观优美,自然景观和人文景物集中,具有一定规模,可供人们游览、休息或进行科学、文化、教育活动的场所。为了加强森林公园管理,合理利用森林风景资源,发展森林旅游,国家林业局根据《森林法》和国家有关规定,于1994年制定了《森林公园管理办法》,并于2011年和2016年进行修改。该办法确立了森林公园的管理体制,森林公园经营管理机构的职责,森林公园的国家级、省级和市、县级的三级分级管理制度和相关申请程序,明确了森林公园内的具体保护规定和管理规定,为不同行为主体设定了各自的法定义务。

国家湿地公园是指以保护湿地生态系统、合理利用湿地资源、开展湿地宣传教育和科学研究为目的,经国家林业局批准设立,按照有关规定予以保护和管理的特定区域。2017年,为加强国家湿地公园建设和管理,促进国家湿地公园健康发展,有效保护湿地资源,根据《湿地保护管理规定》和《国务院办公厅关于印发湿地保护修复制度方案的通知》等文件精神以及国家湿地公园管理工作实际需要,国家林业局制定了《国家湿地公园管理办法》。该办法明确国家湿地公园是自然保护体系的重要组成部分,属社会公益事业。该办法规范了申请设立国家湿地公园的条件、申请材料和申请程序,规定了国家湿地公园的命名方式、定界依据、功能区划分、省级林业主管部门和国家湿地公园管理机构的职责,以及国家湿地公园内禁止的系列行为。

(三) 地方性法规

在自然保护地法律体系中,除上述国家层面制定的少量行政法规和国务院各部门制定的规章外,地方性法规与地方政府规章也是重要组成部分。

国家公园地方性法规包括《海南热带雨林国家公园条例(试行)》《三江源国家公园条例》《神农架国家公园保护条例》《武夷山国家公园条例(试行)》《云南省国家公园管理条例》等。这些国家公园地方性法规的内容大多简单重复,受制于地方立法权限而未能对管理体制等关键问题作出探索创新,反而可能徒增法律复杂性而降低实施效率,亟须通过国家层面立法来纠正与统一。

为了加强对风景名胜区的管理,有效保护和合理利用风景名胜资源,近年来,各省市根据国务院《风景名胜区条例》陆续制定、修正了风景名胜区条例。省级地方性法规包括《云南省风景名胜区条例》《贵州省风景名胜区条例》《湖南省韶山风景名胜区条例》《湖南省风景名胜区条例》《浙江省普陀山风景名胜区条例》《甘肃省麦积山风景名胜区条例》《甘肃省风景名胜区条例》《重庆市风景名胜区条例》《湖北省风景名胜区条例》《山东省风景名胜区条例》《河北省风景名胜区条例》《福建省风景名胜区条例》等。此外,山西、广东、陕西、黑龙江、贵州、浙江、安徽、四川等省份为了保护和合理利用森林风景资源,规范森林公园建设和管理,促进生态文明建设,分别以地方性法规的形式制定了森林公园管理条例。内蒙古、吉林、黑龙江、浙江、福建、海南、四川、贵州、云南、西藏、陕西、甘肃、新疆等省、自治区、直辖市也结合本地自然保护区管理的需要,制定了自然保护区地方性法规。

地方性法规与地方规章的大量出台和实施为中央层面的立法提供了制度参考和实践经验,但由于不同地方的不同类型自然保护地具有不同的建设基础,历史发展所形成的产业布局、管理格局、人文传统等均有较大差异,导致自然保护地立法体系形成了上有行政法规、部门规章,下有地方性法规、地方政府规章,各级规范性文件充斥其间的法制格局。由于各类规范层级不高、缺乏综合性立法的规制,因而各部门之间、地方与中央之间的管理职责时常发生混淆,这增加了自然保护地的管理成本。[1]

---

[1] 参见董正爱、胡泽弘:《自然保护地体系中"以国家公园为主体"的规范内涵与立法进路》,载《南京工业大学学报(社会科学版)》2020年第3期。

二、已列入立法计划的立法

建立国家公园体制是党的十八届三中全会提出的重点改革任务,是我国生态文明制度建设的重要内容,对于推进自然资源科学保护和合理利用,促进人与自然和谐共生,推进美丽中国建设,具有重要意义。党的十九大报告提出了"建立以国家公园为主体的自然保护地体系"的要求。2017年9月,中共中央办公厅、国务院办公厅印发了《建立国家公园体制总体方案》,制定《国家公园法》是其中提出的一项重要工作任务。

自2004年全国人大常委会首次将《自然保护区法》列入立法计划以来,[1]我国曾先后于2006年、2012年、2013年启动过数次自然保护地统一立法工作,提出过《自然保护区法》《自然保护地法》《自然保护区域法》《自然遗产法》等多个版本的草案,但由于客观因素所限,都没有进入正式的立法程序,最终并未形成统摄全国自然保护地管理的综合性立法。有学者总结其原因,认为主要是因为各方对"自然保护地"概念等均存在较大争议或难以接受。[2] 随着2017年《建立国家公园体制总体方案》和2019年《关于建立以国家公园为主体的自然保护地体系的指导意见》的出台,通过国家立法建立自然保护地体系被重新提上立法议程。且上述文件和各地国家公园体制试点方案已原则性地提出了《国家公园法》的框架和基本制度,拟破解我国现行自然保护地治理体系在政府管理体制、自然资源资产产权、保护地基本策略等方面所受到的制约。因此,国家公园立法由于立法目的明确、内容自成一体、规范结构清晰,具有立法的可行性与典型性,被寄予了在制度先行探索的基础上带动和协调自然保护地法体系整体构建的厚望。[3]

> **思考题**

1. 自《长江保护法》《黄河保护法》颁布以及《国家公园法》等列入立法计划以来,我国环境领域立法思路的变化体现在哪些方面?

2. 什么是还原主义?以还原主义为主导的立法方法在环境与资源保护法中具有哪些局限性?

3. 立法可以通过哪些方面回应生态系统的整体性?

---

[1] 参见吕忠梅:《以国家公园为主体的自然保护地体系立法思考》,载《生物多样性》2019年第2期。
[2] 参见汪劲、吴凯杰:《〈国家公园法〉的功能定位及其立法意义——以中国自然保护地法律体系的构建为背景》,载《湖南师范大学社会科学学报》2020年第3期。
[3] 参见汪劲:《论〈国家公园法〉与〈自然保护地法〉的关系》,载《政法论丛》2020年第5期。

推荐阅读

1. 吕忠梅等:《长江流域立法研究》,法律出版社2021年版。
2. 吴凯杰:《生态区域保护法的法典化》,载《东方法学》2021年第6期。
3. 吕忠梅:《寻找长江流域立法的新法理——以方法论为视角》,载《政法论丛》2018年第6期。

第十六章 区域与流域保护单行立法

【导言】

我国现行有效的区域与流域保护单行立法主要包括不同层面、不同位阶的国家公园立法、长江保护立法、黄河保护立法和湿地保护立法。本章将对这四个法律体系涉及的立法对象及其相应的客观情况、重点概念,以及立法中的主要内容和相关规定进行介绍。

第一节 国家公园立法

一、国家公园概述

(一) 概念及特征

"国家公园"概念溯源于美国。美国西部大开发对印第安文明、野生动植物和荒野造成了负面的影响,1832 年,美国艺术家乔治·卡特林(George Catlin)由此构想"它们可以被保护起来,只要政府通过一些保护政策设立一个大公园——一个国家公园,其中有人也有野兽,所有的一切都处于原生状态,体现着自然之美"的美好愿望。作为"为人民福利和快乐提供公共场所和娱乐活动的场地",1872 年,在环保主义者、学者、政府官员、企业家等的不断推动下,全球第一个国家公园在美国黄石地区得以建立,成为人类社会保护珍贵的自然和文化遗产的重要智慧方式之一,该概念也逐渐被多国沿用。1969 年,世界自然保护联盟(IUCN)在第十届大会上提出国家公园的定义,"国家公园是指大面积的自然或接近自然的区域,设立目的是保护大尺度的生态过程,以及相关的物种和生态系统特性。这些自然保护地提供了环境和文化兼容的精神享受、科研、教育、娱乐和参观的机会。"IUCN 进一步解释,国家公园应当具备以下三个基本特征:(1) 区域内生态系统尚未由于人类的开垦、开采和拓展而遭到根本性的改变,区域内的动植物物种、景观和生境具有特殊的科学、教育和娱乐意义,或区域内含有一片广阔而优美的自然景观;(2) 政府权力机构已采取措施以阻止或尽可能消除在该区域的开垦、开采和拓展,并使其生态、自然景观的美学特征得到充分展示;(3) 在一定条件下,允许以精神、教育、文化和娱乐为目的的参观旅游。目前联合国以及许多国家和社会组织都接受和应用了 IUCN 的国家公园定义。①

作为对自然环境和自然资源进行法律保护的一种地域保护形式,②我国在《关于建立以国家公园为主体的自然保护地体系的指导意见》中这样规定了国家公园的定义和特征:"以保护具有国家代表性的自然生态系统为主要目的,实现自然资源科学保护和合理利用的特定陆域或海域,是我国自然生态系统中最重要、自然景观最独特、自然遗产最精华、生物多样性最富集的部分,保护范围大,生态过程完整,具有全球价值、国家象征,国民认同度高。"这充分反映了我国在对待人与自然关系和可持续发展问题上的政治文明水平,以及在自然资源永续利用问题上纵向传承创新、横向选择吸纳的国家治理能力。③

(二) 我国国家公园的发展沿革

我国国家公园的建设是对各类自然保护地进行的彻彻底底的颠覆——区域合并、重新区划和规划、体系重组和体制重建等。国家公园源于保护原生态的朴素理想,而后演变成一套保护理念,因经受住了平衡资源保护与可持续利用的考验和淬炼,而成为最具生命力的自然保护地形式,巧妙地兼具了自然生态保护、自然与文化遗产保护以及为人类提供体验自然和陶冶身心等多重功能。我国于20世纪50年代开始引进国家公园理念;2006年,第一个国家公园——普达措国家公园建立;2008年7月,国家林业局正式批准云南省为国家公园建设试点省;④同年10月,环境保护部和国家旅游局在黑龙江伊春市汤旺河建设第一个国家公园试点单位;2013年11月,党的十八届三中全会正式提出建立国家公园体制,意味着我国拟在国家层面探索一种符合国情的保护地管理模式。⑤ 2015年,国家发改委等部门联合印发《建立国家公园体制试点方案》,同年6月启动了为期三年的国家公园体制试点。试点工作期间,我国先后在国家公园体制试点区域建立了 10 个国家公园,即三江源国家公园、大熊猫国家公园、东北虎豹国家公园、云南香格里拉普达措国家公园、湖北神农架国家公园、浙江钱江源国家公园、湖南南山国家公园、福建武夷山国家公园、北京长城国家公园、祁连山国家公园。2017 年 9 月,中共中央办公厅、国务院办公厅印发《建立国家公园体制总体

---

① 参见杜群等:《中国国家公园立法研究》,中国环境出版集团 2018 年版,第 63—64 页。
② 参见韩德培主编:《环境保护法教程》(第 7 版),法律出版社 2015 年版,第 185—186 页。
③ 参见杜群等:《中国国家公园立法研究》,中国环境出版集团 2018 年版,第 67 页。
④ 截至 2013 年,云南省建成 8 个国家公园,逐步体现了保护、科研、教育、游憩和社区发展等功能;截至 2021 年,云南经省政府批准设立的国家公园数量达到 13 个。
⑤ 参见杜群等:《中国国家公园立法研究》,中国环境出版集团 2018 年版,第 3—4 页。

方案》，提出"构建以国家公园为代表的自然保护地体系"，并"在明确国家公园与其他类型自然保护地关系的基础上，研究制定有关国家公园的法律法规"。2017年10月，党的十九大报告明确提出"建立以国家公园为主体的自然保护地体系"。2018年，第十三届全国人大常委会将《国家公园法》列入立法计划。2019年6月，中共中央办公厅、国务院办公厅印发《关于建立以国家公园为主体的自然保护地体系指导意见》，系统规定了"以国家公园为主体、自然保护区为基础、各类自然公园为补充的自然保护地"的改革目标与措施体系。这预示着我国自然保护事业将逐步实现向以国家公园为主体的历史性转变，也标志着我国的国家公园建设进入实质推进阶段。

（三）国家公园的价值功能和本源特征

根据自然保护地体制改革目标，国家公园是我国自然保护地体系中最重要的类型，因此，国家公园具有基本完整的自然保护地功能价值。国家公园体制建立以保障国家生态安全为目的，以实现重要自然生态资源国家所有、全民共享、世代传承为目标，其首要功能是实现重要生态系统的原真性和完整性的最严格保护。

具体而言，国家公园的价值功能包括：（1）保护生态环境，维护国土生态安全。国家公园具有成熟而完整的生态系统和生态过程，生物群落和物种丰富、结构平衡，生态系统稳定性高，是国土安全的最重要的基本内容和物质基础条件，是人类永续利用和保护重要自然生态系统和典型类型的"本底"资源。（2）保存重要遗传物质及发挥基因库功能。自然界的每一种生物都是经过漫长的地质和历史演替的遗存者，若任人为恣意开发、选择性利用或消灭，将导致生物物种大量灭绝，使生态系统处于高风险。因此自然保护地具有保存自然资源及维护生物多样性、为野生生物提供自然栖息地、保持物种基因库多样性和丰富性的重要意义。（3）提供国民游憩机会。随着经济社会的快速发展，我国城乡居民生活水平显著升高，收入大幅度增长，人民群众对生活质量和环境质量的要求也越来越高，休闲游憩和回归自然成为国民生活的一种方式。前往国家公园等自然保护地近距离感受自然、亲身体验其自然和文化保护价值，有助于缓和生活上的紧张感，实现健康及心理上的平衡。（4）促进科学研究及国民的环境教育。自然是人类知识的源泉。国家公园是为保存原始且完整的自然资源而设立的，其地形、地质、气候、土壤、河流溪谷、山丘景观，以及生活其间的动植物几乎不受到人为干扰和改变，是环境教育、科研的天然教室、实验室。（5）带动地方经济繁荣。通过适当和适度的开发和利用，国家公园可以达到吸引大量国内外游客、增加外汇收入、增加政府财政收入、提供社区直接或间接就业机会等目的，同时带动食品、餐饮、交通、旅游用品、旅游纪念品等相关产业发展，刺激消费，带动内需并促进区域经济发展。①

国家公园作为代表性自然保护地模式的制度本源特征包括：(1) 以自然保护地生态价值为第一法益、功能价值为第二法益。其中前位法益主要体现为生态价值，后位法益包括文化、美学和游憩价值等功能价值。(2) 国家公园保护地模式并不排斥与第一法益保护相排斥或抵触的适当利用和开发行为，以管理目标为导向选择管理模式，而非"一刀切"地采取封禁。② 但当自然保护和资源利用之间存在不可调和的冲突时，生态保护作为第一法益应被赋予更大的权重。③

二、主要国家公园地方立法内容及经验

在国家政策的推动下，国家公园这一新型自然保护地类别在我国迅速发展起来，并推动了专门立法进程。与政策上"自上而下，中央驱动"的模式不同，已取得的国家公园专门立法成果呈现出"一区（园）一法、地方主导"的特点，以解决特定区域、具体问题的地方立法为主，并为尚处于缺位状态但已列入立法规划的国家公园中央层面立法提供了重要经验参考和启示。2015年11月通过的《云南省国家公园管理条例》是我国进行国家公园试点后的第一部省级地方性法规，也是我国第一个国家公园综合管理（非一园一区式）的地方性法规，它确立了国家公园设立与规划、保护与管理、利用与服务等内容。随后，三江源国家公园、武夷山国家公园、神农架国家公园、海南热带雨林国家公园所在省的省人大常委会纷纷以各国家公园的客观实际情况为基础制定了相关管理或保护条例，丰富了国家公园的地方立法成果。

（一）三江源国家公园立法的主要创新与内容

2017年6月2日，青海省通过《三江源国家公园条例（试行）》，这是我国首个国家公园体制建设下试行的地方性法规，对于实现三江源国家公园保护、建设和管理的法治化、规范化和制度化具有重大意义。2020年7月22日修正的《三江源国家公园条例》从管理体制、规划建设、资源保护、利用管理、社会参与等方面对国家公园建设进行立法规制，并在以下方面体现了地方性法规在国家公园管理体制上的创新性。

第一，管理体制的创新。在管理体制的制度设计上，为重点解决监管执法碎片化问题，克服各自为政、分散管理的弊端，三江源国家公园实行集中统一垂直

---

① 参见杜群等：《中国国家公园立法研究》，中国环境出版集团2018年版，第60—61页。
② 同上书，第61—62页。
③ 同上书，第162页。

管理。建立以三江源国家公园管理局为主体、管理委员会为支撑、保护管理站为基点、辐射到村的管理体系,三江源国家公园管理局下设长江源(可可西里)、黄河源、澜沧江源园区国家公园管理委员会,管理委员会下设保护管理站。其中,三江源国家公园管理局统一履行自然资源资产管理和国土空间用途管制职责;园区国家公园管理委员会具体负责本区域内的国土空间用途管制,统一实行生态资源环境综合执法,承担自然资源管理、生态保护、特许经营、社会参与和宣传推介等职责;保护管理站承担有关生态管护工作职责。从而完整实现国家公园范围内自然资源资产管理和国土空间用途管制"两个统一行使"。

第二,生态保护模式上的创新。生态保护模式的创新主要体现在功能分区上。在园区内各类保护地功能区划的基础上,遵循各类保护地的管控要求,三江源国家公园按照生态系统功能、保护目标和利用价值划分为核心保育区、生态保育修复区、传统利用区等不同功能区,实行差别化保护。其中,核心保育区以强化保护和自然恢复为主,保护好冰川雪山、河流湖泊、草地森林,提高水源涵养和生物多样性服务功能;生态保育修复区以中低盖度草地的保护和修复为主,实施必要的人工干预保护和恢复措施,加强退化草地和沙化土地治理、水土流失防治、林地保护,实行严格的禁牧、休牧、轮牧,逐步实现草畜平衡;传统利用区适度发展生态畜牧业,合理控制载畜量,保持草畜平衡。从而实现生态、生产、生活空间的科学合理布局和可持续利用,保护自然生态和自然文化遗产的原真性、完整性。

第三,人与自然和谐发展模式的创新。《三江源国家公园条例》不仅注重生态保护,按照三江源生态系统的整体性、系统性及自然现状予以整体保护、系统修复,还注重人的发展与民生改善。在制度设计上,从以下方面体现生态保护,促进民生保障:(1)建立健全生态管护公益岗位制度,合理设置生态管护公益岗位,聘用国家公园内符合条件的居民为生态管护员。使牧民由草原利用者逐步转变为生态保护者,实行管护补助与责任、考核与奖惩、劳动报酬与绩效奖励相结合的生态管护员动态管理机制。(2)鼓励引导当地居民参与国家公园建设,支持当地居民、社会组织、志愿者等社会力量开展生物多样性、生态功能监测,形成覆盖国家公园的监测网络,为生态保护提供数据支撑。(3)稳定草原承包经营权不变,兼顾草原科学合理利用,创新牧民生产经营模式,完善生态畜牧业合作经营机制,提升发展生态畜牧业能力。(4)积极组织和引导园区内居民发展乡村旅游服务业、民族传统手工业等特色产业,开发具有当地特色的绿色产品,实现居民收入持续增长。

（二）武夷山国家公园立法的主要内容

2017年11月24日，福建省人大常委会通过《武夷山国家公园条例（试行）》，内容包括总则、管理体制、规划建设、资源保护、利用管理、社会参与、法律责任与附则，共八章71条。

第一，管理体制方面，明确规定了联席会议机制、集中统一管理与协同管理机制的主体及相应职责，建立了联合保护机制和省际协作保护机制，以及明确实行特许经营制度等内容。第二，规划建设方面，武夷山国家公园规划分为总体规划和专项规划。编制规划应当遵循生态规律，实现生态保护示范要求，注重体现国家公园生态系统区域分布特点。按照生态系统功能、保护目标和利用价值将武夷山国家公园划分为特别保护区、严格控制区、生态修复区和传统利用区，各功能区实行差别化保护管理。第三，资源保护方面，武夷山国家公园实行整体系统保护与分区分类保护相结合。建立健全生态环境监测评价体系，建立信息资源共享和会商分析机制，建立生物多样性保护、基地完善生态补偿等机制。第四，利用管理上，对于营利性服务项目实行特许经营制度，对于园内茶园面积实行总量控制，组织和引导原住居民按照要求发展特色产业，健全安全保障制度，建立健全突发事件应急机制等。第五，社会参与方面，依法设立武夷山国家公园基金，建立完善志愿者服务保障制度，建立高校和科研机构参与合作机制和专家咨询制度。

（三）神农架国家公园立法的主要内容

2017年11月29日，湖北省人大常委会通过《神农架国家公园保护条例》。与《三江源国家公园条例》和《武夷山国家公园条例（试行）》的条例名称不同，该条例使用了"保护"一词。

在管理体制上，该条例着重厘清省政府与神农架林区人民政府、神农架林区人民政府与国家公园管理机构、国家公园管理机构与其他自然保护地管理机构的三组关系。具体而言，省人民政府建立国家公园管理联席会议制度，研究制定国家公园管理制度和措施，统筹协调国家公园重大事项，研究解决国家公园管理和保护中的重大问题，其日常工作由省发改委承担。神农架国家公园管理机构履行神农架国家公园行政管理职责和资源环境综合执法职责，统一履行园内现有的各类自然保护地的管理职责。林区人民政府履行神农架国家公园内经济社会发展综合协调、公共服务、社会管理、市场监管等职责。

在规划和分区上，体现了"科学规划、分区合理"的特点。一是明确编制神农架国家公园规划应当符合全国生态功能区划、国家和省主体功能区规划，与土地利用规划和城乡规划等空间规划相衔接，严守资源环境生态红线。二是按照生态功能和保护目标,划分为严格保护区、生态保育区、游憩展示区和传统利用区。三是实行严格规划建设管控,除不损害生态系统的生产生活设施改造和自然观光、科研、教育、旅游外,禁止其他开发建设活动。

在资源保护上,对神农架国家公园内的自然资源、人文资源和其他需要保护的资源进行规定,包括建立自然资源和人文资源调查制度、做好自然资源资产的确权登记工作、建立巡护制度和监测预警制度、加强生物多样性保护和文化遗产保护等工作、建立健全国家公园科研机制等。

在服务和监管一章,《神农架国家公园保护条例》在不违背国家公园的生态保护目的的前提下,规定了国家公园可以开展的服务活动。

在社会参与上,除公众参与制度、信息公开制度等传统的社会参与方式外,还鼓励国家公园管理机构与当地乡镇人民政府和村(居)民委员会建立社区共管共建机制,通过联户参与、签订管护协议等形式,协助开展自然资源保护工作;设置生态管护公益岗位,优先聘用当地园内居民;建立国家公园志愿者制度;建立决策咨询合作机制和国家公园社会监督机制等。

(四)地方立法经验总结

1. 管理体制

《建立国家公园体制总体方案》提出,到2020年,分级统一的管理体制基本建立。2018年3月17日,第十三届全国人大第一次会议通过了关于国务院机构改革方案的决定,组建国家公园林业和草原局,加挂国家公园管理局的牌子,由自然资源部进行管理。已出台的地方性法规基本都规定了联席会议或协调机制,研究制定国家公园管理制度和措施,统筹协调国家公园规划、特许经营等重大事项,研究解决国家公园管理和保护中的重大问题。此外,均设立了专门的国家公园管理机构并规定了相应职责。国家公园管理机构的职责主要有两个层次:一是行政管理权,即统一履行国家公园内生态保护、自然资源资产管理、特许经营管理、社会参与管理、宣传推介等行政管理职责;二是行政执法权,即在国家公园范围内履行资源环境综合执法职责,依法集中行使行政处罚权。而国家公园内的经济社会发展综合协调、公共服务、社会管理和市场监管等职责则由地方人民政府履行,职责区分相对明确。

2. 分区管理制度

国家公园属于全国主体功能区划中的禁止开发区域,纳入全国生态保护红线区域管控范围。在功能分区上,各个试点国家公园的方法和规定略有不同。《神农架国家公园保护条例》将神农架国家公园按照生态功能和保护目标,划分为严格保护区、生态保育区、游憩展示区和传统利用区。其中,严格保护区是神农架国家公园内自然生态系统最完整、核心资源集中分布以及自然环境脆弱的区域,采取封禁和自然恢复的方式保护,除科学研究需要外,禁止任何人进入;生态保育区是神农架国家公园内维持较大面积的原生生态系统以及已遭到一定程度破坏而需要修复的区域,采取必要的生物措施予以保护;游憩展示区是集中承担国家公园游憩、展示、科普、教育等功能的区域;传统利用区是生产和生活的区域,允许对自然资源进行可持续性利用。武夷山国家公园则按照生态系统功能、保护目标和利用价值划分为特别保护区、严格控制区、生态修复区和传统利用区。其中,特别保护区为保护自然状态的生态系统、生物进化进程以及珍稀、濒危动植物的集中分布区域;严格控制区为保护具有代表性和重要性的自然生态系统、物种和遗迹的区域;生态修复区是向公众进行自然生态教育和遗产价值展示的区域。三江源国家公园则被划分为核心保育区、生态保育修复区、传统利用区等不同功能区。核心保育区以强化保护和自然恢复为主;生态保育修复区以中低盖度草地的保护和修复为主,实施必要的人工干预保护和恢复措施;传统利用区适度发展生态畜牧业,合理控制载畜量,保持草畜平衡。

3. 特许经营制度

特许经营制度作为国家公园游憩功能的一大体现,受到了地方性法规的相应重视与关注。《云南省国家公园管理条例》对国家公园内特许经营项目及其确定、形式开展、转让及收入用途等都进行了法律规制。《神农架国家公园保护条例》规定国家公园游憩展示区内生态体验、交通、住宿、餐饮、商店及文化产业等经营项目试行特许经营,不得进行整体转让、垄断经营。《武夷山国家公园条例(试行)》规定武夷山国家公园内的九曲溪竹筏游览、环保观光车、漂流等营利性服务项目实行特许经营制度,同时,禁止以特许经营名义将公益性项目和经营项目整体转让、垄断经营。

4. 原住居民权益保护制度

《建立国家公园体制总体方案》规定国家公园内重点保护区域内居民要逐步实施生态移民搬迁,其他区域内居民根据实际情况,实施生态移民搬迁或实行相对集中聚居。对此,国家公园地方性立法作了相应的规定予以落实。《神农架国家公园保护条例》规定,国家公园管理机构通过提供国家公园服务就业岗位、委托管理、产业转移、扶持集体经济发展项目等形式支持社区发展。省人民政府应当制定政策措施,采取定向援助、产业调整、生态移民等方式,支持神农架国家公园内居民改善生产条件、提高生活水平。《武夷山国家公园条例(试行)》规定,国家公园所在地县级以上地方人民政府应当采取定向援助、产业转移、社区共建等方式,鼓励和引导当地社区居民参与国家公园的保护和管理,合理利用自然资源、人文资源,帮助社区居民改善生产、生活条件,促进社区经济社会协调发展。《三江源国家公园条例》规定,国家公园管理机构应当会同所在地人民政府组织和引导园区内居民发展乡村旅游服务业、民族传统手工业等特色产业,开发具有当地特色的绿色产品,实现居民收入持续增长。

第二节 长江保护法

一、长江流域立法背景

(一)立法基础——长江流域概况

2016年1月,习近平总书记在重庆召开的"推动长江经济带发展座谈会"上强调,"长江拥有独特的生态系统,是我国重要的生态宝库。当前和今后相当长一个时期,要把修复长江生态环境摆在压倒性位置,共抓大保护,不搞大开发。"长江经济带横跨我国东中西三大区域,具有独特优势和巨大发展潜力。长江经济带覆盖上海、江苏、浙江、安徽、江西、湖北、湖南、重庆、四川、云南、贵州等11个省市,面积约205万平方千米,人口和生产总值均超过全国的40%。作为我国人口集聚最多、经济体量最大、发展潜力最强的巨型流域经济带之一,长江经济带发挥着保障全国总体生态功能格局安全稳定的全局性作用。[1] 作为中华民族永续发展的重要支撑,推动长江经济带发展走生态优先、绿色发展之路,建设成"我国生态文明建设的先行示范带、创新驱动带、协调发展带",对协调区域发展、培育增长功能、建设生态文明、优化空间结构具有重要的战略支撑作用,意义非凡。

长江流域的气候、自然地理、资源环境特点和在我国经济社会结构中的地位决定了长江的问题常常具有全局性影响。第一,长江流域具有"一方水土养一方人"的经济特性和人文特性,长江流域文明是必须高度重视的社会文化现象。长江流域横跨东中西三大区域,范围最广;长江流域具有独特的生态系统,具有重要的水土保持、洪水调蓄等复杂功能,是生态安全屏障区;长江流域资源丰富,对国民经济和社会发展全局的战略支撑地位和作用不可替代;长江流域内各区域间经济社会发展水平差异大,不同程度的文明形态并存。第二,长江流域人口众多、产业规模巨大、城市体系完整,但区域发展不平衡,各种利益复杂交织、高度密集。经过多年的开发利用,长江流域生态系统岌岌可危,各种环境污染和生态破坏后果与人类开发利用行为既具有因果性也具有多线性。依靠土地占用、高

---

[1] 参见罗来军、文丰安:《长江经济带高质量发展的战略选择》,载《改革》2018年第6期。

耗水高耗能等增量扩展的发展模式仍然占主导地位,一些大城市人口增长过快,资源环境超载问题突出,长江经济带传统产业产能过剩矛盾依然严峻,转型发展任务艰巨。①

（二）长江流域保护立法进程

2018年12月31日,经国务院批准,生态环境部、国家发展改革委联合印发《长江保护修复攻坚战行动计划》,明确提出长江保护修复的工作目标是"通过攻坚,长江干流、主要支流及重点湖库的湿地生态功能得到有效保护,生态用水需求得到基本保障,生态环境风险得到有效遏制,生态环境质量持续改善"。在"保障措施"中明确要强化长江保护法律保障,"推动制定出台长江保护法,为长江经济带实现绿色发展,全面系统解决空间管控、防洪减灾、水资源开发利用与保护、水污染防治、水生态保护、航运管理、产业布局等重大问题提供法律保障。"

2019年3月9日,全国人大环境与资源保护委员会委员程立峰在回答记者问时明确表示,长江保护法作为十三届全国人大常委会立法规划的一类项目,已被列入2019年全国人大常委会立法工作计划并已启动立法工作,成立了长江保护法立法工作领导小组,制定并通过了其立法工作方案。②《长江保护法》的制定由此进入"快车道"。历经三次审议,我国首部流域保护法——《长江保护法》于2020年12月26日经第十三届全国人大常委会第二十四次会议表决通过,于2021年3月1日起施行。这是贯彻落实习近平生态文明思想"最严法治观"的最有效措施,对于加强长江流域生态环境保护和修复,促进资源合理高效利用,保障生态安全,实现人与自然和谐共生、中华民族永续发展具有重大而深远的意义。

二、长江保护立法内容

《长江保护法》内容包括总则、规划与管控、资源保护、水污染防治、生态环境修复、绿色发展、保障与监督、法律责任和附则,共九章96条。

---

① 2014年9月,国务院发布《关于依托黄金水道推动长江经济带发展的指导意见》时,长江沿岸已经分布有五大钢铁基地、七大炼油厂以及四十多万家化工企业,规模以上入河排污口就有6000多个。2012年水利部水资源公告数据披露,全国废污水排放总量785亿吨,其中近400亿吨排入长江——几乎相当于一条黄河的污水排进了长江,形成了近600千米的岸边污染带。参见杜铭:《从大开发到大保护是历史进步》,载《经济日报》2016年1月19日第13版。

② 参见《程立峰:长江保护法纳入2019年全国人大常委会立法工作计划》,http://lianghui.people.com.cn/2019npc/n1/2019/0309/c425476-30966434.html,2022年4月20日访问。

(一) 立法目的、价值目标和基本原则

长江流域是指由长江干流、支流和湖泊形成的集水区域所涉及的青海省、四川省、西藏自治区、云南省、重庆市、湖北省、湖南省、江西省、安徽省、江苏省、上海市,以及甘肃省、陕西省、河南省、贵州省、广西壮族自治区、广东省、浙江省、福建省的相关县级行政区域。在上述长江流域开展生态环境保护和修复以及各类生产生活、开发建设活动,应当遵守《长江保护法》的相关规定。

《长江保护法》作为保护长江流域的专门立法,在第1条中就明确了其立法目标,即加强长江流域生态环境保护和修复,促进资源合理高效利用,保障生态安全,实现人与自然和谐共生、中华民族永续发展。其中,生态安全是基础价值,和谐共生是基本价值,永续发展是根本价值。首先,生态安全是指生态系统的健康和完整情况,尤其是指生存与发展的不良风险最小以及不受威胁的状态,作为《长江保护法》的首要价值,生态安全既是对总体国家安全观的贯彻,也是保护长江流域生态系统健康完整的迫切现实需要。其次,人与自然的和谐共生是判断生活用水、生产用水、生态用水秩序,长江上下游、左右岸关系处理准则,以及不同地区、行业、部门利益协调程序的价值标准。人与人之间的和谐关系是人与自然和谐共生的前提,通过立法统筹自然环境的多重价值与功能,协调多元利益诉求,从而促进人与人的和谐发展,是实现人与自然和谐发展、保证长江流域生态安全的重要途径。最后,绿色是永续发展的必要条件和人民对美好生活追求的重要体现,绿色发展与创新、协调、开放、共享等新发展理念相互支撑、相互依存,只有将生态文明建设融入经济建设、政治建设、社会建设、文化建设全过程和各环节,才能实现永续发展,从而增强人民的获得感、幸福感、安全感,确保对长江流域开发利用和保护的利益成为人民群众最普惠的福祉。因此,将永续发展作为根本价值,促进长江经济带建设与水资源、水环境承载能力相协调,建立最严格的生态环境保护制度、资源开发利用制度,是实现长江流域的可持续发展,满足当代和未来世世代代的人对美好生活的向往的最佳选择。[①]

在基本原则方面,《长江保护法》分别确立了流域经济社会发展和长江保护两个方面的原则,即长江流域经济社会发展应当坚持生态优先、绿色发展,共抓大保护、不搞大开发;长江保护应当坚持统筹协调、科学规划、创新驱动、系统治理。其中,"生态优先原则"是指,在长江流域治理中必须把流域生态安全摆在基础性、优先性的战略地位,把保护长江流域的生态环境放在一切工作中的压倒性位置。尤其是当经济发展与生态环境保护发生冲突时,优先考虑流域生态环境

---

① 参见吕忠梅:《〈长江保护法〉适用的基础性问题》,载《环境保护》2021年第Z1期。

保护的需要,以确保实现长江流域的永续发展,形成"保护生态环境就是保护生产力,改善生态环境就是发展生产力"的广泛共识,全面推动长江经济带形成节约资源和保护环境的空间格局、产业结构、生产方式和生活方式。[①] 绿色发展是在传统发展基础上的生产方式和生活方式的重大变革,是建立在生态环境容量和资源承载力的约束条件下,将环境保护作为实现可持续发展重要支柱的一种新型发展模式。绿色发展原则是指,长江流域生态环境保护和经济发展不是矛盾对立的关系,而是辩证统一的关系。长江流域生态环境保护的成败,取决于长江流域经济结构和经济发展方式的转换与升级。[②] "共抓大保护、不搞大开发"原则比起更强调未来和方向路径的"生态优先、绿色发展"原则,更侧重当前和策略方法。"不搞大开发"不是不搞大的发展,而是不搞破坏性开发,科学、有序地发展。此外,还应当深刻把握共抓大保护、不搞大开发和生态优先、绿色发展的内涵,共抓大保护和生态优先讲的是生态环境保护问题,是前提;不搞大开发和绿色发展讲的是经济发展问题,是结果。[③]

"统筹协调、系统治理"原则首先解决了传统生态环境行政管理体制中"九龙治水""各自为政"的困局,为"共抓大保护、不搞大开发"提供了体制机制依据。其次,长江流域涉及的不同省份、区域,上下游、左右岸,不同行业、不同部门的发展目标不同、功能诉求各异,该项原则的确立能够将不同主体、不同利益诉求纳入统一的法律制度进行调整,形成协同、协调的法律机制。最后,"统筹协调、系统治理"原则充分考虑了长江流域自然要素与社会要素复合交融的特点,以及其生态系统与其他系统的关联性、与经济社会发展的同构性、流域开发利用与保护管理的特殊性等多种因素,为摒弃"头痛医头、脚痛医脚"的治理模式,促进"生态优先、绿色发展"新发展格局的形成提供了科学的法律方法和手段,有助于系统性法律制度的建立,从而实现流域治理体系与治理能力的现代化。[④]

(二) 管理体制

《长江保护法》在我国立法中开创性地建立了长江流域协调机制、长江流域地方协作机制等多层次流域统筹协调机制,即按照全流域统一管理要求,将流域作为一个独立管理单元,遵循"统筹协调、系统治理"原则确立流域治理保护相关事权,将"九龙治水"变为"一龙管江"。

国家建立长江流域协调机制,统一指导、统筹协调长江保护工作,审议长江

[①] 参见吕忠梅等:《长江流域立法研究》,法律出版社2021年版,第93页。
[②] 同上书,第95页。
[③] 参见习近平:《在深入推动长江经济带发展座谈会上的讲话》,载《求是》2019年第17期。
[④] 参见吕忠梅:《〈长江保护法〉适用的基础性问题》,载《环境保护》2021年第Z1期。

保护重大政策、重大规划,协调跨地区跨部门重大事项,督促检查长江保护重要工作的落实情况。国家长江流域协调机制应当:(1)统筹协调国务院有关部门在已经建立的台站和监测项目基础上,健全长江流域生态环境、资源、水文、气象、航运、自然灾害等监测网络体系和监测信息共享机制;(2)设立专家咨询委员会,组织专业机构和人员对长江流域重大发展战略、政策、规划等开展科学技术等专业咨询;(3)统筹协调国务院有关部门和长江流域省级人民政府建立健全长江流域信息共享系统;(4)统筹协调国务院自然资源、水行政、生态环境、住房和城乡建设、农业农村、交通运输、林业和草原等部门和长江流域省级人民政府制定长江流域河湖岸线修复规范,确定岸线修复指标。

国务院生态环境、自然资源、水行政、农业农村和标准化等有关主管部门按照职责分工,建立健全长江流域水环境质量和污染物排放、生态环境修复、水资源节约集约利用、生态流量、生物多样性保护、水产养殖、防灾减灾等标准体系。长江流域相关地方根据需要在地方性法规和政府规章制定、规划编制、监督执法等方面建立协作机制,协同推进长江流域生态环境保护和修复。

国务院有关部门和长江流域县级以上地方人民政府及其有关部门按照职责分工,应当:(1)组织完善生态环境风险报告和预警机制,建立健全长江流域突发生态环境事件应急联动工作机制,加强对长江流域发生的突发生态环境事件的应急管理;(2)组织开展长江流域建设项目、重要基础设施和产业布局相关规划等对长江流域生态系统影响的第三方评估、分析、论证等工作;(3)在国家长江流域协调机制的统筹协调下,按照规定共享长江流域生态环境、自然资源以及管理执法等信息;(4)加强长江流域生态环境保护和绿色发展的宣传教育;(5)采取措施,保护长江流域历史文化名城名镇名村,加强长江流域文化遗产保护工作,继承和弘扬长江流域优秀特色文化。

(三)主要制度内容

1. 规划与管控

规划是流域治理的龙头,各种利益冲突、功能冲突的背后是规划之间的冲突与交错。[①] 鉴于长江流域各级、各类规划众多,关键是要建立一套完备的规划制度体系,通过编制和实施的各类、各级规划相互协调、相互配合,形成流域治理的合力。为此,《长江保护法》从以下方面重点进行了立法设计:第一,建立以国家发展规划为统领,以空间规划为基础,以专项规划、区域规划为支撑的长江流域规划体系。第二,国务院自然资源主管部门会同国务院有关部门组织编制长江

---

① 参见吕忠梅等:《长江流域立法研究》,法律出版社2021年版,第107页。

流域国土空间规划,科学有序统筹安排长江流域生态、农业、城镇等功能空间,划定生态保护红线、永久基本农田、城镇开发边界,优化国土空间结构和布局,统领长江流域国土空间利用任务,报国务院批准后实施。第三,长江流域县级以上地方人民政府自然资源主管部门依照国土空间规划,对所辖长江流域国土空间实施分区、分类用途管制。第四,国家长江流域协调机制统筹协调国务院自然资源、水行政、生态环境、住房和城乡建设、农业农村、交通运输、林业和草原等部门和长江流域省级人民政府划定河湖岸线保护范围,制定河湖岸线保护规划,严格控制岸线开发建设,促进岸线合理高效利用。

2. 资源保护

为了加强长江流域生态资源保护,《长江保护法》除了全面规定水资源的保护与利用、水安全、水生态等,还作出了以下规定:第一,国家统筹长江流域自然保护地体系建设。国务院和长江流域省级人民政府在长江流域重要典型生态系统的完整分布区、生态环境敏感区以及珍贵野生动植物天然集中分布区和重要栖息地、重要自然遗迹分布区等区域,依法设立国家公园、自然保护区、自然公园等自然保护地。第二,重点保护珍贵、濒危水生野生动植物。国务院农业农村主管部门和长江流域县级以上地方人民政府应当制定长江流域珍贵、濒危水生野生动植物保护计划,对长江流域珍贵、濒危水生野生动植物实行重点保护。第三,开展长江流域水生生物完整性评价。国务院农业农村主管部门会同国务院有关部门和长江流域省级人民政府建立长江流域水生生物完整性指数评价体系,组织开展长江流域水生生物完整性评价,并将结果作为评估长江流域生态系统总体状况的重要依据。长江流域水生生物完整性指数应当与长江流域水环境质量标准相衔接。

3. 水污染防治

2017年6月27日修正的《水污染防治法》对于水污染防治有较为详细的制度设计,《长江保护法》在《水污染防治法》的基础上,针对长江水污染的特点,明确提出了以下五项要求:第一,控制总磷排放总量。对磷矿、磷肥生产集中的长江干支流,有关省级人民政府应当制定更加严格的总磷排放管控要求,有效控制总磷排放总量。第二,加强对固废的监管。禁止在长江流域河湖管理范围内倾倒、填埋、堆放、弃置、处理固体废物。长江流域县级以上地方人民政府应当加强对固体废物非法转移和倾倒的联防联控。第三,加强农业面源污染防治。长江流域农业生产应当科学使用农业投入品,减少化肥、农药施用,推广有机肥使用,科学处置农用薄膜、农作物秸秆等农业废弃物。第四,开展地下水重点污染源和环境风险隐患调查评估。长江流域县级以上地方人民政府应当组织对沿河湖垃圾填埋场、加油站、矿山、尾矿库、危险废物处置场、化工园区和化工项目等地下水重点污染源及周边地下水环境风险隐患开展调查评估,并采取相应风险防范和整治措施。第五,严格危化品运输的管控。禁止在长江流域水上运输剧毒化学品和国家规定禁止通过内河运输的其他危险化学品。

4. 生态环境修复

《长江保护法》第五章规定了"生态环境修复",明确"国家对长江流域生态系统实行自然恢复为主、自然恢复与人工修复相结合的系统治理"。在这一章中,立法主要规定了以下制度内容:(1)禁捕限捕制度。国家对长江流域重点水域实行严格捕捞管理。在长江流域水生生物保护区全面禁止生产性捕捞;在国家规定的期限内,长江干流和重要支流、大型通江湖泊、长江河口规定区域等重点水域全面禁止天然渔业资源的生产性捕捞。(2)需要展开生态环境修复工作的对象包括长江干流和重要支流的河湖水系,长江流域河湖岸线,三峡库区、丹江口库区等重点库区消落区,长江流域森林、草原、湿地,重点湖泊和富营养化湖泊,长江流域数量急剧下降或者极度濒危的野生动植物和受到严重破坏的栖息地、天然集中分布区、破碎化的典型生态系统,长江流域水生生物产卵场、索饵场、越冬场和洄游通道等重要栖息地,历史遗留矿山等。(3)建立野生动植物遗传资源基因库。国务院林业和草原、农业农村主管部门应当对长江流域数量急剧下降或者极度濒危的野生动植物和受到严重破坏的栖息地、天然集中分布区、破碎化的典型生态系统制定修复方案和行动计划,修建迁地保护设施,建立野生动植物遗传资源基因库,进行抢救性修复。(4)确定了多元共治原则。国家按照政策支持、企业和社会参与、市场化运作的原则,鼓励社会资本投入长江流域生态环境修复。

5. 绿色发展

第六章"绿色发展"共11条,在绿色生产方式的转型方面,作出了完善的制度设计。规定了一系列产业、行业、企业、园区等绿色转型和绿色发展的措施,具体包括:(1)首次以开发区为单位,建立了绿色发展评估机制。由国务院有关部门与省级政府作为评估主体对开发区开展绿色发展评估,评估内容涉及资源能源节约集约利用、生态环境保护等情况;评估结果具有一定的强制性效力,长江流域县级以上地方人民政府应当根据评估结果对开发区产业产品、节能减排措施等进行优化调整。(2)推进产业升级改造和清洁化改造,加快雨水自然积存、自然渗透、自然净化的海绵城市建设,编制并实施养殖规模和养殖密度科学的养殖水域滩涂计划,强化水产养殖投入品管理。(3)加强长江流域综合立体交通体系建设,完善港口、航道等水运基础设施,推动交通设施互联互通,实现水陆有机衔接、江海直达联运,提升长江黄金水道功能。(4)统筹建设船舶污染物接收转运处置设施、船舶液化天然气加注站,制定港口岸电设施、船舶受电设施建设和改造计划等。(5)加强对城乡居民绿色消费的宣传教育,并采取有效措施,支持、引导居民绿色消费。按照系统推进、广泛参与、突出重点、分类施策的原则,采取回收押金、限制使用易污染不易降解塑料用品、绿色设计、发展公共交通等措施,提倡简约适度、绿色低碳的生活方式。

(四)保障机制

1. 强化政府管理责任

(1)系统明确政府责任。通过对长江流域的规划布局、绿色发展战略、资源开发利用、资源保护、污染防治、生态环境修复、生态环境保护资金投入、生态保护补偿等方方面面的政府责任,进行全面系统的制度设计,加强长江流域山水林田湖草的系统治理,建立起全流域水岸协调、陆海统筹、社会共治的综合协调管理体系。

(2)明确地方政府考核制度。国家实行长江流域生态环境保护责任制和考核评价制度。上级人民政府应当对下级人民政府生态环境保护和修复目标完成情况等进行考核。

(3)建立约谈地方政府制度。国务院有关部门和长江流域省级人民政府对长江保护工作不力、问题突出、群众反映集中的地区,可以约谈所在地区县级以上地方人民政府及其有关部门主要负责人,要求其采取措施及时整改。

(4)规定政府向人大报告制度。国务院应当定期向全国人民代表大会常务委员会报告长江流域生态环境状况及保护和修复工作等情况。长江流域县级以上地方人民政府应当定期向本级人民代表大会或者其常务委员会报告本级人民政府长江流域生态环境保护和修复工作等情况。

2. 严格规定损害赔偿责任

《长江保护法》第93条规定:"因污染长江流域环境、破坏长江流域生态造成他人损害的,侵权人应当承担侵权责任。违反国家规定造成长江流域生态环境损害的,国家规定的机关或者法律规定的组织有权请求侵权人承担修复责任、赔偿损失和有关费用。"该条作为引致条款,衔接了《民法典》《环境保护法》《刑法》《民事诉讼法》等法律中的相关规定,为环境侵权私益诉讼、环境民事公益诉讼、环境行政公益诉讼、刑事诉讼以及生态环境损害赔偿诉讼等机制的适用提供了法律依据。

第三节 黄河保护法

一、黄河流域立法背景

黄河流域在我国经济社会发展和生态安全方面具有十分重要的地位,对维护国家和区域安全、保障国家和区域可持续发展具有重要作用。[①] 其一,黄河流域,是指黄河干流、支流和湖泊的集水区域所涉及的青海省、四川省、甘肃省、宁夏回族自治区、内蒙古自治区、山西省、陕西省、河南省、山东省的相关县级行政区域。黄河发源于青藏高原,流经九个省区,全长5464公里,是我国仅次于长江的第二大河。其二,黄河流域是连接青藏高原、黄土高原、华北平原的生态廊道,流经黄土高原水土流失区、五大沙漠沙地,拥有三江源、祁连山等多个国家公园和国家重点生态功能区,构成我国重要的生态屏障。其三,黄河流域是我国重要的经济地带,黄淮海平原、汾渭平原、河套灌区是农产品主产区,粮食和肉类产量占全国1/3左右;黄河流域还被称为"能源流域",煤炭、石油、天然气和有色金属资源丰富,煤炭储量占全国一半以上,是我国重要的能源、化工、原材料和基础工业基地。[②] 因此,黄河流域的生态环境治理对于实现高质量发展、建设美丽中国具有显著促进意义。

黄河是全世界泥沙含量最高、治理难度最大、水害严重的河流之一。[③] 长期以来,黄河流域农业无序生产、能源过度开发,造成了黄河流域生态系统脆弱、经济发展受阻等不利影响。2019年9月18日,习近平总书记在黄河流域生态保护和高质量发展座谈会上的讲话中强调,黄河流域生态保护和高质量发展是重大国家战略,其当前仍面临洪水风险、生态环境脆弱、水资源保障形势严峻、发展质量有待提高等突出困难和问题,应当"共同抓好大保护,协同推进大治理,着力加强生态保护治理、保障黄河长治久安、促进全流域高质量发展、改善人民群众生活、保护传承弘扬黄河文化"。[④]

黄河流域生态保护和高质量发展被确立为重大国家战略这一时代背景,直接推动了黄河保护立法进程。2021年10月8日,中共中央、国务院印发了《黄河流域生态保护和高质量发展规划纲要》,明确要求强化法治保障,"适时启动立

---

① 参见王金南:《黄河流域生态保护和高质量发展战略思考》,载《环境保护》2020年第Z1期。
② 参见习近平:《在黄河流域生态保护和高质量发展座谈会上的讲话》,载《求是》2019年第20期。
③ 参见《黄河流域生态保护和高质量发展规划纲要》。
④ 参见习近平:《在黄河流域生态保护和高质量发展座谈会上的讲话》,载《求是》2019年第20期。

法工作,将黄河保护治理中行之有效的普遍性政策、机制、制度等予以立法确认。在生态保护优先的前提下,以法律形式界定各方权责边界、明确保护治理制度体系,规范对黄河保护治理产生影响的各类行为"。2021年12月20日,《黄河保护法(草案)》首次提请全国人大常委会会议审议;2022年10月30日,《黄河保护法》于第十三届全国人大常委会第三十七次会议表决通过,成为继《长江保护法》之后的又一项流域性综合立法。《黄河保护法》的颁布使得黄河流域生态保护和高质量发展有法可依,对于贯彻落实习近平生态文明思想和习近平法治思想,实现人与自然和谐共生,具有重大意义。

二、黄河保护立法内容

《黄河保护法》体现了流域作为自然地理单元和社会经济发展载体的共性,同时以黄河保护主要矛盾为导向,充分总结黄河保护工作经验,针对其个性特征全面而具体地进行了法律规定,是全面推进国家"江河战略"法治化的标志性立法。内容包括总则、规划与管控、生态保护与修复、水资源节约集约利用、水沙调控与防洪安全、污染防治、促进高质量发展、黄河文化保护传承弘扬、保障与监督、法律责任和附则,共11章122条。

(一)立法目的和基本原则

《黄河保护法》以"加强黄河流域生态环境保护,保障黄河安澜,推进水资源节约集约利用,推动高质量发展,保护传承弘扬黄河文化,实现人与自然和谐共生、中华民族永续发展"为立法目的;首次在生态环境保护立法中明确"坚持中国共产党的领导"的根本原则,强调重在保护、要在治理,加强污染防治,贯彻生态优先、绿色发展,量水而行、节水为重,因地制宜、分类施策,统筹谋划、协同推进的原则。

在上述立法目的和基本原则的指导下,黄河保护立法针对黄河流域生态脆弱的问题,以促进高质量发展为目标,更加突出"保护优先"的立法定位和理念,在结构安排上,将"生态保护与修复""水资源节约集约利用""水沙调控与防洪安全"置于"污染防治"一章之前,落实了"重在保护、要在治理"的要求。

(二)管理体制

《黄河保护法》沿用了国家流域协调机制、省际合作协同机制,建立了黄河流域生态保护和高质量发展统筹协调机制,全面指导、统筹协调黄河流域生态保护和高质量发展工作,审议黄河流域重大政策、重大规划、重大项目等,协调跨地区跨部门重大事项,督促检查相关重要工作的落实情况。并且,在国家机制层面进一步明确了黄河流域管理机构、黄河流域生态环境监督管理机构的流域统一治理管理的职能,即国务院水行政主管部门黄河水利委员会及其所属管理机构,依法行使流域水行政监督管理职责,为黄河流域统筹协调机制相关工作提供支撑保障;国务院生态环境主管部门黄河流域生态环境监督管理机构依法开展流域生态环境监督管理相关工作。在省际协作机制上,依托被实践证明行之有效的"河湖长制",建立省际河湖长联席会议制度。形成了"重大事项国家统筹+重点事项流域机构统管+相关事项省际协调合作"的流域治理管理新机制,进一步提升了流域治理管理的系统性和整体性。

(三)主要制度内容

1. 规划与管控

第一,国家建立以国家发展规划为统领,以空间规划为基础,以专项规划、区域规划为支撑的黄河流域规划体系,发挥引领、指导和约束作用;国务院发展改革部门会同有关部门编制黄河流域生态保护和高质量发展规划,国务院自然资源主管部门会同有关部门组织编制黄河流域国土空间规划,报国务院批准后实施;国务院水行政主管部门会同有关部门和黄河流域省级人民政府,依法编制黄河流域综合规划、水资源规划、防洪规划等。

第二,国家对黄河流域国土空间严格实行用途管制。黄河流域县级以上地方人民政府自然资源主管部门依据国土空间规划,对本行政区域黄河流域国土空间实行分区、分类用途管制;黄河流域省级人民政府根据本行政区域的生态环境和资源利用状况,制定生态环境分区管控方案和生态环境准入清单。同时,《黄河保护法》要求对黄河流域水电开发进行科学论证,建立水资源、水沙、防洪防凌综合调度体系。

2. 生态保护与修复

根据黄河流域不同区域生态保护修复要求,《黄河保护法》规定了生态修复规划、水土流失评估和防治、淤地坝建设管理、黄河入海河口整治规划、生态流量和生态水位管控、自然保护地体系建设、水生生物完整性评价、重点水域禁渔期等制度措施。

3. 水资源节约集约利用

国家对黄河水量实行统一配置、统一调度,制定地下水取水总量控制、取水许可、水资源差别化管理、强制性用水定额管理、高耗水产业准入负面清单和淘汰类高耗水产业目录等制度措施,同时建立促进节约用水的水价体系,支持推进污水资源化利用等。

4. 水沙调控与防洪安全

为保障黄河安澜,《黄河保护法》要求建立水沙调控和防洪减灾工程体系、实行水沙统一调度制度,明确了防洪防凌调度、滩区防洪管理、河道综合治理、河道采砂规划和许可、重点水库库区管理,以及统筹防洪和排涝工作等制度措施。

5. 污染防治

国家加强农业面源污染、工业污染、城乡生活污染等的综合治理、系统治理、源头治理,推进重点河湖环境综合整治,规定了黄河流域水环境质量标准、水污染物排放标准、流域重点污染物排放总量控制、排污口监管、土壤和地下水污染防治、新污染物管控和治理等制度措施。

6. 促进高质量发展

为落实推动黄河流域高质量发展的目标任务,《黄河保护法》第七章"促进高质量发展"明确坚持新发展理念,规定了城乡融合、城市承载能力和公共服务能力建设、美丽乡村建设、产业结构和布局调整、基础设施完善、现代农业服务业发展、科技创新等制度措施。

7. 黄河文化保护传承弘扬

为落实推进黄河文化遗产系统保护的要求,《黄河保护法》规定了黄河文化保护传承弘扬规划、黄河文化资源调查和数据共享、文化遗产保护、公共文化服务、文化产业发展等制度措施。

(四)保障机制

第一,加大对黄河流域生态保护和高质量发展的财政投入,实行有利于环境保护和资源节约的税收政策,发展绿色金融产品。

第二,建立健全生态保护补偿制度,对黄河流域生态功能重要区域予以补偿,引导和支持地方人民政府之间通过资金补偿、产业扶持等多种形式展开横向生态保护补偿,鼓励社会资金设立市场化运作的黄河流域生态保护补偿基金。

第三,实行黄河流域生态保护和高质量发展责任制和考核评价制度以及约谈制度;公开黄河保护工作相关信息,完善公众参与程序,为单位和个人参与和监督黄河保护工作提供便利;加强相关行政主体自身监管能力建设,提高科技化、信息化水平,建立执法协调机制,开展司法协作。

第四节　湿地保护法

一、湿地概述

湿地是地球上水陆相互作用形成的独特生态系统,与森林、海洋并称为全球三大生态系统。其特殊的水文状况、陆地和水域生态系统交错带作用可具体表现为涵养水源、净化水质、调蓄洪水、控制土壤侵蚀、补充地下水、改善环境、调节气候、维持碳循环和维护生物多样性等重要生态功能,发挥着巨大的生态效益。同时,为人类的生产、生活提供饮水、食物来源,为人类多种工农业生产提供原料、能源材料等,发挥着重要的经济效益;在改善人居环境、提供生态旅游娱乐场所、增进公众身心健康方面具有独特的社会效益。基于湿地不可替代的功能和作用,保护湿地是有意义而且必要的。

(一) 湿地的定义

湿地因对自然和人类产生的水和废弃物具有天然接收器的作用而被形象地称为"地球之肾",可通过构筑一道防御自然灾害的屏障,提高应对全球气候变化消极影响的能力,以发挥其"气候调节器"的作用。[①] 根据1971年签署于伊朗的《关于特别是作为水禽栖息地的国际重要湿地公约》(以下简称《湿地公约》),湿地是指"天然或人工、永久或暂时的沼泽地、泥炭地或水域地带,带有静止或流动的淡水、半咸水或咸水水体,包括低潮时水深不超过6米的海水区域"[②]。《湿地保护管理规定》第2条规定,湿地是指"常年或者季节性积水地带、水域和低潮时水深不超过6米的海域,包括沼泽湿地、湖泊湿地、河流湿地、滨海湿地等自然湿地,以及重点保护野生动物栖息地或者重点保护野生植物原生地等人工湿地"。《湿地保护法》在《湿地公约》和《湿地保护管理规定》的定义基础上,于第2条第2款作出规定:"本法所称湿地,是指具有显著生态功能的自然或者人工的、常年或者季节性积水地带、水域,包括低潮时水深不超过六米的海域,但是水田以及用于养殖的人工的水域和滩涂除外。"湿地定义和保护范围的明晰有助于各方对湿地及其受保护情况的判定,是开展湿地保护工作的必要前提。

(二) 我国湿地保护概况

2021年8月25日公布的《第三次全国国土调查主要数据公报》显示,我国拥有2346.93万公顷湿地,这些湿地有的通过划入各类自然保护区、公园、湖泊水体、水源涵养区域进行管理,还有的在土地利用分类中被归入红树林地、沿海滩涂和沼泽地等。我国是世界上湿地类型齐全、分布广泛、生物多样性最丰富的国家之一,湿地面积居亚洲第一位、世界第四位。根据我国湿地资源的现状以及

[①] 参见梅宏:《滨海湿地保护法律问题研究》,中国法制出版社2014年版,第9页。
[②] Convention on Wetlands of International Importance especially as Waterfowl Habitat, https://www.ramsar.org/sites/default/files/documents/library/current_convention_text_e.pdf. 该公约全文共12条,其中第1条明确了保护对象及其概念界定,第2—5条集中规定了保护湿地的多种途径和手段,第6—12条则规定了相应的机构设置、财务以及公约的签署、生效等程序性事项。该公约以湿地保护与合理利用为核心理念,以可持续发展为指导思想。

《湿地公约》对湿地的分类系统,目前我国湿地主要类型包括滨海湿地、河流湿地、湖泊湿地、沼泽湿地以及人工湿地共五大类37型,①具有类型齐全、数量较大、分布较广、区域差异显著等特点。截至2020年12月,我国共有国际重要湿地64处、国家重要湿地29处、省级重要湿地811处,建立国家湿地公园899处。

我国政府于1992年7月加入《湿地公约》之后,高度重视湿地保护工作,采取了一系列保护管理措施。第一,成立了专门的湿地保护管理机构。1998年国务院机构改革后,国家林业局负责组织、协调全国湿地保护和有关国际公约的履约工作,农业部、水利部负责各自职责范围内与湿地保护利用管理相关的工作。2005年11月,国家林业局成立湿地保护管理中心,承担组织、协调全国湿地保护和有关国际公约履约的具体工作。第二,国家出台了多项湿地保护政策。2004年,国务院办公厅颁布《关于加强湿地保护管理工作的通知》,将湿地保护纳入各级政府重要议事日程;同年,为加强对湿地和野生动植物保护管理实施监督,国家林业局下发了《关于加强对湿地和野生动植物保护管理情况实施监督的通知》。2005年,国家林业局发布《关于做好湿地公园发展建设工作的通知》,要求在不具备建立自然保护区条件的湿地区域,也要因地制宜,采取建立湿地公园等形式,加强保护管理,扩大湿地面积,提高保护成效。2016年国务院办公厅印发《湿地保护修复制度方案》,旨在全面保护湿地,强化湿地利用监管,推进退化湿地修复,提升全社会湿地保护意识,为建设生态文明和美丽中国提供重要保障。2018年国务院为切实提高滨海湿地保护水平,严格管控围填海活动,发布《关于加强滨海湿地保护严格管控围填海的通知》。第三,制定了与湿地保护有关的国家规划。② 我国政府把湿地保护与合理利用列入《中国21世纪议程》《中国生物多样性保护行动计划》的优先发展领域,也将湿地保护和合理利用的内容分别纳入了《全国生态环境建设规划》《国家环境保护"十一五"规划》《国家环境保护"十二五"规划》《"十三五"生态环境保护规划》。并且,颁布了一系列以湿地为专门保护对象的规划。如2000年的《中国湿地保护行动计划》是我国政府第一次就湿地保护发表政府声明,明确指出要采取多种形式加快推进自然湿地的抢救性保护;《全国湿地保护工程规划(2004—2030年)》打破部门界限、管理界限和地域界限,明确了我国湿地保护中长期阶段工作的指导原则、任务目标、建设布局和重点工程等,标志着我国湿地保护事业逐步走向规范化管理和科学可

---

① 参见《中国湿地类型》,http://riw.caf.ac.cn/info/1149/1690.htm,2022年4月20日访问。
② 参见张蕾、夏郁芳等编著:《中国湿地保护和利用法律制度研究》,中国林业出版社2009年版,第16—18页。

持续利用的轨道;《全国湿地保护工程实施规划(2005—2010年)》确立了湿地保护建设的目标、任务和具体措施,强调以保护与恢复工程为重点,加强对自然湿地的保护监管。

二、湿地保护立法沿革

(一) 诸多立法文件中明确提及"湿地"一词

随着国家对湿地保护重视程度的提高,湿地逐渐被作为专门保护对象纳入法律调整范围。1994年《自然保护区条例》规定,对于具有特殊保护价值的湿地,应当建立自然保护区。这是"湿地"作为一个概念首次出现在我国立法文件中,明确通过建立自然保护区这一措施达到保护湿地的目的。以《自然保护区条例》为依据和基础,国家海洋局于1995年制定并发布了《海洋自然保护区管理办法》,要求对湿地进行特殊保护和管理。1999年修订的《海洋环境保护法》强调了对滨海湿地生态系统的保护,以及海洋自然保护区的建立。2002年修订的《农业法》规定,禁止围湖造田以及围垦国家禁止围垦的湿地。已经围垦的,应当逐步退耕还湖、还湿地。2008年修订的《水污染防治法》规定,根据保护饮用水水源的实际需要,建造湿地可以作为县级以上地方人民政府采取的生态保护措施之一,以防止水污染物排入饮用水水体,确保饮用水安全。2014年修订的《环境保护法》第2条将"湿地"作为新增列的环境要素列举在"环境"的定义中,通过环境领域基础性、综合性法律明确"湿地"为法律保护的对象。2015年修订的《大气污染防治法》第68条特别强调要扩大湿地面积,防治扬尘污染。2020年制定的《长江保护法》也多次提及"湿地",明确要求"加强对长江流域湿地的保护和管理,维护湿地生态功能和生物多样性",加大"受损湿地修复力度"。2021年出台的《乡村振兴促进法》也将加强湿地保护修复作为改善乡村生态环境的重要举措予以规定。

(二) 湿地保护管理专门立法文件的出台

在湿地保护的专门法律规范出台以前,从湿地保护的总体情况来看,行政管理体制混乱、保护管理工作存在较为严重的缺位;全国天然湿地数量迅速减少、湿地整体功能严重下降的趋势并未得到有效遏制;在城乡经济快速发展过程中,越来越多的湿地面临污水排放和污物倾倒造成的环境污染的威胁,生物多样性和湿地水质受到严重危害,进而导致了湿地生态系统本身的退化。湿地保护专门立法的缺乏,不仅使得"湿地"这一法律概念的内涵与外延不明确、法律规定对调整对象覆盖的范围不周全,而且使得规范和限制湿地开发利用行为缺乏充分的法律依据,这是导致我国湿地面积减少、功能减弱的最主要原因之一。此外,我国政府曾早在 1994 年编写的《中国 21 世纪议程》中就提出："加强湿地区保护,尤其是在世界湿地资源领域有着特殊重要性的湿地保护区的建设,建立相应的机构,制定法律法规,使湿地保护有法可依。"

2013 年 3 月,国家林业局颁布了《湿地保护管理规定》,这是我国第一部专门针对湿地保护管理的法律文件,后于 2013 年进行了修改。该规定在总结多年湿地保护管理实践经验的基础上,系统规定了林业主管部门进行湿地保护管理及履行国际湿地公约方面的职责和工作范围,对湿地保护管理工作的方针、方式以及工作程序等内容作出具体规范。虽然它只是国家林业局出台的部门规章,但对于我国湿地生态系统保护管理立法进程的推动和发展具有重要意义。具体包括以下几点:

第一,明确了湿地的法律概念。概念的准确性决定了法律所调整范围的边界。此前,"湿地"概念的不统一、不明确不仅导致某些重要湿地资源或功能无法得到国家法律的有效保护,也导致管理者在管理湿地资源的实际工作中难以把握管理对象的范围和边界,进而造成了根据实践经验制定针对性、有效性湿地保护管理法律措施的困难。

第二,完善了湿地的管理体制。管理体制顺畅,是相关部门之间形成良好交流协作关系、管理工作顺利展开的前提。湿地是由土地、水域、植物、动物以及微生物等要素有机结合的生态系统,因此应当对湿地保护管理体制进行全面、综合的考虑,适应湿地生态系统整体保护管理的要求。根据 1998 年国务院机构改革有关部门的职能划分以及"三定"方案的规定,国家林业局原则上负责组织、协调全国湿地保护和有关国际公约履约工作,国家环保总局负责监督检查湿地环境保护,农业部负责指导宜农湿地保护和管理的协调监督。但是在实际运行过程中,对"湿地"概念内涵和外延的认识不清晰、不统一,导致各行政主管部门在本部门管辖范围内对湿地资源独立行使管辖,国家林业局对湿地中除森林以外的其他各种资源并不享有管理权,必须在农业部、水利部、国土资源部等相关部门的大力配合下才能实现开发和保护湿地的各种设想和建议。[①] 部门利益之间的分歧和冲突使得国家林业局的组织协调工作难以有效执行。基于此种困境,《湿地保护管理规定》在第 4 条第 1 款明确规定:"国家林业局负责全国湿地保护工作的组织、协调、指导和监督,并组织、协调有关国际湿地公约的履约工作。"在不改变湿地资源要素分级管理体制的原有模式下,将林业主管部门确定为综合协

---

① 参见梅宏:《滨海湿地保护法律问题研究》,中国法制出版社 2014 年版,第 206 页;朱建国、王曦等编著:《中国湿地保护立法研究》,法律出版社 2004 年版,第 30 页。

调行政主管部门,便于其组织、协调、指导和监督湿地保护工作的展开。

第三,明确"保护"为核心目标。《湿地保护管理规定》第3条明确"保护优先"是国家对湿地实行的基本方针之一,主要出于以下两点:一是由于我国湿地长期以开发利用为主,已经导致湿地资源与环境的严重破坏,湿地破坏造成的经济损失已远远大于湿地开发产生的经济利益;二是虽然我国现行法律法规中包含了湿地保护的部分内容,但同时也存在鼓励开发被认为是"荒芜"土地的湿地资源的条款,由于历史条件的限制,其内容仍以强调湿地资源的开发利用为主,虽然有"合理利用"的要求,但是仍然对湿地保护构成了实际的潜在威胁。[①] 因此,《湿地保护管理规定》确立了"保护"目标的优先位序,置于"合理利用"方针之前,表明了湿地管理应当由以往偏重资源开发利用转向对湿地资源的合理保护,在有效保护湿地资源的前提下,有节制地、合理地对湿地进行利用。

第四,确立了湿地分级管理制度和湿地资源调查与规划编制制度。《湿地保护管理规定》于第12—14条提出根据湿地的重要程度、生态功能等对湿地划分不同等级实行分级保护。该制度既有利于充分发挥不同湿地的保护生物多样性、蓄洪防涝等功能,也有利于按照事权划分的原则,明确各级人民政府及其主管部门保护湿地的责任。此外,湿地是一个动态生态系统,因其与周围环境物质和能量的流动而不断发生变化,也因人们利用行为的多变性而发生质量和数量的改变。根据《湿地保护管理规定》第7条和第10条的规定,通过对湿地监测体系的调查、监测和科学研究,可了解我国湿地资源的基本类型、面积、分布和动态变化情况,以及主要野生动植物、湿地保护、利用、受威胁情况等基本数据,为制定和调整我国湿地保护、合理利用和科学管理提供更好的基础服务。

2017年,国家林业局对《湿地保护管理规定》进行了修改,新增了国家湿地公园实行晋升制度的规定,对湿地分级管理制度和湿地保护规划内容进行具体化,并且明确了保护国际重要湿地的必要性和管理措施。但是,其对于湿地保护管理相关制度的规定仍然过于笼统、概括,存在缺少具体程序规定、对于针对范围规定含糊不清、缺乏配套法律责任等不足,缺乏可操作性和针对性。为更加有效地保护、管理湿地生态系统,湿地保护立法尚有待进一步细化和完善。

三、湿地保护立法内容

2021年12月24日,第十三届全国人大常委会第三十二次会议通过了《湿地保护法》,这是我国首次针对湿地保护制定专门法律,标志着我国湿地保护从

[①] 参见朱建国、王曦等编著:《中国湿地保护立法研究》,法律出版社2004年版,第144页。

此迈向由专门法律提供法治保障的时代。党的十八大以来,习近平总书记多次强调湿地的重要性,提出"湿地贵在原生态,原生态是旅游的资本"等重要论述。《湿地保护法》的出台,补齐了我国生态文明法律体系的短板,使得我国对湿地生态系统的保护由单项资源保护逐步走向整体性、系统性、专门性保护。

(一) 立法目标、基本原则和保护范围

《湿地保护法》的直接立法目标是加强湿地保护,维护湿地生态功能及生物多样性,最终目标是保障生态安全,促进生态文明建设,实现人与自然和谐共生。为实现此立法目的,该法确立了"保护优先、严格管理、系统治理、科学修复、合理利用"的基本原则。《湿地保护法》所保护的对象是"具有显著生态功能的自然或者人工的、常年或者季节性积水地带、水域,包括低潮时水深不超过六米的海域",而不包括水田、用于养殖的人工的水域和滩涂,以及江河、湖泊、海域等的湿地保护。《湿地保护法》正文中多个章节对泥炭沼泽和红树林湿地进行了专门条款的规定,强调了对其特殊保护。[1]

(二) 管理体制

根据《湿地保护法》第 5 条,中央层面上,国务院林业草原主管部门负责湿地资源的监督管理,负责湿地保护规划和相关国家标准拟定、湿地开发利用的监督管理、湿地生态保护修复工作。国务院自然资源、水行政、住房城乡建设、生态环境、农业农村等其他有关部门,按照职责分工承担湿地保护、修复、管理有关工作。在分工负责的管理体制基础上,国务院林业草原主管部门会同国务院自然资源、水行政、住房城乡建设、生态环境、农业农村等主管部门建立湿地保护协作和信息通报机制,进一步保障湿地保护管理工作的顺利、高效展开。

地方政府在湿地保护工作中也承担着重要职责。根据《湿地保护法》第 4 条和第 6 条的规定,县级以上人民政府应当将湿地保护纳入国民经济和社会发展规划,并将开展湿地保护工作所需经费按照事权划分原则列入预算。县级以上人民政府不仅要对本行政区域内的湿地保护负责,采取措施保持湿地面积稳定,提升湿地生态功能,还要加强湿地保护协调工作,协调有关部门按照职责分工负责湿地保护、修复、管理等工作。

此外,各级人民政府及相应主管部门还应积极作为,加强宣传教育和知识普

---

[1] 根据 2018 年《全球湿地展望》,全球大部分土壤碳库都位于湿地中,泥炭沼泽是强大的碳汇,是所有生态系统中最大的长期碳存储地。泥炭沼泽占地球陆地地表面积的 3%,但其碳储量可达全世界森林的两倍。红树林是热带亚热带海岸带海陆交错区生产能力最高的湿地生态系统,在净化海水、防风消浪、维护生物多样性、固碳储碳等方面发挥着极为重要的作用。保护好红树林湿地,对海岸防护将起到重要作用,还可有效缓解温室效应等。

及工作,提高全社会和在校学生的湿地保护意识。

(三) 主要制度内容

1. 湿地资源调查评价、规划和重要湿地资源动态监测与预警制度

根据《湿地保护修复制度方案》和自然资源部印发的《自然资源调查监测体系构建总体方案》等有关规定,结合湿地生态系统管理的特殊要求,《湿地保护法》对湿地调查评价、规划和重要湿地资源动态监测与预警作出了系统规定。一是明确全国湿地调查评价的责任主体和具体内容。国务院自然资源主管部门应当会同国务院林业草原等有关部门定期开展全国湿地资源调查评价工作,对湿地类型、分布、面积、生物多样性、保护与利用情况等进行调查,建立统一的信息发布和共享机制。二是明确全国湿地保护规划的编制和调整程序及要求。湿地保护规划应当明确湿地保护的目标任务、总体布局、保护修复重点和保障措施等内容。经批准的湿地保护规划需要调整的,按照原批准程序办理。三是明确重要湿地资源动态监测与预警的具体内容和要求。国务院林业草原主管部门应当按照监测技术规范开展国家重要湿地动态监测,及时掌握湿地分布、面积、水量、生物多样性、受威胁状况等变化信息;应当依据监测数据,对国家重要湿地生态状况进行评估,并按照规定发布预警信息。省、自治区、直辖市人民政府林业草原主管部门应当按照监测技术规范开展省级重要湿地动态监测、评估和预警工作。县级以上地方人民政府林业草原主管部门应当加强对一般湿地的动态监测。

2. 湿地面积总量管控制度

国务院林业草原、自然资源主管部门会同国务院有关部门根据全国湿地资源状况、自然变化情况和湿地面积总量管控要求,确定全国和各省、自治区、直辖市湿地面积总量管控目标,报国务院批准。地方各级人民政府应当采取有效措施,落实湿地面积总量管控目标的要求。

3. 分级管理和湿地名录制度

按照生态区位、面积以及维护生态功能、生物多样性的重要程度,将湿地分为重要湿地和一般湿地。重要湿地包括国家重要湿地和省级重要湿地,重要湿地以外的湿地为一般湿地,其中,重要湿地依法划入生态保护红线。国务院林业草原主管部门会同国务院自然资源、水行政、住房城乡建设、生态环境、农业农村等有关部门发布国家重要湿地名录及范围,并设立保护标志。国际重要湿地应当列入国家重要湿地名录。省、自治区、直辖市人民政府或者其授权的部门负责发布省级重要湿地名录及范围,并向国务院林业草原主管部门备案。一般湿地的名录及范围由县级以上地方人民政府或者其授权的部门发布。

4. 湿地规划制度

国务院林业草原主管部门应当会同国务院有关部门,依据国民经济和社会发展规划、国土空间规划和生态环境保护规划编制全国湿地保护规划,报国务院或者其授权的部门批准后组织实施。县级以上地方人民政府林业草原主管部门应当会同有关部门,依据本级国土空间规划和上一级湿地保护规划编制本行政区域内的湿地保护规划,报同级人民政府批准后组织实施。湿地保护规划应当明确湿地保护的目标任务、总体布局、保护修复重点和保障措施等内容。经批准的湿地保护规划需要调整的,按照原批准程序办理。编制湿地保护规划应当与流域综合规划、防洪规划等规划相衔接。

5. 湿地占用受到严格控制

国家严格控制占用湿地。除国家重大项目、防灾减灾项目、重要水利及保护设施项目、湿地保护项目外,禁止占用国家重要湿地。建设项目选址、选线应当避让湿地,无法避让的应当尽量减少占用,并采取必要措施减轻对湿地生态功能的不利影响。建设项目规划选址、选线审批或者核准时,涉及国家重要湿地的,应当征求国务院林业草原主管部门的意见;涉及省级重要湿地或者一般湿地的,应当按照管理权限,征求县级以上地方人民政府授权的部门的意见。建设项目确需临时占用湿地的,应当依照有关法律法规的规定办理。临时占用湿地的期限一般不得超过两年,并不得在临时占用的湿地上修建永久性建筑物。临时占用湿地期满后一年内,用地单位或者个人应当恢复湿地面积和生态条件。除因防洪、航道、港口或者其他水工程占用河道管理范围及蓄滞洪区内的湿地外,经依法批准占用重要湿地的单位应当根据当地自然条件恢复或者重建与所占用湿地面积和质量相当的湿地;没有条件恢复、重建的,应当缴纳湿地恢复费。缴纳湿地恢复费的,不再缴纳其他相同性质的恢复费用。

6. 湿地生态保护补偿制度

国务院和省级人民政府应当按照事权划分原则加大对重要湿地保护的财政投入,加大对重要湿地所在地区的财政转移支付力度。国家鼓励湿地生态保护地区与湿地生态受益地区人民政府通过协商或者市场机制进行地区间生态保护补偿。因生态保护等公共利益需要,造成湿地所有者或者使用者合法权益受到损害的,县级以上人民政府应当给予补偿。

7. 湿地修复制度

县级以上人民政府组织开展湿地保护与修复,应当充分考虑水资源禀赋条件和承载能力,合理配置水资源,保障湿地基本生态用水需求,维护湿地生态功能;应当科学论证,对具备恢复条件的原有湿地、退化湿地、盐碱化湿地等,因地制宜采取措施,恢复湿地生态功能;应当按照湿地保护规划,因地制宜采取水体治理、土地整治、植被恢复、动物保护等措施,增强湿地生态功能和碳汇功能。其中,红树林湿地所在地县级以上地方人民政府应当对生态功能重要区域、海洋灾害风险等级较高地区、濒危物种保护区域或者造林条件较好地区的红树林湿地优先实施修复,对严重退化的红树林湿地进行抢救性修复,修复应当尽量采用本地树种。泥炭沼泽湿地所在地县级以上地方人民政府应当因地制宜,组织对退化泥炭沼泽湿地进行修复,并根据泥炭沼泽湿地的类型、发育状况和退化程度等,采取相应的修复措施。同时,修复重要湿地应当编制湿地修复方案,并按照经批准的湿地修复方案进行修复。重要湿地修复完成后,应当经省级以上人民政府林业草原主管部门验收合格,依法公开修复情况。省级以上人民政府林业草原主管部门应当加强修复湿地后期管理和动态监测,并根据需要开展修复效果后期评估。

(四)保障机制

县级以上地方人民政府应当充分考虑保障重要湿地生态功能的需要,优化重要湿地周边产业布局;可以采取定向扶持、产业转移、吸引社会资金、社区共建等方式,推动湿地周边地区绿色发展,促进经济发展与湿地保护相协调。明确实行湿地保护目标责任制,将湿地保护纳入地方人民政府综合绩效评价内容,规定"对破坏湿地问题突出、保护工作不力、群众反映强烈的地区,省级以上人民政府林业草原主管部门应当会同有关部门约谈该地区人民政府的主要负责人"。在"法律责任"一章中,强化了行政相对人违反湿地保护法律规范的法律责任并加大了对其处罚的力度,以保障湿地保护管理工作的有效实施。

思考题

1. 什么是国家公园?国家公园有什么价值功能?
2. 我国长江保护立法针对长江流域保护的特殊性作出了哪些专门回应?
3. 什么是湿地?湿地保护有什么意义?

推荐阅读

1. 杜群等:《中国国家公园立法研究》,中国环境出版集团2018年版。
2. 梅宏:《滨海湿地保护法律问题研究》,中国法制出版社2014年版。
3. 吕忠梅:《〈长江保护法〉适用的基础性问题》,载《环境保护》2021年第Z1期。